Exercices de comptabilité pour les nuls

Laurence Thibault

Professeur agrégée de gestion comptable et financière

FIRST
Editions

« Pour les Nuls » est une marque déposée de John Wiley & Sons, Inc.
« For Dummies » est une marque déposée de John Wiley & Sons, Inc.

© Éditions First, un département d'Édi8, Paris, 2011. Publié en accord avec John Wiley & Sons, Inc.
© Éditions First, un département d'Édi8, Paris, 2015 pour l'édition incluse dans le coffret *La Comptabilité Tout-en-un pour les Nuls* et ne pouvant être vendue séparément.

12, avenue d'Italie
75013 Paris – France
Tél. : 01 44 16 09 00
Fax : 01 44 16 09 01
Courriel : firstinfo@efirst.com
Internet : www.editionsfirst.fr

ISBN : 978-2-7540-7720-0
Dépôt légal : octobre 2015
Imprimé en France

Direction éditoriale : Marie-Anne Jost-Kotik
Édition : Laure-Hélène Accaoui et Raphaël Dupuy
Correction : Christine Cameau
Dessins humoristiques : Marc Chalvin
Mise en page : Catherine Kédémos
Couverture : Catherine Kédémos
Fabrication : Antoine Paolucci
Production : Emmanuelle Clément

Le Code de la propriété intellectuelle interdit les copies ou reproductions destinées à une utilisation collective. Toute représentation ou reproduction intégrale ou partielle faite par quelque procédé que ce soit, sans le consentement de l'auteur ou de ses ayants cause, est illicite et constitue une contrefaçon sanctionnée par les articles L335-2 et suivants du Code de la propriété intellectuelle.

À propos de l'auteur

Laurence Thibault est diplômée de l'École supérieure de commerce de Paris (ESCP Europe) et titulaire du diplôme supérieur de comptabilité et de gestion (DSCG). Professeur agrégé de gestion comptable et financière, elle enseigne en IUT de gestion ainsi qu'en école de commerce, tant en formation initiale que continue.

Avant d'enseigner, Laurence a passé dix années en cabinet comptable et en entreprise. Dans la même collection, elle est également l'auteur du best-seller *La Comptabilité pour les Nuls* (Éditions First, 2008 et 2009).

Dédicace

Ce livre est dédié :

- Aux lecteurs de *La Comptabilité pour les Nuls* qui m'ont demandé des exercices d'entraînement ;
- À ceux dont les remerciements et les compliments me sont allés droit au cœur ;
- À ceux qui ne trouvent leur bonheur ni dans des livres de cours trop abstraits, ni dans des livres d'exercices aux corrigés trop succincts.

Remerciements

Un grand merci :

- À mon père, de moins en moins nul en comptabilité à force de relectures ;
- À Frédéricq, pour son soutien et ses remarques pertinentes ;
- À mes collègues, qui ont su me convaincre de me lancer dans l'enseignement puis dans l'écriture, et tout particulièrement à Marie-Jo et à Nathalie.

Sommaire

Introduction 1

    À propos de ce livre 1
    Comment ce livre est organisé.. 2
        Première partie : Assimiler les notions de base 2
        Deuxième partie : Tenir sa comptabilité au jour le jour 3
        Troisième partie : Établir ses comptes annuels 3
        Quatrième partie : La partie des Dix.. 3
    Les icônes utilisées dans ce livre 4
    Et maintenant, par où commencer ? 4

Première partie : Assimiler les notions de base 5

    Chapitre 1 : Appréhender le contenu du bilan et du compte de résultat........ 7
        Le contenu du bilan.. 8
            Exercice corrigé... 9
            Exercice n° 1 : Les équilibres fondamentaux.......................... 10
            Exercice n° 2 : Le contenu du bilan.. 11
            Exercice n° 3 : Faisons le bilan 12
            Exercice n° 4 : Une machine-outil… (question piège !) 13
        Le contenu du compte de résultat... 13
            Exercice corrigé... 15
            Exercice n° 5 : Mise au point sur le résultat 17
            Exercice n° 6 : Détermination du résultat comptable............... 18
            Exercice n° 7 : Établissement d'un compte de résultat 18
        L'articulation bilan/compte de résultat... 19
            Exercice corrigé... 22
            Exercice n° 8 : La lecture des comptes annuels 25
            Exercice n° 9 : L'établissement des comptes annuels............. 26
        Réponses 28
            Exercice n° 1 : Les équilibres fondamentaux.......................... 28
            Exercice n° 2 : Le contenu du bilan.. 29
            Exercice n° 3 : Faisons le bilan 31
            Exercice n° 4 : Une machine-outil… (question piège) 32
            Exercice n° 5 : Mise au point sur le résultat 33
            Exercice n° 6 : Détermination du résultat comptable............... 34
            Exercice n° 7 : Établissement d'un compte de résultat 35
            Exercice n° 8 : La lecture des comptes annuels 36
            Exercice n° 9 : L'établissement des comptes annuels............. 39

Chapitre 2 : Maîtriser la « mécanique » comptable 43
    Le principe de la partie double 43
        Exercice corrigé 45
        Exercice n° 1 : Analyse d'un relevé de banque 47
        Exercice n° 2 : Analyse de quelques opérations 48
    L'impact des opérations sur le bilan et le compte de résultat 49
        Exercice corrigé 51
        Exercice n° 3 : Quelques opérations sans impact sur le résultat 53
        Exercice n° 4 : Des opérations avec impact… ou pas 54
        Exercice n° 5 : Cas complexes 55
    Réponses 57
        Exercice n° 1 : Analyse d'un relevé de banque 57
        Exercice n° 2 : Analyse de quelques opérations 58
        Exercice n° 3 : Quelques opérations sans impact sur le résultat 61
        Exercice n° 4 : Des opérations avec impact… ou pas 63
        Exercice n° 5 : Cas complexes 64

Chapitre 3 : Comprendre le fonctionnement des comptes 67
    Trouver le bon numéro de compte 67
        Exercice corrigé 69
        Exercice n° 1 : Trouver un numéro de compte 72
        Exercice n° 2 : Se méfier des intitulés 73
    Construire une écriture comptable 73
        Exercice corrigé 75
        Exercice n° 3 : Comprendre les écritures comptables 76
        Exercice n° 4 : Dix transactions à comptabiliser 77
        Exercice n° 5 : Écriture plus complexe 78
        Exercice n° 6 : Savez-vous parler comptable ? 79
    Réponses 80
        Exercice n° 1 : Trouver un numéro de compte 80
        Exercice n° 2 : Se méfier des intitulés 82
        Exercice n° 3 : Comprendre les écritures comptables 82
        Exercice n° 4 : Dix transactions à comptabiliser 83
        Exercice n° 5 : Écriture plus complexe 86
        Exercice n° 6 : Savez-vous parler comptable ? 87

Deuxième partie : Tenir sa comptabilité au jour le jour *89*

Chapitre 4 : Enregistrer ses ventes et ses encaissements 91
    Comptabiliser une facture de vente ou un avoir 91
        Exercice corrigé 93
        Exercice n° 1 : Factures et avoirs à enregistrer 95
        Exercice n° 2 : Chercher les erreurs 96

Sommaire

Comptabiliser une vente avec emballages consignés 97
    Exercice corrigé 97
    Exercice n° 3 : Emballages consignés 99
L'enregistrement des ventes comptoir 99
    Exercice corrigé 100
    Exercice n° 4 : Enregistrement des ventes comptoir 101
    Exercice n° 5 : Écritures à reconstituer 102
L'enregistrement des règlements reçus 102
    Exercice corrigé 103
    Exercice n° 6 : Enregistrer des règlements divers 105
    Exercice n° 7 : Versement puis déduction d'un acompte 106
Enregistrer un impayé 106
    Exercice corrigé 106
    Exercice n° 8 : Enregistrer un impayé 107
Réponses 108
    Exercice n° 1 : Factures et avoirs à enregistrer 108
    Exercice n° 2 : Chercher les erreurs 110
    Exercice n° 3 : Emballages consignés 112
    Exercice n° 4 : Enregistrement des ventes comptoir 113
    Exercice n° 5 : Écritures à reconstituer 114
    Exercice n° 6 : Enregistrer des règlements divers 115
    Exercice n° 7 : Versement puis déduction d'un acompte 116
    Exercice n° 8 : Enregistrer un impayé 117

Chapitre 5 : Enregistrer ses achats et ses décaissements 119

Comptabiliser une facture d'achat ou un avoir 119
    Exercice corrigé 121
    Exercice n° 1 : Factures et avoirs à enregistrer 124
    Exercice n° 2 : Cherchez le compte 125
Comptabiliser un achat avec emballages consignés 125
    Exercice corrigé 126
    Exercice n° 3 : Emballages consignés 128
L'enregistrement des règlements émis 128
    Exercice corrigé 129
    Exercice n° 4 : Enregistrer des règlements divers 132
    Exercice n° 5 : Versement puis déduction d'un acompte 132
Réponses 133
    Exercice n° 1 : Factures et avoirs à enregistrer 133
    Exercice n° 2 : Cherchez le compte 136
    Exercice n° 3 : Emballages consignés 137
    Exercice n° 4 : Enregistrer des règlements divers 138
    Exercice n° 5 : Versement puis déduction d'un acompte 140

Chapitre 6 : Enregistrer la TVA et les autres impôts 143
Calculer et déclarer sa TVA 144
  Exercice corrigé 146
  Exercice n° 1 : Déclaration et comptabilisation de la TVA
    (activité de vente de biens) 147
  Exercice n° 2 : Déclaration et comptabilisation de la TVA
    (activité de services) 148
  Exercice n° 3 : Régime simplifié d'imposition 148
Le crédit de TVA 149
  Exercice corrigé 149
  Exercice n° 4 : Crédit de TVA 150
L'impôt sur les sociétés et les autres impôts et taxes 151
  Exercice corrigé 152
  Exercice n° 5 : Impôt sur les sociétés 154
  Exercice n° 6 : Autres impôts et taxes 154
Réponses 155
  Exercice n° 1 : Déclaration et comptabilisation de la TVA
    (activité de vente de biens) 155
  Exercice n° 2 : Déclaration et comptabilisation de la TVA
    (activité de services) 156
  Exercice n° 3 : Régime simplifié d'imposition 157
  Exercice n° 4 : Crédit de TVA 158
  Exercice n° 5 : Impôt sur les sociétés 159
  Exercice n° 6 : Autres impôts et taxes 160

Chapitre 7 : Enregistrer ses frais de personnel 161
S'y retrouver parmi les différents éléments
de la paie 161
  Exercice corrigé 163
  Exercice n° 1 : Calcul du salaire net et des cotisations sociales 164
  Exercice n° 2 : Reconstituer les éléments manquants 164
Enregistrer la paie du mois 165
  Exercice corrigé 166
  Exercice n° 3 : Enregistrer une paie simple 167
  Exercice n° 4 : Comptabiliser une paie avec avance sur salaire 168
La rémunération de l'exploitant individuel 168
  Exercice corrigé 169
  Exercice n° 5 : Rémunération de l'exploitant 170
Réponses 171
  Exercice n° 1 : Calcul du salaire net et des cotisations sociales 171
  Exercice n° 2 : Reconstituer les éléments manquants 172
  Exercice n° 3 : Enregistrer une paie simple 173
  Exercice n° 4 : Comptabiliser une paie avec avance sur salaire 174
  Exercice n° 5 : Rémunération de l'exploitant 175

Chapitre 8 : Enregistrer les investissements et les financements 177

Comptabiliser un investissement 178
   Exercice corrigé 179
   Exercice n° 1 : Charge ou immobilisation ? 181
   Exercice n° 2 : Enregistrement d'un investissement 182
   Exercice n° 3 : Question sur un compte 182
Comptabiliser une cession d'immobilisation 182
   Exercice corrigé 183
   Exercice n° 4 : Cession d'immobilisation 184
Le financement des investissements 185
   Exercice corrigé 187
   Exercice n° 5 : Fonctionnement du compte de l'exploitant 188
   Exercice n° 6 : Apport en capital et en compte courant 189
   Exercice n° 7 : Emprunt bancaire 189
Réponses 190
   Exercice n° 1 : Charge ou immobilisation ? 190
   Exercice n° 2 : Enregistrement d'un investissement 191
   Exercice n° 3 : Question sur un compte 192
   Exercice n° 4 : Cession d'immobilisation 192
   Exercice n° 5 : Fonctionnement du compte de l'exploitant 193
   Exercice n° 6 : Apport en capital et en compte courant 195
   Exercice n° 7 : Emprunt bancaire 196

Chapitre 9 : Enregistrer les opérations de trésorerie 197

Comptabiliser un placement financier 197
   Exercice corrigé 199
   Exercice n° 1 : Vrai ou faux ? 202
   Exercice n° 2 : Enregistrer des placements financiers 203
   Exercice n° 3 : Les revenus des placements à long terme 203
   Exercice n° 4 : Les revenus des placements à court terme 204
Comptabiliser un financement à court-terme 204
   Exercice corrigé 206
   Exercice n° 5 : Mobilisation de créances clients 208
   Exercice n° 6 : Affacturage et escompte d'effets de commerce 208
Établir un rapprochement de banque 209
   Exercice corrigé 210
   Exercice n° 7 : Établir et analyser un rapprochement de banque 211
Réponses 213
   Exercice n° 1 : Vrai ou faux ? 213
   Exercice n° 2 : Enregistrer des placements financiers 214
   Exercice n° 3 : Les revenus des placements à long terme 215
   Exercice n° 4 : Les revenus des placements à court terme 216
   Exercice n° 5 : Mobilisation de créances clients 217
   Exercice n° 6 : Affacturage et escompte d'effets de commerce 218
   Exercice n° 7 : Établir et analyser un rapprochement de banque 219

Troisième partie : Établir ses comptes annuels 221

Chapitre 10 : Ajuster ses stocks 223
Inventorier et valoriser ses stocks 223
   Exercice corrigé 224
   Exercice n° 1 : Valorisation des stocks 225
   Exercice n° 2 : Comparaison des méthodes PEPS et CMUP 225
Comptabiliser l'ajustement des stocks 226
   Exercice corrigé 227
   Exercice n° 3 : Stocks de matières premières et de produits finis 229
   Exercice n° 4 : Stocks de marchandises 229
   Exercice n° 5 : Éléments à reconstituer 230
Réponses 231
   Exercice n° 1 : Valorisation des stocks 231
   Exercice n° 2 : Comparaison des méthodes PEPS et CMUP 231
   Exercice n° 3 : Stocks de matières premières et de produits finis 233
   Exercice n° 4 : Stocks de marchandises 233
   Exercice n° 5 : Éléments à reconstituer 234

Chapitre 11 : Amortir ses immobilisations 237
Calculer la dotation aux amortissements : l'amortissement linéaire 238
   Exercice corrigé 239
   Exercice n° 1 : Plan d'amortissement linéaire simple 240
   Exercice n° 2 : Informations à compléter 241
   Exercice n° 3 : Plan d'amortissement linéaire avec valeur de revente 241
   Exercice n° 4 : Amortissement par composants 241
L'amortissement dégressif 242
   Exercice corrigé 242
   Exercice n° 5 : Démarrer un plan d'amortissement dégressif 245
   Exercice n° 6 : Terminer un plan d'amortissement dégressif 246
   Exercice n° 7 : Établir un plan d'amortissement dégressif 246
Comptabiliser la dotation aux amortissements 246
   Exercice corrigé 248
   Exercice n° 8 : Comptabiliser l'amortissement des immobilisations 248
   Exercice n° 9 : Vrai ou faux ? 249
Réponses 251
   Exercice n° 1 : Plan d'amortissement linéaire simple 251
   Exercice n° 2 : Informations à compléter 252
   Exercice n° 3 : Plan d'amortissement linéaire avec valeur de revente 253
   Exercice n° 4 : Amortissement par composants 254
   Exercice n° 5 : Démarrer un plan d'amortissement dégressif 255
   Exercice n° 6 : Terminer un plan d'amortissement dégressif 255
   Exercice n° 7 : Établir un plan d'amortissement dégressif 256
   Exercice n° 8 : Comptabiliser l'amortissement des immobilisations 257
   Exercice n° 9 : Vrai ou faux ? 258

Chapitre 12 : Évaluer ses risques 261
   Calculer et enregistrer ses dépréciations 261
      Exercice corrigé..263
      Exercice n° 1 : Dépréciation d'un fonds commercial 264
      Exercice n° 2 : Dépréciation des stocks 265
      Exercice n° 3 : Dépréciation des créances clients.....................................265
      Exercice n° 4 : Dépréciation des placements financiers 265
   Les provisions pour risques et charges 266
      Exercice corrigé..266
      Exercice n° 5 : Provisionner un litige..268
      Exercice n° 6 : Questions sur les dépréciations et les provisions...............268
   Réponses..271
      Exercice n° 1 : Dépréciation d'un fonds commercial 271
      Exercice n° 2 : Dépréciation des stocks 271
      Exercice n° 3 : Dépréciation des créances clients.....................................272
      Exercice n° 4 : Dépréciation des placements financiers 274
      Exercice n° 5 : Provisionner un litige..275
      Exercice n° 6 : Questions sur les dépréciations et les provisions...............276

Chapitre 13 : Ajuster ses charges et ses produits 279
   Les charges constatées d'avance..280
      Exercice corrigé..281
      Exercice n° 1 : Rattachement des charges 282
      Exercice n° 2 : Charges constatées d'avance 283
   Les produits constatés d'avance..283
      Exercice corrigé..284
      Exercice n° 3 : Produits constatés d'avance..285
   Les charges à payer 285
      Exercice corrigé..286
      Exercice n° 4 : Comptabiliser des charges à payer 288
      Exercice n° 5 : Ajuster ses charges (charges à payer
      et charges constatées d'avance) 288
   Les produits à recevoir..289
      Exercice corrigé..290
      Exercice n° 6 : Comptabiliser des produits à recevoir 291
      Exercice n° 7 : Ajuster ses produits (produits constatés d'avance
      et produits à recevoir)... 291
   Réponses..293
      Exercice n° 1 : Rattachement des charges 293
      Exercice n° 2 : Charges constatées d'avance 295
      Exercice n° 3 : Produits constatés d'avance..296
      Exercice n° 4 : Comptabiliser des charges à payer 298
      Exercice n° 5 : Ajuster ses charges (charges à payer
      et charges constatées d'avance) 299
      Exercice n° 6 : Comptabiliser des produits à recevoir 302
      Exercice n° 7 : Ajuster ses produits (produits constatés d'avance
      et produits à recevoir)...304

Quatrième partie : La partie des Dix 307

Chapitre 14 : Dix choses à savoir sur la comptabilité................................309
L'équilibre des écritures n'est pas négociable..309
Une affaire de rigueur et de logique plus que de connaissances pointues 311
Les dangers de la saisie assistée 312
Savoir corriger une erreur 313
Prévoir de s'y retrouver après coup...314
Des règles en constante évolution..315
Le résultat comptable n'est pas la trésorerie 315
Le résultat comptable n'est pas le résultat fiscal 316
Une part non négligeable de subjectivité 317
Le bilan et le compte de résultat ne montrent pas tout..................................318

Chapitre 15 : Dix façons de modifier son résultat comptable 321
Rechercher les charges constatées d'avance..321
Utiliser les options de comptabilisation des immobilisations........................322
Analyser les frais d'entretien et de réparation..323
Jouer sur les charges activables...323
Choisir une méthode de valorisation des stocks 324
Choisir une durée d'amortissement 324
Choisir un mode d'amortissement 325
Évaluer les dépréciations..326
Évaluer les provisions 327
Ne pas oublier les retours et les remises de fin d'année 328

Annexe.. 329

Glossaire 329

Index 335

Introduction

« **C**'est en forgeant qu'on devient forgeron », affirme la sagesse populaire et ce dicton s'applique tout particulièrement à la comptabilité. Les techniques comptables ne sont pas véritablement compliquées, mais elles sont éloignées de notre pratique courante. Avouez que considérer votre dette vis-à-vis d'un fournisseur comme une ressource, ou enregistrer un encaissement au débit du compte bancaire n'est pas très intuitif ! À croire que les comptables prennent un malin plaisir à embrouiller les choses…

Rendre la comptabilité accessible aux non initiés est le but que je poursuis inlassablement, année après année. Au contact de mes élèves, j'ai développé une approche progressive et pédagogique qui démythifie les mécanismes comptables en les débarrassant de leur habillage technique pour les exposer dans leur plus simple appareil. Nombreux sont alors surpris de constater à quel point le fonctionnement de la comptabilité peut être simple.

C'est dans cette optique que j'ai rédigé *La Comptabilité pour les Nuls*, en y proposant des explications claires et illustrées de nombreux exemples. L'objectif semble atteint, puisque l'ouvrage a déjà été réédité plusieurs fois. Toutefois, ce n'est que de la pratique que naît la véritable maîtrise : si vous souhaitez vous exercer et progresser plus vite encore, ce livre est fait pour vous. Vous y trouverez des rappels des points essentiels, et surtout de nombreux exercices classés par ordre croissant de difficulté pour vous guider pas à pas dans votre apprentissage.

Soyez-en convaincu : la comptabilité n'est ni compliquée, ni ennuyeuse et c'est surtout un formidable outil de gestion pour améliorer le fonctionnement et la situation financière de votre entreprise.

À propos de ce livre

Ce livre a été conçu à l'origine pour accompagner *La Comptabilité pour les Nuls* paru dans la même collection et du même auteur, mais il peut aussi être utilisé comme complément de tout ouvrage théorique de comptabilité, ou même indépendamment à condition d'avoir déjà quelques bases en comptabilité. Vous y trouverez de nombreux exercices sur les thèmes abordés dans l'ouvrage de référence :

- ✓ Que retenir de la lecture d'un bilan ?

✔ Comment déterminer le résultat comptable d'une entreprise ?

✔ Comment enregistrer une facture ?

✔ Comment établir le plan d'amortissement d'une machine ? etc.

Si vous êtes novice en matière de comptabilité, il vous permettra de tester vos connaissances avant de vous lancer dans l'aventure de votre tenue de comptes. Une sorte de répétition générale, en somme…

Si vous êtes étudiant, vous y trouverez des exercices originaux et surtout des explications beaucoup plus détaillées que dans un ouvrage scolaire classique, avec en prime l'humour et la clarté qui caractérisent la collection « Pour les Nuls ».

Enfin, si vous pratiquez déjà la comptabilité, nous vous offrons ici l'occasion de rafraîchir et d'approfondir vos connaissances. Ce pourra être également une opportunité de progresser, par exemple en vous entraînant à maîtriser les opérations d'inventaire si vous ne vous occupez pour l'instant que des enregistrements courants.

Comment ce livre est organisé

Ce livre suit une progression logique : nous nous assurons d'abord que vous maîtrisez les règles de base avant de vous demander de les appliquer à l'enregistrement des opérations courantes (achats, ventes, investissements, etc.) et des écritures de fin d'année nécessaires à l'élaboration des comptes annuels.

Pour chaque notion abordée, nous vous proposons d'abord quelques rappels théoriques suivis d'un exemple corrigé, avant de vous confronter à des exercices classés par ordre croissant de difficulté. Les solutions sont regroupées à la fin de chaque chapitre, mais ne vous y précipitez pas trop vite : faites l'effort de chercher la réponse par vous-même et souvenez-vous que la comptabilité est plus une affaire de logique que de connaissances techniques pointues.

Première partie : Assimiler les notions de base

Comme son nom l'indique, cette partie vous livre le mode d'emploi de la comptabilité :

✔ Qu'y a-t-il dans un bilan et dans un compte de résultat ?

✔ Comment fonctionne la partie double ?
✔ Comment équilibrer vos écritures ?
✔ Comment trouver le bon numéro de compte ?
✔ Comment choisir entre débit et crédit ?

Deuxième partie : Tenir sa comptabilité au jour le jour

Entraînez-vous ici à comptabiliser chaque type d'opération réalisée par l'entreprise : achats, ventes, investissements, emprunts, paie, impôts, etc. Ce sera l'occasion de revenir sur les mécanismes de base travaillés dans la première partie, mais de façon beaucoup plus détaillée.

À la fin de cette partie, vous pourrez affronter sereinement n'importe quelle facture : même les remises, escomptes, emballages consignés ou acomptes à déduire ne vous feront plus peur !

Troisième partie : Établir ses comptes annuels

Ça y est, l'année comptable est écoulée et vous allez devoir « clôturer » vos comptes. Avant d'établir vos comptes annuels, il vous faudra tout d'abord enregistrer des écritures d'ajustement pour régulariser les factures « à cheval » sur deux années, pour tenir compte de l'usure de votre matériel ainsi que des risques de litiges ou d'impayés, etc. Vous trouverez ici de nombreux exercices sur la façon d'établir un plan d'amortissement, d'évaluer des provisions, de gérer des factures à cheval sur deux exercices, etc.

Quatrième partie : La partie des Dix

Dans cette partie, nous avons recensé dix éléments que vous devriez toujours avoir à l'esprit, ainsi que dix moyens (légaux) d'influer sur votre résultat comptable.

Les icônes utilisées dans ce livre

Afin de vous guider et de mettre en évidence les informations essentielles, vous trouverez tout au long de ce livre les icônes suivantes :

Le vocabulaire comptable est souvent emprunté au vocabulaire courant mais assorti d'un sens bien spécifique, source de confusions. Cette icône vous met en garde contre les erreurs à éviter.

Cette icône indique qu'il est temps de vous lancer et de tester vos connaissances sur un exercice dont la correction se trouvera en fin de chapitre. Ne vous y précipitez pas trop vite et prenez le temps de chercher la solution par vous-même : vous verrez que ce n'est pas si compliqué.

Un court exemple vaut souvent mieux que de longs discours et vous aidera à mieux comprendre les explications données. C'est pourquoi un exercice corrigé suit systématiquement les rappels théoriques avant que ce soit à vous de jouer.

Certains approfondissements n'intéresseront pas tous les lecteurs. Cette icône signale des paragraphes qui pourront être ignorés par ceux qui ne sont pas directement concernés par le sujet traité.

Cette icône signale les informations particulièrement importantes et qui méritent un petit effort de mémorisation…

Cette icône indique les astuces et les moyens mnémotechniques qui vous permettront de maîtriser plus facilement les techniques comptables.

Et maintenant, par où commencer ?

Si vous êtes étudiant, vous pouvez faire les exercices dans l'ordre des chapitres, afin de couvrir l'ensemble du programme de comptabilité dans un ordre logique et en abordant progressivement les points les plus techniques.

Si vous êtes artisan ou commerçant et que vous souhaitez tenir vous-même vos comptes, ou simplement comprendre ce que fait votre comptable, nous vous conseillons de commencer par la première partie qui regroupe les bases incontournables, avant d'aller ensuite piocher des exercices dans le livre en fonction de vos besoins.

Enfin, s'il s'agit juste pour vous de tester ou de rafraîchir vos connaissances, pourquoi ne pas flâner à travers les pages de ce livre au gré de votre curiosité ou du hasard ?

Première partie
Assimiler les notions de base

Dans cette partie...

Vous allez revoir, et surtout appliquer, les mécanismes fondamentaux de la comptabilité : contenu du bilan et du compte de résultat, fonctionnement de la « partie double », signification des notions de débit et de crédit, logique de la numérotation des comptes, etc.

Il ne s'agit pas encore de procéder à des enregistrements comptables, mais plutôt de poser les bases qui vous permettront par la suite de faire face à n'importe quelle facture ou pièce comptable. Après avoir étudié cette partie, vous serez de plus capable de lire les comptes d'une entreprise et de saisir les enjeux des décisions comptables.

Chapitre 1

Appréhender le contenu du bilan et du compte de résultat

Dans ce chapitre :
- Quels éléments faire figurer dans un bilan
- Comment déterminer le résultat comptable
- Que retenir de la lecture des comptes annuels
- Comment établir des comptes annuels

L'objectif de ce chapitre est de poser les bases nécessaires à la compréhension des mécanismes comptables qui seront présentés par la suite. Il n'est pas question d'acquérir une connaissance détaillée du bilan et du compte de résultat : une vision globale et simplifiée suffira largement, pourvu qu'elle soit solidement maîtrisée.

Les comptes d'une entreprise se composent de son bilan et de son compte de résultat. Il s'agit de tableaux de chiffres fournissant des informations différentes mais complémentaires sur sa situation financière :

- Le bilan présente son patrimoine à la date de clôture des comptes ;
- Le compte de résultat retrace le résultat de son activité durant l'année comptable écoulée.

Ces deux tableaux sont le plus souvent suivis d'une annexe fournissant toutes les informations complémentaires nécessaires à leur bonne compréhension : description des méthodes comptables utilisées, informations sur les investissements, sur les ventes, etc.

Le contenu du bilan

D'un point de vue historique, le bilan est le premier document comptable à avoir été utilisé. Il dresse la liste des éléments du patrimoine de l'entreprise à la date de clôture des comptes :

- À gauche, l'actif recense tout ce que l'entreprise possède : des machines, des stocks, des créances clients, de l'argent en banque ou en caisse, etc. ;
- À droite, le passif fait la liste des dettes de l'entreprise : emprunts bancaires, dettes fournisseurs, cotisations sociales et impôts à payer, etc.

Également présentés au passif, les capitaux propres assurent l'équilibre des deux colonnes et rendent possible l'égalité fondamentale :

Total actif = Total passif.

Contrairement aux rubriques de l'actif et des dettes, les capitaux propres ne correspondent pas à des éléments du patrimoine de l'entreprise. En fait, ils fournissent une information historique sur la façon dont ce patrimoine s'est constitué : apport des associés (capital) ou bénéfices accumulés (résultat de l'exercice, réserves et report à nouveau). Dans le cas où l'entreprise a réalisé des pertes, celles-ci sont quand même présentées parmi les capitaux propres mais en négatif.

Les capitaux propres peuvent être obtenus de deux façons :

- Capitaux propres = Total de l'actif − total des dettes ;
- Capitaux propres = Capital + bénéfices accumulés − pertes accumulées.

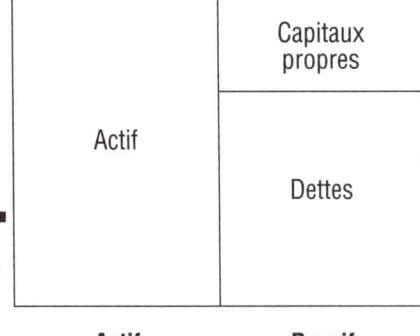

Figure 1-1 : Présentation simplifiée d'un bilan.

Chapitre 1 : Appréhender le contenu du bilan et du compte de résultat

Exercice corrigé

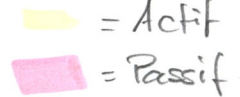
= Actif
= Passif

Victime d'un licenciement économique, Antoine décide d'utiliser les indemnités reçues pour se mettre à son compte. Il apporte 20 000 € qui lui permettent d'acheter un fonds commercial d'une valeur de 15 000 € et de démarrer son exploitation. Au bout d'un an d'activité il dispose :

- Du fonds commercial, toujours valorisé pour 15 000 € ; *Immobilisa°*
- De gros matériel pour une valeur de 10 000 € ; *Immobilisa°*
- D'un stock de 1 000 € ; *Stock*
- De 2 000 € sur son compte bancaire ; *Tréso.*
- De 500 € en caisse. *Tréso.*

Il a accordé des délais de règlement à son principal client qui lui doit 1 500 € au moment de la clôture des comptes. De son côté, Antoine doit 2 000 € à ses fournisseurs. *(Créance client)*

Par ailleurs, il a pris en leasing (crédit-bail) un véhicule utilitaire afin de faire ses achats et d'éventuelles livraisons. La valeur du véhicule est de 16 000 € et le loyer mensuel de 800 € HT.

À vous d'établir son bilan de fin d'année en remplissant le tableau ci-dessous. Prenez le temps de chercher la solution par vous-même : ce n'est pas si compliqué et toutes les informations nécessaires sont fournies dans le rappel des points essentiels.

ACTIF		PASSIF	
Immobilisations	25 000	Capital	20 000
Total actif immobilisé	25 000	Résultat de l'exercice	8 000
Stocks	1 000	Total capitaux propres	28 000
Créances clients	1 500	Dettes financières	—
Trésorerie	2 500	Dettes fournisseurs	2 000
Total actif circulant	5 000	Total dettes	2 000
TOTAL ACTIF	30 000	**TOTAL PASSIF**	30 000

Solution

Résultat de l'exercice = (30000 − 2000) − 20 000
= (TOT ACT. − TOT DETTE) − CAPITAL

À l'actif figurent les éléments dont l'entreprise est propriétaire, tous les éléments dont elle est propriétaire, et rien que les éléments dont elle est propriétaire. Nous y trouvons dans l'ordre :

- Le fonds commercial et le matériel, classés en immobilisations car ils sont destinés à rester durablement dans le patrimoine de l'entreprise : 25 000 € ;

- Les stocks : 1 000 € ;
- Les sommes dues par les clients et qui constituent des créances : 1 500 € ;
- Le compte bancaire et la caisse, regroupés sur la ligne « trésorerie » : 2 500 €.

En revanche, le véhicule financé par crédit-bail n'apparaît pas au bilan car il n'appartient pas (ou du moins pas encore) à l'entreprise.

Au total, l'actif s'élève à 30 000 €.

Les seules dettes de l'entreprise sont les sommes dues aux fournisseurs : elles s'élèvent à 2 000 €. Nous pouvons calculer le montant des capitaux propres par différence entre le total de l'actif et celui des dettes :

Capitaux propres = total de l'actif – total des dettes = 30 000 – 2 000 = 28 000 €.

Nous savons que l'apport de départ (le capital) était de 20 000 €. Les 8 000 € restants correspondent à l'enrichissement généré par l'activité de l'entreprise durant l'année, autrement dit son bénéfice : il figurera sur la ligne « résultat de l'exercice ».

Le bilan de fin d'année est donc le suivant :

ACTIF		PASSIF	
Immobilisations	25 000	Capital	20 000
Total actif immobilisé	25 000	Résultat de l'exercice	8 000
Stocks	1 000	Total capitaux propres	28 000
Créances clients	1 500	Dettes financières	0
Trésorerie	2 500	Dettes fournisseurs	2 000
Total actif circulant	5 000	Total dettes	2 000
TOTAL ACTIF	**30 000**	**TOTAL PASSIF**	**30 000**

Exercice n° 1 : Les équilibres fondamentaux

Une entreprise démarre son activité avec un apport de 10 000 € de ses actionnaires. Au bout d'un an elle décide de faire son bilan. Elle possède :

- Du gros matériel d'une valeur de 8 000 € (après amortissements) ;
- Des stocks d'une valeur de 4 000 € ;

Chapitre 1 : Appréhender le contenu du bilan et du compte de résultat

- Des créances clients de 6 000 € ;
- Un compte bancaire de 3 000 €.

À la même date, elle doit les sommes suivantes :

- 3 000 € à ses fournisseurs ;
- 2 000 € à l'administration fiscale.

Calculez le montant de son actif et de ses dettes et déduisez-en celui de ses capitaux propres. Déterminez ensuite leur composition (capital et résultat de l'exercice), puis présentez un bilan schématique en remplissant le tableau ci-dessous :

TOT ACT – DETTES.

ACTIF		PASSIF	
Actif	8000 3000 4000 6000	Capitaux propres	16 000
		Dettes	5000
TOTAL ACTIF	21 000	**TOTAL PASSIF**	21 000

Les chiffres trouvés précédemment seraient-ils différents si l'entreprise avait également une dette de 5 000 € vis-à-vis de son banquier ?

OUI   TA = 21000   TP = 11000

Exercice n° 2 : Le contenu du bilan

Parmi les éléments suivants, lesquels devraient figurer au bilan d'une entreprise ? Et pour quel montant ?

Des factures clients non encore encaissées pour un montant de 12 000 € TTC.

☒ Oui (montant : 12000...)   ☐ Non

Facture TTC → A
TVA → P (Dettes fiscale).

Un emprunt bancaire d'un montant initial de 10 000 €. Les mensualités déjà prélevées s'élèvent à 2 500 € dont 2 000 € de remboursement du principal et 500 € d'intérêts.

☒ Oui (montant : 7500...) 8000   ☐ Non

Emprunt = P   intérêts = charge du compte de résultat.

Un compte bancaire à découvert de 350 €.

☒ Oui (montant : 350...)   ☐ Non   → Passif : dette financière

De l'argent liquide en caisse pour 500 €.

☒ Oui (montant : 500...)   ☐ Non

Première partie : Assimiler les notions de base

Un local pris en location pour un loyer mensuel de 800 €.

☐ Oui (montant : ....) ☒ Non   N'appartien pas à l'entreprise.

Une machine-outil achetée il y a deux ans pour 10 000 € (durée d'utilisation prévue de cinq ans).   Perte de valeur de la machine ⇒ A

A ☒ Oui (montant : ~~2000~~ 6000) ☐ Non   10 000 - 4 000 = 6 000

Des actions achetées pour 1 000 € il y a un mois mais qui ne valent plus aujourd'hui que 900 €.

A ☒ Oui (montant : 900 €) ☐ Non

Un scientifique reconnu payé 4 000 € par mois pour mettre au point les nouveaux produits de l'entreprise.   Employé ne sont pas des propriété

☒ Oui (montant : 4000) ☒ Non   de l'entreprise.

La TVA du mois écoulé qui sera payée le mois suivant pour 612 €.

A ☒ Oui (montant : 612) ☒ Non   ~~Année comptable~~ suivante.

Un stock de marchandises achetées pour 3 000 € et qui seront probablement revendues à 5 000 €.

A ☒ Oui (montant : 3000 €) ☐ Non

Exercice n° 3 : Faisons le bilan

Une entreprise a été créée le 01/01/N avec un apport de l'exploitant de 50 000 € réalisé par virement bancaire. Durant la première année, elle a réalisé les opérations suivantes :

- Achat d'une machine au comptant le 01/07/N pour 25 000 € (durée d'utilisation prévue de dix ans) ;
- Achats de marchandises pour 120 000 € dont 20 000 € ne seront réglés qu'en janvier N+1 ;
- Ventes de marchandises pour 140 000 €, intégralement encaissés au moment de la clôture des comptes (on supposera que les ventes portent sur les trois quarts des marchandises achetées et que un quart restent toujours en stock) ;
- Frais divers (loyer, assurance, etc.) pour 40 000 €, intégralement réglés au moment de la clôture des comptes.

Par simplification, il n'est pas tenu compte de la TVA, ni de l'impôt sur les bénéfices.

Chapitre 1 : Appréhender le contenu du bilan et du compte de résultat

Travail à faire :

- Calculez le solde du compte bancaire au 31/12/N ;
- Calculez le montant du patrimoine net de l'entreprise à cette même date ;
- Présentez son bilan synthétique en remplissant le tableau ci-dessous.

ACTIF		PASSIF	
Immobilisations	23 750	Capital	50 000
Total actif immobilisé	23 750	Résultat de l'exercice	8 750
Stocks	30 000	Total capitaux propres	58 750
Créances clients	—	Dettes fournisseurs	20 000
Trésorerie	25 000	Dettes fiscales	—
Total actif circulant	55 000	Total dettes	20 000
TOTAL ACTIF	78 750	**TOTAL PASSIF**	78 750

Les chiffres ainsi obtenus seraient-ils différents si le montant des ventes n'était que de 130 000 € (seul le prix de vente change, la quantité vendue restant identique) ?

Exercice n° 4 : Une machine-outil... (question piège !)

Une machine-outil figure-t-elle obligatoirement en immobilisation au bilan de son propriétaire ?

Le contenu du compte de résultat

La lecture du bilan d'une entreprise permet de constater l'augmentation ou la diminution de son patrimoine, et donc l'existence d'un résultat bénéficiaire ou déficitaire, mais il n'explique pas l'origine de celui-ci. Provient-il d'une plus-value exceptionnelle sur la cession d'un bien immobilier ou d'une forte rentabilité de l'exploitation ? Pour le savoir, c'est le compte de résultat que nous devons consulter.

Celui-ci explique la formation du résultat de l'année comptable en recensant les produits réalisés par l'entreprise (essentiellement ses ventes) et en déduisant les charges engagées pour les besoins de l'exploitation (matières premières consommées, services utilisés, frais de personnel, impôts et taxes, etc.). Un résultat positif est appelé un bénéfice et un résultat négatif une perte.

Résultat de l'exercice = total des produits de l'exercice – total des charges de l'exercice.

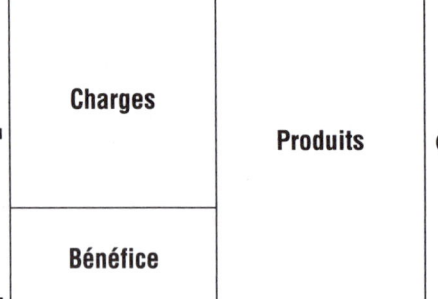

Figure 1-2 : Présentation simplifiée d'un compte de résultat.

Les produits sont les éléments qui enrichissent l'entreprise : ses ventes, mais aussi les revenus de ses placements financiers (produits financiers) et les dommages et intérêts reçus (produits exceptionnels). Les ventes figurent au compte de résultat pour leur montant hors taxes (HT), qu'elles aient été encaissées ou non.

Inversement, les charges sont les éléments qui appauvrissent l'entreprise :

- Coût d'achat des marchandises vendues ;
- Matières premières consommées ;
- Loyer, assurance, honoraires et autres services utilisés ;
- Frais de personnel ;
- Impôts et taxes ;
- Dotation aux amortissements (cette charge correspond à l'usure annuelle des immobilisations) ;
- Intérêts des emprunts bancaires (charges financières) ;
- Pénalités et amendes versées (charges exceptionnelles).

Par ailleurs, le coût des matières premières consommées n'est pas présenté en lecture directe au compte de résultat, mais décomposé en deux lignes :

- La ligne « achats de matières premières » qui indique le montant HT des achats de l'année, que ceux-ci aient été réglés ou non ;
- La ligne « variation des stocks de matières premières » qui indique la différence entre le stock de début d'année et celui de fin d'année.

Lorsque l'entreprise a consommé plus qu'elle n'a acheté, son stock a diminué pendant l'année et la variation de stocks est positive (stock de début > stock de fin) : elle vient augmenter le montant des achats de l'exercice. Inversement, lorsque l'entreprise a consommé moins qu'elle n'a acheté, son stock a augmenté pendant l'année et la variation de stocks est négative (stock de début < stock de fin) : elle vient diminuer le montant des achats de l'exercice.

De la même façon, le coût d'achat des marchandises vendues est obtenu en additionnant le coût d'achat des marchandises achetées (ligne « achats de marchandises ») et la variation du stock de marchandises (ligne « variation des stocks de marchandises »).

Exercice corrigé

Une entreprise démarre son activité au 01/01/N. Durant l'année elle achète pour 120 000 € HT de marchandises (144 000 € TTC), intégralement réglés avant la fin de l'année.

Elle revend la moitié au comptant pour 90 000 € HT (108 000 € TTC) et le quart à crédit pour 50 000 € HT (60 000 € TTC), qui lui seront payés en janvier N+1. Le quart restant figure en stock à la fin de l'année.

Par ailleurs, elle a engagé les frais suivants (que nous supposerons payés au comptant sauf information contraire) :

- Loyer : 12 000 € HT ;
- Assurance : 2 000 € (non assujetti à TVA) ;
- Publicité : 1 000 € HT ;
- Frais de personnel (un employé en CDD venu en renfort pour un surcroît d'activité au mois de décembre) : 1 900 € dont 700 € de cotisations sociales qui ne seront réglées qu'en janvier N+1 ;
- Achat d'un véhicule utilitaire d'occasion pour 10 000 € HT (durée d'utilisation prévue de cinq ans à partir du 01/01/N) ;
- Impôts et taxes divers : 600 €.

Elle a également obtenu un prêt bancaire de 12 000 € au titre duquel elle a déjà payé des mensualités d'un montant total de 2 400 € sur l'année (500 € d'intérêts et 1 900 € de remboursement).

À vous de déterminer son résultat, puis de présenter son compte de résultat en remplissant le tableau ci-après. Prenez le temps de chercher la solution par vous-même : ce n'est pas si compliqué et toutes les informations nécessaires sont fournies dans le rappel des points essentiels.

CHARGES		PRODUCTS	
Achats de marchandises	120 000	Ventes de marchandises	140 000
Variation de stocks	−30 000		
Services	15 000		
Frais de personnel	1 900		
Impôts et taxes	600		
Dotation amortissements	2 000		
Charges financières	500	Produits financiers	0
Charges exceptionnelles	0	Produits exceptionnels	0
Total charges	110 000	Total produits	140 000
Bénéfice	30 000	Perte	
TOTAL	140 000	TOTAL	140 000

Solution

Les seuls produits de l'entreprise sont ses ventes : 90 000 € HT au comptant mais aussi 50 000 € HT à crédit, soit un total de 140 000 €. En revanche, l'obtention du prêt bancaire ne doit pas être prise en compte car elle n'enrichit pas l'entreprise : celle-ci reçoit bien de l'argent sur son compte bancaire, mais il lui faudra le rembourser par la suite.

Du côté des charges, nous pouvons recenser :

- **Le coût d'achat des marchandises vendues :** dans la mesure où seulement trois quarts des marchandises achetées ont été revendus, il ne faut prendre en charge que trois quarts de leur coût d'achat, c'est-à-dire 90 000 € (au compte de résultat, les 120 000 € de prix d'achat seront corrigés par une variation de stocks de − 30 000 €) ;
- **Les frais divers, même les cotisations sociales non encore réglées,** à l'exception du coût d'achat du véhicule utilitaire qui constitue une immobilisation : 12 000 + 2 000 + 1 000 + 1 900 + 600 = 17 500 € ;
- **La dotation aux amortissements correspondant à une année d'utilisation du véhicule utilitaire :** 10 000 € / 5 ans = 2 000 € ;
- **Les intérêts payés sur l'emprunt :** 500 €. Attention, de même que l'obtention du prêt ne constitue pas un produit, son remboursement ne constitue pas une charge dans la mesure où il n'appauvrit pas l'entreprise : il y a bien une sortie d'argent, mais celle-ci permet de réduire la dette financière.

Au total, les charges s'élèvent à 110 000 € (90 000 + 17 500 + 2 000 + 500).

L'entreprise a donc réalisé un bénéfice de 140 000 − 110 000 = 30 000 € durant l'année comptable.

Chapitre 1 : Appréhender le contenu du bilan et du compte de résultat

Ce chiffre signifie qu'elle s'est enrichie de ce montant durant l'année, mais cet enrichissement a pu toucher n'importe quel poste de son patrimoine et pas nécessairement son compte bancaire.

Le compte de résultat de l'exercice est le suivant :

CHARGES		PRODUITS	
Achats de marchandises	120 000	Ventes de marchandises	140 000
Variation de stocks	- 30 000		
Services	15 000		
Frais de personnel	1 900		
Impôts et taxes	600		
Dotation amortissements	2 000		
Charges financières	500	Produits financiers	0
Charges exceptionnelles	0	Produits exceptionnels	0
Total charges	**110 000**	Total produits	**140 000**
Bénéfice	30 000	Perte	
TOTAL	**140 000**	**TOTAL**	**140 000**

Exercice n° 5 : Mise au point sur le résultat

Parmi les achats suivants, lesquels ont un impact sur le résultat de l'exercice N ?

- ☑ Des matières premières achetées (livrées et facturées) en décembre N–1, mais utilisées et payées en janvier N. *Vente marchandise*
- ☑ Des matières premières achetées (livrées et facturées) et utilisées en décembre N–1, mais payées en janvier N. *Achat MARCHANDISE*
- ☐ Des matières premières achetées (livrées et facturées) et payées en décembre N–1, mais utilisées en janvier N.
- ☑ Des matières premières achetées (livrées et facturées) en décembre N mais utilisées et payées en janvier N+1. *stock variation*
- ☑ Des matières premières achetées (livrées et facturées) et utilisées en décembre N mais payées en janvier N+1. *Ventes*
- ☑ Des matières premières achetées (livrées et facturées) et payées en décembre N mais utilisées en janvier N+1. *Achat*
- ☑ Des matières premières payées d'avance en décembre N mais reçues et utilisées en janvier N+1.

Uniquement les MP utilisé Achat ont un impact.

Première partie : Assimiler les notions de base

Exercice n° 6 : Détermination du résultat comptable

Une entreprise a réalisé les opérations suivantes durant l'année N :

- Ventes de marchandises pour 160 000 € HT dont seulement 140 000 € ont été encaissés au 31/12/N ;
- Encaissement de 15 000 € au titre de ventes réalisées en décembre N–1 ; *Année précédente*
- Achats de marchandises pour 120 000 € HT, totalement réglés sur l'exercice ;
- Frais de personnel : 12 000 €, dont 400 € seront réglés en janvier N+1 ;
- Impôts et taxes : 2 000 € totalement réglés sur l'exercice ;
- Frais généraux (loyer, assurance, électricité, etc.) : 10 000 € HT totalement réglés sur l'exercice ;
- Mensualités d'un emprunt bancaire : 4 000 € prélevés durant l'année comptable (1 000 € d'intérêts et 3 000 € de remboursement du principal).

Quel est son résultat comptable pour l'année N ?

On vous informe qu'une partie des marchandises achetées n'a pas été revendue. Le stock de fin d'année est estimé à 20 000 € (valorisés au prix d'achat). Nous supposerons qu'il n'y avait pas de stock en début d'année. Cela change-t-il quelque chose au résultat calculé précédemment ? Si oui, quel est son nouveau montant ?

On vous informe que l'entreprise utilise du matériel acheté il y a deux ans pour 20 000 € HT (durée d'utilisation prévue de dix ans). Cela change-t-il quelque chose au résultat calculé précédemment ? Si oui, quel est son nouveau montant ?

Exercice n° 7 : Établissement d'un compte de résultat

Une entreprise a réalisé les opérations suivantes durant l'année N :

- Ventes de produits finis pour 200 000 € HT, dont seulement 170 000 € ont été encaissés au 31/12/N ;
- Encaissement de 20 000 € au titre de ventes réalisées en décembre N–1 ;
- Achats de matières premières et de consommables pour 140 000 € HT, dont seulement 125 000 € ont été payés au 31/12/N ;

Chapitre 1 : Appréhender le contenu du bilan et du compte de résultat

- Frais de personnel : 24 000 €, dont 800 € seront réglés en janvier N+1 ;
- Impôts et taxes : 2 000 € totalement réglés sur l'exercice ;
- Frais généraux (loyer, assurance, électricité, etc.) : 10 000 € HT totalement réglés sur l'exercice ;
- Achat d'un nouvel outillage pour 2 000 € HT (durée d'utilisation prévue de cinq ans à compter du 01/10/N).

Outre cet outillage, on vous informe que l'entreprise utilise également du matériel acheté l'année précédente pour 10 000 € HT (durée d'utilisation prévue de cinq ans).

Elle a également acheté pour 5 000 € de titres financiers qui ont généré des revenus de 400 € au titre de l'exercice N.

On supposera que toutes les matières premières et consommables achetés ont été utilisés pour la production de l'exercice.

Calculez le montant du résultat de l'entreprise pour l'exercice N et présentez son compte de résultat en remplissant le tableau ci-dessous :

CHARGES		PRODUITS	
Achats de matières	140 000	Production vendue	200 000
Variation de stocks	0		
Services	10 000		
Frais de personnel	24 000		
Impôts et taxes	2 000		
Dotation amortissements	2 100		
Charges financières	0	Produits financiers	400
Charges exceptionnelles	0	Produits exceptionnels	0
Total charges	178 100	Total produits	200 400
Bénéfice	22 300	Perte	0
TOTAL	200 400	TOTAL	200 400

L'articulation bilan/compte de résultat

Nous avons étudié séparément le bilan et le compte de résultat afin de ne pas vous embrouiller en mélangeant les différentes notions. Maintenant que vous maîtrisez parfaitement leur contenu (mais si, mais si !), il ne nous reste plus qu'à faire le lien entre ces deux documents complémentaires.

Le Code de commerce lui-même le dit : bilan et compte de résultat forment un « tout indissociable ». Alors que le bilan dresse chaque année un état du patrimoine de l'entreprise, le compte de résultat retrace ce qu'il s'est passé entre deux bilans : il explique en particulier comment l'entreprise s'est enrichie ou appauvrie durant l'année comptable.

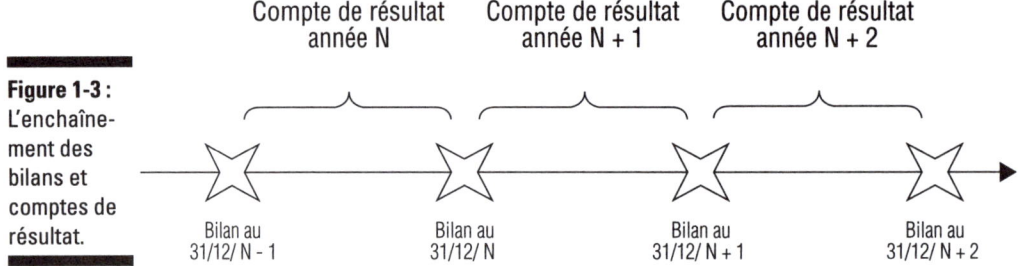

Figure 1-3 : L'enchaînement des bilans et comptes de résultat.

Un seul chiffre figure à l'identique au bilan et dans le compte de résultat : le résultat de l'exercice. Au compte de résultat, il est déterminé par différence entre les produits et les charges :

- Si l'entreprise a enregistré plus de produits que de charges, elle s'est enrichie durant l'exercice comptable : le montant de cet enrichissement correspond à son bénéfice ;
- Si au contraire elle a enregistré plus de charges que de produits, elle s'est appauvrie durant l'exercice comptable : le montant de cet appauvrissement correspond à sa perte.

Un enrichissement ne signifie pas nécessairement que l'entreprise possède plus d'argent sur son compte bancaire mais que son patrimoine net a augmenté. De la même façon, un appauvrissement ne se traduit pas forcément par une diminution de la trésorerie mais par une baisse du patrimoine net.

Au bilan, ce même résultat de l'exercice permet de maintenir l'équilibre entre le total de l'actif et celui du passif malgré la variation du patrimoine net.

Une augmentation du patrimoine net signifie que l'actif s'est accru par rapport aux dettes : le bénéfice de l'exercice vient rétablir l'équilibre en augmentant les capitaux propres.

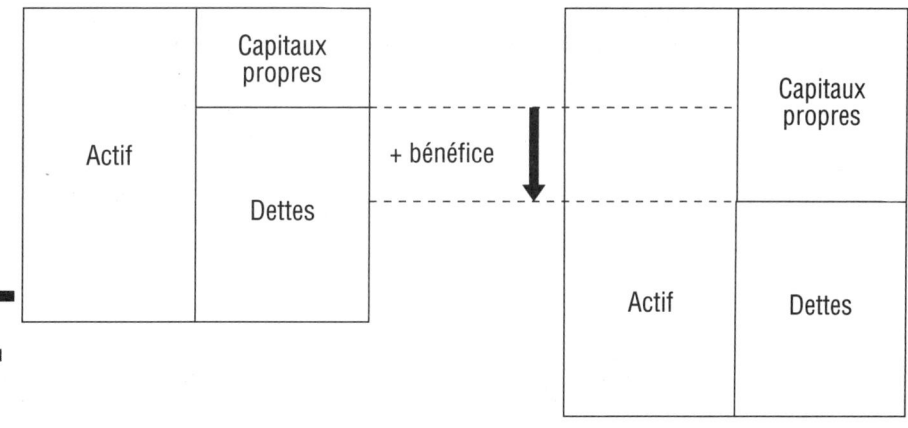

Figure 1-4 : Évolution du bilan d'une entreprise bénéficiaire.

Inversement, une diminution du patrimoine net signifie que l'actif a décru par rapport aux dettes : la perte de l'exercice vient rétablir l'équilibre en diminuant les capitaux propres.

En ce qui concerne les autres rubriques, bilan et compte de résultat fournissent une information complémentaire. Par exemple, le compte de résultat permet de connaître le montant total des ventes de l'exercice (encaissées ou non) alors que le bilan indique quel montant reste à encaisser. De la même façon, pour un emprunt bancaire, le bilan montre le montant restant à rembourser alors que le compte de résultat informe sur la charge d'intérêts.

Notons enfin que certaines informations ne figurent sur aucun de ces deux documents. Si l'on reprend l'exemple de l'emprunt bancaire, il n'est pas possible de connaître avec certitude le montant des remboursements de l'exercice : seuls les intérêts figurent au compte de résultat et la comparaison avec le bilan de l'année précédente nous renseignera sur l'évolution de la dette, mais sans préciser si une légère diminution provient uniquement d'un petit remboursement ou du net d'un remboursement plus important et d'un nouveau prêt. Il vous restera toutefois encore une chance de trouver l'information recherchée en consultant l'annexe qui accompagne le bilan et le compte de résultat.

Première partie : Assimiler les notions de base

Exercice corrigé

Une entreprise démarre l'année N avec le bilan suivant :

ACTIF		PASSIF	
Immobilisations	5 000	Capital	6 000
Total actif immobilisé	5 000	Total capitaux propres	6 000
Créances clients	2 000	Dettes financières	0
Trésorerie	1 500	Dettes fournisseurs	2 500
Total actif circulant	3 500	Total dettes	2 500
TOTAL ACTIF	8 500	TOTAL PASSIF	8 500

Durant l'année N, elle a réalisé les opérations suivantes :

- Encaissement des créances clients et paiement des dettes fournisseurs figurant à son bilan d'ouverture ;
- Achats de marchandises pour 50 000 € HT, dont 3 000 € seront réglés en janvier N+1 ;
- Ventes des marchandises pour 70 000 € HT, dont 20 000 € ne seront encaissés qu'en janvier N+1 ;
- Frais généraux : 10 000 € intégralement réglés au 31/12/N.

Par simplification, nous ne tiendrons pas compte de la TVA.

On vous informe que toutes les marchandises achetées ont été vendues et que la perte de valeur des immobilisations pendant l'année peut être évaluée à 1 000 €.

À vous de dresser le bilan de clôture et le compte de résultat de l'exercice en remplissant les tableaux ci-dessous :

Bilan au 31/12/N :

ACTIF		PASSIF	
Immobilisations	4 000	Capital	6 000
		Résultat de l'exercice	9 000
Total actif immobilisé	4 000	Total capitaux propres	15 000
Créances clients	20 000	Dettes financières	6 000
Trésorerie	0	Dettes fournisseurs	3 000
Total actif circulant	20 000	Total dettes	9 000
TOTAL ACTIF	24 000	TOTAL PASSIF	24 000

Chapitre 1 : Appréhender le contenu du bilan et du compte de résultat

Compte de résultat de l'exercice :

CHARGES		PRODUITS	
Achats de marchandises	50 000	Production vendue	70 000
Services	10 000		
Dotation amortissements	1 000		
Total charges	61 000	Total produits	70 000
Bénéfice	9 000	Perte	
TOTAL	70 000	TOTAL	70 000

Solution

Nous commençons ici par la construction du bilan, mais il aurait également été possible de démarrer par le compte de résultat.

À l'actif doivent figurer les éléments positifs du patrimoine de l'entreprise :

- Ses immobilisations qui valaient 5 000 € en début d'année mais ont perdu 1 000 € de valeur durant l'exercice : elles figureront à l'actif pour 4 000 € de valeur nette ;
- Ses créances clients pour 20 000 € correspondant à la somme restant à encaisser en début d'année suivante.

Mais pas de stock, car il est indiqué que toutes les marchandises achetées avaient été revendues au 31/12/N.

Le solde du compte bancaire doit être reconstitué à partir du solde de début d'exercice et des mouvements intervenus durant l'année :

1 500 (solde de départ) + 2 000 (encaissement des créances clients de l'année précédente) − 2 500 (paiement des dettes fournisseurs de l'année précédente) + 50 000 (partie encaissée des ventes de l'exercice) − 47 000 (partie réglée des achats de marchandises de l'exercice) − 10 000 (frais généraux) = − 6 000 €.

Le compte bancaire est à découvert de 6 000 € : il s'agit d'une dette de l'entreprise vis-à-vis de son banquier qui devra être présentée au passif dans la rubrique « Dettes financières », juste au-dessus des dettes fournisseurs, qui s'élèvent à 3 000 € au 31/12/N.

Les capitaux propres sont déterminés par différence entre le total de l'actif (20 000 + 4 000 = 24 000 €) et celui des dettes (6 000 + 3 000 = 9 000 €) : ils s'élèvent à 15 000 €. Le capital de départ restant inchangé à 6 000 € (il n'y a pas eu de nouvel apport de la part des exploitants), nous pouvons en déduire que le résultat de l'exercice est un bénéfice de 9 000 €. Nous retrouverons ce chiffre au compte de résultat avec l'explication de sa formation.

Bilan au 31/12/N :

ACTIF		PASSIF	
Immobilisations	4 000	Capital	6 000
		Résultat de l'exercice	9 000
Total actif immobilisé	4 000	Total capitaux propres	15 000
Créances clients	20 000	Dettes financières	6 000
Trésorerie	0	Dettes fournisseurs	3 000
Total actif circulant	20 000	Total dettes	9 000
TOTAL ACTIF	24 000	TOTAL PASSIF	24 000

Pour construire le compte de résultat, nous commençons par recenser les produits de l'exercice : ils correspondent aux ventes de marchandises pour le montant HT facturé durant l'année, même pour la partie non encore encaissée, soit un total 70 000 €.

Du côté des charges, nous trouvons :

- Les achats de marchandises (même non encore payés) : 50 000 € ;
- Les frais généraux : 10 000 € ;
- La dotation aux amortissements : 1 000 €.

Le total des charges s'élève à 61 000 €. Par différence avec les 70 000 € de produits, nous retrouvons bien un bénéfice de 9 000 €, identique à celui trouvé au bilan.

Compte de résultat de l'exercice :

CHARGES		PRODUITS	
Achats de marchandises	50 000	Production vendue	70 000
Services	10 000		
Dotation amortissements	1 000		
Total charges	61 000	Total produits	70 000
Bénéfice	9 000	Perte	
TOTAL	70 000	TOTAL	70 000

Chapitre 1 : Appréhender le contenu du bilan et du compte de résultat

Exercice n° 8 : La lecture des comptes annuels

La société Pois de senteur a établi les comptes suivants au 31/12/N :

Bilan au 31/12/N :

ACTIF		PASSIF	
Fonds commercial	32 812	Capital	35 000
Mobilier	36 344	Réserves	3 500
Dépôt de garantie	5 558	Résultat de l'exercice	11 029
Total actif immobilisé	74 714	Total capitaux propres	49 529
Stocks	25 010	Dettes financières (1)	10 120
Créances clients	1 150	Dettes fournisseurs	30 903
Trésorerie	753	Dettes fiscales et sociales	11 075
Total actif circulant	26 913	Total dettes	52 098
TOTAL ACTIF	**101 627**	**TOTAL PASSIF**	**101 627**

(1) Dont concours bancaires et soldes créditeurs de banque (découvert) : 2 435 €

Compte de résultat de l'exercice N :

CHARGES		PRODUITS	
Achats de marchandises	138 694	Ventes de marchandises	380 540
Variation de stocks	3 170	Prestations de services	7 732
Charges externes (services)	94 897		
Impôts et taxes	5 140		
Frais de personnel	130 430		
Dotation amortissements	3 241		
Charges financières	519	Produits financiers	0
Charges exceptionnelles	469	Produits exceptionnels	1 523
Impôt sur les bénéfices	2 206		
Total charges	378 766	Total produits	389 795
Bénéfice	11 029	Perte	
TOTAL	**389 795**	**TOTAL**	**389 795**

À partir de ces documents, pouvez-vous indiquer :

  ↳ Quelle est la nature de l'activité de l'entreprise ?

  ↳ Quel est le montant de ses ventes ?

- Les ventes ont-elles toutes été encaissées, ou des clients ont-ils bénéficié de délais de règlement ?
- L'entreprise est-elle propriétaire des locaux dans lesquels elle exerce son activité ?
- Quel est le montant de sa trésorerie ?
- Ses stocks ont-ils augmenté ou diminué durant l'année ?
- Quel est le montant de son résultat ? Et quelle est la signification de ce chiffre ?
- Quel est le montant de ses capitaux propres ? Et quelle est la signification de ce chiffre ?

Exercice n° 9 : L'établissement des comptes annuels

La société Choltrix exploite un commerce de détail de matériel électroménager. Son bilan était le suivant au 31/12/N–1 :

ACTIF		PASSIF	
Immobilisations corporelles (1)	4 500	Capital	20 000
Immobilisations financières (2)	2 500	Résultat de l'exercice	0
Total actif immobilisé	7 000	Total capitaux propres	20 000
Stocks	10 000	Dettes financières	0
Créances clients	0	Dettes fournisseurs (3)	10 000
Trésorerie	13 000	Dettes fiscales	0
Total actif circulant	23 000	Total dettes	10 000
TOTAL ACTIF	**30 000**	**TOTAL PASSIF**	**30 000**

(1) Mobilier du magasin et des bureaux.
(2) Il s'agit du dépôt de garantie versé à l'occasion de la signature du contrat de bail de son local.
(3) Délai de règlement : 1 mois.

Durant l'année N, elle a réalisé les opérations suivantes :

- Achat de matériel informatique : 2 000 € (réglés en avril N) ;
- Obtention d'un prêt bancaire : 8 000 € ;
- Ventes de marchandises : 110 000 € (dont seulement 100 000 € réglés au 31/12/N) ;
- Achats de marchandises : 60 000 € (dont seulement 55 000 € réglés au 31/12/N) ;

Exercice 6 :

1. Résultat Comptable :
$$\underbrace{160\,000}_{\text{Produits}} - \underbrace{145\,000}_{\text{charges}}$$
$$\boxed{= 15\,000}$$

2. Non car le stock restant est déduit des charges dans "Variations des stocks"

Marchandises vendu = $120\,000 - 20\,000 = 100\,000$
(car en stock)

↳ Montant des charges = $125\,000$

Donc Résultat comptable = $35\,000$ €
(bénéfice)

3 - Oui   ~~$20000 \times 0,2 = 4000$~~ $20000 \times 0,1 = 2000$
(car 1 année unique^t prise en compte).

Montant des charges = ~~$129\,000$~~
$127\,000$

Bénef = ~~1000~~
$33\,000$

Exercice 8 :

- Nature de l'activité de l'entreprise :
    - Vente de produit/marchandise.

- Montant des Ventes : 380 540. prdt
                       4 732 presta° service

- 1 150 € reste à payer des ventes.

- Oui car valeur du mobilier + fond commercial dans ses actifs.
    "Terrain" ou "construc°" seulement prouvent pour les locaux

- ~~753 €~~ Trésorie net = 753 − Découvert bancaire = −1 682 €

- Les stock ont diminué de 3 170 €

- 11 029 signifie que l'entreprise fait du bénéfice net.

- 49 529 signifie que l'entreprise

Chapitre 1 : Appréhender le contenu du bilan et du compte de résultat

✓ ✔ Loyers : 30 000 € payés en N ;
✓ ✔ Assurance : 1 000 € payés en N ;
✓ ✔ Taxe professionnelle : 1 500 € payés en N ;
✓ ✔ Déménagement dans un nouveau local : récupération de la caution de 2 500 € (pas de nouvelle caution versée).

Au 31/12/N, la dépréciation du mobilier est évaluée à 600 € et celle du matériel informatique à 500 €. Le stock de marchandises a fait l'objet d'un inventaire au 31/12/N : il est valorisé à 8 000 €.

À vous d'établir le bilan au 31/12/N et le compte de résultat de l'exercice N. Par simplification, vous ne tiendrez pas compte de la TVA et vous pourrez présenter l'actif sur une seule colonne, sans distinguer le montant brut et l'amortissement.

Bilan au 31/12/N :

ACTIF		PASSIF	
Immobilisations corporelles	5 400	Capital	20 000
Immobilisations financières	0	Résultat de l'exercice	14 400
Total actif immobilisé	5 400	Total capitaux propres	
Stocks	8 000	Dettes financières	8 000
Créances clients	10 000	Dettes fournisseurs	5 000
Trésorerie	T(N-1) + E + D	Dettes fiscales	0
Total actif circulant	18 000	Total dettes	13 000
TOTAL ACTIF	47 400	**TOTAL PASSIF**	47 400

Compte de résultat de l'année N :

CHARGES		PRODUITS	
Achats de marchandises	60 000	Production vendue	110 000
Variation de stocks	2 000		
Services	31 000		
Frais de personnel	0		
Impôts et taxes	1 500		
Dotation amortissements	1 100		
Charges financières	0	Produits financiers	0
Charges exceptionnelles	0	Produits exceptionnels	0
Total charges	93 600	Total produits	110 000
Bénéfice	16 400	Perte	
TOTAL	110 000	**TOTAL**	110 000

Réponses

Exercice n° 1 : Les équilibres fondamentaux

L'actif est composé du matériel (8 000 €), des stocks (4 000 €), des créances clients (6 000 €) et du compte bancaire (3 000 €), soit au total 21 000 €. Au passif, les dettes s'élèvent à 5 000 € (3 000 € pour les fournisseurs et 2 000 € pour l'administration fiscale).

Le montant des capitaux propres peut être déterminé par différence entre le total de l'actif et celui des dettes : 21 000 – 5 000 = 16 000 €. Ce chiffre correspond au patrimoine net de l'entreprise, c'est-à-dire à sa richesse. Dans la mesure où elle a démarré son activité avec un apport en capital de 10 000 €, nous pouvons en déduire que les 6 000 € restant correspondent à l'enrichissement généré par son activité, c'est-à-dire son bénéfice comptable.

Les grandes masses du bilan de fin d'année sont les suivantes :

ACTIF	21 000	Capitaux propres	16 000
		Dettes	5 000
TOTAL ACTIF	**21 000**	**TOTAL PASSIF**	**21 000**

Les chiffres trouvés précédemment seraient-ils différents si l'entreprise avait également une dette de 5 000 € vis-à-vis de son banquier ?

Avec une dette supplémentaire de 5 000 €, le patrimoine net de l'entreprise ne serait plus que de 11 000 € (21 000 € d'actif dont on déduit 10 000 € de dettes). L'apport initial étant toujours de 10 000 €, le bénéfice de l'exercice ne serait alors plus que de 1 000 €.

Les grandes masses du bilan de fin d'année seraient les suivantes :

ACTIF	21 000	Capitaux propres	11 000
		Dettes	10 000
TOTAL ACTIF	**21 000**	**TOTAL PASSIF**	**21 000**

Chapitre 1 : Appréhender le contenu du bilan et du compte de résultat

Exercice n° 2 : Le contenu du bilan

Parmi les éléments suivants, lesquels devraient figurer au bilan d'une entreprise ? Et pour quel montant ?

Des factures clients non encore encaissées pour un montant de 12 000 € TTC.

☑ Oui (montant : 12 000 €)   ☐ Non

Les créances clients sont présentées à l'actif pour le montant qui sera payé par les clients, c'est-à-dire le TTC. De son côté, la TVA à reverser à l'État figure au passif parmi les dettes fiscales.

Un emprunt bancaire d'un montant initial de 10 000 €. Les mensualités déjà prélevées s'élèvent à 2 500 € dont 2 000 € de remboursement du principal et 500 € d'intérêts.

☑ Oui (montant : 8 000 €)   ☐ Non

Les emprunts bancaires figurent au passif pour le montant restant à rembourser à la date de clôture des comptes (ici, 8 000 € correspondant aux 10 000 € empruntés diminués des 2 000 € déjà remboursés). Les intérêts versés figurent quant à eux parmi les charges du compte de résultat.

Un compte bancaire à découvert de 350 €.

☑ Oui (montant : 350 €)   ☐ Non

Les découverts bancaires ne sont pas présentés à l'actif en diminution de la trésorerie mais au passif parmi les dettes financières.

De l'argent liquide en caisse pour 500 €.

☑ Oui (montant : 500 €)   ☐ Non

Un local pris en location pour un loyer mensuel de 800 €.

☐ Oui (montant : ....)   ☑ Non

Le local n'appartient pas à l'entreprise : il ne doit donc pas apparaître dans son bilan. En revanche, si un dépôt de garantie a été versé, celui-ci constitue une créance à long terme sur le propriétaire du bâtiment et sera présenté à ce titre parmi les immobilisations financières. Quant aux loyers « classiques », ils constituent des charges du compte de résultat.

Première partie : Assimiler les notions de base

Une machine-outil achetée il y a deux ans pour 10 000 € (durée d'utilisation prévue de cinq ans).

☑ Oui (montant : 6 000 € si on suppose que l'amortissement est linéaire)
☐ Non

La machine-outil est une immobilisation corporelle amortissable : elle figurera à l'actif du bilan, mais sa valeur sera réduite chaque année pour tenir compte de l'usure liée à son utilisation. Si on suppose que la perte de valeur est répartie de façon régulière sur la durée de vie de la machine, celle-ci a déjà perdu $2/5^e$ de sa valeur au moment de l'établissement des comptes. Elle sera donc présentée à l'actif pour 10 000 − 4 000 = 6 000 €.

Des actions achetées pour 1 000 € il y a un mois mais qui ne valent plus aujourd'hui que 900 €.

☑ Oui (montant : 900 €)   ☐ Non

En vertu du principe de prudence, c'est la valeur la plus basse entre le coût d'achat et la valeur de marché qui est retenue pour figurer à l'actif du bilan.

Un scientifique reconnu payé 4 000 € par mois pour mettre au point les nouveaux produits de l'entreprise.

☐ Oui (montant : ....)   ☑ Non

L'esclavage a été définitivement aboli en France en 1848 : depuis cette date, on ne peut plus considérer un salarié comme la propriété de son employeur et le faire figurer à l'actif de son bilan.

NOTE TECHNIQUE

Notons toutefois que les frais de recherche et développement peuvent parfois être portés à l'actif sous certaines conditions, mais il s'agit là d'un sujet très complexe sur lequel il vaut mieux demander l'aide de votre expert-comptable.

Le montant de la TVA du mois écoulé qui sera payé le mois suivant pour 612 €.

☑ Oui (montant : 612 €)   ☐ Non

La dette de TVA à payer figure au passif parmi les dettes fiscales et sociales. Inversement, un crédit de TVA aurait été présenté à l'actif en tant que créance diverse.

Un stock de marchandises achetées pour 3 000 € et qui seront probablement revendues à 5 000 €.

☑ Oui (montant : 3 000 €)   ☐ Non

De même que pour les actions étudiées ci-dessus, c'est la valeur la plus basse entre le coût d'achat et le prix de vente qui est retenue pour figurer à l'actif.

Chapitre 1 : Appréhender le contenu du bilan et du compte de résultat

Exercice n° 3 : Faisons le bilan

Calculez le solde du compte bancaire au 31/12/N

Pour connaître le solde du compte bancaire au 31/12/N, il suffit de recenser les mouvements intervenus durant l'année :

- Encaissements : apport de l'exploitant (50 000 €) et ventes de l'exercice (140 000 €), soit un total de 190 000 € ;
- Décaissements : paiement de la machine (25 000 €), des marchandises (seulement 100 000 € à la date de clôture), des frais divers (40 000 €), soit au total 165 000 €.

Il reste donc 25 000 € sur le compte bancaire au 31/12/N.

Calculez le montant du patrimoine net de l'entreprise à cette même date

À cette date, l'entreprise possède :

- La machine : celle-ci avait été achetée pour 25 000 € mais nous considérons qu'elle perd $1/10^e$ de sa valeur chaque année, soit 2 500 € par an. La perte de valeur n'est toutefois que de 1 250 € pour l'exercice N, car la machine n'a été utilisée que pendant six mois. La valeur nette à présenter à l'actif est de 23 750 € ;
- Le stock : il reste en stock un quart des marchandises achetées, soit 30 000 € (120 000 / 4) ;
- Aucune créance client puisque toutes les ventes ont été encaissées ;
- Son compte bancaire pour 25 000 €.

D'un autre côté, elle doit 20 000 € au fournisseur des marchandises.

Son patrimoine net s'élève donc à 23 750 + 30 000 + 25 000 – 20 000 = 58 750 €

Présentez son bilan synthétique en remplissant le tableau ci-dessous

Pour établir le bilan de l'entreprise, il convient de commencer par répartir les différents éléments du patrimoine de l'entreprise dans les rubriques correspondantes de l'actif et des dettes : la machine en immobilisations, les stocks en stocks (!), le compte bancaire en trésorerie et les dettes fournisseurs en dettes. Nous nous intéressons ensuite aux capitaux propres : ceux-ci sont égaux au patrimoine net de l'entreprise, soit 58 750 €. Comme nous savons que le capital de départ est de 50 000 €, nous en déduisons que le résultat de l'exercice est un bénéfice de 8 750 €.

ACTIF		PASSIF	
Immobilisations	23 750	Capital	50 000
Total actif immobilisé	23 750	Résultat de l'exercice	8 750
Stocks	30 000	Total capitaux propres	58 750
Créances clients	0	Dettes fournisseurs	20 000
Trésorerie	25 000	Dettes fiscales	0
Total actif circulant	55 000	Total dettes	20 000
TOTAL ACTIF	78 750	TOTAL PASSIF	78 750

Les chiffres ainsi obtenus seraient-ils différents si le montant des ventes n'était que de 130 000 € (seul le prix de vente change, la quantité vendue restant identique) ?

La baisse du montant des ventes aurait un impact non seulement sur le solde du compte bancaire (qui ne serait plus que de 15 000 €), mais aussi sur le résultat de l'exercice qui deviendrait déficitaire de 1 250 € (8 750 – 10 000).

Le bilan de clôture serait alors le suivant :

ACTIF		PASSIF	
Immobilisations	23 750	Capital	50 000
Total actif immobilisé	23 750	Résultat de l'exercice	- 1 250
Stocks	30 000	Total capitaux propres	48 750
Créances clients	0	Dettes fournisseurs	20 000
Trésorerie	15 000	Dettes fiscales	0
Total actif circulant	45 000	Total dettes	20 000
TOTAL ACTIF	68 750	TOTAL PASSIF	68 750

Vous remarquerez au passage que le compte bancaire reste positif malgré la perte comptable enregistrée, ce qui prouve bien la différence entre ces deux notions.

Exercice n° 4 : Une machine-outil… (question piège)

Une machine-outil figure-t-elle obligatoirement en immobilisation au bilan de son propriétaire ?

Le titre de l'exercice vous mettait en garde et laissait supposer que votre premier réflexe ne serait pas le bon. Vous aurez sans doute deviné que la bonne réponse était « non ». Mais pourquoi ?

Les immobilisations regroupent les biens destinés à être utilisés durablement par l'entreprise, ce qui est généralement le cas du matériel industriel... mais pas systématiquement : chez un fabriquant de machines-outils, celles-ci sont destinées à la revente et doivent à ce titre figurer dans son stock (stocks de produits finis). Il en est de même chez un revendeur (stocks de marchandises).

Cette remarque s'applique également au matériel informatique ou aux véhicules. En fait, le classement comptable d'un bien ne dépend pas de sa nature mais de l'usage auquel l'entreprise le destine.

Exercice n° 5 : Mise au point sur le résultat

Parmi les achats suivants, lesquels ont un impact sur le résultat de l'exercice N ?

☑ Des matières premières achetées (livrées et facturées) en décembre N–1, mais utilisées et payées en janvier N.

☐ Des matières premières achetées (livrées et facturées) et utilisées en décembre N–1, mais payées en janvier N.

☑ Des matières premières achetées (livrées et facturées) et payées en décembre N–1, mais utilisées en janvier N.

☐ Des matières premières achetées (livrées et facturées) en décembre N mais utilisées et payées en janvier N+1.

☑ Des matières premières achetées (livrées et facturées) et utilisées en décembre N mais payées en janvier N+1.

☐ Des matières premières achetées (livrées et facturées) et payées en décembre N mais utilisées en janvier N+1.

☐ Des matières premières payées d'avance en décembre N mais reçues et utilisées en janvier N+1.

Seules les matières consommées durant l'exercice N ont un impact sur le résultat de l'exercice, même si elles n'ont pas encore été payées.

Les matières achetées mais non consommées ne constituent pas une charge de l'exercice (même si elles ont déjà été payées) : leur achat apparaît bien au compte de résultat, mais il est neutralisé par une variation de stocks négative qui annule son impact sur le résultat de l'exercice. Inversement, les marchandises achetées en N–1 mais utilisées en janvier N ne figurent pas parmi les achats de l'exercice N mais sont rajoutées aux charges par le biais d'une variation de stock positive.

Première partie : Assimiler les notions de base

Exercice n° 6 : Détermination du résultat comptable

Les produits de l'exercice sont constitués des ventes réalisées durant l'année comptable, même si elles n'ont pas encore été encaissées, soit 160 000 €. En revanche, il ne faut pas tenir compte de l'encaissement des ventes de l'année passée car celles-ci ont déjà été intégrées dans le compte de résultat de l'exercice N–1.

De la même façon, les charges à prendre en compte sont celles engagées au titre de l'année N, même si elles n'ont pas encore été réglées. Elles se composent :

- Des achats de marchandises : 120 000 € ;
- Des frais de personnel : 12 000 € ;
- Des impôts et taxes : 2 000 € ;
- Des frais généraux : 10 000 € ;
- Des intérêts d'emprunt : 1 000 € (rappelons que le remboursement du principal ne constitue pas une charge car il n'appauvrit pas l'entreprise).

Au total, les charges s'élèvent à 145 000 €.

Le résultat comptable est donc de 160 000 – 145 000 = 15 000 €. Il s'agit d'un bénéfice.

On vous informe qu'une partie des marchandises achetées n'a pas été revendue. Le stock de fin d'année est estimé à 20 000 € (valorisés au prix d'achat). Nous supposerons qu'il n'y avait pas de stock en début d'année.

Cela change-t-il quelque chose au résultat calculé précédemment ? Si oui, quel est son nouveau montant ?

Seul le coût des marchandises vendues durant l'exercice comptable est une charge de l'exercice. Il faut donc retirer le coût des marchandises restant en stock du montant des achats : ainsi, le coût des marchandises vendues n'est que de 120 000 – 20 000 = 100 000 €.

Le montant total des charges n'est alors plus que de 125 000 €, ce qui laisse à l'entreprise un bénéfice de 35 000 €.

On vous informe que l'entreprise utilise du matériel acheté il y a deux ans pour 20 000 € HT (durée d'utilisation prévue de dix ans).

Chapitre 1 : Appréhender le contenu du bilan et du compte de résultat

Cela change-t-il quelque chose au résultat calculé précédemment ? Si oui, quel est son nouveau montant ?

L'usure liée à l'utilisation de ce matériel est une charge à intégrer dans le compte de résultat. En supposant que l'usure est répartie de façon régulière sur la durée de vie du matériel, nous pouvons l'estimer à $1/10^e$ pour l'exercice N, soit 2 000 €.

Le montant final des charges est alors de 127 000 € et le bénéfice de 33 000 €.

Exercice n° 7 : Établissement d'un compte de résultat

Les produits de l'entreprise sont constitués non seulement de ses ventes (même celles qui n'ont pas été encaissées) mais aussi des revenus de ses placements. Ils s'élèvent à 200 400 €.

Les charges comprennent :

- Les achats de matières (même ceux qui n'ont pas encore été réglés) : 140 000 €. Dans la mesure où toutes les matières achetées ont été consommées, il n'y a pas lieu de corriger ce chiffre par une variation de stocks ;
- Les frais généraux : 10 000 € ;
- Les frais de personnel (y compris les cotisations non encore réglées) : 24 000 € ;
- Les impôts et taxes : 2 000 €.

L'achat des titres ne constitue pas une charge puisqu'ils ne sont pas consommés par l'entreprise mais restent bien présents dans son patrimoine. Il en est de même pour l'achat du nouvel outillage : seul le montant estimé de son usure pendant l'année aura un impact le résultat de l'exercice (ligne « dotation aux amortissements »). Il peut être estimé à 2 000 / 5 = 400 € en année pleine, mais seulement 400 × 3 / 12 = 100 € pour l'année N (trois mois d'utilisation sur l'année). À ce montant vient s'ajouter l'usure du matériel acheté l'année précédente mais toujours utilisé par l'entreprise : 10 000 / 5 = 2 000 €. Au total, la dotation aux amortissements de l'exercice s'élève à 2 100 €.

Ces calculs achevés, nous pouvons calculer le résultat de l'entreprise : il s'élève à 200 400 − 140 000 − 10 000 − 24 000 − 2 000 − 2 100 = 22 300 € (bénéfice).

Le compte de résultat sera présenté comme suit :

CHARGES		PRODUITS	
Achats de matières	140 000	Production vendue	200 000
Variation de stocks	0		
Services	10 000		
Frais de personnel	24 000		
Impôts et taxes	2 000		
Dotation amortissements	2 100		
Charges financières	0	Produits financiers	400
Charges exceptionnelles	0	Produits exceptionnels	0
Total charges	178 100	Total produits	200 400
Bénéfice	22 300	Perte	
TOTAL	**200 400**	**TOTAL**	**200 400**

Exercice n° 8 : La lecture des comptes annuels

Quelle est la nature de l'activité de l'entreprise ?

Les produits du compte de résultat de Pois de senteur sont essentiellement constitués de ventes de marchandises : il s'agit d'une activité commerciale, c'est-à-dire d'achat/revente de biens en l'état. L'entreprise est probablement un grossiste ou un commerce de détail. Le fait que la quasi-totalité de ses clients règle au comptant joue en faveur de la seconde hypothèse. Peut-être un fleuriste ou un parfumeur compte tenu de son nom ?

Par ailleurs, l'entreprise exerce une activité annexe de prestation de services : peut-être de la décoration de salles de réception ou de stages de composition florale s'il s'agit d'un fleuriste, ou de soins esthétiques pour une parfumerie.

Quel est le montant de ses ventes ?

Les ventes de l'année comptable sont indiquées parmi les produits du compte de résultat : elles s'élèvent à 380 540 € pour les ventes de marchandises et 7 732 € pour les prestations de services.

Ces chiffres correspondent au montant hors taxes des ventes facturées pendant les douze mois de l'année comptable, que celles-ci aient été encaissées ou non au moment de la clôture des comptes.

Chapitre 1 : Appréhender le contenu du bilan et du compte de résultat

Les ventes ont-elles été toutes encaissées, ou des clients ont-ils bénéficié de délais de règlement ?

Les chiffres du compte de résultat ne tiennent pas compte des dates de règlement : pour savoir si les ventes ont été encaissées, il faut se référer au bilan et regarder s'il y figure des créances clients en attente d'encaissement.

Celles-ci sont bien présentes à l'actif mais pour un montant très faible : sur la totalité des ventes de l'année, seulement 1 150 € sont en attente de règlement à la date de clôture. Tout le reste a été payé.

L'entreprise est-elle propriétaire des locaux dans lesquels elle exerce son activité ?

Les droits et biens que l'entreprise possède constituent l'actif de son bilan : si elle était propriétaire de ses locaux, ceux-ci apparaîtraient parmi les immobilisations corporelles. Or aucune ligne « terrains » ou « constructions » n'apparaît à l'actif : nous pouvons en déduire que l'entreprise ne possède pas de tels biens et qu'elle loue probablement le bâtiment dans lequel elle exerce son activité (location simple ou crédit-bail). Les loyers versés figurent au compte de résultat parmi les charges d'exploitation (« charges externes ») alors que le dépôt de garantie constitue une immobilisation financière.

En revanche, on remarque qu'un fonds de commerce figure à l'actif du bilan : l'entreprise est propriétaire de ce dernier.

Quel est le montant de sa trésorerie ?

Les éléments positifs de la trésorerie de l'entreprise apparaissent clairement à l'actif de son bilan pour 753 €. Cette somme représente les pièces et billets détenus dans sa caisse ainsi que ses comptes bancaires positifs.

Attention toutefois à ne pas tomber dans le piège qui consisterait à ne regarder que ce chiffre : les éléments négatifs de la trésorerie (découverts bancaires) se cachent au passif. Pour les débusquer, il faut regarder la note au bas du tableau correspondant à la ligne « dettes financières ». Dans le cas de Pois de senteur, les découverts s'élèvent à 2 435 €. La trésorerie nette est donc négative de 1 682 € (753 − 2 435).

Ses stocks ont-ils augmenté ou diminué durant l'année ?

Le bilan de la société Pois de senteur nous renseigne sur la valeur du stock à la date de clôture des comptes : pour connaître son évolution durant l'année, il suffirait de comparer ce chiffre avec celui du bilan de l'année précédente. Malheureusement, nous ne disposons pas de celui-ci.

Alors que faire ? Aller voir au compte de résultat ! La ligne « variation de stocks » indique précisément la différence entre le stock de début et de fin d'année. Lorsqu'elle est positive, cela signifie que l'entreprise a déstocké :

le coût des marchandises prélevées dans le stock vient s'ajouter à celui des achats pour déterminer les charges de l'exercice. Au contraire, une variation de stocks négative signifierait que l'entreprise a stocké une partie de ses achats : le coût des marchandises stockées viendrait diminuer celui des achats pour déterminer les charges de l'exercice.

Dans le cas de Pois de senteur, les stocks ont diminué de 3 170 €.

Quel est le montant de son résultat ? Et quelle est la signification de ce chiffre ?

Le résultat de l'entreprise se trouve aussi bien au bilan (parmi les capitaux propres) qu'au compte de résultat (différence entre les produits et les charges) : il s'élève à 11 029 €. Ce chiffre est positif, ce qui indique que l'entreprise a réalisé un bénéfice.

Le bénéfice d'une entreprise représente son enrichissement durant l'année comptable : ici, le patrimoine net de l'entreprise a augmenté de 11 029 € par rapport à la clôture de l'année précédente. Toutefois, cette augmentation ne se traduit pas nécessairement par une augmentation de la trésorerie mais peut toucher n'importe quel poste du bilan : l'entreprise peut avoir moins d'argent sur son compte bancaire après avoir investi ou s'être désendettée.

Quel est le montant de ses capitaux propres ? Et quelle est la signification de ce chiffre ?

Les capitaux propres d'une entreprise se trouvent au passif de son bilan. Ils représentent la différence entre son actif (ce qu'elle possède) et ses dettes (ce qu'elle doit), autrement dit son patrimoine net. Dans notre exercice, l'entreprise Pois de senteur possède un actif de 101 627 € et des dettes de 52 098 € : ses capitaux propres s'élèvent à 49 529 €.

Contrairement aux autres rubriques du bilan, le détail des capitaux propres ne vous informe pas sur la composition du patrimoine de l'entreprise mais sur l'historique de sa constitution :

- L'entreprise a bénéficié d'un apport de départ de 35 000 € de la part de ses actionnaires (capital social) ;
- Elle a conservé une partie de ses bénéfices passés plutôt que de les distribuer à ses associés sous forme de dividende (s'agissant de la réserve légale de 3 500 € elle n'avait pas vraiment le choix car il s'agit d'une obligation légale) ;
- Enfin, elle s'est enrichie de 11 029 € cette année. Le sort de ce bénéfice sera décidé lors de l'assemblée générale qui aura lieu début N+1 : distribution de dividendes ou conservation au sein de l'entreprise à titre d'autofinancement.

Exercice n° 9 : L'établissement des comptes annuels

Le bilan au 31/12/N de la société Choltrix reflète la situation de son patrimoine à cette date. Pour l'établir, il faut tenir compte de la situation de départ (bilan au 31/12/N–1) et des événements intervenus pendant l'année comptable. Vous devriez alors obtenir le tableau suivant :

ACTIF		PASSIF	
Immobilisations corporelles	5 400	Capital	20 000
Immobilisations financières	0	Résultat de l'exercice	14 400
Total actif immobilisé	5 400	Total capitaux propres	34 400
Stocks	8 000	Dettes financières	8 000
Créances clients	10 000	Dettes fournisseurs	5 000
Trésorerie	24 000	Dettes fiscales	0
Total actif circulant	42 000	Total dettes	13 000
TOTAL ACTIF	47 400	TOTAL PASSIF	47 400

Étudions à présent le contenu des différentes rubriques :

- **Immobilisations corporelles :** l'entreprise a démarré l'année avec du mobilier d'une valeur de 4 500 € auquel est venu s'ajouter du matériel informatique acheté pour 2 000 €. Ces biens ont été utilisés durant l'année et ont, de ce fait, perdu une partie de leur valeur : le mobilier s'est déprécié de 600 € et ne vaut plus que 3 900 €. Le matériel informatique, quant à lui, s'est déprécié de 500 € et ne vaut plus que 1 500 €. En fin d'année, la valeur nette des immobilisations s'élève donc à 5 400 € (3 900 € de mobilier et 1 500 € de matériel informatique) ;

- **Immobilisations financières :** le dépôt de garantie a été restitué à l'entreprise : celle-ci ne détient plus aucune immobilisation financière au 31/12/N ;

- **Stocks :** la valeur du stock au 31/12/N est donnée dans l'énoncé et s'élève à 8 000 € ;

- **Créances clients :** cette ligne représente le montant des factures clients en attente de règlement au moment de la clôture. Ici, le montant facturé durant l'année s'élève à 110 000 € dont seulement 100 000 € ont été encaissés : à la date de clôture des comptes, il reste 10 000 € à recevoir des clients ;

- **Banque :** cette ligne est sans doute celle qui vous a posé le plus de difficultés. En effet, le solde du compte bancaire ne vous est pas donné dans l'énoncé (vous ne vous attendiez tout de même pas à ce que ce soit trop facile ?). En revanche, vous pouvez le reconstituer à partir du solde de début d'année et des mouvements intervenus durant l'année :

  - **Solde de départ :** 13 000 € d'après le bilan au 31/12/N–1 ;
  - **Encaissements :** durant l'année, l'entreprise a reçu 100 000 € au titre de ses ventes (seul le montant réellement encaissé est ici pris en compte), 8 000 € pour le prêt bancaire et 2 500 € de restitution du dépôt de garantie de son ancien local. Le total des encaissements de l'année s'élève donc 110 500 € ;
  - **Décaissements :** durant l'année, l'entreprise a réglé 2 000 € de matériel informatique, 55 000 € au titre de ses achats (même remarque que pour les ventes), 30 000 € de loyer, 1 000 € d'assurance et 1 500 € de taxe professionnelle. N'oubliez pas qu'elle a également dû régler les dettes qui figuraient au passif du bilan au 31/12/N–1 avec une échéance de moins d'un mois : dettes fournisseurs de 10 000 €. Le total des décaissements de l'année s'élève donc à 99 500 €.

Attention à ne pas prendre en compte la dépréciation des immobilisations dans le calcul des décaissements : celle-ci correspond à l'usure ou l'obsolescence des immobilisations de l'entreprise et ne génère aucune sortie de trésorerie (le décaissement a eu lieu au moment de l'achat du matériel).

Finalement, l'entreprise dispose de 24 000 € sur son compte bancaire au 31/12/N (13 000 + 110 500 – 99 500).

Passons à présent au passif :

- **Capital :** cette ligne représente les sommes apportées par les associés depuis la création de la société. Dans la mesure où il n'est fait mention d'aucun nouvel apport durant l'année N, son montant reste identique à celui de l'année précédente, soit 20 000 € ;
- **Dettes financières :** il s'agit de l'emprunt de 8 000 € contracté par l'entreprise et qui n'a pas encore commencé à être remboursé (dans la réalité il aurait fallu tenir compte des intérêts accumulés, mais vous nous auriez reproché de trop compliquer les choses) ;
- **Dettes fournisseurs :** de même que pour les créances clients, cette rubrique représente les factures en attente de règlement au moment de la clôture. Ici, seuls 55 000 € ont été réglés sur les 60 000 € d'achat : il reste une dette de 5 000 € vis-à-vis des fournisseurs. En revanche, les autres dépenses (matériel informatique, loyer, assurance, taxe professionnelle) ont toutes été réglées durant l'année et ne laissent pas de dette à la date de clôture ;

Chapitre 1 : Appréhender le contenu du bilan et du compte de résultat

> ✔ **Dettes fiscales et sociales :** on ne vous a informé d'aucun salaire ou impôt en attente de règlement. Il n'y a donc pas de dettes fiscales et sociales à la clôture de l'exercice N ;
>
> ✔ **Résultat de l'exercice :** si vous n'avez pas encore établi le compte de résultat de l'entreprise, vous pouvez quand même calculer ce chiffre par différence : le total de l'actif s'élève à 47 400 € et nous avons recensé 33 000 € au passif (20 000 € de capital, 8 000 € de dettes financières et 5 000 € de dettes fournisseurs). Pour équilibrer le bilan, nous devons ajouter au passif un résultat de 14 400 € (47 400 – 33 000) : il s'agit d'un bénéfice.

Ce chiffre représente l'enrichissement de l'entreprise durant l'année comptable : à la fin de l'exercice N–1, elle possédait un patrimoine net (actif – dettes) de 20 000 €, alors qu'à la fin de l'année N celui-ci s'élève à 34 400 € (47 400 – 8 000 – 5 000) en augmentation de 14 400 €.

Maintenant que le bilan est terminé, nous pouvons nous attaquer au compte de résultat qui expliquera plus en détail la formation du résultat de l'année. Il doit présenter les chiffres suivants :

Compte de résultat de l'année N :

CHARGES		PRODUITS	
Achats de marchandises	60 000	Production vendue	110 000
Variation de stocks	2 000		
Services	31 000		
Frais de personnel	0		
Impôts et taxes	1 500		
Dotation amortissements	1 100		
Charges financières	0	Produits financiers	
Charges exceptionnelles	0	Produits exceptionnels	
Total charges	95 600	Total produits	110 000
Bénéfice	14 400	Perte	
TOTAL	**110 000**	**TOTAL**	**110 000**

Reprenons plus en détail le contenu de chaque ligne :

> ✔ **Ventes de marchandises :** il s'agit du montant hors taxes des ventes facturées durant l'année comptable, que celles-ci aient été encaissées ou non. Il faut tenir compte non seulement des 100 000 € réglés au 31/12/N mais aussi des 10 000 € en attente d'encaissement ;

- **Achats de marchandises :** de façon symétrique, cette ligne reprend le montant hors taxes des achats, y compris ceux qui n'ont pas encore été payés au moment de la clôture des comptes ;
- **Variation de stocks :** la variation de stocks est égale à la différence entre le stock de début d'année et celui de fin d'année. Cette ligne permet de passer du montant des achats (ligne précédente) au coût des marchandises vendues (addition des deux lignes). En effet, il serait incorrect de calculer la marge d'une entreprise par différence entre le montant de ses ventes et celui de ses achats, en particulier la première année d'activité lorsqu'une part importante des achats est destinée à constituer un stock.

Par exemple, une entreprise achète 1 000 produits à 10 € pièce (total des achats = 10 000 €) et en revend 700 à 15 € pièce (total des ventes = 10 500 €) : sa marge n'est pas égale à 500 € (10 500 € de ventes – 10 000 € d'achats) mais à 3 500 € (700 pièces vendues avec une marge unitaire de 5 €). À son compte de résultat, il faut ajuster le montant des achats pour retirer les 3 000 € correspondant aux 300 articles toujours en stock.

Dans le cas de la société Choltrix, la variation de stocks est positive et s'ajoute au montant des achats. En effet, les stocks de l'entreprise ont diminué pendant l'année, ce qui signifie que l'entreprise a vendu plus de produits qu'elle n'en a achetés. Le coût des marchandises prélevées sur le stock vient s'ajouter au coût des marchandises achetées durant l'année :

- **Charges externes :** il s'agit des achats de services, soit 30 000 € de loyer et 1 000 € d'assurance ;
- **Impôts et taxes :** taxe professionnelle de l'année ;
- **Dotation aux amortissements :** cette ligne présente la perte de valeur des immobilisations durant l'année comptable, en l'occurrence 600 € pour le mobilier et 500 € pour le matériel informatique ;
- **Bénéfice de l'exercice :** ce chiffre est calculé par différence entre le total des produits et celui des charges. C'est avec soulagement que l'on retrouve le même résultat qu'au passif du bilan.

Vous avez peut-être été tenté de présenter le remboursement de la caution parmi les produits de l'exercice ? Mal vous en aurait pris, car il s'agit d'une erreur. En effet, celui-ci ne contribue pas à l'enrichissement de l'entreprise et n'augmente pas son patrimoine : l'entrée d'argent sur le compte bancaire a pour contrepartie la disparition d'une immobilisation financière de même valeur. Cela passe pour cette fois-ci, mais que l'on ne vous y reprenne plus !

Chapitre 2
Maîtriser la « mécanique » comptable

Dans ce chapitre :
▶ Comment fonctionne la partie double
▶ Comment équilibrer une écriture comptable
▶ Quelles opérations ont un impact sur le résultat comptable

L'établissement du bilan et du compte de résultat en fin d'année n'est possible que grâce au travail quotidien du comptable qui enregistre au fur et à mesure toutes les transactions réalisées par l'entreprise. Ces enregistrements reposent sur la technique dite de la « partie double ». Nous vous l'exposerons ici dans son plus simple appareil, débarrassée de tout habillage technique : vous vous entraînerez à identifier les éléments du bilan et du compte de résultat affectés par une transaction, sans vous encombrer des notions de débit et crédit ou de la numérotation des comptes. Vous serez probablement surpris de constater à quel point le fonctionnement de la comptabilité peut être simple ! Ce n'est qu'une fois que vous maîtriserez ces principes généraux que nous aborderons les aspects plus techniques dans le prochain chapitre.

Le principe de la partie double

Le principe de la partie double repose sur le fait que chaque opération réalisée par une entreprise fait intervenir deux flux : un flux sortant de l'entreprise et un flux entrant dans l'entreprise. Par exemple, un achat de marchandises réglé par chèque met en jeu une sortie d'argent en échange d'une entrée de marchandises. Ces flux doivent être comptabilisés tous les deux, ce qui génère deux enregistrements par transaction et explique le nom de « partie double ».

La première étape pour comptabiliser une opération est d'identifier les flux mis en jeu :

- **Le *flux entrant* (les comptables parlent d'« emploi ») est le but de la transaction, sa destination :** c'est l'objectif que l'entreprise poursuit en réalisant l'opération ;

- **De façon symétrique, le *flux sortant* est le moyen qui a permis d'obtenir l'emploi (les comptables parlent de « ressource ») :** c'est l'origine de l'opération.

Un même élément peut être parfois le flux entrant et parfois le flux sortant : c'est en particulier le cas de l'argent qui rentre et qui sort chaque jour du compte bancaire. De même, il est possible d'avoir plusieurs flux entrants ou sortants pour la même opération.

Les flux monétaires sont les plus faciles à identifier. Une entrée d'argent sur le compte bancaire ou dans la caisse correspond évidemment au flux entrant. Il ne reste alors plus qu'à identifier la source de cet encaissement :

- Argent prêté par le banquier ;
- Vente réalisée au comptant ;
- Encaissement d'une ancienne vente à crédit ;
- Revenu d'un placement, etc.

De la même façon, de l'argent sortant du compte bancaire ou de la caisse correspond au flux sortant. Vous devez alors rechercher le but de ce décaissement :

- Investissement industriel ou financier ;
- Achats de biens ou de services ;
- Remboursement d'un emprunt bancaire ;
- Règlement des salaires, etc.

Dans le cas d'une opération à crédit, le flux monétaire est retardé de quelques semaines ou quelques mois : en attendant, il est remplacé par une créance (vente à crédit) ou par une dette (achat à crédit).

Pour analyser une dette en termes de flux entrants et sortants, il faut remonter à sa nature juridique : c'est un engagement donné par l'entreprise, une promesse de régler la facture du fournisseur lorsque celle-ci arrivera à échéance. Cette promesse « sort » de l'entreprise lorsqu'elle la donne à son fournisseur en échange de biens ou de services, puis elle y « rentre » lorsque celui-ci la lui rend au moment du paiement.

Chapitre 2 : Maîtriser la « mécanique » comptable

Exercice corrigé

Essayez maintenant d'identifier les flux intervenant dans les opérations suivantes (par simplification, nous ne tiendrons pas compte de la TVA) :

- Obtention d'un prêt bancaire de 10 000 € (supposé sans frais de dossier par simplification) ;
- Achat au comptant de fournitures diverses pour 15 € réglés en espèces ;
- Achat à crédit de marchandises pour 1 000 € ;
- Achat au comptant d'une machine-outil pour 5 000 € ;
- Prélèvement de la première mensualité d'emprunt, 400 € de remboursement et 100 € d'intérêts ;
- Envoi d'un chèque de 1 000 € pour les marchandises achetées ci-avant ;
- Vente de marchandises au comptant : 300 € réglés par carte bancaire.

Opération	Flux entrant *(Emploi)*	Flux sortant *(Ressource)*
Obtention du prêt bancaire		
Achat de fournitures		
Achat de marchandises		
Achat d'une machine outil		
Mensualité d'emprunt		
Règlement des marchandises		
Vente de marchandises		

Solution

Obtention d'un prêt bancaire de 10 000 €

Les 10 000 € reçus sur le compte bancaire correspondent au flux entrant. En contrepartie, l'entreprise a signé un contrat de prêt avec son banquier et a donc une dette envers celui-ci. Au jour du déblocage des fonds, les intérêts ne sont pas encore dus : la dette s'élève à 10 000 €.

Flux entrant *(Emploi)*	Flux sortant *(Ressource)*
Compte bancaire	Dette financière

Achat au comptant de fournitures diverses pour 15 € réglés en espèces

Les pièces et les billets sortant de la caisse correspondent au flux sortant. Ils ont permis d'obtenir des petites fournitures (flux entrant).

Flux entrant *(Emploi)*	**Flux sortant** *(Ressource)*
Fournitures	Caisse

Achat à crédit de marchandises pour 1 000 €

Ici, pas de mouvement de trésorerie : les marchandises seront réglées plus tard. Elles représentent le flux entrant, en contrepartie d'une dette vis-à-vis du fournisseur.

Flux entrant *(Emploi)*	**Flux sortant** *(Ressource)*
Achat de marchandises	Dette fournisseur

Achat au comptant d'une machine-outil pour 5 000 €

C'est l'argent sortant du compte bancaire (flux sortant) qui a permis à l'entreprise d'acquérir une machine (flux entrant).

Flux entrant *(Emploi)*	**Flux sortant** *(Ressource)*
Machine outil	Compte bancaire

Prélèvement de la première mensualité d'emprunt, 400 € de remboursement et 100 € d'intérêts

L'argent sortant du compte bancaire est le flux sortant. Il a deux finalités : d'une part faire diminuer le montant de la dette vis-à-vis du banquier (remboursement du principal), et d'autre part s'acquitter de la charge d'intérêts. Il y a donc deux emplois pour cette opération.

Flux entrant *(Emploi)*	**Flux sortant** *(Ressource)*
Dette financière (remboursement) Charge d'intérêts	Compte bancaire

Envoi d'un chèque de 1 000 € pour les marchandises achetées ci-avant

L'argent sortant du compte bancaire (flux sortant) permet à l'entreprise de solder sa dette vis-à-vis de son fournisseur (flux entrant).

Chapitre 2 : Maîtriser la « mécanique » comptable

Flux entrant *(Emploi)*	**Flux sortant** *(Ressource)*
Dette fournisseur	Compte bancaire

Les marchandises ne constituent pas le flux entrant de cette opération car elles sont déjà « entrées » dans l'entreprise plusieurs jours auparavant, lors de l'achat à crédit.

Vente de marchandises au comptant : 300 € réglés par carte bancaire

Il y a ici un flux d'argent entrant sur le compte bancaire. C'est la vente de marchandises qui a permis cet encaissement et qui constitue le flux sortant.

Flux entrant *(Emploi)*	**Flux sortant** *(Ressource)*
Compte bancaire	Vente de marchandises

Exercice n° 1 : Analyse d'un relevé de banque

Le relevé de banque de l'entreprise Alphamax fait apparaître les mouvements suivants pour le mois de janvier N :

- Chèque encaissé de 1 941 € pour une vente au comptant ;
- Prélèvement des cotisations sociales du quatrième trimestre N–1 pour 604 € ;
- Chèque émis de 21 € pour une cartouche d'encre d'imprimante ;
- Prélèvement de la redevance mensuelle pour le leasing d'un véhicule utilitaire : 360 € ;
- Retrait d'espèces de 100 € pour alimenter la caisse ;
- Chèque émis de 537 € en règlement d'une facture fournisseur du mois dernier ;
- Prélèvement de frais de tenue de compte pour 30 € ;
- Virement émis de 1 250 € au titre de la paie du mois.

Nous avons déjà placé les mouvements bancaires dans le tableau ci-dessous. À vous d'identifier la contrepartie de ces flux en faisant attention à ne pas confondre les opérations au comptant avec le règlement d'anciennes opérations à crédit. Par simplification, nous ne tiendrons pas compte de la TVA.

Opération	Flux entrant (Emploi)	Flux sortant (Ressource)
Vente au comptant	Compte bancaire	
Prélèvement cotisations N-1		Compte bancaire
Achat cartouche d'encre		Compte bancaire
Prélèvement du leasing		Compte bancaire
Retrait d'espèces		Compte bancaire
Règlement ancienne facture		Compte bancaire
Frais de tenue de compte		Compte bancaire
Paie du mois		Compte bancaire

Exercice n° 2 : Analyse de quelques opérations

L'entreprise Jolibois a réalisé les opérations suivantes durant son premier mois d'activité, certaines au comptant et d'autres à crédit. À vous d'identifier les flux mis en jeu pour chacune d'elles en remplissant le tableau ci-dessous. Souvenez-vous, lorsqu'ils existent, les mouvements de trésorerie sont les plus faciles à placer et il ne reste plus qu'à trouver leur contrepartie :

- Apport de 10 000 € de l'exploitant par chèque bancaire ;
- Obtention d'un prêt bancaire de 5 000 € ;
- Achat d'un ordinateur pour 1 000 € réglés immédiatement par chèque ;
- Versement d'un chèque de 3 000 € correspondant à trois mois de loyer (deux mois à titre de caution et un mois pour le loyer courant) ;
- Achat de marchandises pour 10 000 € payables sous dix jours ;
- Pourboire de 5 € en espèces versé au livreur des marchandises ;
- Vente à crédit de marchandises pour 8 000 € qui ne seront payés que le mois suivant ;
- Paie du mois : 1 250 € de salaire net réglés immédiatement par virement bancaire auxquels s'ajoutent 750 € de cotisations sociales qui seront réglées le mois suivant ;
- Vente de marchandises pour 1 000 € réglés immédiatement par carte bancaire ;
- Émission d'un virement de 10 000 € en règlement de l'achat de marchandises.

Opération	Flux entrant (Emploi)	Flux sortant (Ressource)
Apport de l'exploitant		
Prêt bancaire		
Achat d'un ordinateur		
Chèque loyer + caution		
Achat de marchandises à crédit		
Pourboire		
Vente n°1 (à crédit)		
Paie du mois		
Vente n°2 (par carte bancaire)		
Règlement des marchandises achetées à crédit		

L'impact des opérations sur le bilan et le compte de résultat

Maintenant que vous savez identifier les emplois et les ressources intervenant dans une transaction, nous allons vous apprendre à placer ceux-ci au bilan et au compte de résultat. Cela vous permettra par la suite de trouver plus facilement les numéros de comptes à utiliser et d'anticiper l'impact de l'opération sur le résultat comptable.

Si les flux identifiés concernent le patrimoine de l'entreprise, ils trouveront leur place au bilan de celle-ci :

- Un bien durable (ou un placement réalisé dans une optique de long terme) est une immobilisation et figurera à l'actif du bilan ;
- Une somme d'argent due par un client ou par une autre personne (collectivité publique, fournisseur, etc.) est une créance, à présenter à l'actif ;
- Les comptes bancaires, l'argent liquide en caisse et les placements financiers à court terme constituent la trésorerie, également à l'actif ;
- Une somme d'argent due à un tiers (banquier, fournisseur, organisme social, etc.) est une dette et sera présentée au passif.

Lorsque tous les flux entrants et sortants concernent le patrimoine de l'entreprise, alors ceux-ci s'équilibrent mutuellement. Il y a autant d'entrées dans le patrimoine que de sorties et l'opération est sans impact sur son résultat comptable dans la mesure où il n'y a ni enrichissement, ni appauvrissement. L'équilibre du bilan n'est pas non plus affecté. C'est ce qu'il se passe, par exemple, lorsqu'une entreprise obtient un prêt bancaire : sa trésorerie augmente à l'actif alors qu'une dette financière de même montant apparaît au passif.

Lorsqu'un des flux ne concerne pas le patrimoine de l'entreprise, c'est au compte de résultat qu'il faut le chercher :

- Si le flux entrant ne rentre pas dans le patrimoine mais est immédiatement consommé (énergie, loyer, honoraires, etc.), il est considéré comme une charge ;
- De la même façon si la ressource ne provient pas d'une sortie du patrimoine mais de l'activité de l'entreprise (vente réalisée par exemple), il s'agit d'un produit.

Cette charge ou ce produit fait varier le résultat comptable, non seulement au compte de résultat, mais aussi au passif du bilan (le résultat de l'exercice est une rubrique des capitaux propres), ce qui permet de rétablir l'égalité actif = passif.

Par exemple, le paiement d'un loyer entraîne une diminution du compte bancaire sans aucune contrepartie patrimoniale (le loyer est versé à fonds perdus) : l'entreprise s'est appauvrie. Le loyer ainsi payé est une charge qui vient diminuer le résultat comptable. Au bilan, on observe une diminution identique de la trésorerie et des capitaux propres.

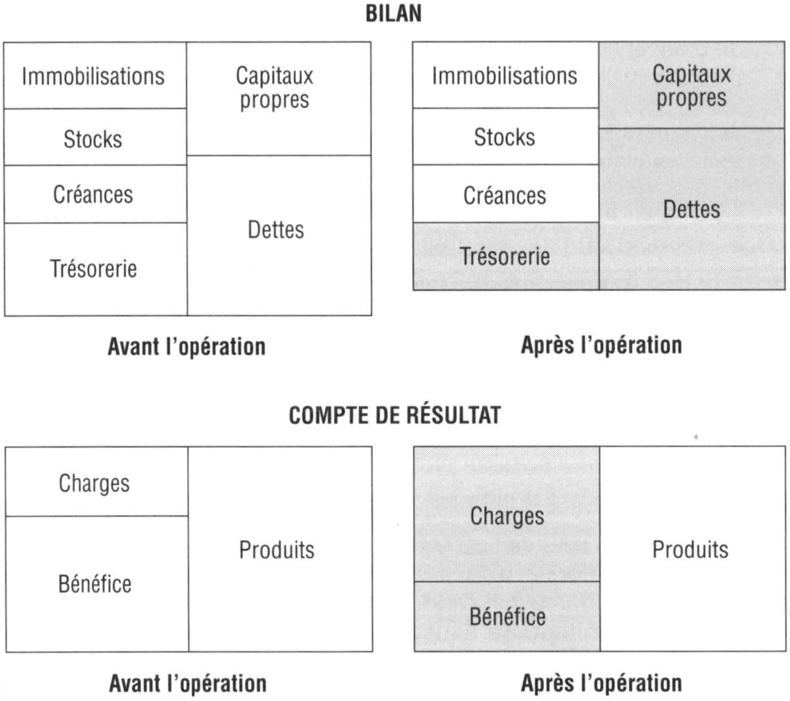

Figure 2-1 : Impact sur le bilan et sur le compte de résultat du paiement d'un loyer.

Chapitre 2 : Maîtriser la « mécanique » comptable

Par convention, les achats de biens destinés à être rapidement utilisés (matières premières, marchandises, consommables, etc.) sont considérés comme étant immédiatement consommés et sont traités comme des charges du compte de résultat. Ce n'est qu'en fin d'année que les stocks éventuels seront régularisés pour la clôture des comptes.

Exercice corrigé

Reprenez maintenant le tableau d'emplois-ressources du premier exercice corrigé de ce chapitre et indiquez pour chaque flux identifié sa place au bilan ou au compte de résultat. Indiquez également parmi ces opérations celles qui ont un impact sur le résultat comptable de l'entreprise.

Opération	Flux entrant *(Emploi)*	Flux sortant *(Ressource)*
Obtention du prêt bancaire	Obtention du prêt bancaire	Dette financière
Achat de fournitures réglées en espèces	Fournitures	Caisse
Achat de marchandises achetées à crédit	Marchandises	Dette fournisseur
Achat d'une machine outil au comptant	Machine outil	Compte bancaire
Mensualité d'emprunt	Dette financière	Compte bancaire
	Intérêts	
Règlement des marchandises	Dette fournisseur	Compte bancaire
Vente de marchandises au comptant	Compte bancaire	Vente de marchandises

Solution

Obtention d'un prêt bancaire de 10 000 €

Le compte bancaire est un élément du patrimoine de l'entreprise : il fait partie de la trésorerie à l'actif du bilan. Les dettes financières, quant à elles, constituent une rubrique du passif. L'opération ne touche que des éléments du bilan et n'a donc pas d'impact sur le résultat comptable de l'entreprise.

Compte bancaire	Dette financière
ACTIF : Trésorerie	PASSIF : Dettes financières

Achat au comptant de fournitures diverses pour 15 € réglés en espèces

De même que le compte bancaire, la caisse est un élément de la trésorerie à l'actif du bilan. Les fournitures, quant à elles, sont réputées avoir été immédiatement consommées : elles n'entrent pas dans le patrimoine de l'entreprise mais sont considérées comme des charges du compte de résultat. Cette opération fait diminuer le résultat comptable de 15 €.

Fournitures	Caisse
CHARGES : Autres charges externes	ACTIF : Trésorerie

Achat à crédit de marchandises pour 1 000 €

Selon le même raisonnement que pour les fournitures, les marchandises sont réputées avoir été immédiatement consommées : elles n'entrent pas dans le stock à l'actif mais constituent une charge au compte de résultat. La dette vis-à-vis du fournisseur se retrouve au passif du bilan et le résultat comptable est diminué de 1 000 €.

Marchandises	Dette fournisseur
CHARGES : Achats de marchandises	PASSIF : Dette fournisseur

Achat au comptant d'une machine-outil pour 5 000 €

La machine-outil entre dans le patrimoine de l'entreprise. S'agissant d'un bien destiné à servir durablement à l'activité de l'entreprise, elle sera classée parmi les immobilisations à l'actif. Le compte bancaire figure également à l'actif (rubrique trésorerie) : l'opération est sans impact sur le résultat comptable.

Machine outil	Compte bancaire
ACTIF : Immobilisations	ACTIF : Trésorerie

Nous avons supposé ici que l'entreprise disposait de suffisamment d'argent sur son compte bancaire et que celui-ci ne passait pas à découvert à la suite de cet achat. Si jamais c'était le cas, le découvert serait présenté au passif parmi les dettes financières et non pas à l'actif en diminution de la trésorerie.

Prélèvement de la première mensualité d'emprunt, 400 € de remboursement et 100 € d'intérêts

Comme vu à la première question, le compte bancaire fait partie de la trésorerie à l'actif et la dette financière est une rubrique du passif. En revanche, les intérêts ne constituent pas un élément du patrimoine de l'entreprise mais sont versés à fonds perdus et constituent une charge du compte de résultat, plus précisément une charge financière. Cette opération fait diminuer le résultat comptable de 100 €.

Dette financière Intérêts	Compte bancaire
PASSIF : Dette financière CHARGE : Charges financières	ACTIF : Trésorerie

Envoi d'un chèque de 1 000 € pour les marchandises achetées ci-avant

La dette fournisseur est une rubrique du passif alors que le compte bancaire figure à l'actif (rubrique trésorerie). Cette opération est sans impact sur le résultat comptable.

Dette fournisseur	Compte bancaire
PASSIF : Dette fournisseur	ACTIF : Trésorerie

Vente de marchandises au comptant : 300 € réglés par carte bancaire

L'argent entrant en trésorerie est le seul élément du patrimoine affecté par l'opération. En effet, on ne peut pas considérer que les marchandises sortent du stock dans la mesure où elles n'y sont jamais rentrées (souvenez-vous que les achats ont été enregistrés en charges). La vente est un produit qui augmente le résultat comptable de 300 €.

Compte bancaire	Vente de marchandises
ACTIF : Trésorerie	PRODUITS : Ventes

Exercice n° 3 : Quelques opérations sans impact sur le résultat

Les opérations suivantes affectent exclusivement le bilan de l'entreprise, sans impact sur son résultat comptable. Saurez-vous identifier précisément les rubriques concernées ?

- Apport de 10 000 € de l'exploitant par chèque bancaire ;
- Obtention d'un prêt bancaire de 5 000 € ;
- Achat d'un ordinateur pour 1 000 € réglés immédiatement par chèque ;

✔ Versement d'un chèque de 2 000 € correspondant à une caution pour un local commercial ;

✔ Encaissement d'un client pour une facture émise et comptabilisée le mois précédent ;

✔ Règlement des cotisations sociales relatives à la paie du trimestre précédent (déjà comptabilisées) ;

✔ Versement d'un acompte de 5 000 € pour réserver des marchandises chez un fournisseur.

Opération	Flux entrant (Emploi)	Flux sortant (Ressource)
Apport de l'exploitant		
Prêt bancaire		
Achat ordinateur		
Chèque de caution		
Encaissement de la vente		
Règlement des cotisations		
Versement d'un acompte		

Exercice n° 4 : Des opérations avec impact… ou pas

Un peu plus difficile : nous vous proposons à présent une série d'opérations parmi lesquelles certaines ont un impact sur le résultat comptable et d'autres pas. À vous d'identifier les flux entrants et sortants en les plaçant correctement au bilan ou au compte de résultat. Vous en profiterez pour indiquer l'impact éventuel de chaque opération sur le résultat comptable :

✔ Vente de produits finis pour 5 000 € réglés au comptant par chèque ;

✔ Chèque émis de 2 400 € pour l'achat au comptant d'une photocopieuse (2 200 €) et de diverses fournitures administratives (200 €) ;

✔ Prélèvement de la redevance mensuelle pour le leasing d'un véhicule utilitaire : 360 € ;

✔ Intérêts reçus d'un compte livret : 400 € ;

✔ Établissement de la paie du mois : 8 000 € de salaires nets réglés immédiatement par virement bancaire auxquels s'ajoutent 5 000 € de cotisations sociales à payer le mois prochain.

Chapitre 2 : Maîtriser la « mécanique » comptable

Opération	Flux entrant *(Emploi)*	Flux sortant *(Ressource)*
Vente de produits finis		
Achat photocopieuse et fournitures		
Redevance leasing		
Intérêts sur compte livret		
Paie du mois		
Règlement des cotisations		
Versement d'un acompte		

Exercice n° 5 : Cas complexes

La réception d'un acompte versé par un client n'est pas considérée comme un produit du compte de résultat mais comme une dette au passif du bilan. En effet, la vente n'a pas encore eu lieu et le client n'a reçu ni bien, ni service en échange de son versement : l'entreprise a une dette envers lui qui sera déduite au moment de la facturation ou remboursée si la prestation n'est pas réalisée. Seules deux rubriques du bilan sont concernées : l'opération n'a pas d'incidence sur le résultat comptable.

En termes de flux entrants et sortants, cette opération s'analyse comme suit :

Flux entrant *(Emploi)*	**Flux sortant** *(Ressource)*
ACTIF : Trésorerie (Compte bancaire)	PASSIF : Autres dettes (Acompte reçu)

En vous aidant du tableau ci-dessus, essayez d'analyser de la même façon les opérations suivantes qui constituent quatre dénouements alternatifs pour un acompte de 1 500 € reçu d'un client :

- Désistement de l'entreprise avec l'accord du client : remboursement simple de l'acompte reçu ;
- Désistement de l'entreprise sans l'accord du client : remboursement de l'acompte au double à titre de dédommagement ;
- Désistement du client sans l'accord de l'entreprise : l'acompte est définitivement conservé ;
- La prestation est normalement réalisée et facturée au client qui règle immédiatement le solde : 10 000 € de prestation – 1 500 € d'acompte = 8 500 €.

Opération	Flux entrant *(Emploi)*	Flux sortant *(Ressource)*
Option n°1 : Remboursement simple		
Option n°2 : Remboursement au double		
Option n°3 : Conservation définitive		
Option n°4 : Facturation		

Réponses

Exercice n° 1 : Analyse d'un relevé de banque

Chèque encaissé de 1 941 € pour une vente au comptant

Pour trouver la contrepartie d'un encaissement, il convient de se demander quelle est son origine : grâce à quel élément il a été obtenu. Dans le cas présent, il provient d'une vente réalisée par l'entreprise. C'est elle qui constitue la ressource, le flux sortant.

Flux entrant *(Emploi)*	**Flux sortant** *(Ressource)*
Compte bancaire	Vente

Prélèvement des cotisations sociales du quatrième trimestre N–1 pour 604 €

Les cotisations sociales avaient déjà été constatées l'année précédente et constituaient une dette pour l'entreprise. Le règlement émis permet à l'entreprise de se débarrasser de sa dette : c'est cette dernière qui constitue l'emploi.

Flux entrant *(Emploi)*	**Flux sortant** *(Ressource)*
Dette sociale	Compte bancaire

Chèque émis de 21 € pour une cartouche d'encre d'imprimante

La cartouche d'encre est le but de l'opération, le flux entrant.

Flux entrant *(Emploi)*	**Flux sortant** *(Ressource)*
Fournitures administratives	Compte bancaire

Prélèvement de la redevance mensuelle pour le leasing d'un véhicule utilitaire : 360 €

Le but du paiement est de pouvoir bénéficier du véhicule en leasing pendant un mois.

Flux entrant *(Emploi)*	**Flux sortant** *(Ressource)*
Redevance leasing	Compte bancaire

Retrait d'espèces de 100 € pour alimenter la caisse

Ici l'argent sort du compte bancaire (flux sortant) mais entre dans la caisse (flux entrant).

Flux entrant *(Emploi)*	Flux sortant *(Ressource)*
Caisse	Compte bancaire

Chèque émis de 537 € en règlement d'une facture fournisseur du mois dernier

De même que pour les cotisations sociales, la facture avait déjà été enregistrée : le paiement permet à l'entreprise de se débarrasser de sa dette.

Flux entrant *(Emploi)*	Flux sortant *(Ressource)*
Dette fournisseurs	Compte bancaire

Prélèvement de frais de tenue de compte pour 30 €

Le but du paiement est ici de régler un service rendu par la banque.

Flux entrant *(Emploi)*	Flux sortant *(Ressource)*
Frais bancaires	Compte bancaire

Virement émis de 1 250 € au titre de la paie du mois

Le but du paiement est ici de régler les frais de personnel.

Flux entrant *(Emploi)*	Flux sortant *(Ressource)*
Frais de personnel	Compte bancaire

Exercice n° 2 : Analyse de quelques opérations

Apport de 10 000 € de l'exploitant par chèque bancaire

Les 10 000 € reçus sur le compte bancaire correspondent au flux entrant. Ils proviennent d'un apport en capital réalisé par l'exploitant.

Flux entrant *(Emploi)*	Flux sortant *(Ressource)*
Compte bancaire	Apport en capital

Obtention d'un prêt bancaire de 5 000 €

Les 5 000 € reçus sur le compte bancaire correspondent au flux entrant. En contrepartie, l'entreprise a signé un contrat de prêt avec son banquier et a donc une dette envers celui-ci : cette dette constitue la ressource, le flux sortant.

Flux entrant *(Emploi)*	Flux sortant *(Ressource)*
Compte bancaire	Dette financière

Achat d'un ordinateur pour 1 000 € réglés immédiatement par chèque

Les 1 000 € sortant du compte bancaire correspondent au flux sortant. En contrepartie, l'entreprise reçoit un ordinateur qui constitue le flux entrant.

Flux entrant *(Emploi)*	Flux sortant *(Ressource)*
Matériel informatique	Compte bancaire

Versement d'un chèque de 3 000 € correspondant à trois mois de loyer (deux mois à titre de caution et un mois pour le loyer courant)

Les 3 000 € sortant du compte bancaire correspondent au flux sortant. Ce paiement a deux contreparties : d'une part il sert à verser une caution de 2 000 €, et d'autre part à s'acquitter de son loyer mensuel. Il y a deux flux d'emplois.

Flux entrant *(Emploi)*	Flux sortant *(Ressource)*
Caution : 2 000 € Frais de location : 1 000 €	Compte bancaire : 3 000 €

Achat de marchandises pour 10 000 € payables sous dix jours

Les marchandises représentent le flux entrant dans l'entreprise. Pour l'instant elles n'ont pas encore été payées : le flux sortant n'est pas un flux de trésorerie mais une dette vis-à-vis du fournisseur.

Flux entrant *(Emploi)*	Flux sortant *(Ressource)*
Achat de marchandises	Dette fournisseur

Pourboire de 5 € en espèces pour le livreur des marchandises

Les 5 € sortant de la caisse constituent le flux sortant. Ils ont servi à verser un pourboire pour rémunérer le service du livreur.

Première partie : Assimiler les notions de base

Flux entrant *(Emploi)*	Flux sortant *(Ressource)*
Services divers	Caisse

Vente à crédit de marchandises pour 8 000 € qui ne seront payés que le mois suivant

Il s'agit ici d'une vente à crédit : l'entreprise ne reçoit pas immédiatement d'argent sur son compte bancaire mais une créance sur son client qui représente le flux entrant. Elle a été obtenue grâce à la vente réalisée (flux sortant).

Flux entrant *(Emploi)*	Flux sortant *(Ressource)*
Créance client	Vente de marchandises

Paie du mois : 1 250 € de salaire net réglés immédiatement par virement bancaire auxquels s'ajoutent 750 € de cotisations sociales qui seront réglées le mois suivant

Nous identifions immédiatement un flux de 1 250 € sortant du compte bancaire (flux sortant) et servant à régler les frais de personnel (flux entrant). Toutefois, celui-ci n'est pas le seul, il existe un second flux sortant : la dette de 750 € vis-à-vis des organismes sociaux qui fait augmenter le coût des frais de personnel.

Flux entrant *(Emploi)*	Flux sortant *(Ressource)*
Frais de personnel : 2 000 €	Compte bancaire : 1 250 € Dette sociale : 750 €

Vente de marchandises pour 1 000 € réglés immédiatement par carte bancaire

Nous observons un flux entrant sur le compte bancaire : cet encaissement a été obtenu grâce à la vente réalisée (flux sortant).

Flux entrant *(Emploi)*	Flux sortant *(Ressource)*
Compte bancaire	Vente de marchandises

Émission d'un virement de 10 000 € en règlement de l'achat de marchandises

Le virement émis constitue le flux sortant. Il a pour but de solder la dette vis-à-vis du fournisseur (flux entrant).

Flux entrant *(Emploi)*	Flux sortant *(Ressource)*
Dette fournisseur	Compte bancaire

Exercice n° 3 : Quelques opérations sans impact sur le résultat

Apport de 10 000 € de l'exploitant par chèque bancaire

Le flux entrant correspond aux 10 000 € reçus sur le compte bancaire qui est un élément de la trésorerie à l'actif. La contrepartie est l'apport en capital réalisé par l'exploitant : il sera présenté au passif parmi les capitaux propres.

Flux entrant (Emploi)	Flux sortant (Ressource)
ACTIF : Trésorerie (Compte bancaire)	PASSIF : Capitaux propres (Capital)

Obtention d'un prêt bancaire de 5 000 €

Ici encore, le flux entrant se situe dans la trésorerie à l'actif. En revanche, la contrepartie est cette fois l'emprunt bancaire qui sera présenté au passif parmi les dettes financières.

Flux entrant (Emploi)	Flux sortant (Ressource)
ACTIF : Trésorerie (Compte bancaire)	PASSIF : Dettes financières

Achat d'un ordinateur pour 1 000 € réglés immédiatement par chèque

L'ordinateur est le flux entrant : il est destiné à être utilisé pendant plusieurs années et constitue à ce titre une immobilisation à présenter à l'actif. Le flux sortant est facile à identifier : il s'agit de l'argent sortant du compte bancaire (rubrique « trésorerie » à l'actif).

Flux entrant (Emploi)	Flux sortant (Ressource)
ACTIF : Immobilisations (Matériel informatique)	ACTIF : Trésorerie (Compte bancaire)

Versement d'un chèque de 2 000 € correspondant à une caution pour un local commercial

Le flux sortant est facile à identifier : il s'agit de l'argent sortant du compte bancaire (rubrique « trésorerie » à l'actif). En contrepartie, la caution n'est pas versée à fonds perdus mais sera normalement récupérée à la fin du bail. En supposant que la location ait été prévue pour durer plusieurs années, il s'agit d'une somme bloquée pour longtemps, autrement dit d'une immobilisation financière.

Flux entrant *(Emploi)*	Flux sortant *(Ressource)*
ACTIF : Immobilisations (Caution versée)	ACTIF : Trésorerie (Compte bancaire)

Encaissement d'un client pour une facture émise et comptabilisée le mois précédent

L'argent reçu du client est le flux entrant : il entre sur le compte bancaire qui est un élément de la trésorerie à l'actif. Le flux sortant est la créance client, qui disparaît (essayez de lui en réclamer à nouveau le paiement pour voir !) : celle-ci faisait partie des créances à l'actif.

Flux entrant *(Emploi)*	Flux sortant *(Ressource)*
ACTIF : Trésorerie (Compte bancaire)	ACTIF : Créances clients

Règlement des cotisations sociales relatives à la paie du trimestre précédent (déjà comptabilisées)

Le flux sortant est l'argent sortant de la trésorerie à l'actif. Il permet de solder la dette de l'entreprise vis-à-vis des organismes sociaux. Comme toute dette qui se respecte, celle-ci figurait au passif du bilan.

Flux entrant *(Emploi)*	Flux sortant *(Ressource)*
PASSIF : Dettes fiscales et sociales	ACTIF : Trésorerie (Compte bancaire)

Versement d'un acompte de 5 000 € pour réserver des marchandises chez un fournisseur

Si le flux sortant est facile à identifier (compte bancaire, donc trésorerie à l'actif), sa contrepartie est plus délicate à cerner. L'entreprise ne reçoit pas encore les marchandises mais elle ne verse pas non plus l'acompte à fonds perdus. En fait, elle bénéficie d'une créance de 5 000 € sur son fournisseur qu'elle fera figurer à l'actif de son bilan et qu'elle pourra imputer sur la facture des marchandises.

Flux entrant *(Emploi)*	Flux sortant *(Ressource)*
ACTIF : Créances diverses (Acomptes versés)	ACTIF : Trésorerie (Compte bancaire)

Exercice n° 4 : Des opérations avec impact... ou pas

Vente de produits finis pour 5 000 € réglés au comptant par chèque

L'argent rentrant sur le compte bancaire est le flux entrant. Il sera présenté à l'actif dans la rubrique « trésorerie ». Il s'agit ici d'une vente au comptant et non pas de l'encaissement d'une ancienne créance née d'une vente à crédit : la contrepartie est la vente réalisée. Celle-ci est un produit du compte de résultat et vient augmenter de 5 000 € le résultat comptable de l'entreprise.

Flux entrant (Emploi)	Flux sortant (Ressource)
ACTIF : Trésorerie (Compte bancaire)	PRODUITS : Production vendue

Chèque émis de 2 400 € pour l'achat au comptant d'une photocopieuse (2 200 €) et de diverses fournitures administratives (200 €)

Le flux sortant est l'argent sortant du compte bancaire (actif : trésorerie). Il a deux contreparties : tout d'abord la photocopieuse, qui est un investissement à présenter à l'actif parmi les immobilisations. En revanche, les fournitures administratives seront rapidement consommées et constituent en conséquence des charges du compte de résultat. L'opération fait baisser de 200 € le résultat comptable de l'entreprise.

Flux entrant (Emploi)	Flux sortant (Ressource)
ACTIF : Immobilisations (Matériel de bureau) : 2 000 € CHARGES : Autres achats (Fournitures administratives) : 400 €	ACTIF : Trésorerie (Compte bancaire) : 2 400 €

Prélèvement de la redevance mensuelle pour le leasing d'un véhicule utilitaire : 360 €

De l'argent sort du compte bancaire de l'entreprise (rubrique « trésorerie à l'actif ») mais aucun bien ne rentre dans son patrimoine : la redevance donne le droit d'utiliser le véhicule mais pas sa propriété. Il s'agit d'une charge du compte de résultat qui fait diminuer le résultat comptable de 360 €.

Flux entrant (Emploi)	Flux sortant (Ressource)
CHARGES : Autres charges externes (Redevance leasing)	ACTIF : Trésorerie (Compte bancaire)

Intérêts reçus d'un compte livret : 400 €

Nous nous trouvons ici dans une situation inverse par rapport à la précédente : de l'argent entre sur le compte bancaire de l'entreprise sans qu'aucun élément ne sorte de son patrimoine. Les intérêts reçus sont des produits du compte de résultat (plus précisément des produits financiers) qui font augmenter le résultat comptable de 400 €.

Flux entrant *(Emploi)*	**Flux sortant** *(Ressource)*
ACTIF : Trésorerie (Compte bancaire)	PRODUITS : Produits financiers (Intérêts reçus)

Établissement de la paie du mois : 8 000 € de salaires nets réglés immédiatement par virement bancaire auxquels s'ajoutent 5 000 € de cotisations sociales à payer le mois prochain

L'argent qui sort du compte bancaire de l'entreprise est versé à fonds perdus : le travail réalisé est immédiatement consommé et constitue à ce titre une charge du compte de résultat. Les frais de personnel à enregistrer au compte de résultat s'élèvent à 13 000 € (salaires versés auxquels viennent s'ajouter les cotisations sociales). Les cotisations sociales ne sont pas réglées immédiatement : elles ne génèrent pas une sortie de trésorerie mais l'apparition d'une dette au passif du bilan. Le résultat comptable baisse de 13 000 €.

Flux entrant *(Emploi)*	**Flux sortant** *(Ressource)*
CHARGES : Frais de personnel (13 000 €)	ACTIF : Trésorerie : 8 000 € (Compte bancaire) PASSIF : Dettes sociales : 5 000 €

Exercice n° 5 : Cas complexes

Désistement de l'entreprise avec l'accord du client : remboursement simple de l'acompte reçu

Le remboursement de l'acompte est l'exact opposé de son versement : de l'argent sort du compte bancaire en échange de la disparition de la dette vis-à-vis du client.

Flux entrant *(Emploi)*	**Flux sortant** *(Ressource)*
PASSIF : Autres dettes (Acompte reçu : 1 500 €)	ACTIF : Trésorerie (Compte bancaire : 1 500 €)

Désistement de l'entreprise sans l'accord du client : remboursement de l'acompte au double à titre de dédommagement

De même que dans le cas précédent, on observe ici une sortie d'argent en échange de la disparition d'une dette. En revanche, la somme qui sort de la banque est deux fois supérieure à la dette qui disparaît : cette opération appauvrit l'entreprise et c'est au compte de résultat qu'il faut placer le flux manquant. Il s'agit ici d'une charge exceptionnelle.

Flux entrant *(Emploi)*	Flux sortant *(Ressource)*
PASSIF : Autres dettes (Acompte reçu : 1 500 €) CHARGES : Charges exceptionnelles (1 500 €)	ACTIF : Trésorerie (Compte bancaire : 3 000 €)

Désistement du client sans l'accord de l'entreprise : l'acompte est définitivement conservé

Ici, la dette vis-à-vis du client disparaît sans que l'entreprise n'ait à sortir d'argent de son compte bancaire : l'opération génère un enrichissement, à enregistrer au compte de résultat parmi les produits exceptionnels.

Flux entrant *(Emploi)*	Flux sortant *(Ressource)*
PASSIF : Autres dettes (Acompte reçu : 1 500 €)	PRODUITS : Produits exceptionnels (1 500 €)

La prestation est normalement réalisée et facturée au client qui règle immédiatement le solde : 10 000 € de prestation – 1 500 € d'acompte = 8 500 €

La vente réalisée est la ressource pour l'entreprise : elle lui permet de recevoir 8 500 € sur son compte bancaire et de faire disparaître la dette de 1 500 € vis-à-vis de son client.

Flux entrant *(Emploi)*	Flux sortant *(Ressource)*
ACTIF : Trésorerie (Compte bancaire : 8 500 €) PASSIF : Autres dettes (Acompte reçu : 1 500 €)	PRODUITS : Prestations vendues (10 000 €)

Chapitre 3

Comprendre le fonctionnement des comptes

Dans ce chapitre :
▶ Choisir le bon numéro de compte
▶ Ne pas se tromper entre débit et crédit
▶ Construire une écriture comptable

Maintenant que vous êtes capable d'anticiper l'impact d'une transaction sur un bilan et un compte de résultat, il ne vous reste plus qu'à traduire cette information en langage comptable. Ne soyez pas inquiet, car le plus gros du travail est déjà fait :

- Les notions de débit et de crédit correspondent à celles d'emploi et de ressource étudiées au chapitre précédent ;
- Il existe une concordance entre la numérotation des comptes et les rubriques du bilan et du compte de résultat.

Trouver le bon numéro de compte

L'existence d'une liste de comptes obligatoire est une spécificité purement française : dans la plupart des autres pays, les entreprises sont libres de construire et d'utiliser leur propre plan comptable. Certes, l'apprentissage de cette liste est quelque peu fastidieux, mais quel gain de temps par la suite ! Inutile pour votre comptable ou votre expert-comptable de perdre du temps à étudier votre liste de comptes : il est immédiatement opérationnel. De même, c'est grâce à cette standardisation que vous disposez de logiciels capables d'éditer votre bilan et votre compte de résultat sans paramétrage préalable.

Les comptes sont regroupés en sept catégories, appelées « classes ». Les classes 1 à 5 correspondent aux éléments du patrimoine de l'entreprise, c'est-à-dire aux rubriques de son bilan :

- **Classe 1 :** Financement à moyen et à long terme (essentiellement les capitaux propres et les emprunts bancaires) ;
- **Classe 2 :** Immobilisations ;
- **Classe 3 :** Stocks ;
- **Classe 4 :** Créances et dettes, à l'exception des créances à long terme qui relèvent de la classe 2 (Immobilisations financières) et des dettes bancaires qui relèvent de la classe 1 (Financements à long terme) ou 5 (Financements à court terme, trésorerie négative) ;
- **Classe 5 :** Trésorerie (compte bancaire, caisse mais aussi placements financiers à court terme).

Les comptes des classes 6 et 7 sont, quant à eux, dédiés à l'activité de l'entreprise et correspondent aux rubriques de son compte de résultat :

- **Classe 6 :** Charges ;
- **Classe 7 :** Produits.

Chaque classe est détaillée en plusieurs rubriques qui déterminent le deuxième chiffre du compte. Chaque rubrique se décompose à son tour en plusieurs sous-rubriques qui déterminent le troisième chiffre du compte, et ainsi de suite jusqu'au degré de précision souhaité.

Les comptes de classe 4 sont regroupés en fonction du tiers concerné par la transaction :

- 40 : Créances et dettes vis-à-vis des fournisseurs ;
- 41 : Créances et dettes vis-à-vis des clients ;
- 42 : Créances et dettes vis-à-vis des salariés ;
- 43 : Créances et dettes vis-à-vis des organismes sociaux ;
- 44 : Créances et dettes vis-à-vis de l'État.

Les comptes de classe 6, en revanche, sont regroupés en fonction de la nature de la charge :

- 60 : Achats de biens ;
- 61/62 : Achats de services ;
- 63 : Impôts et taxes ;
- 64 : Frais de personnel ;

Chapitre 3 : Comprendre le fonctionnement des comptes

- 66 : Charges financières ;
- 67 : Charges exceptionnelles.

La liste du plan comptable général comprend plusieurs centaines de comptes et le même intitulé peut y figurer plusieurs fois à des endroits très différents. Pour éviter tout risque d'erreur, la meilleure façon de procéder consiste à chercher de façon séquentielle : tout d'abord déterminer le premier chiffre du compte en fonction de la classe à laquelle il appartient, puis affiner progressivement votre recherche, chiffre par chiffre jusqu'au degré de précision souhaité.

Exercice corrigé

Reprenez maintenant le tableau d'emplois-ressources des exercices corrigés du chapitre précédent et indiquez pour chaque flux identifié le numéro du compte correspondant.

Opération	Flux entrant *(Emploi)*	Flux sortant *(Ressource)*
Obtention d'un prêt bancaire	Compte bancaire (ACTIF : Trésorerie)	Dette financière (PASSIF : Dettes financières) ....
Achat de fournitures réglées en espèces	Fournitures (CHARGES : Autres achats et charges externes)	Caisse (ACTIF : Trésorerie) ....
Achat de marchandises à crédit	Marchandises (CHARGES : Achats de marchandises)	Dette fournisseur (PASSIF : Dettes fournisseurs) ....
Achat d'une machine outil au comptant	Machine outil (ACTIF : Immobilisations)	Compte bancaire (ACTIF : Trésorerie) ....
Mensualité d'emprunt	Dette financière (PASSIF : Dettes financières) .... Intérêts (CHARGES : Charges financières)	Compte bancaire (ACTIF : trésorerie) ....
Règlement des marchandises	Dette fournisseur (PASSIF : Dettes fournisseurs)	Compte bancaire (ACTIF : Trésorerie) ....
Vente de marchandises au comptant	Compte bancaire (ACTIF : trésorerie)	Vente de marchandises (PRODUITS : Ventes) ....

Solution

Obtention d'un prêt bancaire de 10 000 €

Le compte bancaire est un élément de la trésorerie : son numéro commence par le chiffre 5. Parmi les comptes de classe 5, nous pouvons nous concentrer sur la rubrique « 51. Banques, établissements financiers et assimilés » et laisser de côté les autres racines correspondant à la caisse ou aux placements financiers à court terme. En recherchant plus en détail à l'intérieur de cette rubrique, nous trouvons le compte « 512. Banques ». Retenez bien ce numéro, car c'est sans doute celui qui revient le plus souvent dans les écritures comptables.

En contrepartie, l'emprunt bancaire relève du financement à long terme de l'entreprise, donc de la classe 1. Les emprunts sont regroupés dans la rubrique « 16. Emprunts et dettes assimilées » au sein de laquelle nous trouvons le compte « 164. Emprunts auprès des établissements de crédit ».

Compte bancaire	Dette financière
(ACTIF : Trésorerie)	(PASSIF : Dettes financières)
512. Banques	164. Emprunts auprès des établissements de crédit

Achat au comptant de fournitures diverses pour 15 € réglés en espèces

De même que le compte bancaire, la caisse est un élément de la trésorerie à enregistrer dans un compte de classe 5. Elle correspond à la racine « 53. Caisse », et plus précisément au compte « 531. Caisse ». Les fournitures, quant à elles, sont à enregistrer dans un compte de charges (classe 6). S'agissant d'un achat de biens, nous nous concentrerons sur la rubrique « 60. Achats », et plus précisément sur le compte « 606. Achats non stockés de matériel et fournitures ».

Fournitures	Caisse
(CHARGES : Autres achats et charges externes)	(ACTIF : Trésorerie)
606. Achats non stockés de matériel et fournitures	531. Caisse

Achat à crédit de marchandises pour 1 000 €

Les achats de marchandises sont des charges à enregistrer dans un compte de classe 6. De même que pour les fournitures, nous concentrons nos recherches sur la rubrique « 60. Achats », où nous trouvons le compte

« 607. Achats de marchandises ». La dette vis-à-vis du fournisseur doit être enregistrée dans un compte de classe 4 : en affinant notre recherche, nous trouvons la rubrique « 40. Fournisseurs et comptes rattachés », et plus précisément le compte « 401. Fournisseurs » destiné à recevoir les dettes vis-à-vis des fournisseurs.

Marchandises	Dette fournisseur
(CHARGES : Achats de marchandises)	(PASSIF : Dette fournisseur)
607. Achats de marchandises	401. Fournisseurs

Achat au comptant d'une machine-outil pour 5 000 €

La machine-outil est une immobilisation, à enregistrer dans un compte de classe 2. S'agissant d'une immobilisation corporelle, nous nous concentrons sur la rubrique « 21. Immobilisations corporelles », puis sur la sous-rubrique « 215. Installations techniques, matériel et outillage industriel », au sein de laquelle nous trouvons le compte « 2154. Matériel industriel ». Quant au compte bancaire, vous connaîtrez très bientôt par cœur le compte « 512. Banques » si ce n'est pas déjà le cas !

Machine outil	Compte bancaire
(ACTIF : Immobilisations)	(ACTIF : Trésorerie)
2154. Matériel industriel	512. Banques

Prélèvement de la première mensualité d'emprunt, 400 € de remboursement et 100 € d'intérêts

Comme vu à la première question, le compte bancaire correspond au compte « 512. Banques » et l'emprunt bancaire au « 164. Emprunts auprès des établissements de crédit » : il ne nous manque plus que les intérêts. Ceux-ci sont des charges financières à chercher parmi les comptes de classe 6, dans la rubrique « 66. Charges financières ». Nous y trouvons le compte « 661. Charges d'intérêts ».

Dette financière Intérêts	Compte bancaire
(PASSIF : Dette financière) 164. Emprunts auprès des établissements de crédit	(ACTIF : Trésorerie)
(CHARGE : Charges financières) 661. Charges d'intérêts	512. Banques

Envoi d'un chèque de 1 000 € pour les marchandises achetées ci-avant

Pour la dette fournisseur, nous utilisons à nouveau le compte « 401. Fournisseurs » et pour le compte bancaire le « 512. Banques ».

Dette fournisseur	Compte bancaire
(PASSIF : Dette fournisseur)	(ACTIF : Trésorerie)
401. Fournisseur	512. Banques

Lorsque vous comptabilisez le règlement d'une dette, vous devez impérativement utiliser le même compte que celui dans lequel elle avait été initialement enregistrée afin de le remettre à zéro. Il en est de même pour l'encaissement d'une créance.

Vente de marchandises au comptant : 300 € réglés par carte bancaire

La vente est un produit du compte de résultat, donc un compte de classe 7. Les ventes sont regroupées dans la rubrique « 70. Ventes », où nous trouvons le compte « 707. Ventes de marchandises ». Pour ce qui est de la contrepartie, nous ne vous présentons plus le compte « 512. Banques » de peur de vous vexer.

Compte bancaire	Vente de marchandises
(ACTIF : Trésorerie)	(PRODUITS : Ventes)
512. Banques	707. Ventes de marchandises

Exercice n° 1 : Trouver un numéro de compte

Dans quel compte enregistreriez-vous les éléments suivants (un seul compte par opération) :

- Un terrain acheté par l'entreprise ?
- Une prime d'assurance ?
- Une prestation de services vendue par l'entreprise ?
- Une insertion publicitaire dans un journal local ?
- Une créance client ?
- Une dette fournisseur ?

- Un logiciel acheté par l'entreprise ?
- Des actions achetées par l'entreprise dans un but de prise de contrôle à long terme ?
- Des actions achetées par l'entreprise dans un but de spéculation à court terme ?
- Des frais de maintenance ?
- Une facture de location d'un véhicule ?
- Une facture d'achat d'un véhicule ?
- Une subvention récurrente reçue par l'entreprise (par exemple : subvention municipale versée chaque année en échange d'une politique de réduction tarifaire pour les résidents) ?

Exercice n° 2 : Se méfier des intitulés

Une entreprise fabrique du matériel informatique. Pour expédier ses produits, elle utilise non seulement des cartons d'emballage mais aussi des palettes en bois. Ces dernières sont consignées, ce qui permet à l'entreprise de les récupérer et de les réutiliser de nombreuses fois.

Pouvez-vous expliquer pourquoi les achats de cartons d'emballage et de palettes sont comptabilisés dans deux comptes différents : « 6026. Emballages » pour les cartons et « 2186. Emballages récupérables » pour les palettes ?

Construire une écriture comptable

Vous avez identifié tous les flux intervenant dans votre opération et trouvé les numéros de comptes correspondant ? Il ne vous reste alors plus qu'à les placer du bon côté. Débit ou crédit, là est la question !

En fait, ce n'est pas compliqué :

- Le débit est la colonne de gauche. Il est utilisé pour enregistrer le flux entrant (l'emploi) ;
- Le crédit est la colonne de droite. Il est utilisé pour enregistrer le flux sortant (la ressource).

Par exemple, nous avions analysé l'obtention d'un prêt bancaire de la façon suivante :

Flux entrant (emploi)	Flux sortant (ressource)
=	=
Compte bancaire	Dette financière
=	=
ACTIF : Trésorerie	PASSIF : Dettes financières
=	=
512. Banques	164. Emprunts auprès des établissements de crédit

Pour comptabiliser cette opération, nous devons débiter le compte « 512. Banques » du montant emprunté, et créditer le compte « 164. Emprunts auprès des établissements de crédit » d'une somme identique.

Figure 3-1 :
Enregistrement du déblocage d'un emprunt de 5 000 € (sans frais).

N° de compte		Intitulé	Débit	Crédit
512000		Banques	5 000	
	164000	Emprunts auprès d'établissements de crédit		5 000

Le fait que la somme enregistrée au débit soit égale à celle enregistrée au crédit n'est pas négociable : c'est la base même de la comptabilité en partie double. En effet, l'emploi et la ressource correspondent à la même opération vue sous deux angles différents : leur montant doit absolument être identique. Si ce n'est pas le cas, c'est que vous avez oublié un flux. Par exemple, dans le cas de l'emprunt bancaire, il peut y avoir des frais de dossiers qui génèrent un écart entre la somme empruntée et celle réellement reçue : ceux-ci constituent une charge, à enregistrer au débit d'un compte de classe 6 pour équilibrer l'écriture.

Figure 3-2 :
Enregistrement du déblocage d'un emprunt de 5 000 € (avec 200 € de frais).

N° de compte		Intitulé	Débit	Crédit
512000		Banques	4 800	
627000		Services bancaires	200	
	164000	Emprunts auprès d'établissements de crédit		5 000

Vous avez peut-être remarqué que le compte « 512. Banque » était utilisé du côté opposé à celui que vous voyez habituellement sur votre relevé bancaire. N'ayez crainte, il y a une explication logique ! En fait, votre banquier ne vous envoie pas un extrait de votre comptabilité mais de la sienne et il voit les mêmes opérations que vous du côté opposé : les frais qu'il vous facture sont pour vous une charge, mais pour lui un produit.

Exercice corrigé

En vous aidant du tableau d'emplois-ressources de l'exercice corrigé précédent. Saurez-vous présenter les écritures comptables correspondant aux opérations suivantes ?

- Obtention d'un prêt bancaire de 10 000 € (supposé sans frais par simplification) ;
- Achat au comptant de fournitures diverses pour 15 € réglés en espèces ;
- Achat à crédit de marchandises pour 1 000 € ;
- Achat au comptant d'une machine-outil pour 5 000 € ;
- Prélèvement de la première mensualité d'emprunt : 400 € de remboursement et 100 € d'intérêts ;
- Envoi d'un chèque de 1 000 € pour les marchandises achetées ci-avant ;
- Vente de marchandises au comptant : 300 € réglés par carte bancaire.

Par simplification, nous ne tiendrons pas compte de la TVA.

Solution

Pour construire les écritures comptables, il suffit de reprendre les numéros de comptes identifiés lors du précédent exercice corrigé en les plaçant :

- Au débit s'ils constituent l'emploi, autrement dit le flux entrant ;
- Au crédit s'ils constituent la ressource, autrement dit le flux sortant.

N° de compte		Intitulé	Débit	Crédit
512000		**Obtention du prêt :** Banques	10 000	
	164000	Emprunts auprès d'établissements de crédit		10 000
606000		**Achat de fournitures :** Achats non stockés de matières et fournitures	15	
	531000	Caisse		15
607000		**Achat de marchandises :** Achat de marchandises	1 000	
	401000	Fournisseurs		1 000
215400		**Achat d'une machine-outil :** Matériel industriel	5 000	
	512000	Banques		5 000
164000 661000		**Première mensualité d'emprunt :** Emprunts auprès des établissements de crédit Charges d'intérêts	400 100	
	512000	Banques		500
401000		**Règlement de l'achat de marchandises :** Fournisseurs	1 000	
	512000	Banques		1 000
512000		**Vente de marchandises :** Banques	300	
	707000	Ventes de marchandises		300

Exercice n° 3 : Comprendre les écritures comptables

Le 01/08/N, le magasin de chaussures Mod's a réalisé les neuf opérations suivantes :

1. Obtention d'un prêt bancaire ;
2. Achat de chaussures destinées à la revente ;
3. Achat d'étagères et autres meubles de présentation ;
4. Paiement des cotisations sociales du mois précédent ;
5. Achat de timbres-poste ;
6. Vente de chaussures payées en espèces ;
7. Vente de chaussures payées par carte bancaire ;

8. Règlement du loyer mensuel ;

9. Dépôt d'espèces sur le compte bancaire.

Saurez-vous les retrouver parmi les écritures suivantes enregistrées par le comptable ? (Par simplification, nous ne tiendrons pas compte de la TVA.)

N° de compte		Intitulé	Débit	Crédit	N° opération
607000		Achats de marchandises	1 500		
	512000	Banques		1 500	
512000		Banques	700		
	707000	Ventes de marchandises		700	
531000		Caisse	500		
	707000	Ventes de marchandises		500	
512000		Banques	10 000		
	164000	Emprunt auprès établissts crédit		10 000	
626000		Frais postaux	6		
	531000	Caisse		6	
218400		Mobilier	2 500		
	404000	Fournisseurs d'immobilisations		2 500	
512000		Banques	350		
	531000	Caisse		350	
613000		Locations	1 000		
	512000	Banques		1 000	
431000		Sécurité sociale	1 500		
	512000	Banques		1 500	

En étudiant ces écritures, pouvez-vous préciser si les achats suivants ont été réglés, et de quelle façon ?

- Timbres : .... ;
- Chaussures : .... ;
- Étagères : ....

Exercice n° 4 : Dix transactions à comptabiliser

Présentez les écritures comptables correspondant aux opérations ci-dessous (toutes les opérations sont supposées sans TVA par simplification) :

- Vente à crédit d'une prestation de services pour 1 000 € ;
- Achat d'un espace publicitaire dans un journal local. Paiement immédiat par un chèque de 500 € ;

- Réception de la facture mensuelle de crédit-bail : 350 € de loyer auxquels s'ajoutent 20 € d'assurance. Elle sera réglée par prélèvement automatique à la fin du mois ;
- Réception d'un chèque de 800 € en règlement d'une vente à crédit réalisée le mois précédent ;
- Obtention d'une subvention d'exploitation de 500 € du conseil général ;
- Achat d'un ordinateur pour 2 000 € réglés immédiatement par chèque ;
- Retrait d'espèces du compte bancaire pour 150 € ;
- Prélèvement par la banque de 25 € de frais de tenue de compte ;
- Réception de la facture de l'expert-comptable : 750 € à régler à la fin du mois ;
- Prélèvement d'une mensualité d'emprunt : 600 € de remboursement du principal auxquels s'ajoutent 200 € d'intérêts.

Pour y arriver, nous vous conseillons de ne pas brûler les étapes intermédiaires mais de bien respecter l'ordre suivant :

- Tout d'abord identifier les flux entrants (emplois) et sortants (ressources) ;
- Puis rechercher les rubriques correspondantes au bilan et au compte de résultat ;
- En déduire les numéros de comptes correspondants ;
- Enfin, construire l'écriture comptable en plaçant les numéros de comptes identifiés au débit et au crédit.

Exercice n° 5 : Écriture plus complexe

Une entreprise loue les locaux de son siège social. Lors de la signature du bail, elle avait versé une caution de 10 000 € qui avait été enregistrée de la façon suivante :

N° de compte		Intitulé	Débit	Crédit
275000		Dépôts et cautionnements versés	10 000	
	512000	Banques		10 000

Quelques années plus tard, elle souhaite s'agrandir et quitte ses locaux pour un bâtiment plus spacieux. Considérant que des travaux de remise en état sont nécessaires, le propriétaire du bâtiment ne lui rembourse que 7 000 € de caution et conserve 3 000 € à titre de dédommagement.

À vous d'analyser l'écriture de versement de la caution et d'en déduire l'écriture comptable correspondant à sa restitution partielle.

Exercice n° 6 : Savez-vous parler comptable ?

Dans la famille Leconte-Hébon, on est comptable de père en fils depuis plusieurs générations. L'étrange discussion qui suit a été enregistrée à leur insu au moment où M. Leconte-Hébon rentre du travail. Sa fille Debbie l'attend impatiemment :

— *Papa, j'ai eu un gros 67 qui a rendu mon 512 créditeur. S'il te plaît, mon Papounet d'amour (battements de cils et sourire charmeur), j'ai juste besoin de 100 € pour inverser son solde ;*

— *Bon, d'accord ma fille, voilà 100 € mais considère que ce billet doit être enregistré au crédit d'un 16 et non pas d'un 77.*

La communauté des linguistes est perplexe…

Et vous, avez-vous compris quelque chose ?

Réponses

Exercice n° 1 : Trouver un numéro de compte

- **Terrain acheté par l'entreprise.** Un terrain est par nature un bien durable : il s'agit d'une immobilisation (classe 2), et plus particulièrement d'une immobilisation corporelle (rubrique « 21. Immobilisations corporelles »). En regardant de plus près au sein de cette rubrique, nous trouvons le compte « 211. Terrains ».

- **Prime d'assurance.** Une prime d'assurance est une somme versée à fonds perdus, donc une charge (classe 6). Au sein de cette classe nous nous concentrons sur les achats de services (rubriques 61 et 62) où nous trouvons le compte « 616. Primes d'assurances ».

- **Prestation de services vendue par l'entreprise.** Les ventes sont des produits (classe 7) : une rubrique entière leur est même dédiée (« 70. Ventes de produits fabriqués, prestations de services, marchandises »). S'agissant d'une vente de services, nous optons pour le compte « 706. Prestations de services ».

- **Insertion publicitaire dans un journal local.** Les dépenses publicitaires sont des charges, et plus précisément des services : comme pour la prime d'assurance, nous nous concentrons sur les rubriques 61 et 62. Nous y trouvons le compte « 623. Publicité, publications, relations publiques ». Si nous le souhaitons, nous pouvons même aller plus loin dans le détail et choisir le compte « 6231. Annonces et insertions ». Toutefois, cette précision est facultative.

- **Créance client.** Une créance client relève de la classe 4, et plus précisément de la rubrique « 41. Clients et comptes rattachés ». Cette rubrique rassemble toutes les créances et les dettes qu'une entreprise peut avoir vis-à-vis de ses clients. Pour une créance commerciale classique, nous utiliserons le compte « 411. Clients ».

- **Dette fournisseur.** Une dette fournisseur relève de la classe 4, et plus précisément de la rubrique « 40. Fournisseurs et comptes rattachés ». Cette rubrique rassemble toutes les créances et les dettes qu'une entreprise peut avoir vis-à-vis de ses fournisseurs. Pour une dette commerciale classique, nous utiliserons le compte « 401. Fournisseurs ». Vous remarquerez à cette occasion l'admirable symétrie existant entre les comptes de la rubrique 41 et ceux de la rubrique 40.

- **Logiciel acheté par l'entreprise.** Le logiciel acheté ne se consommera pas à sa première utilisation mais sera utilisé durablement par l'entreprise : il s'agit d'une immobilisation (classe 2). Cette immobilisation n'est pas un bien tangible, car l'entreprise n'a acheté que le droit d'utiliser le logiciel : l'éventuel CD n'est qu'un support et le logiciel aurait tout aussi bien pu être directement téléchargé sur Internet. Les immobilisations incorporelles sont regroupées dans la rubrique 20, au sein de laquelle nous trouvons le compte « 205. Concessions et droits similaires, brevets, licences, logiciels,… ».

- **Actions achetées par l'entreprise dans un but de prise de contrôle à long terme.** Nous avons précisé que le but de l'acquisition était une prise de contrôle à long terme : cela signifie que ces actions sont des immobilisations (classe 2), et plus précisément des immobilisations financières (rubriques 26 et 27). Inutile d'aller chercher trop loin : le compte « 261. Titres de participations » fera parfaitement l'affaire.

- **Actions achetées par l'entreprise dans un but de spéculation à court terme.** Le fait que la durée de détention prévue soit courte modifie radicalement le classement comptable des actions achetées : les placements à court terme sont des éléments de la trésorerie (classe 5), et plus précisément des valeurs mobilières de placement (rubrique 50). Les actions achetées seront à leur place dans le compte « 503. Actions ».

- **Frais de maintenance.** Les frais de maintenance sont une charge (classe 6), et plus précisément un service (rubriques 61 et 62). Ils s'enregistrent dans le compte « 615. Entretien et réparation ».

- **Facture de location d'un véhicule.** Le véhicule pris en location n'est pas une immobilisation car il n'est pas la propriété de l'entreprise et ne doit donc pas figurer à l'actif de son bilan, même si l'entreprise prévoit de l'utiliser pendant plusieurs années. Le loyer est versé à fonds perdus : il s'agit d'une charge (classe 6). Vous savez désormais rechercher les achats de services dans les rubriques 61 et 62 : vous y trouverez aisément le compte « 613. Locations ».

- **Facture d'achat d'un véhicule.** Contrairement au cas précédent, le véhicule entre dans le patrimoine de l'entreprise et constitue une immobilisation corporelle (classe 2, rubrique 21). Le compte à utiliser est le « 2182. Matériel de transport ».

- **Une subvention récurrente reçue par l'entreprise.** La subvention reçue est un produit du compte de résultat (classe 7). S'agissant d'une subvention récurrente, nous la considérerons comme un produit d'exploitation à enregistrer dans le compte « 74. Subventions d'exploitation ». En revanche, une subvention exceptionnelle (par exemple, une subvention d'équilibre destinée à combler un déficit ponctuel) aurait constitué un produit exceptionnel à comptabiliser dans le compte « 771. Produits exceptionnels sur opérations de gestion ».

Exercice n° 2 : Se méfier des intitulés

Les deux comptes utilisés présentent des intitulés similaires mais diffèrent par leur numéro. En effet, les palettes sont destinées à être utilisées durablement par l'entreprise et constituent à ce titre des immobilisations (classe 2) alors que les cartons seront consommés au premier usage et sont des charges (classe 6).

Cette distinction est très importante car le coût d'achat des cartons viendra immédiatement diminuer le bénéfice de l'entreprise alors que celui des palettes sera étalé sur plusieurs années.

Exercice n° 3 : Comprendre les écritures comptables

N° de compte		Intitulé	Débit	Crédit	N° opération
607000		**Achat de chaussures :** Achats de marchandises	1 500		2
	512000	Banques		1 500	
512000		**Vente de chaussures par carte :** Banques	700		7
	707000	Ventes de marchandises		700	
531000		**Vente de chaussures en espèces :** Caisse	500		6
	707000	Ventes de marchandises		500	
512000		**Obtention d'un prêt bancaire :** Banques	10 000		1
	164000	Emprunt auprès établissts crédit		10 000	
626000		**Achat de timbres :** Frais postaux	6		5
	531000	Caisse		6	
218400		**Achat d'étagères :** Mobilier	2 500		3
	404000	Fournisseurs d'immobilisations		2 500	
512000		**Dépôt d'espèces :** Banques	350		9
	531000	Caisses		350	
613000		**Loyer mensuel :** Locations	1 000		8
	512000	Banques		1 000	
431000		**Règlement des cotisations sociales :** Sécurité sociale	1 500		4
	512000	Banques		1 500	

Pour connaître le mode de règlement des différents achats, il convient de regarder le compte utilisé au crédit. Celui-ci représente le flux sortant, autrement dit la ressource mobilisée pour acheter les biens.

- Timbres : le compte au crédit correspond à la caisse : les timbres ont été payés en espèces.
- Chaussures : le compte au crédit correspond à la banque : les marchandises ont été payées au comptant à partir du compte bancaire de l'entreprise (par chèque, virement, etc.).
- Étagères : le compte au crédit correspond à une dette fournisseur : les étagères ont été achetées à crédit et n'ont pas encore été réglées.

Exercice n° 4 : Dix transactions à comptabiliser

Vente à crédit d'une prestation de services pour 1 000 €

S'agissant d'une vente à crédit, le flux entrant est une créance client, à comptabiliser au débit du compte « 411. Clients ». La ressource ayant permis d'obtenir cette créance est la vente : il s'agit d'un produit qui sera enregistré au crédit du compte « 706. Prestations de services ».

N° de compte		Intitulé	Débit	Crédit
411000		Clients	1 000	
	706000	Prestations de services		1 000

Achat d'un espace publicitaire dans un journal local. Paiement immédiat par un chèque de 500 €

Le flux sortant est l'argent qui sort du compte bancaire : il convient d'utiliser le compte « 512. Banques » au crédit. En contrepartie, le flux entrant est l'espace publicitaire : il s'agit d'un service consommé, autrement dit d'une charge qui sera comptabilisée au débit du compte « 623. Publicité ».

N° de compte		Intitulé	Débit	Crédit
623000		Publicité	500	
	512000	Banques		500

Réception de la facture mensuelle de crédit-bail : 350 € de loyer auxquels s'ajoutent 20 € d'assurance. Elle sera réglée par prélèvement automatique à la fin du mois

Le loyer et l'assurance sont des charges (classe 6), et plus précisément des achats de services (rubriques 61 et 62). Ils s'enregistrent respectivement au débit des comptes « 612. Redevances de crédit-bail » et « 616. Primes d'assurances ». Cette facture n'est pas réglée immédiatement : le flux sortant n'est donc pas un flux monétaire mais une dette fournisseurs à comptabiliser au crédit du compte « 401. Fournisseurs ».

N° de compte		Intitulé	Débit	Crédit
612000		Redevances de crédit-bail	350	
616000		Primes d'assurance	20	
	401000	Fournisseurs		370

Réception d'un chèque de 800 € en règlement d'une vente à crédit réalisée le mois précédent

Le flux entrant est l'argent qui entre sur le compte bancaire : il convient d'utiliser le compte « 512. Banques » au débit. En contrepartie, le flux sortant est la créance qui disparaît. Celle-ci avait été initialement comptabilisée au débit du compte « 411. Clients » lors de l'enregistrement de la vente à crédit : il faut à présent créditer ce même compte.

N° de compte		Intitulé	Débit	Crédit
512000		Banques	800	
	411000	Clients		800

Obtention d'une subvention d'exploitation de 500 € du conseil général

Dans le cas où la subvention est immédiatement versée, le flux entrant est l'argent qui entre sur le compte bancaire (à comptabiliser au débit du compte « 512. Banques »). En contrepartie, la subvention est un produit qui sera enregistré au crédit du compte « 74. Subventions d'exploitations ».

N° de compte		Intitulé	Débit	Crédit
512000		Banques	500	
	740000	Subventions d'exploitation		500

Dans le cas où la subvention n'est pas versée immédiatement, l'entreprise dispose d'une créance sur le conseil général qu'elle comptabilisera au débit du compte « 441. État subventions à recevoir », le produit au crédit restant inchangé.

Chapitre 3 : Comprendre le fonctionnement des comptes

N° de compte		Intitulé	Débit	Crédit
441000		Etat, subventions à recevoir	500	
	740000	Subventions d'exploitation		500

Achat d'un ordinateur pour 2 000 € réglé immédiatement par chèque

Le flux sortant est l'argent qui sort du compte bancaire : nous créditerons donc le compte « 512. Banques ». En contrepartie, le flux entrant est l'ordinateur : il s'agit d'une immobilisation qui sera comptabilisée au débit du compte « 2183. Matériel de bureau et informatique ».

N° de compte		Intitulé	Débit	Crédit
218300		Matériel de bureau et informatique	2 000	
	512000	Banques		2 000

Retrait d'espèces du compte bancaire pour 150 €

Le flux monétaire entre dans la caisse et sort de la banque. Nous débiterons donc le compte « 531. Caisse » par le crédit du compte « 512. Banques ».

N° de compte		Intitulé	Débit	Crédit
531000		Caisse	150	
	512000	Banques		150

Prélèvement par la banque de 25 € de frais de tenue de compte

Ici encore, nous utiliserons le compte « 512. Banques » au crédit (flux monétaire sortant du compte bancaire). En contrepartie, les frais bancaires sont versés à fonds perdus : ils constituent une charge à comptabiliser au débit du compte « 627. Services bancaires et assimilés ».

N° de compte		Intitulé	Débit	Crédit
627000		Services bancaires et assimilés	25	
	512000	Banques		25

Réception de la facture de l'expert-comptable : 750 € à régler à la fin du mois

Les honoraires de l'expert-comptable constituent une charge (classe 6), et plus précisément un achat de services (rubrique 61 ou 62) : ils seront comptabilisés au débit du compte « 622. Rémunérations d'intermédiaires et honoraires ». En contrepartie, il n'y a pas de sortie d'argent mais une dette fournisseur à enregistrer au crédit du compte « 401. Fournisseurs ».

N° de compte		Intitulé	Débit	Crédit
622000		Rémunérations d'intermédiaires et honoraires	750	
	401000	Fournisseurs		750

Prélèvement d'une mensualité d'emprunt : 600 € de remboursement du principal auxquels s'ajoutent 200 € d'intérêt

Nous sommes en présence d'un flux de 800 € sortant du compte bancaire de l'entreprise : nous créditerons donc le compte « 512. Banques » de ce montant. En contrepartie, nous trouvons deux éléments :

- La diminution de la dette pour 600 € à enregistrer au débit du compte « 164. Emprunts auprès des établissements de crédit » (la dette relève du financement à long terme de l'entreprise et donc de la classe 1) ;
- Les intérêts pour 200 € à enregistrer au débit du compte « 661. Charge d'intérêts » (les intérêts sont versés à fonds perdus et constituent des charges financières).

N° de compte		Intitulé	Débit	Crédit
164000		Emprunts auprès d'établissements de crédit	600	
661000		Charges d'intérêts	200	
	512000	Banques		800

Exercice n° 5 : Écriture plus complexe

Lors du versement de la caution, un flux de 10 000 € est sorti du compte bancaire : il a été enregistré au crédit du compte « 512. Banques ». Cette somme n'a pas été versée à fonds perdus mais constitue une créance sur le propriétaire du bâtiment. S'agissant d'une créance à long terme, elle a été comptabilisée parmi les immobilisations financières, au débit du compte « 275. Dépôts et cautionnements versés ».

La restitution de la caution s'analyse de façon symétrique : de l'argent rentre sur le compte bancaire (compte « 512. Banques » au débit) et la créance sur le propriétaire disparaît (compte « 275. Dépôts et cautionnements versés » au crédit). Toutefois, cette écriture serait incomplète en l'état : la créance qui disparaît valait 10 000 € alors que seulement 7 000 € entrent sur le compte bancaire. Les 3 000 € manquant représentent un appauvrissement pour l'entreprise et constituent une charge. L'opération n'étant pas habituelle, nous pouvons qualifier la charge d'exceptionnelle (rubrique 67) et l'enregistrer au débit du compte « 678. Autres charges exceptionnelles ».

N° de compte		Intitulé	Débit	Crédit
512000		Banques	7 000	
678000		Autres charges exceptionnelles	3 000	
	275000	Dépôts et cautionnements versés		10 000

Exercice n° 6 : Savez-vous parler comptable ?

Ce texte peut se traduire de la façon suivante :

— *Papa, j'ai eu une grosse dépense imprévue (1) qui m'a mise à découvert (2). S'il te plaît, mon Papounet d'amour (battements de cils et sourire charmeur), j'ai juste besoin de 100 € pour revenir dans le vert.*

— *Bon, d'accord ma fille, voilà 100 €, mais il s'agit d'un prêt (3) et non pas d'un don (4).*

(1) Les comptes 67 correspondent aux charges exceptionnelles.

(2) Un compte présente un solde créditeur lorsqu'il a plus servi au crédit (flux sortant, ressource) qu'au débit (flux entrant, emploi). Ici, il est sorti plus d'argent du compte bancaire qu'il n'en est rentré : il est donc à découvert.

(3) Les comptes 16 sont des comptes de dettes financières.

(4) Les comptes 77 correspondent aux produits exceptionnels.

Deuxième partie
Tenir sa comptabilité au jour le jour

Dans cette partie...

À présent que vous maîtrisez les mécanismes de base de la comptabilité, nous allons vous préparer à affronter ses subtilités : dans quel compte enregistrer la TVA ? Que faire face à un avoir ? Comment comptabiliser la paie du mois ?

Nous commencerons par le plus facile et le plus agréable, c'est-à-dire les ventes et les encaissements, avant d'aborder successivement :

- Les achats courants et le paiement des fournisseurs ;
- Les impôts et taxes ;
- La paie et les déclarations sociales ;
- Les investissements et leur financement ;
- Les opérations de trésorerie.

Pour chaque opération, nous verrons d'abord comment appliquer les mécanismes comptables au cas général, avant de nous lancer dans l'étude de cas particuliers plus complexes.

Chapitre 4

Enregistrer ses ventes et ses encaissements

Dans ce chapitre :
▶ Enregistrer une facture de vente ou un avoir
▶ Enregistrer des ventes comptoir
▶ Enregistrer un règlement reçu ou un impayé

Comptabiliser une vente consiste à faire apparaître un produit au compte de résultat et une créance ou une rentrée d'argent à l'actif du bilan. Cela semble simple, non ? Cependant, quelques difficultés peuvent surgir au détour d'une facture : que faire face à des frais accessoires ? à des emballages consignés ? à un escompte pour règlement anticipé ? à un impayé ?

Dans ce chapitre, vous commencerez par vous échauffer sur des exercices simples d'enregistrement de factures et de règlements classiques avant d'aborder progressivement les cas particuliers plus complexes.

Comptabiliser une facture de vente ou un avoir

Une vente est un produit du compte de résultat : elle s'enregistre au crédit d'un compte de classe 7 pour son montant hors taxes, la TVA collectée étant quant à elle enregistrée au crédit du compte « 44571. TVA collectée ». La contrepartie au débit sera le plus souvent le compte « 411. Clients » ou une de ses subdivisions.

			Débit	Crédit
411000		Clients	TTC	
	70.........	Ventes		HT
	445710	TVA collectée		TVA

Dans le cas d'un règlement immédiat, il est possible de débiter directement un compte de trésorerie : « 512. Banques » ou « 53. Caisse ». Toutefois, il reste préférable de transiter par un compte 411 afin de pouvoir par la suite retrouver plus facilement la facture, surtout si vous disposez d'une subdivision distincte de ce compte pour chaque client.

Le choix du compte de classe 7 est fonction de la nature de la vente :

- « 701. Ventes de produits finis » pour les ventes de produits transformés par votre entreprise ;
- « 706. Prestations de services » pour les prestations de services ;
- « 707. Ventes de marchandises » pour les produits revendus en l'état (commerce de gros, de détail, négoce,…) ;
- « 708. Produits des activités annexes » pour le port et les frais accessoires facturés.

Les comptes 708 sont réservés aux activités annexes : ainsi, les agences d'intérim comptabilisent leurs ventes dans le compte « 706. Prestations de services » et non pas « 7084. Mise à disposition de personnel facturé ».

Si une réduction de prix figure sur la facture, celle-ci sera enregistrée différemment selon sa nature :

- Une réduction à caractère commercial (remises, rabais et ristournes) n'apparaîtra pas distinctement dans l'écriture, mais le montant net de réduction sera enregistré directement au crédit du compte de vente ;
- En revanche, une réduction à caractère financier (escompte pour règlement anticipé) sera comptabilisée au débit du compte « 665. Escomptes accordés » alors que le montant avant réduction sera porté au crédit du compte de vente.

Enfin, un avoir s'enregistre de façon inverse par rapport à une facture :

- Débit d'un compte de classe 7 pour le montant HT ;
- Débit du compte « 44571. TVA collectée » pour la TVA ;
- Crédit du compte « 411. Clients » pour le montant TTC.

La subdivision du compte de ventes à utiliser dépend du motif de l'avoir :

- S'il s'agit d'un retour de produits ou de la correction d'une erreur de facturation (article manquant, tarif erroné, etc.), vous utiliserez le même compte que pour la vente initiale : 701, 706 ou 707 ;
- S'il s'agit d'une réduction de prix attribuée ultérieurement pour des raisons commerciales, vous utiliserez un compte « 709. Rabais, remises et ristournes accordés par l'entreprise ».

Exercice corrigé

La société Thalise est spécialisée dans le traitement des eaux usées. Elle vend non seulement du matériel de traitement (acheté en l'état), mais aussi des prestations de conseil.

Nous vous proposons de vous entraîner à comptabiliser les ventes suivantes, toutes réalisées à crédit (sauf information contraire, nous supposerons que le paiement n'a pas encore été reçu) :

- Étude réalisée pour la mairie de B : 4 000 € HT (4 800 € TTC) ;
- Vente d'une fosse de décantation au client E pour un prix HT de 2 600 € auquel s'ajoutent des frais de livraison de 300 € et une TVA de 580 € ;
- Vente de dix filtres à plâtre au client S pour un prix unitaire de 950 € HT dont est déduite une remise de 10 % (prix net HT = 9 500 − 950 = 8 550 €). TVA = 1 710 € ;
- Avoir envoyé au client T pour le retour de deux filtres défectueux : 1 900 € HT (2 280 € TTC).

Solution

Facture à la mairie de B

Il s'agit d'une prestation de services classique. Le compte « 411. Clients » est utilisé au débit pour indiquer le montant dû par le client, avec pour contrepartie un compte de ventes (« 706. Prestations de services ») pour le montant hors taxes de la facture, et une dette de TVA collectée (compte « 44571. TVA collectée »).

			Débit	Crédit
411000		Clients	4 800	
	706000	Prestations de services		4 000
	445710	TVA collectée		800
			4 800	4 800

Facture au client E

Le matériel étant revendu en l'état, la vente est comptabilisée en ventes de marchandises. Les frais de livraison s'enregistrent à part dans un compte de produits annexes.

			Débit	Crédit
411000		Clients	3 480	
	707000	Ventes de marchandises		2 600
	708500	Port et frais accessoires facturés		300
	445710	TVA collectée		580
			3 480	**3 480**

Facture au client S

La remise commerciale ne doit pas apparaître distinctement dans l'écriture comptable : c'est le montant net HT qui est enregistré directement dans un compte de ventes de marchandises. Souvenez-vous que le compte « 709. Rabais, remises et ristournes accordés » n'est utilisé que lorsque la remise fait l'objet d'un avoir ultérieur à la facture.

			Débit	Crédit
411000		Clients	10 260	
	707000	Ventes de marchandises		8 550
	445710	TVA collectée		1 710
			10 260	**10 260**

Avoir au client T

S'agissant d'un avoir pour retour, on reprend exactement les mêmes comptes que ceux utilisés pour enregistrer la facture initiale, mais du côté opposé.

			Débit	Crédit
707000		Ventes de marchandises	1 900	
445710		TVA collectée	380	
	411000	Clients		2 280
			2 280	**2 280**

Chapitre 4 : Enregistrer ses ventes et ses encaissements

Exercice n° 1 : Factures et avoirs à enregistrer

La société Oxcurl fabrique et commercialise des vêtements de type « surfwear » auprès d'une clientèle de grossistes et de détaillants. Afin d'offrir une gamme complète à ses clients, elle propose également une ligne de lunettes de soleil et de sacs de plage achetés en l'état à un fournisseur extérieur.

Il vous est demandé d'enregistrer les documents suivants :

Facture n° 1 : vente de 100 chemises à 12 € pièce

- Montant HT : 1 200,00 €
- TVA : 240 €
- Montant TTC : 1 440 €

Facture n° 2 : vente de 50 paires de lunettes à 8 € pièce

- Montant HT : 400,00 €
- Frais de livraison : 10,00 €
- TVA : 82 €
- Montant TTC : 492 €

Facture n° 3 : vente de 500 tee-shirts à 6 € pièce. Remise fidélité de 5 %

- Montant HT : 3 000,00 €
- Remise : – 150,00 €
- TVA : 570 €
- Montant TTC : 3 420 €

Avoir n° 1 : avoir de 100 € sur la vente de chemises en dédommagement d'un retard de livraison

- Montant HT : 100,00 €
- TVA : 20 €
- Montant TTC : 120 €

Facture n° 4 : vente de 100 sacs à 5 € pièce. Escompte de 1 % pour règlement immédiat

- Montant HT : 500,00 €
- Escompte : – 5,00 €

- TVA : 99 €
- Montant TTC : 594 €

Avoir n° 2 : retour de 10 tee-shirts présentant un défaut de fabrication

- Montant HT : 57,00 €
- TVA : 11,40 €
- Montant TTC : 68,40 €

Facture n° 5 : vente de 80 pulls, 50 tee-shirts et 70 chemises. Remise fidélité de 5 % et escompte de 1 % pour règlement immédiat

- Montant HT : 1 500,00 €
- Remise : – 75,00 €
- Escompte : –14,25 € (l'escompte est calculé sur le montant net de remise)
- TVA : 282,15 €
- Montant TTC : 1 692,90 €

Exercice n° 2 : Chercher les erreurs

La saisie des factures nécessite rigueur et concentration. Visiblement, le comptable du magasin Gliss3000 (location et vente de matériel de ski) avait la tête ailleurs lorsqu'il a enregistré les ventes de la journée : aucune écriture n'est correcte. Saurez-vous détecter ses erreurs et les corriger ?

			Débit	Crédit
		Facture n°1 (vente de matériel) :		
411000		Clients	500	
445710		TVA collectée	100	
	707000	Ventes de marchandises		600
		Facture n°2 (vente de matériel) :		
411000		Clients	210	
	708300	Locations diverses		175
	445710	TVA collectée		35
		Facture n°3 (vente de matériel soldé) :		
411000		Clients	768	
709700		Remises sur ventes de marchandises	160	
	707000	Ventes de marchandises		800
	445710	TVA collectée		128
		Avoir n°1 (retour de matériel défectueux) :		
709700		Remises sur ventes de marchandises	100	
445710		TVA collectée	20	
	411000	Clients		120

Comptabiliser une vente avec emballages consignés

La comptabilisation des emballages consignés est un peu complexe et c'est pourquoi nous avons préféré la traiter à part. Si vous livrez vos produits dans des caisses ou dans des fûts consignés, le montant de la consigne ne vous est pas définitivement acquis mais devra normalement être remboursé au client : il ne s'agit pas d'un produit du compte de résultat mais d'une dette vis-à-vis de votre client. Celle-ci sera enregistrée au crédit du compte « 4196. Clients – Dettes sur emballages et matériels consignés ».

La restitution ultérieure des emballages s'analyse de la façon suivante :

- Le compte « 4196. Clients – Dettes sur emballages consignés » doit être soldé : il sera débité du montant de la consigne initialement enregistrée à son crédit ;
- La somme due au client est enregistrée au crédit du compte « 411. Clients ».

Dans le cas où la somme restituée est inférieure au montant de la consigne (emballages manquants ou endommagés), la différence est ventilée entre les comptes « 7086. Bonis sur reprises d'emballages consignés » pour le montant HT et « 44571. TVA collectée » pour la TVA correspondante.

Les opérations de consignation ne sont pas assujetties à la TVA. Il en est de même pour les déconsignations lorsque les emballages sont remboursés intégralement. En revanche, les éventuels écarts seront normalement assujettis : le gain réalisé étant considéré comme TTC, il faudra diviser celui-ci par 1,196 pour retrouver le montant HT.

Exercice corrigé

Prenons l'exemple d'une vente de produits finis livrés dans des caisses en bois consignées (vingt caisses à 3 € pièce) :

- Prix hors taxes : 1 000,00 €
- TVA 20 % : 200 €
- Consignation : 60 €
- Montant à payer : 1 260 €

Comment comptabiliseriez-vous la facture ?

Quelle écriture comptable passerez-vous :

- Si le client restitue les vingt caisses et reçoit un avoir de 60 € ?
- Si le client ne rend que dix-huit caisses et ne reçoit qu'un avoir de 54 € (les deux caisses manquantes sont endommagées et ne seront pas reprises) ?

Solution

Le client doit 1 260 € à l'entreprise : c'est cette somme qu'il faut porter au débit du compte « 411. Clients ». Les différents éléments de la facture seront ventilés au crédit de la façon suivante :

- Prix de vente HT : compte « 701. Ventes de produits finis » ;
- TVA : compte « 44571. TVA collectée » ;
- Consignation : compte « 4196. Clients – Dettes sur emballages consignés ».

			Débit	Crédit
411000		Clients	1 260	
	701000	Ventes de produits finis		1 000
	445710	TVA collectée		200
	419600	Clients – Dettes sur emballages consignés		60
			1 260	1 260

Si le client restitue les vingt caisses en bon état, il suffit de solder le compte 4196 par le crédit du 411 : la dette liée aux emballages consignés disparaît au passif du bilan alors que la créance sur le client diminue du montant à rembourser. L'écriture comptable sera la suivante :

			Débit	Crédit
419600		Clients – Dettes sur emballages consignés	60	
	411000	Clients		60

S'il ne rend que dix-huit caisses, alors il ne récupérera que 54 € sur les 60 € initialement versés. Il est toujours nécessaire de débiter le compte 4196 de 60 € afin de le solder, mais il ne faut créditer le compte 411 que de 54 €, car c'est cette somme qui sera restituée au client. Les 6 € de différence se décomposent comme suit :

- Montant HT = 6 / 1,2 = 5 € ;
- TVA = 5 × 0,2 = 1 €.

L'écriture comptable sera la suivante :

			Débit	Crédit
419600		Clients – Dettes sur emballages consignés	60	
	411000	Clients		54
	708600	Bonis sur reprises d'emballages consignés		5
	445710	TVA collectée		1
			60	**60**

Exercice n° 3 : Emballages consignés

L'entreprise E exerce une activité de grossiste en boissons alcoolisées. Elle vous demande de comptabiliser la facture suivante relative à une vente de six fûts de bière de 25 litres :

- Bière : 150 l × 2 €/l = 300,00 €
- Location tireuse : 20,00 €
- TVA à 20 % : 64 €
- Consignation : 6 fûts × 30 € = 180,00 €
- Total à payer : 564 €

Vous enregistrerez également l'avoir de restitution en distinguant deux cas :

- Cas n° 1 : les six fûts sont restitués en bon état et vous émettez un avoir de 180 € ;
- Cas n° 2 : cinq fûts sont retournés en bon état, le sixième est endommagé et n'est repris que pour 10 €. Vous n'émettez qu'un avoir de 160 €.

L'enregistrement des ventes comptoir

Les ventes comptoir sont les ventes réalisées par des commerces de détail qui n'émettent pas systématiquement de factures mais de simples tickets de caisse. Les mêmes règles comptables s'appliquent que pour les ventes sur factures mais quelques particularités méritent d'être relevées. Tout d'abord, les ventes ne sont pas enregistrées individuellement, mais sur la base d'un récapitulatif de la caisse du jour, habituellement appelé « ticket Z ». De plus, seul le montant TTC des ventes est parfois connu et il faut reconstituer le HT et la TVA à l'aide des formules suivantes :

- ✓ Montant HT = Montant TTC / 1,2 (ou 1,055 pour une TVA à 5,5 %) ;
- ✓ TVA collectée = Montant HT × 0,2 (ou 0,055 pour une TVA à 5,5 %).

Enfin, le compte à débiter ne sera pas systématiquement le « 411. Clients » mais dépendra du moyen de paiement utilisé :

- ✓ « 53. Caisse » pour les règlements en espèces ;
- ✓ « 5112. Chèques à encaisser » pour les règlements par chèque ;
- ✓ « 5115. Cartes bancaires à encaisser » pour les règlements par carte bancaire.

Les sommes enregistrées dans les comptes 511 seront transférées par la suite dans le compte « 512. Banques » au fur et à mesure de leur remise en banque effective : le compte 511 sera alors crédité par le débit du compte 512.

Exercice corrigé

Les ventes d'une supérette s'élèvent à 1 664 € TTC et se décomposent comme suit :

- ✓ Produits alimentaires soumis à une TVA de 5,5 % : 956 € ;
- ✓ Autres produits soumis à une TVA de 20 % : 708 €.

Les règlements reçus s'élèvent à 1 635 € et se décomposent comme suit :

- ✓ 694 € en espèces ;
- ✓ 398 € en chèques ;
- ✓ 543 € en cartes bancaires.

Les 29 € manquants correspondent à un client fidèle qui avait oublié son porte-monnaie et qui repassera payer le lendemain.

Saurez-vous comptabiliser les ventes de la journée ?

Solution

Avant d'enregistrer cette vente, il convient de déterminer le montant HT et la TVA collectée :

- ✓ Ventes HT de produits alimentaires : 956 / 1,055 = 906,16 € ;
- ✓ Ventes HT d'autres produits : 708 / 1,2 = 590 € ;
- ✓ TVA sur les produits alimentaires : 906,16 × 0,055 = 49,84 € ;
- ✓ TVA sur les autres produits : 590 × 0,2 = 118 €.

Chapitre 4 : Enregistrer ses ventes et ses encaissements

Nous pouvons ensuite comptabiliser l'écriture suivante (la subdivision des comptes 707 et 44571 n'est pas obligatoire, mais elle sera toutefois bien utile au moment de faire la déclaration de TVA) :

			Débit	Crédit
530000		Caisse	694,00	
511200		Chèques à encaisser	398,00	
511500		Cartes à encaisser	543,00	
411000		Clients	29,00	
	707002	Ventes de marchandises (TVA à 5,5 %)		906,16
	707003	Ventes de marchandises (TVA à 20%)		590,00
	445712	TVA collectée à 5,5 %		49,84
	445713	TVA collectée à 20 %		118,00
			1 664,00	1 664,00

Compte tenu de la complexité de l'écriture, il nous a semblé utile de formaliser la vérification de son équilibre : total des sommes inscrites au débit = total des sommes inscrites au crédit = 1 664 €. Cette égalité est incontournable quelle que soit l'écriture à enregistrer, mais la vérification peut se faire de tête lorsque celle-ci ne comporte que peu de lignes.

Le compte 411 sera soldé par la suite lorsque le client reviendra régler sa dette. Dans le cas d'un règlement en espèces, l'écriture sera la suivante :

			Débit	Crédit
530000		Caisse	29,00	
	411000	Clients		29,00

Exercice n° 4 : Enregistrement des ventes comptoir

Les ventes d'un salon de coiffure s'élèvent à 539 € TTC et se décomposent comme suit :

- Coupes, couleurs et brushings réalisés : 504 € ;
- Ventes de produits divers (soins capillaires et bijoux) : 35 €.

Ces ventes ont été intégralement payées :

- Pour 265 € en espèces ;
- Pour 179 € en chèques ;
- Pour 95 € en cartes bancaires.

Saurez-vous comptabiliser les ventes de la journée ?

Pourriez-vous également enregistrer la remise en banque des 265 € reçus en espèces et de 125 € de chèques (le chèque restant de 54 € ne sera remis en banque que dans une semaine à la demande du client). Enfin, vous terminerez cet exercice en enregistrant les cartes bancaires : 1,43 € de commissions a été déduit et seulement 93,57 € seront versés sur le compte bancaire.

Exercice n° 5 : Écritures à reconstituer

Le comptable du magasin Mod's a renversé son café sur le journal des ventes. Saurez-vous l'aider à retrouver les éléments manquants ? Il vous est précisé que toutes les ventes sont taxées au taux de 20 %.

			Débit	Crédit
530000		………………..	542,67	
………		Chèques à encaisser	259,05	
………		Cartes à encaisser	106,25	
………		Clients		………
	………	Ventes de produits finis		632,16
	………	Ventes de marchandises		………
	………	TVA collectée		160,22
			………	………

L'enregistrement des règlements reçus

Facturer c'est bien, mais se faire payer c'est encore mieux ! Vous allez vous exercer ici à comptabiliser les règlements reçus, en les distinguant selon le mode de paiement utilisé : espèces, virements, chèques, cartes bancaires ou effets de commerce.

Lorsque vous recevez le règlement d'un client, vous devez créditer le compte « 411. Clients » pour faire disparaître la créance initiale. Selon le mode de règlement utilisé, le compte à débiter sera différent :

- « 53. Caisse » pour les règlements en espèces ;
- « 512. Banques » pour les règlements par chèque, virement ou carte bancaire.

Les frais éventuels seront enregistrés au débit d'un compte de charges : « 627. Services bancaires et assimilés » ou « 661. Charges d'intérêts ».

Les règlements par traite, lettre de change ou billet à ordre s'enregistrent, quant à eux, en deux temps :

- Lors de la réception de l'effet de commerce : débit du compte « 413. Effets à recevoir » et crédit du compte « 411. Clients » ;
- Lors de son échéance : débit du compte « 512. Banques » et crédit du compte « 413. Effets à recevoir ».

Les règlements reçus à titre d'acompte doivent théoriquement être distingués du paiement des factures déjà émises : dans ce but, ils ne sont pas inscrits au crédit du compte « 411. Clients » mais du « 4191. Clients, avances et acomptes reçus sur commande ». Ce compte sera ensuite soldé lorsque l'acompte sera déduit du règlement final. Dans la réalité, cette distinction n'est que rarement pratiquée au jour le jour, et seuls les acomptes non encore soldés à la date de clôture font l'objet d'un reclassement.

Notons enfin qu'il est possible que le montant du règlement reçu diffère légèrement de celui facturé : écart d'arrondi, erreur du client, déduction d'un escompte, etc. Celui-ci génère un déséquilibre dans l'écriture comptable qui sera rétabli par l'utilisation d'un compte de pertes et profits :

- Débit du « 665. Escomptes accordés » pour le montant HT de l'escompte et du « 4571. TVA collectée » pour l'éventuelle TVA correspondante ;
- Débit du « 658. Charges diverses de gestion courante » pour les autres écarts défavorables ;
- Crédit du « 758. Produits divers de gestion courante » pour les écarts favorables.

Les écarts plus importants feront l'objet d'une analyse plus approfondie et seront régularisés en accord avec le client.

Exercice corrigé

Il vous est demandé d'enregistrer les opérations suivantes, réalisées par l'entreprise Thalisse :

- Réception d'un virement de 3 588 € en règlement d'une facture du même montant ;
- Réception d'un chèque de 1 176 € en règlement d'une facture de 1 200 € (le client s'est déduit un escompte de 2 %) ;
- Réception d'une lettre de change acceptée de 598 € avec une échéance à la fin du mois ;

- Réception d'un chèque de 267,28 € en règlement d'une facture de 267,82 € (la différence ne sera pas réclamée au client) ;
- Arrivée à échéance de la lettre de change évoquée précédemment : celle-ci est encaissée.

Solution

Virement reçu

Il s'agit d'un encaissement classique : le compte « 512. Banques » est utilisé au débit pour indiquer qu'une somme d'argent entre sur le compte bancaire, avec pour contrepartie le compte « 411. Clients » au crédit afin de faire disparaître la créance.

			Débit	Crédit
512000		Banques	3 588,00	
	411000	Clients		3 588,00

Chèque reçu avec déduction d'un escompte

Le compte « 512. Banques » est débité pour le montant effectivement reçu (1 176 €) alors que le compte « 411. Clients » est crédité du montant de la créance à faire disparaître (1 200 €). La différence de 24 € correspond à 2 % du TTC : elle sera décomposée en 20 € de montant HT à comptabiliser en charge et 4 € de TVA à récupérer.

			Débit	Crédit
512000		Banques	1 176	
665000		Escomptes accordés	20	
445710		TVA collectée	4	
	411000	Clients		1 200
			1 200	1 200

Réception de la lettre de change

L'entreprise enregistre la traite reçue au débit du compte « 413. Clients, effets à recevoir ». En contrepartie, elle crédite le compte « 411. Clients » pour faire disparaître la créance initiale.

			Débit	Crédit
413000		Clients, effets à recevoir	598,00	
	411000	Clients		598,00

Chèque reçu avec erreur

Le compte « 512. Banques » est débité pour le montant effectivement reçu (267,28 €) alors que le compte « 411. Clients » est crédité du montant de la créance à faire disparaître (267,82 €). La différence de 0,54 € est en défaveur de l'entreprise : elle sera comptabilisée dans un compte de charges diverses. Compte tenu du faible montant de l'écart et de son caractère exceptionnel, nous nous permettrons de ne pas régulariser la TVA.

			Débit	Crédit
512000		Banques	267,28	
658000		Charges diverses de gestion courante	0,54	
	411000	Clients		267,82
			267,82	267,82

Encaissement à échéance de la lettre de change

L'entreprise reçoit de l'argent sur son compte bancaire : nous utilisons donc le compte « 512. Banques » au débit. En contrepartie, nous faisons disparaître la traite du compte « 413. Clients, effets à recevoir » où elle avait été précédemment transférée.

			Débit	Crédit
512000		Banques	598,00	
	413000	Clients, effets à recevoir		598,00

Exercice n° 6 : Enregistrer des règlements divers

L'entreprise E a reçu les règlements suivants et vous demande de les comptabiliser :

- Chèque de 498 € en règlement d'une facture de même montant ;
- Encaissement d'une traite à échéance : 976 € ;
- Virement de 532 € en règlement de plusieurs factures d'un total de 531,76 € ;
- Chèque de 737,55 € en règlement d'une facture de 745 € sous déduction d'un escompte de 1 % ;
- Réception d'une lettre de change de 632 € à échéance du mois prochain en règlement d'une facture de même montant ;
- Encaissement en espèces d'une facture de 15 €.

Exercice n° 7 : Versement puis déduction d'un acompte

L'entreprise Alpha applique les conditions de vente suivantes : versement d'un acompte de 20 % du TTC à la commande et règlement du solde à 30 jours, pas de possibilité d'escompte pour règlement anticipé.

Elle reçoit une commande pour une vente de produits finis de 1 500 € HT (1 800 € TTC) : à vous de vous entraîner à comptabiliser la facture ainsi que les règlements correspondants (nous supposerons que le client règle par virement bancaire).

Enregistrer un impayé

Un impayé est déjà désagréable à subir, alors heureusement que son enregistrement n'est pas trop compliqué. Lorsqu'un retour de chèque impayé apparaît sur votre relevé bancaire, vous devez créditer le compte « 512. Banques » afin d'enregistrer la sortie d'argent constatée par votre banque. Si vous pensez avoir une chance de faire payer votre client, vous débiterez le compte « 411. Client » pour faire réapparaître la créance à l'actif du bilan. Dans le cas contraire, il vous faudra constater une perte pour le montant HT de l'impayé (débit du compte « 654. Pertes sur créances irrécouvrables ») et une créance pour la TVA à récupérer (débit du compte « 44571. TVA collectée »).

Les éventuels frais bancaires seront inscrits au débit du compte « 411. Clients » si vous avez la possibilité et l'intention de les mettre à la charge de votre client, ou au débit du compte « 627. Services bancaires et assimilés » dans le cas contraire.

Si vous représentez le chèque à la banque, vous comptabiliserez un nouvel encaissement (512 au débit et 411 au crédit) : s'il revient encore une fois impayé, vous procéderez à nouveau comme exposé ci-dessus.

Exercice corrigé

Dans une épicerie, un chèque de 25 € revient impayé. Il correspondait à des produits alimentaires soumis à une TVA de 5,5 %.

Il vous est demandé de comptabiliser cet impayé en distinguant deux cas :

  ✔ Cas n° 1 : le client avait réglé ses achats au moyen d'un chéquier volé, l'argent est définitivement perdu ;

Chapitre 4 : Enregistrer ses ventes et ses encaissements

✔ Cas n° 2 : il s'agit d'un client honnête qui a eu des soucis temporaires. Il affirme avoir comblé son découvert et vous invite à représenter le chèque.

Solution

Dans le cas du chéquier volé, l'argent est définitivement perdu. Nous commencerons par distinguer le montant HT à passer en perte, de la TVA à récupérer :

✔ HT = TTC / 1,055 = 25 / 1,055 = 23,70 € ;

✔ TVA = HT × 0,055 = 23,70 × 0,055 = 1,30 €.

L'écriture comptable sera la suivante :

			Débit	Crédit
654000		Pertes sur créances irrécouvrables	23,70	
445710		TVA collectée	1,30	
	512000	Banques		25,00
			25,00	25,00

Dans le cas où le chèque pourra être représenté, nous créditerons toujours le compte « 512. Banques » afin que celui-ci reflète fidèlement les mouvements enregistrés par la banque, mais nous ne constaterons pas de perte : les 25 € dus par le client seront comptabilisés au débit du compte « 411. Clients ».

			Débit	Crédit
411000		Clients	25,00	
	512000	Banques		25,00

Exercice n° 8 : Enregistrer un impayé

Mlle Ella Bongou est décoratrice d'intérieur. En étudiant son relevé de banque, elle a la mauvaise surprise de découvrir que le chèque d'un de ses clients est revenu impayé pour 532 € et que sa banque lui a facturé 15 € de frais à cette occasion.

Il vous est demandé d'enregistrer les écritures comptables nécessaires en distinguant les différentes options possibles.

Réponses

Exercice n° 1 : Factures et avoirs à enregistrer

Facture n° 1

Les chemises ont été fabriquées par l'entreprise : il s'agit de produits finis. Nous enregistrerons donc le montant HT de la vente au crédit du compte « 701. Ventes de produits finis ». Le montant TTC sera quant à lui inscrit au débit du compte « 411. Clients » et la TVA viendra équilibrer l'écriture au crédit du compte « 44571. TVA collectée ».

			Débit	Crédit
411000		Clients	1 440	
	701000	Ventes de produits finis		1 200
	445710	TVA collectée		240
			1 440	**1 440**

Facture n° 2

Contrairement aux chemises, les lunettes n'ont pas été fabriquées par l'entreprise mais sont simplement achetées pour être revendues en l'état. Il s'agit d'une vente de marchandises à enregistrer au crédit du compte « 707. Ventes de marchandises ». Les frais de livraisons facturés au client seront quant à eux comptabilisés au crédit du compte « 708. Produits des activités annexes ».

			Débit	Crédit
411000		Clients	492	
	707000	Ventes de marchandises		400
	708000	Produits des activités annexes		10
	445710	TVA collectée		82
			492	**492**

Facture n° 3

Les tee-shirts sont des produits finis. La remise fidélité ayant un caractère commercial, nous ne la ferons pas apparaître distinctement mais enregistrerons directement le montant HT net de remise dans le compte 701 : 3 000 – 150 = 2 850 €.

Chapitre 4 : Enregistrer ses ventes et ses encaissements

			Débit	Crédit
411000		Clients	3 420	
	701000	Ventes de produits finis		2 850
	445710	TVA collectée		570
			3 420	3 420

Avoir n° 1

S'agissant d'un avoir, l'écriture sera inversée par rapport aux précédentes : au débit un compte de classe 7 et la TVA, au crédit le compte « 411. Clients ». Pour le choix du compte de classe 7, nous remarquons qu'il ne s'agit ni d'un retour, ni de la correction d'une erreur de facturation, mais plutôt d'un rabais commercial : nous utiliserons le compte « 7091. Remises, rabais et ristournes sur ventes de produits finis ».

			Débit	Crédit
709100		RRR sur ventes de produits finis	100	
445710		TVA collectée	20	
	411000	Clients		120
			120	120

Facture n° 4

Les sacs sont des marchandises. L'escompte ayant un caractère financier, nous le ferons apparaître distinctement au débit du compte « 665. Escomptes accordés » alors que nous enregistrerons le montant HT avant remise dans le compte 707.

			Débit	Crédit
411000		Clients	594	
665000		Escomptes accordés	5	
	707000	Ventes de marchandises		500
	445710	TVA collectée		99
			599	599

Avoir n° 2

Le motif de l'avoir est différent du cas précédent : s'agissant d'un retour, nous utiliserons le compte « 701. Ventes de produits finis » et non pas « 7091. Remises, rabais et ristournes sur ventes de produits finis ».

			Débit	Crédit
701000		Ventes de produits finis	57,00	
445710		TVA collectée	11,40	
	411000	Clients		68,40
			68,40	68,40

Facture n° 5

Les pulls, tee-shirts et chemises sont des produits finis : nous enregistrerons le montant HT net de remise commerciale (1 500 – 75 = 1 425 €) au crédit du compte « 701. Ventes de produits finis ». L'escompte sera quant à lui isolé au débit du compte « 665. Escomptes accordés ».

			Débit	Crédit
411000		Clients	1 692,90	
665000		Escomptes accordés	14,25	
	701000	Ventes de produits finis		1 425,00
	445710	TVA collectée		282,15
			1 707,15	1 707,15

Exercice n° 2 : Chercher les erreurs

Facture n° 1

Le montant HT et TTC ont été inversés : seul le montant restant acquis à l'entreprise (c'est-à-dire le HT) doit être enregistré en produits alors que le compte « 411. Clients » doit refléter la somme due par le client, c'est-à-dire le TTC. Comme conséquence de cette inversion, la TVA figure du mauvais côté de l'écriture.

Un petit moyen mnémotechnique pour vous aider à placer la TVA du bon côté :

- ✔ La TVA collectée (le mot commence par un « c ») doit être enregistrée au crédit (commence également par un « c ») ;
- ✔ La TVA déductible (le mot commence par un « d ») doit être enregistrée au débit (commence également par un « d »).

Écriture corrigée :

			Débit	Crédit
411000		Clients	600	
	707000	Ventes de marchandises		500
	445710	TVA collectée		100

Facture n° 2

La location de matériel n'est pas une activité annexe pour l'entreprise mais constitue une part importante de son commerce : il ne faut pas utiliser un compte « 708. Produits des activités annexes » même si l'intitulé du compte 7083 est très tentant. Il s'agit en fait d'une prestation de services à enregistrer dans le compte « 706. Prestations de services ».

Écriture corrigée :

			Débit	Crédit
411000		Clients	210	
	706000	Prestations de services		175
	445710	TVA collectée		35

Facture n° 3

La remise pour soldes présente un caractère commercial et ne doit en conséquence pas apparaître distinctement dans l'écriture (les comptes 709 ne servent que pour les avoirs). Il faut la déduire du montant comptabilisé au crédit du compte de ventes.

Écriture corrigée :

			Débit	Crédit
411000		Clients	768	
	707000	Ventes de marchandises		640
	445710	TVA collectée		128

Avoir n° 1

S'agissant d'un avoir pour retour, il ne faut pas utiliser le compte « 709. Remises, rabais et ristournes » mais plutôt le compte qui avait servi à enregistrer la facture initiale, en l'occurrence le « 707. Ventes de marchandises ».

Écriture corrigée :

			Débit	Crédit
707000		Ventes de marchandises	100	
445710		TVA collectée	20	
	411000	Clients		120

Exercice n° 3 : Emballages consignés

De même que dans l'exercice corrigé, nous enregistrerons la somme totale due par le client (564 €) au débit du compte « 411. Clients ». Sa ventilation au crédit nécessite de tenir compte de la nature de l'activité de l'entreprise. En tant que grossiste, elle ne fabrique pas la bière mais se contente de la revendre en l'état : il s'agit de marchandises (compte « 707. Ventes de marchandises ». Nous supposerons également que la location de tireuses n'est qu'une activité annexe (compte « 7083. Locations diverses »).

Le montant de la consignation ne sera pas enregistré dans un compte de ventes mais dans un compte de dettes : « 4196. Clients – Dettes sur emballages consignés ».

			Débit	Crédit
411000		Clients	564	
	707000	Ventes de marchandises		300
	708300	Locations diverses		20
	445710	TVA collectée		64
	419600	Clients – Dettes sur emballages consignés		180
			564	564

Si le client restitue les six fûts en bon état, il suffira de solder le compte 4196 par le crédit du 411 :

			Débit	Crédit
419600		Clients – Dettes sur emballages consignés	180,00	
	411000	Clients		180,00

Dans le cas où un des fûts est endommagé, vous ne rembourserez que 160 € à votre client (cinq fûts à 30 € et un à 10 €) : nous enregistrerons toujours 180 € au débit du compte 4196 mais seulement 160 € au crédit du 411. Les 20 € de différence se décomposent comme suit :

- Montant HT = 20 / 1,2 = 16,67 € ;
- TVA = 16,67 × 0,2 = 3,33 €.

L'écriture comptable est la suivante :

			Débit	Crédit
419600		Clients – Dettes sur emballages consignés	180,00	
	411000	Clients		160,00
	708600	Bonis sur reprises d'emballages consignés		16,67
	445710	TVA collectée		3,33
			180,00	180,00

Exercice n° 4 : Enregistrement des ventes comptoir

Les ventes du coiffeur sont toutes soumises à une TVA de 20 % mais il faut quand même les distinguer dans la mesure où elles n'ont pas la même nature : les coupes, couleurs et brushings réalisés sont des prestations de services alors que les ventes de produits divers sont des ventes de marchandises.

Commençons par calculer le montant HT et la TVA :

- Coupes HT : 504 / 1,2 = 420 € ;
- Ventes HT de produits divers : 35 / 1,2 = 29,17 € ;
- TVA : (420 + 29,17) × 0,2 = 89,83 €.

Nous pouvons à présent comptabiliser l'écriture suivante :

			Débit	Crédit
530000		Caisse	265,00	
511200		Chèques à encaisser	179,00	
511500		Cartes à encaisser	95,00	
	706000	Prestations de services		420,00
	707000	Ventes de marchandises		29,17
	445710	TVA collectée		89,83
			539,00	539,00

Concernant les remises en banque, nous débiterons le compte « 512. Banques » par le crédit des 53 et 5112 pour les montants effectivement déposés :

			Débit	Crédit
512000		Banques	265,00	
	530000	Caisse		265,00
512000		Banques	125,00	
	511200	Chèques à encaisser		125,00

Pour les cartes bancaires, nous débiterons le compte « 512. Banques » du montant effectivement reçu (93,57 €) par le crédit du 5115 pour le montant effectivement déposé (95 €). L'équilibre de l'écriture sera assuré par l'enregistrement de la commission au débit du compte « 627. Services bancaires » :

			Débit	Crédit
512000		Banques	267,28	
627000		Services bancaires	0,54	
	511500	Cartes à encaisser		95,00
			95,00	95,00

Exercice n° 5 : Écritures à reconstituer

À partir du montant de la TVA collectée, nous pouvons reconstituer le montant des ventes HT :

Ventes HT = TVA / 0,2 = 160,22 / 0,2 = 801,10 €

Le montant des ventes HT de produits finis étant connu, nous pouvons en déduire par différence celui des ventes de marchandises :

Ventes HT de marchandises = 801,10 – 632,16 = 168,94 €

Nous pouvons à présent calculer le montant total des ventes TTC et, par différence, en déduire le montant restant à encaisser qui sera enregistré au débit du compte « 411. Clients » :

- Ventes TTC = Ventes HT + TVA = 632,16 + 168,94 + 160,22 = 961,32 € ;
- Montant restant à encaisser = ventes TTC – encaissements (espèces, chèques et cartes) = 961,32 – 542,67 – 259,05 – 106,25 = 53,35 €.

L'écriture reconstituée est la suivante :

			Débit	Crédit
530000		**Caisse**	542,67	
511200		Chèques à encaisser	259,05	
511500		Cartes à encaisser	106,25	
411000		Clients	**53,35**	
	701000	Ventes de produits finis		632,16
	707000	Ventes de marchandises		**168,94**
	445710	TVA collectée		160,22
			961,32	961,32

Exercice n° 6 : Enregistrer des règlements divers

Chèque de 498 € en règlement d'une facture de même montant

Il s'agit d'un encaissement classique : le compte « 512. Banques » est utilisé au débit pour indiquer qu'une somme d'argent est versée sur le compte bancaire, avec pour contrepartie le compte « 411. Clients » au crédit afin de faire disparaître la créance.

			Débit	Crédit
512000		Banques	498,00	
	411000	Clients		498,00

Encaissement d'une traite à échéance : 976 €

Le compte « 512. Banques » est débité par le crédit du compte « 413. Clients, effets à recevoir » où la traite avait été enregistrée lors de sa réception.

			Débit	Crédit
512000		Clients	976,00	
	413000	Clients, effets à recevoir		976,00

Virement de 532 € en règlement de plusieurs factures d'un total de 531,76 €

Le client a arrondi son virement en faveur de l'entreprise : les 0,24 € d'écart représentent un produit à comptabiliser au crédit d'un compte « 758. Produits divers de gestion courante ».

			Débit	Crédit
512000		Banques	532,00	
	411000	Clients		531,76
	758000	Produits divers de gestion courante		0,24
			532,00	532,00

Chèque de 737,55 € en règlement d'une facture de 745 €, sous déduction d'un escompte de 1 %

Le montant déduit à titre d'escompte s'élève à 7,45 € et se décompose comme suit :

- Montant HT = 7,45 / 1,2 = 6,21 € ;
- TVA = 6,21 × 0,2 = 1,24 €.

Nous construisons l'écriture en débitant le compte « 512. Banques » du montant effectivement encaissé et en créditant le compte « 411. Clients » de celui de la créance initiale. La charge d'escompte vient équilibrer l'écriture au débit.

			Débit	Crédit
512000		Banques	737,55	
665000		Escomptes accordés	6,21	
445710		TVA collectée	1,24	
	411000	Clients		745,00
			745,00	745,00

Réception d'une lettre de change de 632 € à échéance du mois prochain en règlement d'une facture de même montant

La traite reçue est enregistrée au débit du compte « 413. Clients, effets à recevoir » par le crédit du compte « 411. Clients ». Le compte « 512. Banques » n'est pas utilisé puisque l'argent n'est pas encore arrivé sur le compte bancaire de l'entreprise.

			Débit	Crédit
413000		Clients, effets à recevoir	632,00	
	411000	Clients		632,00

Encaissement en espèces d'une facture de 15 €

Dans cette écriture, l'argent entre dans la caisse et non pas sur le compte bancaire : nous débiterons le compte « 53. Caisse » à la place de l'habituel « 512. Banques ».

			Débit	Crédit
530000		Caisse	15,00	
	411000	Clients		15,00

Exercice n° 7 : Versement puis déduction d'un acompte

L'entreprise reçoit tout d'abord un acompte de 360 € (20 % × 1 800), qu'elle enregistre au débit du compte « 512. Banques » par le crédit du compte « 4191. Clients, avances et acomptes reçus ».

			Débit	Crédit
512000		Banques	360	
	419100	Clients, avances et acomptes reçus		360

Par la suite, elle émettra une facture établie de la façon suivante :

- Montant HT : 1 500 €
- TVA : 300 €
- Montant TTC : 1 800 €
- Acompte à déduire : – 360 €
- Reste à payer : 1 440 €

Le montant HT et la TVA seront enregistrés de façon classique au crédit des comptes « 701. Ventes de produits finis » et « 44571. TVA collectée ». En revanche, seul le montant restant à payer sera inscrit au débit du compte « 411. Clients », ce compte devant refléter le montant réellement dû par le client. L'équilibre de l'écriture sera assuré en débitant le compte « 4191. Clients, avances et acomptes reçus » qui sera ainsi soldé.

			Débit	Crédit
411000		Clients	1 440	
419100		Clients, avances et acomptes reçus	360	
	701000	Ventes de produits finis		1 500
	445710	TVA collectée		300
			1 800	1 800

Enfin, elle recevra un virement de 1 435,20 €, qu'elle enregistrera de façon classique au débit du compte « 512. Banques » et au crédit du « 411. Clients » :

			Débit	Crédit
512000		Banques	1 435,20	
	411000	Clients		1 435,20

Exercice n° 8 : Enregistrer un impayé

Les sommes prélevées sur le compte de Mlle Bongou doivent être comptabilisées au crédit du compte « 512. Banques ». En ce qui concerne la contrepartie au débit, nous distinguerons trois possibilités :

Cas n° 1 : *Mlle Bongou n'a aucun espoir de récupérer ni le chèque, ni les frais bancaires.*

Le montant HT du chèque et les frais bancaires doivent être passés en charges alors que la TVA à récupérer est inscrite dans un compte « 44571. TVA collectée » :

- Montant HT : 532,00 / 1,2 = 443,33 € ;
- TVA : 443,33 × 0,2 = 88,67 €.

			Débit	Crédit
654000		Pertes sur créances irrécouvrables	443,33	
445710		TVA collectée	88,67	
	512000	Banques		532,00
627000		Services bancaires et assimilés	15,00	
	512000	Banques		15,00

Cas n° 2 : *Mlle Bongou a l'intention de représenter le chèque mais renonce à refacturer les frais bancaires à son client.*

Le montant du chèque est inscrit au débit du compte « 411. Clients » alors que les frais bancaires sont passés en charges :

			Débit	Crédit
411000		Clients	532,00	
	512000	Banques		532,00
627000		Services bancaires et assimilés	15,00	
	512000	Banques		15,00

Cas n° 3 : *le client de Mlle Bongou lui promet de lui régler non seulement le montant du chèque mais également les frais bancaires.*

Le montant du chèque et les frais bancaires sont tous deux inscrits au débit du compte « 411. Clients » :

			Débit	Crédit
411000		Clients	532,00	
	512000	Banques		532,00
411000		Clients	15,00	
	512000	Banques		15,00

Chapitre 5

Enregistrer ses achats et ses décaissements

Dans ce chapitre :
▶ Enregistrer une facture fournisseur ou un avoir
▶ Distinguer une charge d'une immobilisation
▶ Enregistrer un règlement émis

*L*es achats courants sont des achats de biens et de services destinés à être consommés immédiatement ou rapidement : si leur durée d'utilisation prévue dépasse une année, il s'agit d'immobilisations. Sont également considérées comme des achats courants les dépenses d'entretien et de réparation qui n'augmentent ni la valeur ni la durée de vie initialement prévue d'une immobilisation. Enfin, en vertu d'une tolérance fiscale, peuvent également entrer dans cette catégorie les immobilisations de faible valeur unitaire (prix d'achat unitaire HT inférieur à 500 €) : imprimante, petit mobilier, etc.

Comptabiliser une facture d'achat ou un avoir

Les achats courants s'enregistrent au débit d'un compte de classe 6 pour leur montant HT :

- « 601. Achats de matières premières » pour les matières destinées à être transformées par l'entreprise ;
- « 606. Achats non stockés de matériel et fournitures » pour les achats de petit matériel, d'énergie ou de fournitures diverses (carburant, papeterie, produits d'entretien,…) ;

- « 607. Achats de marchandises » pour les biens destinés à être revendus en l'état ;
- 61 et 62 pour les achats de services : loyer, assurance, honoraires, publicité, transport, etc.

Soyez toujours très vigilant au moment du choix d'un numéro de compte, car une même facture peut être enregistrée de façons très différentes selon la nature de l'activité de l'entreprise :

- L'achat d'un véhicule est une immobilisation pour une entreprise industrielle mais un achat de marchandises pour un concessionnaire automobile ;
- L'achat de fruits frais est un achat de matières premières pour un industriel de la conserve mais de marchandises pour un magasin de fruits et légumes.

La TVA s'enregistre au débit du compte « 44566. TVA déductible » lorsqu'elle est récupérable. Dans le cas contraire, elle viendra s'additionner au montant HT dans le compte de charge.

La contrepartie au crédit sera le plus souvent le compte « 401. Fournisseurs » ou une de ses subdivisions. Ainsi, un achat de marchandises de 1 000 € HT (1 200 € TTC) sera enregistré de la façon suivante :

			Débit	Crédit
607000		Achats de marchandises	1 000	
445660		TVA déductible	200	
	401000	Fournisseurs		1 200
			1 200	1 200

Dans le cas d'un règlement immédiat, il est possible de créditer directement un compte de trésorerie : « 512. Banques » ou « 53. Caisse ». Toutefois, il reste préférable de transiter par un compte 401 afin de pouvoir par la suite retrouver plus facilement la facture, surtout si vous disposez de subdivisions pour suivre individuellement vos différents fournisseurs.

Les frais accessoires (hors consignations) peuvent, au choix :

- Être enregistrés selon leur nature (par exemple dans un compte 624 pour des frais de transport) ;
- Être enregistrés dans un compte « 608. Frais accessoires » ;
- Être regroupés avec l'achat principal et enregistrés dans le même compte que celui-ci.

Cette dernière solution nous semble la plus simple et a notre préférence.

Si une réduction de prix figure sur la facture, celle-ci sera enregistrée différemment selon sa nature :

- Une réduction à caractère commercial (remises, rabais et ristournes) ne sera pas traitée distinctement et le montant net de réduction sera enregistré directement au débit du compte de charge ;

- En revanche, une réduction à caractère financier (escompte pour règlement anticipé) sera comptabilisée au crédit du compte « 765. Escomptes obtenus » alors que le montant avant réduction sera porté au débit du compte de charge.

Enfin, un avoir s'enregistre de façon inverse par rapport à une facture :

- Crédit d'un compte de classe 6 pour le montant HT ;
- Crédit du compte « 44566. TVA déductible » pour la TVA récupérable ;
- Débit du compte « 401. Fournisseurs » pour le montant TTC.

La subdivision du compte de classe 6 à utiliser dépend du motif de l'avoir :

- S'il s'agit d'un retour de produits ou de la correction d'une erreur de facturation (produit manquant, tarif erroné, etc.), vous utiliserez le même compte que pour l'achat initial : 601, 606 ou 607 ;

- S'il s'agit d'une réduction de prix attribuée ultérieurement pour des raisons commerciales, vous utiliserez un compte « 609. Rabais, remises et ristournes obtenus sur achats ».

Exercice corrigé

M. et Mme Lartigue exploitent un commerce de proximité de type supérette. À vous de les aider à comptabiliser les factures fournisseurs suivantes (sauf information contraire, nous supposerons que le règlement n'a pas encore été effectué) :

- Achats d'articles divers destinés à la revente : 4 000 € HT (4 800 € TTC) ;

- Leasing du véhicule utilitaire leur permettant d'effectuer des livraisons chez leurs clients : redevance mensuelle 280 € HT (336 € TTC) ;

- Produits de nettoyage (non destinés à la revente) : 10 € HT (12 € TTC) ;

- Insertion publicitaire : 300 € HT (360 € TTC) ;

- Avoir reçu d'un fournisseur de marchandises : rabais de 100 € HT (120 € TTC) en dédommagement d'une livraison défectueuse ;

- Achats de divers articles destinés à la revente 2 030 € HT + frais de livraison 20 € + TVA 410 € (2 460 € TTC) ;

- Achat d'un ordinateur pour les tâches administratives : 800 € HT (960 € TTC).

Solution

Achats d'articles divers destinés à la revente

Les articles étant destinés à la revente en l'état, il s'agit de marchandises à comptabiliser au débit du compte « 607. Achats de marchandises » pour le montant hors taxes de la facture. Dans la mesure où la TVA est récupérable, celle-ci ne doit surtout pas être enregistrée dans un compte de charges mais dans un compte de créance sur l'État : « 44566. TVA déductible sur achats d'autres biens et services ».

			Débit	Crédit
607000		Achats de marchandises	4 000	
445660		TVA déductible sur autres biens et services	800	
	401000	Fournisseurs		4 800
			4 800	4 800

Leasing du véhicule utilitaire

Le leasing est un contrat de location qui a la particularité d'offrir au locataire la possibilité de devenir propriétaire à la fin du contrat. Tant que ce moment n'est pas arrivé, le véhicule n'appartient pas à l'entreprise et ne figure pas à l'actif de son bilan : les redevances versées sont à comptabiliser en charges.

			Débit	Crédit
612000		Redevances de crédit-bail	280	
445660		TVA déductible sur autres biens et services	56	
	401000	Fournisseurs		336
			336	336

Produits de nettoyage

Ces produits ne sont pas destinés à la revente : il ne s'agit pas de marchandises mais de fournitures diverses à comptabiliser au débit du compte « 606. Achats de matières et fournitures ».

			Débit	Crédit
606300		Fournitures d'entretien et petit équipement	10	
445660		TVA déductible sur autres biens et services	2	
	401000	Fournisseurs		12
			12	12

Chapitre 5 : Enregistrer ses achats et ses décaissements

Insertion publicitaire

La prestation publicitaire est un service à comptabiliser dans un compte de charge commençant par 61 ou 62. Son numéro exact se trouve aisément dans la liste du plan comptable.

			Débit	Crédit
623000		Publicité, publications, relations publiques	300	
445660		TVA déductible sur autres biens et services	60	
	401000	Fournisseurs		360
			360	360

Avoir reçu d'un fournisseur de marchandises

Les avoirs s'enregistrent de façon inversée par rapport aux factures : charge et TVA au crédit et dette fournisseur au débit. S'agissant d'un avoir pour rabais, on utilisera une subdivision du compte « 609. Remises, rabais et ristournes obtenus sur achats ». Dans le cas d'un avoir pour retour de marchandises, il aurait fallu utiliser le « 607. Achats de marchandises ».

			Débit	Crédit
401000		Fournisseurs	120	
	609700	Remises, rabais, ristournes sur achats		100
	445660	TVA déductible		20
			120	120

Achats de divers articles destinés à la revente

Les articles destinés à la revente sont des marchandises. Les frais de livraison peuvent être traités de trois façons différentes :

- Comptabilisation selon leur nature dans un compte de frais de transport :

			Débit	Crédit
607000		Achats de marchandises	2 030	
624000		Transports de biens	20	
445660		TVA déductible sur autres biens et services	410	
	401000	Fournisseurs		2 460
			2 460	2 460

▸ *Comptabilisation en frais annexes :*

			Débit	Crédit
607000		Achats de marchandises	2 030	
608700		Frais accessoires sur achats de marchandises	20	
445660		TVA déductible sur autres biens et services	410	
	401000	Fournisseurs		2 460
			2 460	**2 460**

▸ *Comptabilisation regroupée avec l'achat principal :*

			Débit	Crédit
607000		Achats de marchandises	2 050	
445660		TVA déductible sur autres biens et services	410	
	401000	Fournisseurs		2 460
			2 460	**2 460**

Achat d'un ordinateur pour les tâches administratives

L'ordinateur est destiné à servir pendant plusieurs années à l'entreprise : il s'agit d'une immobilisation et non pas d'un achat courant. Vous étiez tombé dans le piège ? Cela passe pour cette fois-ci, mais que l'on ne vous y reprenne plus !

			Débit	Crédit
218300		Matériel de bureau et informatique	800	
445620		TVA déductible sur immobilisations	160	
	404000	Fournisseurs d'immobilisations		960
			960	**960**

Exercice n° 1 : Factures et avoirs à enregistrer

La société Chrisobois est spécialisée dans la pose de menuiseries (fenêtres, placards, cuisines, etc.). Elle a reçu les factures fournisseurs suivantes et vous demande de les comptabiliser :

▸ Note d'honoraires de l'expert-comptable : 350 € HT (420 € TTC) ;

▸ Achat d'articles divers de quincaillerie (vis, mastic,...) : 135 € HT (162 € TTC) ;

▸ Carburant d'un véhicule utilitaire (gazole) : 60,20 € HT (72,24 € TTC) ;

▸ Affûtage de plusieurs scies circulaires : 40 € HT (48 € TTC) ;

- ✔ Achat d'un marteau perforateur : 835 € HT (1 002 € TTC) ;
- ✔ Avoir pour retour d'articles de quincaillerie (la référence livrée ne correspondait pas à la commande) : 28 € HT (33,60 € TTC) ;
- ✔ Achats de planches en bois pour fabriquer un ensemble de rangement destiné à être vendu à un client : 571 € HT + frais fixes de facturation 5 € + TVA 115,20 € (691,20 € TTC) ;
- ✔ Consommation mensuelle sur autoroute (télépéage) : 40 € HT – remise abonné 12 € + TVA 5,60 € (33,60 € TTC) ;
- ✔ Achat d'un GPS pour le véhicule utilitaire : 120 € HT (144 € TTC).

Question subsidiaire : la TVA sur l'achat de gazole ci-dessus n'est déductible à 100 % que s'il est destiné à un véhicule utilitaire. Pour un véhicule de tourisme (voiture de fonction d'un commercial, par exemple), elle n'est récupérable qu'à hauteur de 80 %. Quelle écriture comptable auriez-vous alors passé ?

Exercice n° 2 : Cherchez le compte

Dans quel compte de charges enregistreriez-vous :

- ✔ Les achats de farine d'un boulanger ?
- ✔ La facture d'un transporteur à qui vous avez confié une livraison client ?
- ✔ Des dépenses d'affranchissement ?
- ✔ Les achats de vis, clous et boulons d'une quincaillerie ?
- ✔ Une facture d'assurance ?
- ✔ Les frais d'hôtel et de restaurant d'un de vos commerciaux ?
- ✔ La facture d'électricité de votre magasin ?
- ✔ Le loyer de votre entrepôt ?
- ✔ Les frais de tenue de compte facturés par votre banque ?

Comptabiliser un achat avec emballages consignés

Certains fournisseurs ont pour habitude de livrer leurs produits dans des emballages consignés. La somme versée au titre de la consigne n'est pas perdue mais vous sera restituée lorsque vous rendrez les emballages : vous ne devez donc pas la traiter comme une charge mais comme une créance vis-à-vis du fournisseur. Celle-ci sera enregistrée au débit du compte « 4096. Fournisseurs – Créances sur emballages et matériels à rendre ».

La restitution ultérieure des emballages s'analyse de la façon suivante :

- La somme due par le fournisseur est enregistrée au débit du compte « 401. Fournisseurs » ;
- Le montant initial de la consigne est inscrit au crédit du compte « 4096. Fournisseurs – Créances sur emballages à rendre » afin de le solder.

Dans le cas où la somme restituée est inférieure au montant de la consigne (emballages manquants ou endommagés) la différence est ventilée entre le compte « 6136. Malis sur emballages » pour le montant HT et « 44566. TVA déductible » pour la TVA correspondante.

Nous espérons que vous avez remarqué et apprécié l'admirable symétrie existant entre le traitement comptable des consignations facturées par les fournisseurs et celles facturées aux clients.

Exercice corrigé

Vous recevez la facture suivante correspondant à un achat de matières premières livrées dans des caisses consignées (vingt caisses à 3 € pièce) :

- Prix hors taxes : 1 000 €
- TVA 20 % : 200 €
- Consignation : 60 €
- Montant à payer 1 260 €

Comment la comptabiliseriez-vous ?

Quelle écriture comptable passerez-vous :

- Dans le cas où vous restituez les vingt caisses et recevez un avoir de 60 € ?
- Dans le cas où vous ne rendez que dix-huit caisses et ne recevez qu'un avoir de 54 € ?

Solution

Vous devez 1 260 € à votre fournisseur : c'est cette somme qu'il faut porter au crédit du compte « 401. Fournisseurs ». Les différents éléments de la facture seront ventilés au débit de la façon suivante :

Chapitre 5 : Enregistrer ses achats et ses décaissements

- Prix de vente HT : « 601. Achats de matières premières » ;
- TVA : « 44566. TVA déductible » ;
- Consignation : « 4096. Fournisseurs – Créances sur emballages à rendre ».

			Débit	Crédit
601000		Achats de matières premières	1 000	
445660		TVA déductible	200	
409600		Fournisseurs – Créances sur emballages	60	
	401000	Fournisseurs		1 260
			1 260	**1 260**

Si vous restituez les vingt caisses en bon état, il suffit de solder le compte 4096 en le créditant de 60 € avec pour contrepartie le débit du 401 : la créance liée aux emballages consignés disparaît alors que la dette commerciale vis-à-vis du fournisseur diminue du montant à rembourser. L'écriture comptable sera la suivante :

			Débit	Crédit
401000		Fournisseurs	60	
	409600	Fournisseurs – Créances sur emballages		60

Si vous ne rendez que dix-huit caisses, alors vous ne récupérerez que 54 € sur les 60 € initialement versés. Il est toujours nécessaire de créditer le compte 4096 de 60 € afin de le solder, mais il ne faut débiter le compte 401 que de 54 €, car c'est cette somme qui vous sera restituée. Les 6 € de différence se décomposent comme suit :

- Montant HT = 6 / 1,2 = 5 € ;
- TVA = 5 × 0,2 = 1 €.

L'écriture comptable sera la suivante :

			Débit	Crédit
401000		Fournisseurs	54	
613600		Malis sur emballages	5	
445660		TVA déductible	1	
	409600	Fournisseurs – Créances sur emballages		60
			60	**60**

Exercice n° 3 : Emballages consignés

L'entreprise E exploite un débit de boissons. Elle vous demande de comptabiliser la facture suivante relative à l'achat de six fûts de 25 litres de bière :

- Bière : 150 l à 2 €/l = 300 €
- TVA à 20 % : 60 €
- Consignation : 6 fûts × 30 € = 180 €
- Total à payer : 540 €

Vous enregistrerez également l'avoir de restitution en distinguant deux cas :

- Cas n° 1 : les six fûts sont restitués en bon état et le fournisseur émet un avoir de 180 € ;
- Cas n° 2 : cinq fûts sont retournés en bon état, le sixième est endommagé et n'est repris que pour 10 €. Le fournisseur n'émet un avoir que de 160 €.

L'enregistrement des règlements émis

Les meilleures choses ont une fin et le crédit fournisseur en fait partie. Tôt ou tard, il faudra régler vos factures et comptabiliser vos règlements. Si vous avez étudié les exercices du chapitre précédent, vous serez en territoire connu car le traitement comptable des règlements fournisseurs est symétrique à celui des règlements clients.

Lorsque vous payez une facture fournisseur, vous devez débiter le compte « 401. Fournisseurs » pour faire disparaître la dette initiale. Selon le mode de règlement utilisé, le compte à créditer sera différent :

- « 53. Caisse » pour les règlements en espèces ;
- « 512. Banques » pour les règlements par chèque, virement, prélèvement ou carte bancaire. Les frais éventuels seront enregistrés au débit d'un compte de charges : « 627. Services bancaires et assimilés ».

Les règlements par traite, lettre de change ou billet à ordre s'enregistrent en deux temps :

- Lors de l'émission de l'effet de commerce : crédit du compte « 403. Effets à payer » et débit du compte « 401. Fournisseurs » ;
- Lors de son échéance : crédit du compte « 512. Banques » et débit du compte « 403. Effets à payer ».

Les règlements envoyés à titre d'acompte doivent théoriquement être distingués du paiement des factures déjà reçues : dans ce but, ils ne sont pas inscrits au débit du compte « 401. Fournisseurs » mais du « 4091. Fournisseurs, avances et acomptes versés sur commande ». Ce compte sera ensuite soldé lorsque l'acompte sera déduit du règlement final. Dans la réalité, cette distinction n'est que rarement pratiquée au jour le jour et seuls les acomptes non encore soldés à la date de clôture font l'objet d'un reclassement.

Notons enfin qu'il est possible que le montant du règlement envoyé diffère légèrement de celui facturé : écart d'arrondi, erreur du comptable, déduction d'un escompte, etc. Celui-ci génère un déséquilibre dans l'écriture comptable qui sera rétabli par l'utilisation d'un compte de pertes et profits :

- Un écart défavorable sera inscrit au débit du compte « 658. Charges diverses de gestion courante » ;
- Un écart favorable lié à un escompte sera enregistré au crédit du « 765. Escomptes obtenus » pour son montant HT et du « 4566. TVA déductible » pour l'éventuelle TVA correspondante ;
- Un écart favorable autre qu'un escompte sera enregistré au crédit du « 758. Produits divers de gestion courante ».

Exercice corrigé

L'entreprise Chrisobois a effectué les paiements suivants et vous demande de les enregistrer :

- Honoraires de l'expert-comptable : 420 € réglés par chèque ;
- Articles divers de quincaillerie : facture réglée par chèque de 160,38 € après déduction d'un escompte de 1 % (la facture initiale s'élevait à 161,46 € TTC) ;
- Carburant du véhicule utilitaire : 72,24 € réglés en espèces ;
- Affûtage de deux scies circulaires : 48 € réglés par traite à échéance à la fin du mois ;
- Télépéage : 33,60 € réglés par prélèvement automatique.

Par ailleurs, une traite de 97 € émise le mois précédent est arrivée à échéance et a été prélevée sur le compte bancaire de l'entreprise.

Solution

Honoraires de l'expert-comptable : 420 € réglés par chèque

Il s'agit d'un décaissement classique : le compte « 512. Banques » est utilisé au crédit pour indiquer qu'une somme d'argent sort du compte bancaire, avec pour contrepartie le compte « 401. Fournisseurs » au débit afin de faire disparaître la dette.

			Débit	Crédit
401000		Fournisseurs	420	
	512000	Banques		420

Articles divers de quincaillerie : réglé par chèque de 160,38 € après déduction d'un escompte de 1 % (la facture initiale s'élevait à 162 € TTC)

Le compte 401 doit être débité du montant de la facture initiale (162 €) alors que le compte 512 est crédité du montant effectivement payé (160,38 €). Les 1,62 € d'escompte seront ventilés comme suit :

- HT : 1,62 / 1,2 = 1,35 € au crédit du compte « 765. Escomptes obtenus » ;
- TVA : 1,35 × 0,2 = 0,27 € au crédit du compte « 44566. TVA déductible ».

			Débit	Crédit
401000		Fournisseurs	162	
	512000	Banques		160,38
	765000	Escomptes obtenus		1,35
	445660	TVA déductible		0,27
			162	162

Carburant du véhicule utilitaire : 72,24 € réglés en espèces

S'agissant d'un règlement en espèces, c'est le compte « 53. Caisse » qui sera crédité à la place de l'habituel « 512. Banques ».

			Débit	Crédit
401000		Fournisseurs	72,24	
	530000	Caisse		72,24

Affûtage de deux scies circulaires : 48 € réglés par traite à échéance à la fin du mois

Le compte « 401. Fournisseurs » est soldé par le crédit du compte « 403. Fournisseurs, effets à payer ». Le compte « 512. Banques » n'est pas utilisé dans la mesure où la somme ne sera pas prélevée avant l'échéance de la traite.

			Débit	Crédit
401000		Fournisseurs	48	
	403000	Fournisseurs, effets à payer		48

Télépéage : 33,60 € réglés par prélèvement automatique

Nous nous trouvons à nouveau en présence d'un décaissement classique : compte « 512. Banques » au crédit et « 401. Fournisseurs » au débit.

			Débit	Crédit
401000		Fournisseurs	33,60	
	512000	Banques		33,60

Échéance de la traite

L'argent étant prélevé sur le compte bancaire, nous créditerons le compte « 512. Banques ». En contrepartie, nous débiterons le compte « 403. Fournisseurs, effets à payer » afin de faire disparaître la traite arrivée à échéance.

			Débit	Crédit
403000		Fournisseurs, effets à payer	97,00	
	512000	Banques		97,00

Exercice n° 4 : Enregistrer des règlements divers

L'entreprise Girolap a effectué les paiements suivants et vous demande de les enregistrer (sauf indication contraire, le règlement correspond au montant facturé) :

- Chèque de 224,54 € en règlement d'une facture de publicité ;
- Virement de 674,65 € en règlement du loyer mensuel ;
- Prélèvement automatique de la redevance de leasing pour 387,72 € ;
- Chèque de 143,42 € en règlement d'une facture de 143,24 € (l'erreur dans le montant du règlement a été détectée après coup et ne sera pas rectifiée du fait de son faible montant) ;
- Prélèvement d'une traite de 165 € arrivée à échéance ;
- Virement de 234,55 € en règlement d'une facture de 239,34 € (escompte de 2 % déduit du paiement).

Par ailleurs, une traite de 124 € a été acceptée et renvoyée au fournisseur. Elle arrivera à échéance le mois prochain.

Exercice n° 5 : Versement puis déduction d'un acompte

L'entreprise Lambda passe une commande de matières premières à un de ses fournisseurs pour 1 500 € HT (1 800 € TTC) et verse à ce titre un acompte de 20 %, soit 360 €. Quelques jours plus tard, elle reçoit les produits commandés accompagnés de la facture suivante :

- Montant HT : 1 500 €
- TVA : 300 €
- Montant TTC : 1 800 €
- Acompte à déduire : – 360 €
- Reste à payer : 1 440 € (échéance à 30 jours)

À vous de vous entraîner à comptabiliser la facture ainsi que les règlements correspondants (nous supposerons que les paiements sont effectués par chèque).

Réponses

Exercice n° 1 : Factures et avoirs à enregistrer

Note d'honoraires de l'expert-comptable

L'expert-comptable fournit une prestation de service : ses honoraires s'enregistrent au débit du compte « 6226. Honoraires » pour leur montant HT. La TVA est récupérable : elle ne sera pas comptabilisée en charge mais portée au débit d'un compte de créance sur l'État : « 44566. TVA déductible ». En contrepartie, la somme due au fournisseur (le montant TTC) sera inscrite au crédit du compte « 401. Fournisseurs ».

			Débit	Crédit
622600		Honoraires	350	
445660		TVA déductible	70	
	512000	Banques		420
			420	420

Achat d'articles divers de quincaillerie (vis, mastic,...)

Étant donné la nature de l'activité de l'entreprise, nous pouvons supposer que les achats de petite quincaillerie font partie des fournitures diverses et ne sont pas destinés à la revente. Nous utiliserons en conséquence le compte « 606. Achats non stockés de matières et fournitures ».

			Débit	Crédit
606000		Achats non stockés de matières et fournitures	135	
445660		TVA déductible sur autres biens et services	27	
	401000	Fournisseurs		162
			162	162

Carburant du véhicule utilitaire (gazole)

Le carburant fait partie des consommables divers utilisés pour l'activité de l'entreprise : nous utiliserons le même compte « 606. Achats non stockés de matières et fournitures » que pour les petits articles de quincaillerie. Dans le cas où vous souhaiteriez faire la distinction entre les deux, vous pourriez utiliser les subdivisions du compte : « 6061. Fournitures non stockables (eau, énergie,...) » pour le gazole et « 6068. Autres matières et fournitures » pour les vis.

			Débit	Crédit
606000		Achats non stockés de matières et fournitures	60,20	
445660		TVA déductible sur autres biens et services	12,04	
	401000	Fournisseurs		72,24
			72,24	**72,24**

Affûtage de plusieurs scies circulaires

Ici, l'entreprise n'achète pas un bien mais une prestation de services : nous utiliserons un compte commençant par la racine 61 ou 62, en l'occurrence « 615. Entretien et réparations ».

			Débit	Crédit
615000		Entretien et réparations	40	
445660		TVA déductible sur autres biens et services	8	
	401000	Fournisseurs		48
			48	**48**

Achat d'un marteau perforateur

Le marteau perforateur est un outil durable : il ne sera pas consommé immédiatement mais pourra être utilisé pendant plusieurs années. Nous l'enregistrerons donc dans un compte d'immobilisations et non pas de charges. Rassurez-nous : vous ne vous étiez pas laissé piéger cette fois-ci ?

			Débit	Crédit
215500		Outillage industriel	835	
445620		TVA déductible sur immobilisations	167	
	404000	Fournisseurs d'immobilisations		1 002
			1 002	**1 002**

Avoir pour retour d'articles de quincaillerie (la référence livrée ne correspondait pas à la commande)

Un avoir s'enregistre de façon inverse par rapport à une facture. S'agissant d'un retour, nous utiliserons le même compte de charge que celui qui avait servi à enregistrer la facture d'achat initiale.

			Débit	Crédit
401000		Fournisseurs	33,60	
	606000	Achats non stockés de fournitures		28,00
	445660	TVA déductible sur biens et services		5,60
			33,60	**33,60**

Chapitre 5 : Enregistrer ses achats et ses décaissements

Achats de planches de bois destinées à la fabrication d'un ensemble de rangement

Les planches de bois vont entrer dans la fabrication d'un meuble : il s'agit de matières premières à enregistrer dans le compte « 601. Achats de matières premières ». Quant aux frais de facturation, nous choisissons la solution de facilité : les ajouter au montant des planches de bois. Nous aurions pu tout aussi bien les enregistrer distinctement au débit du compte « 608. Frais accessoires » ou du « 627. Services bancaires et assimilés ».

			Débit	Crédit
601000		Achats de matières premières	576,00	
445660		TVA déductible sur autres biens et services	115,20	
	401000	Fournisseurs d'immobilisations		691,20
			691,20	**691,20**

Consommation mensuelle sur autoroute (télépéage)

La consommation autoroutière est un achat de services : le compte à utiliser commencera par la racine 61 ou 62, en l'occurrence le « 625. Déplacements, missions et réceptions ». La remise abonné présente un caractère commercial : elle n'apparaîtra pas distinctement dans l'écriture mais sera déduite du montant enregistré au débit du compte 625.

			Débit	Crédit
625000		Déplacements, missions et réceptions	28,00	
445660		TVA déductible sur autres biens et services	5,60	
	401000	Fournisseurs		33,60
			33,60	**33,60**

Achat d'un GPS pour le véhicule utilitaire

Le GPS sera probablement utilisé pendant plusieurs années et constitue à ce titre une immobilisation, mais son faible montant nous autorise à le comptabiliser en charges. Nous choisissons cette solution car elle permet non seulement de réduire immédiatement le bénéfice imposable mais aussi d'éviter d'avoir à gérer un plan d'amortissement.

			Débit	Crédit
606000		Achats non stockés de matières et fournitures	120	
445660		TVA déductible sur autres biens et services	24	
	401000	Fournisseurs		144
			144	**144**

La comptabilisation dans un compte d'immobilisations, bien que moins avantageuse, était également autorisée.

Question subsidiaire

Dans le cas d'un véhicule de tourisme, seulement 80 % de la TVA aurait été récupérable, soit 9,63 € : c'est ce montant que nous aurions enregistré au débit du compte « 44566. TVA déductible ». Les 2,41 € non récupérables seraient venus s'ajouter au montant HT enregistré dans le compte de charges.

			Débit	Crédit
606000		Achats non stockés de matières et fournitures	62,61	
445660		TVA déductible sur autres biens et services	9,63	
	401000	Fournisseurs		72,24
			72,24	72,24

Exercice n° 2 : Cherchez le compte

Dans quel compte de charges enregistreriez-vous :

- **Les achats de farine d'un boulanger :** pour un boulanger, la farine est une matière première qui entre dans la fabrication de son pain et de ses viennoiseries : elle ne sera pas revendue en l'état. Nous utiliserons le compte « 601. Achats de matières premières » ;

- **La facture d'un transporteur à qui vous avez confié une livraison client :** le transporteur fournit une prestation de service : nous concentrerons nos recherches sur les rubriques 61 et 62. Nous y trouverons le compte « 6242. Transports sur ventes » ;

- **Des dépenses d'affranchissement :** il s'agit ici aussi de l'achat d'un service : le compte à utiliser commence également par 61 ou 62. Il s'agit du « 626. Frais postaux et de télécommunications » ;

- **Les achats de vis, clous et boulons d'une quincaillerie :** le quincaillier ne va pas utiliser ces articles pour une quelconque production : ceux-ci sont destinés à la revente et constituent des marchandises : nous utiliserons le compte « 607. Achats de marchandises » ;

- **Une facture d'assurance :** l'assurance est un service (racine 61 ou 62) : les primes versées s'enregistrent dans le compte « 616. Primes d'assurance » ;

- **Les frais d'hôtel et de restaurant d'un de vos commerciaux :** nous sommes toujours en présence d'une prestation de service : le compte à utiliser est le « 625. Déplacements, missions et réceptions » ;

- **La facture d'électricité de votre magasin :** l'électricité fait partie des consommables divers utilisés par l'entreprise, au même titre que les petites fournitures ou les produits d'entretien : la facture sera enregistrée dans le compte « 606. Achats non stockés de matières et fournitures ». Si vous souhaitez utiliser un niveau de détail plus fin, vous choisirez la subdivision « 6061. Fournitures non stockables (eau, énergie,…) » ;
- **Le loyer de votre entrepôt :** le loyer est un service : il s'enregistre dans le compte « 613. Locations ». Les éventuelles charges locatives seront enregistrées dans le compte « 614. Charges locatives et de copropriété » ;
- **Les frais de tenue de compte facturés par votre banque :** il s'agit encore d'une prestation de service : le compte à utiliser est le « 627. Services bancaires et assimilés ». Si vous aviez choisi un compte de charges financières (racine 66), sachez que ceux-ci sont en principe réservés aux seuls intérêts sur emprunts et découverts.

Exercice n° 3 : Emballages consignés

Pour enregistrer cette facture, nous commencerons par porter la somme totale due au fournisseur au crédit du compte « 401. Fournisseurs », soit 540 €. En contrepartie, nous ventilerons le détail au débit de la façon suivante :

- Prix de vente HT : « 607. Achats de marchandises » ;
- TVA : « 44566. TVA déductible » ;
- Consignation : « 4096. Fournisseurs – Créances sur emballages à rendre ».

			Débit	Crédit
607000		Achats de marchandises	300	
445660		TVA déductible	60	
409600		Fournisseurs – Créances sur emballages	180	
	401000	Fournisseurs		540
			540	**540**

Si vous restituez les six fûts en bon état, il suffit de solder le compte 4096 en le créditant de 180 €, avec pour contrepartie le débit du 401 : la créance liée aux emballages consignés disparaît alors que la dette commerciale vis-à-vis du fournisseur diminue du montant de l'avoir.

			Débit	Crédit
401000		Fournisseurs	180,00	
	409600	Fournisseurs – Créances sur emballages		180,00

Dans le cas où le sixième fût est repris pour 10 € au lieu de 30 €, vous créditerez toujours le compte 4096 de 180 € afin de le solder, mais vous ne débiterez plus le compte 401 que de 160 €, ce qui correspond au montant qui vous sera remboursé. Les 20 € de différence se décomposent comme suit :

- Montant HT = 20 / 1,2 = 16,67 € ;
- TVA = 16,67 × 0,2 = 3,33 €.

L'écriture comptable sera la suivante :

			Débit	Crédit
401000		Fournisseurs	160,00	
613600		Malis sur emballages	16,67	
445660		TVA déductible	3,33	
	409600	Fournisseurs – Créances sur emballages		180,00
			180,00	180,00

Exercice n° 4 : Enregistrer des règlements divers

Chèque de 224,54 € en règlement d'une facture de publicité

Il s'agit d'une écriture de règlement classique : le montant du chèque sera porté au débit du compte « 401. Fournisseurs » afin de solder celui-ci et au crédit du compte « 512. Banques » pour indiquer la sortie d'argent du compte bancaire.

			Débit	Crédit
401000		Fournisseurs	224,54	
	512000	Banques		224,54

Virement de 674,65 € en règlement du loyer mensuel

L'opération est semblable à la précédente même si le moyen de règlement utilisé diffère : de l'argent sort toujours du compte bancaire afin de solder une dette fournisseur. Nous utiliserons donc le même schéma comptable que ci-dessus.

			Débit	Crédit
401000		Fournisseurs	674,65	
	512000	Banques		674,65

Prélèvement automatique de la redevance de leasing pour 387,72 €

Ici encore, nous pouvons analyser l'opération comme une sortie d'argent du compte bancaire destinée à solder une dette fournisseur : l'écriture reste inchangée.

			Débit	Crédit
401000		Fournisseurs	387,72	
	512000	Banques		387,72

Chèque de 143,42 € en règlement d'une facture de 143,24 €

(L'erreur dans le montant du règlement a été détectée après coup et ne sera pas rectifiée du fait de son faible montant.)

Cette opération présente une particularité par rapport aux précédentes : le montant sortant du compte bancaire ne correspond pas exactement à celui de la dette à solder. L'écart de 0,18 € est défavorable à l'entreprise et sera comptabilisé dans un compte de charges diverses.

			Débit	Crédit
401000		Fournisseurs	143,24	
658000		Charges diverses de gestion courante	0,18	
	512000	Banques		143,42
			143,42	143,42

Prélèvement d'une traite de 165 € arrivée à échéance

Les 165 € sont prélevés sur le compte bancaire et seront à ce titre inscrits au crédit du compte « 512. Banques ». En contrepartie, nous ferons disparaître la traite en débitant le compte « 403. Fournisseurs, effets à payer » dans lequel elle avait été enregistrée au moment de son émission.

			Débit	Crédit
403000		Fournisseurs, effets à payer	165,00	
	512000	Banques		165,00

Virement de 234,55 € en règlement d'une facture de 239,34 € (escompte de 2 % déduit du paiement)

De même que pour les écritures précédentes, nous inscrirons le montant sortant du compte bancaire au crédit du compte « 512. Banques » et celui de la facture réglée au débit du « 401. Fournisseurs ». L'écart de 4,79 € entre ces deux montants correspond à l'escompte de 2 %. Il sera ventilé comme suit :

- Montant HT = 4,79 / 1,2 = 3,99 € au crédit du compte « 765. Escomptes obtenus » ;
- TVA = 3,99 × 0,2 = 0,8 € au crédit du compte « 44566. TVA déductible sur achats ».

			Débit	Crédit
401000		Fournisseurs	239,34	
	512000	Banques		234,55
	765000	Escomptes obtenus		3,99
	445660	TVA déductible		0,80
			239,34	239,34

Envoi d'une traite acceptée de 124 € à échéance du mois prochain

La traite est un moyen de paiement : il convient de débiter le compte « 401. Fournisseurs » afin d'indiquer que la facture n'est plus à payer. En revanche, contrairement aux écritures précédentes, l'argent ne sort pas immédiatement du compte bancaire : nous ne créditerons pas le compte « 512. Banques » mais plutôt le « 403. Fournisseurs, effets à payer » destiné à recevoir les traites non encore échues.

			Débit	Crédit
401000		Fournisseurs	124,00	
	403000	Fournisseurs, effets à payer		124,00

Exercice n° 5 : Versement puis déduction d'un acompte

L'entreprise verse tout d'abord un acompte de 360 € qu'elle enregistre au crédit du compte « 512. Banques » par le débit du compte « 4091. Fournisseurs, avances et acomptes versés ».

			Débit	Crédit
409100		Fournisseurs, avances et acomptes versés	360	
	512000	Banques		360

Chapitre 5 : Enregistrer ses achats et ses décaissements

Par la suite, elle enregistrera la facture reçue de la façon suivante :

- Montant HT : 1 500 € au débit du compte « 601. Achats de matières premières » ;
- TVA : 300 € au débit du compte « 44566. TVA déductible » ;
- Acompte déduit : 360 € au crédit du compte « 4091. Fournisseurs, avances et acomptes versés » ;
- Reste à payer : 1 440 € au crédit du compte « 401. Fournisseurs ».

			Débit	Crédit
601000		Achats de matières premières	1 500	
445660		TVA déductible	300	
	401000	Fournisseurs		1 440
	409100	Fournisseurs, avances et acomptes versés		360
			1 800	1 800

Enfin, un mois plus tard, elle émettra un chèque de 1 440 € qu'elle enregistrera de façon classique au crédit du compte « 512. Banques » et au débit du « 401. Fournisseurs » :

			Débit	Crédit
401000		Fournisseurs	1 440	
	512000	Banques		1 440

Chapitre 6

Enregistrer la TVA et les autres impôts

Dans ce chapitre :
- Les différents régimes de TVA
- Calculer et déclarer sa TVA
- Le crédit de TVA
- Comptabiliser sa déclaration de TVA
- Enregistrer les autres impôts et taxes

La TVA est le principal impôt français. Il concerne toutes les entreprises exerçant une activité économique, avec toutefois des modalités d'application différentes selon leur taille :

- **Régime de la franchise de base pour les très petites entreprises :** aucune TVA n'est facturée sur les ventes mais, en contrepartie, la TVA sur les achats n'est pas récupérable ;

- **Régime du réel simplifié pour les petites entreprises :** une seule déclaration récapitulative annuelle avec paiement d'acomptes trimestriels ;

- **Régime du réel normal pour les moyennes et grosses entreprises :** déclaration et paiement chaque mois (ou éventuellement chaque trimestre).

Dans ce chapitre, vous vous entraînerez à calculer et à comptabiliser votre TVA, qu'il s'agisse d'une TVA à payer ou d'un crédit de TVA, ainsi que les autres impôts et taxes : impôt sur les sociétés, taxe sur les salaires, taxes foncières, etc.

Calculer et déclarer sa TVA

Déclarer sa TVA consiste à recenser la TVA collectée sur ses ventes et celle déductible sur ses achats, puis à calculer par différence le montant de la TVA à payer ou du crédit de TVA :

TVA à payer = TVA collectée sur les ventes − TVA déductible sur les achats.

Le montant de la TVA collectée à déclarer au titre d'une période dépend de la nature des ventes de l'entreprise :

- Pour les ventes de produits finis ou de marchandises, il s'agit de la TVA figurant sur les factures émises pendant la période, même si elles ne sont pas encore réglées (régime dit « des débits ») ;
- Pour les prestations de services, il s'agit de la TVA figurant sur les factures réglées pendant la période (régime dit « des encaissements ») : la TVA facturée à un client qui n'a pas encore payé sa facture n'a pas à être déclarée tant que vous n'avez pas reçu le règlement.

Le régime des encaissements n'est pas obligatoire et les prestataires de services qui le souhaitent peuvent opter volontairement pour le régime des débits. Ils doivent pour cela le signaler par écrit à l'administration fiscale et l'indiquer explicitement sur leurs factures. Ils devront alors déclarer la TVA collectée dès l'émission de leurs factures, sans en attendre le règlement. De façon symétrique, leurs clients pourront déduire la TVA immédiatement même s'ils n'ont pas encore payé.

La TVA déductible concerne non seulement les achats courants, mais aussi les achats d'immobilisations. De même que pour les ventes, le montant à déclarer dépend de la nature de l'achat :

- Pour les achats de biens : montant des factures reçues même si elles n'ont pas encore été réglées ;
- Pour les achats de services : montant des factures payées (sauf option du fournisseur pour le régime des débits, explicitement indiqué sur sa facture).

Les montants ainsi recensés sont reportés sur la déclaration de TVA en les arrondissant à l'euro le plus proche :

- Tout d'abord la TVA collectée en faisant apparaître distinctement les différents taux appliqués (la plupart des produits et services sont taxés à 20 % mais il existe des taux réduits) ;
- Puis la TVA déductible en distinguant celle liée aux achats d'immobilisations de celle concernant les achats de biens et services courants ;

- Enfin, la TVA à payer est calculée par différence entre le total de la TVA collectée et celui de la TVA déductible.

L'enregistrement comptable de la déclaration a pour but :

- D'une part, de remettre à zéro les différents comptes de TVA collectée et déductible ;
- D'autre part, de faire apparaître distinctement le montant net de la dette ou de la créance envers l'État.

Il ne s'agit en aucun cas d'une charge dans la mesure où l'entreprise n'intervient qu'en tant qu'intermédiaire entre le Trésor public et le contribuable-consommateur.

L'écriture comptable est la suivante :

- Le compte « 44571. TVA collectée » est débité du montant déclaré (il avait été crédité lors de l'enregistrement des factures de ventes) ;
- Les comptes « 44562. TVA déductible sur immobilisations » et « 44566. TVA déductible sur autres biens et services » sont crédités des montants déclarés (ils avaient été débités lors de l'enregistrement des factures d'achat) ;
- Le montant de la TVA nette à payer est enregistré au crédit du compte « 44551. TVA à décaisser ».

Les sommes à enregistrer dans les comptes de TVA collectée et déductible (44562, 44566 et 44571) ne doivent pas être arrondis afin de solder correctement ces comptes, alors que la dette de TVA enregistrée en contrepartie a été calculée en arrondissant à l'euro le plus proche : il en résulte des écarts d'arrondis qui doivent être comptabilisés au débit du compte « 658. Charges diverses » s'ils sont défavorables ou « 758. Produits divers » s'ils sont favorables.

Ainsi, pour une TVA collectée de 863,42 € et une TVA déductible de 352,94 € le montant de la TVA nette à payer est de 510 € (= 863 − 353) avec un écart d'arrondi favorable à l'entreprise de 0,48 €. L'écriture comptable est la suivante (nous supposerons par simplification que la TVA déductible provient exclusivement d'achats courants) :

			Débit	Crédit
445710		TVA collectée	863,42	
	445660	TVA déductible sur autres biens et services		352,94
	445510	TVA à décaisser		510,00
	758000	Produits divers		0,48
			863,42	863,42

Les entreprises soumises au régime du réel simplifié n'établissent qu'une déclaration annuelle mais versent des acomptes trimestriels : ceux-ci sont comptabilisés au débit du compte « 44581. Acomptes, régime simplifié d'imposition » et au crédit du « 512. Banques ». Ils seront ensuite déduits de la déclaration annuelle et leur montant sera alors porté au crédit du compte 44581 afin de le solder.

Exercice corrigé

M. et Mme Lartigue exploitent un commerce de proximité de type supérette. Les chiffres du mois écoulé sont les suivants :

- Ventes assujetties à TVA au taux de 20 % = 12 390,23 € HT ;
- Ventes assujetties à TVA au taux de 5,5 % = 19 648,15 € HT ;
- TVA déductible sur achats d'immobilisations = 154,45 € ;
- TVA déductible sur achats d'autres biens et services = 2 148,88 €.

Il vous est précisé que toutes les ventes du mois n'ont pas été encaissées : un client a bénéficié d'un traitement de faveur et ne réglera sa note qu'avec un mois de décalage pour 362,51 €.

À vous d'établir et de comptabiliser la déclaration de TVA du mois.

Solution

La supérette a une activité de vente de biens et non pas de services : la TVA collectée doit être déclarée dès que la vente est réalisée, même si le paiement n'a lieu que plus tard. L'information sur le client privilégié n'était qu'un piège destiné à vous faire réfléchir sur les ventes à déclarer ! Les montants à reporter sur la déclaration sont les suivants :

- TVA collectée au taux de 20 % : 12 390,23 × 0,2 = 2 478,05 € arrondis à 2 478 € ;
- TVA collectée au taux de 5,5 % : 19 648,15 × 0,055 = 1 080,65 € arrondis à 1 081 € ;
- TVA déductible sur achats d'immobilisations : 154,45 € arrondis à 154 € ;
- TVA déductible sur achats d'autres biens et services : 2 148,88 € arrondis à 2 149 € (nous supposerons par simplification qu'il n'existe pas de factures de services non réglées à la fin du mois) ;
- TVA à payer = 2 478 + 1 081 – 154 – 2 149 = 1 256 €.

Pour comptabiliser cette déclaration, il nous reste à déterminer le montant de l'écart d'arrondi : celui-ci s'obtient par différence entre le montant réellement à payer (1 206 €) et celui qui aurait été obtenu sans les arrondis (2 478,05 + 1 080,65 – 154,45 – 2 148,88 = 1 255,37 €). Il s'élève à 0,63 € et est défavorable à l'entreprise : il sera enregistré au débit d'un compte de charges diverses.

L'écriture à enregistrer est la suivante :

			Débit	Crédit
445710		TVA collectée (2 478,05 + 1 080,65)	3 558,70	
658000		Charges diverses	0,63	
	445620	TVA déductible sur immobilisations		154,45
	445660	TVA déductible sur autres biens et services		2 148,88
	445510	TVA à décaisser		1 256,00
			3 559,33	3 559,33

Exercice n° 1 : Déclaration et comptabilisation de la TVA (activité de vente de biens)

La société Luminax fabrique et commercialise des lampes de bureau. Ses ventes HT s'élèvent à 347 648,15 € pour le mois de janvier et sont assujetties à la TVA au taux de 20 %.

Sur sa balance générale, les soldes des comptes de TVA sont les suivants :

		Débit	Crédit
445510	TVA à payer		0,00
445620	TVA déductible sur immobilisations	1 754,34	
445660	TVA déductible sur autres biens et services	34 430,65	
445710	TVA collectée		69 529,63

Il vous est précisé que, parmi les factures fournisseurs enregistrées en janvier, figure une facture d'honoraires de 1 000 € HT (1 200 € TTC) qui ne sera réglée qu'en février (aucune mention particulière n'apparaît sur ce document).

Calculez le montant de la TVA due au titre du mois de janvier, puis présentez l'écriture comptable relative à sa déclaration.

Exercice n° 2 : Déclaration et comptabilisation de la TVA (activité de services)

La société FRL Sécurité propose un service de gardiennage auprès des entreprises et des collectivités (activité soumise à TVA au taux de 20 %). Le comptable vous fournit les informations suivantes relatives au mois de juin et vous demande de l'aider à établir la déclaration de TVA :

- Chiffre d'affaires facturé en juin : 14 627 € HT ;
- Factures clients en attente de règlement au 30/06 (payables en juillet) : 8 235,60 € TTC (6 863 € HT) ;
- Factures clients en attente de règlement au 31/05 (payées en juin) : 8 682 € TTC (7 235 € HT) ;
- TVA déductible sur achats d'immobilisations : 147,00 € ;
- TVA déductible sur achats d'autres biens et services : 843,24 € correspondant à des achats de fournitures ou à des achats de services réglés au comptant.

Calculez le montant de la TVA due au titre du mois de juin, puis présentez l'écriture comptable relative à sa déclaration.

Exercice n° 3 : Régime simplifié d'imposition

La société Techno+ a une activité de vente de biens et relève du régime du réel simplifié. Durant l'année N, elle a versé trois acomptes de 11 200 € (25 % de la TVA N–1) et un dernier acompte de 8 960 € (20 % de la TVA N–1).

Les chiffres de l'année N sont les suivants :

- Ventes de produits finis : 403 040 € HT (soumis à une TVA de 20 %) ;
- TVA déductible sur achats d'immobilisations : 2 305 € ;
- TVA déductible sur autres achats de biens et services : 31 935 €.

Calculez le montant de la TVA due au titre de l'année N, puis présentez les écritures comptables relatives au versement des acomptes et à la déclaration.

Le crédit de TVA

Jusqu'à présent, nous avons toujours supposé que le montant de la TVA collectée était supérieur à celui de la TVA déductible. Mais que se passe-t-il dans le cas contraire ? L'entreprise ne doit rien verser à l'État mais dispose au contraire d'un crédit de TVA qu'elle pourra imputer sur sa prochaine déclaration ou se faire rembourser (des cases sont prévues à cet effet sur le formulaire de déclaration pour indiquer l'option choisie) :

- Dans le cas où l'entreprise choisit de reporter son crédit de TVA, celui-ci est comptabilisé au débit du compte « 44567. Crédit de TVA à reporter ». Ce compte sera crédité par la suite lors de l'imputation du crédit sur la déclaration du mois suivant ;
- Dans le cas où l'entreprise demande le remboursement de son crédit, celui-ci est comptabilisé au débit du compte « 44583. Remboursement de TVA demandé ». Ce compte sera crédité par la suite lors de l'encaissement du remboursement.

Exercice corrigé

Revenons pour cet exercice dans la supérette de M. et Mme Lartigue. Quelques mois se sont écoulés et ils viennent de réaliser des travaux importants ayant entraîné la fermeture du magasin pendant deux semaines. Les chiffres du mois écoulé sont les suivants :

- Ventes assujetties à TVA au taux de 20 % = 5 320,12 € HT ;
- Ventes assujetties à TVA au taux de 5,5 % = 7 608,07 € HT ;
- TVA déductible sur achats d'immobilisations = 3 435,00 € ;
- TVA déductible sur achats d'autres biens et services = 1 021,54 €.

Établissez et comptabilisez la déclaration de TVA du mois sachant que le crédit obtenu fera l'objet d'une demande de remboursement.

Solution

La supérette étant soumise au régime des débits, la TVA collectée correspond aux ventes facturées pendant le mois :

- TVA collectée au taux de 20 % : $5\,320{,}12 \times 0{,}2 = 1\,064{,}02$ € arrondis à 1 064 € ;
- TVA collectée au taux de 5,5 % : $7\,608{,}07 \times 0{,}055 = 418{,}44$ € arrondis à 418 € ;

- TVA déductible sur achats d'immobilisations : 3 435 € ;
- TVA déductible sur achats d'autres biens et services : 1 021,54 € arrondis à 1 022 € (nous supposerons par simplification qu'il n'existe pas de factures d'achats de services non réglées à la fin du mois) ;
- Total TVA collectée = 1 064 + 418 = 1 482 € ;
- Total TVA déductible = 3 435 + 1 022 = 4 457 € ;
- Crédit de TVA = 4 457 – 1 482 = 2 975 € ;
- Écart d'arrondi = 2 975 (crédit sur la déclaration) – 2 974,08 (crédit calculé sans les arrondis) = 0,92 € en faveur de l'entreprise.

L'écriture à enregistrer est la suivante :

			Débit	Crédit
445710		TVA collectée (1 064,02 + 418,44)	1 482,46	
445830		Remboursement de TVA demandé	2 975,00	
	445620	TVA déductible sur immobilisations		3 435,00
	445660	TVA déductible sur autres biens et services		1 021,54
	758000	Produits divers		0,92
			4 457,46	4 457,46

L'encaissement du remboursement sera enregistré par la suite de la façon suivante :

			Débit	Crédit
512000		Banques	2 975	
	445830	Remboursement de TVA demandé		2 975

Exercice n° 4 : Crédit de TVA

L'entreprise Formatech a pour activité le conseil en organisation. Les chiffres des premiers mois de l'année N sont les suivants :

Janvier N :

- Prestations de services facturées : 17 580 € HT assujetties au taux de 20 % ;
- Règlements clients reçus : 7 980 € TTC (6 650 € HT) ;
- TVA déductible sur achats d'immobilisations = 265 € ;
- TVA déductible sur achats d'autres biens et services = 1 854,12 €.

Février N :

- Prestations de services facturées : 15 320 € HT assujetties au taux de 20 % ;
- Règlements clients reçus : 10 238,40 € TTC (8 532 € HT) ;
- TVA déductible sur achats d'immobilisations = 0 € ;
- TVA déductible sur achats d'autres biens et services = 1 554,25 €.

Mars N :

- Prestations de services facturées : 16 524 € HT assujetties au taux de 20 % ;
- Règlements clients reçus : 27 304,80 € TTC (22 754 € HT) ;
- TVA déductible sur achats d'immobilisations = 0 € ;
- TVA déductible sur achats d'autres biens et services = 2 876 €.

Pour chaque mois, entraînez-vous à calculer le montant de la TVA à déclarer en précisant s'il s'agit d'une TVA à payer ou d'un crédit de TVA. Puis comptabilisez les déclarations correspondantes et leur éventuel règlement.

Il vous est précisé que les crédits de TVA seront reportés sur la déclaration du mois suivant.

L'impôt sur les sociétés et les autres impôts et taxes

Comme son nom l'indique, l'impôt sur les sociétés concerne uniquement les sociétés de capitaux (essentiellement les SA, SARL, SAS ainsi que les EURL ayant volontairement opté pour ce régime d'imposition). Les entreprises individuelles relèvent quant à elles du régime des BIC ou des BNC : l'exploitant paie l'impôt à titre personnel et aucune écriture n'est nécessaire en comptabilité.

L'impôt est calculé sur la base du bénéfice comptable, éventuellement ajusté de quelques réintégrations et déductions. Le taux d'imposition est de 33 1/3 %, ramené à 15 % sous conditions pour les petites et moyennes entreprises. La somme due au Trésor public est versée sous la forme de quatre acomptes (15 mars, 15 juin, 15 septembre et 15 décembre) et d'un solde (15 avril pour les entreprises clôturant leurs comptes au 31 décembre).

Les versements s'enregistrent au fur et à mesure de leur émission au débit du compte « 444. État, impôts sur les bénéfices » par le crédit du « 512. Banques ».

			Débit	Crédit
444000		Etat, impôts sur les bénéfices	X	
	512000	Banques		X

Le montant annuel de l'impôt est estimé à la clôture des comptes et enregistré en charges au débit du compte « 695. Impôts sur les bénéfices » par le crédit du « 444. État, impôts sur les bénéfices ».

			Débit	Crédit
695000		Impôts sur les bénéfices	X	
	444000	Etat, impôts sur les bénéfices		X

Le système fiscal français est particulièrement complexe et les entreprises sont soumises à de nombreux impôts et taxes : contribution économique territoriale (nouvelle taxe remplaçant la taxe professionnelle depuis 2010), taxe d'apprentissage, taxe foncière, taxe sur les véhicules de société, participation à l'effort de construction, taxe sur les salaires, etc. Tous ces impôts s'enregistrent au débit d'un compte de charges « 63. Impôts, taxes et versements assimilés », le choix d'une subdivision dépendant de la base de calcul de l'impôt et de l'organisme collecteur :

Tableau 6-1 : Comptabilisation des impôts et taxes autres que l'IS et la TVA

Base de calcul	Organisme collecteur Trésor public	Autre organisme
Masse salariale	Compte 631 (exemple : taxe sur les salaires)	Compte 633 (exemple : 1 % construction)
Autre base	Compte 635 (exemple : contribution économique territoriale)	Compte 637 (exemple : contribution sociale de solidarité)

Exercice corrigé

Durant l'année N, la société Alphatour a versé les acomptes suivants au titre de l'impôt sur les sociétés :

- 15 mars : 1 050 € (1/4 de l'impôt N–2) ;

- 15 juin : 1 200 € (1/4 de l'impôt N–1 + régularisation de l'acompte précédent) ;
- 15 septembre : 1 125 € (1/4 de l'impôt N–1) ;
- 15 décembre : 1 125 € (1/4 de l'impôt N–1).

Au 31/12/N, son bénéfice comptable avant impôt s'élève à 29 745 €, les charges de l'exercice incluant 3 435 € de charges non déductibles à réintégrer dans le calcul du résultat fiscal. La société remplit les conditions nécessaires pour bénéficier du taux réduit d'imposition de 15 %.

Calculez le montant de l'impôt dû au titre de l'année N et présentez les écritures correspondant à cet impôt et aux versements successifs.

Solution

Les acomptes versés s'enregistrent au débit du compte « 444. État, impôts sur les bénéfices » par le crédit du compte « 512. Banques » :

			Débit	Crédit
444000		*15 mars, 1er acompte* Clients	1 050,00	
	512000	Banques		1 050,00
444000		*15 juin, 2ème acompte* Etat, impôts sur les bénéfices	1 200,00	
	512000	Banques		1 200,00
444000		*15 septembre, 3ème acompte* Etat, impôts sur les bénéfices	1 125,00	
	512000	Banques		1 125,00
444000		*15 décembre, 4ème acompte* Etat, impôts sur les bénéfices	1 125,00	
	512000	Banques		1 125,00

Le résultat fiscal de l'année N est égal au résultat comptable augmenté des charges non déductibles, soit 29 745 + 3 435 = 33 180 €. Le montant de l'impôt correspondant est de 15 % × 33 180 = 4 977 € et s'enregistre comme suit :

			Débit	Crédit
695000		Impôts sur les bénéfices	4 977,00	
	444000	Etat, impôts sur les bénéfices		4 977,00

Compte tenu des acomptes déjà versés, il restera à régler 477 € au 15 avril N+1 (= 4 977 – 1 050 – 1 200 – 1 125 – 1 125). Aucune écriture n'est nécessaire pour constater cette dette dans la mesure où elle se trouve déjà au crédit du compte « 444. État, impôt sur les bénéfices » : souvenez-vous que nous y avons enregistré le montant total de l'impôt au crédit et celui des acomptes versés au débit.

Le règlement du solde sera enregistré comme suit en avril N+1 :

			Débit	Crédit
444000		Impôts sur les bénéfices	477,00	
	512000	Banques		477,00

Exercice n° 5 : Impôt sur les sociétés

La SARL Girolap est la filiale d'une importante société industrielle. À ce titre, elle ne bénéficie pas du taux réduit d'imposition et paie un impôt sur les sociétés au taux de 33 1/3 %. Il vous est demandé de calculer le montant dû au titre de l'exercice N ainsi que le solde à payer en avril N+1 et d'enregistrer les écritures comptables correspondantes.

Dans ce but, les informations suivantes vous sont fournies :

- ✔ Bénéfice comptable avant impôt : 164 367 € au titre de l'exercice N ;
- ✔ Charges non déductibles : 3 521 € ;
- ✔ Produits non imposables : 1 652 € ;
- ✔ Acomptes déjà versés durant l'année N : 12 500 € en mars, 12 700 € en juin, 12 600 € en septembre et en décembre.

Exercice n° 6 : Autres impôts et taxes

L'entreprise Sonatrac possède un entrepôt et vient de recevoir à ce titre un avis d'imposition à la taxe foncière : 8 472 € à régler dans 45 jours. Il vous est demandé de comptabiliser cet impôt ainsi que son règlement.

Réponses

Exercice n° 1 : Déclaration et comptabilisation de la TVA (activité de vente de biens)

La TVA collectée s'élève à 347 648,15 × 20 % = 69 529,63 €. Nous vérifions que ce chiffre correspond bien au solde créditeur du compte « 44571. TVA collectée » et nous l'arrondissons à 69 530 € pour la déclaration.

Pour la TVA déductible sur immobilisations, nous reprenons le solde du compte « 44562. TVA déductible sur immobilisations » que nous arrondissons à 1 754 €.

La TVA déductible sur achats courants présente une petite difficulté. En effet, le solde du compte « 44566. TVA déductible » comprend 200 € de TVA sur un achat de services non encore payé : ce montant ne doit pas être déclaré en janvier. Nous déclarerons uniquement 34 430,65 − 200 = 34 230,65 € arrondis à 34 231 €.

Le montant net de la TVA à payer est de 69 530 − 1 754 − 34 231 = 33 545 €.

L'écart d'arrondi se calcule par différence entre la somme réellement à payer (33 545 €) et celle qui aurait été due sans les arrondis (69 529,63 − 1 754,34 − 34 230,65 = 33 544,64 €) : il est défavorable à l'entreprise et s'élève à 0,36 €.

La déclaration sera comptabilisée de la façon suivante :

			Débit	Crédit
445710		TVA collectée	69 529,63	
658000		Charges diverses	0,36	
	445620	TVA déductible sur immobilisations		1 754,34
	445660	TVA déductible sur autres biens et services		34 230,65
	445510	TVA à décaisser		33 545,00
			69 529,99	69 529,99

Après cette écriture, les nouveaux soldes de la balance générale sont les suivants :

		Débit	Crédit
445510	TVA à payer		33 545,00
445620	TVA déductible sur immobilisations	0,00	
445660	TVA déductible sur autres biens et services	200,00	
445710	TVA collectée		0,00

Nous remarquons que :

- Le compte « 44551. TVA à payer » reflète le montant de la dette vis-à-vis du Trésor public ;
- Les comptes 44562 et 44571 ont été remis à zéro dans la mesure où toute la TVA qui s'y trouvait a été déclarée ;
- Le compte 44566 présente un solde débiteur de 200 € correspondant à la TVA restant à déclarer en février sur la facture d'honoraires.

Exercice n° 2 : Déclaration et comptabilisation de la TVA (activité de services)

La société FRL Sécurité réalise une activité de services et relève en conséquence du régime des encaissements : il convient de déclarer le chiffre d'affaires encaissé et non pas celui facturé.

Celui-ci peut être obtenu de la façon suivante :

Encaissements du mois de juin
= Chiffre d'affaires facturé en juin
− Factures en attente de règlement au 30/06 (facturées en juin mais payées en juillet)
+ Factures en attente de règlement au 31/05 (facturées en mai mais encaissées en juin)
= 14 627 − 6 863 + 7 235 = 14 999 € HT.

La TVA collectée à déclarer s'élève à 14 999 × 20 % = 2 999,80 €, que nous arrondirons à 3 000 €.

La TVA déductible s'élève à 147 € pour les achats d'immobilisations et à 843 € pour les achats courants, ce qui laisse un montant net de TVA à payer de 2 010 € (= 3 000 − 147 − 843).

Sans arrondis, la dette aurait été de 2 009,56 €, soit un écart défavorable de 0,44 €.

L'enregistrement comptable correspondant à la déclaration est le suivant :

			Débit	Crédit
445710		TVA collectée	2 999,80	
658000		Charges diverses	0,44	
	445620	TVA déductible sur immobilisations		147,00
	445660	TVA déductible sur autres biens et services		843,24
	445510	TVA à décaisser		2 010,00
			3 000,24	3 000,24

Exercice n° 3 : Régime simplifié d'imposition

La déclaration de TVA de la société Techno+ ressemble à celles que nous avons établies jusqu'à présent, à la différence qu'elle reprend les montants annuels et non pas mensuels.

- TVA collectée = 403 040 × 20 % = 80 608 € ;
- TVA déductible sur achats d'immobilisations : 2 305 € ;
- TVA déductible sur autres achats de biens et services : 31 935 €.

Le montant net de la TVA due au titre de l'année s'élève à 46 368 € (= 80 608 − 2 305 − 31 935) dont il faut déduire les acomptes déjà versés, soit 42 560 € (= 11 200 × 3 + 8 960). Finalement, le solde net à payer est de 3 808 € sans écart d'arrondi.

Les écritures comptables sont les suivantes :

Pour le versement des acomptes :

			Débit	Crédit
445810		1er acompte Acomptes, régime simplifié d'imposition	11 200	
	512000	Banques		11 200
445810		2ème acompte Acomptes, régime simplifié d'imposition	11 200	
	512000	Banques		11 200
445810		3ème acompte Acomptes, régime simplifié d'imposition	11 200	
	512000	Banques		11 200
445810		4ème acompte Acomptes, régime simplifié d'imposition	8 960	
	512000	Banques		8 960

Pour la déclaration :

			Débit	Crédit
445710		TVA collectée	80 608	
	445620	TVA déductible sur immobilisations		2 305
	445660	TVA déductible sur autres biens et services		31 935
	445810	Acomptes, régime simplifié d'imposition		42 560
	445510	TVA à décaisser		3 808
			80 608	80 608

Exercice n° 4 : Crédit de TVA

L'entreprise Formatech a une activité de prestation de services : c'est le montant des règlements reçus qui nous servira de base pour le calcul de la TVA collectée et non pas le montant facturé.

Janvier N :

- TVA collectée = 6 650 × 20 % = 1 330 € ;
- TVA déductible = 265 (immobilisations) + 1 854 (autres achats) = 2 119 €.

Le montant de la TVA déductible est supérieur à celui de la TVA collectée : l'entreprise dispose d'un crédit de TVA de 789 € qu'elle pourra déduire sur sa déclaration du mois de février.

L'écriture comptable est la suivante :

			Débit	Crédit
445710		TVA collectée	1 330,00	
445670		Crédit de TVA à reporter	789,00	
658000		Charges diverses	0,12	
	445620	TVA déductible sur immobilisations		265,00
	445660	TVA déductible sur autres biens et services		1 854,12
			2 119,12	2 119,12

Février N :

- TVA collectée = 8 532 × 20 % = 1 706,40 € arrondis à 1 706 € ;
- TVA déductible = 1 554,25 € arrondis à 1 554 €.

En temps normal, l'entreprise aurait dû payer 152 € (= 1 706 − 1 554) mais elle dispose de 789 € de crédit de TVA de janvier à imputer : non seulement elle n'aura rien à verser mais elle disposera toujours d'un crédit de 637 € (= 789 − 152) à déduire en mars.

L'écriture comptable est la suivante :

			Débit	Crédit
445710		TVA collectée	1 706,00	
445670		Crédit de TVA à reporter	637,00	
658000		Charges diverses	0,25	
	445660	TVA déductible sur autres biens et services		1 554,25
	445670	Crédit de TVA à reporter		789,00
			2 343,25	2 343,25

Vous remarquerez ici que le compte « 44567. Crédit de TVA à reporter » est utilisé deux fois :

- Une fois au débit pour indiquer le crédit dont l'entreprise dispose à la fin du mois de février (ligne 27 du formulaire CA3) ;
- Une autre fois au crédit pour indiquer l'utilisation du crédit né le mois précédent (ligne 22 du formulaire CA3).

Mars N :

- TVA collectée = 22 754 × 20 % = 4 550,80 € arrondis à 4 551 € ;
- TVA déductible = 2 876 €.

En temps normal, l'entreprise aurait dû payer 1 675 € (= 4 551 − 2 876) mais elle dispose de 637 € de crédit de TVA de février à imputer : elle ne versera finalement que 1 038 €.

L'écriture comptable est la suivante :

				Débit	Crédit
445710		TVA collectée		4 550,80	
658000		Charges diverses		0,20	
	445660		TVA déductible sur autres biens et services		2 876,00
	445670		Crédit de TVA à reporter		637,00
	445510		TVA à décaisser		1 038,00
				4 551,00	4 551,00

À l'issue de cette série d'écritures, le crédit de TVA a été totalement utilisé et le solde du compte « 44567. Crédit de TVA à reporter » est nul. Il ne reste plus qu'à enregistrer le paiement de la TVA du mois de mars de façon classique : 512 au crédit et 44551 au débit.

			Débit	Crédit
445510		TVA à décaisser	1 038	
	512000	Banques		1 038

Exercice n° 5 : Impôt sur les sociétés

Commençons par calculer le montant du résultat fiscal : nous partons du bénéfice comptable (164 367 €) auquel nous rajoutons les charges non déductibles (3 521 €) et dont nous soustrayons les produits non imposables (1 652 €) :

Résultat fiscal = 164 367 + 3 521 − 1 652 = 166 236 €.

L'impôt dû au titre de l'année N se calcule en appliquant le taux de 33 1/3 % à cette base :

Impôt sur les sociétés = 33 1/3% × 166 236 = 55 412 €.

Il s'enregistre de la façon suivante :

			Débit	Crédit
695000		Impôts sur les bénéfices	55 412,00	
	444000	Etat, impôts sur les bénéfices		55 412,00

Le solde à payer en N+1 correspond à l'impôt de l'année N diminué des acomptes déjà versés :

Solde à payer = 55 412 – 12 500 – 12 700 – (12 600 × 2) = 5 012 €.

Il apparaît au crédit du compte « 444. État impôt sur les bénéfices » par différence entre le montant des acomptes enregistrés à son débit au fur et à mesure de leur versement et celui de l'impôt comptabilisé à son crédit en fin d'année.

Exercice n° 6 : Autres impôts et taxes

Comme tous les impôts et taxes autres que la TVA et l'impôt sur les sociétés, la taxe foncière s'enregistre en charge au débit d'un compte 63. Le choix d'une subdivision est fonction de la base de calcul de l'impôt (masse salariale ou autre) et de l'organisme collecteur (Trésor public ou autre). En l'occurrence, la taxe foncière n'est pas calculée sur la masse salariale et est versée au Trésor public : nous choisirons le compte « 635. Autres impôts et taxes (administration des impôts) » ou sa subdivision « 63512. Taxes foncières ».

La taxe n'étant pas réglée immédiatement, nous créditerons en contrepartie un compte de dette vis-à-vis de l'État : « 447. Autres impôts et taxes ». Celui-ci sera soldé au moment du paiement de l'impôt avec pour contrepartie le compte « 512. Banques ».

			Débit	Crédit
635000		*Réception de l'avis d'imposition* Autres impôts et taxes (admin. des impôts)	8 472	
	447000	Autres impôts et taxes		8 472
447000		*Règlement de l'impôt* Autres impôts et taxes	8 472	
	512000	Banques		8 472

Chapitre 7

Enregistrer ses frais de personnel

Dans ce chapitre :
- Salaire brut et salaire net
- Cotisations salariales et patronales
- Comptabiliser un bulletin de paie
- Comptabiliser un bordereau de cotisations
- Enregistrer la rémunération de l'exploitant individuel

Salaire brut, salaire net, cotisations patronales et salariales : les éléments à prendre en compte pour établir la paie de vos salariés sont nombreux et le mal de tête vous guette… Restez calme et prenez une grande inspiration avant de vous lancer dans la lecture de ce chapitre ! Vous apprendrez tout d'abord à vous y retrouver parmi les différentes rubriques du bulletin de paie, puis vous vous exercerez à comptabiliser celui-ci ainsi que les cotisations sociales correspondantes. Enfin, nous terminerons par le cas particulier de la rémunération que se verse l'exploitant d'une entreprise individuelle.

S'y retrouver parmi les différents éléments de la paie

Le salaire brut est le salaire figurant sur le contrat de travail d'un salarié alors que le salaire net correspond à la somme qui lui est effectivement versée, déduction faite des cotisations sociales salariales.

Salaire net = salaire brut − cotisations salariales.

Les cotisations sociales sont calculées en multipliant le salaire brut par un taux de cotisation :

- Les cotisations salariales sont prélevées par l'employeur sur le salaire brut et reversées aux organismes sociaux (Urssaf, Pôle emploi, retraites complémentaires, etc.). Il ne s'agit pas véritablement d'une charge pour celui-ci, dans la mesure où il aurait dû, de toute façon, verser cette somme à son salarié ;
- Les cotisations patronales sont payées par l'employeur et viennent s'ajouter à la somme due aux organismes sociaux. Elles constituent une charge pour celui-ci.

Le coût d'un salarié pour son employeur peut se calculer de deux façons différentes :

- Frais de personnel = salaire brut + cotisations sociales patronales ;
- Frais de personnel = somme versée au salarié (salaire net) + somme versée aux organismes sociaux (cotisations salariales et patronales).

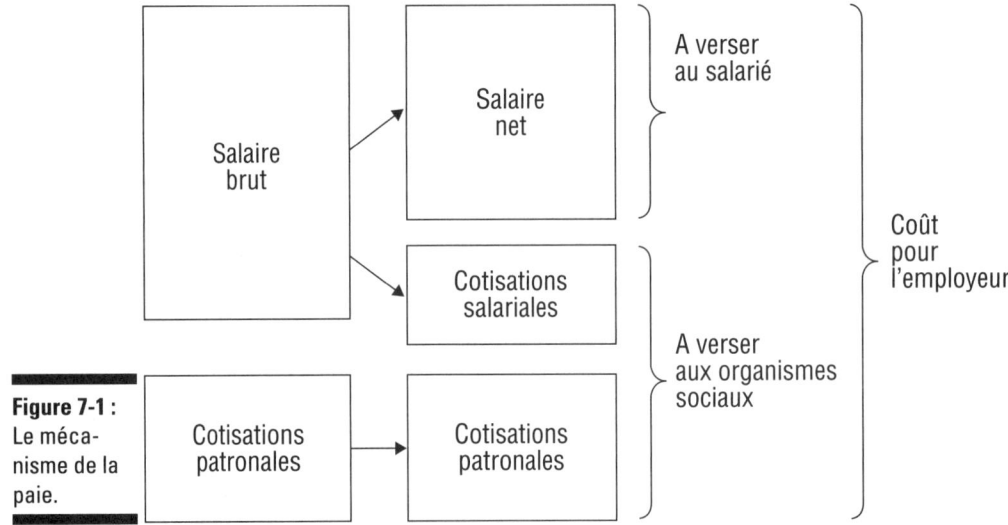

Figure 7-1 : Le mécanisme de la paie.

Certains éléments peuvent venir compliquer le calcul de la paie :

- Les primes (primes sur objectif, treizième mois, etc.) sont rajoutées au salaire brut pour le calcul des cotisations sociales et du salaire net ;
- Les avantages en nature sont rajoutés au salaire brut pour le calcul des cotisations sociales mais ils sont déduits du salaire net de façon à ne pas être versés deux fois ;

- ✔ Les retenues sur salaire (déduction d'acomptes antérieurement versés ou oppositions sur salaire) sont déduites du salaire net mais ne modifient pas le calcul des cotisations sociales ;
- ✔ Les remboursements de frais viennent s'ajouter au salaire net sans modifier le calcul des cotisations sociales.

Exercice corrigé

Le contrat de travail de M. Lambert stipule que celui-ci bénéficie d'un salaire mensuel de 1 500 € ainsi que d'un treizième mois versé pour moitié en juillet et pour moitié en décembre. Les taux des cotisations salariales et patronales s'élèvent respectivement à 18 % et 35 % (par simplification, il ne sera pas fait de distinction entre les différents organismes sociaux, ni tenu compte d'un éventuel plafonnement de la base).

Saurez-vous calculer :

- ✔ Le montant des cotisations salariales et patronales de novembre N ?
- ✔ La somme versée à M. Lambert pour ce même mois ?
- ✔ Le coût mensuel de M. Lambert pour son employeur ?

De la même façon, pouvez-vous calculer :

- ✔ Le montant des cotisations salariales et patronales de décembre N ?
- ✔ La somme versée à M. Lambert pour ce même mois ?
- ✔ Le coût mensuel de M. Lambert pour son employeur ?

Solution

En novembre, M. Lambert perçoit un salaire brut de 1 500 € sur la base duquel seront calculées les cotisations sociales :

- ✔ Cotisations salariales : 18 % × 1 500 = 270 € ;
- ✔ Cotisations patronales : 35 % × 1 500 = 525 €.

Les cotisations salariales seront déduites de la rémunération brute de M. Lambert, qui recevra ainsi 1 230 € (= 1 500 − 270). Son employeur devra également verser aux organismes sociaux le montant total des cotisations sociales, soit 795 € (= 270 + 525).

M. Lambert aura ainsi coûté à son employeur 1 500 € de rémunération brute auxquels s'ajoutent 525 € de cotisations patronales, soit un total de 2 025 €. Ce montant correspond également à la somme des deux versements effectués : 1 230 € à M. Lambert et 795 € aux organismes sociaux.

En décembre, M. Lambert perçoit non seulement son salaire mensuel de 1 500 €, mais aussi la moitié de son treizième mois, soit 750 € : sa rémunération brute totale s'élève à 2 250 €.

Cette somme va nous servir de base pour calculer les cotisations sociales :

- Cotisations salariales : 18 % × 2 250 = 405 € ;
- Cotisations patronales : 35 % × 2 250 = 787,50 €.

Les cotisations salariales seront déduites de la rémunération brute de M. Lambert, qui recevra ainsi 1 845 € (= 2 250 – 405). Son employeur devra également verser aux organismes sociaux le montant total des cotisations sociales, soit 1 192,50 € (= 405 + 787,50).

M. Lambert aura ainsi coûté à son employeur 2 250 € de rémunération brute auxquels s'ajoutent 787,50 € de cotisations patronales, soit un total de 3 037,50 €. Ce montant correspond également à la somme des deux versements effectués : 1 845 € à M. Lambert et 1 192,50 € aux organismes sociaux.

Exercice n° 1 : Calcul du salaire net et des cotisations sociales

Le salaire brut mensuel de Mme Midal s'élève à 1 800 €. En juin N, elle reçoit également une prime sur objectifs de 500 € et des remboursements de frais de 150 €. Les taux de cotisations salariales et patronales s'élèvent respectivement à 20 % et 38 % (par simplification, il ne sera pas fait de distinction entre les différents organismes sociaux, ni tenu compte d'un éventuel plafonnement de la base).

Saurez-vous calculer :

- Le montant des cotisations salariales et patronales de juin N ?
- La somme versée à Mme Midal pour ce même mois ?
- Le coût de Mme Midal pour son employeur ?

Exercice n° 2 : Reconstituer les éléments manquants

La société Orphéus emploie quatre salariés et vous fournit le tableau suivant pour le mois de septembre N. Certaines informations ont été effacées par mégarde et il vous est demandé de les retrouver. Vous considérerez dans vos calculs que les taux de cotisations salariales et patronales sont respectivement de 20 % et 40 %.

Chapitre 7 : Enregistrer ses frais de personnel

	Employé n°1	Employé n°2	Employé n°3	Employé n°4
Salaire brut	1 300	1 300	1 500	....
Primes	0	....	250	0
Rémunération brute totale	....	1 500	....	....
Cotisations salariales	260	....	....	320
Oppositions sur salaires	0	0	....	0
Remboursements de frais	45	0	0	0
Montant net versé au salarié	....	....	1 350	....
Cotisations patronales	....	....	....	....
Cotisations versées aux organismes sociaux	780	....	....	....

Enregistrer la paie du mois

Le salaire brut est une charge pour l'employeur : il s'enregistre au débit du compte « 641. Rémunérations du personnel » par le crédit du compte « 421. Personnel, rémunérations dues ». Il en est de même pour les cotisations patronales, qui sont comptabilisées au débit du compte « 645. Charges de sécurité sociale et de prévoyance » par le crédit d'un compte 43 : « 431. Sécurité sociale » pour l'Urssaf et « 437. Autres organismes sociaux » pour les autres organismes.

Les cotisations salariales, quant à elles, ne sont pas comptabilisées en charges mais simplement transférées du compte 421 aux comptes 431 et 437 pour indiquer qu'elles sont retenues sur la rémunération du salarié afin d'être reversées aux organismes sociaux.

			Débit	Crédit
641000		Rémunérations du personnel	Salaire brut	
	421000	Personnel, rémunérations dues		Salaire brut
645000		Charges de sécurité sociale et de prévoyance	Cotisations patronales	
	431000	Sécurité sociale (URSSAF)		Cotisations patronales
	437000	Autres organismes sociaux		
421000		Personnel, rémunérations dues	Cotisations salariales	
	431000	Sécurité sociale (URSSAF)		Cotisations salariales
	437000	Autres organismes sociaux		

Les intitulés des comptes utilisés se ressemblent énormément et il faut faire attention à ne pas confondre :

- D'une part, les comptes de charges : ils commencent par un 6 et sont utilisés uniquement au débit ;
- D'autre part, les comptes de dettes : ils commencent par un 4 et sont utilisés au crédit pour faire apparaître la dette, puis au débit pour la diminuer ou la faire disparaître.

Les acomptes sur salaire sont comptabilisés au débit du compte « 425. Personnel, avances et acomptes » au moment de leur versement. Ce compte sera ensuite soldé lorsque l'avance sera déduite du salaire à payer : débit du compte 421 et crédit du 425.

Exercice corrigé

Retournons une fois de plus chez les époux Lartigue et intéressons-nous à présent au bulletin de paie de leur unique employée. Il fait apparaître les éléments suivants pour le mois de janvier :

- Salaire brut : 1 365,00 € ;
- Cotisations sociales salariales : 292,79 € (dont 208,16 € pour l'Urssaf) ;
- Cotisations sociales patronales : 494,24 € (dont 360,47 € pour l'Urssaf) ;
- Salaire net à payer : 1 072,21 € (= 1 365 – 292,79).

À vous de comptabiliser ce bulletin et son règlement.

Solution

Nous commençons par enregistrer le salaire brut de 1 365 € : il s'agit d'une charge pour l'entreprise, à comptabiliser au débit d'un compte de classe 6. Tant que celui-ci n'est pas réglé, nous utiliserons un compte de dette comme contrepartie : « 421. Personnel, rémunérations dues » :

			Débit	Crédit
641000		Rémunérations du personnel	1 365,00	
	421000	Personnel, rémunérations dues		1 365,00

Nous enregistrons ensuite les cotisations patronales selon un schéma similaire : compte de charge au débit et de dette au crédit :

			Débit	Crédit
645000		Charges de sécurité sociale et de prévoyance	494,24	
	431000	Sécurité sociale (URSSAF)		360,47
	437000	Autres organismes sociaux		133,77
			494,24	494,24

Chapitre 7 : Enregistrer ses frais de personnel

Pour les cotisations salariales, nous adoptons un schéma comptable différent : il ne s'agit pas d'une charge pour l'entreprise, mais d'une retenue sur le salaire à verser. Nous débitons en conséquence le compte « 421. Personnel, rémunérations dues » et non pas un compte de charges de personnel :

			Débit	Crédit
421000		Personnel, rémunérations dues	292,79	
	431000	Sécurité sociale (URSSAF)		208,16
	437000	Autres organismes sociaux		84,63
			292,79	292,79

Enfin, le paiement du salaire net sera enregistré de façon classique : crédit du compte « 512. Banques » et débit du « 421. Personnel rémunérations dues » qui sera soldé par cette écriture.

			Débit	Crédit
421000		Personnel, rémunérations dues	1 072,21	
	512000	Banques		1 072,21

Exercice n° 3 : Enregistrer une paie simple

L'entreprise Technolux emploie quinze salariés. Son livre de paie fait apparaître les éléments suivants pour le mois de mars N :

Salaires fixes	21 030,45
Primes diverses	10 000,00
TOTAL REMUNERATIONS BRUTES	31 030,45
Retenues salariées :	
URSSAF	4 956,99
Caisse de retraite complémentaire	1 093,86
TOTAL COTISATIONS SALARIALES	6 050,85
NET A PAYER	24 979,60
Cotisations employeur :	
URSSAF	9 298,68
Caisse de retraite complémentaire	1 113,86
TOTAL COTISATIONS PATRONALES	10 412,54

Il vous est demandé de comptabiliser la paie du mois.

Exercice n° 4 : Comptabiliser une paie avec avance sur salaire

L'unique employée de la supérette Lartigue a reçu une avance sur salaire de 300 € le 15/02/N qui sera déduite de sa paie : elle ne touchera que 772,21 € à la fin du mois alors que son salaire net habituel est de 1 072,21 €.

Les éléments récurrents de sa paie n'ont pas changé et sont les suivants :

- Salaire brut : 1 365,00 € ;
- Cotisations sociales salariales : 292,79 € (dont 208,16 € pour l'Urssaf) ;
- Cotisations sociales patronales : 494,24 € (dont 360,47 € pour l'Urssaf).

Il vous est demandé de comptabiliser les opérations relatives à la paie du mois (y compris le versement de l'acompte).

La rémunération de l'exploitant individuel

La rémunération que se verse l'exploitant d'une entreprise individuelle n'est pas considérée comme un salaire mais comme un simple prélèvement sur son compte : on ne peut pas être son propre employé. Elle ne sera pas enregistrée au débit d'un compte de charges mais du compte « 108. Compte de l'exploitant ».

Pour les cotisations sociales, la distinction entre les cotisations salariales et patronales n'est pas pertinente dans la mesure où il n'y a ni salarié ni employeur. En revanche, nous distinguerons :

- Les cotisations obligatoires (vieillesse, allocations familiales, maladie et maternité), que nous enregistrerons au débit du compte « 646. Cotisations sociales personnelles de l'exploitant » ;
- Les cotisations facultatives mais déductibles (protections complémentaires « loi Madelin ») à enregistrer également au débit du compte « 646. Cotisations sociales personnelles de l'exploitant » ;
- La CSG (contribution sociale généralisée) déductible : compte « 637. Autres impôts et taxes » ;
- La CSG non déductible, la CRDS (contribution pour le remboursement de la dette sociale) et les cotisations facultatives non déductibles (assimilées à des dépenses personnelles de l'exploitant) : compte « 108. Compte de l'exploitant ».

Chapitre 7 : Enregistrer ses frais de personnel

Exercice corrigé

M. Daguin exploite une entreprise individuelle. Il se verse chaque mois une rémunération de 1 550 € et cotise à un organisme de retraite complémentaire (facultatif mais déductible) pour 450 €. Ses cotisations sociales obligatoires sont prélevées mensuellement et s'élèvent à 972 €. Elles comprennent notamment la CSG déductible (152 €), la CSG non déductible (71 €) et la CRDS (15 €).

Il vous est demandé de comptabiliser ces trois versements.

Solution

Les trois versements ont pour point commun de générer une sortie d'argent du compte bancaire de l'entreprise : nous créditerons en conséquence le compte « 512. Banques ». La contrepartie dépendra de la nature du prélèvement :

- La rémunération de l'exploitant est assimilée à un prélèvement personnel et enregistrée au débit du compte « 108. Compte de l'exploitant » ;
- La retraite complémentaire est une cotisation facultative mais déductible : elle doit être comptabilisée au débit du compte « 646. Cotisations sociales personnelles de l'exploitant » ;
- Les cotisations sociales obligatoires seront ventilées entre la CSG déductible (compte « 637. Autres impôts et taxes »), la CSG non déductible et la CRDS (compte « 108. Compte de l'exploitant ») et les autres cotisations obligatoires (compte « 646. Cotisations sociales personnelles de l'exploitant »).

			Débit	Crédit
108000		*Rémunération de l'exploitant* Compte de l'exploitant	1 550,00	
	512000	Banques		1 550,00
646000		*Retraite complémentaire déductible* Cotisations de l'exploitant	450,00	
	512000	Banques		450,00
646000 637000 108000		*Cotisations sociales* Cotisations de l'exploitant (972 – 152 – 86) Autres impôts et taxes (CSG déductible) Compte de l'exploitant (CRDS + CSG non déductible)	734,00 152,00 86,00	
	512000	Banques		972,00
			2 972,00	2 972,00

Exercice n° 5 : Rémunération de l'exploitant

M. Sallemat est plombier et exerce son activité sous la forme d'une entreprise individuelle. Il vous demande de comptabiliser les opérations suivantes apparaissant sur son relevé de banque du mois de juillet N :

- Virement vers son compte personnel : 2 750 € ;
- Prélèvement d'un organisme de prévoyance complémentaire : 56 € (cotisation facultative non déductible) ;
- Virement vers son PEA personnel : 250 € ;
- Prélèvement du RSI (organisme chargé de collecter les cotisations obligatoires) : 1 460 € qui se décomposent comme suit :
  - Maladie, maternité : 195 € ;
  - Allocations familiales : 162 € ;
  - Retraite : 713 € ;
  - Invalidité-décès : 54 € ;
  - CSG déductible : 214 € ;
  - CSG non déductible : 101 € ;
  - CRDS : 21 €.

Réponses

Exercice n° 1 : Calcul du salaire net et des cotisations sociales

La prime et les remboursements de frais viennent tous les deux augmenter la rémunération de Mme Midal, mais leur traitement est différent :

- La prime entre dans la base de calcul des cotisations sociales et doit être rajoutée au salaire brut ;
- Les remboursements de frais ne sont pas soumis à cotisations sociales et seront rajoutés au montant net à verser.

La somme à verser à Mme Midal se calcule de la façon suivante :

- Rémunération brute = salaire brut + prime = 1 800 + 500 = 2 300 € ;
- Cotisations salariales = rémunération brute × 20 % = 2 300 * 20 % = 460 € ;
- Rémunération nette = rémunération brute − cotisations salariales = 2 300 − 460 = 1 840 € ;
- Somme à verser = rémunération nette + remboursements de frais = 1 840 + 150 = 1 990 €.

De même que les cotisations salariales, les cotisations patronales se calculent sur la base de la rémunération brute : elles s'élèvent à 2 300 × 38 % = 874 €. Au total, l'employeur de Mme Midal devra verser 460 + 874 = 1 334 € aux organismes sociaux.

Le coût total de Mme Midal pour son employeur peut être déterminé de deux façons :

- Coût total = rémunération brute + cotisations patronales + remboursements de frais = 2 300 + 874 + 150 = 3 324 € ;
- Coût total = somme versée à Mme Midal + somme versée aux organismes sociaux = 1 990 + 1 334 = 3 324 €.

Exercice n° 2 : Reconstituer les éléments manquants

	Employé n°1	Employé n°2	Employé n°3	Employé n°4
Salaire brut mensuel	1 300	1 300	1 500	**1 600** [8]
Primes	0	**200** [4]	250	0
Rémunération brute totale	**1 300** [1]	1 500	**1 750** [1]	**1 600** [8]
Cotisations salariales	260	**300** [5]	**350** [5]	320
Oppositions sur salaires	0	0	**50** [7]	0
Remboursements de frais	45	0	0	0
Montant net versé au salarié	**1 085** [2]	**1 200** [2]	1 350	**1 280** [2]
Cotisations patronales	**520** [3]	**600** [3]	**700** [3]	**640** [3]
Cotisations versées aux organismes sociaux	780	**900** [6]	**1 050** [6]	**960** [6]

(1) La rémunération brute totale est égale à la somme du salaire mensuel et des autres éléments entrant dans la base de calcul des cotisations sociales, en l'occurrence les primes :

- Rémunération brute totale employé n° 1 = 1 300 + 0 = 1 300 € ;
- Rémunération brute totale employé n° 3 = 1 500 + 250 = 1 750 €.

(2) Le montant net à verser est égal à la rémunération brute totale diminuée des cotisations salariales et ajustée des éléments n'entrant pas dans la base de calcul des cotisations sociales (addition des remboursements de frais, déduction des avances et oppositions sur salaire,…) :

- Employé n° 1 = 1 300 − 260 + 45 = 1 085 € ;
- Employé n° 2 = 1 500 − 300 = 1 200 € ;
- Employé n° 4 = 1 600 − 320 = 1 280 €.

(3) De même que les cotisations salariales, les cotisations patronales sont calculées sur la base de la rémunération brute :

- Employé n° 1 = 1 300 × 40 % = 520 € ;
- Employé n° 2 = 1 500 × 40 % = 600 € ;
- Employé n° 3 = 1 750 × 40 % = 700 € ;
- Employé n° 4 = 1 600 × 40 % = 640 €.

Pour l'employé n° 1, il était également possible de les retrouver par différence entre le montant total versé aux organismes sociaux et les cotisations salariales : cotisations patronales = 780 − 260 = 520 €.

(4) Le montant de la prime se retrouve par différence entre la rémunération brute totale et le salaire mensuel : prime = 1 500 − 1 300 = 200 €.

(5) Les cotisations salariales sont calculées sur la base de la rémunération brute :

- Employé n° 2 : 1 500 × 20 % = 300 € ;
- Employé n° 3 : 1 750 × 20 % = 350 €.

(6) Les cotisations versées aux organismes sociaux sont égales à la somme des cotisations salariales et patronales :

- Employé n° 2 : 300 + 600 = 900 € ;
- Employé n° 3 : 350 + 700 = 1 050 € ;
- Employé n° 4 : 320 + 640 = 960 €.

(7) En l'absence d'oppositions sur salaires, le montant net à verser aurait été égal à 1 400 € (= 1 750 − 350), or il n'est que de 1 350 € : nous pouvons en déduire qu'une retenue de 50 € a été pratiquée, correspondant au montant des oppositions sur salaire.

(8) La rémunération brute peut être retrouvée à partir du montant des cotisations salariales : 320 / 20 % = 320 / 0,2 = 1 600 €. En l'absence de primes, ce montant est également celui du salaire mensuel.

Exercice n° 3 : Enregistrer une paie simple

Enregistrement de la rémunération brute : nous suivons le schéma exposé auparavant en débitant des comptes de charges (classe 6) et en créditant un compte de dettes (classe 4). La distinction entre les salaires de base et les primes relève du système développé et est facultative.

			Débit	Crédit
641100		Salaires, appointements	21 030,45	
641300		Primes et gratifications	10 000,00	
	421000	Personnel, rémunérations dues		31 030,45
			31 030,45	31 030,45

Enregistrement des cotisations patronales : de même que pour les rémunérations brutes, nous débitons un compte de charges et créditons des comptes de dettes.

			Débit	Crédit
645000		Charges de sécurité sociale	10 412,54	
	431000	Sécurité sociale (URSSAF)		9 298,68
	437000	Autres organismes sociaux		1 113,86
			10 412,54	10 412,54

Enregistrement des cotisations salariales : nous ne faisons ici que transférer la dette d'un compte de classe 4 à un autre sans toucher aux charges. Nous indiquons ainsi que le montant des cotisations salariales n'est pas dû aux salariés (compte 421) mais aux organismes sociaux (comptes 431 et 437).

			Débit	Crédit
421000		Personnel, rémunérations dues	6 050,85	
	431000	Sécurité sociale (URSSAF)		4 956,99
	437000	Autres organismes sociaux		1 093,86
			6 050,85	6 050,85

Par la suite, il ne faudra pas oublier de comptabiliser le paiement des salaires nets et des différentes cotisations.

Exercice n° 4 : Comptabiliser une paie avec avance sur salaire

La première opération à comptabiliser est le versement de l'avance sur salaire le 15/02/N : débit du compte « 425. Personnel, avances et acomptes » par le crédit du « 512. Banques ».

			Débit	Crédit
425000		Personnel, avances et acomptes	300,00	
	512000	Banques		300,00

À la fin du mois, nous comptabilisons l'écriture de paie de façon classique :

- ✔ Salaire brut au débit du compte 641 et au crédit du 421 ;
- ✔ Cotisations patronales au débit du compte 645 et au crédit des 431 et 437 ;
- ✔ Cotisations salariales au débit du 421 et au crédit des 431 et 437.

Chapitre 7 : Enregistrer ses frais de personnel

			Débit	Crédit
641000		*Salaire brut* Rémunérations du personnel	1 365,00	
	421000	Personnel, rémunérations dues		1 365,00
645000		*Cotisations patronales* Charges de sécurité sociale et de prévoyance	494,24	
	431000	Sécurité sociale (URSSAF)		360,47
	437000	Autres organismes sociaux		133,77
421000		*Cotisations salariales* Personnel, rémunérations dues	292,79	
	431000	Sécurité sociale (URSSAF)		208,16
	437000	Autres organismes sociaux		84,63
			2 152,03	**2 152,03**

En février, nous devons compléter ces trois écritures par une quatrième destinée à indiquer la déduction de l'avance sur salaire : nous débiterons le compte 421 (de même que pour la déduction des cotisations salariales) et créditerons le compte 425 afin de le solder :

			Débit	Crédit
421000		Personnel, rémunérations dues	300,00	
	425000	Personnel, avances et acomptes		300,00

Enfin, le paiement du salaire net sera enregistré de façon classique : crédit du compte « 512. Banques » et débit du « 421. Personnel rémunérations dues », ce dernier compte étant soldé grâce à cette écriture.

			Débit	Crédit
421000		Personnel, rémunérations dues	772,21	
	512000	Banques		772,21

Exercice n° 5 : Rémunération de l'exploitant

De même que dans l'exercice corrigé, nous créditerons le compte « 512. Banques » pour chaque prélèvement afin d'indiquer une sortie d'argent du compte bancaire. La contrepartie dépendra de la nature du prélèvement :

- La rémunération de l'exploitant est assimilée à un prélèvement personnel et enregistrée au débit du compte « 108. Compte de l'exploitant » ;

- La cotisation de prévoyance complémentaire est une cotisation facultative et annoncée comme non déductible : elle doit être également comptabilisée au débit du compte « 108. Compte de l'exploitant » ;
- Le virement vers le PEA personnel est un prélèvement de l'exploitant au même titre que la rémunération versée sur son compte bancaire courant : il sera comptabilisé au débit du compte « 108. Compte de l'exploitant » ;
- Les cotisations sociales obligatoires seront ventilées entre la CSG déductible (compte « 637. Autres impôts et taxes »), la CSG non déductible et la CRDS (compte « 108. Compte de l'exploitant ») et les autres cotisations obligatoires (compte « 646. Cotisations sociales personnelles de l'exploitant »).

			Débit	Crédit
108000		*Rémunération de l'exploitant* Compte de l'exploitant	2 750,00	
	512000	Banques		2 750,00
108000		*Prévoyance complémentaire non déductible* Compte de l'exploitant	56,00	
	512000	Banques		56,00
108000		*Virement vers PEA personnel* Compte de l'exploitant	450,00	
	512000	Banques		450,00
646000 637000 108000		*Prélèvement RSI* Cotisations de l'exploitant Autres impôts et taxes (CSG déductible) Compte de l'exploitant (CRDS + CSG non déductible)	1 124,00 214,00 122,00	
	512000	Banques		1 460,00
			4 716,00	4 716,00

Chapitre 8
Enregistrer les investissements et les financements

Dans ce chapitre :

▶ Distinguer une charge d'une immobilisation
▶ Enregistrer un investissement
▶ Comptabiliser une cession d'immobilisation ou une mise au rebut
▶ Enregistrer un apport en capital ou en compte courant
▶ Enregistrer un prêt bancaire et son remboursement

Contrairement à une dépense courante, le coût d'un investissement n'est pas pris en charge intégralement l'année de sa réalisation mais est étalé sur sa durée d'utilisation. C'est pourquoi il est enregistré en immobilisation au bilan et non pas en charge au compte de résultat. Son usure est ensuite constatée chaque année par une écriture d'amortissement qui diminue à la fois sa valeur à l'actif et le bénéfice de l'entreprise.

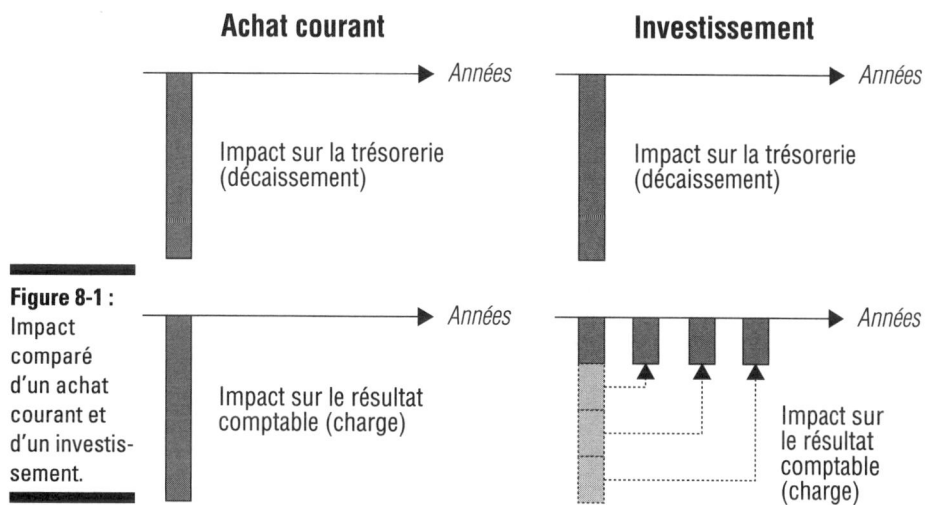

Figure 8-1 : Impact comparé d'un achat courant et d'un investissement.

Dans ce chapitre, vous vous exercerez à comptabiliser les achats et les cessions d'immobilisations ainsi que leurs financements. L'amortissement sera étudié séparément au chapitre 11.

Comptabiliser un investissement

Une immobilisation est un bien ou un droit acquis par l'entreprise et destiné à être utilisé pendant plus d'un an. On distingue trois types d'investissements :

- Les investissements immatériels (achat d'une licence, d'un droit au bail, d'un fonds commercial, d'un brevet,...), qui constituent les immobilisations incorporelles ;
- Les investissements matériels (bâtiment, terrain, matériel, véhicule,...), qui constituent les immobilisations corporelles ;
- Les investissements financiers (placements à plus d'un an), qui constituent les immobilisations financières.

L'immobilisation acquise s'enregistre au débit d'un compte de classe 2 pour son montant HT. La TVA récupérable est portée au débit du compte « 44562. TVA déductible sur immobilisations » et la dette vis-à-vis du fournisseur au crédit du compte « 404. Fournisseurs d'immobilisations ».

			Débit	Crédit
2........		Immobilisation	HT	
445620		TVA déductible sur immobilisations	TVA	
	404000	Fournisseurs d'immobilisations		TTC

Lorsque la TVA n'est pas totalement récupérable (achat d'un véhicule de tourisme, par exemple), le montant non déductible vient s'ajouter au montant HT enregistré dans le compte de classe 2 : seule l'éventuelle partie récupérable sera comptabilisée dans le compte 44562.

Les réductions de prix doivent être déduites du montant HT, qu'elles soient de nature commerciale (remise, rabais, ristournes) ou financière (escompte). Le traitement des frais accessoires dépend de leur nature :

- Les frais techniquement nécessaires à la mise en état d'utilisation de l'immobilisation doivent être intégrés dans son coût même s'ils ont fait l'objet d'une facture distincte : frais de transport, d'installation, de réglage,... ;

✔ Les frais juridiques et fiscaux liés à l'acquisition peuvent être, au choix, comptabilisés en charges ou intégrés au coût de l'immobilisation : frais d'avocat, de notaire, droits de mutation,… ;

✔ Les autres frais doivent obligatoirement être comptabilisés en charges : frais de formation du personnel,…

L'entreprise peut choisir librement de comptabiliser en charges ou en immobilisations les investissements de faible valeur unitaire (montant HT inférieur à 500 €) : petit outillage, équipement de bureau,… Cette disposition ne s'applique toutefois pas lorsque cet achat constitue l'outil de travail de l'entreprise (par exemple : achat de skis destinés à la mise en location dans un magasin de sports d'hiver).

Enfin, les frais de réparation ou de rénovation d'une immobilisation existante ne sont immobilisés que dans le cas où ils augmentent la durée de vie initialement prévue ou la valeur de cette immobilisation. Dans le cas contraire, ils doivent être comptabilisés en charges.

Les investissements financés en leasing, crédit-bail ou location-vente ne sont pas considérés comme des immobilisations dans la mesure où, d'un point de vue juridique, ils n'appartiennent pas à l'entreprise mais sont pris en location. Les redevances ou loyers payés seront comptabilisés dans un compte de charges (« 612. Redevances de crédit-bail »).

Exercice corrigé

M. Amon vient d'ouvrir un restaurant. Il a réalisé les dépenses suivantes et vous demande de l'aider à les comptabiliser :

✔ Achat d'un droit au bail : 50 000 € auxquels s'ajoutent les honoraires d'une agence immobilière (3 000 € HT, soit 3 600 € TTC) ;

✔ Achat d'un four à air pulsé et vapeur : 3 900 € HT auxquels s'ajoutent des frais d'installation (100 € HT) et la TVA (800 €) ;

✔ Prise en leasing (crédit-bail) d'un véhicule utilitaire : premier loyer de 5 000 € HT suivi de 48 mensualités de 220 € HT chacune ;

✔ Achat de chaises destinées à la salle : 50 unités à 40 € HT pièce.

Solution

Achat du droit au bail

Le droit au bail est une immobilisation incorporelle à enregistrer au débit du compte « 206. Droit au bail ».

			Débit	Crédit
206000		Droit au bail	50 000	
	404000	Fournisseurs d'immobilisations		50 000

S'agissant des honoraires de l'agence immobilière, on a le choix de les comptabiliser dans le même compte d'immobilisation que le fonds commercial ou en charges.

Option n°1 : comptabilisation en immobilisation			Débit	Crédit
622000		Droit au bail	3 000	
445620		TVA déductible sur immobilisations	600	
	404000	Fournisseurs d'immobilisations		3 600
			3 600	3 600

Option n°2 : comptabilisation en charges			Débit	Crédit
622000		Rémunération d'intermédiaires	3 000	
445660		TVA déductible sur autres biens et services	6,00	
	401000	Fournisseurs		3 600
			3 600	3 600

Achat d'un four à air pulsé et vapeur

Le prix d'achat du four et les frais d'installation s'enregistrent tous les deux en immobilisations. La TVA étant récupérable, elle est enregistrée dans un compte de TVA déductible et ne fait pas partie du coût d'acquisition du matériel.

			Débit	Crédit
215400		Matériel et outillage	4 000	
445620		TVA déductible sur immobilisations	800	
	404000	Fournisseurs d'immobilisations		800
			4 800	4 800

Prise en leasing (crédit-bail) d'un véhicule utilitaire

Le leasing est un contrat de location : le véhicule n'appartient pas à l'entreprise et les loyers doivent être comptabilisés en charges (le premier loyer pourra éventuellement être étalé sur la durée du contrat par le biais d'une écriture de charges constatées d'avance).

			Débit	Crédit
612000 445660		*1er loyer* Redevance de crédit-bail TVA déductible sur autres biens et services	5 000 1 000	
	401000	Fournisseurs		6 000
612000 445660		*Mensualités suivantes* Redevance de crédit-bail TVA déductible sur autres biens et services	220 44	
	401000	Fournisseurs		264
			6 264	6 264

Achat de chaises destinées à la salle

Les chaises devraient être utilisées pendant plus d'un an, et constituent à ce titre des immobilisations. Bien que leur montant unitaire soit nettement inférieur à 500 €, elles ne bénéficient pas de la tolérance fiscale relative aux immobilisations de faible valeur car elles font partie de l'outil de travail du restaurateur.

			Débit	Crédit
218400 445620		Mobilier TVA déductible sur immobilisations	2 000 400	
	404000	Fournisseurs d'immobilisations		2 400
			2 400	2 400

Exercice n° 1 : Charge ou immobilisation ?

Précisez si les factures suivantes doivent être comptabilisées obligatoirement en charges, obligatoirement en immobilisations, ou au libre choix de l'entreprise :

- Achat d'une machine-outil de 5 000 € HT ;
- Frais d'installation de ladite machine ;
- Frais de formation du personnel destiné à utiliser ladite machine ;
- Coût d'achat et d'installation d'un ascenseur dans un bâtiment qui en était auparavant dépourvu ;
- Gros travaux de carrosserie sur un véhicule acheté neuf mais accidenté par la suite ;
- Gros travaux de carrosserie sur un véhicule acheté accidenté ;

- Achat d'un ordinateur de bureau (850 € HT), d'une imprimante (250 € HT) et de plusieurs cartouches d'encre (150 € HT) ;
- Achat de titres d'une entreprise concurrente ;
- Honoraires de l'avocat ayant négocié les termes de ladite acquisition ;
- Droit d'entrée dans un réseau de franchise ;
- Redevance mensuelle versée au franchiseur.

Exercice n° 2 : Enregistrement d'un investissement

La société Toutenore achète un véhicule de tourisme qui sera utilisé comme voiture de fonction par un commercial. Elle reçoit la facture suivante du garage et vous demande de l'enregistrer.

Véhicule de tourisme	16 500,00 €
Remise commerciale	– 1 500,00 €
Frais de livraison	300,00 €
TVA 20 %	3 060,00 €
Frais d'immatriculation	200,00 €
Total TTC	18 560,00 €

Il vous est précisé que la TVA sur les dépenses relatives à des véhicules de tourisme n'est pas récupérable.

Exercice n° 3 : Question sur un compte

Le compte « 624. Transports de biens » comporte des subdivisions pour les frais de livraison sur les achats et sur les ventes mais pas sur les immobilisations. Pouvez-vous expliquer pourquoi ?

Comptabiliser une cession d'immobilisation

La vente d'une immobilisation nécessite deux écritures comptables :
- La première pour enregistrer la facture de vente ;
- La seconde pour sortir le bien cédé de l'actif du bilan.

Chapitre 8 : Enregistrer les investissements et les financements

Pour les mises au rebut, seule la seconde écriture est nécessaire.

L'enregistrement d'une vente d'immobilisation ressemble à celui d'une vente classique avec quelques différences au niveau des subdivisions utilisées :

- Au débit : compte « 462. Créances sur cessions d'immobilisations » pour le montant TTC (à la place du « 411. Clients ») ;
- Au crédit : compte « 775. Produits des cessions d'éléments d'actif » pour le montant HT (à la place du « 70. Ventes ») et « 44571. TVA collectée » pour la TVA.

			Débit	Crédit
462000		Créances sur cessions d'immobilisations	TTC	
	775000	Produits des cessions d'éléments d'actif		HT
	445710	TVA collectée		TVA

Pour sortir une immobilisation de l'actif du bilan, il convient tout d'abord de retrouver les comptes dans lesquels elle avait été enregistrée (valeur brute mais aussi amortissement) puis de solder ceux-ci : la valeur brute de l'immobilisation sera portée au crédit d'un compte de classe 2 et son amortissement cumulé à la date de cession au débit d'un compte 28. Dans le cas où l'immobilisation n'est pas totalement amortie, l'équilibre de l'écriture sera assuré par l'enregistrement de la valeur nette au débit du compte « 675. Valeur comptable des éléments d'actif cédés ».

			Débit	Crédit
28....		Amortissements	Amort.	
675000		Valeur comptable des éléments d'actif cédés	VN	
	2....	Immobilisation		VB

Exercice corrigé

Le magasin Vet'plus revend à un de ses employés un ordinateur acheté 1 000 € HT et amorti à hauteur de 900 € au moment de la cession. Le prix de vente est de 70 € HT (84 € TTC).

À vous de comptabiliser cette opération.

Solution

La vente de l'ordinateur s'enregistre en appliquant le schéma comptable exposé précédemment : compte 462 au débit et comptes 775 et 44571 au crédit.

			Débit	Crédit
462000		Créances sur cessions d'immobilisations	84	
	775000	Produits des cessions d'éléments d'actif		70
	445710	TVA collectée		14
			84	84

Il convient également de sortir l'ordinateur de l'actif du bilan. Celui-ci avait été enregistré pour 1 000 € au débit du compte « 2183. Matériel de bureau et informatique » lors de son acquisition : nous créditerons ce compte de 1 000 € afin de le solder. Par la suite, un amortissement de 900 € est venu s'accumuler au crédit du compte « 28183. Amortissement du matériel de bureau et informatique » : nous le débiterons de ce même montant pour le solder. Enfin, nous enregistrerons les 100 € de valeur nette au débit du compte 675.

			Débit	Crédit
281830		Amortissement du matériel de bureau et info	900,00	
675000		Valeur comptable des éléments d'actif cédés	100,00	
	218300	Matériel de bureau et informatique		1 000,00
			1 000,00	1 000,00

L'impact de cette opération sur le compte de résultat est une moins-value nette de 30 € correspondant à la différence entre le prix de vente de l'ordinateur (70 €) et sa valeur nette en comptabilité au moment de la cession (1 000 – 900 = 100 €).

Exercice n° 4 : Cession d'immobilisation

Au cours de l'exercice N, l'entreprise Geclick a cédé deux immobilisations. Elle vous fournit les informations ci-dessous et vous demande d'enregistrer les deux opérations :

	Valeur brute	Amortissement cumulé	Valeur nette	Prix de vente HT
Machine	16 000	13 900	2 100	3 000
Camion	33 400	10 250	23 150	21 000

Vous enregistrerez également la mise au rebut du mobilier d'une salle de réunion acquis il y a huit ans pour 2 500 € et amorti à hauteur de 2 000 €.

Le financement des investissements

Les principales sources de financement d'une entreprise sont les apports des associés ou de l'exploitant individuel et les emprunts bancaires.

Dans le cas d'une entreprise individuelle, il n'y a pas de distinction juridique entre le patrimoine de l'exploitant et celui de son entreprise. Ses apports ne sont soumis à aucune formalité particulière et peuvent être librement récupérés en cas de besoin :

Un apport est enregistré au débit du compte « 512. Banques » par le crédit du compte « 108. Compte de l'exploitant » :

			Débit	Crédit
512000		Banques	X	
	108000	Compte de l'exploitant		X

Un prélèvement s'enregistre de façon exactement inversée : compte 512 au crédit et 108 au débit :

			Débit	Crédit
108000		Compte de l'exploitant	X	
	512000	Banques		X

Le compte de l'exploitant sert également à enregistrer les achats personnels de l'exploitant payés avec le compte de l'entreprise, ou inversement ses achats professionnels réglés avec son compte personnel :

- Dans le premier cas, le compte 108 est utilisé au débit (comme pour un prélèvement) avec comme contrepartie le crédit du compte « 512. Banques » ;
- Dans le deuxième cas, il est utilisé au crédit (comme pour un apport) avec comme contrepartie le débit du compte de charge correspondant à la nature de la dépense et celui du compte de TVA déductible le cas échéant.

Le fonctionnement des entreprises exploitées sous forme de société (SA, SARL et même EURL) est soumis à plus de contraintes. Les sommes apportées à la création constituent le capital et ne peuvent normalement pas être récupérées. Elles sont enregistrées au débit du compte « 512. Banques » par le crédit du compte « 101. Capital » :

			Débit	Crédit
512000		Banques	X	
	101000	Capital		X

Si de nouveaux apports sont nécessaires par la suite, ils peuvent prendre la forme d'une augmentation de capital (mêmes contraintes et même écriture comptable que pour l'apport initial) ou d'un apport en compte courant. Cette seconde solution est plus flexible dans la mesure où les sommes apportées sont considérées comme des prêts et peuvent être récupérées selon les modalités prévues lors du versement. Les apports en compte courant sont enregistrés au débit du compte « 512. Banques » par le crédit du compte « 455. Associés, comptes courants » :

			Débit	Crédit
512000		Banques	X	
	455000	Associés, comptes courants		X

Les retraits s'enregistrent quant à eux de façon inversée : compte 512 au crédit et 455 au débit.

			Débit	Crédit
455000		Associés, comptes courants	X	
	512000	Banques		X

Enfin, quelle que soit la forme juridique de l'entreprise, les emprunts bancaires sont comptabilisés au crédit du compte « 164. Emprunts auprès des établissements de crédit » par le débit du compte « 512. Banques ». Les frais de dossier éventuellement prélevés lors du déblocage des fonds sont enregistrés en charges au débit du compte « 627. Services bancaires et assimilés ». Lors du prélèvement ultérieur des mensualités, vous comptabiliserez la somme prélevée au crédit du compte « 512. Banque » alors que la contrepartie sera ventilée au débit de la façon suivante :

- Remboursement du principal : « 164. Emprunts auprès des établissements de crédit » ;
- Intérêts : « 661. Charges d'intérêts » ;
- Assurance : « 616. Primes d'assurance ».

Chapitre 8 : Enregistrer les investissements et les financements

Exercice corrigé

La société Alphatour vient d'être créée. Elle a reçu les financements suivants, qu'elle vous demande de comptabiliser :

- Apports en capital des actionnaires : 10 000 € ;
- Apports en compte courant des actionnaires : 5 000 € ;
- Emprunt bancaire : 6 000 € accordés mais seulement 5 950 € reçus en raison des frais de dossiers prélevés.

Vous enregistrerez également les opérations suivantes réalisées par la suite :

- Prélèvement de 250 € sur le compte courant ;
- Prélèvement d'une mensualité d'emprunt de 140 € comprenant 25 € d'intérêts et 2 € d'assurance.

Solution

Les trois apports ont pour point commun de faire rentrer de l'argent sur le compte bancaire de l'entreprise : nous débiterons donc chaque fois le compte « 512. Banques ». La contrepartie sera différente selon la nature de l'apport :

- « 101. Capital » pour l'apport en capital ;
- « 455. Associés, comptes courants » pour l'apport en compte courant ;
- « 164. Emprunts auprès des établissements de crédit » pour l'emprunt bancaire.

Dans la troisième opération, le montant emprunté diffère de la somme reçue sur le compte bancaire : nous équilibrerons l'écriture en comptabilisant les frais de dossier au débit du compte « 627. Services bancaires et assimilés ».

			Débit	Crédit
512000		Apport en capital Banques	10 000,00	
	101000	Capital		10 000,00
512000		Apport en compte courant Banques	5 000,00	
	455000	Associés, comptes courants		5 000,00
512000 627000		Emprunt bancaire Banques Services bancaires et assimilés	5 950,00 50,00	
	164000	Emprunts auprès des établissements de crédit		6 000,00
			21 000,00	21 000,00

Le prélèvement sur le compte courant sera enregistré de façon exactement inversée par rapport à l'apport : compte 455 au débit et 512 au crédit.

			Débit	Crédit
455000		Associés, comptes courants	250,00	
	512000	Banques		250,00

Le prélèvement de la mensualité sera également enregistré de façon inversée par rapport au déblocage des fonds :

- ✔ Compte « 164. Emprunts » au débit pour le montant remboursé ;
- ✔ Compte « 512. Banques » au crédit pour le montant prélevé.

L'équilibre de l'écriture sera rétabli en comptabilisant les intérêts et l'assurance au débit des comptes « 661. Charges d'intérêts » et « 616. Primes d'assurance ».

			Débit	Crédit
164000		Emprunts auprès des établissements de crédit	113,00	
661000		Charges d'intérêts	25,00	
616000		Primes d'assurance	2,00	
	512000	Banques		140,00
			140,00	140,00

Exercice n° 5 : Fonctionnement du compte de l'exploitant

M. Sallemat est plombier et exerce son activité sous la forme d'une entreprise individuelle. De nature étourdie, il a une fâcheuse tendance à confondre son chéquier personnel avec son chéquier professionnel. Si ces erreurs ne posent pas de problèmes juridiques, elles compliquent sérieusement le travail de son comptable. C'est pourquoi celui-ci vous demande de l'aider à enregistrer les opérations suivantes :

- ✔ Virement de 5 000 € du compte personnel vers le compte professionnel ;
- ✔ Règlement de la facture d'électricité personnelle avec le chéquier professionnel : 127 € TTC (105,83 € HT) ;
- ✔ Achats de divers raccords de plomberie avec le chéquier personnel : 72 € TTC (60 € HT) ;

✔ Prélèvement de 50 € dans la caisse de l'entreprise pour régler quelques dépenses personnelles ;

✔ Virement de 1 500 € du compte professionnel vers le compte personnel.

Exercice n° 6 : Apport en capital et en compte courant

Trois amis s'associent pour créer une SARL au capital de 7 500 € : les deux premiers apportent chacun 2 500 € en numéraire tandis que le troisième apporte du matériel pour une valeur de 2 500 €. Très rapidement, les fonds récoltés s'avèrent insuffisants et le premier actionnaire doit réaliser un apport complémentaire de 3 000 € sous forme d'avance en compte courant. Quelques mois plus tard, l'activité a bien démarré et l'argent commence à rentrer sur le compte bancaire de l'entreprise : le premier actionnaire en profite pour récupérer 500 € sur son avance.

N'ayant que peu de connaissances en comptabilité, les trois amis se tournent vers vous pour enregistrer les opérations décrites ci-dessus.

Exercice n° 7 : Emprunt bancaire

L'entreprise Sonatrac souhaite renouveler son outil de production et obtient à ce titre un prêt de 20 000 € de son banquier dont seront déduits 200 € de frais de dossier. Cet emprunt sera remboursé en 16 trimestrialités de 1 400,80 €.

L'échéancier de remboursement est le suivant pour la première année :

Trimestre	Somme due	Trimestrialité	Intérêts	Assurance	Remboursement	Reste dû
1	20 000,00	1 400,80	250,00	13,87	1 136,93	18 863,07
2	18 863,07	1 400,80	235,79	13,87	1 151,14	17 711,93
3	17 711,92	1 400,80	221,40	13,87	1 165,54	16 546,38
4	16 546,38	1 400,80	206,83	13,87	1 180,10	15 366,28

Il vous est demandé de comptabiliser le déblocage (versement) de l'emprunt ainsi que les trimestrialités de la première année.

Réponses

Exercice n° 1 : Charge ou immobilisation ?

- **Achat d'une machine-outil de 5 000 € HT :** la machine-outil est destinée à servir durablement à l'activité de l'entreprise : il s'agit indéniablement d'une immobilisation ;

- **Frais d'installation de ladite machine :** les frais d'installation font partie des dépenses indispensables à la mise en service de la machine-outil : ils s'enregistrent obligatoirement en immobilisations, dans le même compte que celle-ci ;

- **Frais de formation du personnel destiné à utiliser ladite machine :** contrairement aux frais d'installation, les frais de formation du personnel ne sont pas indispensables au bon fonctionnement de la machine : l'entreprise pourrait tout aussi bien embaucher du personnel déjà formé. Ils s'enregistrent obligatoirement en charges ;

- **Coût d'achat et d'installation d'un ascenseur dans un bâtiment qui en était auparavant dépourvu :** l'ascenseur augmente la valeur du bâtiment : à ce titre, il doit obligatoirement être comptabilisé en immobilisation ;

- **Gros travaux de carrosserie sur un véhicule acheté neuf mais accidenté par la suite :** les travaux de carrosserie n'augmentent pas la valeur du véhicule par rapport à ce qui était initialement prévu lors de son acquisition : ils ne font que le remettre en état et lui rendre la valeur qu'il avait avant l'accident. Ils doivent obligatoirement être comptabilisés en charges ;

- **Gros travaux de carrosserie sur un véhicule acheté accidenté :** contrairement au cas précédent, les travaux de carrosserie augmentent la valeur du véhicule puisque le prix d'achat de celui-ci tenait compte de l'accident : ils seront obligatoirement comptabilisés en immobilisations ;

- **Achat d'un ordinateur de bureau (850 € HT), d'une imprimante (250 € HT) et de plusieurs cartouches d'encre (150 € HT) :** l'ordinateur devrait être utilisé pendant plusieurs années et doit être comptabilisé en immobilisation. Il en est théoriquement de même pour l'imprimante, mais sa faible valeur (coût inférieur à 500 €) permet à l'entreprise de choisir librement entre l'enregistrement en charge ou en immobilisation. Enfin, les cartouches seront rapidement consommées et constituent des charges ;

- **Achat de titres d'une entreprise concurrente :** nous supposerons que les titres sont acquis dans le but de prendre durablement le contrôle de l'entreprise concurrente : ils constituent des immobilisations, plus précisément des immobilisations financières ;

Chapitre 8 : Enregistrer les investissements et les financements

- **Honoraires de l'avocat ayant négocié les termes de l'achat ci-dessus :** il s'agit ici de frais juridiques liés à l'acquisition d'une immobilisation : ils peuvent au choix être comptabilisés en charges ou en immobilisations ;
- **Droit d'entrée dans un réseau de franchise :** le droit d'entrée est payé une fois pour toutes et permet à l'entreprise d'intégrer durablement le réseau de franchise : il s'agit d'une immobilisation, plus précisément d'une immobilisation incorporelle ;
- **Redevance mensuelle versée au franchiseur :** la redevance mensuelle ne couvre que le mois écoulé et devra être à nouveau versée le mois suivant : il s'agit d'une charge.

Exercice n° 2 : Enregistrement d'un investissement

Le véhicule est destiné à servir durablement à l'activité de l'entreprise : il s'agit d'une immobilisation à enregistrer dans le compte « 2182. Matériel de transport ». Les autres éléments de la facture s'analysent comme suit :

- La remise doit être déduite du coût d'achat ;
- Les frais de livraison font partie des frais nécessaires à la mise en état d'utilisation du véhicule et doivent être rajoutés à son coût d'achat ;
- La TVA n'étant pas déductible, elle doit également être rajoutée à la valeur de l'immobilisation ;
- Enfin, les frais d'immatriculation entrent dans la catégorie des frais fiscaux liés à l'acquisition : ils peuvent, au choix, être intégrés au coût du véhicule ou enregistrés en charges.

Deux écritures sont donc possibles selon le traitement choisi pour les frais d'immatriculation :

Option n°1 : comptabilisation en immobilisation			Débit	Crédit
218200		Matériel de transport	18 560	
	404000	Fournisseurs d'immobilisations		18 560

Option n°2 : comptabilisation en charges			Débit	Crédit
218200		Matériel de transport	18 360	
635000		Autres impôts, taxes et versements assimilés	200	
	404000	Fournisseurs d'immobilisations		18 560
			18 560	18 560

Exercice n° 3 : Question sur un compte

Le compte « 624. Transports de biens » est un compte de charges, or les frais de livraison d'une immobilisation font partie des dépenses nécessaires à sa mise en état d'utilisation et doivent être intégrés au coût de l'immobilisation. Ils seront toujours enregistrés dans des comptes d'immobilisations et jamais en charges.

Exercice n° 4 : Cession d'immobilisation

Nous commençons par enregistrer la vente de la machine au débit du compte « 462. Créances sur cessions d'immobilisations » par le crédit des comptes « 775. Produits des éléments d'actif cédés » et « 44571. TVA collectée ».

			Débit	Crédit
462000		Créances sur cessions d'immobilisations	3 600	
	775000	Produits des cessions d'éléments d'actif		3 000
	445710	TVA collectée		600
			3 600	3 600

Nous devons également sortir la machine de l'actif de l'entreprise car celle-ci ne lui appartient plus. Dans ce but, nous recensons les comptes à solder :

- « 2154. Matériel industriel » : le coût d'achat de la machine avait été initialement enregistré au débit de ce compte : nous le créditerons pour le solder ;

- « 28154. Amortissement du matériel industriel » : l'amortissement de la machine avait été enregistré au crédit de ce compte : nous le débiterons pour le solder.

La valeur nette sera, quant à elle, comptabilisée au débit du compte « 675. Valeur comptable des éléments d'actif cédés » afin d'équilibrer l'écriture.

			Débit	Crédit
281540		Amortissement du matériel industriel	13 900,00	
675000		Valeur comptable des éléments d'actif cédés	2 100,00	
	215400	Matériel industriel		16 000,00
			16 000,00	16 000,00

Le schéma comptable est similaire pour la cession du camion avec juste une légère différence dans les comptes à solder (le camion avait été comptabilisé au débit du compte « 2182. Matériel de transport » et non pas « 2154. Outillage industriel »).

			Débit	Crédit
462000		Créances sur cessions d'immobilisations	25 200	
	775000	Produits des cessions d'éléments d'actif		21 000
	445710	TVA collectée		4 200
281820		Amortissement du matériel de transport	10 250	
675000		Valeur comptable des éléments d'actif cédés	23 150	
	218200	Matériel de transport		33 400
			58 600	58 600

Enfin, seule la seconde écriture est nécessaire pour la mise au rebut. S'agissant de mobilier, nous utiliserons les comptes « 2184. Mobilier » et « 28184. Amortissement du mobilier ».

			Débit	Crédit
281840		Amortissement du mobilier	2 000,00	
675000		Valeur comptable des éléments d'actif cédés	500,00	
	215400	Matériel industriel		2 500,00
			2 500,00	2 500,00

Exercice n° 5 : Fonctionnement du compte de l'exploitant

Ces opérations ont pour point commun de concerner à la fois le patrimoine professionnel et le patrimoine personnel de l'exploitant. L'astuce pour les comptabiliser consiste à utiliser les comptes habituels pour la partie professionnelle de l'opération et à équilibrer l'écriture par le compte « 108. Compte de l'exploitant ».

Virement de 5 000 € du compte personnel vers le compte professionnel

De l'argent entre sur le compte professionnel : nous débiterons en conséquence le compte « 512. Banques » avec pour contrepartie le compte « 108. Compte de l'exploitant ».

			Débit	Crédit
512000		Banques	5 000,00	
	108000	Compte de l'exploitant		5 000,00

Règlement de la facture d'électricité personnelle avec le chéquier professionnel : 127 € TTC (105,83 € HT)

De l'argent sort du compte professionnel : nous créditerons le compte « 512. Banques » avec pour contrepartie le compte « 108. Compte de l'exploitant ».

Il ne faut surtout pas faire apparaître une charge d'électricité dans la mesure où il s'agit de la consommation personnelle de l'exploitant. De même, la TVA n'est pas récupérable et ne doit pas figurer dans la comptabilité de l'entreprise.

			Débit	Crédit
108000		Compte de l'exploitant	127,00	
	512000	Banques		127,00

Achats de divers raccords de plomberie avec le chéquier personnel : 72 € TTC (60 € HT)

Contrairement à l'opération précédente, il s'agit ici d'une dépense professionnelle : nous comptabiliserons les raccords dans le compte « 606. Achats non stockés de fournitures » et la TVA dans le compte « 44566. TVA déductible ». Le paiement provenant du compte personnel de l'exploitant, nous créditerons le compte « 108. Compte de l'exploitant » et non pas le « 512. Banques ».

			Débit	Crédit
606000		Achats non stockés de fournitures	60	
445660		TVA déductible	12	
	108000	Compte de l'exploitant		72
			72	72

Prélèvement de 50 € dans la caisse de l'entreprise pour régler quelques dépenses personnelles

L'argent sort de la caisse de l'entreprise : nous créditerons le compte « 53. Caisse » avec pour contrepartie le compte « 108. Compte de l'exploitant ».

			Débit	Crédit
108000		Compte de l'exploitant	50,00	
	530000	Caisse		50,00

Chapitre 8 : Enregistrer les investissements et les financements

Virement de 1 500 € du compte professionnel vers le compte personnel

De l'argent sort du compte professionnel : nous créditerons le compte « 512. Banques » avec pour contrepartie le compte « 108. Compte de l'exploitant ».

			Débit	Crédit
108000		Compte de l'exploitant	1 500,00	
	512000	Banques		1 500,00

Exercice n° 6 : Apport en capital et en compte courant

L'apport en capital de 7 500 € s'enregistre au crédit du compte « 101. Capital ». En contrepartie, nous comptabiliserons :

- Une entrée d'argent sur le compte bancaire : 2 × 2 500 = 5 000 € au débit du compte « 512. Banques » ;
- Une entrée de matériel : 2 500 € au débit du compte « 2154. Matériel industriel ».

			Débit	Crédit
512000		Banques	5 000,00	
215400		Matériel industriel	2 500,00	
	101000	Capital		7 500,00
			7 500,00	7 500,00

Pour l'apport en compte courant, nous débiterons également le compte « 512. Banques » mais par le crédit du compte « 455. Associés, comptes courants ».

			Débit	Crédit
512000		Banques	3 000,00	
	455000	Associés, comptes courants		3 000,00

Le prélèvement sera comptabilisé de façon inversée par rapport à l'apport : compte « 455. Associés, comptes courants » au débit et « 512. Banques » au crédit.

			Débit	Crédit
455000		Associés, comptes courants	500,00	
	512000	Banques		500,00

Exercice n° 7 : Emprunt bancaire

La somme empruntée s'enregistre au crédit du compte « 164. Emprunts auprès des établissements de crédit ». En contrepartie, nous utiliserons les comptes « 512. Banques » pour le montant réellement reçu et « 627. Services bancaires » pour les frais de dossier.

			Débit	Crédit
512000		Banques	19 800,00	
627000		Services bancaires	200,00	
	164000	Emprunts auprès des établts de crédit		20 000,00
			20 000,00	20 000,00

Les remboursements seront comptabilisés de façon inversée : comptes « 164. Emprunts auprès des établissements de crédit » au débit et « 512. Banques » au crédit.

Seul le montant du remboursement doit être enregistré en diminution du solde du compte 164 : les intérêts et l'assurance sont des charges et s'enregistrent dans des comptes de classe 6.

			Débit	Crédit
		1ère mensualité		
164000		Emprunts auprès des établissements de crédit	1 136,93	
661000		Charges d'intérêts	250,00	
616000		Primes d'assurance	13,87	
	512000	Banques		1 400,80
		2ème mensualité		
164000		Emprunts auprès des établissements de crédit	1 151,14	
661000		Charges d'intérêts	235,79	
616000		Primes d'assurance	13,87	
	512000	Banques		1 400,80
		3ème mensualité		
164000		Emprunts auprès des établissements de crédit	1 165,53	
661000		Charges d'intérêts	221,40	
616000		Primes d'assurance	13,87	
	512000	Banques		1 400,80
		4ème mensualité		
164000		Emprunts auprès des établissements de crédit	1 180,10	
661000		Charges d'intérêts	206,83	
616000		Primes d'assurance	13,87	
	512000	Banques		1 400,80
			5 603,20	5 603,20

Chapitre 9

Enregistrer les opérations de trésorerie

Dans ce chapitre :
▶ Enregistrer un placement financier et ses revenus
▶ Comptabiliser une opération d'escompte ou d'affacturage
▶ Que faire des frais bancaires ?
▶ Établir un rapprochement de banque

Gérer sa trésorerie consiste à :

✔ Placer ses excédents afin de les faire travailler : livrets rémunérés, achat de titres financiers, etc. ;

✔ Trouver des financements pour combler les besoins de trésorerie : autorisation de découvert, crédit de campagne, affacturage, etc. ;

✔ Contrôler à intervalles réguliers le solde disponible en établissant un rapprochement entre la comptabilité et le relevé envoyé par la banque.

Dans ce chapitre, nous étudierons successivement ces trois aspects de la gestion de trésorerie : vous vous exercerez tout d'abord à comptabiliser les différentes opérations de placement, puis les financements, et enfin à établir et analyser un rapprochement bancaire.

Comptabiliser un placement financier

Le premier élément à prendre en compte pour enregistrer un placement financier est sa durée prévisionnelle :

✔ Les placements à plus d'un an constituent des immobilisations financières et s'enregistrent dans des comptes de classe 2 ;

- Les placements à moins d'un an sont des éléments de la trésorerie et s'enregistrent dans des comptes de classe 5.

Les placements à long terme sont enregistrés dans un compte commençant par la racine « 26. Participations et créances rattachées » s'ils sont liés à des filiales de l'entreprise et par la racine « 27. Autres immobilisations financières » dans le cas contraire.

Parmi les placements à court terme, il convient de distinguer :

- Les livrets et comptes à terme qui sont comptabilisés dans des subdivisions du compte « 512. Banques » créées spécialement à cet effet pour ne pas les confondre avec le compte courant classique : par exemple, « 5120. Banques » pour le compte courant et « 5125. Livret » pour un livret rémunéré ;
- Les achats de titres qui sont comptabilisés dans des subdivisions du compte « 50. Valeurs mobilières de placement ».

Les frais de souscription facturés par la banque sont habituellement comptabilisés au débit du compte « 627. Services bancaires » mais il est également possible de les intégrer au coût des titres achetés.

Les revenus des placements constituent quant à eux des produits financiers à comptabiliser au crédit d'un compte 76 :

- « 762. Produits des autres immobilisations financières » pour les revenus des placements à long terme ;
- « 764. Revenus des valeurs mobilières de placement » pour les revenus des valeurs mobilières de placement ;
- « 768. Autres produits financiers » pour les revenus des autres placements à court terme.

Enfin, la revente de titres financiers s'enregistre différemment selon qu'il s'agit d'immobilisations financières ou de valeurs mobilières de placement. La cession d'une immobilisation financière est comptabilisée en deux écritures, de façon similaire à celle d'une immobilisation corporelle :

- Le prix de vente est porté au débit du compte « 512. Banques » par le crédit du « 7756. Produits des cessions d'éléments d'actifs – Immobilisations financières » ;
- Le coût d'achat est porté au débit du compte « 6756. Valeur comptable des éléments d'actif cédés – Immobilisations financières » par le crédit du compte de classe 2 où les titres étaient enregistrés.

La plus ou moins-value de cession n'est pas comptabilisée en tant que telle : elle apparaît par différence entre le produit enregistré dans le compte 7756 et la charge comptabilisée dans le 6756.

			Débit	Crédit
512000		Banques	Prix vente	
	775600	Produits des cessions d'éléments d'actifs		Prix vente
675600		Valeur comptable des éléments d'actif cédés	Coût achat	
	2......	Immobilisations financières		Coût achat

La cession d'une valeur mobilière de placement s'enregistre quant à elle en une seule écriture plus synthétique :

- Le prix de vente est porté au débit du compte « 512. Banques » ;
- Le prix d'achat est porté au crédit du compte de classe 5 où les titres étaient enregistrés ;
- Dans le cas où le prix de vente est supérieur au coût d'achat, la plus-value réalisée est enregistrée au crédit du compte « 767. Produits nets sur cessions de VMP » afin d'équilibrer l'écriture.

			Débit	Crédit
512000		Banques	Prix vente	
	50.....	Valeurs mobilières de placement		Coût achat
	767000	Produits nets sur cessions de VMP		Plus-value

Dans le cas d'une moins-value, celle-ci est enregistrée au débit du compte « 667. Charges nettes sur cessions de VMP », toujours dans le but d'équilibrer l'écriture.

			Débit	Crédit
512000		Banques	Prix vente	
667000		Charges nettes sur cessions de VMP	Moins-value	
	50.....	Valeurs mobilières de placement		Coût achat

Exercice corrigé

La société Alphapac place régulièrement de l'argent sur un compte à terme. Le 01/03/N, elle y a versé 5 000 €, qui lui seront restitués dans six mois augmentés de 125 € d'intérêts.

Par ailleurs, elle a également acheté 100 parts d'une SICAV (société d'investissement à capital variable) à 32,20 € pièce auxquels s'ajoutent 1 % de frais de souscription. Ces parts sont revendues quelques mois plus tard pour 34,02 € pièce (sans frais).

Nous vous proposons de vous entraîner à comptabiliser ces opérations.

Solution

Versement sur le compte à terme

Il s'agit d'un placement à court terme (moins d'un an), que nous comptabilisons dans une subdivision du compte 512 créée spécialement à cet effet (« 5125. Compte à terme » dans cet exemple, mais vous êtes libre de créer la subdivision que vous souhaitez). L'argent sort du compte courant pour entrer sur le compte à terme : nous créditons le premier et débitons le second.

			Débit	Crédit
512500		Compte à terme	5 000,00	
	512000	Banques		5 000,00

Déblocage des fonds

Cette opération est l'inverse de la précédente : nous débitons le compte « 512. Banques » de 5 125 € pour indiquer l'entrée d'argent et créditons le compte « 5125. Compte à terme » de 5 000 € pour le solder. Les 125 € d'intérêts sont enregistrés au crédit du compte « 768. Autres produits financiers » afin de rétablir l'équilibre de l'écriture.

			Débit	Crédit
512000		Banques	5 125,00	
	512500	Compte à terme		5 000,00
	768000	Autres produits financiers		125,00
			5 125,00	5 125,00

Achat des parts de SICAV

Il s'agit là encore d'un placement à court terme : nous enregistrons les parts achetées au débit du compte « 503. Actions » par le crédit du compte « 512. Banques ». Nous choisissons de comptabiliser ces titres pour leur prix d'achat (100 × 32,20 = 3 220 €) et de faire apparaître distinctement les frais dans le compte « 627. Services bancaires », mais il aurait également été possible d'incorporer ceux-ci au coût d'achat des titres.

Option n°1 : comptabilisation distincte des frais			Débit	Crédit
503000		Actions	3 220,00	
627000		Services bancaires	32,20	
	512000	Banques		3 252,20
			3 252,20	3 252,20

Option n°2 : incorporation des frais au coût d'achat des titres			Débit	Crédit
503000		Actions	3 252,20	
	512000	Banques		3 252,20

Vente des parts de SICAV

La vente rapporte 3 402 € à l'entreprise (100 titres à 34,02 € pièce) : nous enregistrons cette somme au débit du compte « 512. Banques ». En contrepartie, nous créditons le compte « 503. Actions » du coût d'achat des titres vendus (3 220 € si les frais ont été comptabilisés en charges et 3 252,20 € dans le cas contraire). La plus-value est déterminée par différence et comptabilisée au crédit du compte « 767. Produits nets de cessions de VMP ».

Cas n°1 : Les frais avaient été comptabilisés en charges			Débit	Crédit
512000		Banques	3 402,00	
	503000	Actions		3 220,00
	767000	Produits nets de cessions de VMP		182,00
			3 402,00	3 402,00

Cas n°2 : Les frais avaient été incorporés au coût des titres			Débit	Crédit
512000		Banques	3 402,00	
	503000	Actions		3 252,20
	767000	Produits nets de cessions de VMP		149,80
			3 402,00	3 402,00

Exercice n° 1 : Vrai ou faux ?

Indiquez si les affirmations suivantes sont vraies ou fausses en justifiant votre réponse.

Un achat d'actions s'enregistre toujours dans le compte « 503. Actions ».

☐ Vrai   ☐ Faux

....

Les comptes rémunérés disponibles à court terme (livrets, comptes à terme,…) s'enregistrent dans une subdivision du compte « 512. Banques ».

☐ Vrai   ☐ Faux

....

Les frais bancaires s'enregistrent dans des comptes de charges financières commençant par la racine 66.

☐ Vrai   ☐ Faux

....

Les revenus des placements s'enregistrent dans des comptes de produits financiers commençant par la racine 76.

☐ Vrai   ☐ Faux

....

Une cession de titres immobilisés nécessite deux écritures.

☐ Vrai   ☐ Faux

....

Une cession de valeur mobilière de placement nécessite deux écritures.

☐ Vrai   ☐ Faux

....

Lors d'une cession de valeurs mobilières de placement, le compte « 50. Valeurs mobilières de placement » est crédité du montant de la vente.

☐ Vrai ☐ Faux

....

Lors d'une cession de titres immobilisés, le compte « 7756. Produits des cessions d'éléments d'actif » est crédité du montant de la vente.

☐ Vrai ☐ Faux

....

Exercice n° 2 : Enregistrer des placements financiers

La société Toutenore a réalisé les placements suivants, qu'elle vous demande de comptabiliser :

- Achat d'obligations EDF qui devraient être conservées plusieurs années afin de bénéficier d'un rendement élevé : 15 parts à 1 000 € pièce, sans frais de souscription ;
- Virement de 10 000 € vers un compte livret. L'entreprise souhaite garder cette somme disponible pour pouvoir faire face à d'éventuels besoins de trésorerie dans les prochains mois ;
- Achat de parts de SICAV actions dans l'espoir de réaliser rapidement une plus-value : 100 parts à 56 € pièce. Les frais de souscription s'élèvent à 1,5 % et ne sont pas soumis à TVA. L'entreprise ne souhaite pas les incorporer au coût d'achat des titres.

Exercice n° 3 : Les revenus des placements à long terme

Les obligations EDF acquises par la société Toutenore lui rapportent 675 € d'intérêts chaque année : présentez l'écriture correspondant au versement de ceux-ci.

Après deux années de détention, l'entreprise décide de les revendre afin de financer un investissement : présentez les écritures correspondant à cette cession, sachant que le prix de vente est de 1 064 € par titre (rappel : l'achat initial portait sur 15 titres à 1 000 € pièce).

Exercice n° 4 : Les revenus des placements à court terme

Durant l'année N, la société Toutenore a réalisé les opérations suivantes et vous demande de l'aider à les comptabiliser :

- Le 15/01/N : encaissement de 150 € d'intérêts sur son compte livret ;
- Le 12/03/N : vente de 70 parts de SICAV actions au prix unitaire de 58,24 € (rappel : l'achat initial portait sur 100 titres à 56 € pièce) ;
- Le 27/07/N : encaissement de 173 € de dividendes au titre des 30 parts de SICAV toujours détenues ;
- Le 22/08/N : vente des 30 parts restantes pour 54,37 € pièce.

Comptabiliser un financement à court-terme

En cas de besoin de trésorerie, vous pouvez négocier une autorisation de découvert, emprunter des fonds à court terme (crédit de campagne ou de préfinancement) ou mobiliser vos créances clients (affacturage, escompte d'effets de commerce, etc.).

L'obtention d'une autorisation de découvert ou d'une facilité de caisse ne nécessite aucune écriture comptable particulière : vous continuez à enregistrer vos paiements de la façon habituelle, c'est-à-dire en créditant le compte « 512. Banques ». Lorsque celui-ci passera à découvert, son solde deviendra mécaniquement créditeur.

Le déblocage d'un prêt bancaire à court terme génère une entrée d'argent sur votre compte qui sera comptabilisée au débit du compte « 512. Banques ». En contrepartie, nous n'utiliserons pas le compte « 164. Emprunts auprès d'établissements de crédits » réservé aux emprunts à plus d'un an, mais le compte « 519. Concours bancaires courants ».

Enfin, la mobilisation de créances clients consiste à obtenir un financement en échange de créances clients non encore arrivées à échéance. Les fonds reçus sont comptabilisés au débit du compte « 512. Banques » et les frais prélevés au débit de comptes de charges :

- « 661. Charges d'intérêts » pour les intérêts ;
- « 627. Services bancaires » pour les commissions ;
- « 44566. TVA déductible » pour l'éventuelle TVA sur les commissions.

La contrepartie au crédit dépend de la nature juridique de l'opération : nous distinguerons le cas où la propriété des créances est transférée à l'organisme financier (on parle de « subrogation ») de celui où elles sont utilisées comme garantie mais restent la propriété de l'entreprise (on parle de « nantissement »).

Lorsqu'il y a transfert de propriété des créances, celles-ci doivent être sorties de l'actif du bilan car elles n'appartiennent plus à l'entreprise : nous créditerons le compte « 411. Clients » pour des créances commerciales classiques ou « 413. Clients, effets à recevoir » pour des effets de commerce (traites, billets à ordre,…).

			Débit	Crédit
512000		Banques	X	
627000		Services bancaires et assimilés	X	
445660		TVA déductible	X	
661000		Charges d'intérêts	X	
	411000	Clients		X

Par la suite, le client réglera directement l'organisme financier et aucune écriture ne sera nécessaire dans la comptabilité de l'entreprise.

En revanche, lorsque les créances restent la propriété de l'entreprise, celles-ci sont maintenues dans le compte « 411. Clients ». Nous créditerons à la place le compte « 519. Concours bancaires courants » afin de faire apparaître une dette financière à court terme au passif du bilan.

			Débit	Crédit
512000		Banques	X	
627000		Services bancaires et assimilés	X	
445660		TVA déductible	X	
661000		Charges d'intérêts	X	
	519000	Concours bancaires courants		X

Le compte 411 restera débiteur jusqu'au règlement du client : il ne sera soldé qu'à la réception des fonds, en même temps que le 519.

Dans le cas de l'affacturage, l'organisme financier (également appelé « factor ») prélève fréquemment une retenue de garantie en plus des frais et des intérêts : cette somme n'est pas versée à fonds perdus et ne constitue pas une charge mais une créance sur le factor. Elle sera enregistrée au débit du compte « 467. Débiteurs et créditeurs divers ».

Exercice corrigé

La société Atoutplast vient de décrocher un gros contrat de prestations de services pour le Conseil Général de son département. Celui-ci représente une formidable opportunité de développement mais risque de poser des difficultés de trésorerie dans la mesure où l'entreprise va devoir réaliser d'importantes avances de frais avant de pouvoir facturer et être payée.

Il vous est demandé de présenter les écritures comptables correspondant aux opérations suivantes :

- Le responsable financier négocie une autorisation de découvert de 5 000 € afin de régler une facture fournisseur de 16 744 € TTC à la fin du mois (le solde du compte bancaire n'est que de 12 376 €) ;
- Quelques semaines plus tard, prévoyant d'autres sorties d'argent importantes, il négocie un crédit de préfinancement de 30 000 € ;
- Encore quelques semaines plus tard, l'entreprise facture enfin le conseil général : 59 800 € TTC avec une échéance à 60 jours. Ne souhaitant pas attendre aussi longtemps avant de recevoir cette somme, le dirigeant a recours au financement « loi Dailly » : la créance est cédée avec transfert de propriété à la banque, qui lui verse 58 805 €, déduction faite d'intérêts de 695 € et d'une commission de 300 € (sans TVA) ;
- Aussitôt les fonds reçus, l'entreprise en profite pour rembourser le crédit de préfinancement pour 30 478 € (30 000 € de remboursement du principal et 478 € d'intérêts).

Solution

La mise en place de l'autorisation de découvert ne nécessite aucune écriture : seul le règlement de la facture fournisseur sera comptabilisé. Nous débiterons le compte « 401. Fournisseurs » par le crédit du « 512. Banques ».

			Débit	Crédit
401000		Fournisseurs	16 744,00	
	512000	Banques		16 744,00

Le compte « 512. Banques » présentait un solde débiteur de 12 376 € avant cette écriture : en enregistrant 16 744 € à son crédit, nous avons modifié son solde qui est devenu créditeur de 4 368 € (= 12 376 – 16 744). Cette somme correspond au découvert de l'entreprise.

Le crédit de préfinancement s'enregistre quant à lui au crédit du compte « 519. Concours bancaires courants » par le débit du 512. À cette occasion, le solde du compte « 512. Banques » redevient débiteur de 25 632 € (= 30 000 – 4 368).

			Débit	Crédit
512000		Banques	30 000,00	
	519000	Concours bancaires courants		30 000,00

La facture émise s'enregistre de façon classique au débit du compte « 411. Clients » par le crédit du « 706. Prestations de services » et « 44571. TVA collectée » :

			Débit	Crédit
411000		Clients	59 800,00	
	706000	Prestations de services		50 000,00
	445710	TVA collectée		9 800,00
			59 800,00	**59 800,00**

Elle est ensuite cédée à la banque : en présence d'un transfert de propriété, nous créditons le compte « 411. Clients » de 59 800 € afin de faire disparaître la créance qui n'appartient plus à l'entreprise. En contrepartie, nous débitons le compte « 512. Banques » du montant effectivement reçu, soit 58 805 €. Les intérêts et les commissions retenus par le banquier sont enregistrés au débit de comptes de charges afin de maintenir l'équilibre de l'écriture.

			Débit	Crédit
512000		Banques	58 805,00	
661000		Charges d'intérêts	695,00	
627000		Services bancaires	300,00	
	411000	Clients		59 800,00
			59 800,00	**59 800,00**

Enfin, le remboursement du crédit de préfinancement s'enregistre en créditant le compte « 512. Banques » pour le montant prélevé (30 478 €) et en débitant le compte « 519. Concours bancaires courants » du montant remboursé (30 000 €). Les intérêts constituent des charges et sont comptabilisés au débit du compte « 661. Charges d'intérêts » afin d'équilibrer l'écriture.

			Débit	Crédit
519000		Concours bancaires courants	30 000,00	
661000		Charges d'intérêts	478,00	
	512000	Banques		30 478,00
			30 478,00	30 478,00

Exercice n° 5 : Mobilisation de créances clients

À la suite de plusieurs ventes réalisées en mai, l'entreprise Koden détient des créances clients pour un montant de 20 000 € à échéance du 30 juin N. Pour faire face à ses besoins de trésorerie, elle décide de les mobiliser auprès de son banquier et reçoit alors l'avis de crédit suivant :

Créances remises		20 000,00
Sommes à déduire :		
Intérêts	177,78	
Commissions	100,00	
		- 277,78
Net à votre crédit		**19 722,22**

À l'échéance, les créances sont encaissées par virement bancaire et la banque prélève sur le compte courant le remboursement du crédit accordé.

Il vous est demandé de comptabiliser ces opérations en considérant que la mobilisation s'est faite sous la forme d'un nantissement de créances (sans transfert de propriété).

Exercice n° 6 : Affacturage et escompte d'effets de commerce

L'entreprise Chromax utilise deux techniques différentes pour mobiliser ses créances clients : les effets de commerces sont escomptés auprès de son banquier alors que les créances commerciales classiques sont cédées à un factor dans le cadre d'un contrat d'affacturage. Dans les deux cas, la propriété de la créance est transférée à l'organisme financier.

Au cours du mois de septembre N, elle a réalisé les opérations suivantes, qu'elle vous demande de comptabiliser :

- Escompte d'une traite de 1 794 €. Le montant prélevé s'élève à 31,50 € et se décompose comme suit : 13,50 € d'intérêts, 15 € de commission et 3 € de TVA sur la commission ;
- Remise à l'affacturage d'une créance de 3 588 €. Le montant prélevé s'élève à 244,68 € et se décompose comme suit : 43,75 € d'intérêts, 17,94 € de commission, 3,59 € de TVA sur la commission et 179,40 € de retenue de garantie.

Établir un rapprochement de banque

Établir un rapprochement de banque consiste à comparer le relevé de compte envoyé par la banque avec les écritures enregistrées en comptabilité afin de détecter les éventuelles erreurs du comptable ou du banquier et de savoir de quelle somme on dispose réellement en banque. Son élaboration requiert beaucoup de concentration et se déroule en plusieurs étapes :

1. Vous commencerez par pointer les montants figurant à l'identique (mais du côté opposé) sur les deux documents : si vous-même et la banque êtes d'accord, tout va bien et les risques d'erreurs sont minimes ;

2. Vous ferez ensuite ressortir par différence les écritures n'ayant pas été pointées : ce sont celles qui posent problème et expliquent la différence entre le solde en comptabilité et celui du relevé de banque. Elles figurent soit uniquement sur le relevé bancaire, soit uniquement en comptabilité, soit sur les deux documents mais pour des montants différents ;

3. Ces écarts seront analysés afin de déterminer s'ils proviennent d'une erreur de la banque (frais prélevés à tort, remise de chèques non crédités,…) ou du comptable (écriture oubliée ou erronée) ;

4. Puis ils seront reportés dans un tableau permettant de déterminer le solde comptable corrigé des erreurs relevées à l'étape précédente, ainsi que le solde bancaire également corrigé : ces deux montants doivent être identiques au centime près ! Ce tableau porte le nom de « rapprochement bancaire » ;

5. Enfin, des actions correctrices seront entreprises si nécessaire : rectification des écritures comptables ou réclamation auprès du banquier.

	Entreprise (comptabilité)		Banque (relevé)	
	Solde du compte 512000	……….	Solde sur le relevé	……….
	Erreurs de l'entreprise à corriger (en + ou en -)	………. ………. ……….	Erreurs de la banque à corriger (en + ou en -)	………. ………. ……….
	Solde comptable corrigé	……….	Solde bancaire corrigé	……….

Figure 9-1 : Modèle de rapprochement bancaire.

Les montants corrigés doivent être égaux au centime près

Exercice corrigé

Le compte « 512. Banques » de la société Sogéfrance présente un solde débiteur de 16 295,80 € au 31/03/N alors que le relevé bancaire à la même date fait apparaître un solde créditeur de 18 000,15 €. Le pointage de ces documents a mis en évidence les écarts suivants :

- Le chèque n° 239 envoyé le 25/03/N au fournisseur G pour un montant de 1 678,45 € a bien été comptabilisé mais n'apparaît pas sur le relevé de banque ;
- Des frais de virement de 1,10 € ont été prélevés sur le relevé de banque mais n'apparaissent pas en comptabilité ;
- Le prélèvement de la facture EDF a été enregistré pour 174,65 € en comptabilité contre 147,65 € sur le relevé de banque. Vérification faite sur la facture, le montant correct est de 147,65 €.

Il vous est demandé d'établir le rapprochement bancaire au 31/03/N et d'indiquer si des actions correctrices sont nécessaires.

Solution

- Le chèque n° 239 n'a probablement pas encore été encaissé par le fournisseur. Il n'y a rien d'anormal à cela mais son montant doit quand même être présenté en correction du solde figurant sur le relevé ;
- Les frais de virement ont vraisemblablement été oubliés par le comptable. Nous supposerons qu'ils sont justifiés et les présenterons en diminution du solde du compte « 512. Banques » ;
- S'agissant du prélèvement EDF, le comptable a commis une erreur d'inversion des chiffres : nous corrigerons le solde du compte 512 de la différence entre le montant correct et celui comptabilisé, soit 27 € en plus.

L'état de rapprochement est le suivant :

Entreprise (comptabilité)		Banque (relevé)	
Solde du compte 512000	16 295,80	Solde sur le relevé	18 000,15
Erreurs de l'entreprise :		Erreurs de la banque :	
- Frais de virement oubliés	- 1,10	- Chèque n°239 non débité	- 1 678,45
- Erreur sur prélèvement EdF	+ 27,00		
Solde comptable corrigé	16 321,70	Solde bancaire corrigé	16 321,70

Le solde corrigé est bien identique des deux côtés, il correspond à la somme réellement à la disposition de l'entreprise. Les erreurs comptables devront être corrigées : comptabilisation des frais de virement et correction de l'écriture concernant le prélèvement EDF. En revanche, aucune action n'est nécessaire pour l'instant concernant le chèque n° 239 : il sera toujours temps de s'en inquiéter le mois prochain si le fournisseur ne l'a toujours pas déposé à sa banque.

Exercice n° 7 : Établir et analyser un rapprochement de banque

Le relevé de banque de l'hôtel Gochoki fait apparaître un solde positif de 66,60 € alors que, selon la comptabilité, celui-ci devrait s'établir à 2 757,88 €. Il vous est demandé d'expliquer cette différence en établissant le rapprochement bancaire. Vous préciserez de quelle somme l'entreprise dispose réellement en banque et indiquerez quelles corrections doivent être apportées en comptabilité.

Extrait du grand-livre de l'hôtel Gochoki :

Compte n° 512000. Banques		Ecritures	
Date	Libellé	Débit	Crédit
01.12.N	Solde d'ouverture	1 077,60	
01.12.N	Virement émis, fournisseur Gama		25,00
01.12.N	Chèque émis n°310		169,85
06.12.N	Recettes hebdomadaires	350,00	
18.12.N	Chèque émis n°311	1 135,64	
20.12.N	Virement émis		145,31
20.12.N	Chèque n°312		35,20
26.12.N	Recettes hebdomadaires	600,00	
30.12.N	Retrait espèces		30,00
Total mouvements		**3 163,24**	**405,36**
Solde au 31/12/N		**2 757,88**	

Relevé de banque du mois de décembre N :

Compte n°25724785 SARL GOCHOKI			
Date	Libellé	Débit	Crédit
01.12.N	Ancien solde		1 077.60
01.12.N	Chèque 310	169.85	
04.12.N	Virement	25.00	
04.12.N	Prélèvement EdF	450.00	
09.12.N	Chèque 311	1 135.64	
09.12.N	Recettes		350.00
24.12.N	Virement	145.31	
26.12.N	Chèque 312	35.20	
26.12.N	Remise de chèques		600.00
Solde au 31/12/N	Nouveau solde		**66.60**

Réponses

Exercice n° 1 : Vrai ou faux ?

Indiquez si les affirmations suivantes sont vraies ou fausses en justifiant votre réponse.

Un achat d'actions s'enregistre toujours dans le compte « 503. Actions ».

☐ Vrai   ☑ Faux

Seules les actions achetées dans une optique de court terme s'enregistrent dans le compte « 503. Actions » : les actions destinées à être conservées plus d'un an sont des immobilisations financières, à comptabiliser au débit du compte « 261. Titres de participation » ou « 273. Titres immobilisés de l'activité portefeuille ».

Les comptes rémunérés disponibles à court terme (livrets, comptes à terme,...) s'enregistrent dans une subdivision du compte « 512. Banques ».

☑ Vrai   ☐ Faux

Les comptes rémunérés disponibles à court terme sont des comptes bancaires et s'enregistrent à ce titre dans un compte « 512. Banques ». Il faut toutefois conserver une distinction avec le compte courant « classique » en créant autant de subdivisions du compte 512 que l'entreprise a de comptes bancaires.

Les frais bancaires s'enregistrent dans des comptes de charges financières commençant par la racine 66.

☐ Vrai   ☑ Faux

Les frais bancaires s'enregistrent dans un compte de charges d'exploitation : « 627. Services bancaires et assimilés », les frais liés à l'acquisition de titres pouvant également être incorporés au coût d'achat des titres. Ce sont les intérêts qui sont enregistrés dans les comptes 66.

Les revenus des placements s'enregistrent dans des comptes de produits financiers commençant par la racine 76.

☑ Vrai   ☐ Faux

Les revenus des placements sont bien des produits financiers.

Une cession de titres immobilisés nécessite deux écritures.

☑ Vrai ☐ Faux

La première écriture permet de constater le produit lié à la vente (débit du « 512. Banques » par le crédit du « 7756. Produits des cessions d'éléments d'actifs ») alors que la seconde constate la sortie des titres de l'actif (débit du compte « 6756. Valeur comptable des éléments d'actifs cédés » par le crédit du compte d'immobilisation financière où les titres étaient enregistrés).

Une cession de valeur mobilière de placement nécessite deux écritures.

☐ Vrai ☑ Faux

Dans le cas d'une cession de valeur mobilière de placement, les différents éléments de l'opération sont regroupés dans une unique écriture :

- ✔ Débit du « 512. Banques » pour l'entrée d'argent sur le compte bancaire ;
- ✔ Crédit du « 50. Valeurs mobilières de placement » pour sortir les titres de l'actif ;
- ✔ Crédit du 767 ou débit du 667 pour la plus ou moins-value de cession.

Lors d'une cession de valeurs mobilières de placement, le compte « 50. Valeurs mobilières de placement » est crédité du montant de la vente.

☐ Vrai ☑ Faux

Le compte « 50. Valeur mobilière de placements » est bien crédité, mais du coût d'achat des titres afin d'être soldé : c'est au débit du compte « 512. Banques » qu'apparaît le montant de la vente.

Lors d'une cession de titres immobilisés, le compte « 7756. Produits des cessions d'éléments d'actif » est crédité du montant de la vente.

☑ Vrai ☐ Faux

Le produit de la cession est bien enregistré au crédit d'un compte de produits. Le coût d'achat sera quant à lui porté au débit d'un compte de charges.

Exercice n° 2 : Enregistrer des placements financiers

Achat d'obligations EDF

S'agissant d'un placement à long terme, les titres sont enregistrés dans un compte d'immobilisations financières : « 2721. Obligations ».

			Débit	Crédit
272100		Obligations	15 000,00	
	512000	Banques		15 000,00

Virement de 10 000 € vers un compte livret

Le compte livret est un placement à court terme : nous l'enregistrons dans une subdivision du compte « 512. Banques » créée à cet effet : « 5125. Livret ».

			Débit	Crédit
512500		Livret	10 000,00	
	512000	Banques		10 000,00

Achat de parts de SICAV actions dans l'espoir de réaliser rapidement une plus-value

Il s'agit ici encore d'un placement à court terme à enregistrer dans un compte de classe 5 : les SICAV sont des valeurs mobilières de placement et sont comptabilisées au débit du compte « 503. Actions » tandis que les frais de souscription vont dans le « 627. Services bancaires ».

			Débit	Crédit
503000		Actions	5 600,00	
627000		Services bancaires et assimilés	84,00	
	512000	Banques		5 684,00
			5 684,00	5 684,00

Exercice n° 3 : Les revenus des placements à long terme

Les intérêts reçus sont versés sur le compte bancaire de l'entreprise : nous débitons le compte « 512. Banques » de 675 €. En contrepartie, nous choisissons un compte de produits financiers : « 762. Produits des autres immobilisations financières ».

			Débit	Crédit
512000		Banques	675,00	
	762000	Produits des autres immos financières		675,00

La revente des obligations nécessite deux écritures comptables : une première pour constater la vente au prix de 15 960 €, la seconde pour sortir les titres du compte « 2721. Obligations » où ils avaient été enregistrés pour leur coût d'achat, soit 15 000 €.

			Débit	Crédit
512000		Banques	15 960,00	
	775600	Produits des cessions d'éléments d'actif		15 960,00
675600		Valeur comptable des éléments d'actif cédés	15 000,00	
	272100	Obligations		15 000,00

Exercice n° 4 : Les revenus des placements à court terme

Encaissement de 150 € d'intérêts sur son compte livret

Les intérêts sont des produits financiers à comptabiliser au crédit du compte « 768. Autres produits financiers ». Il faut faire attention à la contrepartie, car l'argent n'est pas versé sur le compte bancaire courant mais reste sur le livret : il convient de débiter le compte « 5125. Livret ».

			Débit	Crédit
512500		Livret	150,00	
	768000	Autres produits financiers		150,00

Vente de 70 parts de SICAV actions au prix unitaire de 58,24 €

Les SICAV avaient été comptabilisées dans un compte de valeurs mobilières de placement : leur cession s'enregistre en une seule écriture. Les titres sont sortis à leur coût d'achat du compte « 503. Actions » où ils avaient été enregistrés, alors que le prix de vente est comptabilisé au débit du compte « 512. Banques ». L'entreprise a réalisé un gain de 156,80 € (= [58,24 × 70] – [56 × 70]), que nous comptabilisons au crédit du compte « 767. Produits nets sur cessions de VMP ».

			Débit	Crédit
512000		Banques (58,24 * 70)	4 076,80	
	503000	Actions (56 * 70)		3 920,00
	767000	Produits nets sur cessions de VMP		156,80
			4 076,80	4 076,80

Encaissement de 173 € de dividendes

Les dividendes sont des produits financiers : nous les enregistrons de façon classique au débit du compte « 512. Banques » et au crédit d'un compte 76.

			Débit	Crédit
512000		Banques	173,00	
	764000	Revenus des VMP		173,00

Vente des 30 parts restantes pour 54,37 € pièce

Nous commençons à enregistrer cette vente de la même façon que la précédente : prix de vente au débit du compte « 512. Banques » et coût d'achat au crédit du « 503. Actions ». Toutefois, les similitudes s'arrêtent là dans la mesure où nous avons réalisé une perte et non un gain : la moins-value s'élève à 48,90 € (= [56 × 30] − [54,37 × 30]) et est comptabilisée au débit du compte « 667. Charges nettes sur cessions de valeurs mobilières de placement ».

			Débit	Crédit
512000		Banques (54,37 * 30)	1 631,10	
667000		Charges nettes sur cessions de VMP	48,90	
	503000	Actions (56 * 30)		1 680,00
			1 680,00	1 680,00

Exercice n° 5 : Mobilisation de créances clients

L'entreprise reçoit 19 722,22 € sur son compte bancaire : nous débitons le compte « 512. Banques » de ce montant. Toujours au débit, nous enregistrons les intérêts dans le compte « 661. Charges d'intérêts » et la commission dans le « 627. Services bancaires ». Le choix de la contrepartie au crédit est lié à l'analyse juridique de l'opération : dans la mesure où n'y a pas de transfert de propriété, la créance client reste à l'actif et nous faisons apparaître une dette au crédit du compte « 519. Concours bancaires courants ».

			Débit	Crédit
512000		Banques	19 722,22	
661000		Charges d'intérêts	177,78	
627000		Services bancaires et assimilés	100,00	
	519000	Concours bancaires courants		20 000,00
			20 000,00	20 000,00

Le règlement du client sera enregistré de façon classique : débit du compte « 512. Banques » par le crédit du « 411. Clients ».

			Débit	Crédit
512000		Banques	20 000,00	
	411000	Clients		20 000,00

Le prélèvement du remboursement sera comptabilisé au crédit du compte « 512. Banques » pour indiquer la sortie d'argent et au débit du « 519. Concours bancaires courants » pour solder celui-ci.

			Débit	Crédit
519000		Concours bancaires courants	20 000,00	
	512000	Banques		20 000,00

Exercice n° 6 : Affacturage et escompte d'effets de commerce

Escompte d'une traite de 1 794 €. Le montant prélevé s'élève à 31,50 € et se décompose comme suit : 13,50 € d'intérêts, 15 € de commission et 3 € de TVA sur la commission

L'entreprise reçoit 1 762,50 € sur son compte bancaire : nous débitons le compte « 512. Banques » de ce montant. Toujours au débit, nous enregistrons les intérêts dans un compte « 661. Charges d'intérêts », la commission dans le « 627. Services bancaires » et la TVA dans le « 44566. TVA déductible ». Contrairement à l'exercice précédent, il y a un transfert de propriété de la créance qui doit en conséquence être sortie de l'actif. Elle figurait au débit du compte « 413. Clients, effets à recevoir » pour 1 794 € : nous le créditerons de ce même montant afin de le solder.

			Débit	Crédit
512000		Banques (1 794 – 31,50)	1 762,50	
661000		Charges d'intérêts	13,50	
627000		Services bancaires et assimilés	15,00	
445660		TVA déductible	3,00	
	413000	Clients, effets à recevoir		1 794,00
			1 794,00	1 794,00

Remise à l'affacturage d'une créance de 3 588 €. Le montant prélevé s'élève à 244,68 € et se décompose comme suit : 43,75 € d'intérêts, 17,94 € de commission, 3,59 € de TVA sur la commission et 179,40 € de retenue de garantie

Cette opération s'analyse de la même façon que la précédente : il convient de constater une entrée d'argent sur le compte bancaire (débit du compte 512 pour 3 343,32 €) et de faire disparaître la créance. S'agissant d'une créance classique, celle-ci avait été enregistrée au débit du compte « 411. Clients » pour 3 588 € : c'est ce compte que nous créditons de ce même montant. L'équilibre de l'écriture est assuré en ventilant au débit les montants prélevés :

- Les intérêts et la commission sont versés à fonds perdus et sont comptabilisés dans des comptes de charges (classe 6) ;
- La TVA déductible et la retenue de garantie seront récupérées par l'entreprise et sont enregistrées dans des comptes de créance (classe 4).

			Débit	Crédit
512000		Banques (3 588 – 244,68)	3 343,32	
661000		Charges d'intérêts	43,75	
627000		Services bancaires et assimilés	17,94	
445660		TVA déductible	3,59	
467000		Débiteurs et créditeurs divers	179,40	
	411000	Clients		3 588,00
			3 588,00	3 588,00

Exercice n° 7 : Établir et analyser un rapprochement de banque

Les sommes apparaissant à l'identique mais du côté opposé sur les deux documents sont les suivantes :

- Solde d'ouverture : 1 077,60 € ;
- Virement au fournisseur Gama : 25 € ;
- Chèque n° 310 : 169,85 € ;
- Remise de la recette hebdomadaire : 350 € ;
- Virement émis : 145,31 € ;
- Chèque n° 312 : 35,20 € ;
- Remise de la recette hebdomadaire : 600 €.

Par différence, nous pouvons mettre en évidence les anomalies suivantes :

- Le chèque n° 311 figure du même côté sur le relevé de banque et en comptabilité. S'agissant d'un règlement émis par l'entreprise, il aurait dû être enregistré au crédit en comptabilité et non pas au débit ;
- Le retrait d'espèces de 30 € n'apparaît pas sur le relevé bancaire : il a été réalisé le dernier jour du mois et nous pouvons supposer qu'il ne sera enregistré que début janvier par la banque ;
- Le prélèvement EDF n'a pas été enregistré en comptabilité : il s'agit probablement d'un oubli du comptable, qui n'est pas forcément informé en temps réel des prélèvements automatiques réalisés sur le compte bancaire.

Nous pouvons à présent établir l'état de rapprochement suivant :

Entreprise (comptabilité)		Banque (relevé)	
Solde du compte 512000	2 757,88	Solde sur le relevé	66,60
Erreurs de l'entreprise :		Erreurs de la banque :	
- Chèque n°311 comptabilisé à l'envers (1 135,64 * 2)	- 2 271,28	- Retrait d'espèces non traité	- 30,00
- Oubli du prélèvement EdF	- 450,00		
Solde comptable corrigé	36,60	Solde bancaire corrigé	36,60

Le chèque n° 311 n'a pas été oublié, mais comptabilisé du mauvais côté, c'est pourquoi il faut le corriger deux fois : une fois pour neutraliser l'erreur commise et la seconde pour l'enregistrer correctement.

Contrairement à ce que le comptable pouvait croire en consultant le solde du compte « 512. Banques », l'entreprise ne dispose finalement que de 36,60 € sur son compte bancaire. Adieu, repas de service et cadeaux de fin d'année ! De plus, il devra rectifier ses erreurs : comptabiliser le prélèvement EDF et remettre à l'endroit l'enregistrement du chèque n° 311.

Troisième partie
Établir ses comptes annuels

Dans cette partie...

Maintenant que vous êtes capable de tenir votre comptabilité au jour le jour, nous vous proposons d'aller plus loin en vous confrontant aux écritures d'inventaire nécessaires à l'établissement des comptes annuels. Les principales sont les suivantes :

- Ajustement des stocks ;
- Amortissement des immobilisations ;
- Évaluation des risques : impayés, méventes, litiges, etc. ;
- Ajustement des charges et des produits à cheval sur deux exercices comptables.

Une fois ces derniers enregistrements maîtrisés, vous pourrez vous laisser guider par la procédure de clôture de votre logiciel jusqu'à obtenir une balance générale ou un bilan à présenter fièrement à votre banquier ou à votre expert-comptable.

Chapitre 10
Ajuster ses stocks

Dans ce chapitre :

▶ Inventorier et valoriser ses stocks
▶ Appliquer la méthode du PEPS et celle du CMUP
▶ Comptabiliser la variation de stocks

Tout au long de l'année, les achats de matières premières et de marchandises sont enregistrés dans des comptes de charges : à aucun moment nous n'avons touché aux stocks. En effet, plutôt que d'imposer au comptable un fastidieux travail de suivi des stocks au jour le jour, le législateur français a préféré garder cette tâche pour la fin et n'ajuster les stocks qu'une fois par an au moment du bilan.

Vous vous exercerez ici à appliquer les différentes méthodes de valorisation des stocks avant d'aborder la comptabilisation de la variation de stocks.

Inventorier et valoriser ses stocks

Le Code de commerce impose aux entreprises françaises d'inventorier leurs stocks au moins une fois par an. Une fois comptées, les références doivent être valorisées :

- Les stocks de matières premières et de marchandises sont évalués à leur coût d'achat HT : prix payé au fournisseur augmenté des frais divers d'approvisionnement (frais de livraison, droits de douane, etc.) ;
- Les stocks de produits finis sont valorisés à leur coût de production : coût des matières premières consommées, de la main-d'œuvre, du matériel, etc. En revanche, les frais de commercialisation ne doivent pas être pris en compte dans la valeur du stock (publicité, distribution, etc.).

Qu'il s'agisse de marchandises, de matières premières ou de produits finis, les stocks ne doivent jamais être valorisés au prix de vente, car cela reviendrait à anticiper une marge future et serait contraire au principe de prudence. Dans le cas où une perte est prévue, celle-ci sera prise en compte distinctement par le biais d'une dépréciation (ce type d'écriture sera étudié au chapitre 12).

Lorsque le coût des références stockées a varié durant l'année comptable, deux méthodes de valorisation sont possibles :

- La méthode du « premier entré, premier sorti » (PEPS) considère que les articles les plus anciens sont consommés en priorité et que ce sont les plus récents qui restent en stock. Elle est particulièrement adaptée aux stocks de produits périssables ;
- La méthode du « coût moyen unitaire pondéré » (CMUP) consiste à calculer le coût moyen des biens achetés ou fabriqués pendant l'année et à utiliser ce montant pour valoriser le stock de fin d'année.

CMUP = (montant du stock initial + montant des achats de l'année) / (quantités en stock initial + quantités achetées durant l'année).

Le choix d'une méthode de valorisation n'est pas sans impact sur le résultat comptable. Nous verrons en effet dans la suite de ce chapitre que le coût des articles stockés vient en diminution des charges : plus la valorisation des stocks est élevée, plus le montant des charges sera diminué et plus le résultat comptable sera élevé. Si ce choix est libre au moment de l'établissement du premier bilan de l'entreprise, il est très difficile d'en changer par la suite (principe dit de « permanence des méthodes »).

Exercice corrigé

Vous êtes chargé de valoriser les stocks de l'épicerie fine Les gourmets.

Le stock initial de truffes du Périgord était de 15 kilos à 720 € HT le kilogramme.

Les mouvements de la période sont les suivants :

- Réception d'une livraison de 10 kg à 600 € HT/kg ;
- Sorties de stock (ventes aux clients) : 8 kg.

Stock final à valoriser : 17 kg.

Il vous est demandé de valoriser le stock de fin d'année en appliquant successivement les deux méthodes autorisées en France.

Solution

Commençons par appliquer la méthode du PEPS. Nous considérons que les 8 kg vendus ont été prélevés dans le stock de début de période : il nous reste alors 7 kg du stock initial et 10 kg de la nouvelle livraison qui n'a pas encore été entamée.

La valorisation du stock de fin de période est de (7 × 720) + (10 × 600) = 11 040 €.

Appliquons maintenant la méthode du CMUP en calculant le coût moyen des truffes :

CMUP = [(15 × 720) + (10 × 600)] / (15 + 10) = 672 €/kg.

La valorisation du stock de fin de période est de 17 × 672 = 11 424 €.

Nous constatons que les deux méthodes donnent des résultats différents, même si l'ordre de grandeur est similaire.

Exercice n° 1 : Valorisation des stocks

Les époux Lartigue ont procédé à l'inventaire des stocks de leur supérette et ont compté notamment 23 bouteilles d'huile d'olive. Le stock de début d'année pour cette référence était valorisé à 45,90 € (15 bouteilles à 3,06 € pièce). Les achats de l'année sont les suivants :

- 1er trimestre : 84 bouteilles à 3,06 € HT pour un total de 257,04 € ;
- 2e trimestre : 96 bouteilles à 3,05 € HT pour un total de 292,80 € ;
- 3e trimestre : 108 bouteilles à 2,98 € HT pour un total de 321,84 € ;
- 4e trimestre : 48 bouteilles à 3,07 € HT pour un total de 147,36 €.

Il vous est demandé de valoriser le stock de fin d'année en appliquant successivement la méthode du PEPS et celle du CMUP.

Exercice n° 2 : Comparaison des méthodes PEPS et CMUP

Répondez aux questions suivantes :

Si le coût d'achat d'une marchandise ne varie pas pendant l'exercice, la méthode du CMUP et celle du PEPS donnent le même résultat.

☐ Vrai   ☐ Faux

Si le coût d'achat d'une marchandise augmente pendant l'exercice, quelle méthode donne la valeur de stock final la plus élevée ?

☐ CMUP   ☐ PEPS

Si le coût d'achat d'une marchandise diminue pendant l'exercice, quelle méthode donne la valeur de stock final la plus élevée ?

☐ CMUP   ☐ PEPS

Si le coût d'achat d'une marchandise augmente pendant l'exercice, quelle méthode permet de payer moins d'impôts ?

☐ CMUP   ☐ PEPS

Si le coût d'achat d'une marchandise diminue pendant l'exercice, quelle méthode permet de payer moins d'impôts ?

☐ CMUP   ☐ PEPS

Si le coût d'achat d'une marchandise augmente pendant l'exercice, quelle méthode permet de présenter un bénéfice plus élevé à son banquier ?

☐ CMUP   ☐ PEPS

Si le coût d'achat d'une marchandise diminue pendant l'exercice, quelle méthode permet de présenter un bénéfice plus élevé à son banquier ?

☐ CMUP   ☐ PEPS

Comptabiliser l'ajustement des stocks

Maintenant que vous avez valorisé votre stock, vous allez devoir faire apparaître celui-ci à l'actif de votre bilan. Les marchandises et les matières premières restant en stock n'ont pas été consommées : il faut les retirer des charges et les transférer à l'actif du bilan. Dans ce but, vous créditerez un compte de charges (classe 6, habituellement utilisé au débit) par le débit d'un compte de stocks (classe 3) :

- Pour les matières premières : « 6031. Variation des stocks de matières premières » et « 31. Stocks de matières premières » ;
- Pour les marchandises : « 6037. Variation des stocks de marchandises » et « 37. Stocks de marchandises ».

 Si l'entreprise disposait déjà d'un stock en début d'année, il ne faut pas oublier d'annuler celui-ci par une écriture exactement inverse à celle exposée ci-dessus : comptes 603 au débit et 3 au crédit.

			Débit	Crédit
603700		Variation des stocks de marchandises	Stock initial	
	370000	Stocks de marchandises		Stock initial
370000		Stocks de marchandises	Stock final	
	603700	Variation des stocks de marchandises		Stock final

L'écriture d'ajustement du stock de produits finis est légèrement différente puisque nous utiliserons un compte de produits « 71355. Variation des stocks de produits finis » à la place du 603. Le raisonnement et le schéma d'enregistrement restent toutefois les mêmes.

			Débit	Crédit
713550		Variation des stocks de produits finis	Stock initial	
	355000	Stocks de produits finis		Stock initial
355000		Stocks de produits finis	Stock final	
	713550	Variation des stocks de produits finis		Stock final

Exercice corrigé

 L'entreprise Gourmets et Cie commercialise des conserves fabriquées maison et des vins achetés à un négociant. À partir de l'état des stocks ci-dessous, il vous est demandé de passer les écritures comptables nécessaires à l'établissement des comptes au 31/12/N.

Valeur du stock	31/12/N-1	31/12/N
Conserves	1 250	1 470
Vins	2 450	3 130
	4 600	4 600

Vous préciserez également l'impact de vos écritures sur le résultat de l'exercice.

Solution

Les conserves sont des produits finis, c'est pourquoi nous utilisons les comptes 355 et 71355 pour comptabiliser l'ajustement des stocks en fin d'année :

			Débit	Crédit
713550		*Annulation du stock au 31/12/N-1* Variation des stocks de produits finis	1 250,00	
	355000	Stocks de produits finis		1 250,00
355000		*Constatation du stock au 31/12/N* Stocks de produits finis	1 470,00	
	713550	Variation des stocks de produits finis		1 470,00

Dans la première écriture, nous avons débité un compte de produits et diminué le résultat comptable de 1 250 €, alors que dans la seconde, nous avons crédité ce même compte et augmenté le résultat de 1 470 €. L'impact net est un gain de 220 € qui correspond à l'augmentation de la valeur du stock (souvenez-vous que le résultat comptable reflète l'évolution de la valeur du patrimoine net de l'entreprise).

Les vins sont des marchandises : le schéma comptable reste identique au détail près que nous utilisons le compte « 6037. Variation de stocks de marchandises » à la place du 713 et le « 37. Stocks de marchandises » à la place du 355.

			Débit	Crédit
603700		*Annulation du stock au 31/12/N-1* Variation des stocks de marchandises	2 450,00	
	370000	Stocks de marchandises		2 450,00
370000		*Constatation du stock au 31/12/N* Stocks de marchandises	3 130,00	
	603700	Variation des stocks de marchandises		3 130,00

L'impact net sur le résultat comptable est un gain de 680 € correspondant à l'augmentation des stocks.

Exercice n° 3 : Stocks de matières premières et de produits finis

L'entreprise Jonas fabrique des cartes électroniques en assemblant divers composants sur un support standard. L'état de ses stocks est le suivant :

Nature des stocks	Valeur comptable au 31/12/N-1	Valeur comptable au 31/12/N
Composant n°1	2 547,54	4 628,02
Composant n°2	5 432,09	6 534,25
Composant n°3	11 868,12	10 990,34
Support standard	7 539,77	8 645,88
	27 387,52	30 798,49
Carte n°1	4 634,88	4 127,23
Carte n°2	8 531,70	4 530,10
Carte n°3	749,15	1 248,67
	13 915,73	9 906,00

À partir de ces éléments, comptabilisez les écritures nécessaires à l'établissement des comptes au 31/12/N.

Exercice n° 4 : Stocks de marchandises

L'entreprise Lersès importe et commercialise du matériel vidéo haut de gamme. Nous supposerons par simplification que son stock ne comprend qu'une unique référence pour laquelle nous disposons des éléments suivants :

- Stock au 31/12/N–1 : 43 articles à 1 040 € pièce ;
- Stock au 31/12/N : 72 articles à valoriser.

La dernière facture d'achat reçue porte sur 120 articles à 900 € HT pièce. Lors du dédouanement de ces articles, l'entreprise a dû régler des droits de douane de 14 %. La méthode de valorisation utilisée est le PEPS.

À partir des informations ci-dessus, évaluez la valeur comptable du stock au 31/12/N et comptabilisez les écritures nécessaires à l'établissement des comptes à cette même date.

Exercice n° 5 : Éléments à reconstituer

La balance générale de l'entreprise Alpha présente les soldes suivants au 31/12/N après avoir passé les écritures d'inventaire :

		Débit	Crédit
310000	Stocks de matières premières	3 627,80	
355000	Stocks de produits finis	12 875,65	
370000	Stocks de marchandises	5 832,46	
……….	……………………………		……
603100	Variation des stocks de matières premières		1 865,40
603700	Variation des stocks de marchandises	2 874,34	
……….	……………………………		……
713550	Variation des stocks de produits finis		3 800,12

À partir de ces éléments, retrouvez le montant des stocks au 31/12/N et au 31/12/N–1.

Réponses

Exercice n° 1 : Valorisation des stocks

Commençons par appliquer la méthode du PEPS : les bouteilles les plus anciennes étant vendues en priorité, ce sont les plus récentes qui restent en stock, c'est-à-dire celles achetées au quatrième trimestre. Elles avaient été acquises au prix unitaire de 3,07 € : nous pouvons valoriser le stock de fin d'année à 70,61 € (= 23 × 3,07).

Pour appliquer la méthode du CMUP, il convient de calculer le coût moyen des bouteilles détenues pendant l'année :

CMUP = (45,90 + 257,04 + 292,80 + 321,84 + 147,36) / (15 + 84 + 96 + 108 + 48)

= 1 064,94 / 351 = 3,03 € par bouteille.

Nous pouvons valoriser le stock de fin d'année à 69,69 € (= 23 × 3,03).

Il ne faut en aucun cas calculer la moyenne arithmétique des différents coûts unitaires, car certaines commandes sont plus importantes que d'autres et pèsent plus lourd dans le coût moyen : (3,06 + 3,06 + 3,05 + 2,98 + 3,07) / 5 = 3,04 ≠ CMUP.

Exercice n° 2 : Comparaison des méthodes PEPS et CMUP

Si le coût d'achat d'une marchandise ne varie pas pendant l'exercice, la méthode du CMUP et celle du PEPS donnent le même résultat.

☑ Vrai ☐ Faux

Si le coût est le même durant toute l'année, le coût moyen et celui des derniers achats sont tous deux égaux à cet unique coût.

Si le coût d'achat d'une marchandise augmente pendant l'exercice, quelle méthode donne la valeur de stock final la plus élevée ?

☐ CMUP ☑ PEPS

La méthode du PEPS considère que ce sont les derniers achats qui restent en stock. Si le prix a augmenté durant l'année, ceux-ci auront coûté plus cher que la moyenne de l'année : le stock sera plus élevé valorisé au PEPS qu'au CMUP.

Si le coût d'achat d'une marchandise diminue pendant l'exercice, quelle méthode donne la valeur de stock final la plus élevée ?

☑ CMUP ☐ PEPS

Contrairement au cas précédent, si le prix d'achat baisse pendant l'année, le coût des derniers achats sera plus faible que la moyenne de l'année : le stock sera plus élevé valorisé au CMUP qu'au PEPS.

Si le coût d'achat d'une marchandise augmente pendant l'exercice, quelle méthode permet de payer moins d'impôts ?

☑ CMUP ☐ PEPS

L'impôt sur les sociétés est calculé sur le bénéfice de l'entreprise : plus celui-ci est élevé, plus elle paie d'impôts. Pour réduire la note fiscale, il faut présenter le bénéfice le plus faible possible en conservant le maximum de charges. Dans la mesure où la valeur du stock vient diminuer les charges, nous avons intérêt à valoriser celui-ci au cours le plus bas possible : si le coût d'achat a augmenté durant l'année, c'est la méthode du CMUP qui donne la valeur de stock la plus basse et le bénéfice le plus faible.

Si le coût d'achat d'une marchandise diminue pendant l'exercice, quelle méthode permet de payer moins d'impôts ?

☐ CMUP ☑ PEPS

Dans le cas où le coût diminue pendant l'année, c'est la méthode du PEPS qui donne la valeur de stock la plus faible et le bénéfice le plus réduit.

Si le coût d'achat d'une marchandise augmente pendant l'exercice, quelle méthode permet de présenter un bénéfice plus élevé à son banquier ?

☐ CMUP ☑ PEPS

Pour présenter un bénéfice élevé, il faut réduire ses charges le plus possible et donc valoriser son stock au plus haut. En cas d'augmentation du coût d'achat pendant l'année, c'est la méthode du PEPS qui donne la valeur de stock la plus élevée et le bénéfice le plus fort.

Si le coût d'achat d'une marchandise diminue pendant l'exercice, quelle méthode permet de présenter un bénéfice plus élevé à son banquier ?

☑ CMUP ☐ PEPS

Dans le cas où le coût diminue pendant l'année, c'est la méthode du CMUP qui permet de valoriser son stock au plus haut et de présenter le bénéfice le plus élevé.

Exercice n° 3 : Stocks de matières premières et de produits finis

Les composants et les supports standards sont des matières premières. Nous commençons par annuler le stock au 31/12/N–1 : dans ce but, nous créditons le compte « 31. Stocks de matières premières » de 27 387,52 € afin de le solder et débitons en contrepartie un compte de charges « 6031. Variation des stocks de matières premières ».

			Débit	Crédit
603100		Variation des stocks de matières premières	27 387,52	
	310000	Stocks de matières premières		27 587,52

Puis nous constatons l'existence du nouveau stock en débitant le compte 31 par le crédit du 6031 :

			Débit	Crédit
310000		Stocks de matières premières	30 798,49	
	603100	Variation des stocks de matières premières		30 798,49

Les cartes sont des produits finis : nous comptabilisons des écritures similaires aux précédentes en remplaçant le compte 603 par un compte de produits : « 71355. Variation des stocks de produits finis » et le compte 31 par le 355.

			Débit	Crédit
713550		Annulation du stock au 31/12/N-1 Variation des stocks de produits finis	13 915,73	
	355000	Stocks de produits finis		13 915,73
355000		Constatation du stock au 31/12/N Stocks de produits finis	9 906,00	
	713550	Variation des stocks de produits finis		9 906,00

Exercice n° 4 : Stocks de marchandises

Le matériel commercialisé est une marchandise : il doit être valorisé à son coût d'achat, incluant non seulement le prix payé au fournisseur mais aussi les droits de douane de 14 %.

En application de la méthode du PEPS, nous considérerons que les 72 articles en stock proviennent du dernier achat de 120 articles à 900 € pièce auxquels s'ajoutent 14 % de droits de douane. La valeur comptable du stock au 31/12/N est de 73 872 € (= 72 × 900 × 1,14).

Les écritures à passer sont les suivantes (attention à ne pas oublier d'annuler le stock de début d'année) :

			Débit	Crédit
603700		*Annulation du stock au 31/12/N-1* Variation des stocks de marchandises	44 720,00	
	370000	Stocks de marchandises		44 720,00
370000		*Constatation du stock au 31/12/N* Stocks de marchandises	73 872,00	
	603700	Variation des stocks de marchandises		73 872,00

Exercice n° 5 : Éléments à reconstituer

Les soldes des comptes de classe 3 nous informent sur la valeur des stocks au 31/12/N et ceux des comptes 603 et 713 sur leur variation pendant l'année : pour retrouver la valeur des stocks au 31/12/N–1, il suffit de déterminer le sens de cette variation.

Commençons par le stock de matières premières et essayons de nous souvenir des écritures de variation de stocks :

- ✔ L'annulation du stock de début d'année s'enregistre au débit du compte 6031 et au crédit du 31 ;
- ✔ La constatation du stock de fin d'année s'enregistre au débit du compte 31 et au crédit du 6031.

Le stock au 31/12/N–1 a donc été comptabilisé au débit du compte 6031 et celui au 31/12/N au crédit de ce même compte : le solde net créditeur de 1 865,40 € signifie que le stock au 31/12/N est supérieur de ce montant à celui au 31/12/N–1. Nous en déduisons que le stock au 31/12/N–1 s'élevait à 1 762,40 € (= 3 627,80 – 1 865,40).

Une autre approche de la variation de stocks créditrice est possible : nous pouvons considérer que celle-ci vient en diminution des achats comptabilisés au débit du compte « 601. Achats de matières premières ». Nous en déduisons que le montant des matières consommées durant l'année est inférieur à celui des matières achetées : les achats non utilisés sont venus augmenter le stock, ce qui confirme que le stock au 31/12/N–1 était inférieur à celui au 31/12/N.

Le raisonnement est le même pour le stock de produits finis :

- Stock au 31/12/N : 12 875,65 € ;
- Variation pendant l'année : augmentation de 3 800,12 € (solde créditeur du compte 71355) ;
- Stock au 31/12/N–1 = 12 875,65 – 3 800,12 = 9 075,53 €.

Et cela fonctionne également pour les marchandises :

- Stock au 31/12/N : 5 832,46 € ;
- Variation pendant l'année : diminution de 2 874,34 € (solde débiteur du compte 6037) ;
- Stock au 31/12/N–1 = 5 832,46 + 2 874,34 = 8 706,80 €.

Chapitre 11
Amortir ses immobilisations

Dans ce chapitre :
▶ L'amortissement linéaire
▶ L'amortissement dégressif
▶ L'amortissement par composants
▶ Enregistrer la dotation aux amortissements

Les achats d'immobilisations ne sont pas comptabilisés en charges car celles-ci ne sont pas consommées immédiatement, ni même rapidement. Pour autant, elles n'ont pas une durée de vie indéfinie : certaines s'usent, d'autres deviennent obsolètes ou perdent leur protection juridique… L'amortissement permet de constater cette perte de valeur, tant au bilan qu'au compte de résultat.

Toutes les immobilisations ne s'amortissent pas : uniquement celles qui se déprécient de façon irréversible. Vous amortirez ainsi vos machines, votre mobilier, vos logiciels, etc., mais pas vos terrains ni vos placements financiers. Si ces derniers perdent de la valeur, ce phénomène n'est pas irréversible et sera pris en compte par une écriture de dépréciation (celle-ci sera étudiée au prochain chapitre).

Amortir une immobilisation consiste à étaler son coût d'achat sur sa durée d'utilisation. Plusieurs modes d'amortissement sont possibles :

✓ **L'amortissement linéaire** qui répartit la charge de façon égale sur la période d'utilisation ;

✓ **L'amortissement dégressif** qui considère que la perte de valeur est très forte sur les premières années puis se ralentit par la suite. Ce mode d'amortissement est très avantageux d'un point de vue fiscal et son utilisation est strictement encadrée par le Code général des impôts ;

✓ **L'amortissement progressif** qui considère, au contraire, que la perte de valeur est faible au début mais s'accélère par la suite ;

> ✔ **L'amortissement variable** qui consiste à amortir les immobilisations en fonction de leur consommation réelle, par exemple pour un véhicule en fonction de son kilométrage.

Nous nous limiterons à l'étude des deux premières méthodes qui sont, de loin, les plus répandues.

Calculer la dotation aux amortissements : l'amortissement linéaire

L'amortissement linéaire consiste à étaler le coût d'acquisition de façon égale sur la durée de vie prévue de l'immobilisation :

Dotation aux amortissements = Coût d'acquisition / Durée d'utilisation prévue.

Cette formule peut également être présentée de la façon suivante :

Dotation aux amortissements = Coût d'acquisition × Taux d'amortissement linéaire.

Le taux d'amortissement linéaire étant égal à 100 % divisé par le nombre d'années d'amortissement. Par exemple, un amortissement sur cinq ans revient à amortir chaque année 20 % du coût d'acquisition.

Comme vu au chapitre 8, le coût d'acquisition comprend non seulement le prix payé au fournisseur, mais également les éventuels frais accessoires.

Lorsqu'une immobilisation est achetée en cours d'année, la dotation aux amortissements du premier et du dernier exercice fait l'objet d'un prorata temporis. Celui-ci est calculé en fonction du nombre de jours à partir de la mise en service de l'immobilisation, c'est-à-dire de sa première utilisation. Pour simplifier les calculs, il est possible d'utiliser des mois de 30 jours et une année de 360 jours. De la même façon, si une immobilisation est vendue ou mise au rebut en cours d'année, la dotation aux amortissements tiendra compte de la durée réelle d'utilisation entre le début de l'exercice et la date de cession.

Le PCG impose d'identifier et d'amortir séparément les éléments d'une immobilisation ayant des durées d'utilisation différentes : par exemple, pour un immeuble, la structure générale pourra être amortie sur 50 ans, les installations électriques et de plomberie sur 25 ans et la toiture sur 15 ans. C'est ce que l'on appelle l'amortissement « par composants ».

Enfin, certaines entreprises prévoient de revendre leurs immobilisations avant la fin de leur durée de vie (par exemple, les véhicules d'auto-écoles). Dans ce cas, la valeur de revente prévisible doit être déduite du coût d'achat du bien pour calculer sa dotation aux amortissements. Il faut également faire attention à l'amortir sur sa durée d'utilisation et non pas sur sa durée de vie.

Exercice corrigé

L'entreprise Technolux a acquis le 25/02/N une machine-outil de 10 000 € HT. Compte tenu des délais d'installation et de réglage, celle-ci n'a réellement été utilisée qu'à partir du 20/03/N.

Il vous est demandé de construire son plan d'amortissement linéaire sur dix ans.

Solution

Le principe de l'amortissement linéaire consiste à étaler uniformément le coût de l'immobilisation sur sa durée d'utilisation. Ici, la dotation annuelle correspondra à 1/10e du coût de la machine, soit 1 000 € en année pleine (durée de vie prévue de dix ans). Pour la première et la dernière année d'utilisation, il conviendra d'appliquer un prorata temporis calculé à partir du premier jour d'utilisation de la machine :

- Pour l'année N : du 21 mars au 31 décembre, soit 280 jours (10 jours en mars + 9 mois de 30 jours) ;
- Pour l'année N+10 : du 1er janvier au 20 mars, soit 80 jours (2 mois de 30 jours + 20 jours en mars).

Le plan d'amortissement sera donc le suivant :

Tableau 11-1 : Plan d'amortissement linéaire

Année	Valeur brute	Dotation de l'année	Amortissement cumulé	Valeur nette
N	10 000 €	777,78 € (*)	777,78 €	9 222,22 €
N+1	10 000 €	1 000,00 €	1 777,78 €	8 222,22 €
N+2	10 000 €	1 000,00 €	2 777,78 €	7 222,22 €
N+3	10 000 €	1 000,00 €	3 777,78 €	6 222,22 €
N+4	10 000 €	1 000,00 €	4 777,78 €	5 222,22 €
N+5	10 000 €	1 000,00 €	5 777,78 €	4 222,22 €

Tableau 11-1 : Plan d'amortissement linéaire (suite)

Année	Valeur brute	Dotation de l'année	Amortissement cumulé	Valeur nette
N+6	10 000 €	1 000,00 €	6 777,78 €	3 222,22 €
N+7	10 000 €	1 000,00 €	7 777,78 €	2 222,22 €
N+8	10 000 €	1 000,00 €	8 777,78 €	1 222,22 €
N+9	10 000 €	1 000,00 €	9 777,78 €	222,22 €
N+10	10 000 €	222,22 € (**)	10 000,00 €	0,00 €

(*) 777,78 = 1 000 × 280 / 360
(**) 222,22 = 1 000 × 80 / 360

Exercice n° 1 : Plan d'amortissement linéaire simple

Complétez la fiche d'immobilisation pour une armoire frigorifique d'une valeur de 3 400 € HT (frais d'installation inclus) achetée le 11/02/N, livrée et installée le 26/02/N et amortie sur cinq ans selon le mode linéaire.

Désignation : **Armoire frigorifique**	Durée d'utilisation : **5 ans**
Coût d'acquisition : **3 400 €**	Mode d'amortissement : **Linéaire**
Date d'acquisition : **11/02/N**	Taux : **20%**
Date de mise en service : **26/02/N**	

Années	Valeur d'origine	Annuité d'amortissement	Amortissements cumulés	Valeur nette comptable

L'amortissement pratiqué a-t-il une incidence sur le résultat de l'entreprise ?

L'amortissement pratiqué a-t-il une incidence sur la trésorerie de l'entreprise ?

Exercice n° 2 : Informations à compléter

Le fichier des immobilisations de l'entreprise Technoplast a été endommagé : il vous est demandé de reconstituer les informations manquantes, sachant que les immobilisations sont toutes amorties selon le mode linéaire et qu'il n'est pas prévu de les revendre avant la fin de leur durée de vie.

	Coût d'acquisition	Date de mise en service	Durée d'utilisation prévue	Dotation année N	Amortissement cumulé au 31/12/N
Bâtiment	354 000,00	05/10/N-5	25	…………..	74 143,33
Machine n°1	12 654,00	14/10/N-5	………	1 265,40	6 594,14
Machine n°2	15 473,00	01/01/N-5	10	1 547,30	………..
Machine n°3	14 677,00	05/02/N-3	10	1 467,70	………..
Véhicule	………..	22/08/N-4	6	4 108,33	17 894,07
Ordinateur	2 543,00	23/12/N	3	………..	16,48
Photocopieuse	1 652,00	17/10/N-5	4	…………..	…………….

Exercice n° 3 : Plan d'amortissement linéaire avec valeur de revente

Une auto-école achète un véhicule pour 14 000 € HT (frais inclus) : elle prévoit de l'utiliser pendant deux ans puis espère le revendre pour 6 000 € HT.

Il vous est demandé d'établir le plan d'amortissement de cette immobilisation selon le mode linéaire, sachant que le véhicule a été utilisé pour la première fois le 25/11/N.

Exercice n° 4 : Amortissement par composants

Une entreprise achète une machine-outil d'une valeur de 75 000 € HT, mise en service le 18/07/N. Celle-ci devrait être utilisée pendant dix ans, mais son moteur sera probablement à changer au bout de cinq ans. Il vous est demandé d'établir le plan d'amortissement de la machine en considérant que le coût du moteur représente 20 % de la valeur de l'ensemble.

L'amortissement dégressif

L'amortissement dégressif consiste à amortir très fortement une immobilisation au début de son utilisation et de moins en moins par la suite. Le mode de calcul est différent du linéaire à plusieurs points de vue :

- Le taux d'amortissement dégressif est plus important que le taux linéaire ;
- La base de calcul de la dotation n'est pas la valeur brute mais la valeur nette de l'immobilisation ;
- Le prorata temporis se calcule en nombre de mois et démarre au premier jour du mois d'acquisition (et non pas de mise en service) ;
- Le plan d'amortissement se termine la dernière année complète d'utilisation du bien, sans tenir compte de la dernière année incomplète.

Le taux d'amortissement dégressif s'obtient en multipliant le taux linéaire par un coefficient dont la valeur dépend de la durée d'amortissement (ces chiffres sont fixés par l'administration fiscale et susceptibles de modifications). Au 1er janvier 2011, ils sont de :

- 1,25 pour un bien amorti sur trois ou quatre ans ;
- 1,75 pour un bien amorti sur cinq ou six ans ;
- 2,25 pour un bien amorti sur plus de sept ans.

Ainsi, un bien prévu pour être utilisé pendant cinq ans sera amorti de 20 % chaque année selon le mode linéaire (= 100 % / 5 ans) et de 35 % selon le mode dégressif (= 20% × 1,75). Ce taux sera ensuite appliqué chaque année à la valeur résiduelle de l'immobilisation.

Sur les dernières années, il est nécessaire de revenir au mode linéaire afin de terminer le plan d'amortissement. Ce changement s'opère au moment où le taux d'amortissement dégressif devient inférieur au taux linéaire calculé sur la durée restant à amortir.

Exercice corrigé

Reprenons l'exemple de la machine-outil du précédent exercice corrigé :

- Acquisition le 25/02/N pour 10 000 € HT ;
- Mise en service le 20/03/N ;
- Durée d'utilisation prévue : dix ans.

Il vous est demandé de construire son plan d'amortissement dégressif et de le comparer avec le plan d'amortissement linéaire.

Solution

Commençons par calculer le taux d'amortissement dégressif : il est égal au taux linéaire multiplié par un coefficient de 2,25 (durée d'amortissement supérieure à sept ans) :

Taux d'amortissement dégressif = 10 % × 2,25 = 22,5 %.

Le prorata temporis de la première année est calculé en nombre de mois à partir du premier jour du mois d'acquisition, soit le 1er février N. La dotation de la première année sera ainsi égale à (10 000 × 22,5 %) × (11 / 12) = 2 062,50 €. Contrairement à l'amortissement linéaire, aucune dotation ne sera comptabilisée pour l'année N+10 même si quelques jours d'utilisation sont encore à prévoir.

La dotation de l'année N+1 est calculée en appliquant le taux dégressif de 22,5 % à la valeur nette de la machine : (10 000 − 2 062,50) × 22,5 % = 1 785,94 €.

Nous continuons de cette façon tant que le taux dégressif de 22,5 % reste supérieur au taux linéaire qui serait pratiqué sur le nombre d'années restant à amortir :

- En N+2, il reste huit années d'amortissement, ce qui correspondrait à un taux linéaire de 12,5 % (= 1 / 8 × 100 %). Le taux dégressif de 22,5 % étant supérieur, nous le conservons pour calculer la dotation de l'exercice : 6 151,56 × 22,5 % = 1384,10 € ;

- En N+3, il reste sept années d'amortissement, ce qui correspondrait à un taux linéaire de 14,29 % (= 1 / 7 × 100). Le taux dégressif de 22,5 % étant supérieur, nous le conservons pour calculer la dotation de l'exercice : 4 767,46 × 22,5 % = 1 072,68 € ;

- En N+4, il reste six années d'amortissement, ce qui correspondrait à un taux linéaire de 16,67 % (= 1 / 6 × 100). Le taux dégressif de 22,5 % étant supérieur, nous le conservons pour calculer la dotation de l'exercice : 3 694,78 × 22,5 % = 831,33 € ;

- En N+5, il reste cinq années d'amortissement, ce qui correspondrait à un taux linéaire de 20 % (= 1 / 5 × 100). Le taux dégressif de 22,5 % étant supérieur, nous le conservons pour calculer la dotation de l'exercice : 2 863,45 × 22,5 % = 644,28 € ;

- En N+6, il reste quatre années d'amortissement, ce qui correspondrait à un taux linéaire de 25 % (= 1 / 4 × 100). Le taux dégressif de 22,5 % étant inférieur, nous l'abandonnons pour terminer le plan d'amortissement selon le mode linéaire. La valeur nette comptable à fin N+5 sera alors amortie en quatre annuités égales sur les quatre dernières années.

Tableau 11-2 : Plan d'amortissement dégressif

Année	Valeur brute	Dotation de l'année	Amortissement cumulé	Valeur nette
N	10 000 €	2 062,50 €	2 062,50 €	7 937,50 €
N+1	10 000 €	1 785,94 €	3 848,44 €	6 151,56 €
N+2	10 000 €	1 384,10 €	5 232,54 €	4 767,46 €
N+3	10 000 €	1 072,68 €	6 305,22 €	3 694,78 €
N+4	10 000 €	831,33 €	7 136,55 €	2 863,45 €
N+5	10 000 €	644,28 €	7 780,83 €	2 219,17 €
N+6	10 000 €	554,79 €	8 335,62 €	1 664,38 €
N+7	10 000 €	554,79 €	8 890,41 €	1 109,59 €
N+8	10 000 €	554,79 €	9 445,20 €	554,80 €
N+9	10 000 €	554,80 €	10 000,00 €	0,00 €

Quel que soit le mode d'amortissement retenu, vous aurez comptabilisé 10 000 € de charges à la fin du plan d'amortissement : c'est la répartition de cette somme dans le temps qui diffère. Avec le mode dégressif, l'amortissement est constaté plus rapidement : vous enregistrez des charges plus élevées sur les quatre premières années et réalisez une importante économie d'impôt (rappelons que l'amortissement est une charge fiscalement déductible). En revanche, sur les années suivantes, les dotations seront plus faibles et les impôts plus élevés.

Tableau 11-3 : Comparaison des dotations linéaires et dégressives

Année	Dotation linéaire	Dotation dégressive	Écart
N	777,78 €	2 062,50 €	1 284,72 €
N+1	1 000,00 €	1 785,94 €	785,94 €
N+2	1 000,00 €	1 384,10 €	384,10 €
N+3	1 000,00 €	1 072,68 €	72,68 €
N+4	1 000,00 €	831,33 €	– 168,67 €

Tableau 11-3 : Comparaison des dotations linéaires et dégressives

Année	Dotation linéaire	Dotation dégressive	Écart
N+5	1 000,00 €	644,28 €	– 355,72 €
N+6	1 000,00 €	554,79 €	– 445,21 €
N+7	1 000,00 €	554,79 €	– 445,21 €
N+8	1 000,00 €	554,79 €	– 445,21 €
N+9	1 000,00 €	554,80 €	– 445,20 €
N+10	222,22 €	0,00 €	– 222,22 €
Total	10 000,00 €	10 000,00 €	0,00 €

Exercice n° 5 : Démarrer un plan d'amortissement dégressif

L'entreprise Chrisobois a réalisé les acquisitions suivantes durant l'année N. Il vous est demandé de calculer la dotation aux amortissements de la première année selon le mode dégressif en remplissant les tableaux ci-dessous :

Bien	Durée d'utilisation	Taux linéaire	Coefficient	Taux dégressif
Scie acier à ruban	5 ans			
Ordinateur	3 ans			
Groupe électrogène	8 ans			
Presse d'atelier	15 ans			

Bien	Coût d'acquisition	Date d'acquisition	Prorata temporis	Dotation année N
Scie acier à ruban	550	12/03/N		
Ordinateur	1 700	25/03/N		
Groupe électrogène	890	01/08/N		
Presse d'atelier	3 100	27/07/N		

Exercice n° 6 : Terminer un plan d'amortissement dégressif

Complétez la fiche d'immobilisation ci-dessous pour une chambre froide de 15 000 € amortie sur huit ans selon le mode dégressif :

Désignation : **Chambre froide**		Durée d'utilisation : **8 ans**	
Coût d'acquisition : **15 000 €**		Mode d'amortissement linéaire : **12,5%**	
Date d'acquisition : **22/08/N**		Coefficient : **2,25**	
Date de mise en service : **05/09/N**		Taux d'amortissement dégressif : **28,125%**	
Année	Valeur brute	Annuité d'amortissement	Amortissement cumulé	Valeur nette
N	15 000,00	1 757,81	1 757,81	13 242,19
N + 1	15 000,00	3 724,37	5 482,18	9 517,82
N + 2	15 000,00	2 676,89	8 159,07	6 840,93
N + 3				
N + 4				
N + 5				
N + 6				
N + 7				

Exercice n° 7 : Établir un plan d'amortissement dégressif

Établissez le plan d'amortissement dégressif d'un matériel acheté pour 12 500 € le 17/10/N et d'une durée d'utilisation prévue de cinq ans.

Comptabiliser la dotation aux amortissements

L'écriture de dotation aux amortissements a deux objectifs :

- Au bilan, diminuer chaque année la valeur des immobilisations ;
- Au compte de résultat, constater une charge correspondant à la perte de valeur des immobilisations pendant l'année.

Cette écriture permet d'étaler sur plusieurs exercices comptables l'impact de l'acquisition d'une immobilisation.

Elle s'enregistre en débitant un compte de charges « 6811. Dotations aux amortissements sur immobilisations » et en créditant un compte d'immobilisation (classe 2). Celui-ci est construit à partir du numéro de compte de l'immobilisation dans lequel on aura inséré un 8 en deuxième position : par exemple, le compte « 2182. Matériel de transport » est associé au « 28182. Amortissement du matériel de transport ».

			Débit	Crédit
681100		Dotations aux amortissements	X	
	28…..	Amortissement		X

Attention à ne pas confondre la dotation aux amortissements et l'amortissement :

- La dotation aux amortissements apparaît au compte de résultat parmi les charges de l'exercice : elle reflète la perte de valeur de l'immobilisation durant l'exercice comptable ;
- L'amortissement est un compte du bilan : il reflète la perte de valeur cumulée de l'immobilisation depuis sa mise en service. Autrement dit, il correspond à la somme des dotations aux amortissements comptabilisées depuis le début du plan d'amortissement.

À l'actif du bilan, l'immobilisation amortie apparaîtra de la façon suivante :

- Le coût d'achat sera présenté dans la colonne « valeur brute » ;
- Le montant cumulé de l'amortissement à la clôture figurera sur la même ligne, dans la colonne « amortissements et dépréciations » ;
- La valeur nette sera calculée par différence entre la valeur brute et l'amortissement et sera présentée sur la même ligne, dans la colonne « valeur nette ».

	Actif		
Immobilisations	Valeur brute	Amortissement	Valeur nette = valeur brute - amortissement

Exercice corrigé

La dotation aux amortissements du matériel informatique de l'entreprise Geclick a été évaluée à 3 651 € pour l'exercice N. Il vous est demandé de la comptabiliser.

Solution

La dotation aux amortissements représente la perte de valeur des immobilisations durant l'année comptable. Il s'agit d'un appauvrissement pour l'entreprise : nous enregistrons une charge au débit du compte « 6811. Dotation aux amortissements » et diminuons la valeur du matériel informatique à l'actif du bilan en créditant un compte de classe 2. Le matériel avait été enregistré au débit du compte « 2183. Matériel informatique » : son amortissement sera inscrit au crédit du compte « 28183. Amortissement du matériel informatique ».

			Débit	Crédit
681100		Dotations aux amortissements	3 651,00	
	281830	Amortissement du matériel informatique		3 651,00

Exercice n° 8 : Comptabiliser l'amortissement des immobilisations

Le fichier des immobilisations de l'entreprise Valorplus vous donne les informations suivantes au 31/12/N. Il vous est demandé de les utiliser pour comptabiliser l'amortissement de l'exercice N.

	Valeur brute	Amortissement au 31/12/N-1	Dotation année N	Amortissement au 31/12/N
Terrains	85 000,00	0,00	0,00	0,00
Bâtiments	236 745,00	21 745,04	4 734,90	26 479,94
Matériel industriel	57 538,25	28 743,28	5 965,65	34 708,93
Véhicules	19 428,27	11 634,33	2 428,53	14 062,86
Matériel informatique	8 531,08	6 931,12	543,65	7 474,77
Mobilier	4 276,72	2 876,36	496,28	3 372,64
Logiciels	2 381,00	1 674,34	706,66	2 381,00
TOTAL	**413 900,32**	**73 604,47**	**14 875,67**	**88 480,14**

Exercice n° 9 : Vrai ou faux ?

Répondez aux questions suivantes en justifiant vos réponses :

L'amortissement consiste à étaler le coût d'achat d'une immobilisation sur sa durée d'utilisation.

☐ Vrai   ☐ Faux

....

Seules les immobilisations corporelles s'amortissent.

☐ Vrai   ☐ Faux

....

Il existe plusieurs façons de calculer le plan d'amortissement d'une immobilisation.

☐ Vrai   ☐ Faux

....

Le taux d'amortissement dégressif se calcule à partir du taux linéaire.

☐ Vrai   ☐ Faux

....

L'amortissement de l'exercice s'enregistre au débit d'un compte d'immobilisations et au crédit d'un compte de charges.

☐ Vrai   ☐ Faux

....

Le compte « 6811. Dotation aux amortissements » est un compte du :

☐ Compte de résultat   ☐ Bilan

Il reflète la perte de valeur des immobilisations :

☐ Durant l'exercice acquisition   ☐ Cumulée depuis leur

....

Les comptes « 28. Amortissement des immobilisations » sont des comptes du :

☐ Compte de résultat   ☐ Bilan

Ils reflètent la perte de valeur des immobilisations :

☐ Durant l'exercice acquisition   ☐ Cumulée depuis leur

....

Quel est le numéro du compte d'amortissement associé au compte « 2184. Mobilier » ?

☐ 28184   ☐ 2814

....

Réponses

Exercice n° 1 : Plan d'amortissement linéaire simple

L'immobilisation sera amortie sur cinq ans du 26/02/N au 26/02/N+5 : la dotation en année pleine est de 3 400 / 5 = 680 €. Pour les exercices N et N+5, il convient de tenir compte de la durée d'utilisation en appliquant un prorata temporis :

- Année N : l'armoire n'est utilisée que du 26/02 au 31/12, soit 304 jours (4 jours en février et 10 mois de 30 jours). La dotation est égale à 574,22 € (= 680 × 304 / 360) ;
- Année N+5 : l'armoire ne sera utilisée que du 01/01 au 26/02, soit 56 jours (30 jours pour janvier et 26 jours en février). La dotation sera égale à 105,78 € (= 680 × 56 / 360).

Le plan d'amortissement est le suivant :

Désignation : **Armoire frigorifique**		Durée d'utilisation : **5 ans**	
Coût d'acquisition : **3 400 €**		Mode d'amortissement : **Linéaire**	
Date d'acquisition : **11/02/N**		Taux : **20%**	
Date de mise en service : **26/02/N**			
Années	Valeur d'origine	Annuité d'amortissement	Amortissements cumulés	Valeur nette comptable
N	3 400,00	574,22	574,22	2 825,78
N + 1	3 400,00	680,00	1 254,22	2 145,78
N + 2	3 400,00	680,00	1 934,22	1 465,78
N + 3	3 400,00	680,00	2 614,22	785,78
N + 4	3 400,00	680,00	3 294,22	105,78
N + 5	3 400,00	105,78	3 400,00	0,00

Il serait possible de calculer la dotation N+5 par différence de façon à aboutir à une valeur nette de zéro à la fin du plan d'amortissement. Nous vous déconseillons cette façon de procéder : en effet, si une erreur s'est glissée dans le calcul des premières dotations, celle-ci se répercutera automatiquement sur celle de la dernière année sans possibilité de la détecter. Mieux vaut prendre le temps de calculer chaque annuité séparément et vérifier à la fin que leur somme nous amène bien à une valeur nette de zéro.

L'amortissement pratiqué a-t-il une incidence sur le résultat de l'entreprise ?

Oui : la dotation aux amortissements est une charge qui vient diminuer le résultat comptable.

L'amortissement pratiqué a-t-il une incidence sur la trésorerie de l'entreprise ?

L'amortissement n'a pas d'impact direct sur la trésorerie de l'entreprise : le décaissement a eu lieu au moment de l'achat de l'immobilisation et non pas au fur et à mesure de son amortissement. En revanche, il a un impact indirect dans la mesure où la dotation fait baisser le résultat fiscal et donc le montant de l'impôt à payer.

Exercice n° 2 : Informations à compléter

Le fichier complété est le suivant :

	Coût d'acquisition	Date de mise en service	Durée prévue	Dotation année N	Amortissement cumulé au 31/12/N
Bâtiment	354 000,00	05/10/N-5	25	**14 160,00**	74 143,33
Machine n°1	12 654,00	14/10/N-5	**10**	1 265,40	6 594,14
Machine n°2	15 473,00	01/01/N-5	10	1 547,30	**9 283,80**
Machine n°3	14 677,00	05/02/N-3	10	1 467,70	**5 728,11**
Véhicule	**24 650,00**	22/08/N-4	6	4 108,33	17 894,07
Ordinateur	2 543,00	23/12/N	3	**16,48**	16,48
Photocopieuse	1 652,00	17/10/N-5	4	**0,00**	1 652,00

☛ **Bâtiment.** Il ne s'agit ni de la première, ni de la dernière année du plan d'amortissement : la dotation est calculée simplement en divisant le coût d'acquisition par la durée d'utilisation prévue. Dotation = 354 000 / 25 = 14 160 € ;

☛ **Machine n° 1.** Il ne s'agit pas non plus ici de la première, ni de la dernière année du plan d'amortissement : la dotation étant égale à 1/10e du coût d'acquisition, nous pouvons en déduire que la machine est amortie sur dix ans ;

☛ **Machine n° 2.** Cette machine est amortie de 1 547,30 € chaque année depuis le 01/01/N–5, soit six exercices complets : l'amortissement cumulé au 31/12/N est de 9 283,80 € (= 1 547,30 × 6 ans) ;

☛ **Machine n° 3.** Le raisonnement est le même que pour la machine n° 2 à la différence que la première année d'amortissement est incomplète : seulement 325 jours du 5 février au 31 décembre. Il convient d'appliquer un prorata temporis de 325 / 360 à la dotation de l'exercice N–3. Amortissement cumulé au 31/12/N = (1 467,70 × 325 / 360) + (1 467,70 × 3) = 5 728,11 € ;

- **Véhicule.** La valeur brute se retrouve à partir du montant de l'annuité d'amortissement et de la durée d'utilisation. Nous savons que la dotation est égale à 1/6e de la valeur brute : nous en déduisons que la valeur brute est égale à six fois la dotation, soit 24 650 € (= 4 108,33 × 6) ;

- **Ordinateur.** L'ordinateur a été mis en service durant l'année N et n'avait pas été amorti auparavant. Aucun calcul n'est nécessaire : la dotation de l'année N est égale à l'amortissement cumulé au 31/12/N, soit 16,48 €. Nous pouvons toutefois vérifier son calcul : 2 543 / 3 × 7 jours / 360 jours = 16,48 € ;

- **Photocopieuse.** La photocopieuse était amortie sur quatre ans à partir du 17/10/N–5 : son plan d'amortissement s'achevait au 17/10/N–1. Elle était donc déjà totalement amortie au 31/12/N–1 et aucune dotation n'a été comptabilisée durant l'exercice N.

Exercice n° 3 : Plan d'amortissement linéaire avec valeur de revente

Le véhicule est amorti sur une base de 8 000 € correspondant à la différence entre le coût d'acquisition de 14 000 € et la valeur de revente de 6 000 €.

Le plan d'amortissement s'étale sur deux ans du 25/11/N (date supposée de première utilisation) au 25/11/N+2. La dotation pour une année pleine est de 4 000 € (= 8 000 / 2), qu'il convient d'ajuster en fonction du nombre de jours d'utilisation pour la première et la dernière année :

- Année N : 35 jours d'utilisation, soit une dotation de 388,89 € (= 4000 × 35 / 360) ;

- Année N+2 : 325 jours d'utilisation, soit une dotation de 3 611,11 €.

À la fin de la durée d'amortissement, la valeur nette du véhicule ne sera pas nulle mais égale à la valeur de revente espérée : si ses prévisions se révèlent exactes, l'entreprise ne réalisera ni plus-value ni moins-value au moment de la cession.

Année	Valeur brute	Dotation de l'année	Amortissement cumulé	Valeur nette
N	14 000	388,89	388,89	13 611,11
N + 1	14 000	4 000,00	4 388,89	9 611,11
N + 2	14 000	3 611,11	8 000,00	6 000,00

Exercice n° 4 : Amortissement par composants

Il faut considérer la machine comme deux immobilisations distinctes :

- D'une part, le moteur d'un coût estimé de 15 000 € (20 % de 75 000 €) et amorti sur cinq ans ;
- D'autre part, la machine (sans moteur) d'un coût estimé de 60 000 € (= 75 000 – 15 000) et amortie sur dix ans.

Dans les deux cas, les prorata temporis sont les mêmes :

- 162 jours sur 360 pour la première année d'utilisation ;
- 198 jours sur 360 pour la dernière année d'utilisation.

Plan d'amortissement du moteur :

Année	Valeur brute	Dotation de l'année	Amortissement cumulé	Valeur nette
N	15 000,00	1 350,00	1 350,00	13 650,00
N + 1	15 000,00	3 000,00	4 350,00	10 650,00
N + 2	15 000,00	3 000,00	7 350,00	7 650,00
N + 3	15 000,00	3 000,00	10 350,00	4 650,00
N + 4	15 000,00	3 000,00	13 350,00	1 650,00
N + 5	15 000,00	1 650,00	15 000,00	0,00

Plan d'amortissement de la machine (sans moteur) :

Année	Valeur brute	Dotation de l'année	Amortissement cumulé	Valeur nette
N	60 000,00	2 700,00	2 700,00	57 300,00
N + 1	60 000,00	6 000,00	8 700,00	51 300,00
N + 2	60 000,00	6 000,00	14 700,00	45 300,00
N + 3	60 000,00	6 000,00	20 700,00	39 300,00
N + 4	60 000,00	6 000,00	26 700,00	33 300,00
N + 5	60 000,00	6 000,00	32 700,00	27 300,00
N + 6	60 000,00	6 000,00	38 700,00	21 300,00
N + 7	60 000,00	6 000,00	44 700,00	15 300,00
N + 8	60 000,00	6 000,00	50 700,00	9 300,00
N + 9	60 000,00	6 000,00	56 700,00	3 300,00
N + 10	60 000,00	3 300,00	60 000,00	0,00

Exercice n° 5 : Démarrer un plan d'amortissement dégressif

Le taux dégressif s'obtient en multipliant le taux linéaire par un coefficient déterminé en fonction de la durée d'amortissement :

- 1,25 pour une durée de trois ou quatre ans ;
- 1,75 pour une durée de cinq ou six ans ;
- 2,25 pour une durée de sept ans ou plus.

Bien	Durée d'utilisation	Taux linéaire	Coefficient	Taux dégressif
Scie acier à ruban	5 ans	1/5 = 20 %	1,75	20 % x 1,75 = 35 %
Ordinateur	3 ans	1/3 = 33,33 %	1,25	33,33 % x 1,25 = 41,67 %
Groupe électrogène	8 ans	1/8 = 12,5 %	2,25	12,5 % x 2,25 = 28,125 %
Presse d'atelier	15 ans	1/15 = 6,67 %	2,25	6,67 % x 2,25 = 15 %

Le prorata temporis se calcule en nombre de mois, à partir du premier jour du mois d'acquisition.

Enfin, la dotation du premier exercice s'obtient en multipliant le coût d'acquisition par le taux dégressif et par le prorata temporis.

Bien	Coût d'acquisition	Date d'acquisition	Prorata temporis	Dotation année N
Scie acier à ruban	550	12/03/N	10/12	550 x 35 % x 10/12 = 160,42
Ordinateur	1 700	25/03/N	10/12	1 700 x 41,67 % x 10/12 = 590,33
Groupe électrogène	890	01/08/N	5/12	890 x 28,125 % x 5/12 = 104,30
Presse d'atelier	3 100	27/07/N	6/12	3 100 x 15 % x 6/12 = 232,50

Exercice n° 6 : Terminer un plan d'amortissement dégressif

La valeur brute reste inchangée chaque année à 15 000 €, mais ce n'est pas elle qui sert de base au calcul des dotations aux amortissements. Celles-ci sont obtenues en multipliant la valeur nette du bien par le taux dégressif de 28,125 % :

- Pour l'année N+3 : 6 840,93 × 0,28125 = 1 924,01 € ;
- Pour l'année N+4 : 4 916,92 × 0,28125 = 1 382,88 €.

Nous repassons ensuite à un amortissement linéaire pour les trois dernières années : en effet, le taux linéaire pour trois ans est de 33,33 %, ce qui est supérieur au taux dégressif de 28,125 %. Il nous reste à ce moment 3 534,04 € à amortir, que nous étalons en trois annuités de 1 178,01 €.

Le plan d'amortissement se termine le 31/12/N+7, même si le bien sera probablement encore utilisé début N+8.

Désignation : **Chambre froide**		Durée d'utilisation : **8 ans**	
Coût d'acquisition : **15 000 €**		Mode d'amortissement linéaire : **12,5%**	
Date d'acquisition : **22/08/N**		Coefficient : **2,25**	
Date de mise en service : **05/09/N**		Taux d'amortissement dégressif : **28,125%**	
Année	Valeur brute	Annuité d'amortissement	Amortissement cumulé	Valeur nette
N	15 000,00	1 757,81	1 757,81	13 242,19
N + 1	15 000,00	3 724,37	5 482,18	9 517,82
N + 2	15 000,00	2 676,89	8 159,07	6 840,93
N + 3	15 000,00	1 924,01	10 083,08	4 916,92
N + 4	15 000,00	1 382,88	11 465,96	3 534,04
N + 5	15 000,00	1 178,01	12 643,97	2 256,03
N + 6	15 000,00	1 178,01	13 821,99	1 178,01
N + 7	15 000,00	1 178,01	15 000,00	0,00

Exercice n° 7 : Établir un plan d'amortissement dégressif

Nous commençons par calculer le taux d'amortissement :

- Taux linéaire pour cinq ans = 20 % ;
- Coefficient = 1,75 ;
- Taux dégressif = 20 % × 1,75 = 35 %.

Le matériel sera utilisé jusqu'au 17/10/N+5, mais nous arrêterons le plan d'amortissement à la dernière année pleine, c'est-à-dire au 31/12/N+4. Pour la première annuité, nous devons également déterminer le prorata temporis : celui-ci démarre au 1er octobre N et compte pour 3/12e. La dotation de l'année N est égale à 12 500 × 35 % × 3/12 = 1 093,75 €. Il reste une valeur nette de 11 406,25 € au 31/12/N qui nous servira de base pour le calcul de la dotation N+1 : 11 406,25 × 35 % = 3 992,19 €.

Nous appliquerons également le taux dégressif de 35 % en N+2 : en effet, il restera à ce moment trois années d'amortissement, ce qui correspond à un taux linéaire de 33,33 %, inférieur au taux dégressif utilisé. En revanche, en N+3, il ne restera plus que deux années à amortir, ce qui correspond à un taux linéaire de 50 %, supérieur au taux dégressif utilisé. Nous abandonnerons en conséquence l'amortissement dégressif pour amortir la valeur résiduelle de 4 819,14 € en deux annuités égales de 2 409,57 €.

Le plan d'amortissement complet sera le suivant :

Année	Valeur brute	Dotation de l'année	Amortissement cumulé	Valeur nette
N	12 500,00	1 093,75	1 093,75	11 406,25
N + 1	12 500,00	3 992,19	5 085,94	7 414,06
N + 2	12 500,00	2 594,92	7 680,86	4 819,14
N + 3	12 500,00	2 409,57	10 090,43	2 409,57
N + 4	12 500,00	2 409,57	12 500,00	0,00

Exercice n° 8 : Comptabiliser l'amortissement des immobilisations

La dotation de l'année N est enregistrée au débit du compte « 6811. Dotation aux amortissements » par la contrepartie au crédit d'un compte de classe 2 obtenu en insérant le chiffre 8 en deuxième position dans le numéro de compte de l'immobilisation :

	Numéro de compte	
	Valeur brute	Amortissement
Bâtiments	2131	28131
Matériel industriel	2154	28154
Véhicules	2182	28182
Matériel informatique	2183	28183
Mobilier	2184	28184
Logiciels	205	2805

L'écriture est la suivante :

			Débit	Crédit
681100		Dotations aux amortissements	14 875,67	
	281310	Amortissement des bâtiments		4 734,90
	281540	Amortissement du matériel industriel		5 965,65
	281820	Amortissement du matériel de transport		2 428,53
	281830	Amortissement du matériel informatique		543,65
	281840	Amortissement du mobilier		496,28
	280500	Amortissement des logiciels		706,66
			14 875,67	14 875,67

Exercice n° 9 : Vrai ou faux ?

Répondez aux questions suivantes en justifiant vos réponses :

L'amortissement consiste à étaler le coût d'achat d'une immobilisation sur sa durée d'utilisation.

☑ Vrai   ☐ Faux

Contrairement aux achats courants, qui sont immédiatement enregistrés en charges, les immobilisations sont d'abord enregistrées à l'actif du bilan. Leur coût est ensuite progressivement transféré en charges tout au long de leur durée d'utilisation : c'est ce qu'on appelle l'amortissement.

Seules les immobilisations corporelles s'amortissent.

☐ Vrai   ☑ Faux

Toutes les immobilisations ayant une durée de vie limitée (usure, obsolescence, expiration de la protection juridique…) s'amortissent. C'est par exemple le cas des logiciels ou des brevets, qui sont des immobilisations incorporelles.

Il existe plusieurs façons de calculer le plan d'amortissement d'une immobilisation.

☑ Vrai   ☐ Faux

Le mode d'amortissement le plus souvent utilisé est l'amortissement linéaire mais il est également possible de pratiquer l'amortissement dégressif, progressif ou variable.

Le taux d'amortissement dégressif se calcule à partir du taux linéaire.

☑ Vrai ☐ Faux

Le taux d'amortissement dégressif est égal au taux linéaire multiplié par un coefficient fixé par l'administration fiscale.

L'amortissement de l'exercice s'enregistre au débit d'un compte d'immobilisations et au crédit d'un compte de charges.

☐ Vrai ☑ Faux

C'est le contraire : débit du compte de charges afin d'augmenter les charges de l'exercice et crédit du compte d'immobilisations afin de diminuer la valeur du bien à l'actif.

Le compte « 6811. Dotation aux amortissements » est un compte du :

☑ Compte de résultat ☐ Bilan

Il reflète la perte de valeur des immobilisations :

☑ Durant l'exercice ☐ Cumulées depuis leur acquisition

Le compte 6811 commence par le chiffre 6 : il s'agit d'une charge du compte de résultat. Comme tous les comptes du compte de résultat, il ne reflète que les éléments relatifs à l'exercice comptable écoulé.

Les comptes « 28. Amortissement des immobilisations » sont des comptes du :

☐ Compte de résultat ☑ Bilan

Ils reflètent la perte de valeur des immobilisations :

☐ Durant l'exercice ☑ Cumulées depuis leur acquisition

Les comptes 28 commencent par le chiffre 2 : il s'agit de comptes de bilan. Comme tous les comptes du bilan, ils reflètent la situation patrimoniale de l'entreprise à la date de clôture : le coût d'acquisition des immobilisations apparaît au débit des comptes 20 et 21, leur perte de valeur cumulée au crédit des comptes 28 et leur valeur nette se déduit par différence.

Quel est le numéro du compte d'amortissement associé au compte « 2184. Mobilier » ?

☑ 28184 ☐ 2814

Les comptes d'amortissement se construisent à partir des comptes d'immobilisations, en y insérant le chiffre 8 en deuxième position. Ainsi, le compte « 2184. Mobilier » est associé au compte « 2**8**184. Amortissement du mobilier ».

Chapitre 12
Évaluer ses risques

Dans ce chapitre :
- La dépréciation des immobilisations
- La dépréciation des stocks
- La dépréciation des comptes clients
- La dépréciation des placements financiers
- Les provisions pour risques et charges

Le principe de prudence est inscrit dans le Code de commerce et impose aux entreprises d'anticiper leurs risques d'appauvrissement dès que ceux-ci sont probables : dans votre bilan, vous devrez tenir compte des risques d'impayés, de litiges, de moins-value, etc. En revanche, vous n'intégrerez pas vos espoirs de gains tant que ceux-ci ne sont pas certains (procès gagné, vente réalisée avec plus-value, etc.).

Les risques d'appauvrissement à comptabiliser sont de deux natures :

- **Perte de valeur d'un élément de l'actif :** mévente d'un stock, moins-value sur un placement, etc. Ils feront l'objet d'une écriture de dépréciation ;
- **Apparition d'un passif :** litige en cours, service après-vente à assurer, etc. Ils feront l'objet d'une écriture de provision.

Calculer et enregistrer ses dépréciations

Enregistrer une dépréciation consiste à anticiper le risque de perte de valeur d'un élément de l'actif. Les modalités d'évaluation diffèrent d'une rubrique à l'autre mais le schéma comptable reste le même :

- Débit d'un compte de charge « 68. Dotation aux dépréciations » afin de diminuer le résultat comptable de l'entreprise ;
- Crédit d'un compte de bilan pour diminuer la valeur de l'actif.

Le choix du compte 68 dépend de la nature du risque :

- 681 pour un risque d'exploitation : impayé, mévente, etc. ;
- 686 pour un risque financier : par exemple, une moins-value sur un placement ;
- 687 pour un risque exceptionnel : par exemple, une perte sur un bien immobilier.

Le numéro du compte d'actif à créditer s'obtient, quant à lui, à partir de celui de l'élément à déprécier, en y insérant le chiffre 9 en deuxième position : par exemple, le compte « 37. Stocks de marchandises » sera associé au compte « 397. Dépréciation des stocks de marchandises ».

Si le risque augmente, une dépréciation complémentaire sera comptabilisée selon la même écriture. Inversement, s'il disparaît ou diminue, la dépréciation sera annulée ou réduite grâce à une écriture de reprise : compte de dépréciation au débit et compte « 78. Reprise sur dépréciations » au crédit.

Le montant de la reprise ne peut jamais excéder le montant de la provision initialement constituée, même si la valeur du bien déprécié remonte au-dessus de son coût d'achat.

Le montant à déprécier s'évalue de la façon suivante :

- Immobilisations corporelles ou incorporelles non amortissables (terrain, fonds commercial,…) : différence entre la valeur comptable et la valeur de marché ;
- Placement financier : différence entre la valeur comptable et le cours de Bourse ;
- Stocks : différence entre la valeur comptable et la valeur probable de revente HT ;
- Créances clients : montant HT de l'impayé à craindre (la TVA étant récupérée auprès du Trésor public, il n'est pas nécessaire de la déprécier). Outre l'enregistrement de la dépréciation, il conviendra de transférer la créance pour son intégralité du compte « 411. Clients » vers le compte « 416. Clients douteux ou litigieux » (crédit du 411 et débit du 416).

À l'actif du bilan, le bien déprécié apparaîtra de la façon suivante :

- Le coût d'achat sera présenté dans la colonne « valeur brute » ;
- Le montant cumulé de la dépréciation à la clôture figurera sur la même ligne, dans la colonne « amortissements et dépréciations » ;

✔ La valeur nette sera calculée par différence entre la valeur brute et la dépréciation et sera présentée sur la même ligne, dans la colonne « valeur nette ».

Au compte de résultat, nous ne verrons que la dotation ou la reprise de l'exercice, la première parmi les charges, la seconde du côté des produits.

	Actif		
Actif	Valeur brute	Dépréciation	Valeur nette = valeur brute - dépréciation

Exercice corrigé

La société Atlantic Board a placé une partie de sa trésorerie en Bourse : s'agissant d'un placement à court terme, les titres achetés ont été comptabilisés au débit du compte « 503. Actions ». Elle possède en particulier 100 actions de la société Z acquises le 02/12/N au cours de 35,60 € pièce. Au 31/12/N, ces titres ne valent plus que 32,54 € et l'entreprise décide de les conserver quelques mois de plus en espérant une remontée des cours. Finalement, pressée par des besoins de trésorerie, elle les revend le 14/02/N+1 au cours de 33,02 €.

Il vous est demandé de calculer l'éventuelle dépréciation, puis de comptabiliser les écritures nécessaires au 31/12/N et durant l'exercice N+1.

Solution

Au 31/12/N, la valeur des titres a diminué par rapport à leur coût d'achat : la perte n'est pas encore certaine mais il existe toutefois un risque qu'il convient d'anticiper. Celui-ci peut être évalué à 3,06 € par titre (= 35,60 – 32,54), soit 306 € au total. Il sera comptabilisé de la façon suivante :

✔ Débit d'un compte de dotation financière : « 6866. Dotations aux dépréciations des éléments financiers » ;

✔ Crédit du compte de dépréciation associé au « 503. Actions » : « 5903. Dépréciation des VMP, actions ».

			Débit	Crédit
686600		Dotations aux dépréciations financières	306,00	
	590300	Dépréciation des VMP, actions		306,00

En N+1, la cession sera comptabilisée selon le schéma étudié au chapitre 9 en faisant apparaître une moins-value de 258 € (= 3 560 – 3 302) :

			Débit	Crédit
512000		Banques (100 * 33,02)	3 302,00	
667000		Charges nettes sur cessions de VMP	258,00	
	503000	Actions (100 * 35,60)		3 560,00
			3 560,00	3 560,00

La dépréciation, devenue sans objet maintenant que les titres ne figurent plus à l'actif, sera reprise selon l'écriture suivante :

			Débit	Crédit
590300		Dépréciation des VMP, actions	306,00	
	786600	Reprise sur dépréciations financières		306,00

L'impact de ces écritures sur le résultat comptable est le suivant :

	Exercice N	Exercice N + 1	Cumul
Dotation / reprise sur provisions	– 306,00	+ 306,00	0,00
Revente des titres		– 258,00	– 258,00
TOTAL	**– 306,00**	**+ 48,00**	**– 258,00**

Ce tableau confirme que la constitution d'une dépréciation a permis d'anticiper la perte prévisible et de constater un appauvrissement dès l'exercice N sans attendre la revente à perte en N+1. L'impact sur l'exercice N+1 n'est que de l'ajustement de la prévision : si le montant avait été correctement estimé dès le début, la reprise sur dépréciations serait venue exactement annuler la perte.

Exercice n° 1 : Dépréciation d'un fonds commercial

L'entreprise Dymax exploite un fonds commercial situé en centre-ville. Celui-ci avait été acquis le 12/03/N-3 pour 80 000 € et n'avait fait l'objet d'aucune dépréciation jusqu'à présent. Toutefois, la concurrence d'un important centre commercial récemment ouvert en périphérie lui a fait perdre du chiffre d'affaires et le dirigeant craint que la valeur du fonds commercial n'ait chuté. Il fait alors procéder à une évaluation qui confirme ses inquiétudes : son fonds n'est estimé qu'à 65 000 € au 31/12/N.

Chapitre 12 : Évaluer ses risques

Il vous est demandé de présenter les écritures comptables nécessaires à la clôture des comptes au 31/12/N.

Exercice n° 2 : Dépréciation des stocks

Le gérant d'un magasin de chaussures a acheté un important lot de bottes d'une marque australienne très à la mode chez les adolescents. Malheureusement, l'effet de mode est passé avant qu'il n'ait réussi à écouler tout son stock et il craint de devoir brader les paires restantes à – 70 %.

À l'aide des informations ci-dessous, présentez les écritures comptables nécessaires à l'élaboration des comptes au 31/12/N :

- Quantité en stock au 31/12/N : 24 paires ;
- Coût d'achat : 50 € HT / paire ;
- Prix de vente habituel : 150 € TTC / paire.

Quelles écritures passerez-vous l'année suivante si le stock est finalement vendu au prix moyen de 60 € TTC la paire ?

Exercice n° 3 : Dépréciation des créances clients

L'entreprise Pad'chans possède une créance de 1 800 € TTC sur un client qui traverse d'importantes difficultés financières. Le gérant estime qu'il risque de ne récupérer que 40 % de la créance en cas de liquidation judiciaire de son client et vous demande de présenter les écritures nécessaires à l'établissement des comptes au 31/12/N.

L'année suivante, le client est effectivement mis en liquidation et l'entreprise Pad'chans reçoit un chèque de 681,72 € pour solde de tout compte. Présentez les écritures comptables nécessaires en N+1.

Exercice n° 4 : Dépréciation des placements financiers

L'entreprise Technolux a acquis, le 25/02/N, 100 actions à 162 € pièce qu'elle a enregistrées dans le compte « 273. Titres immobilisés de l'activité portefeuille ». L'évolution ultérieure du cours est la suivante :

- 31/12/N : 178 € ;
- 31/12/N+1 : 160 € ;

- 31/12/N+2 : 154 € ;
- 31/12/N+3 : 159 € ;
- 31/12/N+4 : 175 €.

Il vous est demandé de calculer la dépréciation nécessaire à chaque clôture et de présenter les écritures comptables correspondantes.

Les provisions pour risques et charges

Les provisions pour risques et charges ont pour objectif de couvrir les risques d'apparition d'un passif : procès en cours dans lequel l'entreprise risque d'être condamnée, frais de réparation de biens vendus sous garantie, etc.

Le mécanisme de dotation/reprise est le même que pour les dépréciations :

- L'apparition ou l'augmentation d'un risque est constatée par le débit d'un compte de dotation (racine 68) ;
- Sa diminution ou sa disparition est constatée par le crédit d'un compte de reprise (racine 78).

Seule la contrepartie au bilan est différente : la perte n'étant pas liée à un élément précis de l'actif, nous utiliserons un compte de passif : « 151. Provisions pour risques ».

Exercice corrigé

Le magasin Vet'plus a été contrôlé par la Direction générale de la concurrence, de la consommation et de la répression des fraudes (DGCCRF), qui a établi un procès-verbal pour infraction à la législation sur les soldes. Au moment de la clôture des comptes, l'amende n'a pas encore été reçue mais le commerçant estime son montant à 5 000 €.

Ce n'est que quelques mois plus tard qu'il reçoit une injonction à payer pour la somme de 4 500 €.

Il vous demande de l'aider à enregistrer les écritures comptables des années N et N+1 et d'indiquer, pour chaque exercice, leur impact sur le résultat comptable.

Solution

À la clôture de l'exercice N, nous devons provisionner le risque tel qu'estimé par le commerçant : nous comptabilisons une dotation aux provisions de 5 000 € (débit d'un compte 68) par la contrepartie d'une provision pour risques (crédit du compte 151). Le risque ayant un caractère exceptionnel, nous choisissons le compte « 6875. Dotation aux provisions exceptionnelles ».

			Débit	Crédit
687500		Dotations aux provisions exceptionnelles	5 000,00	
	151000	Provisions pour risques		5 000,00

Durant l'exercice N+1, l'entreprise règle une amende de 4 500 €. Celle-ci constitue une charge exceptionnelle et s'enregistre de la façon suivante :

			Débit	Crédit
671000		Charge exceptionnelle sur opération de gestion	4 500,00	
	512000	Banques		4 500,00

La provision devenue sans objet devra être reprise pour le montant initialement doté, soit 5 000 € :

			Débit	Crédit
151000		Provisions pour risques	5 000,00	
	787500	Reprises sur provisions exceptionnelles		5 000,00

L'impact de ces écritures sur le résultat comptable du magasin est le suivant :

	Exercice N	Exercice N + 1	Cumul
Dotation / reprise sur provisions	- 5 000,00	+ 5 000,00	0,00
Paiement de l'amende		- 4 500,00	- 4 500,00
TOTAL	- 5 000,00	+ 500,00	- 4 500,00

Ce tableau confirme que la constitution d'une provision a permis d'anticiper l'amende prévisible et de constater un appauvrissement dès l'exercice N sans attendre la sanction officielle de la DGCCRF. L'impact sur l'exercice N+1 n'est que de l'ajustement de la prévision : si le montant avait été correctement estimé dès le début, la reprise sur provisions serait venue exactement annuler le montant de l'amende.

Exercice n° 5 : Provisionner un litige

Durant l'année N, l'entreprise Technolux a licencié un salarié, qui l'attaque aux prud'hommes et réclame des indemnités de 25 000 €. Au vu des premiers éléments du dossier, l'avocat estime le risque de condamnation à 10 000 € au 31/12/N.

En N+1, les plaidoiries ont lieu et le cas de l'entreprise semble mal engagé : son avocat estime désormais le risque de condamnation à 16 000 €.

Le jugement est finalement rendu en N+2 : l'entreprise est condamnée à verser 17 000 € à son salarié et aucune des deux parties ne fait appel.

Il vous est demandé de présenter les écritures nécessaires sur les exercices N, N+1 et N+2 en précisant leur impact sur le résultat comptable de chaque exercice.

Exercice n° 6 : Questions sur les dépréciations et les provisions

Répondez aux questions suivantes en justifiant vos réponses :

Lorsqu'un risque d'appauvrissement apparaît, il faut attendre qu'il soit certain pour enregistrer une charge.

☐ Vrai   ☐ Faux

....

....

Lorsqu'un espoir d'enrichissement apparaît, il faut attendre qu'il soit certain pour enregistrer un produit.

☐ Vrai   ☐ Faux

....

....

Les comptes « 68. Dotations aux dépréciations » sont utilisés au débit lorsqu'un risque de perte apparaît ou augmente et au crédit lorsqu'il diminue ou disparaît.

☐ Vrai ☐ Faux

....

....

Le troisième chiffre du compte « 68. Dotations aux dépréciations » dépend de la nature du risque provisionné.

☐ Vrai ☐ Faux

....

....

Le compte « 6875. Dotation aux provisions » est un compte du :

☐ Compte de résultat ☐ Bilan

Il reflète :

☐ Le montant du risque à la clôture l'exercice ☐ L'évolution du risque durant

....

....

Le compte « 151. Provisions pour risques » est un compte du :

☐ Compte de résultat ☐ Bilan

Il reflète :

☐ Le montant du risque à la clôture l'exercice ☐ L'évolution du risque durant

....

....

Une marchandise achetée pour 10 € HT est habituellement vendue à 18 € HT. En raison d'importants stocks, il est prévu de la solder à – 40 %. Le montant de la dépréciation nécessaire est de :

☐ 7,20 € par article   ☐ 4 € par article   ☐ 0 €

....

....

Un litige avait été provisionné pour 2 500 € en N–1. Le jugement est rendu durant l'année N qui condamne l'entreprise à 2 800 € de dommages et intérêts. L'impact sur le résultat de l'année N est :

☐ Une charge de 2 800 €   ☐ Une charge de 300 €   ☐ Nul

....

....

Réponses

Exercice n° 1 : Dépréciation d'un fonds commercial

Le fonds commercial a été acquis pour 80 000 € en N–3 et figure pour ce montant au débit du compte « 207. Fonds commercial ». En l'absence de dépréciation, c'est également cette valeur que nous retrouvons à l'actif du bilan.

À la clôture de l'exercice N, il existe un risque de perte sur ce fonds commercial puisqu'il n'est plus évalué qu'à 65 000 € : le principe de prudence nous impose de diminuer sa valeur à l'actif afin de tenir compte de cette perte potentielle. Nous enregistrons une dépréciation de 15 000 € de la façon suivante :

- Débit d'un compte de dotation exceptionnelle : « 6876. Dotations aux dépréciations exceptionnelles » ;
- Crédit du compte de dépréciation associé au « 207. Fonds commercial » : « 2907. Dépréciation des immobilisations incorporelles, fonds commercial ».

			Débit	Crédit
687600		Dotations aux dépréciations exceptionnelles	15 000,00	
	290700	Dépréciation du fonds commercial		15 000,00

Cette dépréciation devra faire l'objet d'un suivi sur les années suivantes :

- Si la valeur du fonds commercial continue à baisser, nous doterons un complément de dépréciation ;
- Si la valeur du fonds remonte ou si celui-ci est vendu, nous comptabiliserons une reprise sur dépréciations.

Exercice n° 2 : Dépréciation des stocks

Le stock a été valorisé au coût d'achat, soit 1 200 € (= 24 × 50) et figure pour ce montant au débit du compte « 37. Stocks de marchandises ». Calculons maintenant sa valeur probable de revente afin de déterminer si une dépréciation est nécessaire. Le prix de vente prévisible est de 45 € TTC par paire, déduction faite de la remise de 70 %, ce qui laisse un montant HT de

37,50 € pour le magasin. Celui-ci peut donc espérer retirer 900 € de la vente de son stock, soit une perte de 300 € par rapport au coût d'achat.

Nous enregistrons une dépréciation de 296,88 € de la façon suivante :

- Débit d'un compte de dotation d'exploitation : « 6817. Dotations aux dépréciations des actifs circulants » ;
- Crédit du compte de dépréciation associé au « 37. Stocks de marchandises » : « 397. Dépréciation des stocks de marchandises ».

			Débit	Crédit
681700		Dotation aux dépréciations des actifs circulants	300	
	397000	Dépréciation des stocks de marchandises		300

Comme vous pouvez le constater, ce n'est pas parce que le magasin prévoit une remise de 70 % qu'il faut déprécier le stock de ce pourcentage : seule la différence entre le prix de vente HT et le coût d'achat doit faire l'objet d'une dépréciation. Ainsi, une remise de 50 % n'aurait pas entraîné de dépréciation dans la mesure où le prix de vente HT serait resté supérieur au coût d'achat.

Si le stock est vendu l'année suivante, la dépréciation devient sans objet, et ce quel que soit le prix de revente. Il conviendra alors de la reprendre de la façon suivante :

			Débit	Crédit
397000		Dépréciation des stocks de marchandises	300	
	781700	Reprise sur dépréciations actifs circulants		300

Exercice n° 3 : Dépréciation des créances clients

L'entreprise craint de n'encaisser que 40 % de sa créance, soit 720 € TTC, et de perdre la différence, soit 1 080 €. Il ne s'agit toutefois pas d'une perte sèche dans la mesure où l'entreprise récupérera la TVA : le risque de perte est limité au montant HT, soit 900 € (= 1 080 / 1,2). Nous enregistrerons une dépréciation de ce montant de la façon suivante :

- Débit d'un compte de dotation d'exploitation : « 6817. Dotations aux dépréciations des actifs circulants » ;
- Crédit du compte de dépréciation associé au « 411. Clients » : « 491. Dépréciation des comptes clients ».

Il conviendra également de transférer la totalité de la créance dans le compte « 416. Clients douteux ou litigieux ».

			Débit	Crédit
681700		Dotation aux dépréciations des actifs circulants	900	
	491000	Dépréciation des comptes clients		900
416000		Clients douteux ou litigieux	1 800	
	411000	Clients		1 800

Le règlement reçu l'année suivante s'enregistrera au débit du compte « 512. Banques » par le crédit du « 416. Clients douteux et litigieux ». En effet, c'est dans ce compte, et non dans le 411, que se trouve désormais la créance client.

			Débit	Crédit
512000		Banques	681,72	
	416000	Clients douteux ou litigieux		681,72

Il conviendra également de solder ce compte en enregistrant une perte sur créance irrécouvrable (voir chapitre 4) :

- Montant à solder : 1 800 – 681,72 = 1 118,28 € TTC ;
- Montant HT à passer en charge = 1 118,28 / 1,2 = 931,90 € ;
- TVA à récupérer : 931,90 × 0,2 = 186,38 €.

			Débit	Crédit
654000		Pertes sur créances irrécouvrables	931,90	
445710		TVA collectée	186,38	
	416000	Clients douteux ou litigieux		1 118,28
			1 118,28	1 118,28

Enfin, la dépréciation étant devenue sans objet depuis que la créance a été sortie de l'actif, elle sera reprise pour le montant initialement doté :

			Débit	Crédit
491000		Dépréciation des comptes clients	900,00	
	781700	Reprise sur dépréciations actifs circulants		900,00

L'impact de ces écritures sur le résultat comptable de l'entreprise est le suivant :

Exercice	N	N + 1	Cumul
Dotation / reprise sur provisions	- 900,00	+ 900,00	0,00
Perte sur créance irrécouvrable		- 931,90	- 931,90
TOTAL	**- 900,00**	**- 31,90**	**- 931,90**

Ce tableau confirme que la constitution d'une dépréciation a permis d'anticiper la perte prévisible et de constater un appauvrissement dès l'exercice N sans attendre l'avis officiel du liquidateur. L'impact sur l'exercice N+1 n'est que de l'ajustement de la prévision : si le montant avait été correctement estimé dès le début, la reprise sur dépréciation serait venue exactement annuler le montant de la perte.

Exercice n° 4 : Dépréciation des placements financiers

Pour chaque année, nous comparons la valeur comptable brute des titres (coût d'acquisition) avec leur valeur boursière :

Date	Valeur comptable brute	Valeur boursière	Dépréciation nécessaire
31/12/N	16 200	17 800	0
31/12/N + 1	16 200	16 000	200
31/12/N + 2	16 200	15 400	800
31/12/N + 3	16 200	15 900	300
31/12/N + 4	16 200	17 500	0

Au 31/12/N, le cours de Bourse est supérieur au coût d'achat : aucune dépréciation n'est nécessaire. En application du principe de prudence, nous ne tiendrons pas compte du gain latent.

Au 31/12/N+1, une dépréciation de 200 € s'avère nécessaire : nous enregistrerons une dotation de ce montant au débit du compte « 6866. Dotation aux dépréciations des éléments financiers ». En contrepartie, nous utiliserons le compte « 2973. Dépréciation des TIAP » construit à partir du compte 273 dans lequel les titres sont enregistrés.

			Débit	Crédit
686600		Dotations aux dépréciations financières	200,00	
	297300	Dépréciation des titres immobilisés		200,00

Au 31/12/N+2, la valeur des titres a continué à baisser et la dépréciation nécessaire s'élève désormais à 800 € : nous enregistrerons une dotation complémentaire de 600 € selon une écriture similaire à celle de l'année précédente.

			Débit	Crédit
686600		Dotations aux dépréciations financières	600,00	
	297300	Dépréciation des titres immobilisés		600,00

La dépréciation de 200 € constituée au 31/12/N+1 existe toujours dans les comptes au 31/12/N+2 : pour atteindre la dépréciation souhaitée de 800 €, il ne faut comptabiliser qu'une dotation complémentaire de 600 €.

Au 31/12/N+3, la valeur des titres est remontée. La dépréciation précédemment enregistrée s'élève à 800 € alors que 300 € suffisent : nous enregistrerons une reprise de 500 €.

			Débit	Crédit
297300		Dépréciation des titres immobilisés	500,00	
	786600	Reprises sur dépréciations financières		500,00

Au 31/12/N+4, la valeur des titres est remontée au-dessus de leur coût d'achat. Aucune dépréciation n'est plus nécessaire : nous enregistrerons une reprise de 300 € afin d'annuler la dépréciation restant dans les comptes.

			Débit	Crédit
297300		Dépréciation des titres immobilisés	300,00	
	786600	Reprises sur dépréciations financières		300,00

Exercice n° 5 : Provisionner un litige

À la clôture de l'exercice N, nous provisionnons le montant probable de la condamnation, soit 10 000 €.

			Débit	Crédit
687500		Dotations aux provisions exceptionnelles	10 000,00	
	151000	Provisions pour risques		10 000,00

En N+1, le risque augmente de 6 000 € et nous comptabilisons une dotation complémentaire de ce montant selon une écriture similaire à la précédente.

Le montant de la provision figurant au passif du bilan s'élève désormais à 16 000 €.

			Débit	Crédit
687500		Dotations aux provisions exceptionnelles	6 000,00	
	151000	Provisions pour risques		6 000,00

Les 17 000 € versés en N+2 seront enregistrés dans un compte de charges exceptionnelles. La provision, devenue sans objet maintenant que le litige est terminé, sera reprise en totalité.

			Débit	Crédit
671000		Charges exceptionnelles sur opérations gestion	17 000,00	
	512000	Banques		17 000,00
151000		Provisions pour risques	16 000,00	
	787500	Reprises sur provisions exceptionnelles		16 000,00

L'impact de ces écritures sur le résultat comptable de l'entreprise est le suivant :

Exercice	N	N + 1	N + 2	Cumul
Dotation / reprise sur provisions	- 10 000	- 6 000	+ 16 000	0
Condamnation			- 17 000	- 17 000
TOTAL	- 10 000	- 6 000	- 1 000	- 17 000

Ce tableau confirme que la constitution d'une provision a permis d'anticiper la perte prévisible et de constater un appauvrissement dès l'exercice N sans attendre le jugement définitif. L'impact sur les exercices N+1 et N+2 n'est que de l'ajustement de la prévision : si le montant avait été correctement estimé dès le début, la reprise sur provision serait venue exactement annuler le montant de la perte.

Exercice n° 6 : Questions sur les dépréciations et les provisions

Répondez aux questions suivantes en justifiant vos réponses :

Lorsqu'un risque d'appauvrissement apparaît, il faut attendre qu'il soit certain pour enregistrer une charge.

☐ Vrai   ☑ Faux

Le principe de prudence impose d'anticiper les risques d'appauvrissement dès leur apparition, sans attendre qu'ils se réalisent.

Lorsqu'un risque d'enrichissement apparaît, il faut attendre qu'il soit certain pour enregistrer un produit.

☑ Vrai ☐ Faux

Le principe de prudence impose d'attendre que les gains soient certains avant de les enregistrer. Pour une fois, la symétrie charges/produits n'est pas respectée.

Les comptes « 68. Dotations aux dépréciations » sont utilisés au débit lorsqu'un risque de perte apparaît ou augmente et au crédit lorsqu'il diminue ou disparaît.

☐ Vrai ☑ Faux

Les comptes de dotation sont bien débités lorsqu'un risque de perte apparaît, mais ce sont des comptes de reprises qui sont crédités lorsque celui-ci diminue ou disparaît. Il s'agit de comptes de produits qui portent les mêmes numéros que les comptes de dotation à la différence près que le chiffre 7 des produits en première position remplace le 6 des charges.

Le troisième chiffre du compte « 68. Dotations aux dépréciations » dépend de la nature du risque provisionné.

☑ Vrai ☐ Faux

Ce chiffre est le 1 pour les risques d'exploitation (méventes, impayés,…), le 6 pour les risques financiers (perte sur un placement) et le 7 pour les risques exceptionnels (chute du marché immobilier).

Le compte « 6875. Dotation aux provisions » est un compte du :

☑ Compte de résultat ☐ Bilan

Il reflète :

☐ Le montant du risque à la clôture l'exercice ☑ L'évolution du risque durant

Le compte 6875 commence par le chiffre 6 : il s'agit d'une charge du compte de résultat. Comme tous les éléments du compte de résultat, il reflète uniquement l'activité de l'exercice écoulé.

Le compte « 151. Provisions pour risques » est un compte du :

☐ Compte de résultat ☑ Bilan

Il reflète :

☑ Le montant du risque à la clôture l'exercice ☐ L'évolution du risque durant

Le compte 151 commence par le chiffre 1 : il s'agit d'un compte de bilan (passif). Comme tous les éléments du bilan, il reflète l'état du patrimoine de l'entreprise à la date de clôture, en l'occurrence le montant de la dette potentielle.

Une marchandise achetée pour 10 € HT est habituellement vendue à 18 € HT. En raison d'importants stocks il est prévu de la solder à – 40 %. Le montant de la dépréciation nécessaire est de :

☐ 7,20 € par article ☐ 4 € par article ☑ 0 €

Le prix de vente prévisionnel s'établit à 10,80 € (= 18 – 40 % × 18). Il reste supérieur au coût d'achat : aucune véritable perte n'est à prévoir et il n'est pas nécessaire de constituer une dépréciation.

Un litige avait été provisionné pour 2 500 € en N–1. Le jugement est rendu durant l'année N qui condamne l'entreprise à 2 800 € de dommages et intérêts. L'impact sur le résultat de l'année N est :

☐ Une charge de 2 800 € ☑ Une charge de 300 € ☐ Nul

Une charge de 2 500 € avait déjà été comptabilisée en N–1 au moment de la constitution de la provision : seul le complément de 300 € viendra impacter le résultat de l'exercice N. Plus précisément, une charge de 2 800 € sera comptabilisée au titre des dommages et intérêts versés, mais elle sera compensée en grande partie par la reprise de provision de 2 500 € enregistrée en produits.

Chapitre 13
Ajuster ses charges et ses produits

Dans ce chapitre :
▶ Les charges constatées d'avance
▶ Les produits constatés d'avance
▶ Les charges à payer
▶ Les produits à recevoir

La comptabilité découpe la vie d'une entreprise en périodes de douze mois appelées « exercices comptables ». Toutefois, dans la réalité, votre activité ne se laisse pas saucissonner aussi facilement : certaines factures sont reçues en avance, d'autres en retard, d'autres encore sont à cheval sur deux exercices. Pour simplifier le travail du comptable, celui-ci les enregistre normalement au fur et à mesure de leur réception : en charges pour les achats courants et en produits pour les ventes. Ce n'est qu'au moment de l'élaboration des comptes annuels qu'un grand tri devra être réalisé pour ajuster les charges et les produits de l'exercice en rajoutant les éléments manquants et en enlevant ceux en trop. Ces ajustements ne concernent que le compte de résultat : nous ne toucherons pas aux écritures du bilan (encaissement ou décaissement, investissement, remboursement, etc.).

Pour ajuster vos charges, vous devez garder à l'esprit la règle suivante : le compte de résultat d'un exercice comptable doit présenter l'activité de l'exercice, toute l'activité de l'exercice, et rien que l'activité de l'exercice. En conséquence :

▶ Les factures en avance (reçues et comptabilisées sur l'exercice N mais concernant l'exercice N+1) devront être retirées des charges de l'année N par le biais d'écritures de charges constatées d'avance ;

▶ Les factures en retard (reçues et comptabilisées sur l'exercice N+1 mais concernant l'exercice N) devront être rajoutées dans les charges de l'année N par le biais d'écritures de charges à payer.

Il en est de même pour les produits qui seront ajustés grâce à des écritures de produits constatés d'avance et de produits à recevoir.

 Dans le cas où la facture est à cheval sur deux exercices, il convient d'appliquer un prorata temporis calculé en nombre de mois ou de jours.

Les charges constatées d'avance

Certaines prestations, telles l'assurance ou les locations, sont souvent facturées à l'avance : parmi les factures enregistrées en fin d'année, certaines concernent probablement l'exercice suivant, partiellement ou en totalité. Si tel est le cas, les montants correspondant à l'activité de l'exercice N+1 devront être retirés des charges de l'exercice N et transférés dans un compte d'attente au bilan. Dans ce but, vous créditerez le compte de charges utilisé initialement pour enregistrer la facture et débiterez le compte « 486. Charges constatées d'avance ». La réglementation n'exige aucune régularisation concernant la TVA.

A la clôture l'exercice N :		Débit	Crédit
486000	Charges constatées d'avance	X	
	6...... Charges		X

Au début de l'exercice suivant, cette écriture sera contrepassée (c'est-à-dire enregistrée à l'envers) afin de solder le compte d'attente et de débiter le compte de charges, permettant ainsi de faire apparaître une charge sur l'exercice N+1 pour le montant relatif à son activité.

A l'ouverture l'exercice N + 1 :		Débit	Crédit
6......	Charges	X	
	486000 Charges constatées d'avance		X

 Les critères de rattachement d'une facture à un exercice comptable sont les suivants :

- Date de livraison pour les achats de matières premières et de marchandises ;
- Période de location pour les loyers ;
- Période de couverture pour les primes d'assurance ;
- Date de la réalisation de l'étude ou de la consultation pour les honoraires d'expert ;
- Etc.

Dans tous les cas, peu importe que la facture ait été payée ou non à la date de clôture : nous travaillons ici sur le compte de résultat et celui-ci ne tient pas compte des mouvements de trésorerie.

L'écriture de charges constatées d'avance peut aussi être utilisée pour retirer des charges le coût de petits achats n'ayant pas été utilisés à la date de clôture et n'ayant pas fait l'objet d'une écriture de variation de stocks : petit matériel publicitaire, fournitures administratives, etc.

Exercice corrigé

La société Balator clôture ses comptes au 31 décembre de chaque année. Dans sa comptabilité du mois de décembre N, vous avez relevé une facture d'assurance de 300 € pour la période du 01/11/N au 31/01/N+1 (pas de TVA).

Quelle écriture faut-il enregistrer pour établir les comptes au 31/12/N ?

Vous préciserez quelle écriture sera nécessaire à l'ouverture des comptes N+1.

Solution

La facture d'assurance couvre une période de trois mois, dont deux sur l'exercice N et un sur l'exercice N+1. Au moment de sa comptabilisation en décembre N, elle a été enregistrée en totalité au débit du compte « 616. Primes d'assurances ». Toutefois, seuls les montants relatifs aux mois de novembre et décembre N sont à leur place parmi les charges de l'exercice N : les 100 € relatifs à janvier N+1 doivent être retirés des charges et transférés à l'actif en charges constatées d'avance.

Dans ce but, nous créditons le compte 616 afin de le diminuer, et débitons le « 486. Charges constatées d'avance » :

			Débit	Crédit
486000		Charges constatées d'avance	100,00	
	616000	Primes d'assurance		100,00

Cette écriture devra être contrepassée au 01/01/N+1, c'est-à-dire qu'elle sera à nouveau enregistrée mais en sens inverse : les comptes utilisés au débit passeront au crédit et inversement. De cette façon, nous ferons apparaître une charge de 100 € dans le compte de résultat N+1, correspondant à l'assurance du mois de janvier (rappelons que, la facture ayant déjà été enregistrée sur l'exercice N, elle ne sera pas comptabilisée à nouveau en N+1).

			Débit	Crédit
616000		Primes d'assurance	100,00	
	486000	Charges constatées d'avance		100,00

L'impact de ces écritures sur le résultat comptable des exercices N et N+1 est le suivant :

	Exercice N	Exercice N + 1	Cumul
Enregistrement de la facture	- 300,00		- 300,00
Charges constatées d'avance	+ 100,00	- 100,00	0,00
TOTAL	**- 200,00**	**- 100,00**	**- 300,00**

Ce tableau confirme que l'enregistrement d'une charge constatée d'avance en N et sa contrepassation en N+1 ont permis de répartir le coût de l'assurance entre les exercices concernés : 200 € sur l'exercice N (novembre et décembre N) et 100 € sur l'exercice N+1 (janvier N+1).

Exercice n° 1 : Rattachement des charges

Pour les dépenses suivantes, indiquez la part à imputer aux exercices N et N+1.

	Exercice N	Exercice N + 1
Achat de marchandises facturées le 23/12/N mais reçues le 03/01/N+1 : 1 400 € HT		
Achat de prospectus publicitaires reçus le 20/12/N mais dont ¼ seulement a été distribué au 31/12/N : 500 € HT		
Consultation d'un avocat : 2 000 € HT pour 10 heures de travail réparties comme suit : - 2 heures en novembre N - 5 heures en décembre N - 3 heures en janvier N + 1		
Abonnement à une revue professionnelle : 250 € HT pour la période du 01/05/N au 30/04/N + 1		
Achat de matières premières livrées le 28/12/N mais facturées le 04/01/N + 1 : 5 000 € HT		
Frais de formation pour un séminaire réalisé le 15/12/N mais facturé le 30/01/N + 1 : 1 000 € HT		
Frais de mission d'un commercial pour le mois de décembre N : 380 € HT. Justificatifs fournis en janvier N + 1.		
Commissions d'un agent commercial calculées sur les ventes du 4ème trimestre N mais réglées en janvier N+1 : 9 000 € HT.		
Assurance multirisque : 1 500 € (sans TVA) facturés en octobre N pour la période allant du 01/10/N au 30/09/N + 1		

Exercice n° 2 : Charges constatées d'avance

L'entreprise Chrisobois clôture ses comptes au 31 décembre de chaque année. Elle a enregistré les factures suivantes dans sa comptabilité de l'exercice N :

- Leasing d'un véhicule utilitaire : 360 € HT (432 € TTC) pour la période du 25/12/N au 24/01/N+1 ;
- Assurance garantie décennale : 900 € (sans TVA) pour la période du 01/09/N au 31/08/N+1 ;
- Location d'un stand pour le Salon de l'habitat qui aura lieu en janvier N+1 : 2 000 € HT (2 400 € TTC) ;
- Achat de petites fournitures qui n'ont été reçues que le 03/01/N+1 : 137 € HT (164,40 € TTC).

Il vous est demandé de présenter les écritures de charges constatées d'avance au 31/12/N. Vous préciserez quelles écritures seront également nécessaires à l'ouverture de l'exercice N+1.

Les produits constatés d'avance

Les produits constatés d'avance sont les symétriques des charges constatées d'avance. Il s'agit de ventes ou d'autres produits relatifs à l'exercice N+1 mais facturés par anticipation sur l'exercice N.

De la même façon que pour les charges constatées d'avance, nous retirerons la part relative à l'exercice N+1 des produits de l'exercice N en la transférant dans un compte d'attente au bilan :

- Débit du compte de classe 7 utilisé pour enregistrer la facture ;
- Crédit du compte « 487. Produits constatés d'avance ».

La réglementation n'exige aucune régularisation de la TVA.

A la clôture l'exercice N :			Débit	Crédit
/......		Produits	X	
	487000	Produits constatées d'avance		X

De même que pour les charges constatées d'avance, les écritures passées à la clôture de l'exercice N devront être contrepassées à l'ouverture de l'exercice N+1 afin de solder le compte d'attente et de faire apparaître un produit sur l'exercice N+1 pour le montant relatif à son activité.

A l'ouverture l'exercice N + 1 :			Débit	Crédit
487000		Produits constatées d'avance	X	
	7......	Produits		X

Exercice corrigé

La société Balator clôture ses comptes au 31 décembre de chaque année. Dans sa comptabilité du mois de décembre N, vous avez relevé une vente de produits finis de 1 000 € HT (1 200 € TTC) : celle-ci a été facturée et comptabilisée le 29/12/N mais, pour des raisons logistiques, les produits n'ont pu être expédiés au client que le 03/01/N+1.

Quelle écriture est nécessaire pour établir les comptes au 31/12/N ? Que faudra-t-il en faire à l'ouverture de l'exercice N+1 ?

Solution

La vente réalisée a été comptabilisée en produit de l'exercice N mais concerne l'exercice N+1 : elle doit être transférée en produits constatés d'avance. S'agissant de produits finis, elle avait été enregistrée pour son montant HT au crédit du compte « 701. Ventes de produits finis » : nous débiterons ce même compte de 1 000 € afin de neutraliser l'enregistrement de la facture et créditerons le « 487. Produits constatés d'avance ».

			Débit	Crédit
701000		Ventes de produits finis	1 000,00	
	487000	Produits constatés d'avance		1 000,00

Cette écriture devra être contrepassée au 01/01/N+1, afin de faire apparaître un produit de 1 000 € au compte de résultat N+1.

			Débit	Crédit
487000		Produits constatés d'avance	1 000,00	
	701000	Ventes de produits finis		1 000,00

L'impact de ces écritures sur le résultat comptable des exercices N et N+1 est le suivant :

	Exercice N	Exercice N + 1	Cumul
Enregistrement de la facture	+ 1 000,00		+ 1 000,00
Charges constatées d'avance	- 1 000,00	+ 1 000,00	0,00
TOTAL	**0,00**	**+ 1 000,00**	**+ 1 000,00**

Chapitre 13 : Ajuster ses charges et ses produits **285**

Ce tableau confirme que l'enregistrement d'un produit constaté d'avance en N et sa contrepassation en N+1 ont permis de transférer le produit de la vente sur l'exercice N+1 durant lequel la livraison a eu lieu.

Exercice n° 3 : Produits constatés d'avance

L'entreprise FLR Sécurité clôture ses comptes au 31 décembre de chaque année. Elle a émis et comptabilisé plusieurs factures durant le mois de décembre N, notamment les suivantes :

- Contrat de gardiennage mensuel pour un entrepôt : 5 000 € HT pour la période du 20/12/N au 19/01/N+1 ;
- Contrat de télésurveillance pour les locaux d'une entreprise : 200 € HT pour la période allant du 01/12/N au 31/01/N+1 ;
- Prestation de service d'ordre pour une réception ayant eu lieu le 23/12/N : 160 € HT ;
- Animation d'une demi-journée de formation à la sécurité incendie : 140 € HT. L'intervention initialement prévue le 15/12/N a été finalement repoussée au 05/01/N+1.

Il vous est demandé de recenser les produits constatés d'avance et de passer les écritures correspondantes à la clôture de l'exercice N et à l'ouverture de l'exercice N+1.

Les charges à payer

Si certains fournisseurs vous facturent en avance, d'autres tardent au contraire à envoyer leurs factures. Il faudra toutefois les intégrer dans vos comptes annuels si celles-ci concernent l'exercice N : c'est le but des écritures de charges à payer. Celles-ci permettent de faire apparaître une charge dans les comptes de l'exercice N sans attendre la réception de la facture.

L'enregistrement comptable est le suivant :

- Débit d'un compte de charge pour le montant HT relatif à l'exercice N (le même compte que celui qui sera utilisé pour enregistrer la facture lors de sa réception en N+1) ;
- Débit d'un compte d'attente de TVA : « 44586. TVA sur factures non parvenues » pour la TVA correspondante ;
- Crédit d'un compte de dette « 408. Fournisseurs, factures non parvenues » pour le montant TTC.

			Débit	Crédit
6.......		Charges	HT	
445860		TVA sur factures non parvenues	TVA	
	408000	Fournisseurs, factures non parvenues		TTC

Les avoirs à recevoir s'enregistrent selon un schéma symétrique à celui des factures non parvenues :

- Débit du compte « 4098. Fournisseurs – Avoirs à recevoir » pour le montant TTC ;
- Crédit d'un compte de charges pour le montant HT (le même que celui dans lequel l'avoir sera enregistré en N+1) ;
- Crédit du compte « 44586. TVA sur factures non parvenues » pour la TVA correspondante.

Les factures non parvenues sont les charges à payer les plus fréquentes, mais celles-ci peuvent également concerner d'autres types de charges, par exemple des intérêts courus mais non encore prélevés ou une prime à verser à un employé. Le schéma d'enregistrement ressemble à celui des factures non parvenues : il convient de débiter le compte de charge correspondant à la nature de la dépense et de créditer un compte de dette. Quelques différences sont toutefois à noter : d'une part il n'y a pas de TVA, et d'autre part le compte de dette n'est pas le « 408. Fournisseurs non parvenus » mais un compte correspondant à la nature de la dette :

- « 428. Personnel, charges à payer » pour des congés ou des primes à payer ;
- « 438. Organismes sociaux, charges à payer » pour les cotisations sociales correspondantes ;
- « 448. État, charges à payer » pour des impôts à payer ;
- « 1688. Intérêts courus » pour des intérêts courus sur un emprunt bancaire ;
- « 518. Intérêts courus » pour des intérêts courus sur un découvert.

Exercice corrigé

La société Balator recevra en janvier N+1 la facture relative à son abonnement autoroutier de décembre N. Son montant est estimé à 56 € HT (67,20 € TTC).

Quelle écriture est nécessaire pour établir les comptes au 31/12/N ? Quelle écriture faudra-t-il également enregistrer à l'ouverture des comptes N+1 ?

Chapitre 13 : Ajuster ses charges et ses produits

Solution

La facture d'abonnement autoroutier concerne l'année N et doit être comptabilisée sur cet exercice pour son montant estimé. Nous débitons le compte de charge correspondant à ce type de dépenses (« 6251. Voyages et déplacements ») et le compte de TVA sur factures non parvenues par le crédit du compte « 408. Fournisseurs, factures non parvenues ».

			Débit	Crédit
625100		Voyages et déplacements	56,00	
445860		TVA sur factures non parvenues (= 56 *20 %)	11,20	
	408000	Fournisseurs, factures non parvenues		67,20

Cette écriture devra être contrepassée au début de l'exercice suivant afin de solder le compte d'attente et de neutraliser la charge qui sera comptabilisée lors de la réception de la facture. En effet, celle-ci ayant déjà été prise en compte dans le compte de résultat de l'exercice N, elle ne doit pas apparaître de nouveau dans celui de l'exercice N+1.

			Débit	Crédit
408000		Fournisseurs, factures non parvenues	67,20	
	625100	Voyages et déplacements		56,00
	445860	TVA sur factures non parvenues		11,20
			67,20	67,20

L'impact de ces écritures sur le résultat comptable des exercices N et N+1 est le suivant :

	Exercice N	Exercice N + 1	Cumul
Facture d'abonnement		- 56,00	- 56,00
Ecriture de charge à payer	- 56,00	+ 56,00	0,00
TOTAL	**- 56,00**	**0,00**	**- 56,00**

Ce tableau confirme que l'écriture de charge à payer a permis de déplacer le coût de l'abonnement sur l'exercice N auquel il se rattachait. L'impact sur l'exercice N+1 est nul si le montant de la charge a été correctement estimé, et limité à l'erreur de prévision dans le cas contraire.

Exercice n° 4 : Comptabiliser des charges à payer

La société Oxcurl établit ses comptes au 31 décembre de chaque année. Elle vous fournit les informations suivantes et vous demande de présenter les écritures comptables nécessaires à la clôture des comptes de l'exercice N :

- L'entreprise a fait paraître un encart publicitaire dans le numéro de décembre d'un magazine de surf mais n'a pas encore reçu la facture. Selon le contrat signé, la prestation devrait coûter 400 € HT ;
- L'entreprise a contracté un emprunt bancaire dont les mensualités sont prélevées à terme échu le 10 de chaque mois. La mensualité du 10 janvier N+1 s'élève à 506 € pour la période du 11/12/N au 10/01/N+1 : elle comprend 104 € d'intérêts et 402 € de remboursement ;
- Les primes sur objectifs des employés sont estimées à 15 000 € pour l'année N. Elles seront versées sur la paie du mois de janvier N+1. Le taux des cotisations patronales est estimé à 35 %.

Exercice n° 5 : Ajuster ses charges (charges à payer et charges constatées d'avance)

À la clôture de l'exercice N, le comptable de la société Chrisobois constate les faits suivants :

- Parmi les fournitures achetées au cours de l'exercice N (facturées et comptabilisées), il reste 78 € HT de fournitures d'entretien et 145 € HT de fournitures de bureau qui n'ont pas encore été utilisées ;
- Les droits à congés payés acquis par le personnel au 31/12/N mais non encore utilisés s'élèvent à 57 jours. Leur coût pour l'entreprise est estimé à 3 375 € de salaire brut et 1 181 € de cotisations sociales patronales ;
- Depuis le dernier relevé effectué et facturé par EDF le 10/10/N, la consommation d'électricité est estimée à 426 € HT ;
- Un abonnement annuel à une revue professionnelle a été réglé et comptabilisé le 01/06/N pour 216 € HT (période du 01/06/N au 31/05/N+1) ;
- Un fournisseur a livré des matières premières le 20/12/N pour 3 200 € HT (3 840 € TTC) mais n'a pas encore envoyé sa facture ;
- Les ristournes à recevoir des fournisseurs de matières concernant des achats réalisés en N s'élèvent à 740 € HT (888 € TTC). L'avoir correspondant ne sera pas reçu avant le mois de février N+1.

Il vous est demandé de comptabiliser les opérations nécessaires au 31/12/N et de préciser ce qu'il conviendra d'en faire en N+1.

Les produits à recevoir

Les produits à recevoir sont les symétriques des charges à payer. Il s'agit de produits relatifs à l'exercice clôturé n'ayant pas encore été comptabilisés à la clôture faute de pièce justificative : prestation ou livraison réalisée mais non encore facturée, intérêts courus sur un placement mais non encore reçus, etc.

Le schéma de comptabilisation des factures à établir ressemble à celui des factures non parvenues mais de façon inversée :

- Crédit du compte de produits correspondant à la nature de la recette pour le montant HT estimé (c'est le même compte qui sera utilisé lorsque vous émettrez la facture) ;
- Crédit du compte « 44587. TVA sur factures à établir » pour la TVA correspondante ;
- Débit du compte « 418. Clients, produits non encore facturés » pour le TTC.

Pour les autres produits à recevoir, il n'y aura pas de TVA et le compte à débiter sera fonction de la nature de la créance :

- « 448. État – Charges à payer et produits à recevoir » pour une subvention ou un dégrèvement fiscal à recevoir ;
- « 5188. Intérêts courus à recevoir » pour des intérêts courus sur un placement à court terme ;
- Etc.

De même que pour les charges constatées d'avance, ces écritures devront être contrepassées au début de l'exercice suivant afin de solder le compte de factures à établir et de neutraliser le produit qui sera enregistré en N+1 au moment de l'émission et de la comptabilisation de la facture.

Les avoirs à émettre s'enregistrent de façon symétrique par rapport aux factures à établir :

- Débit d'un compte de produits pour le montant HT (le même que celui dans lequel l'avoir sera enregistré en N+1) ;
- Débit du compte « 44587. TVA sur factures à établir » pour la TVA correspondante ;
- Crédit du compte « 4198. Clients – Avoirs à établir » pour le montant TTC.

Exercice corrigé

La société Balator émettra en janvier N+1 une facture relative à une prestation de services de 500 € HT (600 € TTC) réalisée en décembre N (les documents nécessaires à l'établissement de la facture ne seront disponibles qu'en janvier).

Quelles écritures sont nécessaires pour établir les comptes au 31/12/N ? Que faudra-t-il en faire à l'ouverture de l'exercice N+1 ?

Solution

La prestation de services a été réalisée durant l'exercice N et doit être intégrée aux comptes de cette année grâce à une écriture de produits à recevoir.

			Débit	Crédit
418000		Clients, produits non encore facturés	600	
	706000	Prestations de services		500
	445870	TVA sur factures à établir		100
			600	600

Cette écriture devra être contrepassée au 01/01/N+1 de façon à solder le compte de factures à établir et à neutraliser l'enregistrement de la facture. En effet, c'est en N+1 que la facture sera émise et comptabilisée au crédit d'un compte de produits. Toutefois, ce produit ne doit pas apparaître au compte de résultat de l'exercice N+1 dans la mesure où il figurait déjà dans celui de l'exercice N : il sera compensé par la contrepassation de la facture à établir au débit du même compte.

			Débit	Crédit
706000		Prestations de services	500	
445870		TVA sur factures à établir	100	
	418000	Clients, produits non encore facturés		600
			600	600

L'impact de ces écritures sur le résultat comptable des exercices N et N+1 est le suivant :

	Exercice N	Exercice N + 1	Cumul
Facture de services		+ 500,00	+ 500,00
Ecriture de produit à recevoir	+ 500,00	- 500,00	0,00
TOTAL	+ 500,00	0,00	+ 500,00

Ce tableau confirme que l'écriture de produit à recevoir a permis de déplacer le produit de la prestation sur l'exercice N auquel elle se rattachait. L'impact sur l'exercice N+1 est nul si le montant de la vente a été correctement estimé, et limité à l'erreur de prévision dans le cas contraire.

Exercice n° 6 : Comptabiliser des produits à recevoir

L'entreprise FLR Sécurité clôture ses comptes au 31 décembre de chaque année. Au 31/12/N, elle a recensé plusieurs prestations en attente de facturation :

- Quatre journées de formation pour 1 200 € HT (dates prévues : 7, 14 et 21 décembre N et 4 janvier N+1) ;
- Contrat de télésurveillance pour les locaux d'une entreprise : 200 € HT pour la période allant du 16/12/N au 15/02/N+1 ;
- Prestation de service d'ordre pour une réception ayant eu lieu le 27/12/N : 180 € HT.

Elle devra également établir un avoir pour ristourne de fin d'année de 800 € HT (960 € TTC) à son principal client.

Par ailleurs, le comptable vous informe que les intérêts courus sur le compte livret s'élèvent à 200 € au 31/12/N. Ils ne seront versés qu'en janvier N+1.

Il vous est demandé de passer les écritures nécessaires à la clôture de l'exercice N et à la réouverture de l'exercice N+1.

Exercice n° 7 : Ajuster ses produits (produits constatés d'avance et produits à recevoir)

À la clôture de l'exercice N, la société Atoutplast vous communique les renseignements suivants :

- Une facture de 3 260 € HT (3 912 € TTC) relative à une vente de marchandises a été émise et comptabilisée le 28/12/N. À la suite d'une grève surprise du personnel de manutention, les produits n'ont finalement été expédiés qu'en janvier N+1 ;

- Des marchandises ont été livrées le 30/12/N à un client pour un montant de 4 000 € HT (4 800 € TTC). Un problème informatique a empêché d'éditer et de comptabiliser la facture avant janvier N+1 ;
- Un versement de 5 000 € a été réalisé le 01/04/N sur un compte rémunéré. Les intérêts au taux annuel de 4 % sont payables annuellement à terme échu.

Il vous est demandé de comptabiliser les opérations nécessaires au 31/12/N en précisant ce qu'il conviendra d'en faire en N+1.

Réponses

Exercice n° 1 : Rattachement des charges

Achat de marchandises facturées le 23/12/N mais reçues le 03/01/N+1

S'agissant d'un achat de marchandises, c'est la date de livraison qui commande le rattachement à un exercice comptable : l'achat devra être intégré aux charges de l'année N+1.

Achat de prospectus publicitaires reçus le 20/12/N mais dont un quart seulement a été distribué au 31/12/N

Les prospectus ont été reçus en N, mais les trois quarts inutilisés peuvent être transférés sur l'exercice N+1 par le biais d'une écriture de charges constatées d'avance. Seul le quart utilisé durant l'année N restera dans les charges de cet exercice.

Consultation d'un avocat : 2 000 € HT pour dix heures de travail

Les 2 000 € doivent être répartis entre les exercices N et N+1 en fonction des heures de travail fourni :

- Exercice N : sept heures, soit 1 400 € (= 2 000 × 7 / 10) ;
- Exercice N+1 : trois heures, soit 600 € (= 2 000 × 3 / 10).

Abonnement à une revue professionnelle

Les 250 € doivent être répartis entre les exercices N et N+1 en fonction de la période couverte par l'abonnement :

- Exercice N : huit mois, soit 166,67 € (= 250 × 8 / 12) ;
- Exercice N+1 : quatre mois, soit - 83,33 € (= 250 × 4 / 12).

Achat de matières premières livrées le 28/12/N mais facturées le 04/01/N+1

S'agissant d'un achat de matières premières, c'est la date de livraison qui commande le rattachement à un exercice comptable : l'achat devra être intégré dans le compte de résultat de l'année N. Dans le cas où ces matières n'auraient pas encore été consommées à la clôture des comptes, la charge sera ajustée par une écriture de variation de stocks.

Frais de formation pour un séminaire réalisé le 15/12/N mais facturé le 30/01/N+1

Dans le cas d'une prestation de services, c'est la date de réalisation de la prestation qui commande le rattachement à un exercice comptable : les frais devront être intégrés dans le compte de résultat de l'exercice N.

Frais de mission d'un commercial pour le mois de décembre N

Les missions et déplacements ayant eu lieu en décembre N, les dépenses engagées doivent être prise en compte parmi les charges de l'exercice N.

Commissions d'un agent commercial calculées sur les ventes du quatrième trimestre N mais réglées en janvier N+1

Les commissions étant calculées sur des ventes de l'exercice N, leur coût doit être intégré au compte de résultat de l'exercice N.

Assurance multirisque : 1 500 € (sans TVA) facturés en octobre N pour la période allant du 01/10/N au 30/09/N+1

Les 1 500 € doivent être répartis entre les exercices N et N+1 en fonction de la période couverte par l'assurance :

- Exercice N : trois mois, soit 375 € (= 1 500 × 3 / 12) ;
- Exercice N+1 : neuf mois, soit 1 125 € (= 1 500 × 9 / 12).

En résumé, le tableau corrigé est le suivant :

	Exercice N	Exercice N + 1
Achat de marchandises	0	1 400
Achat de prospectus publicitaires	125	375
Consultation d'un avocat	1 400	600
Abonnement à une revue professionnelle	166,67	83,33
Achat de matières premières	5 000	0
Frais de formation	1 000	0
Frais de mission d'un commercial	380	0
Commissions d'un agent commercial	9 000	0
Assurance multirisque	375	1 125

Exercice n° 2 : Charges constatées d'avance

Leasing d'un véhicule utilitaire : 360 € HT (432 € TTC) pour la période allant du 25/12/N au 24/01/N+1

La facture a été comptabilisée parmi les charges de l'exercice N au débit du compte « 612. Redevances de crédit-bail ». Toutefois, elle concerne en partie l'exercice N+1 (24 jours en janvier) : il convient de transférer 278,71 € (= 360 × 24 / 31) en charges constatées d'avance. Conformément à la réglementation, nous ne touchons pas aux comptes de TVA.

			Débit	Crédit
486000		Charges constatées d'avance	278,71	
	612000	Redevances de crédit-bail		278,71

Assurance garantie décennale : 900 € (sans TVA) pour la période allant du 01/09/N au 31/08/N+1

La facture a été comptabilisée en charge de l'exercice N (débit du compte « 616. Primes d'assurance ») mais concerne l'exercice N+1 pour huit mois : il convient de transférer 600 € (= 900 × 8 / 12) en charges constatées d'avance.

			Débit	Crédit
486000		Charges constatées d'avance	600,00	
	616000	Primes d'assurance		600,00

Location d'un stand pour le Salon de l'habitat qui aura lieu en janvier N+1 : 2 000 € HT (2 400 € TTC)

La facture a été comptabilisée en charge de l'exercice N (débit du compte « 6233. Foires et expositions »). Toutefois, le salon ayant lieu en N+1, son coût doit être intégralement transféré sur cet exercice par le biais d'une écriture de charges constatées d'avance.

			Débit	Crédit
486000		Charges constatées d'avance	2 000,00	
	623300	Foires et expositions		2 000,00

***Achat de petites fournitures qui n'ont été reçues que le 03/01/N+1 :
137 € HT (164,40 € TTC)***

La facture a été comptabilisée parmi les charges de l'exercice N (débit du compte « 606. Achats non stockés de fournitures »). Toutefois, les fournitures n'ayant été reçues qu'en N+1, leur coût doit être intégralement transféré sur cet exercice par le biais d'une écriture de charges constatées d'avance.

			Débit	Crédit
486000		Charges constatées d'avance	137,00	
	606000	Achats non stockés de fournitures		137,00

Toutes ces écritures devront être contrepassées (c'est-à-dire enregistrées dans les mêmes comptes mais en sens inverse) à l'ouverture de l'exercice N+1 :

			Débit	Crédit
612000		Redevances de crédit-bail	278,71	
	486000	Charges constatées d'avance		278,71
616000		Primes d'assurance	600,00	
	486000	Charges constatées d'avance		600,00
623300		Foires et expositions	2 000,00	
	486000	Charges constatées d'avance		2 000,00
606000		Achats non stockés de fournitures	137,00	
	486000	Charges constatées d'avance		137,00

Exercice n° 3 : Produits constatés d'avance

Les factures recensées ont toutes été enregistrées en produits de l'exercice N au crédit du compte « 706. Prestations de services », toutefois certains montants concernent l'exercice N+1 et doivent être transférés en produits constatés d'avance.

Contrat de gardiennage mensuel pour un entrepôt : 5 000 € HT pour la période du 20/12/N au 19/01/N+1

La facture porte sur une période de 31 jours dont 19 jours sur l'exercice N+1 : il convient de transférer 3 064,52 € (= 5 000 × 19 / 31) en produits constatés d'avance.

			Débit	Crédit
706000		Prestations de services	3 064,52	
	487000	Produits constatés d'avance		3 064,52

Contrat de télésurveillance pour les locaux d'une entreprise : 200 € HT pour la période allant du 01/12/N au 31/01/N+1

La facture concerne l'exercice N+1 pour un mois : il convient de transférer 100 € (= 200 × 1 / 2) en produits constatés d'avance.

			Débit	Crédit
706000		Prestations de services	100,00	
	487000	Produits constatés d'avance		100,00

Prestation de service d'ordre pour une réception ayant eu lieu le 23/12/N : 160 € HT

La prestation a eu lieu durant l'exercice N et est donc tout à fait à sa place parmi les produits de cet exercice. Aucune écriture de régularisation n'est nécessaire : il s'agissait d'un piège !

Animation d'une demi-journée de formation à la sécurité incendie : 140 € HT. L'intervention initialement prévue le 15/12/N a finalement été repoussée au 05/01/N+1

La prestation a eu lieu durant l'année N+1 et doit être intégralement transférée sur cet exercice.

			Débit	Crédit
706000		Prestations de services	140,00	
	487000	Produits constatés d'avance		140,00

Toutes ces écritures devront être contrepassées à l'ouverture de l'exercice N+1 :

			Débit	Crédit
487000		Produits constatés d'avance	3 064,52	
	706000	Prestations de services		3 064,52
487000		Produits constatés d'avance	100,00	
	706000	Prestations de services		100,00
487000		Produits constatés d'avance	140,00	
	706000	Prestations de services		140,00

Exercice n° 4 : Comptabiliser des charges à payer

L'entreprise a fait paraître un encart publicitaire dans le numéro de décembre d'un magazine de surf mais n'a pas encore reçu la facture. Selon le contrat signé, la prestation devrait coûter 400 € HT.

La prestation se rattache à l'exercice N mais n'a pas encore pu être comptabilisée dans la mesure où l'entreprise n'a pas reçu la facture : il convient d'enregistrer une charge à payer (facture non parvenue) de 400 € HT et la TVA correspondante de 80 €.

			Débit	Crédit
623100		Annonces et insertions	400	
445860		TVA sur factures non parvenues	80	
	408000	Fournisseurs, factures non parvenues		480
			480	480

L'entreprise a contracté un emprunt bancaire dont les mensualités sont prélevées le 10 de chaque mois. La mensualité du 10 janvier N+1 s'élève à 506 € pour la période du 11/12/N au 10/01/N+1. Elle comprend 104 € d'intérêts et 402 € de remboursement.

La mensualité concerne une période à cheval sur les exercices N et N+1 (21 jours en N et 10 jours en N+1) mais ne sera comptabilisée qu'en N+1 : il convient d'enregistrer une charge à payer pour la partie relative à l'exercice N.

Seuls les éléments du compte de résultat doivent être régularisés : il n'est donc pas utile d'ajuster les 402 € de remboursement. En revanche, les 104 € d'intérêts feront l'objet d'une écriture de charge à payer de 70,45 € (= 104 × 21 / 31). S'agissant d'un emprunt bancaire, nous utiliserons le compte « 661. Charges d'intérêts » au débit et le « 1688. Intérêts courus » au crédit.

			Débit	Crédit
661000		Charges d'intérêts	70,45	
	168800	Intérêts courus		70,45

Les primes sur objectifs des employés sont estimées à 15 000 € pour l'année N. Elles seront versées sur la paie du mois de janvier N+1. Le taux des cotisations patronales est estimé à 35 %.

Ici encore, la charge se rattache à l'exercice N mais ne sera enregistrée qu'en N+1 lors de la comptabilisation de la paie de janvier. Il convient de l'anticiper par une écriture de charge à payer :

- ✔ Nous débiterons des comptes de charges : « 641. Rémunérations du personnel » pour le montant brut de la prime et « 645. Charges de sécurité sociale » pour les cotisations patronales correspondantes (35 % × 15 000 = 5 250 €) ;
- ✔ Nous créditerons des comptes de dettes : « 428. Personnel, charges à payer » pour le montant brut de la prime et « 438. Organismes sociaux, charges à payer » pour les cotisations patronales.

			Débit	Crédit
641000		Rémunérations du personnel	15 000,00	
645000		Charges de sécurité sociale	5 250,00	
	428000	Personnel, charges à payer		15 000,00
	438000	Organismes sociaux, charges à payer		5 250,00

Toutes ces écritures devront être contrepassées à l'ouverture de l'exercice N+1 :

			Débit	Crédit
408000		Fournisseurs, factures non parvenues	480,00	
	623100	Annonces et insertions		400,00
	445860	TVA sur factures non parvenues		80,00
168800		Intérêts courus	70,45	
	661000	Charges d'intérêts		70,45
428000		Personnel, charges à payer	15 000,00	
438000		Organismes sociaux, charges à payer	5 250,00	
	641000	Rémunérations du personnel		15 000,00
	645000	Charges de sécurité sociale		5 250,00

Exercice n° 5 : Ajuster ses charges (charges à payer et charges constatées d'avance)

Parmi les fournitures achetées au cours de l'exercice N (facturées et comptabilisées), il reste 78 € HT de fournitures d'entretien et 145 € HT de fournitures de bureau qui n'ont pas encore été utilisées.

Les petites fournitures non utilisées à la clôture sont retirées des charges de l'exercice par le biais d'une écriture de charges constatées d'avance :

			Débit	Crédit
486000		Charges constatées d'avance	223,00	
	606300	Fournitures d'entretien		78,00
	606400	Fournitures administratives		145,00
			223,00	**223,00**

Les droits à congés payés acquis par le personnel au 31/12/N mais non encore utilisés s'élèvent à 57 jours. Leur coût pour l'entreprise est estimé à 3 375 € de salaire brut et 1 181 € de cotisations sociales patronales.

Les congés payés ont été acquis grâce au travail effectué pendant l'année N et se rattachent à cet exercice. En revanche, ils ne seront comptabilisés qu'au moment où ils seront utilisés (rappelons que les frais de personnel sont comptabilisés chaque mois pour le montant figurant sur les bulletins de paie) : il convient de les anticiper par une écriture de charges à payer :

			Débit	Crédit
641000		Rémunérations du personnel	3 375,00	
645000		Charges de sécurité sociale	1 181,00	
	428000	Personnel, charges à payer		3 375,00
	438000	Organismes sociaux, charges à payer		1 181,00

Depuis le dernier relevé effectué et facturé le 10/10/N, la consommation d'électricité est estimée à 426 € HT.

La consommation d'électricité du 11/10/N au 31/12/N ne sera facturée qu'au prochain relevé en N+1 mais concerne l'exercice N : il convient de comptabiliser une charge à payer (facture non parvenue), pour l'intégrer dans les charges de cet exercice.

			Débit	Crédit
606000		Achats non stockés	426,00	
445860		TVA sur factures non parvenues	85,20	
	418000	Fournisseurs, factures non parvenues		511,20
			511,20	511,20

Un abonnement annuel à une revue professionnelle a été réglé le 01/06/N pour 216 € HT.

L'abonnement a été comptabilisé sur l'exercice N au débit du compte « 618. Divers » mais concerne en partie l'exercice N+1 : il convient de transférer la part relative à N+1 (cinq mois du 1er janvier au 31 mai N+1) en charges constatées d'avance pour 90 € (= 216 × 5 / 12).

			Débit	Crédit
486000		Charges constatées d'avance	90,00	
	618000	Services extérieurs divers		90,00

Un fournisseur a livré des matières premières le 20/12/N pour 3 200 € HT (3 840 € TTC) mais n'a pas encore envoyé sa facture.

La livraison a eu lieu sur l'exercice N mais la facture n'a pas encore été comptabilisée : il convient de l'intégrer aux charges de l'exercice N par une écriture de charge à payer (facture non parvenue) :

			Débit	Crédit
601000		Achats de matières premières	3 200	
445860		TVA sur factures non parvenues	640	
	408000	Fournisseurs, factures non parvenues		3 840
			3 840	3 840

Les ristournes à recevoir des fournisseurs de matières premières concernant des achats réalisés en N s'élèvent à 740 € HT (888 € TTC). L'avoir correspondant ne sera pas reçu avant le mois de février N+1.

Ces ristournes sont liées à des opérations réalisées durant l'année N et doivent être rattachées à cet exercice. L'avoir n'ayant pas encore été reçu à la clôture, il convient de l'anticiper par une écriture d'avoir à recevoir.

			Débit	Crédit
409800		Fournisseurs, RRR à obtenir	888	
	609100	RRR sur achats de matières premières		740
	445860	TVA sur factures non parvenues		148
			888	888

Toutes ces écritures devront être contrepassées à l'ouverture de l'exercice N+1 :

			Débit	Crédit
606300		Fournitures d'entretien	78,00	
606400		Fournitures administratives	145,00	
	486000	Charges constatées d'avance		223,00
428000		Personnel, charges à payer	3 375,00	
438000		Organismes sociaux, charges à payer	1 181,00	
	641000	Rémunérations du personnel		3 375,00
	645000	Charges de sécurité sociale		1 181,00
408000		Fournisseurs, factures non parvenues	511,20	
	606000	Achats non stockés		426,00
	445860	TVA sur factures non parvenues		85,20
618000		Services extérieurs divers	90,00	
	486000	Charges constatées d'avance		90,00
408000		Fournisseurs, factures non parvenues	3 840,00	
	601000	Achats de matières premières		3 200,00
	445860	TVA sur factures non parvenues		640,00
609100		RRR sur achats de matières premières	740,00	
445860		TVA sur factures non parvenues	148,00	
	409800	Fournisseurs, RRR à obtenir		888,00

Exercice n° 6 : Comptabiliser des produits à recevoir

Les prestations recensées n'ont pas encore été facturées à la clôture de l'exercice N et ne figurent pas parmi les produits de cet exercice. Certaines se rattachent toutefois à son activité et feront l'objet d'une écriture de produits à recevoir.

Quatre journées de formation pour 1 200 € HT (dates prévues : 7, 14 et 21 décembre N et 4 janvier N+1)

Sur les quatre journées à facturer, trois ont déjà été réalisées à la clôture de l'exercice N : elles doivent être intégrées aux produits de cet exercice au moyen d'une écriture de produits à recevoir (facture à émettre) pour 900 € (= 1 200 × 3 / 4).

			Débit	Crédit
418000		Clients, produits non encore facturés	1 080	
	706000	Prestations de services		900
	445870	TVA sur factures à établir		180
			1 080	1 080

Contrat de télésurveillance pour les locaux d'une entreprise : 200 € HT pour la période allant du 16/12/N au 15/02/N+1

Le contrat porte sur une durée de deux mois (62 jours), dont 16 jours sur l'exercice N : ceux-ci doivent être intégrés aux produits de cet exercice au moyen d'une écriture de produits à recevoir (facture à émettre) pour 51,61 € (= 200 × 16 / 62).

			Débit	Crédit
418000		Clients, produits non encore facturés	61,93	
	706000	Prestations de services		51,61
	445870	TVA sur factures à établir		10,32
			61,93	61,93

Prestation de service d'ordre pour une réception ayant eu lieu le 27/12/N : 180 € HT

La réception a eu lieu pendant l'année N et doit être intégrée aux produits de cet exercice au moyen d'une écriture de produits à recevoir (facture à émettre) pour 180 €.

			Débit	Crédit
418000		Clients, produits non encore facturés	216	
	706000	Prestations de services		180
	445870	TVA sur factures à établir		36
			216	216

Avoir pour ristourne de fin d'année

L'avoir concerne les ventes de l'exercice N et se rattache en conséquence à cet exercice : il doit être anticipé en comptabilité par une écriture d'avoir à émettre.

			Débit	Crédit
709600		Remises, rabais et ristournes accordés	800	
445870		TVA sur factures à émettre	160	
	419800	Remises, rabais et ristournes à accorder		960
			960	960

Intérêts courus sur le compte livret : 200 €

Les intérêts courus ont été acquis pendant l'exercice N même s'ils ne seront versés qu'en N+1 : ils doivent être intégrés aux produits de l'exercice N au moyen d'une écriture de produits à recevoir pour 200 €. S'agissant d'un placement à court terme, nous utiliserons le compte « 518. Intérêts courus » au débit et « 768. Autres produits financiers » au crédit.

			Débit	Crédit
518000		Intérêts courus	200,00	
	768000	Autres produits financiers		200,00

Toutes ces écritures devront être contrepassées à l'ouverture de l'exercice N+1 :

			Débit	Crédit
706000		Prestations de services	900,00	
445870		TVA sur factures à établir	180,00	
	418000	Clients, produits non encore facturés		1 080,00
706000		Prestations de services	51,61	
445870		TVA sur factures à établir	10,32	
	418000	Clients, produits non encore facturés		61,93
706000		Prestations de services	180,00	
445870		TVA sur factures à établir	36,00	
	418000	Clients, produits non encore facturés		216,00
419800		Remises, rabais et ristournes à accorder	960,00	
	709600	Remises, rabais et ristournes accordés		800,00
	445870	TVA sur factures à émettre		160,00
768000		Autres produits financiers	200,00	
	518000	Intérêts courus		200,00

Exercice n° 7 : Ajuster ses produits (produits constatés d'avance et produits à recevoir)

Une facture de 3 260 € HT (3 912 € TTC) relative à une vente de marchandises a été émise et adressée à un client le 28/12/N. À la suite d'une grève surprise du personnel de manutention, les produits n'ont finalement été expédiés qu'en janvier N+1.

La facture a été émise et comptabilisée sur l'exercice N mais la livraison n'a eu lieu qu'en N+1 : le produit comptable doit être transféré sur cet exercice par le biais d'une écriture de produits constatés d'avance.

			Débit	Crédit
707000		Ventes de marchandises	3 260,00	
	487000	Produits constatés d'avance		3 260,00

Des marchandises ont été livrées le 30/12/N à un client pour un montant de 4 000 € HT (4 800 € TTC). Un problème informatique a empêché d'éditer et de comptabiliser la facture avant janvier N+1.

La livraison a eu lieu pendant l'exercice N mais la facture ne sera émise et comptabilisée qu'en N+1 : il convient d'anticiper le produit par une écriture de produits à recevoir (facture à émettre).

			Débit	Crédit
418000		Clients, produits non encore facturés	4 800	
	707000	Ventes de marchandises		4 000
	445870	TVA sur factures à établir		800
			4 800	4 800

Un versement de 5 000 € a été réalisé le 01/04/N sur un compte rémunéré. Les intérêts au taux annuel de 4 % sont payables annuellement à terme échu.

Les intérêts seront reçus et enregistrés le 01/04/N+1 pour 200 € (= 5 000 × 4 %) mais ils concernent en grande partie l'exercice N : neuf mois sur douze soit 150 € (= 200 × 9 / 12). Ce montant devra être intégré aux produits de l'exercice N par une écriture de produits à recevoir.

			Débit	Crédit
518000		Intérêts courus	150,00	
	768000	Autres produits financiers		150,00

Toutes ces écritures devront être contrepassées à l'ouverture de l'exercice N+1 :

			Débit	Crédit
487000		Produits constatés d'avance	3 260	
	707000	Ventes de marchandises		3 260
707000		Ventes de marchandises	4 000	
445870		TVA sur factures à établir	800	
	418000	Clients, produits non encore facturés		4 800
768000		Autres produits financiers	150	
	518000	Intérêts courus		150

Quatrième partie
La partie des Dix

Dans cette partie...

Les ouvrages de la collection « Pour les Nuls » se terminent traditionnellement par la partie des Dix et celui-ci ne fera pas exception. Plutôt que de vous proposer dix exercices supplémentaires, nous avons préféré recenser les dix principaux concepts à maîtriser pour comprendre la comptabilité, ainsi que dix astuces parfaitement légales pour augmenter ou diminuer votre résultat comptable en fonction de vos besoins. Grâce à nous, vous saurez comment faire bonne impression à votre banquier ou comment réduire votre note fiscale. De quoi vous récompenser de tous les efforts fournis jusqu'à présent !

Chapitre 14

Dix choses à savoir sur la comptabilité

Dans ce chapitre :
- Les confusions fréquentes
- Les erreurs à éviter
- Les points de repère à garder en tête

Tenir soi-même sa comptabilité, c'est faire un grand pas vers la liberté, mais c'est aussi se lancer dans l'inconnu. Nous avons recensé ici pour vous les dix principaux éléments à avoir en tête pour éviter les erreurs et les confusions. Les cinq premiers concernent la saisie au quotidien alors que les cinq suivants présentent des réflexions plus générales sur le contenu des comptes annuels.

L'équilibre des écritures n'est pas négociable

Par principe, toutes les écritures comptables doivent être équilibrées au centime près : aucun logiciel digne de ce nom n'acceptera de valider une écriture dont le total du débit n'est pas égal au total du crédit. Même les plus petits écarts doivent être enregistrés : les écarts d'arrondi, par exemple, seront comptabilisés au débit du compte « 658. Charges diverses » s'ils vous sont défavorables, et au crédit du « 758. Produits divers » s'ils vous sont favorables.

Si vous avez des difficultés à compléter une écriture, c'est probablement que la partie manquante se trouve au compte de résultat. En effet, les comptes du bilan correspondent à des éléments concrets de votre patrimoine et sont les plus faciles à identifier : créances, dettes, argent en banque ou en caisse, stocks, placements, etc. En revanche, les comptes du compte de résultat reflètent des flux passés qui ont enrichi ou appauvri l'entreprise mais sans forcément laisser de traces concrètes au jour de la clôture : ils sont moins évidents à identifier.

En cas de doute, nous vous conseillons de revenir aux bases du raisonnement et de commencer par recenser les éléments qui entrent et qui sortent du patrimoine de votre entreprise. Si les entrées et les sorties ne sont pas équilibrées, c'est que vous vous êtes enrichi (plus d'entrées que de sorties) ou appauvri (plus de sorties que d'entrées) : vous devrez donc constater un produit ou une charge. Quelques comptes « fourre-tout » sont utiles à connaître :

- « 658. Charges diverses » si vous constatez un appauvrissement lié à l'exploitation ;
- « 758. Produits divers » si vous constatez un enrichissement lié à l'exploitation ;
- « 671. Charges exceptionnelles » si vous constatez un appauvrissement exceptionnel ;
- « 771. Produits exceptionnels » si vous constatez un enrichissement exceptionnel.

Pour vous en convaincre, appliquons cette méthode à un cas complexe. Un client vous verse des arrhes de 500 € : vous enregistrez une entrée d'argent au débit du compte « 512. Banques » et l'apparition d'une dette vis-à-vis du client au crédit du compte « 4191. Clients, avances et acomptes reçus ».

			Débit	Crédit
512000		Banques	500,00	
	419100	Clients, avances et acomptes reçus		500,00

Quelques semaines plus tard, vous vous apercevez que vous êtes dans l'incapacité d'honorer votre engagement et vous lui versez 1 000 € à titre de dédommagement. Comment comptabiliser ce versement ? Vous avez sans doute identifié la sortie d'argent de 1 000 € (crédit du compte « 512. Banques ») et la disparition de la dette de 500 € (débit du compte « 4191. Clients, avances et acomptes reçus »). Mais comment équilibrer cette écriture ? En fait, les 500 € manquants sont une perte pour votre entreprise (vous aviez reçu 500 € et devez rembourser 1 000 €) : vous les enregistrerez au débit d'un compte de charges exceptionnelles.

			Débit	Crédit
419100		Clients, avances et acomptes reçus	500,00	
671000		Charges exceptionnelles	500,00	
	512000	Banques		1 000,00

Une affaire de rigueur et de logique plus que de connaissances pointues

Le diplôme d'expertise comptable requiert huit années d'études supérieures, mais personne ne vous en demande autant pour tenir votre comptabilité au quotidien. Certes, comme toute technique, la comptabilité nécessite un temps d'apprentissage, mais ses mécanismes sont en fait très simples et le but de cet ouvrage est justement de vous les rendre accessibles. Une fois que vous les avez acquis, le reste est plus une affaire de logique et de rigueur que de connaissances techniques pointues.

Au début, vous vous limiterez à la saisie des factures et des mouvements de trésorerie. Rien de plus simple ! Prenons l'exemple d'une facture fournisseur : vous savez que vous devez enregistrer le montant TTC au crédit du compte « 401. Fournisseurs » et la TVA au débit du compte « 44566. TVA déductible ». Il ne vous reste plus qu'à trouver le numéro du compte au débit duquel enregistrer le montant HT. Si vous procédez avec ordre et méthode, tout se passera bien :

- Vous vérifierez tout d'abord qu'il s'agit bien d'un achat courant et non pas d'un investissement : vous serez alors certain que le compte recherché commence par le chiffre 6, caractéristique des charges ;

- Puis vous vous demanderez s'il s'agit d'un achat de biens ou de services : dans le premier cas le numéro commencera par 60 et dans le second par 61 ou 62 ;

- Enfin, vous chercherez plus avant dans votre liste de comptes le numéro exact à utiliser, par exemple « 623. Frais de publicité » pour une facture de publicité ou « 613. Locations » pour un loyer.

De toute façon, vous vous apercevrez très rapidement que ce sont souvent les mêmes types de factures qui reviennent. Et si vous craignez de ne pas vous y retrouver, sachez qu'il existe un guide pratique de comptabilisation des factures à la fin de l'ouvrage *La Comptabilité pour les Nuls* dans la même collection. Les différents types d'achats y sont répertoriés par ordre alphabétique avec, pour chacun, des explications détaillées sur la façon correcte de les comptabiliser. Une aide précieuse, à consulter chaque fois que vous hésitez sur la comptabilisation d'une facture !

Les dangers de la saisie assistée

Les éditeurs de logiciels comptables rivalisent d'ingéniosité pour vous simplifier la vie, ou du moins l'enregistrement de vos factures. Ils proposent une saisie assistée des pièces comptables et la présentent comme un outil miracle qui rendrait la comptabilité accessible à un enfant de 7 ans (il faut quand même qu'il sache lire !). Ne rêvez pas : le jour n'est pas encore arrivé où vous pourrez déléguer cette tâche à votre bambin.

Commençons par reconnaître les mérites de la saisie assistée avant de vous mettre en garde contre ses limites et ses dangers. Tout d'abord, saluons l'effort de présentation réalisé. Fini, les masques de saisie austères et rébarbatifs : la navigation est désormais claire et intuitive ; elle est rendue plus agréable par l'usage d'icônes et de couleurs. De plus, le classement par types des opérations à saisir (achats, ventes, encaissements, décaissements, etc.) rend non seulement la saisie plus aisée, mais permet également d'automatiser l'utilisation de différents journaux sans que vous ayez à vous en préoccuper. Le travail de recherche des numéros de compte est également allégé : les comptes incontournables peuvent être préremplis par le logiciel (par exemple, le « 512. Banques » au débit pour les encaissements ou le « 401. Fournisseurs » au crédit pour les achats). Certains éditeurs vous épargnent même la saisie des comptes de charges et de produits : vous n'avez qu'à sélectionner la nature de l'achat ou de la vente dans une liste déroulante et le compte correspondant est appelé automatiquement.

Nous vous recommandons toutefois de ne pas vous laisser emporter par cette simplicité apparente : de nombreux détails peuvent venir gripper cette belle mécanique et nécessiter votre attention. Prenons l'exemple d'une facture d'avocat : si vous choisissez la nature « honoraires » dans la liste déroulante de la saisie assistée, le compte associé sera un compte de charges : « 622. Rémunérations d'intermédiaires et honoraires ». Ce compte sera parfaitement adapté si l'avocat en question défend vos intérêts dans un litige. En revanche, s'il travaille sur l'acte d'acquisition d'un bien immobilier ou sur des modifications de la forme juridique de votre entreprise, un compte d'immobilisation pourrait être plus adapté. Inversement, si vous exploitez un commerce de meubles, n'allez surtout pas choisir la catégorie « mobilier » pour enregistrer vos achats : ceux-ci seraient alors comptabilisés dans un compte d'immobilisation et non pas en achats de marchandises.

Vous devez également être vigilant lorsque vous enregistrez un achat au comptant : la saisie assistée « règlement fournisseur » est habituellement prévue pour comptabiliser le paiement d'achats à crédit préalablement enregistrés. Elle propose par défaut de débiter le compte « 401. Fournisseurs » sans faire apparaître de charge. Si votre facture a été réglée au comptant, vous avez le choix entre deux possibilités :

✔ Soit procéder en deux temps en enregistrant d'abord la facture comme un achat à crédit grâce à la saisie assistée « facture fournisseur », puis son règlement grâce à la saisie assistée « règlement fournisseur » ;

✔ Soit ne saisir que le règlement en utilisant la saisie assistée « règlement fournisseur » mais en sélectionnant vous-même les comptes à débiter (si votre logiciel le permet) : compte de charge pour le montant HT et « 44566. TVA déductible » pour la TVA.

Enfin, évitez d'utiliser le lettrage automatique si vous émettez ou recevez fréquemment des factures de montants identiques : rien ne vous garantit que le logiciel sélectionne la bonne facture.

Savoir corriger une erreur

Nul n'est infaillible et il vous arrivera sûrement, à un moment ou à un autre, de commettre une erreur de saisie. Comment la corriger ? Tout dépend de l'ancienneté de l'erreur et des fonctionnalités de votre logiciel. Une écriture qui n'a pas été validée (les comptables disent qu'elle se trouve dans le « brouillard de saisie ») peut être modifiée sans plus de formalités : il suffit de la rappeler à l'écran et de modifier les numéros de comptes ou les montants erronés. En revanche, une écriture validée ne peut plus être modifiée : la seule solution consiste à saisir une écriture supplémentaire pour la corriger. Cette écriture sera enregistrée dans le journal des opérations diverses, les « OD » comme les appellent les comptables. Elle pourra soit corriger directement les comptes concernés, soit annuler complètement l'écriture erronée pour la repasser ensuite correctement.

Supposons par exemple que vous avez enregistré une vente de marchandises de la façon suivante (prenez quelques instants pour essayer de trouver l'erreur par vous-même) :

			Débit	Crédit
411000		Clients	1 200	
	701000	Ventes de produits finis		1 000
	445710	TVA collectée		200

Vous aurez sans doute remarqué que le compte de produits utilisé n'est pas le bon : les ventes de marchandises s'enregistrent au crédit du compte 707 et non pas 701. La correction directe consistera à annuler le crédit de 1 000 € dans le compte 701 (en débitant ce même compte) et à le faire apparaître au crédit du 707, sans toucher aux autres comptes qui sont corrects.

			Débit	Crédit
701000		Ventes de produits finis	1 000,00	
	707000	Ventes de marchandises		1 000,00

L'autre façon de procéder, plus longue mais plus sûre, consiste à contrepasser l'écriture erronée pour la repasser correctement.

			Débit	Crédit
701000		Ventes de produits finis	1 000	
445710		TVA collectée	200	
	411000	Clients		1 200
411000		Clients	1 200	
	707000	Ventes de marchandises		1 000
	445710	TVA collectée		200

Ces écritures de correction sont assez lourdes à gérer. C'est pourquoi nous vous conseillons de conserver vos écritures en brouillard le plus longtemps possible, idéalement jusqu'à ce que votre expert-comptable ait validé votre comptabilité de l'année.

Prévoir de s'y retrouver après coup

Une fois une facture saisie et réglée, vous pensez sans doute en être débarrassé ? Rien n'est moins sûr ! Il est en effet très fréquent de devoir rechercher une facture après coup : pour comparer son montant avec une autre reçue par la suite, pour retrouver les coordonnées du fournisseur, pour vérifier les détails du règlement en cas de relance injustifiée, etc.

Mieux vaut le prévoir et vous donner les moyens de retrouver aisément vos pièces comptables en cas de besoin. Par exemple, au lieu d'utiliser un unique compte « 401. Fournisseurs » pour enregistrer tous vos achats, nous vous conseillons de vous servir de ses subdivisions pour créer des comptes distincts pour vos principaux fournisseurs. Vous en ferez de même avec les comptes clients.

Nous vous recommandons également d'utiliser systématiquement les comptes « 401. Fournisseurs » et « 411. Clients » pour enregistrer vos factures, mêmes celles réglées au comptant. Cette façon de procéder est un peu plus lourde, puisqu'elle vous oblige à saisir deux écritures (une pour la facture et une pour son règlement), mais vous constaterez très vite qu'il est plus facile de retrouver une facture dans le compte du fournisseur concerné plutôt que noyée dans la masse des mouvements du compte « 512. Banques ».

Enfin, n'oubliez pas de numéroter et de classer soigneusement vos pièces comptables. Vous pouvez, par exemple, les ranger par ordre chronologique dans quatre dossiers distincts : factures de vente, factures d'achat, pièces de banque et divers (TVA, paie, OD, etc.). La numérotation rigoureuse de ces documents vous permettra de faire le lien avec les écritures comptables : soit vous saisirez dans votre logiciel le numéro que vous aurez attribué à votre pièce justificative (numéro de facture, par exemple), soit vous noterez sur la facture le numéro d'écriture attribué par votre logiciel.

Des règles en constante évolution

La comptabilité est une discipline évolutive. Le principe de la partie double existe depuis le Moyen Âge et il a su s'adapter à chaque époque aux évolutions de l'activité économique. Aujourd'hui encore, le droit comptable est en pleine mutation sous l'influence combinée de l'harmonisation des normes internationales et du développement de la finance actionnariale.

Ne soyez donc pas surpris d'entendre un jour votre expert-comptable vous annoncer que la façon d'enregistrer telle ou telle opération a changé : le traitement comptable de certaines dépenses a déjà été modifié deux fois depuis que j'ai commencé à enseigner ! Ces modifications sont encore plus fréquentes en matière de fiscalité ou de cotisations sociales : les taux et les seuils sont revus chaque année, et même les bases de calcul ou les organismes collecteurs changent régulièrement. Seul un professionnel de ces domaines est à même de suivre les évolutions de la réglementation et de vous permettre d'avoir l'esprit tranquille. Une obligation de formation continue est d'ailleurs imposée par l'ordre des experts-comptables à ses membres afin de garantir la qualité du service.

En conséquence, même si nous vous incitons vivement à tenir vous-même votre comptabilité, nous vous conseillons néanmoins de la faire vérifier en fin d'année par un spécialiste, à qui vous confierez également les sujets les plus techniques tels que la paie ou les déclarations fiscales autres que la TVA.

Le résultat comptable n'est pas la trésorerie

Le résultat comptable se lit à la fois au bilan et au compte de résultat. Au bilan, il reflète l'augmentation (bénéfice) ou la diminution (perte) du patrimoine de l'entreprise durant l'exercice comptable. Ces variations peuvent concerner tous les postes du bilan et pas uniquement la trésorerie. Ainsi, une entreprise peut présenter un bénéfice élevé et voir sa trésorerie diminuer : c'est en particulier le cas si elle a beaucoup investi ou si elle règle ses fournisseurs rapidement tout en accordant des délais de règlement importants à ses clients.

Au compte de résultat, le résultat se lit par différence entre le total des produits et celui des charges. Ici encore, il ne s'agit pas de trésorerie : les ventes et les achats enregistrés en produits et en charges correspondent à ceux qui ont été facturés, même si le règlement n'est pas encore intervenu. De plus, certaines charges comme les dotations aux amortissements ou aux dépréciations ne correspondent à aucun décaissement.

Pour comprendre et analyser les variations de la trésorerie d'une entreprise, il faut se reporter à son tableau de financement. Ce document n'est obligatoire que pour les plus grosses sociétés (plus de 300 salariés ou de 18 millions d'euros de chiffre d'affaires) mais il est particulièrement intéressant. Il recense les éléments ayant fait augmenter ou diminuer la trésorerie d'une année sur l'autre :

- Investissements ;
- Obtention d'un nouveau prêt ou remboursement d'un ancien emprunt ;
- Autofinancement ;
- Apports ou prélèvements des associés ;
- Etc.

Le résultat comptable n'est pas le résultat fiscal

L'impôt sur les bénéfices est calculé sur le résultat fiscal et non pas sur le résultat comptable. Ces deux chiffres sont, bien entendu, étroitement liés, et c'est pourquoi il est souvent tentant de réduire son bénéfice comptable afin de payer moins d'impôts. Toutefois, il existe des différences importantes :

- Certaines charges du compte de résultat ne sont pas déductibles et doivent faire l'objet de réintégrations. C'est le cas en particulier des amendes pénales ou fiscales, des dépenses relatives à des véhicules de tourisme ou de certaines cotisations de l'exploitant individuel ;
- Certains produits du compte de résultat ne sont pas imposables (ou du moins pas au taux de droit commun) et doivent faire l'objet de déductions. C'est par exemple le cas de certaines plus-values ou indemnités d'assurance.

Résultat fiscal = Résultat comptable + Réintégrations (charges non déductibles) –Déductions (produits non imposables).

Les règles de détermination des montants à déduire ou à réintégrer sont extrêmement complexes et varient fréquemment. C'est pourquoi nous vous conseillons de faire établir votre déclaration fiscale par un professionnel qualifié.

Une part non négligeable de subjectivité

Nous vous expliquions quelques lignes plus haut que le résultat comptable reflétait l'enrichissement ou l'appauvrissement d'une entreprise pendant l'année écoulée, laissant ainsi sous-entendre que ce chiffre apportait la vérité absolue. Certes, un adage populaire affirme que les chiffres ne mentent pas. Certes, la comptabilité est faite pour inspirer confiance. Pourtant, le bilan que vous tenez entre vos mains repose sur de nombreuses conventions et estimations.

Prenons l'exemple des immobilisations : le principe de prudence interdit de tenir compte des gains latents alors que ceux-ci peuvent parfois atteindre des sommes considérables lorsqu'il s'agit de biens immobiliers ou de placements boursiers. De plus, le rythme d'amortissement est fondé sur des prévisions : bien malin qui pourrait dire à l'avance si la machine-outil acquise pour dix ans n'en durera pas plutôt huit ou douze, d'autant plus que ce choix n'est pas dénué d'incidences fiscales.

C'est probablement au niveau des dépréciations et des provisions que la part de subjectivité est la plus importante. En effet, il ne s'agit pas de dépenses précises et certaines, mais seulement de risques que le chef d'entreprise doit estimer de son mieux en fonction des éléments dont il dispose. Mais qui peut prévoir avec certitude l'issue d'un procès ? Qui peut garantir que les difficultés de trésorerie d'un client sont passagères et non très graves ? Même en l'absence de volonté délibérée de maquiller les chiffres, le tempérament du dirigeant influe sur les résultats : l'optimiste aura tendance à sous-évaluer les risques et à présenter un bénéfice élevé, alors que le pessimiste péchera par excès de prudence et présentera un résultat plus faible.

Bien entendu, il ne s'agit pas de remettre en cause tout ce qui a été vu jusqu'à présent : une vente reste une vente et un achat reste un achat. À moins de frauder, il est impossible de faire passer une entreprise moribonde pour une start-up florissante. Toutefois, un œil averti en vaut deux et nous avons jugé utile de vous mettre en garde contre un excès de confiance dans les chiffres présentés.

Cette constatation vous permettra également de relativiser l'importance de certains travaux de clôture : inutile de vous astreindre à traquer quelques dizaines d'euros de charges constatées d'avance alors que vous avez plusieurs milliers d'euros d'incertitude sur un litige.

Le bilan et le compte de résultat ne montrent pas tout

Le bilan et le compte de résultat sont deux tableaux complémentaires qui vous renseignent sur la situation financière d'une entreprise :

- Le bilan vous informe sur la valeur et la composition de son patrimoine à la date de clôture. Il permet de savoir si l'entreprise est endettée, si elle possède beaucoup de stocks ou de matériel, si elle dispose d'une trésorerie confortable, etc. ;

- Le compte de résultat retrace l'activité de l'année écoulée. Il permet de savoir si l'entreprise s'est enrichie ou appauvrie, et de quelle manière. Vous pouvez ainsi vérifier si le bénéfice provient d'une marge importante sur un petit volume de ventes, d'une faible marge sur un gros volume, voire d'une plus-value exceptionnelle sur la revente d'un bien immobilier détenu depuis de nombreuses années.

La lecture d'un seul de ces deux documents ne suffit pas pour se forger une opinion sur la santé d'une entreprise : il faut absolument regarder les deux. En effet, une jeune entreprise ayant connu un démarrage difficile peut tout à fait présenter un bilan catastrophique si elle a mangé son capital de départ et accumulé des dettes, alors que son compte de résultat est très présentable, le succès ayant enfin été au rendez-vous cette année. Inversement, une entreprise en déclin peut afficher un bilan satisfaisant si elle a accumulé un patrimoine important dans le passé alors que son compte de résultat est peu reluisant car l'activité de l'année écoulée a été médiocre.

De plus, certaines informations n'apparaissent pas dans ces documents. C'est le cas, par exemple, des plus-values latentes sur les biens immobiliers ou sur les placements financiers (application du principe dit de prudence). C'est également le cas des engagements pris par l'entreprise mais sans impact immédiat sur son patrimoine. Ainsi, un bien financé par crédit-bail (ou leasing) n'apparaîtra pas à votre bilan dans la mesure où vous n'en êtes pas propriétaire d'un point de vue juridique, même si ce contrat vous engage de façon ferme sur une longue période. Enfin, nous citerons comme dernier exemple la ligne « emprunts et dettes assimilées » du passif qui mélange sans scrupule les emprunts à très long terme et les découverts bancaires.

Rassurez-vous : ces informations sont disponibles à condition de savoir où les chercher. Vous trouverez une mine de renseignements dans l'annexe jointe au bilan et au compte de résultat : tableau de variation des immobilisations, échéancier des créances et des dettes, engagements hors bilan, etc. Lorsque l'annexe n'est pas disponible (elle est facultative pour les petites entreprises), vous pourrez toujours regarder de près les notes de bas de page du bilan et du compte de résultat. Elles sont moins détaillées que l'annexe mais fournissent les informations les plus importantes, en particulier la part des découverts et des prêts à très court terme dans les emprunts bancaires.

Chapitre 15
Dix façons de modifier son résultat comptable

Dans ce chapitre :
- Augmenter son bénéfice pour séduire son banquier
- Diminuer son bénéfice pour payer moins d'impôts
- Piloter son résultat comptable

En introduction à cette partie, nous vous avons indiqué qu'il est possible d'agir sur votre résultat comptable, et vous brûlez certainement d'envie de savoir comment. Si vous souhaitez faire bonne figure devant votre banquier ou, au contraire, réduire votre base taxable, ce chapitre est fait pour vous.

Toutefois, ne rêvez pas : il ne s'agit pas d'accomplir des miracles en faisant passer une entreprise au bord du gouffre pour une affaire reluisante. Ceux qui l'ont tenté ont enfreint la loi et se trouvent à présent en mauvaise posture (scandales Enron, WorldCom, etc.). Les astuces que nous allons vous exposer sont tout à fait légales et vous permettront d'alléger un peu vos charges ou, au contraire, de les alourdir en fonction de vos besoins.

Sachez enfin que votre liberté est encadrée par le principe de permanence des méthodes : une fois que vous aurez choisi entre les différentes options comptables autorisées, vous devrez en principe conserver les mêmes règles pour les exercices suivants.

Rechercher les charges constatées d'avance

Les charges constatées d'avance ont été étudiées au chapitre 13. Il s'agit de charges engagées sur l'exercice N mais relatives à l'activité de l'exercice N+1 :

elles sont retirées des charges de l'exercice N et transférées dans un compte d'attente au bas du bilan.

Si vous souhaitez réduire vos charges pour augmenter votre bénéfice, vous avez tout intérêt à rechercher ce type de dépenses parmi les charges que vous avez enregistrées. Vous regarderez en particulier :

- S'il ne vous reste pas des stocks de petites fournitures qui n'auraient pas été utilisées à la date de clôture : fournitures de bureau ou d'entretien, matériel publicitaire, etc. ;
- Si certaines prestations n'ont pas été facturées à l'avance : loyer, assurance, honoraires, abonnements, etc.

Certaines charges peuvent même être étalées sur plusieurs exercices. C'est le cas en particulier du premier loyer payé à la signature d'un contrat de crédit-bail ou du pas-de-porte versé au propriétaire d'un local dont vous venez de signer le bail.

Utiliser les options de comptabilisation des immobilisations

La distinction entre les charges et les immobilisations semble claire à première vue :

- Les biens destinés à servir durablement (c'est-à-dire plus d'un an) sont des immobilisations ;
- Les biens destinés à être consommés immédiatement ou rapidement (c'est-à-dire avant un an) sont des charges.

Ainsi, un gros serveur informatique est une immobilisation alors qu'une cartouche d'encre est une charge. Toutefois, il existe des catégories de dépenses pour lesquelles le libre choix est laissé à l'entreprise. C'est le cas, par exemple, des immobilisations dont le coût d'achat unitaire est inférieur à 500 € HT : mobilier, matériel de bureau, petit matériel informatique, etc. Si vous souhaitez présenter un résultat comptable élevé, vous les comptabiliserez en immobilisations alors que si vous préférez présenter un résultat comptable réduit, vous les comptabiliserez en charges.

Il en est de même pour les frais juridiques et fiscaux liés à un investissement : honoraires de l'agence immobilière ou d'un avocat, droits de mutation, etc.

Analyser les frais d'entretien et de réparation

Les frais d'entretien et de réparation font l'objet d'un traitement comptable spécifique qui laisse une certaine marge de manœuvre au comptable. Si vous souhaitez remonter votre résultat comptable, nous vous conseillons d'analyser les factures enregistrées en charges pour voir si certaines ne pourraient pas être immobilisées : achat de petit matériel d'une valeur inférieure à 500 € mais destiné à être utilisé plus d'un an, dépenses d'amélioration qui augmentent la valeur ou la durée de vie d'une immobilisation,…

Inversement, si vous souhaitez diminuer votre résultat, vous pouvez anticiper certaines dépenses de gros entretien par une écriture de provision pour charges : ravalement de la façade, réfection de la toiture, etc. Ainsi, si vous prévoyez un coût de 9 000 € dans trois ans, vous pouvez provisionner 3 000 € chaque année de façon à lisser cette dépense.

Jouer sur les charges activables

La distinction entre les charges et les immobilisations n'est pas toujours aisée et certaines dépenses peuvent, au choix, être comptabilisées en charges ou portées à l'actif du bilan. Dans le premier cas, leur impact sur le résultat de l'exercice est immédiat, alors que dans le second il sera étalé sur plusieurs années.

Nous avons vu que les immobilisations de faible valeur unitaire pouvaient être comptabilisées en charges de l'exercice. Inversement, certaines dépenses ont la nature de charges (elles sont consommées) mais peuvent être inscrites à l'actif car elles sont destinées à procurer des avantages à l'entreprise durant plusieurs années. Sont ainsi concernés les frais de constitution ou de premier établissement et les frais de développement.

Les frais d'établissement sont des frais engagés à l'occasion de la constitution d'une société ou de l'ouverture d'un établissement (droits d'enregistrement, coût des formalités légales, honoraires, frais de prospection, etc.). Ils peuvent, au choix, être comptabilisés en charges ou en immobilisations :

- Dans le premier cas, ils sont imputés intégralement sur le résultat de l'exercice durant lequel l'opération a eu lieu ;
- Dans le second cas, leur impact est étalé sur une durée maximale de cinq ans par le biais d'une écriture d'amortissement.

Il en est de même pour les frais de développement. En effet, les dépenses que vous engagez dans le cadre d'une activité de recherche et développement sont en principe des charges : les salaires des chercheurs, le coût du matériel ou des matières utilisées sont des dépenses définitivement consommées. Toutefois, cette consommation aura des répercussions positives sur les résultats des années à venir et c'est pourquoi il est possible, sous certaines conditions, de les enregistrer en immobilisations (compte « 203. Frais de recherche et de développement ») et d'étaler leur impact sur cinq exercices.

Choisir une méthode de valorisation des stocks

Nous avons vu au chapitre 11 que deux méthodes étaient autorisées en France pour valoriser ses stocks :

- La méthode du « premier entré, premier sorti » (PEPS) qui consiste à considérer que le stock est constitué des derniers articles achetés : il est valorisé au dernier cours connu ;
- La méthode du coût moyen unitaire pondéré (CMUP) qui ne tient pas compte de l'ordre des entrées et sorties de stock mais valorise le stock final au cours moyen des achats de l'exercice.

Le choix d'une méthode de calcul joue sur le résultat comptable car la valeur du stock de clôture est retirée des charges pour être transférée à l'actif : plus la valorisation du stock est élevée, plus les charges sont diminuées et plus le résultat comptable est élevé. En période d'augmentation des cours, le résultat comptable est supérieur avec la méthode du PEPS, alors qu'en période de baisse des cours, c'est le contraire : le résultat comptable est supérieur avec la méthode du CMUP. Cette liberté de choix ne s'applique que la première année : par la suite, vous devrez conserver la même méthode de valorisation d'un exercice sur l'autre.

Choisir une durée d'amortissement

Lorsque vous établissez le plan d'amortissement d'une immobilisation, vous devez estimer sa durée de vie prévisionnelle. Les durées fournies par l'administration fiscale ne sont qu'indicatives et vous devez tenir compte de vos conditions réelles d'exploitation : une machine utilisée huit heures par jour durera sans doute plus longtemps que celle qui fonctionne en continu vingt-quatre heures sur vingt-quatre. Ici encore, l'appréciation comprend une part de subjectivité :

- Plus la durée d'amortissement retenue sera courte et plus les dotations à comptabiliser seront élevées et pèseront sur votre résultat ;
- Plus la durée d'amortissement retenue sera longue et plus les dotations à comptabiliser seront faibles et auront un impact modéré sur votre résultat.

Choisir un mode d'amortissement

Vous avez également le choix entre différents modes d'amortissement. L'amortissement linéaire est le plus courant mais vous pouvez également pratiquer un amortissement dégressif ou un amortissement variable.

Contrairement à l'amortissement linéaire qui répartit de façon égale la charge d'amortissement sur toute la durée de vie de l'immobilisation, l'amortissement dégressif consiste à amortir les immobilisations plus fortement au début de leur utilisation, et plus légèrement par la suite. Il est très avantageux d'un point de vue fiscal car il permet de diminuer fortement la base taxable des premières années d'amortissement. Certes, il ne s'agit que de décaler la charge d'impôt dans le temps et non pas de la réduire définitivement, mais c'est toujours cela de pris !

Par ailleurs, l'administration fiscale a restreint les possibilités d'application de l'amortissement dégressif. Il est ainsi réservé au matériel industriel ou de bureau, acquis neuf et d'une durée d'utilisation au moins égale à trois ans. Il n'est donc pas possible d'amortir en dégressif des véhicules ou des bâtiments et des agencements intérieurs (à l'exception des investissements hôteliers).

L'amortissement variable consiste, quant à lui, à amortir une immobilisation en fonction de sa consommation réelle. Ainsi, si votre équipement connaît une montée en puissance progressive, la dotation aux amortissements sera faible sur les premiers exercices et plus élevée par la suite (au contraire de l'amortissement dégressif). Ce mode d'amortissement peut en principe s'appliquer à toutes les immobilisations amortissables, à condition de disposer d'une mesure fiable de leur consommation prévisionnelle. Il pourra ainsi être utilisé pour du matériel industriel, que l'on amortira en fonction du nombre d'heures d'utilisation ou du nombre de pièces usinées, ou pour des véhicules en fonction du kilométrage parcouru.

La dotation de chaque année sera calculée de la façon suivante :

Dotation de l'exercice = Valeur brute × Nombre d'unités consommées durant l'exercice / Nombre d'unités à consommer sur la durée de vie totale de l'immobilisation.

 Prenons l'exemple d'une machine de 9 000 € mise en service au 1er janvier N et prévue pour fabriquer 100 000 pièces sur sa durée de vie. Le plan d'amortissement sera le suivant :

Tableau 15-1 : Exemple de plan d'amortissement variable

Année	Nombre de pièces fabriquées	Dotation aux amortissements de l'exercice	Amortissement cumulé
N	12 000	1 080 = 9 000 × 12 000 / 100 000	1 080
N+1	18 000	1 620 = 9 000 × 18 000 / 100 000	2 700
N+2	22 000	1 980 = 9 000 × 22 000 / 100 000	4 680
N+3	25 000	2 250 = 9 000 × 25 000 / 100 000	6 930
N+4	23 000	2 070 = 9 000 × 23 000 / 100 000	9 000

 L'amortissement variable peut s'avérer intéressant en début d'activité car il permet de ne pas grever trop lourdement les résultats de vos premiers exercices et de présenter ainsi un dossier honorable aux éventuels apporteurs de capitaux.

Évaluer les dépréciations

Les dépréciations sont destinées à couvrir les risques de perte de l'entreprise, mais leur évaluation est hautement subjective. Selon votre tempérament et vos objectifs, vous aurez tendance à vous montrer plus ou moins pessimiste : en exagérant à peine, les difficultés de trésorerie d'un client peuvent être analysées comme une gêne passagère liée à la saisonnalité de son activité ou comme le signe avant-coureur d'un dépôt de bilan imminent…

Si vous évaluez ces risques avec une prudence extrême, vous dégraderez le résultat comptable de l'exercice clôturé, ce qui vous permettra de réduire votre base taxable et de vous constituer un matelas de sécurité pour les exercices ultérieurs. Inversement, si vous faites preuve d'optimisme et évaluez ces risques au plus bas, vous comptabiliserez moins de charges et dégraderez moins votre bénéfice.

 Ce n'est pas parce que vous disposez d'une marge d'appréciation que vous pouvez faire n'importe quoi : par exemple, vous n'avez pas le droit de déprécier intégralement une créance au seul motif que le client a quelques jours de retard dans son règlement. Vous ne pourrez pas non plus éviter de

déprécier une créance sur un client en redressement judiciaire. Vous devez donc vous fonder sur l'existence d'un risque avéré (échange de courriers, avis d'un avocat ou d'un organisme financier,…) et non pas sur de simples présomptions.

En résumé, vous pourrez notamment constituer une dépréciation dans les cas suivants :

- Placements financiers dont le cours de Bourse a chuté en dessous du prix d'acquisition ;
- Licence ou brevet figurant à l'actif dont l'exploitation connaît des difficultés imprévues ;
- Stocks détériorés ou démodés (dans la mesure où le prix de vente HT estimé est inférieur à la valeur figurant à l'actif) ;
- Créances sur un client connaissant de sérieuses difficultés financières (uniquement pour le montant HT) ;
- Créances faisant l'objet d'un litige sérieux (uniquement pour le montant HT).

Évaluer les provisions

Tout comme les dépréciations, les provisions sont destinées à couvrir les risques de charges de l'entreprise et laissent une part importante de subjectivité dans leur appréciation. Si vous évaluez ces risques avec une prudence extrême, vous dégraderez le résultat comptable de l'exercice clôturé, ce qui vous permettra de réduire votre base taxable et de vous constituer un matelas de sécurité pour les exercices ultérieurs. Inversement, si vous faites preuve d'optimisme et évaluez ces risques au plus bas, vous comptabiliserez moins de charges et dégraderez moins votre bénéfice.

Dans le cadre de sa convergence vers les normes comptables internationales, le plan comptable général a rendu plus strictes les conditions de constatation d'une provision pour risques : dorénavant, celle-ci ne peut être constituée que si un engagement existe à la clôture de l'exercice, le doute ne substituant que sur le montant ou l'échéance : par exemple, le coût d'un licenciement ne peut être provisionné que si celui-ci a été notifié au salarié avant la date de clôture. Cet engagement peut n'être qu'implicite : par exemple, le versement régulier de primes au personnel ou des engagements de services après-vente aux clients non contractuels mais positionnés dans l'image de marque de l'entreprise.

En résumé, vous pourrez notamment constituer une provision dans les cas suivants :

- Coût d'un procès en cours (frais juridiques et condamnation éventuelle) ;
- Travaux importants à réaliser (réfection d'une toiture, par exemple), la constitution de la provision devant être étalée sur les années restant à courir avant la réalisation des travaux ;
- Coût du service après-vente pour des biens vendus sous garantie.

Ne pas oublier les retours et les remises de fin d'année

Enfin, vous devrez également prévoir les avoirs à émettre en N+1 au titre des ventes réalisées en N. Vous devrez ainsi estimer le montant des éventuelles ristournes de fin d'année à accorder à vos clients (cette pratique est très courante dans les relations avec la grande distribution). Habituellement, le taux est fixé de façon contractuelle et vous aurez peu de marge de manœuvre.

Vous devrez également prévoir les éventuels avoirs pour retour. Vous pourrez fonder vos estimations sur votre connaissance de l'activité (taux de retour généralement observé), sur votre politique commerciale (retours acceptables) ou sur l'observation des retours réellement enregistrés en début N+1. Plus le chiffre obtenu sera élevé et plus vous diminuerez vos ventes et votre bénéfice. Inversement, plus le chiffre des retours sera faible, moins vous diminuerez vos ventes et votre bénéfice.

Annexe

Glossaire

Actif : colonne de gauche du *bilan* qui présente les éléments positifs du patrimoine d'une entreprise : ce qu'elle possède.

Amortissement : perte de valeur irréversible des *immobilisations* du fait de leur usure ou de leur obsolescence. Attention : l'amortissement figure au *bilan* et indique la perte de valeur cumulée alors que la *dotation aux amortissements* figure au *compte de résultat* et indique la perte de valeur durant l'*exercice*.

Amortissements dérogatoires : amortissements ne correspondant pas à l'usure réelle d'une *immobilisation* mais comptabilisés dans le but de bénéficier de dispositions fiscales particulières.

À nouveau : solde d'un compte au début d'une période (le plus souvent au début de l'*exercice* comptable).

Balance : tableau comptable présentant les soldes des différents comptes à une date donnée.

Bilan : tableau comptable présentant les éléments du patrimoine d'une entreprise à la date de clôture. Les éléments positifs figurent à gauche, à l'*actif*, et les dettes à droite, au *passif*. Les *capitaux propres* figurent également au passif et sont déterminés par la différence : actif − dettes.

Brouillard : équivalent comptable d'un brouillon. Le brouillard regroupe les écritures qui ont été enregistrées mais qui n'ont pas été définitivement validées, et qui peuvent donc encore être modifiées.

Capital individuel : valeur des biens apportés par l'exploitant individuel à la création de son entreprise et, par la suite, diminuée des prélèvements effectués et augmentée des résultats accumulés.

Capital social : sommes apportées par les actionnaires à la société à la création, ou ultérieurement lors d'une augmentation de capital.

Capitaux propres : différence entre les éléments de l'*actif* et les dettes. Les capitaux propres reflètent la richesse d'une entreprise. Ils sont formés du *capital* (social ou individuel), des *réserves* et *reports à nouveau*, et du résultat de l'*exercice*.

Charge : les charges reflètent les éléments consommés par l'activité d'une entreprise : achats de biens et services, frais de personnel, impôts et taxes, etc.

Classe : ensemble de comptes commençant par le même chiffre. Par exemple, la classe 1 regroupe les comptes dont le numéro commence par 1.

Clôturer : opération consistant à valider les écritures de l'*exercice*, à verrouiller la saisie sur l'exercice écoulé et à remettre à zéro les comptes de *charges* et *produits*.

Compte auxiliaire : les comptes auxiliaires permettent de suivre dans le détail les *créances* et les dettes d'une entreprise, sans pour autant surcharger ses éditions comptables légales : à chaque client ou fournisseur correspond un compte auxiliaire, mais seuls les totaux des mouvements de ces comptes sont reportés en *comptabilité générale* lors des opérations de *centralisation*.

Compte de résultat : état comptable retraçant l'activité d'une entreprise durant un *exercice* comptable et expliquant la formation du résultat apparaissant au *bilan*. Il recense les *produits* et les *charges* d'une entreprise et fait apparaître le résultat de l'exercice par différence entre ces deux catégories.

Contrepasser : enregistrer une écriture en sens inverse par rapport à une écriture préalablement enregistrée dans le but de l'annuler (les sommes précédemment inscrites au débit d'un compte sont portées à son crédit et inversement).

Créance : somme d'argent due à une entreprise par un client, un organisme public ou tout autre entité.

Crédit : colonne de droite d'un compte, utilisée lorsque celui-ci correspond à la *ressource* mobilisée lors de l'opération à comptabiliser. Par exemple, lors d'un achat au comptant de fournitures, la somme payée est inscrite au crédit du compte « 512. Banques ».

Débit : colonne de gauche d'un compte, utilisée lorsque celui-ci correspond au but de l'opération à comptabiliser, autrement dit à l'*emploi*. Par exemple, lors d'un achat au comptant de fournitures, la somme payée est inscrite au débit du compte « 606. Achats de fournitures ».

Dépréciation : perte de valeur probable mais non certaine d'un élément d'*actif* (titres dont le cours de Bourse a baissé, *créance* douteuse, stock détérioré ou démodé, etc.). Attention : la dépréciation figure au *bilan* et indique la perte de valeur cumulée alors que la *dotation aux dépréciations* figure au *compte de résultat* et indique la perte de valeur durant l'*exercice*.

Dotation aux amortissements : *charge* correspondant à l'augmentation de l'*amortissement* d'une *immobilisation* durant l'*exercice* comptable.

Dotation aux dépréciations : *charge* correspondant à l'augmentation d'une *dépréciation* durant l'*exercice* comptable.

Dotation aux provisions : *charge* correspondant à l'augmentation d'une *provision* durant l'*exercice* comptable.

Emploi : lors de l'analyse d'une transaction en vue de sa comptabilisation, l'emploi correspond au but de l'opération, à ce qu'elle a permis à l'entreprise d'obtenir. Il figurera au débit de l'écriture comptable. Par exemple, lors d'un achat au comptant de fournitures, les fournitures représentent l'emploi qui a été fait de la trésorerie de l'entreprise.

Exercice : un exercice correspond à une année comptable. Il a une durée de douze mois, sauf cas particuliers (création d'entreprise ou changement d'actionnaire), mais ne coïncide pas obligatoirement avec l'année civile.

Fonds propres : voir *Capitaux propres*.

Grand-livre : livre comptable obligatoire présentant, pour chaque compte, les enregistrements comptabilisés au *débit* et au *crédit*.

Immobilisation : *actif* détenu par l'entreprise et destiné à servir de façon durable à son activité. Il ne se consomme pas par le premier usage. Les immobilisations peuvent être corporelles (c'est-à-dire tangibles), financières (placements à long terme) ou incorporelles (brevets, logiciels, etc.).

Inventaire : ensemble d'opérations consistant à s'assurer de l'existence et de la correcte valorisation des éléments du patrimoine d'une entreprise. L'inventaire comprend non seulement le comptage des stocks et de la caisse, mais aussi le recensement des risques potentiels (*amortissements*, *dépréciations* et *provisions*).

Inventaire physique : comptage des stocks et de la caisse.

Journal : livre comptable obligatoire dans lequel les écritures enregistrées sont présentées les unes à la suite des autres dans l'ordre chronologique.

Livre-journal : voir *Journal*.

Mise au rebut : action de se séparer d'une *immobilisation* sans la vendre lorsqu'elle est obsolète ou hors service.

Partie double : principe qui consiste à comptabiliser deux enregistrements pour une même transaction, l'un reflétant la *ressource* qui a été mobilisée et l'autre indiquant l'usage qui en a été fait.

Passif : colonne de droite du *bilan* qui présente les dettes d'une entreprise et ses *capitaux propres*.

Plan comptable général (PCG) : texte de loi fixant les règles applicables en matière de comptabilisation des opérations réalisées par une entreprise et de valorisation de son patrimoine. La liste des comptes figure dans le PCG mais elle n'en est qu'un élément parmi d'autres.

Produit : les produits reflètent les *ressources* générées par l'activité d'une entreprise : ventes de biens et services, revenus des placements financiers, plus-values de cession, etc.

Provision : perte de valeur probable mais non certaine d'un élément d'*actif* (titres dont le cours de Bourse a baissé, *créance* douteuse, stock détérioré ou démodé, etc.). Attention : la provision figure au *bilan* et indique le montant du risque existant à la date de clôture alors que la *dotation aux provisions* figure au *compte de résultat* et indique l'augmentation ou l'apparition du risque durant l'*exercice*.

Provisions réglementées : provisions ne correspondant pas à un risque réel mais comptabilisées dans le but de bénéficier de dispositions fiscales.

Report à nouveau : compte du *passif* dans lequel est enregistrée la part du *résultat comptable* que l'assemblée générale a décidé de reporter *à nouveau*, c'est-à-dire de ne pas distribuer dans l'immédiat tout en se conservant la possibilité de le faire dans les années à venir.

Reprise sur dépréciations : produit correspondant à la diminution d'une *dépréciation* durant l'*exercice* comptable.

Reprise sur provisions : produit correspondant à la diminution d'une *provision* durant l'*exercice* comptable.

Réserves : compte du *passif* dans lequel est enregistrée la part du *résultat comptable* que l'assemblée générale a décidé de mettre en réserve, c'est-à-dire de conserver dans l'entreprise pour financer ses investissements.

Résultat comptable : le résultat comptable figure à la fois au *bilan* et au *compte de résultat* où il est calculé par différence entre les *produits* et les *charges* de l'*exercice*. Il correspond à la variation du patrimoine d'une entreprise durant un exercice comptable : un résultat positif (un bénéfice) signifie que l'entreprise s'est enrichie alors qu'un résultat négatif (une perte) signifie qu'elle s'est appauvrie. Attention : cette variation concerne tous les éléments du patrimoine et pas uniquement la trésorerie : autrement dit, une entreprise peut réaliser un bénéfice important mais voir sa trésorerie diminuer si elle investit ou se désendette.

Ressource : lors de l'analyse d'une transaction en vue de sa comptabilisation, la ressource correspond au moyen mis en œuvre ou à l'élément dont l'entreprise s'est séparée. Il figurera au crédit de l'écriture comptable. Par exemple, lors d'un achat au comptant de fournitures, le compte bancaire est la *ressource* qui a permis à l'entreprise de se procurer des fournitures.

Solde : le solde d'un compte correspond à sa valeur nette : par exemple, le solde d'un compte client correspond à la somme due par le client à la date de consultation du compte. Il est obtenu par différence entre le total des sommes inscrites à son *débit* et celles enregistrées à son *crédit*. Un solde peut être nul (débit = crédit), débiteur (débit > crédit) ou créditeur (crédit > débit).

Valeurs mobilières de placement (VMP) : titres de placements détenus par l'entreprise dans le but de réaliser une plus-value à brève échéance.

Index

A

achat
  achat courant, 124, 177, 311
  achat de marchandises, 43, 45, 48, 59, 60, 293,
  achat de matières premières, 120, 293
  achat de services, 85
acompte, 62, 64, 65, 106, 116, 132, 140, 157
  acompte sur salaires, 166
actionnaire, 187
actions, 12, 30, 81, 213, 215, 216
affacturage, 208, 218
ajustement de stock, 222
amortissement, 241, 246, 248, 254, 325
  amortissement dégressif, 237, 242, 245, 246, 255, 256, 325
  amortissement linéaire, 237, 238, 240, 241, 251, 253
  amortissement par composants, 241, 254
  amortissement progressif, 237
  amortissement variable, 238, 325
assurance, 294, 295

B

bail, 84, 179
balance générale, 147, 155, 230
banquier, 28, 226, 232, 321
bénéfice, 14, 38, 42, 226
  bénéfice comptable, 151
bilan, 7, 8, 11, 12, 19, 21, 29, 31, 49, 50, 318
bordereau de cotisations, 161
bulletin de paie, 161

C

capital, 40, 189, 195
  capital social, 38
capitaux propres, 8
carte bancaire, 47, 53, 60, 72
charges
  charges à payer, 285, 288, 298, 299
  charges activables, 323
  charges constatées d'avance, 280, 283, 288, 295, 299, 321
  charges exceptionnelles, 14
  charges financières, 14, 202, 213
chéquier
  chéquier personnel, 188, 194
  chéquier professionnel, 188, 194
clôture des comptes, 7, 8
CMUP, 224, 324
comptabilisation
  comptabilisation de la TVA, 147, 148, 155, 156
  comptabilisation des emballages consignés, 97
comptable, 79, 87
compte
  compte bancaire, 11, 29, 31, 85
  compte courant, 189, 195
  compte de charge, 125, 136, 249, 259
  compte de résultat, 7, 13, 18, 19, 35, 49, 50, 318
  compte livret, 64, 215, 216, 303
cotisations
  cotisations facultatives déductibles, 168
  cotisations facultatives non déductibles, 168

cotisations obligatoires, 168
cotisations patronales, 162, 168, 298
cotisations salariales, 162, 168
cotisations sociales, 16, 57, 60, 62, 64, 162, 164, 171, 300
CRDS, 168, 169, 170, 176
créance, 68, 219
créance client, 39, 80, 208, 217, 265, 272
crédit
crédit de TVA, 149, 150, 158
crédit fournisseur, 128
crédit-bail, 84, 180
CSG
CSG déductible, 168, 169, 176
CSG non déductible, 168, 169, 176

D

déclaration de TVA, 143
dépréciation, 261, 264, 268, 276, 326
dépréciation d'un fonds commercial, 264, 271
dépréciation des comptes clients, 272
dépréciation des créances clients, 265, 272
dépréciation des immobilisations, 40
dépréciation des placements financiers, 265, 274
dépréciation des stocks, 262, 265, 271
désistement
désistement de l'entreprise avec l'accord du client, 55, 64
désistement de l'entreprise sans l'accord du client, 55, 65
désistement du client sans l'accord de l'entreprise, 55, 65
dette
dettes fiscales, 41
dette fournisseur, 53, 80
dettes sociales, 41
dividende, 217
dommages et intérêts, 270, 278
dotation aux amortissements, 16, 42, 238, 246

E

écritures comptables, 76, 82
emballages consignés, 97, 99, 112, 125, 128, 137
emprunt, 16, 46, 52, 71, 86
emprunt bancaire, 11, 14, 29, 189, 196, 298
encaissement, 40, 62, 91, 105, 115, 116, 216, 217
enrichissement, 20, 268, 277
escompte d'effets de commerce, 208, 218
expert comptable, 85, 130, 133

F

facture
facture clients, 11
facture d'achat, 81, 119
facture d'assurance, 136
facture de location, 81
facture de vente, 91
facture fournisseur, 58
financement, 68, 185, 204
flux
flux entrant, 44, 73
flux monétaire, 44
flux sortant, 44, 73
fonds commercial, 264, 271
fournisseur de marchandises, 123
fournitures, 46, 52, 63, 70, 296, 299
frais
frais accessoires, 120
frais bancaires, 118, 197
frais d'entretien, 323
frais d'installation, 190
frais de formation du personnel, 190, 294
frais de maintenance, 81
frais de personnel, 161
frais de réparation, 179, 323
frais fiscaux, 179
frais juridiques, 179

I

immobilisation, 181, 190
  immobilisation corporelle, 30, 80, 178
  immobilisation financière, 37, 39, 178
  immobilisation incorporelle, 81, 178
impayé, 106, 107, 117
impôts, 42, 143, 151, 154, 160
intérêts, 16, 64, 303, 305
inventorier les stocks, 223
investissement, 177, 178, 182, 191
  investissement financier, 178
  investissement immatériel, 178
  investissement matériel, 178

L

litige, 268, 275
local, 12, 29, 61
logiciel, 73, 80
loyer, 12, 29, 59, 84, 137, 138

M

machine-outil, 12, 13, 30, 32, 46, 52, 71, 190
matériel, 34, 111, 233
  matériel informatique, 39
matières premières, 14, 17, 33, 223, 229, 233
méthode
  méthode de valorisation des stocks, 324
  méthode du « coût moyen unitaire pondéré » (CMUP), 224, 324
  méthode du « premier entré, premier sorti » (PEPS), 224, 324
mévente, 261
mise au rebut, 177

O

opération, 48, 49, 53, 54, 58, 61, 63, 197
  opération d'escompte, 197
option de comptabilisation des immobilisations, 322

P

partie double, 43
patrimoine, 7,
  patrimoine de l'entreprise, 31
pénalités, 14
PEPS, 224, 324
perte, 14, 249, 250, 259, 261, 277
placement financier, 197, 203, 214, 265, 274
plan d'amortissement, 240, 241, 245, 246, 251, 253, 255, 256
prélèvement, 46, 52, 57, 58, 63, 71, 84, 85, 86, 131, 139, 194
prestation
  prestation de services, 65, 80, 83, 297, 302
prêt bancaire, 45, 51, 59, 61, 70
prime d'assurance, 80
principe dit de « permanence des méthodes », 224
produits
  produits à recevoir, 289, 291, 302, 304
  produits constatés d'avance, 283, 285, 291, 296, 304
  produits finis, 63, 144, 223, 229, 233
provisions, 268, 276, 327
  provisions pour risques et charges, 266
publicité, 138

R

rapprochement bancaire, 209, 210
redevance mensuelle, 57, 63, 191
règlement
  règlement clients, 128
  règlement fournisseurs, 128
relevé
  relevé bancaire, 47, 57
remboursement, 11, 29, 46, 52, 64, 65, 71, 86, 298
rémunération de l'exploitant individuel, 168, 170
résultat
  résultat comptable, 18, 34, 315, 316, 321
  résultat fiscal, 316
risques, 261, 266

S

saisie assistée, 312
salaire
   salaire brut, 161, 162
   salaire net, 161, 162, 164, 171
SICAV, 200, 201, 215, 216
stock, 34, 37, 39, 226, 231, 232
   stock de marchandises, 12, 229
subvention, 81, 84

T

taxes, 151, 154, 160
trésorerie, 197, 315

TVA, 143, 144, 147, 148, 149, 150, 155, 156, 158
   TVA collectée, 91
   TVA déductible, 110, 144, 155

V

valorisation, 224
   valorisation des stocks, 225, 231, 324
variation des stocks, 42
vente
   vente au comptant, 57
   vente comptoir, 99, 101, 113
   vente de marchandises, 47, 53, 60, 72, 304

Plan comptable général
pour
les nuls

Tous droits réservés. Ne peut être vendu.

Sommaire

Classe 1 : Comptes de capitaux 5

Classe 2 : Comptes d'immobilisations 9

Classe 3 : Comptes de stocks et en-cours 15

Classe 4 : Comptes de tiers 18

Classe 5 : Comptes financiers 23

Classe 6 : Comptes de charges 25

Classe 7 : Comptes de produits 33

Classe 8 : Comptes spéciaux 37

Cadre comptable 38

Le plan de comptes, visé à l'article 410-5 et présenté ci-après, est commun au système de base, au système abrégé et au système développé. Les comptes utilisés dans chaque système sont distingués de la façon suivante :

- système de base : comptes imprimés en caractères normaux,
- système abrégé : comptes imprimés en **caractères gras** exclusivement,
- système développé : comptes du système de base et comptes imprimés en *caractères italiques*.

Classe 1 : Comptes de capitaux

10 - CAPITAL ET RÉSERVES

101 - Capital
1011 - Capital souscrit - non appelé
1012 - Capital souscrit - appelé, non versé
1013 - Capital souscrit - appelé, versé
    10131 - Capital non amorti
    10132 - Capital amorti
1018 - Capital souscrit soumis à des réglementations particulières

104 - Primes liées au capital social
1041 - Primes d'émission
1042 - Primes de fusion
1043 - Primes d'apport
1044 - Primes de conversion d'obligations en actions
1045 - Bons de souscription d'actions

105 - Écarts de réévaluation
1051 - Réserve spéciale de réévaluation
1052 - Écart de réévaluation libre
1053 - Réserve de réévaluation
1055 - Écarts de réévaluation (autres opérations légales)
1057 - Autres écarts de réévaluation en France
1058 - Autres écarts de réévaluation à l'Étranger

106 - Réserves
1061 - Réserve légale
    10611 - Réserve légale proprement dite
    10612 - Plus-values nettes à long terme
1062 - Réserves indisponibles
1063 - Réserves statutaires ou contractuelles
1064 - Réserves réglementées
    10641 - Plus-values nettes à long terme
    10643 - Réserves consécutives à l'octroi de subventions d'investissement
    10648 - Autres réserves réglementées
1068 - Autres réserves
    10681 - Réserve de propre assureur
    10688 - Réserves diverses

107 - Écart d'équivalence

108 - Compte de l'exploitant

109 - Actionnaires : Capital souscrit - non appelé

11 - REPORT À NOUVEAU (solde créditeur ou débiteur)
- *110 - Report à nouveau (solde créditeur)*
- *119 - Report à nouveau (solde débiteur)*

12 - RÉSULTAT DE L'EXERCICE (bénéfice ou perte)
- *120 - Résultat de l'exercice (bénéfice)*
- *129 - Résultat de l'exercice (perte)*

13 - SUBVENTIONS D'INVESTISSEMENT
- 131 - Subventions d'équipement
  - *1311 - État*
  - *1312 - Régions*
  - *1313 - Départements*
  - *1314 - Communes*
  - *1315 - Collectivités publiques*
  - *1316 - Entreprises publiques*
  - *1317 - Entreprises et organismes privés*
  - *1318 - Autres*
- 138 - Autres subventions d'investissement (même ventilation que celle du compte 131)
- 139 - Subventions d'investissement inscrites au compte de résultat
  - 1391 - Subventions d'équipement
    - *13911 - État*
    - *13912 - Régions*
    - *13913 - Départements*
    - *13914 - Communes*
    - *13915 - Collectivités publiques*
    - *13916 - Entreprises publiques*
    - *13917 - Entreprises et organismes privés*
    - *13918 - Autres*
  - 1398 - Autres subventions d'investissement (même ventilation que celle du compte 1391)

14 - PROVISIONS RÉGLEMENTÉES
- 142 - Provisions réglementées relatives aux immobilisations
  - *1423 - Provisions pour reconstitution des gisements miniers et pétroliers*
  - *1424 - Provisions pour investissement (participation des salariés)*
- 143 - Provisions réglementées relatives aux stocks
  - *1431 - Hausse des prix*

      1432 - Fluctuation des cours
- 144 - Provisions réglementées relatives aux autres éléments de l'actif
- **145 - Amortissements dérogatoires**
- **146 - Provision spéciale de réévaluation**
- **147 - Plus-values réinvesties**
- **148 - Autres provisions réglementées**

15 - PROVISIONS

- 151 - Provisions pour risques
  - *1511 - Provisions pour litiges*
  - *1512 - Provisions pour garanties données aux clients*
  - *1513 - Provisions pour pertes sur marchés à terme*
  - *1514 - Provisions pour amendes et pénalités*
  - *1515 - Provisions pour pertes de change*
  - *1516 - Provisions pour pertes sur contrats*
  - *1518 - Autres provisions pour risques*
- 153 - Provisions pour pensions et obligations similaires
- 154 - Provisions pour restructurations
- 155 - Provisions pour impôts
- 156 - Provisions pour renouvellement des immobilisations (entreprises concessionnaires)
- 157 - Provisions pour charges à répartir sur plusieurs exercices
  - *1572 - Provisions pour gros entretien ou grandes révisions*
- 158 - Autres provisions pour charges
  - *1581 - Provisions pour remises en état*

16 - EMPRUNTS ET DETTES ASSIMILÉES

- 161 - Emprunts obligataires convertibles
- 163 - Autres emprunts obligataires
- 164 - Emprunts auprès des établissements de crédit
- 165 - Dépôts et cautionnements reçus
  - *1651 - Dépôts*
  - *1655 - Cautionnements*
- 166 - Participation des salariés aux résultats
  - *1661 - Comptes bloqués*
  - *1662 - Fonds de participation*
- 167 - Emprunts et dettes assortis de conditions particulières
  - *1671 - Émissions de titres participatifs*

    1674 - Avances conditionnées de l'État
    1675 - Emprunts participatifs
168 - Autres emprunts et dettes assimilées
    1681 - Autres emprunts
    1685 - Rentes viagères capitalisées
    1687 - Autres dettes
    1688 - Intérêts courus
        16881 - Sur emprunts obligataires convertibles
        16883 - Sur autres emprunts obligataires
        16884 - Sur emprunts auprès des établissements de crédit
        16885 - Sur dépôts et cautionnements reçus
        16886 - Sur participation des salariés aux résultats
        16887 - Sur emprunts et dettes assortis de conditions particulières
        16888 - Sur autres emprunts et dettes assimilées
169 - Primes de remboursement des obligations

17 - DETTES RATTACHÉES À DES PARTICIPATIONS

171 - Dettes rattachées à des participations (groupe)
174 - Dettes rattachées à des participations (hors groupe)
178 - Dettes rattachées à des sociétés en participation
    1781 - Principal
    1788 - Intérêts courus

18 - COMPTES DE LIAISON DES ÉTABLISSEMENTS ET SOCIÉTÉS EN PARTICIPATION

181 - Comptes de liaison des établissements
186 - Biens et prestations de services échangés entre établissements (charges)
187 - Biens et prestations de services échangés entre établissements (produits)
188 - Comptes de liaison des sociétés en participation

Classe 2 : Comptes d'immobilisations

20 - IMMOBILISATIONS INCORPORELLES

201 - Frais d'établissement
2011 - Frais de constitution
2012 - Frais de premier établissement
   20121 - Frais de prospection
   20122 - Frais de publicité
2013 - Frais d'augmentation de capital et d'opérations diverses (fusions, scissions, transformations)

203 - Frais de recherche et de développement

205 - Concessions et droits similaires, brevets, licences, marques, procédés, logiciels, droits et valeurs similaires

206 - Droit au bail

207 - Fonds commercial

208 - Autres immobilisations incorporelles

21 - IMMOBILISATIONS CORPORELLES

211 - Terrains
2111 - Terrains nus
2112 - Terrains aménagés
2113 - Sous-sols et sur-sols
2114 - Terrains de gisement
   21141 - Carrières
2115 - Terrains bâtis
   21151 - Ensembles immobiliers industriels (A, B...)
   21155 - Ensembles immobiliers administratifs et commerciaux (A, B...)
   21158 - Autres ensembles immobiliers
      211581 - affectés aux opérations professionnelles (A, B...)
      211588 - affectés aux opérations non professionnelles (A, B...)
2116 - Compte d'ordre sur immobilisations (art. 6 du décret n°78-737 du 11 juillet 1978)

212 - Agencements et aménagements de terrains (même ventilation que celle du compte 211)

213 - Constructions
2131 - Bâtiments
   21311 - Ensembles immobiliers industriels (A, B...)

- *21315 - Ensembles immobiliers administratifs et commerciaux (A, B...)*
- *21318 - Autres ensembles immobiliers*
  - *213181 - affectés aux opérations professionnelles (A, B...)*
  - *213188 - affectés aux opérations non professionnelles (A, B...)*
- 2135 - Installations générales - agencements - aménagements des constructions (même ventilation que celle du compte 2131)
- 2138 - Ouvrages d'infrastructure
  - *21381 - Voies de terre*
  - *21382 - Voies de fer*
  - *21383 - Voies d'eau*
  - *21384 - Barrages*
  - *21385 - Pistes d'aérodromes*

214 - Constructions sur sol d'autrui (même ventilation que celle du compte 213)

215 - Installations techniques, matériels et outillage industriels
- 2151 - Installations complexes spécialisées
  - *21511 - sur sol propre*
  - *21514 - sur sol d'autrui*
- 2153 - Installations à caractère spécifique
  - *21531 - sur sol propre*
  - *21534 - sur sol d'autrui*
- 2154 - Matériel industriel
- 2155 - Outillage industriel
- 2157 - Agencements et aménagements du matériel et outillage industriels

218 - Autres immobilisations corporelles
- 2181 - Installations générales, agencements, aménagements divers
- 2182 - Matériel de transport
- 2183 - Matériel de bureau et matériel informatique
- 2184 - Mobilier
- 2185 - Cheptel
- 2186 - Emballages récupérables

22 - IMMOBILISATIONS MISES EN CONCESSION

23 - IMMOBILISATIONS EN COURS

231 - Immobilisations corporelles en cours
- *2312 - Terrains*

- *2313 - Constructions*
- *2315 - Installations techniques, matériel et outillage industriels*
- *2318 - Autres immobilisations corporelles*

232 - Immobilisations incorporelles en cours

237 - Avances et acomptes versés sur commandes d'immobilisations incorporelles

238 - Avances et acomptes versés sur commandes d'immobilisations corporelles
- *2382 - Terrains*
- *2383 - Constructions*
- *2385 - Installations techniques, matériel et outillage industriels*
- *2388 - Autres immobilisations corporelles*

25 - PARTS DANS DES ENTREPRISES LIÉES ET CRÉANCES SUR DES ENTREPRISES LIÉES

26 - PARTICIPATIONS ET CREANCES RATTACHÉES À DES PARTICIPATIONS

261 - Titres de participation
- *2611 - Actions*
- *2618 - Autres titres*

266 - Autres formes de participation

267 - Créances rattachées à des participations
- *2671 - Créances rattachées à des participations (groupe)*
- *2674 - Créances rattachées à des participations (hors groupe)*
- *2675 - Versements représentatifs d'apports non capitalisés (appel de fonds)*
- *2676 - Avances consolidables*
- *2677 - Autres créances rattachées à des participations*
- *2678 - Intérêts courus*

268 - Créances rattachées à des sociétés en participation
- *2681 - Principal*
- *2688 - Intérêts courus*

269 - Versements restant à effectuer sur titres de participation non libérés

27 - AUTRES IMMOBILISATIONS FINANCIÈRES

271 - Titres immobilisés autres que les titres immobilisés de l'activité de portefeuille (droit de propriété)

2711 - Actions
2718 - Autres titres

272 - Titres immobilisés (droit de créance)
  2721 - Obligations
  2722 - Bons

273 - Titres immobilisés de l'activité de portefeuille

274 - Prêts
  2741 - Prêts participatifs
  2742 - Prêts aux associés
  2743 - Prêts au personnel
  2748 - Autres prêts

275 - Dépôts et cautionnements versés
  2751 - Dépôts
  2755 - Cautionnements

276 - Autres créances immobilisées
  2761 - Créances diverses
  2768 - Intérêts courus
    27682 - Sur titres immobilisés (droit de créance)
    27684 - Sur prêts
    27685 - Sur dépôts et cautionnements
    27688 - Sur créances diverses

277 - Actions propres ou parts propres
  2771 - Actions propres ou parts propres
  2772 - Actions propres ou parts propres en voie d'annulation

279 - Versements restant à effectuer sur titres immobilisés non libérés

28 - AMORTISSEMENTS DES IMMOBILISATIONS

280 - Amortissements des immobilisations incorporelles
  2801 - Frais d'établissement (même ventilation que celle du compte 201)
  2803 - Frais de recherche et de développement
  2805 - Concessions et droits similaires, brevets, licences, logiciels, droits et valeurs similaires
  2807 - Fonds commercial
  2808 - Autres immobilisations incorporelles

281 - Amortissements des immobilisations corporelles
  2811 - Terrains de gisement
  2812 - Agencements, aménagements de terrains (même ventilation que celle du compte 212)

- 2813 - Constructions (même ventilation que celle du compte 213)
- 2814 - Constructions sur sol d'autrui (même ventilation que celle du compte 214)
- 2815 - Installations techniques, matériel et outillage industriels (même ventilation que celle du compte 215)
- 2818 - Autres immobilisations corporelles (même ventilation que celle du compte 218)

282 - Amortissements des immobilisations mises en concession

29 - DÉPRÉCIATIONS DES IMMOBILISATIONS

290 - Dépréciations des immobilisations incorporelles
- 2905 - Marques, procédés, droits et valeurs similaires
- 2906 - Droit au bail
- 2907 - Fonds commercial
- 2908 - Autres immobilisations incorporelles

291 - dépréciations des immobilisations corporelles (même ventilation que celle du compte 21)
- 2911 - Terrains (autres que terrains de gisement)

292 - dépréciations des immobilisations mises en concession

293 - dépréciations des immobilisations en cours
- 2931 - Immobilisations corporelles en cours
- 2932 - Immobilisations incorporelles en cours

296 - Dépréciations des participations et créances rattachées à des participations
- 2961 - Titres de participation
- 2966 - Autres formes de participation
- 2967 - Créances rattachées à des participations (même ventilation que celle du compte 267)
- 2968 - Créances rattachées à des sociétés en participation (même ventilation que celle du compte 268)

297 - Dépréciations des autres immobilisations financières
- 2971 - Titres Immobilisés autres que les titres immobilisés de l'activité de portefeuille, droit de propriété (même ventilation que celle du compte 271)
- 2972 - Titres immobilisés, droit de créance (même ventilation que celle du compte 272)
- 2973 - Titres immobilisés de l'activité de portefeuille
- 2974 - Prêts (même ventilation que celle du compte 274)
- 2975 - Dépôts et cautionnements versés (même ventilation que celle du compte 275)

2976 - Autres créances immobilisées (même ventilation que celle du compte 276)

Classe 3 : Comptes de stocks et en-cours

31 - MATIÈRES PREMIÈRES (ET FOURNITURES)

311 - Matières (ou groupe) A

312 - Matières (ou groupe) B

317 - Fournitures A, B, C...

32 - AUTRES APPROVISIONNEMENTS

321 - Matières consommables
  3211 - Matières (ou groupe) C
  3212 - Matières (ou groupe) D

322 - Fournitures consommables
  3221 - Combustibles
  3222 - Produits d'entretien
  3223 - Fournitures d'atelier et d'usine
  3224 - Fournitures de magasin
  3225 - Fournitures de bureau

326 - Emballages
  3261 - Emballages perdus
  3265 - Emballages récupérables non identifiables
  3267 - Emballages à usage mixte

33 - EN-COURS DE PRODUCTION DE BIENS

331 - Produits en cours
  3311 - Produits en cours P 1
  3312 - Produits en cours P 2

335 - Travaux en cours
  3351 - Travaux en cours T 1
  3352 - Travaux en cours T 2

34 - EN-COURS DE PRODUCTION DE SERVICES

341 - Études en cours
  3411 - Études en cours E 1
  3412 - Études en cours E 2

345 - Prestations de services en cours
  3451 - Prestations de services S 1
  3452 - Prestations de services S 2

35 - STOCKS DE PRODUITS

351 - Produits intermédiaires
  3511 - Produits intermédiaires (ou groupe) A
  3512 - Produits intermédiaires (ou groupe) B

355 - Produits finis
   3551 - Produits finis (ou groupe) A
   3552 - Produits finis (ou groupe) B

358 - Produits résiduels (ou matières de récupération)
   3581 - Déchets
   3585 - Rebuts
   3586 - Matières de récupération

---

36 - (compte à ouvrir, le cas échéant, sous l'intitulé « stocks provenant d'immobilisations »)

---

37 - STOCKS DE MARCHANDISES
   371 - Marchandises (ou groupe) A
   372 - Marchandises (ou groupe) B

---

38 - (lorsque l'entité tient un inventaire permanent en comptabilité générale, le compte 38 peut être utilisé pour comptabiliser les stocks en voie d'acheminement, mis en dépôt ou donnés en consignation)

---

39 - DÉPRÉCIATIONS DES STOCKS ET EN-COURS

391 - Dépréciations des matières premières (et fournitures)
   3911 - Matières (ou groupe) A
   3912 - Matières (ou groupe) B
   3917 - Fournitures A, B, C...

392 - Dépréciations des autres approvisionnements
   3921 - Matières consommables (même ventilation que celle du compte 321)
   3922 - Fournitures consommables (même ventilation que celle du compte 322)
   3926 - Emballages (même ventilation que celle du compte 326)

393 - Dépréciations des en-cours de production de biens
   3931 - Produits en cours (même ventilation que celle du compte 331)
   3935 - Travaux en cours (même ventilation que celle du compte 335)

394 - Dépréciations des en-cours de production de services
   3941 - Études en cours (même ventilation que celle du compte 341)
   3945 - Prestations de services en cours (même ventilation que celle du compte 345)

395 - Dépréciations des stocks de produits
- *3951 - Produits intermédiaires (même ventilation que celle du compte 351)*
- *3955 - Produits finis (même ventilation que celle du compte 355)*

397 - Dépréciations des stocks de marchandises
- *3971 - Marchandise (ou groupe) A*
- *3972 - Marchandise (ou groupe) B*

Classe 4 : Comptes de tiers

40 - FOURNISSEURS ET COMPTES RATTACHÉS

400 - Fournisseurs et Comptes rattachés

401 - Fournisseurs
- *4011 - Fournisseurs - Achats de biens et prestations de services*
- *4017 - Fournisseurs - Retenues de garantie*

403 - Fournisseurs - Effets à payer

404 - Fournisseurs d'immobilisations
- *4041 - Fournisseurs - Achats d'immobilisations*
- *4047 - Fournisseurs d'immobilisations - Retenues de garantie*

405 - Fournisseurs d'immobilisations - Effets à payer

408 - Fournisseurs - Factures non parvenues
- *4081 - Fournisseurs*
- *4084 - Fournisseurs d'immobilisations*
- *4088 - Fournisseurs - Intérêts courus*

409 - Fournisseurs débiteurs

- 4091 - Fournisseurs - Avances et acomptes versés sur commandes
- 4096 - Fournisseurs - Créances pour emballages et matériel à rendre
- 4097 - Fournisseurs - Autres avoirs
  - *40971 - Fournisseurs d'exploitation*
  - *40974 - Fournisseurs d'immobilisations*
- 4098 - Rabais, remises, ristournes à obtenir et autres avoirs non encore reçus

41 - CLIENTS ET COMPTES RATTACHÉS

410 - Clients et Comptes rattachés

411 - Clients
- *4111 - Clients - Ventes de biens ou de prestations de services*
- *4117 - Clients - Retenues de garantie*

413 - Clients - Effets à recevoir

416 - Clients douteux ou litigieux

418 - Clients - Produits non encore facturés
- *4181 - Clients - Factures à établir*
- *4188 - Clients - Intérêts courus*

419 - Clients créditeurs
- 4191 - Clients - Avances et acomptes reçus sur commandes
- 4196 - Clients - Dettes sur emballages et matériels consignés
- 4197 - Clients - Autres avoirs
- 4198 - Rabais, remises, ristournes à accorder et autres avoirs à établir

42 - PERSONNEL ET COMPTES RATTACHÉS

421 - Personnel - Rémunérations dues

422 - Comités d'entreprises, d'établissement, …

424 - Participation des salariés aux résultats
- *4246 - Réserve spéciale*
- *4248 - Comptes courants*

425 - Personnel - Avances et acomptes

426 - Personnel - Dépôts

427 - Personnel - Oppositions

428 - Personnel - Charges à payer et produits à recevoir
- *4282 - Dettes provisionnées pour congés à payer*
- *4284 - Dettes provisionnées pour participation des salariés aux résultats*
- *4286 - Autres charges à payer*
- *4287 - Produits à recevoir*

43 - SÉCURITÉ SOCIALE ET AUTRES ORGANISMES SOCIAUX

431 - Sécurité sociale

437 - Autres organismes sociaux

438 - Organismes sociaux - Charges à payer et produits à recevoir
- *4382 - Charges sociales sur congés à payer*
- *4386 - Autres charges à payer*
- *4387 - Produits à recevoir*

44 - ÉTAT ET AUTRES COLLECTIVITÉS PUBLIQUES

441 - Etat - Subventions à recevoir
- *4411 - Subventions d'investissement*
- *4417 - Subventions d'exploitation*
- *4418 - Subventions d'équilibre*
- *4419 - Avances sur subventions*

442 - État - Impôts et taxes recouvrables sur des tiers
- *4424 - Obligataires*

4425 - Associés

443 - Opérations particulières avec l'État, les collectivités publiques, les organismes internationaux
    4431 - Créances sur l'Etat résultant de la suppression de la règle du décalage d'un mois en matière de TVA
    4438 - Intérêts courus sur créances figurant au compte 4431

444 - État - Impôts sur les bénéfices

445 - État - Taxes sur le chiffre d'affaires
    4452 - TVA due intracommunautaire
    4455 - Taxes sur le chiffre d'affaires à décaisser
        44551 - TVA à décaisser
        44558 - Taxes assimilées à la TVA
    4456 - Taxes sur le chiffre d'affaires déductibles
        44562 - TVA sur immobilisations
        44563 - TVA transférée par d'autres entreprises
        44566 - TVA sur autres biens et services
        44567 - Crédit de TVA à reporter
        44568 - Taxes assimilées à la TVA
    4457 - Taxes sur le chiffre d'affaires collectées par l'entreprise
        44571 - TVA collectée
        44578 - Taxes assimilées à la TVA
    4458 - Taxes sur le chiffre d'affaires à régulariser ou en attente
        44581 - Acomptes - Régime simplifié d'imposition
        44582 - Acomptes - Régime du forfait
        44583 - Remboursement de taxes sur le chiffre d'affaires demandé
        44584 - TVA récupérée d'avance
        44586 - Taxes sur le chiffre d'affaires sur factures non parvenues
        44587 - Taxes sur le chiffre d'affaires sur factures à établir

446 - Obligations cautionnées

447 - Autres impôts, taxes et versements assimilés

448 - État - Charges à payer et produits à recevoir
    4482 - Charges fiscales sur congés à payer
    4486 - Charges à payer
    4487 - Produits à recevoir

449 - Quotas d'émission à restituer à l'État

45 - GROUPE ET ASSOCIÉS

451 - Groupe

455 - Associés - Comptes courants
4551 - Principal
4558 - Intérêts courus

456 - Associés - Opérations sur le capital
4561 - Associés - Comptes d'apport en société
45611 - Apports en nature
45615 - Apports en numéraire
4562 - Apporteurs - Capital appelé, non versé
45621 - Actionnaires - Capital souscrit et appelé, non versé
45625 - Associés - Capital appelé, non versé
4563 - Associés - Versements reçus sur augmentation de capital
4564 - Associés - Versements anticipés
4566 - Actionnaires défaillants
4567 - Associés - Capital à rembourser

457 - Associés - Dividendes à payer

458 - Associés - Opérations faites en commun et en G.I.E.
4581 - Opérations courantes
4588 - Intérêts courus

46 - DÉBITEURS DIVERS ET CRÉDITEURS DIVERS

462 - Créances sur cessions d'immobilisations

464 - Dettes sur acquisitions de valeurs mobilières de placement

465 - Créances sur cessions de valeurs mobilières de placement

467 - Autres comptes débiteurs ou créditeurs

468 - Divers - Charges à payer et produits à recevoir
4686 - Charges à payer
4687 - Produits à recevoir

47 - COMPTES TRANSITOIRES OU D'ATTENTE

471 à 475 - Comptes d'attente

476 - Différence de conversion - ACTIF
4761 - Diminution des créances
4762 - Augmentation des dettes
4768 - Différences compensées par couverture de change

477 - Différences de conversion - PASSIF
4771 - Augmentation des créances

4772 - Diminution des dettes
4778 - Différences compensées par couverture de change

478 - Autres comptes transitoires

48 - COMPTES DE RÉGULARISATION

481 - Charges à répartir sur plusieurs exercices
4816 - Frais d'émission des emprunts

486 - Charges constatées d'avance

487 - Produits constatés d'avance

488 - Comptes de répartition périodique des charges et des produits
4886 - Charges
4887 - Produits

489 - Quotas d'émission alloués par l'État

49 - DÉPRÉCIATIONS DES COMPTES DE TIERS

491 - Dépréciations des comptes de clients

495 - Dépréciations des comptes du groupe et des associés
4951 - Comptes du groupe
4955 - Comptes courants des associés
4958 - Opérations faites en commun et en G.I.E.

496 - Dépréciations des comptes de débiteurs divers
4962 - Créances sur cessions d'immobilisations
4965 - Créances sur cessions de valeurs mobilières de placement
4967 - Autres comptes débiteurs

Classe 5 : Comptes financiers

50 - VALEURS MOBILIÈRES DE PLACEMENT

501 - Parts dans des entreprises liées

502 - Actions propres

503 - Actions
- *5031 - Titres cotés*
- *5035 - Titres non cotés*

504 - Autres titres conférant un droit de propriété

505 - Obligations et bons émis par la société et rachetés par elle

506 - Obligations
- *5061 - Titres cotés*
- *5065 - Titres non cotés*

507 - Bons du Trésor et bons de caisse à court terme

508 - Autres valeurs mobilières de placement et autres créances assimilées
- *5081 - Autres valeurs mobilières*
- *5082 - Bons de souscription*
- *5088 - Intérêts courus sur obligations, bons et valeurs assimilées*

509 - Versements restant à effectuer sur valeurs mobilières de placement non libérées

51 - BANQUES, ÉTABLISSEMENTS FINANCIERS ET ASSIMILÉS

511 - Valeurs à l'encaissement
- *5111 - Coupons échus à l'encaissement*
- *5112 - Chèques à encaisser*
- *5113 - Effets à l'encaissement*
- *5114 - Effets à l'escompte*

512 - Banques
- *5121 - Comptes en monnaie nationale*
- *5124 - Comptes en devises*

514 - Chèques postaux

515 - « Caisses » du Trésor et des établissements publics

516 - Sociétés de bourse

517 - Autres organismes financiers

518 - Intérêts courus
- *5181 - Intérêts courus à payer*
- *5188 - Intérêts courus à recevoir*

519 - Concours bancaires courants
    5191 - Crédit de mobilisation de créances commerciales (CMCC)
    5193 - Mobilisation de créances nées à l'étranger
    5198 - Intérêts courus sur concours bancaires courants

52 - INSTRUMENTS DE TRÉSORERIE

53 - CAISSE

531 - Caisse siège social
    5311 - Caisse en monnaie nationale
    5314 - Caisse en devises

532 - Caisse succursale (ou usine) A

533 - Caisse succursale (ou usine) B

54 - RÉGIES D'AVANCE ET ACCRÉDITIFS

58 - VIREMENTS INTERNES

59 - DÉPRÉCIATIONS DES COMPTES FINANCIERS

590 - Dépréciations des valeurs mobilières de placement
    5903 - Actions
    5904 - Autres titres conférant un droit de propriété
    5906 - Obligations
    5908 - Autres valeurs mobilières de placement et créances assimilées

Classe 6 : Comptes de charges

60 - ACHATS (sauf 603)

- 601 - Achats stockés - Matières premières (et fournitures)
  - *6011 - Matières (ou groupe) A*
  - *6012 - Matières (ou groupe) B*
  - *6017 - Fournitures A, B, C...*
- 602 - Achats stockés - Autres approvisionnements
  - 6021 - Matières consommables
    - *60211 - Matières (ou groupe) C*
    - *60212 - Matières (ou groupe) D*
  - 6022 - Fournitures consommables
    - *60221 - Combustibles*
    - *60222 - Produits d'entretien*
    - *60223 - Fournitures d'atelier et d'usine*
    - *60224 - Fournitures de magasin*
    - *60225 - Fournitures de bureau*
  - 6026 - Emballages
    - *60261 - Emballages perdus*
    - *60265 - Emballages récupérables non identifiables*
    - *60267 - Emballages à usage mixte*
- 604 - Achats d'études et prestations de services
- 605 - Achats de matériel, équipements et travaux
- 606 - Achats non stockés de matières et fournitures
  - *6061 - Fournitures non stockables (eau, énergie, ...)*
  - *6063 - Fournitures d'entretien et de petit équipement*
  - *6064 - Fournitures administratives*
  - *6068 - Autres matières et fournitures*
- 607 - Achats de marchandises
  - *6071 - Marchandise (ou groupe) A*
  - *6072 - Marchandise (ou groupe) B*
- 608 - (Compte réservé, le cas échéant, à la récapitulation des frais accessoires incorporés aux achats)
- 609 - Rabais, remises et ristournes obtenus sur achats
  - *6091 - de matières premières (et fournitures)*
  - *6092 - d'autres approvisionnements stockés*
  - *6094 - d'études et prestations de services*
  - *6095 - de matériel, équipements et travaux*
  - *6096 - d'approvisionnements non stockés*
  - *6097 - de marchandises*
  - *6098 - Rabais, remises et ristournes non affectés*

603 - VARIATIONS DES STOCKS (approvisionnements et marchandises)
- 6031 - Variation des stocks de matières premières (et fournitures)
- 6032 - Variation des stocks des autres approvisionnements
- 6037 - Variation des stocks de marchandises

61/62 - AUTRES CHARGES EXTERNES

61 - SERVICES EXTÉRIEURS
- 611 - Sous-traitance générale
- 612 - Redevances de crédit-bail
  - 6122 - Crédit-bail mobilier
  - 6125 - Crédit-bail immobilier
- 613 - Locations
  - *6132 - Locations immobilières*
  - *6135 - Locations mobilières*
  - *6136 - Malis sur emballages*
- 614 - Charges locatives et de copropriété
- 615 - Entretien et réparations
  - *6152 - sur biens immobiliers*
  - *6155 - sur biens mobiliers*
  - *6156 - Maintenance*
- 616 - Primes d'assurances
  - *6161 - Multirisques*
  - *6162 - Assurance obligatoire dommage construction*
  - *6163 - Assurance-transport*
    - *61636 - sur achats*
    - *61637 - sur ventes*
    - *61638 - sur autres biens*
  - *6164 - Risques d'exploitation*
  - *6165 - Insolvabilité clients*
- 617 - Études et recherches
- 618 - Divers
  - *6181 - Documentation générale*
  - *6183 - Documentation technique*
  - *6185 - Frais de colloques, séminaires, conférences*
- 619 - Rabais, remises et ristournes obtenus sur services extérieurs

62 - AUTRES SERVICES EXTÉRIEURS
- 621 - Personnel extérieur à l'entreprise

- 6211 - *Personnel intérimaire*
- 6214 - *Personnel détaché ou prêté à l'entreprise*

622 - Rémunérations d'intermédiaires et honoraires
- 6221 - *Commissions et courtages sur achats*
- 6222 - *Commissions et courtages sur ventes*
- 6224 - *Rémunérations des transitaires*
- 6225 - *Rémunérations d'affacturage*
- 6226 - *Honoraires*
- 6227 - *Frais d'actes et de contentieux*
- 6228 - *Divers*

623 - Publicité, publications, relations publiques
- 6231 - *Annonces et insertions*
- 6232 - *Échantillons*
- 6233 - *Foires et expositions*
- 6234 - *Cadeaux à la clientèle*
- 6235 - *Primes*
- 6236 - *Catalogues et imprimés*
- 6237 - *Publications*
- 6238 - *Divers (pourboires, dons courants, ...)*

624 - Transports de biens et transports collectifs du personnel
- 6241 - *Transports sur achats*
- 6242 - *Transports sur ventes*
- 6243 - *Transports entre établissements ou chantiers*
- 6244 - *Transports administratifs*
- 6247 - *Transports collectifs du personnel*
- 6248 - *Divers*

625 - Déplacements, missions et réceptions
- 6251 - *Voyages et déplacements*
- 6255 - *Frais de déménagement*
- 6256 - *Missions*
- 6257 - *Réceptions*

626 - Frais postaux et de télécommunications

627 - Services bancaires et assimilés
- 6271 - *Frais sur titres (achat, vente, garde)*
- 6272 - *Commissions et frais sur émission d'emprunts*
- 6275 - *Frais sur effets*
- 6276 - *Location de coffres*
- 6278 - *Autres frais et commissions sur prestations de services*

628 - Divers
- 6281 - *Concours divers (cotisations, ...)*

6284 - Frais de recrutement de personnel

629 - Rabais, remises et ristournes obtenus sur autres services extérieurs

63 - IMPÔTS, TAXES ET VERSEMENTS ASSIMILÉS

631 - Impôts, taxes et versements assimilés sur rémunérations (administrations des impôts)
- *6311 - Taxe sur les salaires*
- *6312 - Taxe d'apprentissage*
- *6313 - Participation des employeurs à la formation professionnelle continue*
- *6314 - Cotisation pour défaut d'investissement obligatoire dans la construction*
- *6318 - Autres*

633 - Impôts, taxes et versements assimilés sur rémunérations (autres organismes)
- *6331 - Versement de transport*
- *6332 - Allocations logement*
- *6333 - Participation des employeurs à la formation professionnelle continue*
- *6334 - Participation des employeurs à l'effort de construction*
- *6335 - Versements libératoires ouvrant droit à l'exonération de la taxe d'apprentissage*
- *6338 - Autres*

635 - Autres impôts, taxes et versements assimilés (administrations des impôts)
- *6351 - Impôts directs (sauf impôts sur les bénéfices)*
  - *63511 - Taxe professionnelle*
  - *63512 - Taxes foncières*
  - *63513 - Autres impôts locaux*
  - *63514 - Taxe sur les véhicules des sociétés*
- *6352 - Taxes sur le chiffre d'affaires non récupérables*
- *6353 - Impôts indirects*
- *6354 - Droits d'enregistrement et de timbre*
  - *63541 - Droits de mutation*
- *6358 - Autres droits*

637 - Autres impôts, taxes et versements assimilés (autres organismes)
- *6371 - Contribution sociale de solidarité à la charge des sociétés*

6372 - Taxes perçues par les organismes publics internationaux
6374 - Impôts et taxes exigibles à l'Étranger
6378 - Taxes diverses

64 - CHARGES DE PERSONNEL

641 - Rémunérations du personnel
6411 - Salaires, appointements
6412 - Congés payés
6413 - Primes et gratifications
6414 - Indemnités et avantages divers
6415 - Supplément familial

644 - Rémunération du travail de l'exploitant

645 - Charges de sécurité sociale et de prévoyance
6451 - Cotisations à l'URSSAF
6452 - Cotisations aux mutuelles
6453 - Cotisations aux caisses de retraites
6454 - Cotisations au Pôle Emploi
6458 - Cotisations aux autres organismes sociaux

646 - Cotisations sociales personnelles de l'exploitant

647 - Autres charges sociales
6471 - Prestations directes
6472 - Versements aux comités d'entreprise et d'établissement
6473 - Versements aux comités d'hygiène et de sécurité
6474 - Versements aux autres œuvres sociales
6475 - Médecine du travail, pharmacie

648 - Autres charges de personnel

65 - AUTRES CHARGES DE GESTION COURANTE

651 - Redevances pour concessions, brevets, licences, marques, procédés, logiciels, droits et valeurs similaires
6511 - Redevances pour concessions, brevets, licences, marques, procédés, logiciels
6516 - Droits d'auteur et de reproduction
6518 - Autres droits et valeurs similaires

653 - Jetons de présence

654 - Pertes sur créances irrécouvrables
6541 - Créances de l'exercice
6544 - Créances des exercices antérieurs

655 - Quotes-parts de résultat sur opérations faites en commun

      6551 - Quote-part de bénéfice transférée (comptabilité du gérant)
      6555 - Quote-part de perte supportée (comptabilité des associés non gérants)
- 658 - Charges diverses de gestion courante

66 - CHARGES FINANCIÈRES

- 661 - Charges d'intérêts
  - *6611 - Intérêts des emprunts et dettes*
    - *66116 - des emprunts et dettes assimilées*
    - *66117 - des dettes rattachées à des participations*
  - *6615 - Intérêts des comptes courants et des dépôts créditeurs*
  - *6616 - Intérêts bancaires et sur opérations de financement (escompte,…)*
  - *6617 - Intérêts des obligations cautionnées*
  - *6618 - Intérêts des autres dettes*
    - *66181 - des dettes commerciales*
    - *66188 - des dettes diverses*
- 664 - Pertes sur créances liées à des participations
- 665 - Escomptes accordés
- 666 - Pertes de change
- 667 - Charges nettes sur cessions de valeurs mobilières de placement
- 668 - Autres charges financières

67 - CHARGES EXCEPTIONNELLES

- 671 - Charges exceptionnelles sur opérations de gestion
  - *6711 - Pénalités sur marchés (et dédits payés sur achats et ventes)*
  - *6712 - Pénalités, amendes fiscales et pénales*
  - *6713 - Dons, libéralités*
  - *6714 - Créances devenues irrécouvrables dans l'exercice*
  - *6715 - Subventions accordées*
  - *6717 - Rappel d'impôts (autres qu'impôts sur les bénéfices)*
  - *6718 - Autres charges exceptionnelles sur opérations de gestion*
- 672 - (Compte à la disposition des entités pour enregistrer, en cours d'exercice, les charges sur exercices antérieurs)
- 675 - Valeurs comptables des éléments d'actif cédés
  - *6751 - Immobilisations incorporelles*

6752 - Immobilisations corporelles
6756 - Immobilisations financières
6758 - Autres éléments d'actif

678 - Autres charges exceptionnelles
6781 - Malis provenant de clauses d'indexation
6782 - Lots
6783 - Malis provenant du rachat par l'entreprise d'actions et obligations émises par elle-même
6788 - Charges exceptionnelles diverses

68 - DOTATIONS AUX AMORTISSEMENTS, DÉPRECIATIONS ET PROVISIONS

681 - Dotations aux amortissements, dépréciations et provisions - Charges d'exploitation

6811 - Dotations aux amortissements sur immobilisations incorporelles et corporelles
68111 - Immobilisations incorporelles
68112 - Immobilisations corporelles
6812 - Dotations aux amortissements des charges d'exploitation à répartir
6815 - Dotations aux provisions d'exploitation
6816 - Dotations aux dépréciations des immobilisations incorporelles et corporelles
68161 - Immobilisations incorporelles
68162 - Immobilisations corporelles
6817 - Dotations aux dépréciations des actifs circulants
68173 - Stocks et en-cours
68174 - Créances

686 - Dotations aux amortissements, dépréciations et provisions - Charges financières

6861 - Dotations aux amortissements des primes de remboursement des obligations
6865 - Dotations aux provisions financières
6866 - Dotations aux dépréciations des éléments financiers
68662 - Immobilisations financieres
68665 - Valeurs mobilières de placement
6868 - Autres dotations

687 - Dotations aux amortissements dépréciations et provisions - Charges exceptionnelles

6871 - Dotations aux amortissements exceptionnels des immobilisations

6872 - Dotations aux provisions réglementées
(immobilisations)
68725 - Amortissements dérogatoires
6873 - Dotations aux provisions réglementées (stocks)
6874 - Dotations aux autres provisions réglementées
6875 - Dotations aux provisions exceptionnelles
6876 - Dotations aux dépréciations exceptionnelles

69 - PARTICIPATION DES SALARIÉS - IMPÔTS SUR LES BÉNÉFICES ET ASSIMILÉS

691 - Participation des salariés aux résultats

695 - Impôts sur les bénéfices
6951 - Impôts dus en France
6952 - Contribution additionnelle à l'impôt sur les bénéfices
6954 - Impôts dus à l'étranger

696 - Suppléments d'impôt sur les sociétés liés aux distributions

698 - Intégration fiscale
6981 - Intégration fiscale - Charges
6989 - Intégration fiscale - Produits

699 - Produits - Report en arrière des déficits

Classe 7 : Comptes de produits

70 - VENTES DE PRODUITS FABRIQUÉS, PRESTATIONS DE SERVICES, MARCHANDISES

701 - Ventes de produits finis
7011 - Produits finis (ou groupe) A
7012 - Produits finis (ou groupe) B

702 - Ventes de produits intermédiaires

703 - Ventes de produits résiduels

704 - Travaux
7041 - Travaux de catégorie (ou activité) A
7042 - Travaux de catégorie (ou activité) B

705 - Études

706 - Prestations de services

707 - Ventes de marchandises
7071 - Marchandises (ou groupe) A
7072 - Marchandises (ou groupe) B

708 - Produits des activités annexes
7081 - Produits des services exploités dans l'intérêt du personnel
7082 - Commissions et courtages
7083 - Locations diverses
7084 - Mise à disposition de personnel facturée
7085 - Ports et frais accessoires facturés
7086 - Bonis sur reprises d'emballages consignés
7087 - Bonifications obtenues des clients et primes sur ventes
7088 - Autres produits d'activités annexes (cessions d'approvisionnements,...)

709 - Rabais, remises et ristournes accordés par l'entreprise
7091 - sur ventes de produits finis
7092 - sur ventes de produits intermédiaires
7094 - sur travaux
7095 - sur études
7096 - sur prestations de services
7097 - sur ventes de marchandises
7098 - sur produits des activités annexes

71 - PRODUCTION STOCKÉE (OU DÉSTOCKAGE)

713 - Variation des stocks (en-cours de production, produits)
7133 - Variation des en-cours de production de biens

78 - REPRISES SUR AMORTISSEMENTS, DÉPRECIATIONS ET PROVISIONS

- **781 - Reprises sur amortissements, dépréciations et provisions (à inscrire dans les produits d'exploitation)**
  - 7811 - Reprises sur amortissements des immobilisations incorporelles et corporelles
    - *78111 - Immobilisations incorporelles*
    - *78112 - Immobilisations corporelles*
  - 7815 - Reprises sur provisions d'exploitation
  - 7816 - Reprises sur dépréciations des immobilisations corporelles et incorporelles
    - *78161 - Immobilisations incorporelles*
    - *78162 - Immobilisations corporelles*
  - 7817 - Reprises sur dépréciations des actifs circulants
    - *78173 - Stocks et en-cours*
    - *78174 - Créances*
- **786 - Reprises sur dépréciations et provisions (à inscrire dans les produits financiers)**
  - 7865 - Reprises sur provisions financières
  - 7866 - Reprises sur dépréciations des éléments financiers
    - *78662 - Immobilisations financières*
    - *78665 - Valeurs mobilières de placement*
- **787 - Reprises sur dépréciations et provisions (à inscrire dans les produits exceptionnels)**
  - 7872 - Reprises sur provisions réglementées (immobilisations)
    - *78725 - Amortissements dérogatoires*
    - *78726 - Provision spéciale de réévaluation*
    - *78727 - Plus-values réinvesties*
  - 7873 - Reprises sur provisions réglementées (stocks)
  - 7874 - Reprises sur autres provisions réglementées
  - 7875 - Reprises sur provisions exceptionnelles
  - 7876 - Reprises sur dépréciations exceptionnelles

79 - TRANSFERTS DE CHARGES

- 791 - Transferts de charges d'exploitation
- 796 - Transferts de charges financières
- 797 - Transferts de charges exceptionnelles

Classe 8 : Comptes spéciaux

80 - ENGAGEMENTS
801 - Engagements donnés par l'entité
8011 - Avals, cautions, garanties.
8014 - Effets circulant sous l'endos de l'entité.
8016 - Redevances crédit-bail restant à courir.
80161 - Crédit-bail mobilier
80165 - Crédit-bail immobilier.
8018 - Autres engagements donnés.

802 - Engagements reçus par l'entité
8021 - Avals, cautions, garanties.
8024 - Créances escomptées non échues.
8026 - Engagements reçus pour utilisation en crédit-bail.
80261 - Crédit-bail mobilier.
80265 - Crédit-bail immobilier.
8028 - Autres engagements reçus.

809 - Contrepartie des engagements
8091 - Contrepartie 801.
8092 - Contrepartie 802.

88 - RÉSULTAT EN INSTANCE D'AFFECTATION

89 - BILAN
890 - Bilan d'ouverture
891 - Bilan de clôture

Cadre comptable

COMPTES DE BILAN			
Classe 1	**Classe 2**	**Classe 3**	**Classe 4**
Comptes de capitaux (capitaux propres, autres fonds propres, emprunts et dettes assimilées)	Comptes d'immobilisations	Comptes de stocks et en-cours	Comptes de tiers
10. Capital et réserves	20. Immobilisations incorporelles	30. -	40. Fournisseurs et comptes rattachés
11. Report à nouveau	21. Immobilisations corporelles	31. Matières premières (et fournitures)	41. Clients et comptes rattachés
12. Résultat de l'exercice	22. Immobilisations mises en concession	32. Autres approvisionnements	42. Personnel et comptes rattachés
13. Subventions d'investissement	23. Immobilisations en cours	33. En-cours de production de biens	43. Sécurité sociale et autres organismes sociaux
14. Provisions réglementées	24. -	34. En-cours de production de services	44. État et autres collectivités publiques
15. Provisions	25. -	35. Stocks de produits	45. Groupe et associés
16. Emprunts et dettes assimilées	26. Participations et créances rattachées à des participations	36. -	46. Débiteurs divers et créditeurs divers
17. Dettes rattachées à des participations	27. Autres immobilisations financières	37. Stocks de marchandises	47. Comptes transitoires ou d'attente
18. Comptes de liaison des établissements et sociétés en participation	28. Amortissements des immobilisations	38. -	48. Comptes de régularisation
19. -	29. Dépréciations (Règlement n°2002-10 du CRC)	39. Dépréciations des stocks et en-cours	49. Dépréciations des comptes de tiers

(Règlements n°2002-10 et n°2005-09 du CRC)

	COMPTES DE GESTION		COMPTES SPÉCIAUX
Classe 5	**Classe 6**	**Classe 7**	**Classe 8**
Comptes financiers	Comptes de charges	Comptes de produits	
. Valeurs mobilières de placement	60. Achats (sauf 603) 603. Variation des stocks (approvisionnements et marchandises)	70. Ventes de produits fabriqués, prestations de services, marchandises	Cette classe de comptes regroupe les comptes spéciaux qui n'ont pas leur place dans les classes 1 à 7
. Banques, établissements financiers et assimilés	61. Services extérieurs	71. Production stockée (ou déstockage)	
2. Instruments de trésorerie	62. Autres services extérieurs	72. Production immobilisée	
3. Caisse	63. Impôts, taxes et versements assimilés		
4. Régies d'avances et accréditifs	64. Charges de personnel	74. Subventions d'exploitation	
5. -	65. Autres charges de gestion courante	75. Autres produits de gestion courante	
6. -	66. Charges financières	76. Produits financiers	
7. -	67. Charges exceptionnelles	77. Produits exceptionnels	
58. Virements internes	68. Dotations aux amortissements, dépréciations et provisions	78. Reprises sur amortissements, dépréciations et provisions	
59. Dépréciations des comptes financiers	69. Participation des salariés, impôts sur les bénéfices et assimilés	79. Transferts de charges	

La Comptabilité pour les nuls

Nouvelle édition enrichie

La Comptabilité pour les Nuls
© Éditions First, un département d'Édi8, 2014. Publié en accord avec John Wiley & Sons, Inc.
© Éditions First, un département d'Édi8, Paris, 2015 pour l'édition incluse dans le coffret *La Comptabilité Tout-en-un pour les Nuls*
et ne pouvant être vendue séparément.

« Pour les Nuls » est une marque déposée de John Wiley & Sons, Inc.
« For Dummies » est une marque déposée de John Wiley & Sons, Inc.

ISBN : 978-2-7540-7720-0
Dépôt légal : octobre 2015

Direction éditoriale : Marie-Anne Jost-Kotik
Édition : Laure-Hélène Accaoui et Raphaël Dupuy
Correction : Correctif
Mise en page : De Visu et Catherine Kédémos
Dessins humoristiques : Marc Chalvin
Couverture : Catherine Kédémos
Fabrication : Antoine Paolucci
Production : Emmanuelle Clément

Imprimé en Italie

Éditions First, un département d'Édi8
12, avenue d'Italie
75013 Paris – France
Tél. : 01 44 16 09 00
Fax : 01 44 16 09 01
E-mail : firstinfo@efirst.com
Site internet : www.efirst.com

Tous droits réservés. Toute reproduction, même partielle, du contenu, de la couverture ou des icônes, par quelque procédé que ce soit (électronique, photocopie, bande magnétique ou autre) est interdite sans autorisation par écrit des Éditions First.

Le Code de la propriété intellectuelle interdit les copies ou reproductions destinées à une utilisation collective. Toute représentation ou reproduction intégrale ou partielle faite par quelque procédé que ce soit, sans le consentement de l'Auteur ou de ses ayants cause est illicite et constitue une contrefaçon sanctionnée par les articles L335-2 et suivants du Code de la propriété intellectuelle.

La Comptabilité pour les nuls

Nouvelle édition enrichie

Laurence Thibault

Professeur agrégée de gestion comptable et financière

À propos de l'auteur

Laurence Thibault est professeure agrégée de gestion comptable et financière. Elle enseigne la comptabilité à l'IUT de gestion de Bayonne ainsi qu'à l'ESC Pau, tant en formation initiale que continue. Diplômée de l'École supérieure de commerce de Paris (ESCP-Europe) et titulaire du diplôme supérieur de comptabilité et de gestion (DSCG), elle a passé dix années en cabinet comptable et en entreprise avant de se tourner vers l'enseignement, ce qui lui a permis d'acquérir une connaissance concrète des besoins des utilisateurs de la comptabilité.

Convaincue de la nécessité de mettre cette technique à la portée de tous, elle anime régulièrement des séminaires d'initiation aux mécanismes comptables et financiers auprès de managers et de chefs d'entreprises. Elle écrit également dans des revues pédagogiques et a rédigé la partie comptable du *Guide pratique du trésorier CE* paru aux Éditions Tissot.

Dédicace

Ce livre est dédié :

- À ceux qui aimeraient savoir ce qui se cache derrière les chiffres d'un bilan et d'un compte de résultat mais qui n'osent pas le demander
- À ceux qui souhaitent maîtriser les aspects financiers de la gestion de leur entreprise
- À ceux qui estiment que leur argent serait mieux employé ailleurs que dans des honoraires de tenue de compte
- À ceux qui ont été dégoûtés de la comptabilité par une approche traditionnelle, mécanique et rébarbative mais qui sont prêts à se lancer à nouveau dans l'aventure en nous faisant confiance pour une démarche plus pédagogique

Remerciements

Un grand merci :

- À mon père, patient relecteur et nul en comptabilité
- À mes collègues qui ont su me convaincre de me lancer dans l'enseignement puis dans l'écriture, et tout particulièrement à Marie-Jo et à Nathalie

Sommaire

Introduction 1
   À propos de ce livre 2
   Les conventions utilisées dans ce livre 3
   Comment ce livre est organisé 3
      Première partie : Le b.-a.-ba de la comptabilité 3
      Deuxième partie : La mise en place d'une comptabilité 4
      Troisième partie : La comptabilité au jour le jour 4
      Quatrième partie : L'heure du bilan : l'élaboration
        des comptes annuels 4
      Cinquième partie : Partie des dix 5
      Sixième partie : Annexes 5
   Les icônes utilisées dans ce livre 6
   Et maintenant, par où commencer ? 6

Première partie : Le b.-a.-ba de la comptabilité 9

Chapitre 1 : Qu'est-ce que la comptabilité ? 11
   Une brève histoire de la comptabilité 11
   La comptabilité : à quoi ça sert ? 13
   La comptabilité : cela concerne qui ? 15
   Les différentes formes de comptabilité 16
      La comptabilité de gestion 16
      La comptabilité des groupes de sociétés : la consolidation 17
      La comptabilité nationale 18
      La comptabilité publique 18
   Qui fait quoi ? 18
      L'expert-comptable 18
      Le comptable 20
      Le commissaire aux comptes 21
      Le centre de gestion agréé ou l'association agréée 22
   D'où viennent les règles comptables ? 24
      Les directives européennes 24
      Le Code de commerce 24
      Le plan comptable général (PCG) 25
      Les normes internationales IFRS 26
      Les règles fiscales 26

Chapitre 2 : Les notions de base : le bilan et le compte de résultat.........29
Les notions de patrimoine et d'activité..........30
La photographie du patrimoine : le bilan..........31
    La structure de l'actif..........32
    La structure du passif..........35
Le film de l'activité : le compte de résultat..........38
    La notion de produits..........39
    La notion de charges..........40
    La présentation du compte de résultat..........41
Qu'est-ce que le résultat ?..........43

Chapitre 3 : La « mécanique » comptable..........45
Le principe de la partie double..........45
    Les notions d'emplois et de ressources..........46
    L'analyse des opérations réalisées par l'entreprise..........48
Une règle impérative : l'équilibre comptable..........51
    Emplois, ressources, bilan et compte de résultat..........51
    Les opérations sans impact sur le résultat..........53
    Les opérations ayant un impact sur le résultat..........55
Qu'est-ce qui déclenche l'enregistrement d'une écriture comptable ?..........58

Chapitre 4 : Le fonctionnement des comptes..........61
Qu'appelle-t-on un compte ?..........62
Les notions de débit et de crédit..........64
La numérotation des comptes..........67
    Les sept catégories de comptes..........67
    La recherche d'un numéro de compte..........68
    Les trois niveaux de détail..........73
    Les adaptations sectorielles..........74
La présentation des comptes..........74
Les écritures comptables..........76
Des comptes… aux comptes annuels..........78
    Des écritures au grand-livre..........78
    Du grand-livre à la balance..........80
    De la balance aux comptes annuels..........82
    Et l'année suivante ?..........83

Quizz : Testez vos connaissances !..........85
Vérifiez vos réponses !..........88

Deuxième partie : La mise en place d'une comptabilité 93

Chapitre 5 : Quelle comptabilité mettre en place ? 95
Les différents régimes fiscaux 96
    Imposition sur le revenu et imposition sur les sociétés 96
    BIC, BNC et bénéfices agricoles 98
    Réel normal, réel simplifié, déclaration contrôlée
    et microentreprise 98
    La franchise de TVA 101
Vos obligations en matière de comptabilité 102
    Les obligations imposées par le Code de commerce 102
    Les allègements prévus pour les petits commerçants
    personnes physiques 106
    Les obligations comptables des artisans 107
    Les obligations comptables des professions libérales 108
    Les obligations comptables des entreprises agricoles 108
    Les obligations comptables des employeurs 109
Choisir entre une comptabilité d'engagement et une comptabilité
de trésorerie 109
La conservation des documents comptables 111
    Quelques conseils de classement et de référencement 111
    La durée de conservation des documents comptables 114
Le choix de l'externalisation 118

Chapitre 6 : Comptabilité de trésorerie :
mise en place et fonctionnement 121
L'organisation des livres comptables 122
    Les livres de banque et de caisse 122
    Le registre des immobilisations 130
L'enregistrement des écritures comptables 135
    La numérotation des opérations 136
    L'enregistrement des opérations 137
    La ventilation des montants enregistrés 138
    La totalisation et le report 140
Le classement des pièces comptables 141
    Le classement des factures à payer et à encaisser 141
    Le classement des factures payées et encaissées 142
Le rapprochement bancaire 143
La construction des comptes annuels 144
    Si vous êtes imposé dans la catégorie des BNC 144
    Si vous êtes imposé dans la catégorie des BIC
    ou des bénéfices agricoles 148

Chapitre 7 : La comptabilité d'engagement : mise en place et fonctionnement 163

    Le choix d'un logiciel comptable...164
        Les principaux éditeurs...164
        Les solutions alternatives 167
    Les logiciels complémentaires...168
        Les logiciels de devis et de facturation 168
        Les logiciels de gestion commerciale 168
        Les logiciels spécifiques à un secteur d'activité.....................169
        Les logiciels de paie...170
        Les logiciels de gestion des immobilisations 170
        Les logiciels de fiscalité..171
    Le paramétrage d'un logiciel comptable...171
        La saisie des informations relatives à la société....................172
        Le choix d'un plan de comptes 173
        La gestion des devises...174
        Les paramètres relatifs à la TVA 174
        Les différents journaux...175
        Le plan comptable analytique 175
        Comptabilité auxiliaire et comptes centralisateurs................178
    Le fonctionnement d'un logiciel comptable 179
        La reprise des à nouveaux 179
        La saisie des écritures 183
        La validation du « brouillard »..185
        Le lettrage des comptes 186
        La clôture des comptes 190

Quizz : Testez vos connaissances ! 191
    Vérifiez vos réponses !..193

Troisième partie : La comptabilité au jour le jour *199*

Chapitre 8 : L'enregistrement des ventes et des encaissements 201

    L'enregistrement des factures de vente 201
        Les règles de base..203
        Les différents types de ventes 204
        L'enregistrement de la TVA collectée 205
    Les cas particuliers...206
        Les remises...206
        Les emballages consignés...207
    L'enregistrement des avoirs émis..208
    L'enregistrement des ventes comptoir 209
    L'enregistrement des règlements reçus 211
        Les règlements en espèces 211
        Les règlements par virement..211

Sommaire

Les règlements par chèque..211
Les règlements par carte bancaire.......................................212
Les règlements par effet de commerce................................213
Les acomptes reçus 213
L'escompte pour règlement anticipé 214
Comment comptabiliser un impayé?.....................................216

Chapitre 9 : L'enregistrement des achats et des décaissements 217

L'enregistrement des factures d'achat..217
    Les règles de base 218
    Les différents types d'achats..220
    L'enregistrement de la TVA déductible................................223
Les cas particuliers..224
    Les remises...224
    Les emballages consignés 225
    Les achats intracommunautaires 226
L'enregistrement des avoirs reçus 227
L'enregistrement des paiements effectués..................................227
    Les règlements en espèces, chèque ou virement 228
    Les règlements par effet de commerce...............................228
Les acomptes versés 229
L'escompte pour règlement anticipé 230

Chapitre 10 : La TVA et les autres impôts 231

La déclaration de TVA 231
    Les différents régimes..231
    Comment remplir votre déclaration.....................................233
L'enregistrement de la déclaration de TVA..................................235
    Si vous relevez du régime simplifié d'imposition (RSI)......236
    Si vous relevez du régime du réel normal...........................237
    Le crédit de TVA 238
    Le remboursement forfaitaire 240
L'impôt sur les bénéfices et l'IFA..240
Les autres impôts et taxes..241

Chapitre 11 : L'enregistrement de la paie 243

L'élaboration du bulletin de paie...243
    La rémunération brute 245
    Les cotisations salariales 245
    Le calcul du net à payer 247
    Les cotisations patronales 248
Les déclarations sociales..251
La comptabilisation de la paie..251
    Le schéma de comptabilisation classique 252
    Une variante simplifiée..253
    Les cas particuliers 254

La rémunération de l'exploitant 256
    L'enregistrement des prélèvements de l'exploitant 256
    L'enregistrement des cotisations de l'exploitant 257

Chapitre 12 : Les investissements et leur financement 259

La comptabilisation des investissements 259
    Les différents types d'immobilisations 260
    Le schéma de comptabilisation 261
    La distinction entre les charges et les immobilisations 262
Les cessions d'immobilisations 265
Les apports des associés ou de l'exploitant 266
    Les apports en capital 266
    Les apports en compte courant 267
    Le compte de l'exploitant 268
L'emprunt bancaire 268
    L'obtention de l'emprunt 268
    Le remboursement de l'emprunt 269

Chapitre 13 : Les opérations de trésorerie 271

Les placements financiers 271
    La comptabilisation des placements à long terme 272
    La comptabilisation des placements à court terme 274
Les financements à court terme 275
    Le découvert bancaire 275
    Les prêts à court terme 276
    La mobilisation des créances 276
Le rapprochement de banque 278
    L'élaboration du rapprochement de banque 279
    L'analyse du rapprochement de banque 282

Quizz : Testez vos connaissances ! 283

Vérifiez vos réponses ! 289

Quatrième partie : L'heure du bilan : l'élaboration des comptes annuels 297

Chapitre 14 : Les écritures d'inventaire 299

L'ajustement des stocks 300
    Pourquoi faut-il ajuster les stocks ? 300
    La comptabilisation de la variation des stocks 301
L'amortissement des immobilisations 303
    Pourquoi faut-il amortir les immobilisations ? 304
    La comptabilisation de la dotation aux amortissements 304
    Le calcul de la dotation aux amortissements 305

La dépréciation des éléments d'actif 306
    La dépréciation des immobilisations 307
    La dépréciation des stocks 308
    La dépréciation des créances clients 309
Les provisions pour risques 311
L'ajustement des charges et des produits 312
    Les charges constatées d'avance 313
    Les produits constatés d'avance 314
    Les charges à payer 314
    Les produits à recevoir..317

Chapitre 15 : La cosmétique comptable 321

L'évaluation des provisions et des dépréciations 321
Le choix d'un plan d'amortissement 323
    L'amortissement dégressif 323
    L'amortissement variable 325
La valorisation des stocks 326
Les charges activables 327
    Les frais d'établissement 327
    Les frais de développement 328

Chapitre 16 : La révision comptable 329

Le contrôle des comptes du bilan 330
    Les comptes d'attente 330
    Le contrôle des comptes de trésorerie 331
    L'analyse des comptes clients 333
    L'analyse des comptes fournisseurs 334
    Le contrôle des autres comptes 334
Le contrôle des comptes de charges et de produits 340

Chapitre 17 : L'élaboration des comptes annuels 343

La construction du bilan 343
    La construction de l'actif 344
    La construction du passif 345
La construction du compte de résultat 347
La construction de l'annexe 348
    Les faits caractéristiques de l'exercice 349
    Les règles et méthodes comptables utilisées 349
    Les informations sur l'actif 350
    Les informations sur le passif 351
    Les engagements hors bilan 351

Quizz : Testez vos connaissances ! 353

Vérifiez vos réponses ! 359

Cinquième partie : Partie des dix 367

Chapitre 18 : Les dix commandements de la comptabilité 369
Traitez la comptabilité au fur et à mesure................................369
Adoptez et appliquez une méthode de classement rigoureuse 370
Choisissez vos outils en fonction de vos besoins 370
Faites votre apprentissage progressivement..............................371
N'hésitez pas à vous faire conseiller..................................372
Prenez un temps de réflexion avant de comptabiliser une écriture 372
Usez et abusez des moyens de recoupement 373
Vérifiez régulièrement vos soldes comptables............................374
Anticipez les échéances comptables et fiscales 374
Gardez ce livre à portée de main..375

Chapitre 19 : Dix chantiers comptables 377
L'amélioration de la qualité et de la fiabilité des données comptables....377
L'harmonisation internationale des règles comptables.....................378
La remise en cause de la connexion entre comptabilité et fiscalité........380
Le choix entre la « juste valeur » et le principe de prudence 380
Le choix entre l'apparence juridique et la réalité économique.............381
Le traitement comptable des contrats à long terme........................382
Le traitement comptable des engagements de retraites.....................383
La définition des charges activables.....................................384
L'adaptation des règles comptables aux PME...............................385
L'externalisation de la fonction comptable...............................385

Sixième partie : Annexes 387

Annexe A : Guide technique de comptabilisation des factures 389

Annexe B : Glossaire 403

Annexe C : Ressources 409
Livres...409
Sites internet 409

Index........................... 411

Introduction

*P*renez quelques instants pour imaginer un monde sans comptabilité…

Si vous considérez la saisie comptable de vos factures comme une corvée rébarbative et fastidieuse, un tel monde vous semblera certainement le paradis sur terre! Mais imaginez maintenant que vous deviez fournir à votre banquier la valeur et la composition détaillée de votre patrimoine (pour déposer une demande de prêt, par exemple). Il va vous falloir faire appel à votre mémoire pour retrouver le nom des fournisseurs à qui vous avez acheté votre matériel et votre mobilier, puis fouiller dans les archives afin de retrouver leur prix d'achat sur les factures correspondantes. Vous devrez également recenser et additionner toutes les factures en attente d'encaissement ou de règlement, puis inventorier votre stock, votre caisse, etc.

Cela vous semble un faible prix à payer pour ne plus vous arracher les cheveux en cherchant un numéro de compte? Alors songez maintenant à votre déclaration de TVA. En l'absence de comptabilité, vous allez devoir rassembler toutes les factures émises ou reçues durant le mois et additionner le montant de la TVA collectée ou déductible figurant sur chacune d'elles. Sans vous tromper bien évidemment! Toujours pas convaincu? Alors imaginez un client de mauvaise foi qui affirme vous avoir réglé une facture. Comment être sûr qu'il ment et que ce n'est pas vous qui avez oublié de retirer la facture du classeur des encaissements en attente?

Finalement, vous conviendrez que la comptabilité rend bien des services!

La comptabilité est un outil de gestion indispensable à la bonne marche d'une entreprise. Il s'agit en fait d'une technique permettant de codifier et de conserver en mémoire toutes les opérations réalisées, puis de les restituer à la demande sous des formes adaptées à chaque utilisateur. Grâce à elle, vos piles de factures, de relevés bancaires, de bulletins de paie, etc. se transforment comme par magie en :

- Un bilan pour votre banquier ou un investisseur potentiel
- Une balance pour établir vos déclarations fiscales
- Un détail des créances échues pour effectuer votre relance clients
- Un échéancier des factures à payer pour établir des prévisions de trésorerie
- Un état détaillé de vos consommations pour calculer le coût de vos produits et mener des analyses de gestion
- Etc.

Certes, comme toute technique, la comptabilité nécessite un temps d'apprentissage mais ses mécanismes sont en fait très simples et le but de cet ouvrage est justement de vous les rendre accessibles.

À propos de ce livre

Si vous avez ouvert ce livre, c'est probablement que vous souhaitez vous initier aux mystères des techniques comptables. Peut-être avez-vous l'intention de tenir vous-même votre comptabilité ? Vous en avez parfaitement le droit et ce n'est pas aussi compliqué que cela en a l'air. Il vous suffit d'une bonne dose de rigueur, d'une pincée de logique… et de quelques bons outils, dont ce livre fait bien évidemment partie !

Cet ouvrage s'adresse également à tous ceux, et ils sont nombreux, qui désirent apprendre à lire un bilan et un compte de résultat. Citons comme exemples le fournisseur qui souhaite s'assurer de la solvabilité de son client, l'investisseur qui hésite sur le choix de la société dans laquelle placer ses économies ou le chef d'entreprise qui a besoin de connaître sa situation financière… et celle de ses concurrents.

Fidèle à l'esprit de la collection « Pour les Nuls », ce livre vous présentera les mécanismes comptables dans des termes simples, sans vous assommer de jargon technique. Il vous expliquera de façon claire comment traduire en comptabilité les opérations réalisées par une entreprise. Grâce à lui, vous comprendrez aisément pour quelles raisons les écritures doivent être équilibrées – non, ce n'est pas uniquement pour faire joli !

En s'appuyant sur de nombreux exemples concrets, il vous guidera pas à pas dans la mise en place et la tenue quotidienne de votre comptabilité. Il vous apprendra à comptabiliser correctement vos factures d'achats et de ventes, la paie de vos employés, vos opérations financières, etc. Sans aller jusqu'à remplacer votre expert-comptable, il vous permettra de rentabiliser au mieux les interventions de celui-ci en les recentrant sur les tâches les plus techniques (en particulier la fiscalité) et sur le conseil.

Enfin, lorsque vous refermerez ce livre, le contenu des comptes annuels n'aura plus de secrets pour vous. Vous serez devenu incollable sur les notions d'immobilisations, de charges, de produits, etc. Vous aurez même découvert quelques astuces (tout à fait légales !) pour infléchir votre résultat comptable dans le sens que vous souhaitez.

Alors lancez-vous sans plus d'hésitations ! Non seulement la comptabilité n'est ni compliquée, ni ennuyeuse mais c'est surtout un formidable outil de gestion qui vous informera sur le fonctionnement et sur la situation financière de votre entreprise… ou de toute autre entreprise qui vous intéresse.

Les conventions utilisées dans ce livre

Ce livre n'utilise pas beaucoup de termes savants, bizarres ou inhabituels. Mais la comptabilité a un vocabulaire qui lui est propre et qu'il faut connaître car il est souvent à la source de nombreux malentendus. Ces termes sont mis en *italique* à la première occurrence pour attirer votre attention et sont repris dans un glossaire qui se trouve à l'annexe B.

Comment ce livre est organisé

La Comptabilité pour les Nuls est organisée par thèmes autour des grandes questions que se posent les utilisateurs de la comptabilité :

- Comment fonctionne la comptabilité ?
- Comment organiser sa propre comptabilité ?
- Comment tenir sa comptabilité au quotidien ?
- Comment établir ses comptes annuels ?

Première partie : Le b.-a.-ba de la comptabilité

Comme son nom l'indique, cette partie vous livre le mode d'emploi de la comptabilité :

- Qu'y a-t-il dans un bilan et dans un compte de résultat ?
- Qu'est-ce que la partie double ?
- Pourquoi les écritures doivent-elles être équilibrées ?
- Comment fonctionne la nomenclature des comptes ?
- Comment choisir entre débit et crédit ?

Les mécanismes comptables vous seront dévoilés dans leur plus simple appareil : débarrassés du jargon technique qui les entoure habituellement, ils vous apparaîtront dans leur éclatante simplicité.

Deuxième partie : La mise en place d'une comptabilité

Si vous démarrez votre activité, vous devez organiser votre comptabilité : opter pour une comptabilité manuelle ou informatisée, mettre en place un système de classement, choisir et paramétrer un logiciel comptable, etc.

Cette partie vous expliquera quelles sont vos obligations en matière de comptabilité et vous éclairera sur les différentes possibilités qui s'offrent à vous. Elle vous permettra en particulier de choisir entre deux systèmes comptables :

- D'une part, la tenue d'une simple comptabilité de trésorerie
- D'autre part, la tenue d'une véritable comptabilité « en partie double »

Les implications concrètes et détaillées de ces choix seront ensuite étudiées séparément de façon approfondie.

Troisième partie : La comptabilité au jour le jour

Vous avez décidé de vous lancer mais, face à une pile de factures à saisir, vous hésitez sur les écritures comptables à enregistrer ?

Vous trouverez ici la façon correcte de comptabiliser chaque type d'opération réalisée par votre entreprise : les ventes et les encaissements, les achats et les décaissements, la TVA, les investissements, les emprunts et leur remboursement, la paie, etc. Ce sera l'occasion de revenir de façon beaucoup plus détaillée sur les mécanismes de base étudiés dans la première partie.

Quatrième partie : L'heure du bilan : l'élaboration des comptes annuels

Ça y est, l'année comptable est écoulée et vous allez devoir « clôturer » vos comptes.

Avant d'établir vos comptes annuels, il vous faudra enregistrer des écritures d'ajustement pour :

- Régulariser les factures à cheval sur deux années
- Constater l'usure de votre matériel

✔ Tenir compte des risques de litiges ou d'impayés

✔ Etc.

À cette occasion, vous aurez parfois la possibilité de choisir entre plusieurs options ayant un impact différent sur vos comptes : autant retenir la plus avantageuse pour vous. Vous pourrez ensuite vous lancer dans la construction de votre bilan et de votre compte de résultat. Ne cédez pas à la panique ! Cette partie vous guidera pas à pas dans les différentes étapes de ces travaux.

Cinquième partie : Partie des dix

Avant de nous quitter, nous vous proposerons dans cette partie une liste de dix recommandations destinées à vous simplifier la vie (au moins dans ses aspects comptables !) et à vous signaler les erreurs à éviter. Nous vous présenterons également dix thèmes d'actualité qui auront une influence sur l'évolution des règles comptables dans les années à venir.

Sixième partie : Annexes

Vous trouverez ici un guide pratique de comptabilisation des factures. Les différents types d'achats y sont répertoriés par ordre alphabétique avec, pour chacun, des explications détaillées sur la façon correcte de les comptabiliser. Une aide précieuse, à consulter à chaque fois que vous hésitez sur la comptabilisation d'une facture !

Une partie importante des difficultés de la comptabilité provient des termes utilisés. Le comptable utilise des mots issus du vocabulaire courant mais en leur donnant une signification différente, voire contraire, de celle que nous connaissons. C'est pourquoi nous vous avons préparé un glossaire des termes techniques : vous y apprendrez qu'un exercice signifie une année, qu'une machine-outil n'est pas une ressource mais un emploi et qu'un solde débiteur pour le compte en banque ne signifie pas que l'entreprise est à découvert mais, au contraire, qu'elle dispose d'une réserve d'argent. Troublant, non ?

Enfin, nous vous indiquerons quelques lectures intéressantes et des liens utiles pour trouver un expert-comptable, établir vos déclarations ou trouver la réponse à une question technique.

Les icônes utilisées dans ce livre

Afin de vous guider et de mettre en évidence les informations essentielles, vous trouverez tout au long de ce livre les icônes suivantes :

L'impact de certaines décisions n'est pas toujours visible immédiatement et c'est après coup que l'on regrette de ne pas avoir pris la peine de noter une indication ou de classer un document. Cette icône vous met en garde contre les erreurs à éviter.

Un court exemple vaut souvent mieux que de longs discours. Si les explications données vous semblent complexes, guettez cette icône et tout s'éclaircira.

Cette icône signale les informations particulièrement importantes et qui méritent un petit effort de mémoire : mécanismes fondamentaux, obligations légales incontournables ou tout simplement indications utiles pour comprendre et appliquer les règles exposées par la suite.

Les règles comptables ont beaucoup évolué depuis quelques années (harmonisation internationale oblige…) et, si vos connaissances sont antérieures à 2005, elles doivent être mises à jour. Cette icône signale les modifications intervenues en comptabilité au cours des dernières années.

Cette icône signale les astuces et les moyens mnémotechniques qui vous permettront de maîtriser plus facilement les techniques comptables : impact visuel de vos enregistrements, symétries et récurrences dans la numérotation des comptes, etc.

Le but de cet ouvrage n'est pas de former de futurs experts-comptables omniscients : certains approfondissements n'intéresseront pas tous les lecteurs. Cette icône signale des paragraphes qui pourront être ignorés par ceux qui ne sont pas directement concernés par le sujet traité.

Et maintenant, par où commencer ?

Nous vous conseillons de commencer cet ouvrage… par le début ! En effet, la première partie donne les clés qui permettent de comprendre tous les éléments exposés par la suite. En fonction de vos besoins, les chapitres des parties suivantes pourront être lus séparément ou du début à la fin.

Par exemple, si vous démarrez votre activité, vous enchaînerez normalement par la lecture de la deuxième partie qui vous indiquera comment organiser votre comptabilité. En revanche, si celle-ci est déjà mise en place, vous pourrez passer directement à la troisième partie pour apprendre comment enregistrer

Introduction

la pile de factures qui se dresse devant vous. Vous pourrez toujours revenir par la suite à la deuxième partie pour y trouver des moyens d'améliorer votre système de classement ou de saisie. Si vous souhaitez approfondir votre connaissance des comptes annuels, vous lirez les chapitres 14 et 15 consacrés aux écritures d'inventaire et à la cosmétique comptable. Quant au guide pratique figurant en annexe, il sera particulièrement utile à consulter lorsque vous hésiterez sur la comptabilisation d'une facture.

Enfin, vous trouverez à la fin de chaque partie des quizz permettant de tester vos connaissances.

Première partie
Le b.-a.-ba de la comptabilité

Dans cette partie...

*V*ous allez découvrir comment fonctionne la comptabilité : contenu du bilan et du compte de résultat, mécanisme de la « partie double », signification des notions de débit et de crédit, logique de la numérotation des comptes, etc. Vous serez alors capable de lire les comptes d'une entreprise et de saisir les enjeux des décisions prises par le comptable. Il sera encore un peu tôt pour tenir vous-même votre comptabilité mais vous aurez compris les principes généraux qui seront développés ensuite dans la deuxième partie de ce livre.

Après quelques mises au point sur les différents aspects de la comptabilité, nous vous présenterons les documents de base que sont le bilan et le compte de résultat. C'est à travers eux que nous aborderons ensuite le traitement comptable des opérations de l'entreprise : nous les verrons s'animer et évoluer au fur et à mesure des achats, des ventes et des autres transactions réalisées.

Cette vision de l'impact comptable des opérations réalisées par une entreprise nous servira ensuite de point de repère pour étudier les aspects techniques de la comptabilité. De même qu'il est plus facile de trouver son chemin lorsque l'on sait où l'on va, les écritures comptables prennent tout leur sens si l'on connaît l'effet qu'elles doivent avoir sur le bilan et le compte de résultat. Alors bonne route !

Chapitre 1

Qu'est-ce que la comptabilité ?

Dans ce chapitre :
- Les origines de la comptabilité
- Les acteurs de la comptabilité
- Les différentes formes de la comptabilité
- Les usages de la comptabilité

Qu'est-ce qu'un expert-comptable a de plus qu'un comptable ? Des comptes consolidés sont-ils plus solides que des comptes classiques ? Les règles comptables sont-elles les mêmes partout et pour tous ?

Vous vous posez sans doute beaucoup de questions sur la comptabilité et celles-ci vous réveillent peut-être au milieu de la nuit. Soucieux de la qualité de votre sommeil, nous allons nous empresser d'y répondre dans ce chapitre !

Une brève histoire de la comptabilité

Beaucoup de gens pensent que la comptabilité est une invention moderne. Tout au plus la font-ils remonter à l'essor industriel du XIXe siècle. Pourtant, la technique de la « partie double » telle que nous la pratiquons aujourd'hui a été inventée au Moyen Âge. C'est dire si ses mécanismes ont eu le temps de faire leurs preuves !

En fait, il est difficile de dater précisément l'apparition de la comptabilité : dès l'instant où l'homme a commencé à réaliser des affaires, il a eu besoin d'en conserver la trace. Ainsi, près de 2 000 ans avant J.-C., le *Code d'Hammourabi* imposait déjà aux commerçants babyloniens de pouvoir rendre compte de leurs transactions ! Ces formes antiques de la comptabilité restaient cependant très rudimentaires, se limitant à l'enregistrement des dépenses et des recettes au fur et à mesure de leur réalisation.

Avec l'essor du commerce et le développement du crédit, il a fallu inventer une méthode permettant de suivre non seulement la trésorerie mais également les autres éléments du patrimoine de l'entreprise, en particulier ses créances et ses dettes. Apparaît alors la comptabilité dite « en partie double » dont un moine italien, Fra Luca Paccioli, donne la première description formelle dans son ouvrage intitulé la *Summa de arithmetica, geometria, proportioni e proportionalita* en 1494.

Depuis cette date, les principes fondamentaux sont restés inchangés. Ils consistent à enregistrer deux fois chaque opération réalisée par l'entreprise (d'où le nom de *partie double*) :

- Une fois pour indiquer quelle ressource l'entreprise a utilisée
- Une autre fois pour indiquer l'emploi qu'elle en a fait

Par exemple, un achat de marchandises peut s'analyser comme une ressource (sortie d'argent) mobilisée en vue d'un emploi (acquisition de marchandises).

Les modifications intervenues depuis lors concernent uniquement des points secondaires tels que le traitement comptable d'opérations spécifiques ou le formalisme à respecter. En France, le premier texte officiel définissant les règles comptables applicables est une ordonnance de Colbert datant de 1673 qui fixe la forme des livres de comptes.

Le premier plan comptable a, quant à lui, été édicté en 1947. Il a par la suite été révisé à plusieurs reprises : en 1957, 1982, 1986 et plus récemment en 1999. Cette dernière version, toujours en vigueur aujourd'hui, n'est pas figée. Elle est mise à jour de façon régulière par les arrêtés de l'Autorité des Normes Comptables (ANC) au fur et à mesure que l'évolution des techniques juridiques et financières crée de nouveaux types d'opérations à comptabiliser.

Les avantages de la comptabilité en partie double

L'enregistrement des recettes et des dépenses d'une entreprise permet de connaître le montant de sa trésorerie, c'est-à-dire de quelle somme elle dispose sur son compte bancaire pour régler ses dépenses. Cette information est bien évidemment indispensable, mais elle est souvent insuffisante.

En effet, la trésorerie n'est qu'un des éléments du patrimoine de l'entreprise et elle ne reflète pas véritablement sa richesse :

- Une entreprise peut avoir une trésorerie confortable mais être très lourdement endettée.
- Inversement, une entreprise peut se retrouver à découvert après avoir réalisé un investissement important ou s'être constitué un stock de matières premières.

De plus, en l'absence de trace comptable des opérations n'ayant pas encore donné lieu à un règlement, il est impossible de connaître les sommes restant à verser aux fournisseurs ou à encaisser des clients.

La comptabilité en partie double permet de suivre tous les éléments du patrimoine de l'entreprise : stocks, matériels, créances et dettes, trésorerie, etc. Par exemple, un investissement sera enregistré à la fois comme une « sortie » d'argent et comme une « entrée » de matériel.

Elle permet également d'enregistrer des opérations qui n'ont pas encore eu d'impact sur la trésorerie : lors d'une vente à crédit on enregistre la naissance d'une créance et lors d'un achat à crédit on comptabilise l'apparition d'une dette. Cette créance ou cette dette seront suivies jusqu'à la comptabilisation de leur disparition lors du règlement.

La comptabilité : à quoi ça sert ?

Quand on demande à des entrepreneurs à quoi sert la comptabilité, la réponse la plus fréquente est qu'elle sert à établir les déclarations fiscales : cette réponse est aussi exacte qu'incomplète !

Il est vrai que la comptabilité permet de calculer la base des différents impôts et cotisations sociales. Sont ainsi déterminés à partir de la comptabilité :

- Le bénéfice imposable à l'impôt sur les bénéfices ou sur le revenu
- Le chiffre d'affaires assujetti à la TVA
- La masse salariale soumise aux cotisations sociales, à la taxe d'apprentissage, etc.

Toutefois, le rôle de la comptabilité est beaucoup plus vaste car la comptabilité sert à fournir de l'information sur la situation financière de l'entreprise à de nombreuses personnes. Cette information peut prendre des formes différentes selon ses destinataires. Les personnes extérieures à l'entreprise ont accès à une information synthétique : les comptes annuels, lesquels se composent de trois documents :

- Le bilan qui présente le patrimoine de l'entreprise à la date de clôture des comptes
- Le compte de résultat qui explique la formation du résultat en retraçant l'activité de l'entreprise durant l'année écoulée
- L'annexe qui fournit toutes les informations complémentaires nécessaires à la compréhension du bilan et du compte de résultat

L'analyse des comptes annuels permet de juger de l'état de santé de l'entreprise, c'est-à-dire d'en évaluer la solidité et la performance. Ces informations intéressent de nombreuses personnes :

- Le banquier qui vérifie la solvabilité de l'entreprise avant de lui accorder un prêt
- Le fournisseur qui fait de même avant d'accorder un délai de règlement
- L'investisseur potentiel qui compare le risque et la rentabilité de différents placements avant d'investir son argent dans l'entreprise
- Le dirigeant qui s'assure de la bonne santé de son entreprise et qui suit de près celle de ses concurrents
- Les représentants du personnel qui étudient la situation financière de l'entreprise avant d'entamer d'éventuelles négociations salariales
- La Banque de France qui compile les comptes des différentes entreprises d'un secteur d'activité pour constituer une base de données de ratios sectoriels
- Etc.

En interne, l'information se fait plus détaillée :

- L'analyse des comptes clients permet de détecter des retards de règlement et de relancer les mauvais payeurs
- L'étude de l'échéancier des créances et des dettes est utile pour établir des prévisions de trésorerie et anticiper d'éventuels déséquilibres (découvert à financer ou excédent à placer)
- La comparaison des dépenses comptabilisées avec celles initialement prévues permet d'assurer un suivi budgétaire
- L'étude des charges comptabilisées fournit des informations utiles à la prise de décisions de gestion : coût de revient des différents produits, seuil de rentabilité, etc.

Enfin, savez-vous que la comptabilité et l'empreinte ADN ont un point commun ? En effet, toutes les deux sont des moyens de preuve reconnus par les tribunaux en cas de litige avec un client, un fournisseur, un inspecteur des impôts, etc.

Comptabilité et contrôle fiscal

Les contrôleurs des impôts disposent de ratios et d'indicateurs statistiques leur permettant de calculer le montant théorique du bénéfice taxable des entreprises contrôlées. Par exemple, ils sont capables de déterminer le bénéfice théorique d'un restaurant à partir du nombre de places assises et des prix de la carte.

Ils ne peuvent toutefois utiliser ces chiffres pour vous redresser qu'à condition d'avoir d'abord prouvé que votre comptabilité ne respecte pas les règles en vigueur (existence d'une caisse noire, par exemple). Jusqu'à preuve du contraire, votre comptabilité fait foi et le contrôleur ne peut opérer des redressements que sur des points précis et limités (rejet de la déductibilité d'une facture, par exemple).

La comptabilité : cela concerne qui ?

Les règles de la comptabilité telles que nous allons les étudier dans cet ouvrage concernent quasiment tous les professionnels. Bien que les obligations comptables diffèrent légèrement d'une entreprise à l'autre selon leur taille ou la nature de leur activité, toutes doivent enregistrer leurs factures et établir des comptes et/ou une déclaration fiscale. Nous ne présentons ici qu'un rapide survol des différents régimes en vigueur : ceux-ci seront étudiés plus en détail dans la deuxième partie de cet ouvrage.

Les obligations comptables les plus lourdes pèsent sur les « commerçants ». Il faut ici comprendre ce terme dans son sens juridique : il ne s'agit pas seulement des personnes tenant un magasin de vente au détail mais de tous les individus et toutes les sociétés soumis au régime fiscal des BIC (bénéfices industriels et commerciaux). Sont ainsi concernés :

- Les industriels
- Les artisans
- Les détaillants et les grossistes
- Les intermédiaires de commerce (courtiers, agents immobiliers, etc.)
- Les prestataires de services à l'exclusion des professions libérales soumises au régime fiscal des BNC (bénéfices non commerciaux)

Notons toutefois que, dans sa grande sagesse, le législateur a allégé les obligations pesant sur les petits commerçants (régime de la « microentreprise » ou du « réel simplifié »).

Les associations aussi doivent tenir une comptabilité, certaines étant soumises aux mêmes obligations que les commerçants. Il s'agit de celles exerçant une activité économique et dépassant au moins deux des trois seuils suivants :

- 50 salariés
- 3 100 000 € de chiffre d'affaires ou de ressources
- 1 550 000 € de total bilan

Si le club de pétanque de votre quartier échappe à ces obligations, ce n'est pas le cas des grosses associations caritatives ni des grands clubs sportifs.

Les professions libérales soumises au régime fiscal des BNC (les médecins, par exemple) doivent également tenir une comptabilité, mais selon des règles moins contraignantes. Finalement les seuls organismes à ne pas être concernés par la comptabilité dite « générale » sont les collectivités publiques telles que l'État ou les collectivités territoriales.

Les différentes formes de comptabilité

La comptabilité décrite dans cet ouvrage porte le nom de *comptabilité générale*. Il s'agit de celle qui consiste à enregistrer les factures, les bulletins de paie, etc., et à établir des comptes annuels.

Il existe toutefois d'autres formes de comptabilité qui ont d'autres utilisations et obéissent à d'autres règles. Nous évoquerons ici brièvement la comptabilité de gestion, la comptabilité des groupes de sociétés, la comptabilité nationale et la comptabilité publique.

La comptabilité de gestion

La comptabilité de gestion est également appelée comptabilité analytique ou comptabilité industrielle. Elle consiste à calculer le coût et à analyser la rentabilité des différents produits, services ou départements de l'entreprise. Elle utilise les données issues de la comptabilité générale (en particulier le montant et la nature des consommations) mais leur fait subir différents traitements : tris, répartitions, regroupements par destination, etc. Elle travaille non seulement sur les données passées issues de la comptabilité générale mais également sur des données estimées ou prévisionnelles.

Son objectif est de fournir une aide à la prise de décision : fixation d'un prix de vente, recours à la sous-traitance, investissement, etc. Ses utilisateurs étant uniquement internes à l'entreprise, la comptabilité de gestion n'est ni réglementée, ni standardisée comme la comptabilité générale.

La comptabilité des groupes de sociétés : la consolidation

La comptabilité générale permet d'obtenir une image de la situation financière d'une entreprise mais elle atteint ses limites lorsque l'entreprise en question n'est qu'une partie d'un groupe de plusieurs sociétés. Ce découpage en sociétés distinctes est dicté par des motifs juridiques ou fiscaux mais il ne reflète pas la réalité économique. Ainsi, les comptes individuels de chaque société du groupe ne suffisent pas pour appréhender la situation financière de celui-ci : il faut établir les comptes du groupe dans son ensemble, comme s'il s'agissait d'une seule et unique société. La technique qui consiste à établir les comptes d'un groupe de sociétés porte le nom de consolidation et les comptes ainsi établis s'appellent les comptes consolidés.

En regardant, par exemple, les comptes de la société Peugeot SA, on s'aperçoit que son chiffre d'affaires 2012 n'est que de 109 millions d'euros, soit l'équivalent de moins de 10 000 voitures vendues ! L'explication vient du fait que l'activité du groupe PSA Peugeot Citroën est répartie entre plus de 200 sociétés : certaines sociétés sont chargées de la fabrication d'un composant, d'autres de la conception, de l'assemblage, ou de la commercialisation des véhicules, etc. La société Peugeot SA n'a elle-même aucune activité industrielle et fournit exclusivement des services administratifs à ses filiales, d'où le faible montant de son chiffre d'affaires.

Si nous regardons à présent les comptes consolidés du groupe PSA, nous découvrons un chiffre d'affaires consolidé de 55 milliards d'euros en 2012, bien plus représentatif des 2,8 millions de véhicules vendus la même année !

Les comptes consolidés sont obtenus par addition des comptes des différentes sociétés du groupe après neutralisation des opérations internes au groupe (par exemple, les ventes réalisées par une filiale chargée de la fabrication des produits à une autre filiale chargée de leur distribution). Lorsque le groupe est coté en Bourse, il doit établir ses comptes consolidés en appliquant les normes comptables internationales qui diffèrent parfois des règles françaises.

La comptabilité nationale

La comptabilité nationale a pour objectif de présenter les informations relatives à l'activité économique d'un pays. Elle fournit des indications sur le niveau de la consommation, de la production ou de l'investissement national ainsi que le fameux indicateur du PIB (produit intérieur brut) qui fait la synthèse de ces données. Ces informations ne sont pas obtenues par l'enregistrement exhaustif de tous les flux (ceux-ci sont trop nombreux!) mais par recoupement de différentes sources d'information: déclarations fiscales des particuliers, comptes des entreprises, etc.

Les règles de la comptabilité nationale ont été harmonisées au niveau européen afin de fournir des chiffres comparables et agrégeables aux institutions européennes pour définir les politiques communautaires.

La comptabilité publique

Comme son nom l'indique, cette technique concerne les organismes publics: État, collectivités territoriales et autres organismes publics.

Elle consiste à enregistrer les opérations réalisées par ces entités mais aussi à suivre et à contrôler l'exécution des budgets préalablement votés. En effet, contrairement aux budgets du secteur privé qui n'ont qu'un rôle indicatif, les budgets du secteur public correspondent à des autorisations de dépenses précises qui ne doivent être ni dépassées, ni utilisées à des fins autres que celles initialement prévues.

Qui fait quoi ?

Experts-comptables, comptables, commissaires aux comptes, centres de gestion agréés: les professionnels de la comptabilité sont nombreux et leur rôle respectif n'est pas toujours bien compris. Dans la liste ci-dessous, nous allons tenter de clarifier la fonction de chacun.

L'expert-comptable

Le terme d'*expert-comptable* désigne à la fois un diplôme et une profession.

Le diplôme d'expert-comptable sanctionne des études longues en comptabilité, finance et fiscalité, suivies d'au moins trois années de pratique professionnelle et de la soutenance d'un mémoire. C'est l'équivalent d'un doctorat universitaire. Le détenteur du diplôme d'expertise comptable peut

Chapitre 1: Qu'est-ce que la comptabilité ?

choisir d'exercer son métier de façon indépendante (profession libérale) ou comme salarié d'une entreprise (en tant que chef comptable ou directeur financier, par exemple).

Tous les détenteurs du diplôme d'expertise comptable ne peuvent pas se prévaloir du titre d'expert-comptable. En effet, celui-ci est réservé à ceux d'entre eux qui s'inscrivent à l'*Ordre des Experts Comptables* (OEC) et exercent leur activité de façon indépendante ou regroupés au sein d'un cabinet d'expertise comptable. L'inscription à l'OEC s'accompagne de plusieurs contraintes :

- Respect de la déontologie de la profession
- Obligation de continuer à se former
- Acceptation du contrôle qualité exercé par l'OEC sur ses membres
- Souscription d'une assurance responsabilité civile

La mission de l'expert-comptable est librement négociée avec le chef d'entreprise qui fait appel à ses services. Elle peut comprendre :

- La tenue complète de la comptabilité ou d'une partie de celle-ci (la paie, par exemple)
- L'élaboration ou la vérification des comptes annuels
- L'élaboration ou la vérification des déclarations fiscales
- Le conseil en matière de gestion ou d'optimisation fiscale
- L'accompagnement de l'entreprise en création
- Etc.

L'expert-comptable est un professionnel hautement qualifié. Sa compétence est indispensable en ce qui concerne la fiscalité dont les règles sont complexes et changent fréquemment. Il est également un conseiller avisé alliant compétence technique et connaissance de l'entreprise. En revanche, vous pouvez parfaitement vous passer de ses services pour tenir votre comptabilité au quotidien. Vous pouvez même établir vous-même vos comptes annuels si votre activité ne présente pas de complexité majeure.

Jusqu'en 2009, les entreprises soumises à l'impôt sur le revenu devaient adhérer à un centre de gestion agréé et faire viser leurs comptes par un expert comptable afin d'éviter une majoration de 25 % de leur bénéfice imposable. Depuis le 1er janvier 2010, les règles ont changé et il suffit désormais :

- soit d'adhérer à un centre de gestion agréé, sans obligation de passer par un expert comptable,
- soit de faire viser ses comptes par un expert comptable ayant signé une convention avec l'administration fiscale l'autorisant à exercer le visa fiscal (l'adhésion à un centre de gestion agréé devenant ainsi facultative).

Notons toutefois que les professionnels ayant signé cette convention sont peu nombreux et parfois difficiles à trouver.

La tenue des comptes est une activité réglementée qui ne peut pas être confiée à n'importe qui. Seuls sont autorisés à tenir les comptes d'une entreprise :

- Son dirigeant
- Un salarié de l'entreprise (même s'il ne possède pas le diplôme d'expert-comptable)
- Un expert-comptable inscrit à l'OEC, exerçant sa profession en libéral ou au sein d'un cabinet

Vous ne pouvez donc pas confier cette tâche à un ami qui s'y connaît en comptabilité : il se rendrait coupable d'exercice illégal d'une profession réglementée et risquerait jusqu'à un an d'emprisonnement et 15 000 € d'amende. En revanche, vous pouvez lui demander de vous former… ou alors l'embaucher (pourquoi pas dans le cadre d'un contrat de travail à temps partiel?).

Le comptable

Le comptable est la personne qui tient la comptabilité d'une entreprise. Il peut s'agir soit du dirigeant lui-même, soit d'un salarié de l'entreprise.

Dans les entreprises de taille importante, plusieurs personnes peuvent être nécessaires pour tenir la comptabilité. Leur qualification varie selon la complexité des tâches à accomplir et on distingue alors :

- L'aide-comptable qui est chargé de l'établissement et de la saisie des factures et des règlements.
- Le comptable qui s'occupe des déclarations de TVA, des bulletins de paie, du fichier des immobilisations, etc. Il supervise le travail des aides-comptables et réalise le travail préparatoire à l'établissement des comptes annuels.
- Le chef comptable qui dirige le service comptable et établit les comptes annuels. Celui-ci est souvent (mais pas obligatoirement) titulaire du diplôme d'expertise comptable.

Dans les petites entreprises, la comptabilité est souvent tenue par une secrétaire comptable qui assure également les tâches administratives et de secrétariat.

Le commissaire aux comptes

Alors que l'expert-comptable a un rôle d'assistance et de conseil, *le commissaire aux comptes* est là pour contrôler les comptes d'une entreprise et vérifier que ceux-ci reflètent fidèlement sa situation financière.

La confusion existe parfois entre ces deux professions car elles sont exercées par les mêmes personnes : les experts-comptables libéraux sont le plus souvent également commissaires aux comptes. Toutefois, ils ne peuvent pas remplir ces deux missions à la fois pour la même société. En effet, le commissaire aux comptes doit être indépendant pour pouvoir exercer son contrôle de façon impartiale, et cette indépendance suppose qu'il ne tire aucun autre revenu de la société qu'il contrôle en dehors de ceux procurés par sa mission de commissaire aux comptes.

Le commissaire aux comptes est un professionnel indépendant. Il est désigné par les actionnaires de l'entreprise, en assemblée générale, pour vérifier que les comptes ont été correctement établis, c'est-à-dire qu'ils respectent les règles en vigueur et donnent une image fidèle de la situation de l'entreprise.

La loi donne de larges pouvoirs au commissaire aux comptes. Il a le droit d'interroger les salariés de l'entreprise, de se faire communiquer tout document utile (facture, bon de livraison, contrat, etc.), d'assister à l'inventaire ou de contacter les partenaires de l'entreprise (clients, fournisseurs, avocats, etc.). Le chef d'entreprise qui refuserait de répondre aux demandes de son commissaire aux comptes se rendrait coupable d'un délit d'entrave et risquerait jusqu'à 75 000 € d'amende et 5 ans d'emprisonnement.

L'intervention du commissaire aux comptes ne dure que quelques jours et il lui est impossible de tout contrôler. Il va donc tout d'abord chercher à cibler les risques principaux. Selon la nature de l'activité et la situation de l'entreprise, il pourra s'agir de la valorisation des stocks, de l'évaluation des risques de litiges ou d'impayés, etc. Il fera ensuite porter l'essentiel de ses contrôles sur les points ainsi identifiés et procédera par sondages pour le reste en ne contrôlant qu'un nombre limité d'opérations.

À l'issue de sa mission le commissaire aux comptes pourra :

- Soit accepter de certifier les comptes s'il est satisfait du résultat de ses contrôles
- Soit certifier les comptes avec des réserves s'il est en désaccord sur quelques points précis et limités
- Soit refuser de certifier les comptes si les désaccords ou les incertitudes sont trop importants

L'intervention d'un commissaire aux comptes n'est obligatoire que pour les sociétés anonymes (SA), et pour les sociétés qui dépassent deux des trois seuils suivants quelle que soit leur forme juridique :

- Nombre de salariés : 50 (20 pour les SAS)
- Chiffre d'affaires : 3 100 000 € (2 000 000 € pour les SAS)
- Total bilan : 1 550 000 € (1 000 000 € pour les SAS)

Si vous venez de démarrer votre activité sous forme de SARL, vous avez donc encore un peu de temps devant vous avant de vous préoccuper du choix de votre commissaire aux comptes !

Le centre de gestion agréé ou l'association agréée

Les *centres de gestion agréés* sont des organismes indépendants de l'administration fiscale mais agréés par celle-ci. Ils s'adressent aux entreprises industrielles, commerciales, artisanales ou agricoles, qu'elles soient ou non constituées en société. Vis-à-vis de leurs adhérents, ils ont une double mission : d'une part, ils apportent une aide en matière de gestion et, d'autre part, ils exercent un contrôle sur leurs déclarations fiscales.

Chaque année, les adhérents envoient leurs comptes à leur centre de gestion agréé. Celui-ci leur fournit en retour un dossier de gestion contenant l'analyse financière de ces comptes et une comparaison sectorielle. Les centres de gestion agréés organisent également des séances d'information et de formation pour les chefs d'entreprise.

Le contrôle des déclarations fiscales n'est pas aussi approfondi que celui réalisé par les inspecteurs de l'administration fiscale. Il consiste essentiellement en l'analyse de la vraisemblance et de la cohérence des documents fournis. Dans le cas où un élément anormal est détecté (variation importante du taux de marge d'une année sur l'autre, par exemple), le centre de gestion agréé peut demander des explications au chef d'entreprise.

Depuis le 1er janvier 2009, les centres de gestion agréés ne sont plus autorisés à établir les comptes ou à tenir la comptabilité de leurs adhérents. Ceux qui le faisaient ont dû soit renoncer à cette activité, soit se transformer en association de gestion et de comptabilité.

Afin d'encourager les petites entreprises à adhérer à ces organismes, l'État a mis en place un dispositif fiscal fortement incitatif. Celui-ci concerne exclusivement les entreprises soumises à l'impôt sur le revenu, à l'exclusion de celles soumises à l'impôt sur les sociétés. En particulier, le bénéfice imposable des entreprises soumises à l'impôt sur le revenu est majoré de 25 % si elles n'adhèrent pas à un centre de gestion agréé. Du fait du barème progressif de cet impôt, l'impact de cette majoration sur l'impôt à payer est bien supérieur à 25 %. Par exemple, une entreprise réalisant un bénéfice de 30 000 € devra payer environ 3 800 € d'impôt si elle adhère à un centre de gestion agréé contre plus de 6 000 € si elle n'y adhère pas. Nous n'exagérions pas en vous parlant de dispositif « fortement incitatif » !

Les autres avantages fiscaux offerts aux entreprises soumises à l'impôt sur le revenu et adhérant à un centre de gestion agréé sont les suivants :

- La déductibilité du salaire du conjoint est acceptée sans limitation alors qu'elle est plafonnée à 13 800 € par an pour les non-adhérents.
- Elles bénéficient d'une réduction d'impôt égale aux frais engagés pour la tenue de leur comptabilité et pour l'adhésion au centre de gestion. Cette réduction est plafonnée à 915 € par an et réservée aux entreprises relevant du régime micro mais ayant volontairement opté pour le régime réel (ces régimes seront étudiés plus en détail dans la deuxième partie de cet ouvrage au chapitre 5).
- Elles échappent à toute forme de pénalités en cas de révélation spontanée des erreurs éventuelles contenues dans leurs déclarations passées (la révélation doit avoir lieu dans les trois mois suivant l'adhésion).
- Enfin, à compter du 1er janvier 2010, la période sur laquelle l'administration peut effectuer un redressement fiscal est ramenée à 2 ans pour les adhérents de centres de gestion agréés, contre 3 ans pour les autres entreprises.

En contrepartie de ces avantages fiscaux, les entreprises adhérentes sont obligées d'informer leurs clients de leur qualité d'adhérents et de payer une cotisation annuelle au centre de gestion (généralement comprise entre 100 et 400 €). L'obligation de faire viser sa déclaration fiscale par un expert comptable a été supprimée depuis le 1er janvier 2010.

À compter du 1er janvier 2010, la dispense de majoration de 25 % a été étendue à toutes les entreprises ayant recours aux services d'un professionnel de l'expertise comptable ayant signé une convention avec l'administration fiscale : expert-comptable inscrit à l'OEC (exerçant seul ou en société) ou association de gestion et de comptabilité (ancien centre de gestion agréé et habilité ayant choisi de se recentrer sur l'activité de tenue de compte).

Les *associations agréées* présentent les mêmes caractéristiques que celles exposées ci-dessus concernant les centres de gestion agréés. La principale différence vient du fait qu'elles ne s'adressent pas aux mêmes personnes :

- Professionnels soumis au régime fiscal des BIC pour les centres de gestion agréés
- Professionnels soumis au régime fiscal des BNC pour les associations agréées.

D'où viennent les règles comptables ?

Les règles comptables applicables aux entreprises françaises ont plusieurs origines, dont les principales sont :

- Les directives européennes
- Le Code de commerce
- Le plan comptable général (PCG)

Ces textes respectent une hiérarchie. Ainsi, dans le cas – exceptionnel – où il existerait une contradiction entre deux textes, les directives européennes priment sur le Code de commerce et sur le plan comptable général ; et le Code de commerce l'emporte sur le plan comptable général.

Les normes comptables internationales « *IFRS* » (*International Financial Reporting Standards*) ne s'appliquent pas directement aux comptes individuels des entreprises françaises mais elles ont une influence importante sur l'évolution du PCG. De la même façon, les règles fiscales ont une influence indirecte mais non négligeable sur les règles comptables.

Les directives européennes

En haut de la hiérarchie des textes, la 4e directive européenne définit le contenu et la structure des comptes annuels, c'est-à-dire du bilan et du compte de résultat. C'est également à l'échelle européenne qu'a été décidée l'application progressive des normes internationales IFRS aux entreprises des pays membres de l'Union.

Le Code de commerce

Au niveau français, les règles de base de la comptabilité sont définies par le Code de commerce (articles L.121-1 à L.123-28). Celui-ci reprend et précise les règles énoncées dans la 4e directive européenne. Il fixe ainsi la nature des obligations comptables des entreprises et les principes généraux à respecter.

Les obligations comptables des entreprises concernent :

- Le contenu des comptes annuels
- La nature des livres comptables
- Les règles de tenue d'inventaire

Les principes généraux devant guider les comptables sont :

- **Une image fidèle :** les comptes annuels d'une entreprise doivent refléter le plus fidèlement possible sa situation, même s'il faut pour cela déroger à une règle comptable.
- **La prudence :** le patrimoine de l'entreprise doit être évalué de façon prudente, ce qui implique qu'il faut tenir compte des pertes dès lors qu'elles sont probables, mais attendre pour les gains qu'ils soient certains.
- **La séparation des exercices :** l'activité de l'entreprise est découpée en périodes de douze mois appelées *exercices* comptables. Le compte de résultat récapitule les produits et les charges de l'exercice écoulé, sans tenir compte de leur date de paiement ou de facturation.
- **La permanence des méthodes :** le législateur laisse parfois le choix au comptable entre plusieurs méthodes de comptabilisation et d'évaluation mais, une fois la décision prise, il n'est plus possible de la modifier d'une année sur l'autre afin de ne pas fausser la comparaison des comptes entre deux années.

Le plan comptable général (PCG)

Les règles définies par le Code de commerce sont reprises de façon beaucoup plus détaillée dans le *plan comptable général* (que nous appellerons plus simplement PCG dans la suite de cet ouvrage). Ce texte a la valeur d'un arrêté ministériel et comporte plusieurs centaines de pages. Il précise non seulement la numérotation des comptes mais aussi les règles de comptabilisation et d'évaluation des différentes opérations réalisées par l'entreprise.

Le plan comptable général (PCG) est le texte de référence en matière de comptabilité. D'un abord trop technique pour les non-spécialistes, ce texte est la « bible » de l'expert-comptable. Il est mis à jour régulièrement par un organisme officiel rassemblant des professionnels de la comptabilité et des représentants des pouvoirs publics : l'Autorité des Normes Comptables (ANC).

Les normes internationales IFRS

Les IFRS (*International Financial Reporting Standards*) sont les normes comptables internationales. À ce jour, elles ne s'appliquent directement qu'aux comptes consolidés des sociétés cotées en Bourse mais il est prévu que leur champ d'application soit progressivement étendu dans les années à venir aux comptes annuels de toutes les sociétés. Aucune échéance contraignante n'a été définie pour l'instant mais la transition est déjà en cours. En effet, les règles du PCG sont progressivement modifiées de façon à se rapprocher au maximum des IFRS. C'est ainsi que les règles d'évaluation des actifs ont subi de profonds changements en 2005 et que de nombreux comptables ont dû retourner pour quelques jours sur les bancs de l'école…

Les divergences entre les règles françaises et les IFRS portent essentiellement sur deux points :

- **Principe de prudence contre juste valeur :** les normes françaises imposent au comptable une évaluation prudente du patrimoine de l'entreprise alors que les IFRS recherchent sa « juste valeur ». Par exemple, des actions achetées 10 € et valant 15 € à la date de clôture des comptes apparaîtront pour 10 € dans le bilan d'une entreprise française alors qu'elles y figureraient pour 15 € si cette même entreprise appliquait les IFRS.
- **Apparence juridique contre réalité économique :** les règles françaises imposent de comptabiliser les opérations selon leur apparence juridique alors que les IFRS recherchent leur réalité économique. Par exemple, une machine financée par un contrat de crédit-bail ne figure pas au bilan d'une entreprise française (elle n'en est pas juridiquement propriétaire) alors qu'elle y apparaîtrait si cette même entreprise appliquait les IFRS.

Les règles fiscales

Selon les pays, les règles comptables et fiscales sont plus ou moins indépendantes les unes des autres. En France, ces deux domaines sont fortement liés et certaines écritures comptables sont motivées uniquement par des impératifs fiscaux.

Par exemple, pour être fiscalement déductible, une charge doit obligatoirement avoir été enregistrée dans le compte de résultat. Les entreprises sont ainsi obligées de comptabiliser des charges sans réalité économique, uniquement pour pouvoir bénéficier d'une mesure fiscale favorable. Il en est ainsi de l'incitation fiscale à l'économie d'énergie ou à la réduction des pollutions : une entreprise ayant acheté un matériel de dépollution peut déduire immédiatement la totalité du coût d'achat de son bénéfice imposable, alors que l'application des règles comptables imposerait l'étalement de celui-ci sur la durée prévue d'utilisation du matériel. Cette déduction n'est possible qu'à condition de comptabiliser la totalité du coût d'achat en charge de l'exercice, c'est-à-dire en diminution du bénéfice comptable. Heureusement, les charges ainsi comptabilisées pour des motifs fiscaux sont clairement identifiées sur des lignes spécifiques des comptes annuels afin de ne pas en fausser l'analyse.

De façon symétrique, certaines dépenses réellement engagées par l'entreprise ne sont pas considérées comme déductibles par l'administration fiscale (les amendes versées, par exemple). Elles sont tout de même enregistrées en comptabilité mais feront l'objet d'un ajustement lors du calcul du résultat imposable.

L'influence des règles fiscales est parfois plus discrète mais non moins réelle. Par exemple le coût d'acquisition d'un matériel doit être étalé sur la durée prévue de son utilisation. En théorie, cette durée est estimée à partir des données techniques et économiques dont dispose l'entreprise mais c'est le barème « indicatif » de l'administration fiscale qui est le plus souvent appliqué.

Chapitre 2
Les notions de base : le bilan et le compte de résultat

Dans ce chapitre :
▶ Le contenu du bilan
▶ Le contenu du compte de résultat
▶ La notion de résultat

L'objectif de ce chapitre est de poser les bases nécessaires à la compréhension des mécanismes comptables qui seront présentés au prochain chapitre. Il n'est pas question d'acquérir une connaissance approfondie du bilan et du compte de résultat : nous reviendrons plus en détail sur ces notions dans la quatrième partie de cet ouvrage (voir chapitre 17). Pour l'instant, une vision globale et simplifiée suffira largement : ne dit-on pas qu'« à chaque jour suffit sa peine » ?

Les comptes d'une entreprise se composent de son bilan et de son compte de résultat. Il s'agit de tableaux de chiffres fournissant des informations différentes mais complémentaires sur l'entreprise :

▶ Le bilan présente le patrimoine de l'entreprise à la date de clôture des comptes.

▶ Le compte de résultat présente le résultat de l'activité de l'entreprise durant l'année comptable écoulée.

Le bilan présente la situation de l'entreprise à une date précise alors que le compte de résultat explique ce qui s'est passé durant l'année écoulée, depuis le bilan précédent. Ces deux documents sont à la fois la base et la finalité de toute l'architecture comptable.

La lecture d'un seul de ces deux documents ne suffit pas pour se forger une opinion sur la santé d'une entreprise : il faut absolument regarder les deux. En effet, une jeune entreprise ayant connu un démarrage difficile peut tout à fait présenter un bilan catastrophique si elle a mangé son capital de départ et accumulé des dettes, alors que son compte de résultat est très présentable, le succès ayant enfin été au rendez-vous cette année. Inversement, une entreprise en déclin peut présenter un bilan satisfaisant si elle a accumulé un patrimoine important dans le passé alors que son compte de résultat est peu reluisant car l'activité de l'année écoulée a été médiocre.

Les notions de patrimoine et d'activité

L'activité d'une entreprise prend des formes très variées. On distingue :

- Les entreprises commerciales qui achètent des biens dans le but de les revendre en l'état sans transformation (commerce de gros ou de détail)
- Les entreprises industrielles et artisanales qui vendent des biens qu'elles ont elles-mêmes fabriqués
- Les entreprises de services qui ne vendent pas de biens mais qui mettent leurs services et/ou leurs biens à disposition de leurs clients : entreprises de location, assureurs, transporteurs, consultants, etc.

Pour réaliser leur activité, les entreprises disposent d'un savoir-faire, de personnel, de relations, mais surtout d'un patrimoine. De même que pour toute personne, le patrimoine d'une entreprise est constitué de ce qu'elle possède, diminué de ce qu'elle doit. Les biens pris en location ne font pas partie de son patrimoine : si vous êtes locataire de votre logement, inutile d'espérer l'utiliser comme garantie pour obtenir un prêt bancaire…

Patrimoine net de l'entreprise = ce que l'entreprise possède − ce qu'elle doit

Une entreprise peut posséder notamment :

- Des terrains et des bâtiments
- Du matériel industriel
- Du matériel informatique et du mobilier
- Un fonds commercial
- Des brevets
- Des stocks
- De l'argent en banque ou en caisse
- Des actions ou des placements financiers

Parmi les éléments positifs du patrimoine d'une entreprise figurent aussi les sommes d'argent qui lui sont dues : ce sont les *créances*. Une entreprise possède généralement des créances sur ses clients mais elle peut aussi en détenir :

- Sur l'État ou une collectivité publique : subvention promise mais pas encore versée
- Sur un fournisseur : acompte versé pour une prestation non encore réalisée
- Sur le propriétaire d'un bien loué par l'entreprise : dépôt de garantie versé lors de la signature du bail
- Etc.

Les éléments négatifs du patrimoine d'une entreprise sont ses dettes, c'est-à-dire principalement :

- Les factures à payer aux fournisseurs
- Les sommes empruntées aux banquiers (y compris les découverts bancaires)
- Les impôts, salaires et cotisations sociales à verser
- Les acomptes ou dépôts de garantie reçus des clients

La photographie du patrimoine : le bilan

Le bilan reprend les éléments de patrimoine que nous avons listés au paragraphe précédent mais selon une présentation standardisée et obligatoire. Ainsi, le banquier ou l'investisseur potentiel qui regarde un bilan sait exactement où trouver les informations qui l'intéressent. Que les lecteurs ayant une âme d'artiste se rassurent : il leur reste toujours le libre choix de la couleur de l'encre et du papier pour exprimer leur créativité !

Un bilan comprend toujours deux parties :

- La colonne de gauche porte le nom d'*actif* et recense ce que l'entreprise possède.
- La colonne de droite porte le nom de *passif* et présente les dettes de l'entreprise et ses capitaux propres.

Les capitaux propres représentent le patrimoine net de l'entreprise, c'est-à-dire sa richesse. Ils sont calculés par différence entre le montant de l'actif de l'entreprise et celui de ses dettes, ce qui explique pourquoi l'égalité Total actif = Total passif est toujours respectée.

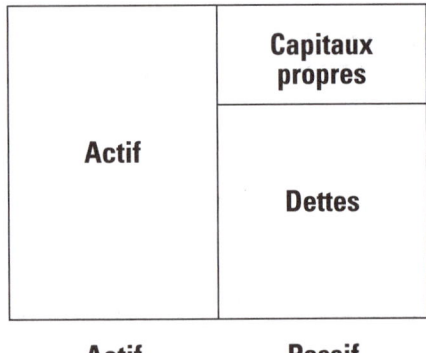

Figure 2-1 :
Présentation simplifiée d'un bilan

Si le montant des dettes est supérieur à celui de l'actif, alors les capitaux propres de l'entreprise sont négatifs. Ils figurent tout de même au passif mais affectés d'un signe négatif : ils viennent diminuer le montant des dettes pour rétablir l'égalité Total actif = Total passif.

Le Code de commerce impose d'établir un bilan une fois par an mais pas obligatoirement au 31 décembre de chaque année. Les entreprises sont libres de déterminer la date de clôture de leurs comptes et de choisir celle qui leur convient le mieux. Lorsque l'activité connaît une saisonnalité marquée, il est préférable de clôturer ses comptes pendant la saison creuse, au moment où les stocks sont au plus bas. Cela permet d'alléger les travaux d'inventaire et de présenter un bilan flatteur : les stocks ayant été vendus, la trésorerie est généralement au plus haut. Par exemple, une entreprise travaillant essentiellement pour les fêtes de fin d'année établira son bilan au 30 juin et non pas au 31 décembre. Une fois la date de clôture choisie, il n'est plus possible de la modifier (principe de permanence des méthodes) et le bilan devra être établi tous les ans à la même date.

La structure de l'actif

L'actif présente tous les éléments positifs du patrimoine de l'entreprise, c'est-à-dire ce qu'elle possède. Ces éléments sont classés par ordre croissant de liquidité : les éléments les moins disponibles figurent en haut de l'actif (terrains, bâtiments) et les plus disponibles en bas (compte bancaire, argent en caisse).

Au sein de l'actif on distingue deux catégories principales :

- L'*actif immobilisé* regroupe les éléments durables du patrimoine de l'entreprise (par durables, on entend destinés à être utilisés pendant au moins un an).

- L'*actif circulant* rassemble les éléments destinés à changer de forme durant l'année à venir (par exemple les stocks).

Seuls les biens dont l'entreprise est propriétaire figurent à son actif: les biens pris en location n'apparaissent pas au bilan. En revanche, le fait qu'un bien soit hypothéqué ne l'empêche pas d'apparaître à l'actif: il convient juste de mentionner l'existence de l'hypothèque dans l'annexe jointe aux comptes.

Le contenu de l'actif immobilisé

L'actif immobilisé rassemble les éléments durables de l'actif. On y distingue:

- Les *immobilisations incorporelles*
- Les *immobilisations corporelles*
- Les *immobilisations financières*

L'ordre ci-dessus est celui de la présentation de l'actif mais commençons plutôt par les immobilisations corporelles car ce sont les plus simples à définir. Elles regroupent tous les biens durables ayant une réalité physique concrète: les terrains, les bâtiments, le matériel industriel ou informatique, le mobilier, les véhicules, etc. Les immobilisations financières regroupent quant à elles les placements financiers à long terme (plus d'un an) et les créances dont l'échéance est supérieure à un an (prêts accordés, dépôts de garantie versés, etc.). Enfin, les immobilisations incorporelles rassemblent... tout le reste! Il s'agit d'une catégorie hétéroclite mais pouvant représenter des valeurs importantes. On y trouve notamment les logiciels, les brevets, les fonds commerciaux, etc.

Le contenu de l'actif circulant

L'actif circulant comprend les éléments non durables de l'actif, c'est-à-dire ceux destinés à être consommés, vendus ou à changer de forme durant l'année à venir. Les principales rubriques de l'actif circulant sont:

- Les stocks
- Les créances
- La trésorerie

Les stocks sont les biens possédés par l'entreprise dans le but de les transformer (matières premières) ou de les vendre (marchandises et produits finis). Ils sont valorisés à leur coût d'achat ou de production mais pas à leur prix de vente. Les créances sont les sommes d'argent dues à l'entreprise: ce sont le contraire des dettes. Une entreprise possède essentiellement des créances sur ses clients (factures en attente de règlement) mais elle peut également en avoir sur l'État (subvention accordée non encore versée), sur un fournisseur (acompte versé ou avoir à déduire) ou même sur un salarié (avance sur salaire).

La trésorerie regroupe, quant à elle, l'argent liquide en caisse, les comptes bancaires et les placements financiers à court terme (le comptable utilise le terme de *valeurs mobilières de placements*).

N'OUBLIEZ PAS!

La distinction entre actif immobilisé et actif circulant ne dépend pas de la nature du bien mais de l'usage que l'entreprise a prévu d'en faire :

- Un ordinateur est une immobilisation lorsqu'il est destiné aux services administratifs d'une entreprise, mais il entre dans son stock s'il est destiné à être vendu (entreprise spécialisée dans le commerce de matériel informatique, par exemple).

- Une action sera classée en immobilisation financière si l'entreprise a l'intention de la conserver durablement (prise de participation chez un fournisseur, par exemple), mais en trésorerie si elle l'a achetée dans le but de réaliser une plus-value à brève échéance.

UN PEU DE TECHNIQUE

La valeur des éléments figurant à l'actif est détaillée sur trois colonnes :

- La colonne « *valeur brute* » indique la valeur d'origine des biens : coût d'achat pour les immobilisations, valeur nominale pour les créances, etc.

- La colonne « *amortissement et provisions* » informe sur les éventuelles pertes de valeur : usure des machines, stocks endommagés ou démodés, risques d'impayé sur les créances client, etc.

- La colonne « *valeur nette* » est calculée par différence entre les deux premières colonnes. Elle donne la valeur « réelle » des éléments composant l'actif. Rappelons toutefois qu'en vertu du principe de prudence cette évaluation ne tient pas compte des gains potentiels. Il s'agit donc d'une valeur minimale plus que d'une valeur réelle.

Une quatrième colonne de chiffres présente les valeurs nettes de l'année précédente pour fournir un point de comparaison.

	Année N			Année N-1
	Valeur brute	Amortissement et provisions	Valeur nette	Valeur nette
Immobilisations incorporelles				
Immobilisations corporelles				
Immobilisations financières				
Total actif immobilisé				
Stocks				
Créances				
Trésorerie				
Total actif circulant				
Total actif				

Figure 2-2 : Présentation schématique de l'actif

Chapitre 2 : Les notions de base : le bilan et le compte de résultat

La structure du passif

De même que l'actif, le passif se décompose en deux catégories principales :

- Les *capitaux propres*, qui représentent la richesse de l'entreprise, c'est-à-dire son patrimoine net.
- Les *dettes* qui devront être remboursées à plus ou moins longue échéance.

Le contenu des capitaux propres

Rappelons que les capitaux propres indiquent la richesse de l'entreprise et sont déterminés par différence entre la valeur de l'actif et le montant des dettes. En pratique, leur présentation au passif est plus détaillée et met en évidence l'origine de cette richesse. Une entreprise a pu se constituer un patrimoine net positif de plusieurs façons : soit grâce aux apports effectués par les associés ou par l'exploitant, soit grâce aux bénéfices qu'elle a réalisés et conservés. Les capitaux propres sont ainsi présentés selon les rubriques suivantes :

- Le *capital* qui représente les apports des associés ou de l'exploitant.
- Les *réserves* qui correspondent aux bénéfices non distribués des années précédentes.
- Le *report à nouveau* qui peut être positif ou négatif : s'il est positif, il regroupe les bénéfices dont l'affectation n'a pas encore été décidée de façon définitive (mise en réserve ou distribution de dividendes). S'il est négatif, il s'agit des pertes des années précédentes.
- Le *résultat* de l'exercice qui présente le bénéfice ou la perte de l'année comptable écoulée.

Il ne faut pas confondre la trésorerie figurant à l'actif avec les capitaux propres : les capitaux propres représentent la valeur du patrimoine net de l'entreprise alors que la trésorerie n'est qu'un des éléments de ce patrimoine. Ces deux montants peuvent être temporairement identiques au moment de la création de l'entreprise lorsque les associés ont fait un apport en trésorerie. Toutefois, la somme figurant sur le compte bancaire va être rapidement utilisée pour régler les dépenses nécessaires au démarrage de l'activité. Le montant de la trésorerie à l'actif va donc varier régulièrement alors que le montant du capital au passif restera toujours identique : il s'agit d'une information historique expliquant l'origine des ressources dont l'entreprise dispose.

Les capitaux propres indiquent le montant de la richesse de l'entreprise tout en précisant son origine. En revanche, ils ne « sont » pas la richesse de l'entreprise : celle-ci est constituée des biens figurant à l'actif diminués des dettes apparaissant au passif. En fait, les capitaux propres sont un artifice créé par les comptables pour pouvoir présenter un bilan équilibré où le total des deux colonnes est identique. Cette recherche de l'équilibre ne vient pas d'une phobie de l'injustice mais constitue un moyen très pratique pour détecter les éventuelles erreurs (pensez qu'à l'origine les comptables du Moyen Âge ne disposaient pas de logiciels, ni même de calculatrices…).

La présentation des dettes

Contrairement à l'actif, les dettes ne sont pas classées en fonction de leur échéance mais selon leur origine. Par exemple, un découvert bancaire et un prêt à dix ans seront tous les deux présentés sur la ligne « Emprunts et dettes auprès des établissements de crédit ». On distingue ainsi :

- Les dettes financières : vis-à-vis des banquiers, quelle que soit leur échéance
- Les dettes fournisseurs
- Les dettes fiscales et sociales : vis-à-vis des salariés, des organismes sociaux et de l'État

De même que pour l'actif, les valeurs de l'année précédente sont fournies à titre de comparaison.

	Année N	Année N-1
Capital		
Réserves et report à nouveau		
Résultat de l'exercice		
Total capitaux propres		
Dettes financières		
Dettes fournisseurs		
Dettes fiscales et sociales		
Total dettes		
Total passif		

Figure 2-3 : Présentation schématique du passif

Il existe quelques rubriques supplémentaires dans le bilan que nous n'avons pas évoquées dans ce chapitre et que nous gardons pour la suite. Si vous les avez déjà remarquées et qu'elles vous intriguent, nous pouvons toutefois vous dévoiler dès à présent que les « comptes de régularisation » sont des comptes d'attente pour des dépenses ou des recettes qui seront transférées aux comptes de résultats des années à venir (loyer payé d'avance par exemple). Quant aux « provisions », il s'agit de dettes qui ne sont pas encore certaines mais que le comptable a tout de même enregistrées (souvenez-vous du principe de prudence…) : dommages et intérêts dans le cadre d'un procès en cours, coût du service après-vente pour des biens vendus avec une garantie, etc.

Chapitre 2 : Les notions de base : le bilan et le compte de résultat

À titre d'exemple, suivons la naissance et le premier mois d'activité de l'entreprise Jolibois afin de voir comment son bilan s'établit à la fin de cette période. De retour de vacances en Indonésie, Jean décide de se lancer dans l'importation et la commercialisation de meubles en bois exotique. Après avoir accompli les formalités administratives nécessaires, il ouvre un compte bancaire au nom de son entreprise « Jolibois » et y dépose un chèque de 10 000 € tiré sur son compte personnel. Il obtient également un prêt de 5 000 € de son banquier. Puis, Jean signe un contrat de location pour un entrepôt et verse un chèque de 3 000 € correspondant à trois mois de loyer (dépôt de garantie de deux mois et loyer du premier mois). Il passe ensuite une commande de 10 000 € pour un premier conteneur de meubles. Il achète également un ordinateur d'une valeur de 1 000 € pour gérer son entreprise. Après quelques semaines d'attente, le conteneur tant attendu arrive enfin et Jean règle la facture par virement bancaire. Il charge alors quelques meubles dans son utilitaire et part à la recherche de clients. Il rencontre le gérant d'un hôtel qui souhaite donner une touche exotique à son établissement et est très intéressé par la proposition de Jean. Il lui achète la moitié de son stock pour un prix de vente de 8 000 € qui sera réglé à la fin du mois suivant.

Établissons maintenant le bilan de Jolibois à l'issue du premier mois d'activité. À cette date l'entreprise possède :

- Un ordinateur : acheté à l'origine pour 1 000 €, nous considérerons qu'il ne vaut plus aujourd'hui que 972 €, soit un amortissement de 28 €
- Une créance de 2 000 € au titre du dépôt de garantie versé
- Un stock de 5 000 €, soit la moitié du conteneur acheté
- Une créance de 8 000 € sur l'hôtelier
- Un compte bancaire de 1 000 € : sommes encaissées (10 000 € d'apport et 5 000 € d'emprunt) – sommes décaissées (3 000 € de loyer, 10 000 € de marchandises et 1 000 € d'ordinateur)

Le total de l'actif correspond à la somme de ces éléments et s'élève donc à 16 972 €.

L'entreprise a par ailleurs des dettes, en l'occurrence 5 000 € empruntés à son banquier. Ses capitaux propres peuvent être déterminés par différence entre le total de l'actif, soit 16 972 €, et celui des dettes, soit 5 000 €. Ils s'élèvent donc à 11 972 €. Ceux-ci proviennent pour 10 000 € de l'apport initial de Jean et nous pouvons déduire par différence que l'activité de l'entreprise a généré un bénéfice de 11 972 – 10 000 = 1 972 €.

Nous pouvons alors présenter son bilan comme suit :

	Valeur brute	Amortis. Provisions	Valeur nette		Valeur nette
Immobilisations incorporelles	0		0	Capital	10 000
Immobilisations corporelles (ordinateur)	1 000	28	972	Réserves	0
Immobilisations financières (garantie)	2 000		2 000	Résultat	1 972
Actif immobilisé	**3 000**	**28**	**2 972**	**Capitaux propres**	**11 972**
Stocks (1/2 conteneur)	5 000		5 000	Dettes financières	5 000
Créances (hôtelier)	8 000		8 000	Dettes fournisseurs	0
Trésorerie	1 000		1 000	Dettes fiscales et sociales	0
Actif circulant	**14 000**	**0**	**14 000**	**Dettes**	**5 000**
Total actif	**17 000**	**28**	**16 972**	**Total passif**	**16 972**

Figure 2-4 : Bilan simplifié de l'entreprise Jolibois

Une autre façon d'appréhender le passif consiste à dire qu'il présente les ressources ayant permis d'acquérir les éléments figurant à l'actif :

- Apports en capital des associés ou de l'exploitant
- Bénéfices accumulés et conservés par l'entreprise
- Emprunts obtenus auprès des banques
- Délais de paiement accordés par les fournisseurs

Le film de l'activité : le compte de résultat

Si le bilan renseigne sur la situation de l'entreprise à la date de clôture des comptes, il ne donne que peu d'indications sur la façon dont l'entreprise en est arrivée là. Tout au plus l'analyse des capitaux propres nous permet-elle de distinguer ce qui provient des apports des associés, des résultats des années précédentes ou de celui de l'année écoulée. Mais ce résultat, d'où vient-il ? L'entreprise réalise-t-elle une grosse marge sur un faible volume de ventes ou une petite marge sur un gros volume de ventes ? Le bénéfice ne provient-il pas en fait d'une plus-value exceptionnelle réalisée sur la cession d'un terrain ? C'est le compte de résultat qui répond à toutes ces questions.

Chapitre 2 : Les notions de base : le bilan et le compte de résultat

Le compte de résultat explique comment l'entreprise s'est enrichie ou appauvrie durant l'exercice comptable. Il retrace l'activité de l'année écoulée en récapitulant les produits générés par l'activité (essentiellement les ventes) ainsi que les consommations nécessaires à la réalisation de cette activité (le comptable parle de *charges*). Le résultat de l'exercice est déterminé par différence entre les produits et les charges :

- Il s'agit d'un bénéfice lorsque les produits sont supérieurs aux charges.
- Il s'agit d'une perte lorsque les charges sont supérieures aux produits.

C'est ce même résultat qui figure au passif du bilan parmi les capitaux propres.

Figure 2-5 : Présentation simplifiée d'un compte de résultat

| Charges | Produits | ou | Charges | Produits |
| Bénéfice | | | | Perte |

La notion de produits

Les produits regroupent tous les éléments de l'activité de l'entreprise qui lui ont permis de s'enrichir, c'est-à-dire d'augmenter la valeur de son patrimoine net. On y trouve essentiellement ses ventes mais aussi les revenus de ses placements financiers ou les indemnités reçues.

Pour reconnaître un produit, il faut analyser son impact sur le patrimoine de l'entreprise. Si la valeur des éléments entrant dans le patrimoine est identique à celle des éléments sortants, alors il n'y a pas d'enrichissement, donc pas de produit (par exemple, lorsque l'entreprise obtient un prêt de son banquier : il y a bien une entrée d'argent sur le compte bancaire, mais une dette de même valeur apparaît en contrepartie). En revanche, si la valeur des entrées dans le patrimoine est supérieure à celle des sorties, alors il y a enrichissement et donc produit.

Le comptable distingue **trois catégories** de produits :

- **Les produits d'exploitation** qui sont issus de l'activité courante de l'entreprise : ventes de marchandises, de produits finis ou de services
- **Les produits financiers** qui sont liés à l'activité financière de l'entreprise : revenus des placements, gains de change, etc.
- **Les produits exceptionnels** qui, comme leur nom l'indique, ont un caractère inhabituel : indemnités reçues, revente d'immobilisations, etc.

Les produits figurant au compte de résultat sont ceux issus de l'activité de l'année, même s'ils n'ont pas encore été encaissés : une vente réalisée le 15 décembre de l'année N mais qui ne sera réglée que le 31 janvier de l'année N +1 apparaîtra bien parmi les produits de l'année N.

Ainsi, au moment où une entreprise achète un stock de marchandises, elle ne s'est pas encore enrichie : le principe de prudence interdit d'anticiper les éventuels gains tant qu'ils ne sont pas juridiquement réalisés. Seule la structure de son patrimoine a été modifiée puisque le stock est venu remplacer l'argent sur le compte bancaire. C'est au moment de la vente de ce stock que l'enrichissement a lieu, même si la vente n'est pas encaissée immédiatement. En effet, l'entreprise échange son stock contre une créance de valeur supérieure : son patrimoine net augmente bien. L'encaissement ultérieur de la créance n'enrichira pas l'entreprise, mais modifiera uniquement la structure de son patrimoine puisque l'argent reçu sur le compte bancaire viendra remplacer la créance.

La notion de charges

Les charges rassemblent toutes les consommations nécessaires à la réalisation de l'activité. De même que pour les produits, on distingue :

- **Les charges d'exploitation :** coût des biens et des services consommés, frais de personnel, coût d'utilisation des équipements, etc.
- **Les charges financières :** intérêts versés sur les emprunts, pertes de change, etc.
- **Les charges exceptionnelles :** pénalités et amendes, dommages et intérêts versés, etc.

Pour reconnaître une charge, il faut analyser l'impact de l'opération sur le patrimoine de l'entreprise. Si la valeur des éléments entrants est identique à celle des éléments sortants, alors il n'y a pas d'appauvrissement, donc pas de charge (par exemple, lorsque l'entreprise achète une machine : il y a bien une sortie d'argent sur le compte bancaire, mais une machine de même valeur entre dans le patrimoine en contrepartie). En revanche, si la valeur des sorties

Chapitre 2 : Les notions de base : le bilan et le compte de résultat

du patrimoine est supérieure à celle des entrées dans le patrimoine, alors il y a consommation et donc charge.

Les charges apparaissent au compte de résultat au moment de leur consommation, sans se soucier de leur date de paiement, ni même de facturation. Les matières premières achetées mais non utilisées figurent parmi les stocks à l'actif du bilan et n'ont pas d'impact sur le compte de résultat. De même, pour une machine destinée à servir durant plusieurs années, seule la « consommation » de l'année écoulée sera inscrite au compte de résultat : par exemple, si une machine est prévue pour durer dix ans, on inscrira chaque année $1/10^e$ de sa valeur en charge au compte de résultat. La charge correspondant à la « consommation » d'une immobilisation porte le nom de *dotation aux amortissements*.

Reprenons à présent l'exemple de l'entreprise Jolibois : son bilan faisait apparaître un bénéfice de 1 972 € que nous allons maintenant chercher à expliquer. Durant le premier mois d'activité, l'entreprise a réalisé une vente de 8 000 € : il s'agit d'un produit d'exploitation. Les marchandises vendues avaient coûté 5 000 € (la moitié du stock) et il avait fallu payer le loyer mensuel de l'entrepôt, soit 1 000 €. Par ailleurs, le fait d'utiliser l'ordinateur lui a fait perdre de sa valeur : nous avons estimé sa consommation à 28 € pour le mois (1 000 € / 3 années d'utilisation prévues/12 mois). Les charges s'élèvent donc à 6 028 €, ce qui laisse bien un bénéfice de 1 972 €.

Nous pouvons présenter son compte de résultat comme suit :

Figure 2-6 : Compte de résultat simplifié de l'entreprise Jolibois

Coût des marchandises vendues	5 000	Ventes de marchandises	8 000
Coût des services consommés	1 000		
Dotation aux amortissements	28		
Total charges	**6 028**	**Total produits**	**8 000**
Bénéfice	**1 972**		
Total	**8 000**	**Total**	**8 000**

La présentation du compte de résultat

Les charges et les produits du compte de résultat sont classés selon leur nature et non pas selon leur destination. On ne distingue pas les dépenses de fabrication des dépenses de marketing mais plutôt :

- Le coût d'achat des marchandises vendues
- Le coût d'achat des matières consommées

- Le coût d'achat des **services consommés** : loyer, assurance, honoraires, publicité, etc.
- **Les impôts et taxes** : taxe professionnelle, taxe d'apprentissage, etc.
- **Les frais de personnel** : salaires et cotisations sociales
- **Les dotations aux amortissements** qui représentent la partie des immobilisations qui a été « consommée » durant l'année comptable
- Etc.

Il existe deux présentations possibles pour le compte de résultat. La première consiste à présenter les chiffres sur deux colonnes : les charges à gauche et les produits à droite. Le résultat est placé de façon à égaliser le total de ces deux colonnes :

- Du côté des charges s'il s'agit d'un bénéfice (charges < produits)
- Du côté des produits s'il s'agit d'une perte (produits < charges)

C'est cette présentation que nous avons utilisée jusqu'à présent et que nous continuerons à adopter par la suite car elle est basée sur la même logique que tous les autres documents comptables qui comprennent également deux colonnes :

	Année N	Année N-1		Année N	Année N-1
Coût des marchandises vendues			Ventes de marchandises		
Coût des matières consommées					
Coût des services consommés			Ventes de produits finis		
Impôts et taxes					
Frais de personnel			Ventes de services		
Dotation aux amortissements					
Charges d'exploitation			**Produits d'exploitation**		
Charges financières			**Produits financiers**		
Charges exceptionnelles			**Produits exceptionnels**		
Total charges			**Total produits**		
Bénéfice			**Perte**		
Total			**Total**		

Figure 2-7 : Présentation schématique d'un compte de résultat

Une variante possible consiste à présenter les chiffres sur une seule colonne, les charges à la suite des produits. Le résultat est alors présenté par différence sur la dernière ligne. C'est la présentation adoptée pour la liasse fiscale, mais nous ne l'utiliserons pas pour l'instant car nous y perdrions toute la logique du fonctionnement des tableaux comptables.

Qu'est-ce que le résultat ?

Le résultat de l'exercice (c'est-à-dire de l'année comptable) est le seul chiffre figurant à la fois au bilan et au compte de résultat, ce qui prouve son importance. Sa signification est parfois floue et mérite d'être clarifiée.

Commençons tout d'abord par tordre le cou à une idée fausse : le résultat ne reflète ni la situation de trésorerie de l'entreprise, ni l'évolution de cette situation. En effet, nous avons vu que le compte de résultat ne tenait pas compte des dates d'encaissement et de décaissement : une prestation de service réalisée par l'entreprise mais non encore réglée par le client est bien un produit de l'année et apparaît au compte de résultat de l'année. Les immobilisations font l'objet d'un décalage encore plus grand puisque le coût d'achat d'une machine sort immédiatement de la trésorerie alors qu'il est étalé sur plusieurs années au compte de résultat. Enfin, certains mouvements de trésorerie ne passent même pas par le compte de résultat. Ainsi, l'obtention d'un prêt bancaire sera analysée comme l'apparition d'une dette en échange d'une entrée d'argent en banque et n'affectera en conséquence que le bilan. Vous êtes convaincu ? Alors nous pouvons maintenant passer à ce qu'est véritablement le résultat comptable.

Le résultat comptable correspond à la variation du patrimoine net de l'entreprise : un résultat positif signifie que l'entreprise s'est enrichie alors qu'un résultat négatif signifie qu'elle s'est appauvrie. Cet enrichissement ou cet appauvrissement peut affecter n'importe quel élément du patrimoine et pas uniquement la trésorerie : une entreprise peut s'être enrichie mais avoir moins d'argent en banque si elle a investi ou si elle s'est désendettée.

C'est la ligne « résultat » du passif du bilan qui permet de maintenir l'égalité Total Actif = Total Passif à laquelle le comptable tient tant.

Si l'actif augmente plus que les dettes alors l'entreprise s'enrichit : elle réalise un bénéfice qui va apparaître en positif parmi les capitaux propres pour les augmenter et rétablir l'égalité des deux colonnes. Le raisonnement est identique si l'enrichissement se traduit par une diminution des dettes supérieure à la diminution de l'actif.

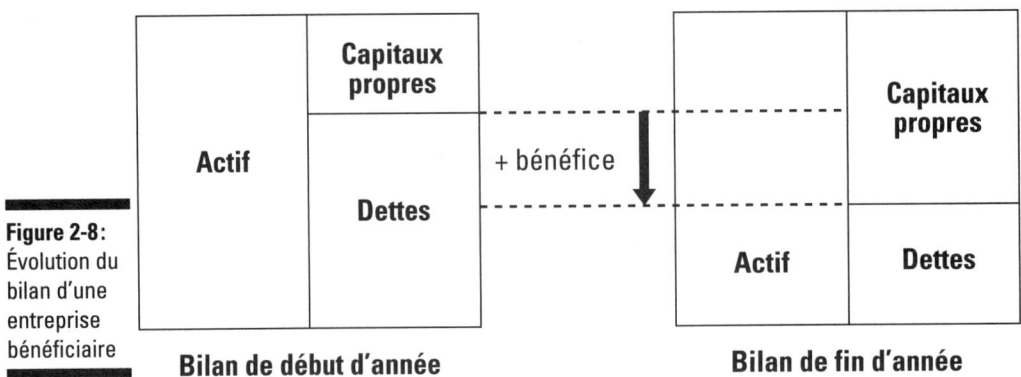

Figure 2-8: Évolution du bilan d'une entreprise bénéficiaire

Si, au contraire, l'actif augmente moins que les dettes, alors l'entreprise s'appauvrit : elle réalise une perte qui va apparaître en négatif parmi les capitaux propres pour les diminuer et rétablir l'égalité des deux colonnes. Le raisonnement est identique si l'appauvrissement se traduit par une diminution de l'actif supérieure à la diminution des dettes.

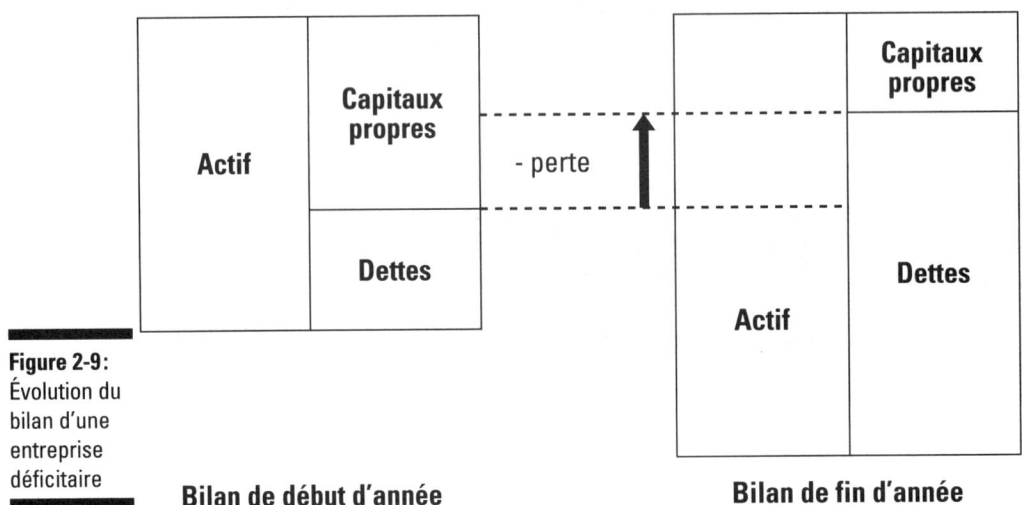

Figure 2-9: Évolution du bilan d'une entreprise déficitaire

Chapitre 3
La « mécanique » comptable

Dans ce chapitre :
▶ Le mécanisme de la partie double
▶ L'impact des transactions de l'entreprise sur le bilan et le compte de résultat
▶ L'explication de l'équilibre comptable

Dans le chapitre précédent, nous avons planté le décor en vous présentant le bilan et le compte de résultat. Ceux-ci vont à présent s'animer sous vos yeux, et vous allez les voir évoluer au fur et à mesure des opérations réalisées par l'entreprise. Grâce à la magie de la partie double, ils resteront parfaitement équilibrés quoi que fasse l'entreprise. Le mécanisme de la comptabilité est d'une simplicité extrême, et c'est ce qui lui a permis de traverser les siècles en s'adaptant aux évolutions de la vie économique : fusions de sociétés, contrats de crédit-bail, options d'achat ou de vente... Rien de tout cela n'existait au moment où Luca Paccioli rédigeait son traité, et pourtant les principes qu'il a édictés en 1494 s'y appliquent parfaitement aujourd'hui.

Dans ce chapitre, nous vous exposerons les mécanismes de la partie double dans leur plus simple appareil, débarrassés de tout habillage technique, et vous serez surpris de constater à quel point le fonctionnement de la comptabilité peut être simple. Nous aborderons les aspects les plus techniques dans le prochain chapitre, quand vous maîtriserez les principes généraux.

Le principe de la partie double

Le principe de la partie double repose sur la constatation que chaque opération réalisée par l'entreprise fait intervenir deux flux : un flux sortant de l'entreprise et un flux entrant dans l'entreprise. Par exemple, un achat de marchandises réglé par chèque met en jeu une sortie d'argent et une entrée de marchandises. Les deux flux doivent être comptabilisés, ce qui implique deux enregistrements par transaction. C'est ce double enregistrement qui a donné son nom à la technique de la comptabilité en partie double.

Les notions d'emplois et de ressources

Chaque opération réalisée par l'entreprise fait intervenir deux flux : le flux sortant correspond à la *ressource* que l'entreprise utilise et le flux entrant correspond à l'emploi qui en est fait. Le comptable emploie les termes d'emploi et de ressource mais il existe de nombreux synonymes qui vous aideront à identifier les flux à comptabiliser.

L'emploi est le but de la transaction, sa destination : c'est l'objectif que l'entreprise poursuit en réalisant l'opération. Par exemple, lorsqu'une entreprise réalise une vente et encaisse une somme d'argent, l'entrée d'argent en trésorerie est le but de l'opération : l'emploi est donc le compte bancaire. Selon le même raisonnement, lorsqu'une entreprise signe un chèque pour acheter des fournitures, ce sont les fournitures achetées qui constituent le flux entrant, c'est-à-dire l'emploi.

La ressource est le moyen qui a permis d'obtenir l'emploi : c'est l'origine de l'opération, autrement dit le flux sortant. Lorsque l'entreprise encaisse le produit d'une vente, c'est la vente qui a permis d'obtenir l'argent : la ressource est la vente réalisée. De la même façon, lorsque l'entreprise signe un chèque pour acquérir des fournitures, c'est le compte bancaire qui est la ressource ayant permis d'obtenir les fournitures.

Le tableau ci-dessous récapitule les principaux synonymes des mots « emploi » et « ressource ». Il n'est pas nécessaire de les mémoriser tous : l'important est de trouver ceux qui fonctionnent pour vous, c'est-à-dire ceux qui vous permettent d'identifier les emplois et les ressources intervenant dans les transactions que vous analysez. Les termes de « flux entrant » et « flux sortant » sont les plus explicites pour démarrer mais ils deviennent délicats à manipuler en présence de flux immatériels (services, dettes, etc.). Le mot « destination » mérite d'être retenu comme synonyme d'« emploi » car nous vous dévoilerons bientôt un moyen mnémotechnique qui le relie aux termes de débit et de crédit.

Tableau 3-1 : Différents synonymes des termes d'« emploi » et de « ressource »

Emploi	Ressource
Flux entrant	Flux sortant
Destination	Origine
But	Moyen

Chapitre 3: La « mécanique » comptable

Quelques questions simples permettent d'identifier l'emploi et la ressource intervenant dans une opération. Pour reconnaître l'emploi, il convient de se demander :

- Quel est le but de la transaction ?
- Qu'a-t-elle permis à l'entreprise d'obtenir ?
- Quel est le flux entrant dans l'entreprise ?

Pour identifier la ressource, les questions à se poser sont les suivantes :

- Qu'est-ce qui a permis d'obtenir l'emploi précédemment identifié ?
- Qu'est-ce que l'entreprise a perdu dans l'opération ?
- Quel est le flux sortant de l'entreprise ?

En appliquant cette méthode, nous pouvons dès à présent identifier les principaux emplois et ressources intervenant dans les transactions d'une entreprise. Lorsqu'une entreprise reçoit de l'argent, la ressource à l'origine de cet encaissement peut être :

- Une vente réalisée par l'entreprise
- Un emprunt bancaire
- Un apport des associés ou de l'exploitant

Inversement, un décaissement peut servir à différents emplois :

- Un achat de marchandises ou de matières premières
- Un achat de services
- Un achat de matériel
- Le remboursement d'un emprunt
- La paie des salariés

Certains éléments peuvent être des emplois dans certaines circonstances et des ressources dans d'autres. Par exemple, un apport en capital permet à l'entreprise de disposer d'argent sur son compte bancaire : la trésorerie est alors considérée comme un emploi. Puis cet argent sera utilisé pour acquérir des biens : la trésorerie interviendra alors comme une ressource.

À quel temps se conjugue la comptabilité ?

La comptabilité s'intéresse au présent et au passé proche mais jamais au futur : le compte de résultat récapitule l'activité de l'année écoulée et le bilan date déjà de plusieurs mois au moment de sa publication.

Une erreur fréquemment rencontrée chez les débutants en comptabilité consiste à analyser les transactions de l'entreprise en se projetant dans le futur. Si l'anticipation est habituellement présentée comme une qualité en gestion, c'est un défaut en comptabilité. Les transactions réalisées par l'entreprise doivent être analysées en ne regardant que l'instant présent : au moment de son acquisition, une machine-outil représente l'emploi qui est fait des ressources de l'entreprise. Ce n'est que par la suite qu'elle permettra à l'entreprise d'augmenter son activité et son bénéfice. Inversement, une dette est une ressource puisque c'est ce qui a permis à l'entreprise d'acquérir des biens et des services sans sortie d'argent immédiate.

L'analyse des opérations réalisées par l'entreprise

L'identification de l'emploi et de la ressource impliqués dans une transaction est la partie la plus délicate du travail du comptable : le reste de la construction d'une écriture comptable en découle de façon très mécanique et nécessite moins de réflexion. Avec un peu d'entraînement et de méthode, vous y parviendrez aisément : ce sont souvent les mêmes éléments qui reviennent. Nous commencerons par étudier les opérations ayant un impact sur la trésorerie de l'entreprise car ce sont les plus simples à analyser, puis nous nous intéresserons aux opérations réalisées à crédit.

L'analyse des opérations ayant un impact sur la trésorerie

Pour analyser une opération ayant un impact sur la trésorerie, il faut commencer par déterminer si la trésorerie intervient en tant qu'emploi ou en tant que ressource. Il ne restera plus ensuite qu'à identifier la contrepartie de l'encaissement ou du décaissement.

Lorsque la transaction réalisée par l'entreprise implique un encaissement, celui-ci est toujours le but de l'opération : quelle que soit la satisfaction procurée par la conclusion d'une vente, celle-ci n'a d'intérêt que si elle se traduit en termes financiers. Inversement, un décaissement n'est que le moyen de se procurer un bien ou un service : vider son compte bancaire n'a jamais été une fin en soi. La trésorerie est donc toujours l'emploi dans le cas d'un encaissement, et la ressource lorsqu'il s'agit d'un décaissement. Selon le mode de règlement, la rubrique de la trésorerie impliquée dans l'opération peut être la caisse (paiement en espèces) ou le compte bancaire (paiement par chèque, virement ou carte bancaire).

Nous pouvons à présent commencer à identifier les contreparties les plus fréquemment rencontrées :

- Pour un encaissement, la trésorerie est l'emploi et il reste à identifier la ressource ayant permis d'obtenir l'argent. Celle-ci peut être une vente, un apport en capital, un prêt bancaire, etc.
- Pour un décaissement, la trésorerie est la ressource et il faut déterminer l'usage qui en a été fait : celui-ci sera le plus souvent une acquisition de biens ou de services, un investissement ou le remboursement d'une dette.

Une même opération peut parfois faire intervenir plusieurs emplois ou plusieurs ressources. Par exemple, lorsqu'une mensualité d'emprunt est prélevée sur le compte bancaire d'une entreprise, celle-ci sert à la fois à rembourser une partie de la dette et à payer les intérêts.

Vous pouvez maintenant vous entraîner à analyser les opérations couramment réalisées par une entreprise. Plusieurs exemples sont présentés dans le tableau ci-dessous : nous vous conseillons de masquer les deux colonnes de droite pour essayer d'identifier par vous-même l'emploi et la ressource intervenant dans chaque transaction avant de regarder la solution.

Tableau 3-2 : Analyse de quelques transactions ayant un impact sur la trésorerie

Opération	*Emploi*	*Ressource*
Obtention d'un prêt bancaire	**Compte bancaire**	Dette financière
Remboursement d'un prêt bancaire	Remboursement de la dette Intérêts	**Compte bancaire**
Apport en capital	**Compte bancaire**	Apport des associés
Achat de matières premières réglées au comptant	Matières premières	**Compte bancaire**
Achat d'une machine-outil payée au comptant	Matériel industriel	**Compte bancaire**
Vente de produits finis payés au comptant	**Compte bancaire**	Vente de produits finis

L'analyse des opérations sans impact sur la trésorerie

Toutes les transactions réalisées par l'entreprise n'ont pas nécessairement un impact immédiat sur sa trésorerie. Bien au contraire, la plupart des factures ne sont réglées que plusieurs semaines, voire plusieurs mois après leur réception.

L'identification des emplois et des ressources intervenant dans une opération réalisée à crédit n'est pas beaucoup plus difficile que dans le cas d'une transaction réalisée au comptant... à condition d'appliquer la bonne méthode.

Pour analyser une opération réalisée à crédit, il faut commencer par l'étudier comme si elle avait eu lieu au comptant :

- Tout d'abord placer la trésorerie en emploi s'il s'agit d'un encaissement, ou en ressource s'il s'agit d'un décaissement.
- Puis identifier la contrepartie du flux de trésorerie, autrement dit le but du décaissement ou l'origine de l'encaissement.

Ce n'est qu'une fois que ces éléments auront été correctement analysés que le délai de règlement sera pris en considération. Par exemple, lorsqu'une entreprise réalise une vente à crédit, la seule différence avec une vente au comptant est qu'elle ne reçoit pas d'argent immédiatement mais une créance sur son client, c'est-à-dire l'engagement de celui-ci de payer la facture lorsqu'elle arrivera à échéance. La vente est donc toujours la ressource mais l'emploi est une créance sur le client et non pas la trésorerie. De la même façon, lorsqu'une entreprise achète des biens ou des services à crédit, elle n'envoie pas immédiatement d'argent à son fournisseur mais elle s'engage à le régler plus tard. Le bien ou le service acquis reste l'emploi mais la ressource est une dette vis-à-vis du fournisseur.

Nous vous proposons à nouveau de vous entraîner sur les quelques exemples ci-dessous.

Tableau 3-3 : Analyse de quelques opérations sans impact sur la trésorerie

Opération	Emploi	Ressource
Achat de matières premières réglées à crédit	Matières premières	**Dette fournisseur**
Achat d'une machine-outil réglée à crédit	Matériel industriel	**Dette fournisseur**
Vente de produits finis réglés à crédit	**Créance client**	Vente de produits finis

Au moment où la facture arrive à échéance, on se trouve à nouveau dans le cas d'une opération impliquant un mouvement de trésorerie :

- Lorsque l'entreprise encaisse une somme due par son client, la trésorerie intervient en tant qu'emploi. L'origine de cet encaissement est la disparition de la créance : celle-ci est la ressource.
- Lorsque l'entreprise règle une somme due à son fournisseur, la trésorerie intervient en tant que ressource. Le but de ce décaissement est la disparition de la dette : celle-ci est l'emploi.

Tableau 3-4 : Analyse du règlement des créances et des dettes

Opération	Emploi	Ressource
Règlement d'une dette fournisseur	Dette fournisseur	**Trésorerie**
Encaissement d'une créance client	**Trésorerie**	Créance client

Pour analyser une dette en termes de flux entrant et sortant, il faut remonter à sa nature juridique. Une dette est un engagement donné par l'entreprise : c'est la promesse de régler la somme due au fournisseur lorsque celle-ci arrivera à échéance. Lorsqu'une entreprise réalise un achat à crédit, elle s'engage à payer dans un futur plus ou moins proche : la promesse de payer (autrement dit la dette) est le flux sortant, autrement dit la ressource. Inversement, quand l'entreprise règle sa dette, son fournisseur lui rend son engagement : la promesse rendue est le flux entrant, c'est-à-dire l'emploi.

La structure des deux tableaux présentés dans les paragraphes précédents n'a pas été choisie au hasard : une convention internationalement reconnue en comptabilité consiste à faire apparaître les emplois à gauche et les ressources à droite. Comme toute convention, cette présentation ne repose sur aucune logique particulière mais tire son utilité de son universalité. Sur la route, l'important n'est pas de rouler à droite plutôt qu'à gauche mais de rouler tous du même côté. En comptabilité c'est la même chose !

Une règle impérative : l'équilibre comptable

Le principe de la partie double repose sur le double enregistrement de chaque opération : une fois pour indiquer la ressource mobilisée et une autre fois pour préciser l'emploi qui en est fait. Il s'agit de la même opération vue sous deux angles différents et le montant des deux enregistrements doit toujours être rigoureusement identique. C'est pourquoi le bilan et le compte de résultat restent toujours équilibrés quelles que soient les rubriques affectées par les écritures comptables.

Emplois, ressources, bilan et compte de résultat

Maintenant que vous savez identifier les emplois et les ressources intervenant dans les transactions d'une entreprise, il ne reste plus qu'à les placer correctement au bilan et au compte de résultat. Nous avons vu que les tableaux comptables étaient tous construits sur le même modèle : les emplois dans la colonne de gauche et les ressources dans celle de droite. C'est également vrai pour le bilan et pour le compte de résultat :

- Les actifs apparaissent à gauche du bilan : ce sont des emplois. Ils représentent l'usage que l'entreprise a fait de ses ressources : acheter du matériel ou des stocks, conserver de l'argent en trésorerie, etc. Ces éléments pourront par la suite être utilisés comme des ressources pour acquérir d'autres biens : l'entreprise vendra ses stocks en échange d'argent ou d'une créance et elle utilisera sa trésorerie pour rembourser ses dettes ou acheter des biens.
- Les charges figurent à gauche du compte de résultat. Ce sont aussi des emplois mais, contrairement aux éléments de l'actif, ils ne pourront plus être utilisés ultérieurement par l'entreprise car ils ont été consommés.
- Les dettes sont présentées à droite du bilan : ce sont des ressources qui ont permis à l'entreprise d'acheter des biens et des services. Ces ressources ne sont que temporaires et elles devront être remboursées à plus ou moins brève échéance. Leur remboursement sera alors analysé comme le but (c'est-à-dire l'emploi) d'un décaissement.
- Les produits apparaissent à droite du compte de résultat. Ce sont également des ressources mais, contrairement aux dettes, celles-ci ont été générées par l'activité de l'entreprise et lui sont définitivement acquises.

En résumé, nous pouvons dire que les actifs sont des emplois récupérables, alors que les charges sont des emplois définitivement consommés donc non récupérables. Les dettes sont des ressources que l'entreprise devra rembourser, alors que les produits sont des ressources générées par son activité et qu'elle pourra conserver définitivement.

La distinction n'est pas toujours aisée : si le travail d'un comptable ou d'une secrétaire est à l'évidence immédiatement consommé, ce n'est pas forcément le cas de celui d'un chercheur qui met au point les produits qui seront vendus dans les années à venir. Pour l'instant, nous nous contenterons de traiter des opérations qui ne présentent pas d'ambiguïtés mais nous verrons au chapitre 15 que le comptable dispose d'une marge de manœuvre pour enregistrer certaines opérations et qu'il peut utiliser celle-ci pour infléchir le résultat comptable dans le sens souhaité.

Les capitaux propres fonctionnent de la même façon que les dettes. En effet, nous pouvons les assimiler à des dettes envers les actionnaires, dans la mesure où ces derniers sont propriétaires de l'entreprise et donc de son patrimoine net. En revanche, leur remboursement éventuel n'aura lieu que lors de la dissolution de l'entreprise, puisque les associés recevront ce qui reste du produit de la liquidation des actifs après le remboursement des dettes.

Chapitre 3 : La « mécanique » comptable

À partir des observations précédentes sur les éléments du bilan et du compte de résultat, nous pouvons déduire des règles générales sur la nature des emplois et des ressources. Un emploi peut être :

- Soit une charge
- Soit un actif qui apparaît ou qui augmente
- Soit une dette qui disparaît ou qui diminue

De façon symétrique, une ressource peut être :

- Soit un produit
- Soit une dette qui apparaît ou qui augmente
- Soit un actif qui disparaît ou qui diminue

Il est possible de donner une représentation très visuelle de l'équilibre comptable :

- Les emplois sont placés à gauche : ils correspondent donc soit à l'augmentation d'une rubrique située à gauche dans les comptes annuels (actif ou charges), soit à la diminution d'une rubrique située à droite (passif).
- Les ressources sont placées à droite : elles correspondent soit à l'augmentation d'une rubrique située à droite dans les comptes annuels (passif ou produits), soit à la diminution d'une rubrique située à gauche (actif).

Par définition, les charges sont des éléments non récupérables et les produits des ressources non remboursables : ils ne sont pas censés diminuer sauf cas exceptionnels.

La distinction entre ces différentes catégories est très importante car c'est elle qui détermine si l'opération comptabilisée affecte ou non le résultat comptable. Les opérations qui ne concernent que le bilan n'ont pas d'impact sur le résultat de l'exercice alors que celles touchant le bilan et le compte de résultat ont un impact sur ce même résultat.

Les opérations sans impact sur le résultat

Seules les opérations qui enrichissent ou appauvrissent l'entreprise ont un impact sur son compte de résultat : celles qui ne font que modifier la composition de son patrimoine n'affectent que son bilan. Dans la mesure où la valeur des éléments entrant dans le patrimoine est égale à celle des éléments qui en sortent, l'équilibre du bilan n'est pas remis en cause. C'est ce qui se passe, par exemple, lorsque l'entreprise obtient un prêt de son banquier ou lorsqu'elle investit.

On distingue trois cas de figure possibles :

- Soit l'opération réalisée augmente à la fois le montant de l'actif et celui du passif. C'est ce qui se passe par exemple lorsqu'une entreprise achète du matériel à crédit : le montant des immobilisations augmente à son actif mais une dette du même montant apparaît à son passif.

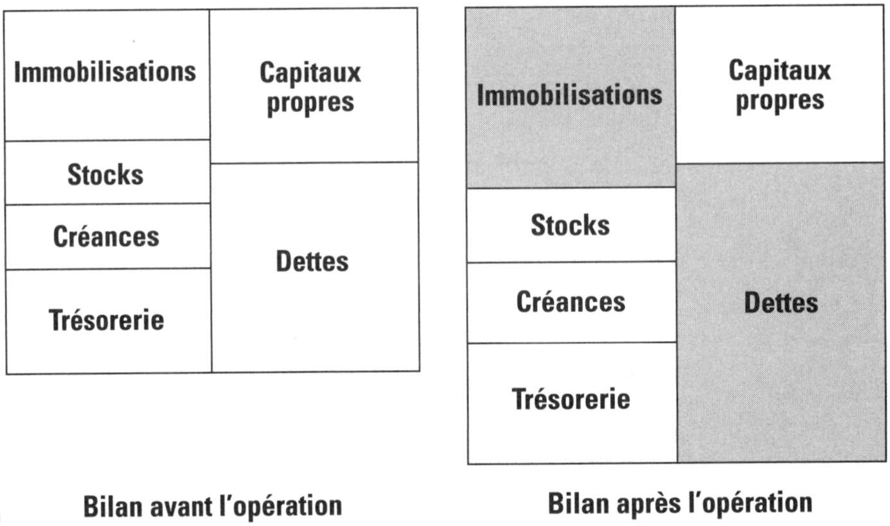

Figure 3-1 : Impact sur le bilan d'un achat de matériel à crédit

- Soit l'opération réalisée diminue à la fois le montant de l'actif et celui du passif. Par exemple, lorsqu'une entreprise rembourse une dette, sa trésorerie diminue à l'actif mais la dette disparaît de son passif.

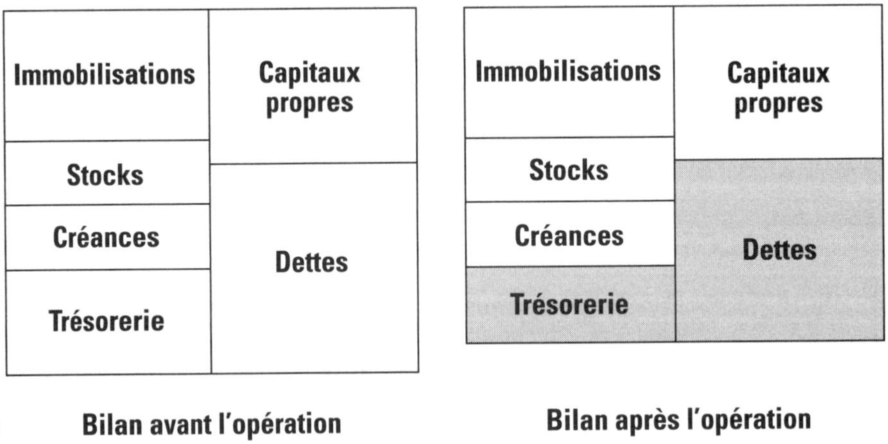

Figure 3-2 : Impact sur le bilan du remboursement d'une dette

✔ Soit l'opération modifie la composition de l'actif ou du passif sans modifier leur total : lorsqu'une entreprise achète du matériel en le payant au comptant, la diminution de sa trésorerie est compensée par l'augmentation de ses immobilisations.

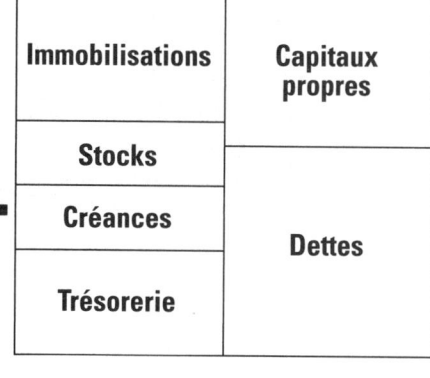

Figure 3-3: Impact sur le bilan d'un achat de matériel au comptant

Bilan avant l'opération — Bilan après l'opération

Les opérations ayant un impact sur le résultat

Contrairement aux opérations étudiées précédemment, certaines transactions réalisées par l'entreprise augmentent ou diminuent la valeur de son patrimoine. L'entreprise s'appauvrit lorsque la valeur des éléments sortant du patrimoine est supérieure à celle des éléments entrants. Cela ne signifie pas que l'entreprise n'a rien obtenu dans l'échange, mais plutôt que ce qu'elle a obtenu a été consommé et n'est pas entré dans son patrimoine : salaire d'un employé administratif, loyer, assurance, etc.

Dans ce cas, l'entreprise enregistre une charge à son compte de résultat, ce qui a pour effet de diminuer son bénéfice ou d'aggraver sa perte. L'impact sur le bilan dépend de la façon dont la dépense a été réglée : diminution de la trésorerie dans le cas d'un règlement au comptant, ou apparition d'une dette si un délai de règlement a été accordé. Le bilan n'est pas déséquilibré pour autant puisque le résultat figure au passif parmi les capitaux propres : la diminution du bénéfice observée au compte de résultat est répercutée au bilan et diminue d'autant les capitaux propres. Par exemple, un loyer réglé au comptant est comptabilisé comme une charge et une diminution de la trésorerie. Le bénéfice est diminué du montant de la charge et cette baisse se répercute sur les capitaux propres.

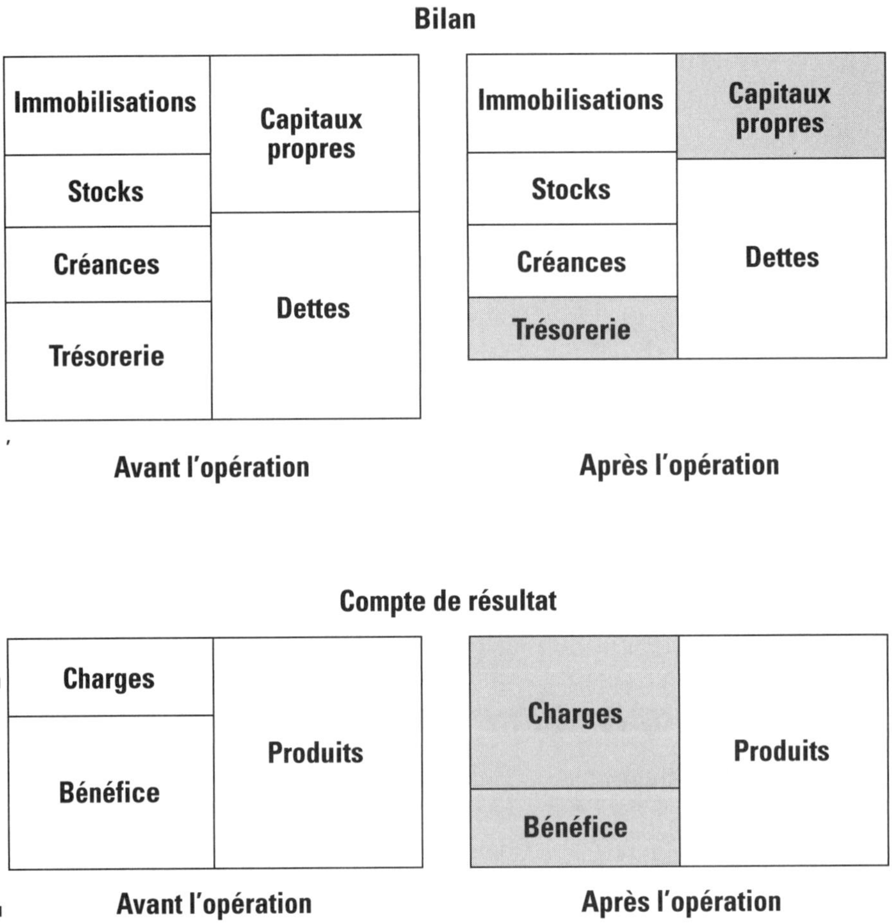

Bilan

Avant l'opération

Immobilisations	Capitaux propres
Stocks	
Créances	Dettes
Trésorerie	

Après l'opération

Immobilisations	Capitaux propres
Stocks	
Créances	Dettes
Trésorerie	

Compte de résultat

Figure 3-4 : Impact sur le bilan et sur le compte de résultat du paiement d'un loyer

Avant l'opération

| Charges | Produits |
| Bénéfice | |

Après l'opération

| Charges | Produits |
| Bénéfice | |

De façon symétrique, une entreprise s'enrichit lorsque la valeur des éléments entrant dans son patrimoine est supérieure à celle des éléments qui en sortent. Dans ce cas, l'entreprise enregistre un produit à son compte de résultat, ce qui a pour effet d'augmenter son bénéfice. L'impact sur le bilan dépend de la façon dont le produit est perçu : augmentation de la trésorerie dans le cas d'un règlement au comptant, ou apparition d'une créance si un délai de règlement a été accordé. Le bilan n'est pas déséquilibré pour autant puisque l'augmentation du bénéfice observée au compte de résultat est répercutée au bilan et augmente d'autant les capitaux propres. Par exemple, la comptabilisation d'une vente de services facturée à crédit se traduit par une augmentation des produits du compte de résultat et l'apparition d'une créance à l'actif du bilan. Le bénéfice augmente du montant du produit enregistré et cette hausse se répercute sur les capitaux propres au passif du bilan.

Bilan

Figure 3-5: Impact sur le bilan et sur le compte de résultat d'une vente réalisée à crédit

Avant l'opération — Après l'opération

Compte de résultat

Avant l'opération — Après l'opération

Le résultat de l'exercice n'intervient jamais directement dans une écriture comptable : il s'agit d'un montant calculé par différence entre le total des produits et celui des charges. Si vous souhaitez comptabiliser une opération affectant le résultat de votre entreprise, vous devez donc utiliser un compte de produit ou de charge : une augmentation des produits augmentera mécaniquement votre résultat alors qu'une augmentation des charges le diminuera.

Qu'est-ce qui déclenche l'enregistrement d'une écriture comptable ?

À présent que vous avez eu un aperçu du fonctionnement des mécanismes comptables, il nous reste à répondre à une dernière question : à quel moment ceux-ci sont-ils actionnés ? La réponse se trouve dans le Code de commerce qui impose l'enregistrement chronologique de toutes les opérations affectant le patrimoine d'une entreprise.

Le comptable doit donc intervenir à chaque fois que l'entreprise réalise une transaction ayant un impact sur son patrimoine. Cet impact peut concerner n'importe quel élément du patrimoine et pas uniquement la trésorerie : un achat ou une vente à crédit doivent être comptabilisés sans attendre leur règlement. Il n'est pas non plus nécessaire que la valeur nette du patrimoine soit affectée, et une simple modification de sa composition doit également être enregistrée : même une remise en banque d'argent liquide doit être comptabilisée comme une sortie d'argent de la caisse et une entrée sur le compte bancaire.

En revanche, les opérations qui n'ont pas un impact immédiat sur le patrimoine de l'entreprise n'apparaissent pas dans sa comptabilité : le comptable peut rester tranquillement en vacances tant que son entreprise se contente de prendre des commandes ou d'embaucher du personnel, mais il devra revenir lorsque la vente aura lieu ou que le premier salaire sera versé. De la même façon, ce n'est pas utile d'ouvrir le logiciel comptable si l'entreprise se porte caution pour une autre société ou signe une promesse de vente.

Dans la réalité, il n'est pas toujours possible de comptabiliser les opérations au moment précis où elles affectent le patrimoine de l'entreprise : le comptable n'est pas tenu informé en temps réel des ventes réalisées et certaines consommations sont difficiles à suivre. Quelques approximations sont parfois nécessaires et des aménagements ont dû être apportés afin de simplifier la tenue de la comptabilité. En particulier, les achats de biens destinés à être consommés rapidement (marchandises, matières premières et fournitures diverses) sont comptabilisés en charges dès la réception des factures, comme s'ils avaient été consommés immédiatement. La plupart du temps, ce décalage se résout de lui-même avant la clôture des comptes : les matières achetées sont souvent réellement consommées avant la fin de l'année.
Leur comptabilisation immédiate en charges est donc une approximation tout à fait acceptable et qui permet de simplifier considérablement le travail du comptable : il ne doit comptabiliser que les factures d'achats au lieu d'enregistrer chaque mouvement d'entrée et de sortie de stock. Un ajustement est nécessaire une fois par an, au moment de l'élaboration des comptes annuels. Les matières non consommées sont celles restant en stock : elles sont

inventoriées et leur valeur est retirée des charges pour être transférée au bilan dans les comptes de stocks.

Les logiciels de gestion des stocks permettent de suivre les consommations en temps quasi réel et il serait en théorie possible de les utiliser pour comptabiliser les mouvements de stocks. De cette façon, le compte de stock du bilan serait tenu à jour en permanence et les charges seraient enregistrées au moment de la consommation réelle des biens, c'est-à-dire lors de leur sortie du stock. Cette pratique est toutefois déconseillée par le plan comptable général et elle ne dispense pas d'un inventaire de fin d'année pour déceler et corriger d'éventuels écarts entre le niveau réel du stock et celui figurant en comptabilité (vols, péremption, etc.).

La comptabilisation d'une vente à crédit

En règle générale, la réception de la commande d'un client n'a pas d'impact sur le patrimoine d'une entreprise et ne nécessite aucun enregistrement en comptabilité. Toutefois, les choses sont différentes si le client verse un acompte. En effet, celui-ci entraîne une augmentation de la trésorerie qui doit être comptabilisée. La contrepartie n'est pas un produit mais une dette : l'acompte n'est pas définitivement acquis à l'entreprise mais il sera soit déduit de la facture finale, soit remboursé au client.

La vente sera ensuite comptabilisée au moment de l'émission de la facture : le comptable enregistrera un produit dans le compte de résultat et une créance à l'actif du bilan, ce qui aura pour effet d'augmenter le bénéfice de l'entreprise. Si un acompte avait été versé précédemment, il sera imputé sur la créance, c'est-à-dire que le comptable fera disparaître la dette au passif et diminuera d'autant la créance à l'actif.

Enfin, le comptable interviendra une dernière fois pour enregistrer le règlement final : il comptabilisera une entrée d'argent en trésorerie en contrepartie de la disparition de la créance figurant à l'actif du bilan.

Le décalage éventuel entre la date d'émission de la facture et celle de la réalisation effective de la vente (livraison des biens ou exécution de la prestation) ne pose pas de problème si ces deux événements interviennent avant la date de clôture des comptes. Dans le cas contraire, le comptable devra comptabiliser une écriture d'ajustement :

- Soit pour annuler le produit comptabilisé par anticipation si la facture a été émise avant la réalisation de la vente.

- Soit pour faire apparaître un produit au compte de résultat si la facture n'a pas encore été établie alors que la vente a bien eu lieu.

La comptabilisation des achats et des ventes sur la base des factures n'est pas une simple commodité, elle est aussi une obligation légale. En effet, le plan comptable général impose de justifier chaque enregistrement comptable par un document soigneusement référencé et archivé : facture, bulletin de paie, déclaration fiscale, ordre de virement, etc. Cela implique beaucoup de papiers dans le bureau du comptable mais cette contrainte est nécessaire pour permettre la traçabilité des enregistrements comptables et le contrôle de la comptabilité. Soyez sans crainte : nous vous guiderons dans la mise en place de votre système de classement et nous vous donnerons des conseils pratiques dans la deuxième partie de ce livre.

Chapitre 4

Le fonctionnement des comptes

Dans ce chapitre :
- La numérotation des comptes
- Le débit et le crédit
- Les écritures comptables
- L'enchaînement des livres comptables

*V*otre initiation aux mécanismes de la comptabilité s'achève sur ce chapitre. Jusqu'à présent, nous avions volontairement laissé de côté les aspects purement techniques de la comptabilité, considérant qu'ils n'étaient que des outils au service de l'information financière : les enregistrements comptables ne sont pas une fin en soi mais le moyen de suivre la situation financière d'une entreprise et d'en rendre compte à ses partenaires et à ses propriétaires. Il est bien plus facile de construire une écriture comptable lorsque l'on a identifié l'impact attendu sur le bilan et le compte de résultat que si l'on ne voit pas plus loin que la liste des comptes.

Toutefois, même si la mise à jour du bilan et du compte de résultat est le but des enregistrements du comptable, celui-ci ne travaille pas directement dessus en y modifiant les chiffres au fur et à mesure des transactions réalisées par l'entreprise, jusqu'à la version finale le dernier jour de l'année. La technique qui a été mise au point est plus flexible et permet de retracer l'historique des opérations réalisées. Elle repose sur la création de nombreux comptes dans lesquels sont suivis séparément les différents éléments du patrimoine et de l'activité de l'entreprise. Ces comptes peuvent être consultés individuellement pour obtenir une information précise (par exemple le montant et le détail de la somme due par un client) ou regroupés pour établir le bilan et le compte de résultat.

Qu'appelle-t-on un compte ?

Le compte est la brique de base de l'architecture comptable : à chaque élément du patrimoine ou de l'activité de l'entreprise correspond un compte dans lequel sont enregistrées les opérations le concernant. Par exemple, il existe un compte pour suivre la valeur du matériel de l'entreprise, un autre pour son compte bancaire, un pour ses ventes, etc. Le nombre de comptes utilisés dépend de la taille de l'entreprise. À titre d'exemple, la version abrégée du plan comptable général, applicable aux plus petites entreprises, prévoit l'utilisation d'une cinquantaine de comptes pour suivre les éléments du patrimoine et d'une trentaine pour l'activité. Les entreprises de taille plus importante auront intérêt à créer des comptes plus nombreux afin de suivre plus précisément leur situation financière et d'en avoir une connaissance plus détaillée : le plan comptable général prévoit jusqu'à mille comptes dans sa version la plus détaillée.

Le vocabulaire comptable est souvent délicat à manipuler et les risques de confusions sont importants. Lorsque l'on parle des « comptes » ou d'un « compte » sans apporter plus de précisions à ce terme, on se réfère aux tableaux dans lesquels sont enregistrées les opérations réalisées par l'entreprise. En revanche, le terme « comptes annuels » est réservé au bilan et au compte de résultat.

Comme tout tableau comptable qui se respecte, les comptes comportent deux colonnes de chiffres. La comptabilité ne connaît pas le signe négatif mais utilise à la place des tableaux à deux colonnes : les chiffres inscrits dans une même colonne s'additionnent alors que ceux inscrits dans des colonnes différentes se soustraient. Pour chaque compte, une colonne sert à enregistrer les transactions faisant augmenter sa valeur alors que l'autre sert pour les transactions la faisant diminuer. La valeur nette du compte est calculée par différence entre les totaux des deux colonnes.

Par exemple, si une entreprise achète des actions pour placer ses excédents de trésorerie, le compte destiné à suivre les actions détenues fonctionne de la façon suivante : d'un côté on enregistre les achats de nouvelles actions, et de l'autre les cessions effectuées par l'entreprise. La valeur nette du compte reflète le coût des actions possédées par l'entreprise au moment de la consultation du compte.

Chapitre 4 : Le fonctionnement des comptes

Figure 4-1 : Le fonctionnement d'un compte de titres de placements

Opération	Montant	Opération	Montant
25/01/N Achat 100 actions X	4 000	30/03/N Vente 25 actions X	1 000
10/02/N Achat 50 actions Y	750	12/11/N Vente 50 actions Y	750
10/02/N Achat 40 actions Z	1 000		
03/10/N Achat 40 actions X	2 000		
27/11/N Achat 150 actions Z	4 000		
Total	**11 750**	**Total**	**1 750**
Valeur nette (solde) du compte = 11 750 − 1 750 = 10 000 €			

Dans l'exemple ci-dessus, la valeur nette de 10 000 € se décompose de la façon suivante :

– 75 actions X achetées le 25/01/N (l'achat initial portait sur 100 actions mais 25 ont été revendues entre temps) : 3 000 €

– 40 actions Z achetées le 10/02/N : 1 000 €

– 40 actions X achetées le 03/10/N : 2 000 €

– 150 actions Z achetées le 27/11/N : 4 000 €

Total : 10 000 €

Les actions Y achetées le 10/02/N ne figurent pas dans cette liste car elles ont été revendues et n'appartiennent plus à l'entreprise au moment de la consultation du compte.

Les actions vendues qui apparaissent dans la colonne de droite sont valorisées au prix d'achat et non pas au prix de vente. En effet, le but est de faire « disparaître » les actions qui ne sont plus la propriété de l'entreprise afin de ne laisser dans le compte que les titres qui font toujours partie du patrimoine de l'entreprise. Les éventuelles plus ou moins-values seront également enregistrées mais dans un compte différent qui figurera au compte de résultat : produit financier pour une plus-value (celle-ci enrichit l'entreprise) ou charge financière pour une moins-value (elle appauvrit l'entreprise).

Selon le même principe, le compte servant à suivre la dette vis-à-vis d'un fournisseur est utilisé, d'un côté, pour enregistrer les factures d'achats (augmentation de la dette) et, de l'autre côté, pour les paiements effectués et les avoirs reçus (diminution de la dette). La valeur nette du compte indique la somme restant due au fournisseur à la date de consultation des comptes. Dans l'exemple ci-dessous, cette somme s'élève à 545 € et correspond à la dernière facture reçue.

Figure 4-2 :
Le fonctionnement d'un compte de dette

Opération	Montant	Opération	Montant
15/03/N Acompte versé	500	25/03/N Facture n° 145	1 196
30/04/N Paiement F. n° 145	696	14/04/N Facture n° 189	534
31/05/N Paiement F. n° 189	534	21/06/N Facture n° 195	965
06/08/N Avoir reçu	100	07/11/N Facture n° 234	545
15/08/N Paiement F. n° 195	865		
Total	2 695	Total	3 240
Valeur nette (solde) du compte = 3 240 − 2 695 = 545 €			

Vous avez peut-être remarqué dans les exemples précédents que les opérations qui augmentent la valeur du compte ne sont pas toujours enregistrées du même côté : les achats de nouveaux titres sont inscrits dans la colonne de gauche, alors que les factures reçues sont inscrites à droite. Ce n'est donc pas toujours le même côté qui sert à enregistrer les augmentations et les diminutions ! Ne vous affolez pas pour autant : il y a bien une logique dans le choix du côté, mais vous devrez encore patienter quelques instants avant de la découvrir. Mais peut-être avez-vous déjà une idée sur la question…

Les notions de débit et de crédit

Les deux colonnes du compte auraient pu porter les noms d'*entrée* et de *sortie* mais cela aurait été trop simple ! En fait la colonne de gauche s'intitule *débit* et celle de droite *crédit*. Ici aussi, la convention habituelle « emplois à gauche et ressources à droite » s'applique :

- La colonne débit est utilisée lorsque le compte intervient en tant qu'emploi.
- La colonne crédit est utilisée quand il intervient en tant que ressource.

Par exemple, lorsqu'une entreprise achète des actions, la ressource est la trésorerie et l'emploi les actions achetées. Le comptable va donc enregistrer le montant de l'achat au débit (à gauche) du compte destiné à suivre les placements de l'entreprise et au crédit (à droite) de celui consacré au compte bancaire. Cela explique pourquoi nous avons présenté les achats d'actions dans la colonne de gauche sur la figure 4-1.

Appliquons le même raisonnement au compte servant à suivre les dettes vis-à-vis des fournisseurs. Nous savons que, lors d'un achat à crédit, la dette est la ressource qui permet d'obtenir un bien ou un service : il est donc normal de comptabiliser la facture au crédit (à droite) du compte de dette. Par la suite, lorsque l'entreprise paie son fournisseur, le remboursement de la dette correspond à l'emploi qui est fait d'un décaissement : le paiement va donc être comptabilisé au débit (à gauche) du compte de dette. De toutes les façons, nous n'avions pas vraiment le choix pour enregistrer le règlement : la facture ayant été initialement comptabilisée au crédit du compte de dette, le seul moyen pour la faire « disparaître » et indiquer que l'entreprise ne doit plus rien à son fournisseur est d'utiliser la colonne opposée, donc le débit (souvenez-vous que les comptables n'utilisent pas de signe négatif).

Pourquoi votre relevé de banque fonctionne-t-il à l'envers ?

Vous avez peut-être été surpris de lire ci-dessus que les décaissements devaient être enregistrés au crédit (c'est-à-dire à droite) du compte bancaire de l'entreprise. Peut-être soupçonnez-vous l'auteure de ce livre de s'être emmêlée dans ses explications ? Alors vérifions ensemble : nous vous avons expliqué que la trésorerie intervenait en emploi lors d'un encaissement et en ressource lors d'un décaissement. Il en découle que les mouvements affectant le compte bancaire de l'entreprise doivent être inscrits dans la colonne débit pour un encaissement et dans la colonne crédit pour un décaissement. Il n'y a donc pas d'erreur dans le texte ci-dessus, ouf !

Et pourtant, vous avez sans doute remarqué que le relevé de compte que vous envoie votre banquier fonctionne de façon totalement opposée : les encaissements y sont inscrits dans la colonne crédit et les décaissements dans la colonne débit. Alors, les banquiers sont-ils nuls en comptabilité ou obéissent-ils à des règles différentes des autres entreprises ? En fait, ce n'est ni l'un ni l'autre. Votre relevé de compte n'est pas un extrait de votre comptabilité mais de celle de votre banquier, et son point de vue sur les opérations réalisées est totalement opposé au vôtre. Par exemple, s'il a le mauvais goût de vous facturer des frais, ceux-ci sont une charge pour vous mais un produit pour lui. De même, si votre compte est à découvert, vous avez une dette envers votre banquier (il peut vous demander de le rembourser) mais, de son point de vue, ce même découvert est une créance vis-à-vis de vous.

Les débutants mélangent souvent les termes de débit et de crédit mais il existe un moyen mnémotechnique pour vous aider. Lorsque nous vous avons parlé des notions d'emplois et de ressources, nous avons évoqué le terme de « destination » comme synonyme d'emploi. Eh bien, ce mot commence par les deux mêmes premières lettres que « débit » ! Fantastique, non ? Vous pouvez ainsi vous souvenir que la colonne débit est utilisée lorsque le compte est la destination de l'opération, c'est-à-dire l'emploi. Et comme le principe de la partie double repose sur une symétrie parfaite entre les emplois et les ressources, vous pouvez en déduire que la colonne crédit sert lorsque le compte est la ressource.

Le lien entre les notions de débit/crédit et le fait d'augmenter ou de diminuer la valeur d'un compte dépend de la nature du compte :

- Les comptes correspondant à des emplois (actifs ou charges) augmentent lorsqu'une somme est inscrite à leur débit et diminuent si elle est enregistrée au crédit : c'est le cas du compte de placements financiers de la figure 4-1.
- Les comptes correspondant à des ressources (passifs ou produits) augmentent lorsqu'une somme est inscrite à leur crédit et diminuent si elle est enregistrée au débit : c'est le cas du compte de dette fournisseur de la figure 4-2.

Le fait d'avoir déterminé l'impact que l'écriture devait avoir sur le bilan et le compte de résultat permet de l'appréhender de façon très visuelle. On peut en effet déduire le côté à utiliser en fonction de l'emplacement des rubriques concernées par la transaction :

- Si l'on souhaite faire augmenter la valeur d'une rubrique, il faut utiliser le compte du même côté que celui où figure la rubrique dans les comptes annuels : à gauche (au débit) pour un actif ou une charge et à droite (au crédit) pour un passif ou un produit.
- Si l'on souhaite faire diminuer la valeur d'une rubrique, il faut utiliser le compte du côté opposé à celui où figure la rubrique dans les comptes annuels : à droite (au crédit) pour un actif ou une charge et à gauche (au débit) pour un passif ou un produit.

Appliquons ce « truc » à un achat de matériel payé au comptant. L'opération réalisée a pour effet d'augmenter le montant des immobilisations et de diminuer celui de la trésorerie. Ces deux rubriques se trouvent toutes deux à l'actif, donc à gauche du bilan : il faudra alors inscrire le montant de l'achat à gauche (au débit) du compte de matériel et à droite (au crédit) du compte de trésorerie.

Arrivés à ce stade de nos explications, il est nécessaire d'introduire un peu de vocabulaire technique. Les mots *débit* et *crédit* ont donné naissance à des verbes : *débiter* un compte signifie y enregistrer une somme du côté du débit, et *créditer* un compte signifie y enregistrer une somme du côté du crédit. La valeur nette d'un compte, calculée par différence entre les montants inscrits au débit et ceux inscrits au crédit porte le nom de *solde*. Un solde n'est jamais positif ou négatif : on dit qu'il est *débiteur* lorsque les sommes inscrites au débit sont supérieures à celles enregistrées au crédit, et qu'il est *créditeur* dans le cas contraire. Ainsi, le compte de placements financiers de la figure 4-1 présente un solde débiteur de 10 000 € alors que le compte de dette de la figure 4-2 présente un solde créditeur de 545 €.

Chapitre 4 : Le fonctionnement des comptes

Nous avons vu au chapitre précédent que le montant de l'emploi était toujours identique à celui de la ressource. En conséquence, pour chaque écriture comptable, le montant enregistré au débit doit toujours être égal à celui enregistré au crédit. Le compte qui est débité n'est pas le même que celui qui est crédité et c'est pourquoi les comptes pris individuellement ne sont pas équilibrés mais présentent des soldes débiteurs ou créditeurs. Toutefois on ne peut pas débiter un compte sans créditer le même montant dans un ou plusieurs autres comptes : si l'on prend les comptes globalement, le total des soldes débiteurs doit être égal au total des soldes créditeurs.

La numérotation des comptes

La France est un des rares pays où la numérotation des comptes est fixée par la loi : dans les pays anglo-saxons, par exemple, seules les rubriques des comptes annuels sont normalisées et les entreprises sont totalement libres du choix et de la numérotation de leurs comptes. Cette standardisation présente pourtant de nombreux avantages :

- Les comptables peuvent passer d'une entreprise à une autre sans avoir à apprendre un nouveau plan de comptes.
- Les commissaires aux comptes et les inspecteurs fiscaux savent exactement où trouver l'information qui les intéresse.
- Les éditeurs de logiciels peuvent aller plus loin dans le paramétrage de leurs produits et fournir à leurs clients des logiciels immédiatement opérationnels qui savent dans quels comptes enregistrer les factures et quels regroupements effectuer pour établir le bilan et le compte de résultat.

Les sept catégories de comptes

Le plan comptable général répartit les comptes en sept catégories qu'il désigne sous le nom de *classes*. Le premier chiffre de chaque numéro de compte indique la catégorie à laquelle il appartient : par exemple, tous les comptes de la classe 1 portent un numéro commençant par le chiffre 1.

Les comptes des classes 1 à 5 correspondent à des éléments du patrimoine de l'entreprise et sont regroupés au bilan en fin d'année :

- La classe 1 concerne le financement à moyen et à long terme de l'entreprise : on y trouve les capitaux propres (capital, réserves, report à nouveau…) et les emprunts bancaires à plus d'un an d'échéance.

- La classe 2 regroupe les immobilisations de l'entreprise quelle que soit leur nature : incorporelles, corporelles ou financières.
- La classe 3 rassemble les stocks de l'entreprise : matières premières, marchandises, produits finis, etc. Ces comptes ne sont pas utilisés en cours d'année puisque les matières premières et les marchandises sont comptabilisées en charges dès la réception de la facture. Ils ne servent qu'en fin d'année pour régulariser les achats qui n'ont pas été consommés et qui sont donc toujours en stock.
- La classe 4 porte le nom de « comptes de tiers » : elle regroupe les créances et les dettes de l'entreprise à l'exception de celles relevant d'une autre catégorie (immobilisations financières pour les créances à long terme ou financement pour les dettes bancaires). C'est à cette catégorie qu'appartiennent les comptes clients et fournisseurs ainsi que les dettes fiscales et sociales.
- La classe 5 regroupe les comptes de trésorerie : banque, caisse et valeurs mobilières de placement (placements financiers à court terme).

Les comptes des classes 6 et 7 sont, quant à eux, dédiés à l'activité de l'entreprise :

- La classe 6 rassemble les comptes de charges quelle que soit leur nature : exploitation, financières ou exceptionnelles.
- La classe 7 regroupe les comptes de produits.

La recherche d'un numéro de compte

Chaque classe est détaillée en plusieurs rubriques qui déterminent le deuxième chiffre de chaque compte. Par exemple, au sein de la classe 4 on distingue :

- Les comptes commençant par 40 qui regroupent les dettes (et éventuellement les créances) vis-à-vis des fournisseurs.
- Les comptes commençant par 41 qui regroupent les créances (et éventuellement les dettes) vis-à-vis des clients.
- Les comptes commençant par 42 qui regroupent les créances et les dettes vis-à-vis des salariés de l'entreprise : acomptes sur salaires, primes à verser, etc.
- Les comptes commençant par 43 qui regroupent les créances et les dettes vis-à-vis des organismes sociaux.
- Les comptes commençant par 44 qui regroupent les créances et les dettes vis-à-vis de l'État et des collectivités locales : impôts et taxes à payer, subventions à recevoir, etc.

Chapitre 4: Le fonctionnement des comptes

- Les comptes commençant par 45 qui regroupent les créances et les dettes vis-à-vis des associés de l'entreprise : comptes courants, dividendes à verser, etc.
- Les comptes commençant par 46 qui regroupent les créances et les dettes diverses qui ne rentrent dans aucune des catégories précédentes.

De même les charges de la classe 6 sont détaillées selon leur nature dans les rubriques suivantes :

- 60 : Achats de biens (matières premières, marchandises, fournitures, etc.)
- 61 et 62 : Achats de services (loyer, assurance, publicité, honoraires, etc.)
- 63 : Impôts et taxes à l'exception de l'impôt sur les bénéfices
- 64 : Frais de personnel : salaires et cotisations sociales
- 65 : Autres charges de gestion courante
- 66 : Charges financières
- 67 : Charges exceptionnelles
- 68 : Dotations aux amortissements
- 69 : Participation des salariés et impôts sur les bénéfices

Chaque rubrique est à son tour détaillée en plusieurs sous-rubriques qui déterminent le troisième chiffre du compte. Par exemple, on peut détailler les comptes fournisseurs selon qu'il s'agit de dettes classiques, d'effets de commerce à payer, d'avoirs ou d'acomptes en attente de déduction, etc. Ces sous-rubriques peuvent être également détaillées sur la base du quatrième chiffre et ainsi de suite. La numérotation des comptes comporte six chiffres, ce qui permet d'atteindre un niveau de détail très fin. Toutefois, dans la plupart des cas, les trois premiers chiffres suffisent, et le numéro est alors complété par des zéros pour atteindre les six chiffres requis.

La liste des comptes définie par le plan comptable général est disponible dans le commerce sous la forme d'un petit livret ou d'un dépliant dont le coût ne dépasse pas quelques euros. Elle est également paramétrée dans la plupart des logiciels comptables : il est inutile de chercher à apprendre par cœur les numéros des comptes. En revanche, vous gagnerez beaucoup de temps dans vos recherches si vous avez pris la peine de mémoriser le contenu des sept classes ainsi que les rubriques des classes 4 et 6.

La liste du plan comptable général comprend plusieurs centaines de comptes et le même intitulé peut y figurer plusieurs fois à des endroits très différents. La recherche d'un numéro de compte peut se révéler extrêmement fastidieuse, et présenter un risque d'erreurs important si elle n'est pas abordée avec ordre et méthode. La bonne façon de procéder consiste à chercher de façon séquentielle : tout d'abord déterminer le premier chiffre du compte en fonction de la classe à laquelle il appartient, puis affiner progressivement la recherche, chiffre par chiffre, jusqu'au degré de précision souhaité.

Par exemple, la taxe professionnelle est une charge : il faut donc commencer par chercher un compte de classe 6. Au sein de cette classe, nous choisissons la rubrique « 63 : Impôts et taxes », puis nous regardons le choix proposé pour les sous-rubriques :

- 631 : Impôts et taxes sur les rémunérations (administrations des impôts)
- 633 : Impôts et taxes sur les rémunérations (autres organismes)
- 635 : Autres impôts et taxes (administrations des impôts)
- 637 : Autres impôts et taxes (autres organismes)

La bonne rubrique est « 635 : Autres impôts et taxes (administrations des impôts) ». En allant encore plus loin dans le détail nous avons le choix entre :

- 6351 : Impôts directs (sauf impôt sur les bénéfices)
- 6352 : TVA non récupérable
- 6353 : Impôts indirects
- 6354 : Droits d'enregistrement et de timbre
- 6358 : Autres droits

Nous choisissons la rubrique « 6351 : Impôts directs (sauf impôt sur les bénéfices) » et nous poursuivons notre recherche. Pour le cinquième chiffre, la liste des comptes nous propose :

- 63511 : Taxe professionnelle
- 63512 : Taxes foncières
- 63513 : Autres impôts locaux
- 63514 : Taxe sur les véhicules de sociétés

Finalement, nous allons enregistrer la charge de taxe professionnelle dans le compte 635110. Nous ne sommes toutefois pas obligés d'aller aussi loin dans le détail et nous aurions pu nous contenter d'enregistrer la taxe professionnelle dans le compte 635000. Dans ce cas, elle aurait été mélangée avec d'autres types d'impôts et de taxes : TVTS, droits d'enregistrement, taxes foncières, droits de mutation, etc.

Pour vous prouver les dangers d'une recherche du numéro de compte effectuée au hasard sur la base du seul intitulé, nous avons parcouru la liste des comptes du plan comptable général à la recherche du libellé « emballages ». Celui-ci y apparaît en tout douze fois avec des significations bien distinctes :

- « 218600. Emballages récupérables » : pour les emballages destinés à servir pendant plusieurs années à l'activité de l'entreprise : palettes ou fûts par exemple.
- « 326100. Emballages perdus », « 326500. Emballages récupérables non identifiables » et « 326700. Emballages à usage mixte » : stock d'emballages jetables ou non suivis individuellement (cartons, bacs plastiques, etc.).
- « 392600. Dépréciations – Emballages » : ce compte sert en fin d'année pour enregistrer les éventuelles pertes de valeur des emballages en stock.
- « 409600. Fournisseurs – Créances pour emballages à rendre » et « 419600. Clients – Dettes sur emballages consignés » : pour enregistrer les montants reçus ou versés pour des emballages consignés.
- « 602610. Emballages perdus », « 602650. Emballages récupérables non identifiables » et « 602670. Emballages à usage mixte » : pour les achats d'emballages jetables ou non suivis individuellement.
- « 613600. Malis sur emballages » et « 708600. Bonis sur reprises d'emballages consignés » : ces comptes servent à comptabiliser les éventuels pertes ou gains réalisés lors d'une déconsignation.

Il existe de nombreuses astuces qui permettent de gagner du temps lors de la manipulation des numéros de comptes. En particulier, on remarque une symétrie entre les comptes de charges et de produits. Par exemple, le compte consacré aux achats de marchandises porte le numéro 607000, et celui destiné à enregistrer les ventes de marchandises le numéro 707000. De même, les charges financières sont comptabilisées dans des comptes commençant par 66 et les produits financiers dans des comptes commençant par 76. Plutôt que d'en dresser une liste exhaustive dès à présent, nous préférons vous signaler les autres astuces au fur et à mesure de leur rencontre.

Vous pouvez maintenant vous entraîner à identifier les comptes intervenant dans les opérations couramment réalisées par une entreprise. Dans le tableau ci-dessous, nous avons repris les opérations étudiées au chapitre précédent (tableaux 3-2, 3-3 et 3-4) : nous vous conseillons de masquer les deux colonnes de droite pour essayer d'identifier par vous-même les numéros des comptes concernés avant de regarder la solution. Si vous ne disposez pas d'une liste de comptes, essayez au moins de trouver le premier chiffre de chaque compte.

Première partie : Le b.-a.-ba de la comptabilité

Tableau 4-1 : Les comptes utilisés dans les transactions courantes d'une entreprise

Opération	Débit	Crédit
Obtention d'un prêt bancaire	512 000 – Banque	164 000 – Emprunts auprès d'établissements de crédit
Remboursement d'un prêt bancaire	164 000 – Emprunts auprès d'établissements de crédit et 661 000 – Charges d'intérêt	512 000 – Banque
Apport en capital	512 000 – Banque	101 000 – Capital
Achat de matières premières réglées au comptant	601 000 – Achats de matières premières	512 000 – Banque
Achat d'une machine-outil payée au comptant	215 400 – Matériel industriel	512 000 – Banque
Vente de produits finis payés au comptant	512 000 – Banque	701 000 – Ventes de produits finis
Achat de matières premières réglées à crédit	601 000 – Achats de matières premières	401 000 – Dette fournisseur
Achat d'une machine-outil réglée à crédit	215 400 – Matériel industriel	401 000 – Dette fournisseur
Vente de produits finis réglés à crédit	411 000 – Créance client	701 000 – Ventes de produits finis
Règlement d'une facture fournisseur	401 000 – Dette fournisseur	512 000 – Banque
Encaissement d'une créance client	512 000 – Banque	411 000 – Créance client

En fait, l'enregistrement des achats et des ventes est un peu plus complexe car la TVA nécessite un traitement spécifique. Pour l'instant, nous préférons laisser ce point de côté afin de nous concentrer sur les mécanismes de base : nous y reviendrons dans la troisième partie, lorsque nous aborderons plus en détail la façon de comptabiliser les factures.

À ce stade de votre apprentissage, il est normal que vous ne trouviez pas toujours le bon numéro de compte du premier coup. Alors ne vous inquiétez pas si vous avez commis quelques erreurs dans l'exercice ci-dessus, sur le deuxième ou sur le troisième chiffre. En revanche, il faut que vous réussissiez à identifier à coup sûr le premier chiffre, car c'est celui qui détermine l'impact de vos enregistrements sur le résultat de l'entreprise. Par exemple, pour le remboursement de l'emprunt, seuls les intérêts sont comptabilisés en charges et diminuent le résultat de l'entreprise : le remboursement du principal n'affecte que le bilan et n'appauvrit pas l'entreprise.

 Les écritures comptables ne sont pas indépendantes les unes des autres car les opérations réalisées par l'entreprise sont liées entre elles : vous pouvez vous aider des enregistrements déjà comptabilisés pour construire les nouveaux. Par exemple, lorsque vous remboursez une dette, c'est parce que celle-ci existe déjà : elle a donc été préalablement comptabilisée quelque part. Il ne vous reste plus qu'à retrouver l'enregistrement correspondant à l'apparition de la dette pour voir dans quel compte celle-ci a été inscrite : c'est ce même compte que vous devrez utiliser (mais du côté opposé) pour faire disparaître la dette et indiquer ainsi qu'elle a été remboursée. C'est ce que vous pouvez observer dans le tableau précédent : le compte « 164000. Emprunts auprès d'établissements de crédit » est utilisé au crédit lorsque l'entreprise obtient un prêt de son banquier et au débit lorsqu'elle le rembourse. Il en est de même pour les dettes fournisseurs enregistrées au crédit d'un compte 401000 à la réception de la facture et pour les créances clients enregistrées au débit d'un compte 411000 lors de l'émission de la facture.

Les trois niveaux de détail

Toutes les entreprises n'ont pas besoin de suivre leur situation financière avec le même degré de précision et le législateur en a tenu compte en prévoyant trois niveaux de détail :

- Le système abrégé est réservé aux plus petites entreprises : le détail de la numérotation se limite à deux ou trois chiffres.

- Le système de base est le niveau de référence : il est obligatoire pour toutes les entreprises à l'exception des plus petites. Il reprend les comptes du système abrégé mais avec un degré de détail supérieur (les comptes ont généralement trois ou quatre chiffres).

- Le système développé est le plus détaillé et peut être utilisé de façon facultative par les entreprises qui souhaitent affiner l'analyse de leurs opérations. Le degré de détail des comptes peut atteindre cinq chiffres.

Le seuil d'application du système abrégé est fixé par décret ministériel. Il a été considérablement relevé en 2010 et s'applique désormais aux entreprises qui répondent au moins à deux des critères suivants :

- Chiffre d'affaires inférieur à 2 M€ ;
- Total bilan inférieur à 1 M€ ;
- Nombre de salariés inférieur à 20.

Les adaptations sectorielles

La liste des comptes établie par le plan comptable général convient aussi bien aux entreprises industrielles qu'aux négociants ou aux prestataires de service. Toutefois, certains secteurs d'activité présentent des différences telles qu'ils ont obtenu le droit d'utiliser une liste spécifique, mieux adaptée à leurs besoins. C'est en particulier le cas des banques pour lesquelles la distinction entre résultat financier et résultat d'exploitation n'est pas pertinente (les opérations financières constituent leur métier et relèvent de leur exploitation courante). De la même façon, les restaurateurs ont besoin de suivre leurs achats et leurs ventes de façon très précise (impératif de gestion mais aussi nécessité fiscale en raison des différents régimes de TVA qui les concernent) : là où le plan comptable général prévoit un unique compte pour les prestations de services, le plan comptable hôtelier distingue plus de cinquante comptes différents.

Dans la plupart des cas, ces adaptations ne touchent que les sous-rubriques et ne remettent pas en cause les sept classes de comptes évoquées précédemment.

La présentation des comptes

Les comptes se présentent sous la forme de tableaux dans lesquels les enregistrements comptables sont inscrits en ligne, les uns à la suite des autres dans l'ordre chronologique. Outre les deux colonnes de chiffres présentant les montants enregistrés au débit ou au crédit, on y trouve également toutes les informations nécessaires pour assurer la traçabilité des écritures comptables :

- La date de comptabilisation des sommes enregistrées
- Le numéro attribué à l'écriture et qui permet de retrouver la pièce justificative correspondante
- Éventuellement un libellé donnant plus de détails sur les montants comptabilisés

Le solde du compte est calculé soit au fur et à mesure des enregistrements comptables, soit uniquement à la fin. En règle générale, seuls les enregistrements de l'année en cours sont détaillés : si un solde non nul existait déjà au débit de l'année, il est présenté avant les écritures de l'année sur une ligne portant le nom d'*à nouveau*.

L'entreprise Jolibois utilisée comme exemple dans le chapitre 2 avait emprunté 5 000 € à son banquier. Cet emprunt est une ressource qui a été comptabilisée au crédit d'un compte appartenant à la classe 1 (il s'agit d'un financement à long terme). Par la suite, les remboursements effectués par l'entreprise ont été enregistrés au débit de ce même compte pour venir diminuer son solde. Au 31 décembre, le compte présente les enregistrements suivants.

Chapitre 4 : Le fonctionnement des comptes

Figure 4-3 : Extrait du compte « 164000 – Emprunts bancaires » de l'entreprise Jolibois

Compte 164000. Emprunts auprès d'établissements de crédit						
Date	Réf.	Libellé	Mouvements		Solde	
			Débit	Crédit	Débit	Crédit
12/09/N	BQ102	Emprunt bancaire		5 000,00		5 000,00
12/10/N	BQ197	Mensualité octobre	129,02			4 870,98
12/11/N	BQ265	Mensualité novembre	129,56			4 741,42
12/12/N	BQ392	Mensualité décembre	130,10			4 611,32
31/12/N		Solde de fin de période				4 611,32

La lecture de ce compte nous apporte les informations suivantes :

✓ Au début de l'année, l'entreprise n'était pas endettée.

✓ Durant l'année, elle a emprunté 5 000 € auprès d'une banque.

✓ Par la suite, elle a payé trois mensualités qui ont permis de rembourser partiellement l'emprunt. Nous ne voyons ici que la partie concernant le remboursement des mensualités : les intérêts sont comptabilisés dans un autre compte (charges financières au compte de résultat).

✓ À la fin de l'année, la somme restant due s'élève à 4 611,32 €.

Dans leurs documents de travail, les comptables adoptent volontiers une présentation simplifiée à laquelle ils donnent le nom de compte « en T » en raison de la forme du tableau. Celui-ci ne comporte que deux colonnes : une consacrée aux sommes inscrites au débit du compte et l'autre aux sommes inscrites au crédit. Des annotations peuvent éventuellement être portées à côté des sommes pour indiquer une date ou une référence. Voici ce que donnerait l'extrait de compte précédent avec une présentation « en T » :

Figure 4-4 : Le même compte présenté sous la forme d'un compte « en T »

Compte 164000
Emprunts auprès d'établissements de crédit

Débit			Crédit	
		5 000,00	BQ 102	
BQ197	129,02			
BQ265	129,56			
BQ392	130,10			
	388,68	5 000,00		

Solde créditeur : 4 611,32

Les écritures comptables

Une écriture comptable est la transcription en comptabilité d'une opération réalisée par l'entreprise. Elle comprend plusieurs enregistrements : au minimum un au crédit du compte correspondant à la ressource mobilisée, et un autre au débit de celui correspondant à l'emploi qui en a été fait. L'emploi et la ressource représentant la même opération vue sous deux angles différents, leur montant est toujours identique : de même, le montant enregistré au débit est toujours égal à celui enregistré au crédit. Les enregistrements que nous venons de voir dans le compte « 164000. Emprunts auprès d'établissements de crédit » ne sont qu'une partie des écritures comptables : leurs contreparties ont été enregistrées dans d'autres comptes.

Pour comptabiliser une opération réalisée par l'entreprise, il faut respecter plusieurs étapes :

- Identifier l'emploi et la ressource intervenant dans la transaction
- Reconnaître les rubriques du bilan et du compte de résultat qui seront affectées par l'écriture
- En déduire la classe des comptes à utiliser
- Rechercher les numéros de comptes détaillés dans la liste du PCG
- Inscrire le montant de la transaction au débit du compte correspondant à l'emploi identifié et au crédit de celui correspondant à la ressource

Ce travail est aujourd'hui considérablement facilité par les logiciels comptables qui proposent pour la plupart une saisie guidée. Il suffit d'indiquer que le document à comptabiliser est une facture fournisseur dont on précise le montant hors taxes et TTC, puis le logiciel sélectionne lui-même les comptes correspondant à la dette fournisseur et à la TVA, avant d'y inscrire les bons montants du bon côté. Il ne vous reste plus qu'à choisir le compte destiné à recevoir la charge. Certains logiciels se chargent de l'intégralité de l'écriture à condition de leur préciser si la facture en question est un loyer, un achat de matière première ou des honoraires de consultant. Décidément, on n'arrête pas le progrès !

Les écritures sont présentées dans l'ordre chronologique des opérations réalisées, les unes en dessous des autres, dans un tableau à plusieurs colonnes qui porte le nom de *journal*. Les éléments suivants y sont indiqués :

- Des informations générales sur l'écriture : date de l'opération, référence de la pièce justificative, etc.
- Les numéros et les libellés des comptes concernés par l'opération
- Les sommes inscrites au débit ou au crédit

L'écriture comporte autant de lignes qu'il y a de comptes utilisés.

Prenons comme exemple l'emprunt contracté par l'entreprise Jolibois. Lors du déblocage des fonds, l'entreprise a encaissé 5 000 € : cet encaissement étant le but de l'opération, nous en déduisons qu'il faut débiter un compte de trésorerie (classe 5), en l'occurrence le compte « 512000. Banques ». L'origine de cet encaissement est une dette vis-à-vis du banquier : il s'agit d'un financement à long terme et il faudra créditer un compte de la classe 1, en l'occurrence le compte « 164000. Emprunts auprès d'établissements de crédit ».

Figure 4-5 : Exemple d'écriture comptable : le déblocage d'un emprunt

Numéro de compte		Intitulé	Débit	Crédit
512000		Banque	5 000,00	
	164000	Emprunts auprès d'établissements de crédit		5 000,00
		12/09/N – BQ102 - Déblocage prêt bancaire		

Au bout d'un mois, l'entreprise devra commencer à rembourser cet emprunt. Considérons que le montant de la première mensualité s'élève à 149,85 € et qu'il se décompose en un remboursement de 129,02 € et des intérêts pour 20,83 €. Contrairement à l'opération précédente, le compte de trésorerie sera utilisé au crédit car l'argent est le flux sortant, c'est-à-dire la ressource. Au débit, il faudra utiliser deux comptes différents car le décaissement a deux objectifs :

- D'une part, rembourser la dette préalablement enregistrée dans le compte 164000 : nous utiliserons à nouveau ce compte mais cette fois-ci au débit.
- D'autre part, payer les intérêts : ceux-ci appauvrissent l'entreprise, ils sont définitivement consommés et seront enregistrés au débit d'un compte de charges financières.

Figure 4-6 : Autre exemple : le prélèvement d'une mensualité d'emprunt

Numéro de compte		Intitulé	Débit	Crédit
164000		Emprunts auprès d'établissements de crédit	129,02	
661000		Charges d'intérêts	20,83	
	512000	Banque		149,85
		12/10/N – BQ197 – Mensualité d'emprunt, octobre N		

Dans les deux cas, le total inscrit au débit est égal à celui inscrit au crédit : l'écriture est équilibrée, c'est la base du principe de la partie double. Vous pouvez également remarquer que les sommes inscrites dans le compte 164000 correspondent bien aux enregistrements observés dans l'extrait du compte présenté au paragraphe précédent.

Les comptables ont l'habitude de commencer leurs écritures par les comptes utilisés au débit et de les terminer par ceux utilisés au crédit. Cette façon de procéder n'est absolument pas obligatoire, et les logiciels acceptent tout à fait de commencer la saisie par le crédit. Du moment que les sommes inscrites au débit sont identiques à celles inscrites au crédit, tout va bien ! Nous vous conseillons donc de ne pas compliquer inutilement les choses et de construire vos écritures en suivant l'ordre de votre raisonnement : commencez par le débit si vous avez identifié l'emploi en premier, et par le crédit si vous avez d'abord reconnu la ressource.

Pour une meilleure lisibilité des écritures, l'usage veut que le numéro et le libellé des comptes crédités soient présentés avec un décalage par rapport à ceux des comptes débités. Là encore, ce n'est pas une obligation mais la plupart des logiciels l'appliquent pour leurs éditions.

Des comptes… aux comptes annuels

Les calculs et les différentes opérations de tri et de report nécessaires pour passer des écritures comptables aux comptes annuels sont effectués automatiquement par la plupart des logiciels comptables, mais il nous semble utile de vous les présenter pour « boucler la boucle » et vous donner une vision complète du fonctionnement de la comptabilité. Souvenez-vous : nous avons commencé par vous présenter le bilan et le compte de résultat, puis nous sommes passés aux comptes et aux écritures. Nous allons maintenant suivre le cheminement inverse en partant des écritures pour voir comment elles mènent au bilan et au compte de résultat.

Des écritures au grand-livre

Les écritures comptables sont enregistrées dans le journal les unes à la suite des autres dans l'ordre chronologique. Un même compte peut intervenir dans plusieurs écritures et les mouvements le concernant sont éparpillés tout au long du journal. C'est en particulier le cas des comptes de trésorerie, de créances clients et de dettes fournisseurs qui sont utilisés dans plus d'une écriture sur deux, tant au débit qu'au crédit. Difficile dans ces conditions de calculer un solde !

Chapitre 4 : Le fonctionnement des comptes

La première étape des traitements informatisés consiste à trier les enregistrements comptables par numéro de compte. Les lignes du journal sont reportées dans un document appelé *grand-livre* où elles sont séparées et classées par numéro de compte. Pour chaque compte, les mouvements comptabilisés au débit et au crédit sont ainsi regroupés et il devient alors possible d'en calculer le solde.

Nous vous présentons ci-dessous un extrait du grand-livre de l'entreprise Jolibois. Seuls les premiers comptes ont été édités et vous y trouverez dans l'ordre numérique :

- Le compte « 101000. Capital » dans lequel a été enregistré l'apport initial des associés
- Le compte « 164000. Emprunts auprès d'établissements de crédit » que nous avons déjà utilisé comme exemple au début de ce chapitre
- Le compte « 215000. Installations techniques, matériels et outillages » dans lequel sont enregistrés les investissements industriels de l'entreprise

Cette édition se poursuivrait par les autres comptes d'immobilisations, puis par les comptes de stocks et ainsi de suite jusqu'aux comptes de produits.

Date	Réf.	Libellé	Mouvements		Solde	
			Débit	Crédit	Débit	Crédit
Compte 101000. Capital social						
02/09/N	BQ001	Constitution société		10 000,00		10 000,00
31/12/N		Solde de fin de période				10 000,00
Compte 164000. Emprunts auprès d'établissements de crédit						
12/09/N	BQ102	Emprunt bancaire		5 000,00		5 000,00
12/10/N	BQ197	Mensualité octobre	129,02			4 870,98
12/11/N	BQ265	Mensualité novembre	129,56			4 741,42
12/12/N	BQ392	Mensualité décembre	130,10			4 611,32
31/12/N		Solde de fin de période				4 611,32
Compte 215000. Installations techniques, matériel et outillage						
07/10/N	AC022	Achat matériel	2 500,00		2 500,00	
20/10/N	AC134	Achat matériel	735,00		3 235,00	
31/12/N		**Solde de fin de période**			**3 235,00**	

Figure 4-7 : Extrait du grand-livre de l'entreprise Jolibois

Lorsque l'activité de l'entreprise n'est pas trop importante, il est possible d'éditer l'intégralité du grand-livre mais, le plus souvent, le comptable n'en imprime qu'un extrait limité aux quelques comptes dont il souhaite connaître le détail. Par exemple, un inspecteur des impôts pourra souhaiter vérifier le caractère déductible des charges exceptionnelles et demandera une édition des comptes correspondants pour en connaître le contenu et remonter ensuite aux pièces justificatives.

Du grand-livre à la balance

Les soldes calculés sur le grand-livre sont reportés sur un document appelé balance, toujours classés dans l'ordre des numéros de compte. Les soldes débiteurs sont présentés dans une colonne distincte des soldes créditeurs et un total est calculé en bas de chaque colonne.

Dans la mesure où toutes les écritures comptabilisées sont équilibrées et qu'elles ont toutes été reprises exhaustivement dans les soldes calculés, la balance doit également être équilibrée : le total des soldes débiteurs est égal au total des soldes créditeurs. Cette égalité n'allait pas de soi avant l'apparition des logiciels comptables : des erreurs de saisie, de report ou de calcul étaient possibles et l'élaboration de la balance permettait de les détecter. Aujourd'hui, l'usage de l'informatique a permis de supprimer les risques d'erreurs car les logiciels refusent de valider des écritures déséquilibrées et tout le travail de tri, de report et de calcul des soldes est fait par l'ordinateur. L'intérêt principal de la balance réside dans son caractère synthétique : alors que le grand-livre représente souvent une édition de plusieurs centaines de pages, la balance tient sur une ou deux pages au maximum.

Nous vous présentons ci-dessous la balance de l'entreprise Jolibois. Elle correspond au grand-livre du paragraphe précédent et vous pourrez vérifier que les soldes des comptes 101000, 164000 et 215000 y sont identiques.

Chapitre 4 : Le fonctionnement des comptes

Compte		Solde	
Numéro	**Intitulé**	**Débit**	**Crédit**
101000	Capital		10 000,00
164000	Emprunts auprès d'établissements de crédit		4 611,32
215000	Installations techniques, matériel et outillage	3 235,00	
218300	Matériel de bureau et informatique	1 000,00	
275000	Dépôts et cautionnements versés	2 000,00	
281500	Amortissement du matériel technique		215,67
281830	Amortissement du matériel informatique		111,11
370000	Stocks de marchandises	8 643,00	
401000	Dettes fournisseurs		2 539,55
411000	Créances clients	12 960,00	
430000	Sécurité sociale et autres organismes sociaux		945,00
445000	Etat et autres collectivités publiques		1 515,00
512000	Banques	3 671,00	
530000	Caisse	298,00	
603700	Variation de stocks de marchandises		8 643,00
607000	Achats de marchandises	27 490,00	
613000	Locations	4 219,00	
616000	Primes d'assurance	367,50	
622000	Honoraires	1 562,00	
623000	Publicité	750,00	
630000	Impôts et taxes	976,00	
641000	Rémunération du personnel	4 410,12	
645000	Charges de sécurité sociale	1 764,05	
661000	Charges d'intérêts	60,88	
681000	Dotation aux amortissements	326,78	
707000	Ventes de marchandises		45 152,68
		73 733,33	**73 733,33**

Figure 4-8 : La balance de l'entreprise Jolibois au 31/12/N

De la balance aux comptes annuels

Enfin, les soldes de la balance sont regroupés pour former les rubriques du bilan et du compte de résultat. Nous n'évoquerons pour l'instant que les grandes lignes de ces regroupements qui seront étudiés de façon plus détaillée dans le chapitre 17.

Les soldes des comptes des classes 6 et 7 forment les rubriques du compte de résultat : charges pour les comptes de la classe 6, et produits pour ceux de la classe 7. Le résultat de l'exercice est calculé par différence entre le total des produits et celui des charges.

Les comptes des classes 1 à 5 sont, quant à eux, regroupés au bilan : les soldes débiteurs vont à l'actif et les soldes créditeurs au passif. Le résultat calculé au compte de résultat est reporté au passif parmi les capitaux propres. Il permet d'équilibrer le bilan car, la balance étant globalement équilibrée, l'écart observé entre les soldes débiteurs et créditeurs des comptes de classe 6 et 7 est le même que celui observé entre ceux des comptes des classes 1 à 5.

Par exemple, à la fin de l'année, le bilan et le compte de résultat de l'entreprise Jolibois, établis à partir de la balance du paragraphe précédent, seront les suivants (les montants sont arrondis à l'euro le plus proche) :

Bilan au 31/12/N

	Valeur brute	Amortis. et provisions	Valeur nette		Valeur nette
Immobilisations incorporelles	0		0	Capital	10 000
Immobilisations corporelles	4 235	327	3 908	Réserves	0
Immobilisations financières	2 000		2 000	Résultat	11 869
Actif immobilisé	**6 235**	**327**	**5 908**	**Capitaux propres**	**21 869**
Stocks	8 643		8 643	Dettes financières	4 611
Créances	12 960		12 960	Dettes fournisseurs	2 540
Trésorerie	3 969		3 969	Dettes fiscales et sociales	2 460
Actif circulant	**25 572**	**0**	**25 572**	**Dettes**	**9 611**
Total actif	**31 807**	**327**	**31 480**	**Total passif**	**31 480**

Figure 4-9 : Le bilan et le compte de résultat de l'entreprise Jolibois au 31/12/N

Compte de résultat de l'année N

Coût des marchandises vendues	18 847	Ventes de marchandises	45 153
Coût des matières consommées	0		
Coût des services consommés	6 899	Ventes de produits finis	0
Impôts et taxes	976		
Frais de personnel	6 174	Ventes de services	0
Dotation aux amortissements	327		
Charges d'exploitation	**33 223**	**Produits d'exploitation**	**45 153**
Charges financières	**61**	**Produits financiers**	**0**
Charges exceptionnelles	**0**	**Produits exceptionnels**	**0**
Total charges	**33 284**	**Total produits**	**45 153**
Bénéfice	**11 869**	**Perte**	
Total	**45 153**	**Total**	**45 153**

Figure 4-9 (suite) : Le bilan et le compte de résultat de l'entreprise Jolibois au 31/12/N

Les comptes d'amortissement font exception à la règle énoncée précédemment : bien que créditeurs, ils ne figurent pas au passif, mais à l'actif dont ils diminuent la valeur brute. L'équilibre global n'est toutefois pas affecté.

Et l'année suivante ?

Les comptes du bilan présentent la valeur des éléments du patrimoine de l'entreprise. Ils fonctionnent en cumul et sont reportés tels quels à l'ouverture de l'exercice suivant : les machines possédées par l'entreprise ne disparaissent pas le dernier jour de l'année au douzième coup de minuit comme le carrosse de Cendrillon ! Pour les comptes des classes 1 à 5, le solde de début d'année est donc identique à celui de la fin de l'année précédente.

En revanche, les comptes du compte de résultat sont spécifiques à un exercice comptable et sont remis à zéro avant de démarrer une nouvelle année. Afin de conserver l'équilibre de la balance, les soldes des comptes de classe 6 et 7 ne disparaissent pas totalement mais sont transférés dans un compte « 12. Résultat de l'exercice » qui figure au passif parmi les capitaux propres.

Ainsi, la balance de l'entreprise Jolibois se présente comme suit au début de l'année N +1. Les comptes de bilan n'ont pas changé, à l'exception du compte 120000 qui est apparu, alors que les comptes du compte de résultat ont disparu :

Figure 4-10: La balance de l'entreprise Jolibois au 01/01/N +1

Compte		Solde	
Numéro	Intitulé	Débit	Crédit
101000	Capital		10 000,00
120000	Résultat		11 869,35
164000	Emprunts auprès d'établissements de crédit		4 611,32
215000	Installations techniques, matériel et outillage	3 235,00	
218300	Matériel de bureau et informatique	1 000,00	
275000	Dépôts et cautionnements versés	2 000,00	
281500	Amortissement du matériel technique		215,67
281830	Amortissement du matériel informatique		111,11
370000	Stocks de marchandises	8 643,00	
401000	Dettes fournisseurs		2 539,55
411000	Créances clients	12 960,00	
430000	Sécurité sociale et autres organismes sociaux		945,00
445000	Etat et autres collectivités publiques		1 515,00
512000	Banques	3 671,00	
530000	Caisse	298,00	
		31 807,00	**31 807,00**

Quizz

Testez vos connaissances !

1. **Le principe de la « partie double » date :**
   - De la fin du Moyen Âge. ☐
   - De la Révolution Française. ☐
   - Du XIXe siècle. ☐
   - Du XXe siècle. ☐

2. **Parmi les affirmations suivantes, cochez celles qui sont vraies (plusieurs bonnes réponses possibles) :**
   - La comptabilité permet d'évaluer le patrimoine de l'entreprise et de mesurer le résultat de son activité. ☐
   - À l'extérieur de l'entreprise, la comptabilité est un instrument d'information. ☐
   - À l'intérieur de l'entreprise, la comptabilité est un outil de gestion. ☐
   - La comptabilité est un moyen de preuve. ☐
   - La comptabilité est un moyen de calcul de l'assiette (la base) des différents impôts. ☐

3. **Le recours à un expert-comptable est obligatoire pour établir les comptes annuels :**
   - Vrai. ☐
   - Faux. ☐

4. **Une entreprise française de petite taille doit respecter (plusieurs bonnes réponses possibles) :**
   - Le code de commerce. ☐
   - Le plan comptable général. ☐
   - Les normes internationales « IFRS ». ☐

5. **Le bilan (plusieurs bonnes réponses possibles) :**
   - Est un document obligatoire. ☐
   - Est le reflet de la situation patrimoniale de l'entreprise à une date donnée. ☐
   - Est le reflet de l'activité de l'entreprise depuis sa création. ☐
   - Est le reflet de l'activité de l'entreprise durant l'année écoulée. ☐
   - Fait apparaître le résultat de l'exercice. ☐
   - Explique la formation du résultat de l'exercice. ☐

6. **Rattachez les éléments suivants au document comptable concerné :**

	Bilan	Compte de résultat
Période	☐	☐
Actif	☐	☐
Produits	☐	☐
Activité	☐	☐
Date	☐	☐
Charges	☐	☐
Passif	☐	☐
Patrimoine	☐	☐

7. **Le résultat calculé dans le compte de résultat est identique à celui figurant au bilan :**
   Vrai. ☐
   Faux. ☐

8. **L'exercice comptable se termine obligatoirement le 31 décembre :**
   Vrai. ☐
   Faux. ☐

9. **Indiquez si les rubriques suivantes figurent au bilan ou au compte de résultat :**

	Bilan	Compte de résultat
Ventes de marchandises	☐	☐
Stocks de marchandises	☐	☐
Variation de stocks	☐	☐
Créance sur un client	☐	☐
Frais de personnel	☐	☐
Dettes vis-à-vis des salariés	☐	☐
Trésorerie	☐	☐
Matériel industriel	☐	☐
Emprunt auprès d'une banque	☐	☐
Intérêts payés sur un emprunt	☐	☐
Loyers versés	☐	☐

10. **Un même type de biens sera toujours présenté de la même façon dans les comptes d'une entreprise, quelle que soit la nature de son activité (par exemple : matériel informatique en immobilisation) :**
    Vrai. ☐
    Faux. ☐

11. **Parmi les affirmations suivantes, cochez celles qui sont vraies (plusieurs bonnes réponses possibles) :**
    Tout enregistrement comptable a une influence sur le résultat de l'exercice. ☐
    Chaque opération comptable affecte au moins deux rubriques différentes des comptes annuels. ☐
    Seules les opérations pour lesquelles le montant de l'emploi est différent de celui de la ressource ont un impact sur le résultat de l'exercice. ☐
    Toute opération comptable a une influence sur le patrimoine de l'entreprise. ☐

12. **Un entrepreneur démarre son activité professionnelle en déposant un chèque de 10 000 € sur le compte bancaire de son entreprise (plusieurs bonnes réponses possibles) :**
    La trésorerie (compte bancaire) est l'emploi. ☐
    La trésorerie (compte bancaire) est la ressource. ☐
    Le capital est l'emploi. ☐
    Le capital est la ressource. ☐

13. **Parmi les opérations suivantes, cochez celles qui ont un impact direct et immédiat sur le résultat comptable :**
    Achat d'un véhicule de livraison. ☐
    Achat de carburant pour le véhicule. ☐
    Achat de revues professionnelles. ☐
    Dépôt sur le compte bancaire d'espèces qui se trouvaient précédemment dans la caisse. ☐
    Ventes de marchandises au comptant. ☐

Ventes de marchandises à crédit. ☐
Règlement d'un fournisseur l'échéance de sa facture (déjà comptabilisée auparavant). ☐
Achat de titres de placement. ☐

14. **Une charge (plusieurs bonnes réponses possibles) :**
    Appauvrit le patrimoine. ☐
    Enrichit le patrimoine. ☐
    Peut entraîner une augmentation de l'actif. ☐
    Peut entraîner une diminution de l'actif. ☐
    Peut entraîner une augmentation du passif. ☐
    Peut entraîner une diminution du passif. ☐

15. **Quel côté du compte utilise-t-on :**
    lorsqu'il correspond à l'emploi (flux entrant) de l'opération ?
    Débit. ☐
    Crédit. ☐
    lorsqu'il correspond à la ressource (flux sortant) de l'opération ?
    Débit. ☐
    Crédit. ☐

16. **Quel côté du compte utilise-t-on :**

	Débit	Crédit
pour faire augmenter un élément de l'actif ?	☐	☐
pour faire diminuer un élément de l'actif ?	☐	☐
pour faire augmenter un élément du passif ?	☐	☐
pour faire diminuer un élément du passif ?	☐	☐
pour faire apparaître une charge ?	☐	☐
pour faire apparaître un produit ?	☐	☐

17. **Dans quel compte enregistreriez-vous :**
    l'achat d'un véhicule destiné à assurer les livraisons ?
    ....
    l'achat d'un véhicule destiné à la revente (concessionnaire automobile) ?
    ....
    la vente d'un sac de farine par un meunier ?
    ....
    la vente d'un sachet de farine par un supermarché ?
    ....

18. **Quand une entreprise achète des marchandises à crédit (plusieurs bonnes réponses possibles) :**
    Le compte « 401. Fournisseurs » est débité. ☐
    Le compte « 401. Fournisseurs » est crédité. ☐
    Le compte « 512. Banques » est crédité. ☐
    Le compte « 607. Achats de marchandises » est débité. ☐
    Le compte « 37. Stocks de marchandises » est débité. ☐

19. **Parmi ces affirmations, cochez celles qui vous semblent vraies (plusieurs bonnes réponses possibles) :**
    Le solde créditeur du compte « 512. Banques » correspond à un découvert bancaire. ☐
    Le compte «164. Emprunts» est crédité lorsque l'entreprise obtient un prêt et débité lorsqu'elle le rembourse. ☐
    Le compte «401. Fournisseurs» est crédité lorsque l'entreprise reçoit une facture et débité lorsqu'elle émet un règlement. ☐

Première partie : Le b.-a.-ba de la comptabilité

Le compte «411. Clients» est crédité lorsque l'entreprise émet une facture et débité lorsqu'elle reçoit un règlement. ☐

Le compte « 53. Caisse » peut avoir un solde créditeur. ☐

20. **Solder un compte consiste :**
    À annuler le solde d'un compte. ☐
    À arrêter un compte. ☐
    À contrôler un compte. ☐

Vérifiez vos réponses !

1. **Le principe de la « partie double » date de la fin du Moyen Âge.**
   Le principe de la partie double a été décrit par un moine franciscain dans un ouvrage datant de 1494 mais il était déjà utilisé auparavant de façon empirique. Contrairement à la comptabilité en partie simple, la comptabilité en partie double permet de suivre tous les éléments du patrimoine d'une l'entreprise et pas uniquement sa trésorerie : très utile à une époque où le développement du crédit avait entraîné celui des créances et des dettes.

2. **Toutes les affirmations sont vraies !**
   Et oui, c'est dire si la comptabilité est utile ! Elle permet par exemple :
   - au banquier de se faire une opinion sur la solidité d'une entreprise avant de lui accorder un prêt (instrument d'information),
   - au responsable du service commercial de savoir quels clients relancer en cas de dépassement de la date d'échéance (outil de gestion),
   - de prouver l'existence d'une créance en cas de litige (moyen de preuve),
   - de déterminer le montant du résultat servant de base au calcul de l'impôt sur les bénéfices.

3. **Faux. Le recours à un expert-comptable n'est pas obligatoire pour établir les comptes annuels.**
   Il n'existe aucune obligation légale de faire appel à un expert-comptable. Toutefois, la présence de son visa est un gage de fiabilité qui sera parfois demandé par le banquier auprès de qui on sollicite un prêt.

4. **Une entreprise française de petite taille doit respecter :**
   ✔ **Le code de commerce.**
   ✔ **Le plan comptable général.**
   Les normes internationales ne concernent que les entreprises cotées en bourse (et indirectement leurs filiales).

5. **Le bilan :**
   ✔ **Est un document obligatoire.**
   ✔ **Est le reflet de la situation patrimoniale de l'entreprise à une date donnée.**
   ✔ **Fait apparaître le résultat de l'exercice.**

Le bilan reflète la situation patrimoniale de l'entreprise : il recense les biens qu'elle possède (à l'actif) et ses dettes (au passif). Le résultat de l'exercice apparaît au passif parmi les capitaux propres mais aucune information n'est fournie quant à son origine : il faut aller consulter le compte de résultat pour en savoir plus.

6. **Rattachez les éléments suivants au document comptable concerné :**

	Bilan	Compte de résultat
Période		☑
Actif	☑	
Produits		☑
Activité		☑
Date	☑	
Charges		☑
Passif	☑	
Patrimoine	☑	

Le bilan est un tableau qui présente le patrimoine d'une entreprise à la date de clôture des comptes. Il est composé de deux colonnes : à gauche l'actif, et à droite le passif.

Le compte de résultat est un tableau qui présente l'activité d'une entreprise sur une période donnée (l'exercice comptable). Il est composé de deux colonnes : à gauche les charges, et à droite les produits.

7. **Vrai. Le résultat calculé dans le compte de résultat est identique à celui figurant au bilan.**

8. **Faux. L'exercice comptable ne se termine pas obligatoirement le 31 décembre.**
Les entreprises sont libres de choisir leur date de clôture en fonction de leur saisonnalité. La seule obligation sera par la suite de clôturer les comptes tous les ans à la même date.

9. **Indiquez si les rubriques suivantes figurent au bilan ou au compte de résultat :**

	Bilan	Compte de résultat
Ventes de marchandises (produits d'exploitation)		☑
Stocks de marchandises (actif circulant)	☑	
Variation de stocks de marchandises (charges d'exploitation)		☑
Créance sur un client (actif circulant)	☑	
Frais de personnel (charges d'exploitation)		☑
Dettes vis-à-vis des salariés (passif, dettes fiscales et sociales)	☑	
Trésorerie (actif circulant)	☑	
Matériel industriel (actif immobilisé)	☑	
Emprunt auprès d'une banque (passif, dettes financières)	☑	
Intérêts payés sur un emprunt (charges financières)		☑
Loyers versés (charges d'exploitation)		☑

10. **Faux. Un même type de biens ne sera pas toujours présenté de la même façon dans les comptes d'une entreprise.**

   Le classement comptable d'un bien dépend de ce que l'entreprise en fait. Ainsi, un ordinateur figurera parmi les immobilisations d'une entreprise industrielle mais il sera considéré comme du stock pour un magasin de matériel informatique.

11. **Parmi les affirmations suivantes, cochez celles qui vous semblent vraies :**
    - ✓ **Chaque opération comptable affecte au moins deux rubriques différentes des comptes annuels.**
    - ✓ **Toute opération comptable a une influence sur le patrimoine de l'entreprise.**

   Le principe de la partie double implique le double enregistrement de chaque opération réalisée : une fois pour indiquer la ressource utilisée, et une autre fois pour indiquer l'usage qui en a été fait. C'est pourquoi il y aura toujours au minimum deux rubriques des comptes annuels impactées.

   Seules les opérations affectant une rubrique du compte de résultat ont un impact sur le résultat de l'exercice : celles qui ne touchent que des rubriques du bilan sont sans effet sur le bénéfice (par exemple l'encaissement d'une vieille créance). En revanche, dans tous les cas, le montant de l'emploi doit être rigoureusement identique à celui de la ressource.

12. **Un entrepreneur démarre son activité professionnelle en déposant un chèque de 10 000 € sur le compte bancaire de son entreprise :**
    - ✓ **La trésorerie (compte bancaire) est l'emploi.**
    - ✓ **Le capital est la ressource.**

   Dans cette opération, le flux entrant est l'argent déposé sur le compte bancaire de l'entreprise : il s'agit de l'emploi. Son origine est l'apport en capital réalisé par l'entrepreneur : il s'agit de la ressource.

13. **Les opérations qui ont un impact direct et immédiat sur le résultat comptable sont :**
    - ✓ **L'achat de carburant pour le véhicule.**
    - ✓ **L'achat de revues professionnelles.**
    - ✓ **Les ventes de marchandises au comptant.**
    - ✓ **Les ventes de marchandises à crédit.**

   Comme vu à la question 11, seules les opérations affectant des rubriques du compte de résultat ont un impact sur le résultat comptable. Ici, le carburant et les revues professionnelles sont des charges (biens destinés à une consommation rapide ou immédiate) et viennent diminuer le résultat comptable. Les ventes, quant à elles, sont des produits et augmentent le résultat, même si elles n'ont pas encore été encaissées.

   Les autres opérations n'ont d'incidence que sur des rubriques du bilan et n'affectent pas le résultat comptable au moment de leur réalisation. Notons toutefois que certaines d'entre elles pourront avoir un impact par la suite : amortissement du véhicule ou revenus générés par le placement financier.

14. **Une charge :**
   ☑ **Appauvrit le patrimoine.**
   ☑ **Peut entraîner une diminution de l'actif.**
   ☑ **Peut entraîner une augmentation du passif.**

   Les charges correspondent à des achats destinés à une consommation immédiate ou rapide : matières premières, loyers, frais de transport ou de publicité, frais de personnel, etc. Ces achats entrainent systématiquement une diminution du patrimoine net d'une entreprise, donc un appauvrissement, même s'ils sont réalisés dans l'espoir de s'enrichir par la suite.

   Leur contrepartie au bilan peut être soit l'apparition d'une dette au passif (achat à crédit), soit la diminution de la trésorerie à l'actif (achat au comptant).

15. **On utilise :**
   Le débit lorsqu'il correspond à l'emploi (flux entrant) de l'opération.
   Le crédit lorsqu'il correspond à la ressource (flux sortant) de l'opération.

   Par exemple, lors de l'obtention d'un prêt bancaire, l'agent entrant sur le compte bancaire est l'emploi (le flux entrant) et l'emprunt la ressource (le moyen ayant permis d'obtenir l'argent) : le compte « 512. Banque » sera débité et le compte « 164. Emprunts » crédité.

16. **Quel côté du compte utilise-t-on :**

	Débit	Crédit
pour faire augmenter un élément de l'actif ?	☑	
pour faire diminuer un élément de l'actif ?		☑
pour faire augmenter un élément du passif ?		☑
pour faire diminuer un élément du passif ?	☑	
pour faire apparaître une charge ?	☑	
pour faire apparaître un produit ?		☑

   Retenez la règle suivante, très utile pour construire vos enregistrements comptables :
   - les montants qui se trouvent du même côté s'additionnent,
   - alors que les montants qui se trouvent du côté opposé se soustraient.

   L'actif et les charges se situent à gauche, respectivement du bilan et du compte de résultat : ils augmentent lorsqu'ils sont utilisés au débit (colonne de gauche du compte) et diminuent lorsqu'ils sont utilisés au crédit (colonne de droite du compte). Inversement, le passif et les produits se situent à droite, respectivement du bilan et du compte de résultat : ils augmentent lorsqu'ils sont utilisés au crédit et diminuent lorsqu'ils sont utilisés au débit.

17. **On enregistrera ainsi :**
   - l'achat d'un véhicule destiné à assurer les livraisons dans **le compte « 2182. Matériel de transport »**.

   Il s'agit d'un bien destiné à être utilisé durablement, donc d'une immobilisation.

   - l'achat d'un véhicule destiné à la revente (concessionnaire automobile) dans **le compte « 607. Achats de marchandises »**.

Il s'agit d'un bien destiné à être utilisé ou revendu rapidement, donc d'une charge.
- la vente d'un sac de farine par un meunier dans **le compte « 701. Ventes de produits finis »**.

Il s'agit d'un bien fabriqué par l'entreprise, donc d'un produit fini.
- la vente d'un sachet de farine par un supermarché dans **le compte « 707. Ventes de marchandises »**.

Il s'agit d'un bien revendu en l'état, sans transformation, donc d'une marchandise.

18. **Une entreprise achète des marchandises à crédit :**
    ✔ **Le compte « 401. Fournisseurs » est crédité**
    ✔ **Le compte « 607. Achats de marchandises » est débité**

    Les marchandises acquises constituent le flux entrant (l'emploi) donc le compte à débiter. S'agissant d'un bien destiné à être utilisé ou revendu rapidement, nous utiliserons un compte de charges. Rappelons que les comptes de stocks ne sont utilisés qu'à la clôture lors de l'inventaire.

    Il n'y a pas de sortie d'argent en contrepartie, mais l'apparition d'une dette envers le fournisseur. C'est pourquoi nous utiliserons le compte « 401. Fournisseurs » au crédit.

19. **Parmi ces affirmations, cochez celles qui vous semblent vraies :**
    ✔ **Le solde créditeur du compte « 512. Banques » correspond à un découvert bancaire**
    ✔ **Le compte «164. Emprunts » est crédité lorsque l'entreprise obtient un prêt et débité lorsqu'elle le rembourse**
    ✔ **Le compte «401. Fournisseurs » est crédité lorsque l'entreprise reçoit une facture et débité lorsqu'elle émet un règlement**

    Comme vu à la question 16, les comptes d'actif augmentent lorsqu'ils sont débités et diminuent lorsqu'ils sont crédités.

    Il en résulte :
    - Que le compte « 411. Client » doit être débité lors de l'émission d'une facture et crédité lors de la réception du règlement.
    - Que le compte « 53. Caisse » est débité lorsque de l'argent entre dans la caisse et crédité lorsqu'il en sort. Ce compte ne peut pas être créditeur dans la mesure où il n'est pas possible de sortir de la caisse plus d'argent qu'il n'en est rentré (note de l'auteur : si vous y arrivez, n'hésitez pas à me contacter !).
    - Que le compte « 512. Banque » est débité lorsque de l'argent entre sur le compte et crédité lorsqu'il en sort. Contrairement à la caisse, il est possible de sortir plus d'argent qu'il n'en est rentré : il suffit que votre banquier vous accorde une autorisation de découvert.

    De façon symétrique les comptes de passif augmentent lorsqu'ils sont crédités et diminuent lorsqu'ils sont débités : le fonctionnement décrit pour les comptes « 164. Emprunts » et « 401. Fournisseurs » est correct.

20. **Solder un compte consiste à annuler le solde d'un compte.**
    Le solde d'un compte correspond à la différence entre le total des montants inscrits à son débit et celui des montants inscrits à son crédit : pour le remettre à zéro, il suffit d'égaliser les deux colonnes. Par exemple, un compte présentant un solde débiteur de 400 € sera soldé en enregistrant 400 € à son crédit.

Deuxième partie
La mise en place d'une comptabilité

Dans cette partie...

Nous vous guiderons pas à pas dans la mise en place de votre comptabilité, en vous indiquant précisément quelles sont vos obligations en la matière, et en vous éclairant sur les différentes possibilités qui s'offrent à vous.

Nous commencerons par brosser un panorama des différents régimes comptables et fiscaux existants puis, en fonction de votre régime, nous vous expliquerons quelles sont vos obligations comptables : nature des opérations que vous devez comptabiliser, documents comptables obligatoires, degré de détail à adopter pour votre bilan et votre compte de résultat, etc.

Vous aurez en particulier à déterminer si vous pouvez vous contenter de tenir une *comptabilité de trésorerie* qui ne prend en compte que vos mouvements de fonds (encaissements et décaissements), ou si vous devez mettre en place une *comptabilité d'engagement* qui enregistre toutes vos opérations, même celles qui n'ont pas d'impact immédiat sur votre trésorerie (achats et ventes à crédit par exemple).

Un chapitre entier sera ensuite consacré à chacun de ces différents types de comptabilité, qui vous accompagnera concrètement dans l'organisation de votre système d'information comptable : création de vos livres de comptes, organisation de votre classement, choix et paramétrage d'un éventuel logiciel, etc.

Chapitre 5

Quelle comptabilité mettre en place ?

Dans ce chapitre :
- Les différents régimes fiscaux
- Vos obligations comptables détaillées
- Choisir entre une comptabilité de trésorerie et une comptabilité d'engagement
- Quelques conseils de classement
- Quelles tâches confier à votre expert-comptable ?

Régime du réel ou de la microentreprise ? Système abrégé, développé ou de base ? Comptabilité de trésorerie ou d'engagement ? Les règles en matière de comptabilité et de fiscalité sont complexes, et il est difficile de s'y retrouver sans l'aide d'un professionnel. Elles sont, de plus, étroitement liées entre elles sans pour autant être rigoureusement identiques, ce qui ajoute à la confusion.

En fait, vos obligations comptables dépendent de plusieurs éléments parmi lesquels :

- Votre forme juridique : société ou entreprise individuelle
- Votre régime fiscal
- La nature de votre activité : ventes de biens ou prestations de services
- La taille de votre entreprise
- Votre secteur d'activité
- Etc.

Dans ce chapitre, nous allons tenter de démêler l'écheveau des textes législatifs et des termes techniques pour vous permettre de déterminer précisément quelles sont vos obligations en matière de tenue de comptabilité et d'élaboration des comptes annuels. Nous vous donnerons en particulier les informations nécessaires pour choisir entre la mise en place d'une simple comptabilité de trésorerie ou d'une véritable comptabilité d'engagement. Une fois ce choix réalisé, les chapitres suivants vous guideront pas à pas dans la mise en place de votre comptabilité.

Les différents régimes fiscaux

Les obligations comptables des entreprises dépendent en grande partie de leur régime fiscal, aussi allons-nous commencer ce chapitre par quelques notions de fiscalité. Nous ne chercherons pas à mener une étude approfondie et exhaustive des règles fiscales car celle-ci serait trop longue et sortirait du cadre de cet ouvrage. Nous nous contenterons de balayer rapidement les différents régimes fiscaux applicables aux entreprises, afin de vous donner les bases nécessaires pour vous y retrouver, et de faire le lien avec les régimes comptables que nous évoquerons par la suite.

Les règles fiscales sont extrêmement complexes et changent fréquemment : il peut exister des exceptions aux règles générales que nous allons énoncer ci-après et les seuils d'imposition en vigueur à ce jour seront certainement réévalués d'ici peu. C'est pourquoi nous vous conseillons vivement de prendre contact avec un expert-comptable pour étudier en détail votre situation fiscale.

Les chèques conseils préfinancés qui permettaient aux créateurs d'entreprise de bénéficier d'heures de conseil subventionnées par l'État ont disparu en 2009 mais les entrepreneurs ne sont pas pour autant livrés à eux-mêmes : les prestations de conseil sont désormais intégrées au dispositif NACRE (Nouvel accompagnement pour la création et la reprise d'entreprise). Les bénéficiaires restent les mêmes, à savoir principalement :

- les demandeurs d'emploi,
- les bénéficiaires de minima sociaux (RSA, ASS …),
- les salariés repreneurs de leur entreprise.

Imposition sur le revenu et imposition sur les sociétés

Selon la structure juridique que vous aurez choisie, les bénéfices de votre entreprise seront soumis à l'impôt sur le revenu ou à l'impôt sur les sociétés. Le tableau ci-dessous récapitule les différents régimes applicables en fonction de votre forme juridique.

Chapitre 5 : Quelle comptabilité mettre en place ?

Tableau 5-1 : Le régime d'imposition des différentes formes de sociétés

Forme juridique	Régime fiscal
Entreprises individuelles	Obligatoirement soumises à l'impôt sur le revenu
EURL, EIRL, SNC, sociétés en participation	Soumises de plein droit à l'impôt sur le revenu mais possibilité d'opter volontairement pour l'impôt sur les sociétés
SARL familiales (constituées entre parents, grands-parents, enfants, petits-enfants, frères et sœurs et leurs conjoints)	Soumises de plein droit à l'impôt sur les sociétés mais possibilité d'opter volontairement pour l'impôt sur le revenu
SARL autres que familiales, SA, SAS, SCA, sociétés civiles exerçant une activité industrielle ou commerciale, sociétés d'exercice libéral (SELARL, SELAFA…)	Obligatoirement soumises à l'impôt sur les sociétés

Lorsqu'une entreprise est soumise à l'impôt sur le revenu, on dit qu'elle est *transparente* au niveau fiscal. Cela signifie qu'elle n'est pas imposée en tant que personne distincte : ses bénéfices sont portés directement sur la déclaration de revenus du chef d'entreprise (ou des associés pour la quote-part des bénéfices qui leur revient). La rémunération de l'entrepreneur n'est pas déductible du bénéfice imposable, mais elle ne sera pas non plus imposée au titre de l'impôt sur le revenu.

Une entreprise réalise un bénéfice imposable de 60 000 € avant déduction d'une rémunération de l'exploitant de 40 000 € (par simplification, nous ne tiendrons pas compte des cotisations sociales). Dans le cas où elle est soumise à l'impôt sur le revenu, elle ne paiera pas d'impôt elle-même mais l'entrepreneur sera imposé sur un bénéfice de 60 000 € au titre de son impôt sur le revenu.

Inversement, le bénéfice d'une entreprise soumise à l'impôt sur les sociétés est imposé distinctement de la rémunération de ses dirigeants :

- L'exploitant est imposé à l'impôt sur le revenu sur la base des rémunérations effectivement perçues.
- L'entreprise est imposée à l'impôt sur les sociétés sur la base de son bénéfice, net de la rémunération versée aux dirigeants.

Dans le cas où l'entreprise précédemment étudiée est soumise à l'impôt sur les sociétés, son dirigeant sera imposé sur une base de 40 000 € au titre de son impôt sur le revenu. L'entreprise sera, quant à elle, imposée au titre de l'impôt sur les sociétés sur un bénéfice taxable de 20 000 € (bénéfice de 60 000 € diminué de la rémunération du dirigeant).

Le taux de l'impôt sur le revenu est progressif (de 0 à 45 %) et tient compte de la situation familiale du contribuable (nombre d'enfants à charge, revenus du conjoint, etc.) alors que celui de l'impôt sur les sociétés est fixe (33,33 %, ramené à 15 % sous certaines conditions pour les PME). La comparaison entre le coût de ces deux impôts est extrêmement complexe : elle dépend du cas particulier de chaque entreprise et de la situation personnelle de chaque entrepreneur. Nous vous conseillons de faire appel à un expert-comptable pour réaliser une simulation tenant compte de vos données personnelles afin de déterminer quel régime est le plus avantageux pour vous.

BIC, BNC et bénéfices agricoles

Si votre entreprise est soumise à l'impôt sur le revenu, vous devrez encore déterminer dans quelle rubrique son bénéfice sera imposé. Selon la nature de votre activité, vous relèverez d'une des trois catégories suivantes :

- Le régime des BIC (bénéfices industriels et commerciaux) s'applique aux entreprises commerciales, industrielles et artisanales.
- Le régime des BNC (bénéfices non commerciaux) s'applique aux activités libérales : médecins, avocats, experts-comptables, artistes, architectes, etc.
- Le régime des bénéfices agricoles concerne les cultivateurs et les éleveurs.

Certaines prestations de services sont considérées comme commerciales et relèvent du régime des BIC. C'est le cas notamment des activités de location, de transport ou d'intermédiaire (agents immobiliers et courtiers, par exemple). Les autres services relèvent du régime des BNC, notamment les activités artistiques ou de conseil.

Réel normal, réel simplifié, déclaration contrôlée et microentreprise

Vous pensiez en avoir terminé une fois la nature de votre activité déterminée ? Eh bien, il n'en est rien : selon l'importance de votre chiffre d'affaires, vous relèverez d'un régime normal ou allégé, qui impliquera un mode de calcul différent du revenu imposable et des obligations comptables plus ou moins étendues.

Pour les entreprises soumises au régime des BIC

Selon le montant de leur chiffre d'affaires hors taxes, les entreprises imposées dans la catégorie des BIC relèvent soit du régime du « réel normal », soit du « réel simplifié », soit de celui de la « microentreprise ».

Les seuils sont différents selon la nature de l'activité exercée. Pour les activités de vente de produits (transformés ou revendus en l'état) et les prestations hôtelières, les règles sont les suivantes :

- Si le chiffre d'affaires hors taxes est supérieur à 783 000 €, alors l'entreprise relève du régime du réel normal : son bénéfice taxable est calculé par différence entre ses produits et ses charges.
- S'il est compris entre 82 200 € et 783 000 €, alors l'entreprise relève du régime du réel simplifié : son bénéfice taxable est calculé par différence entre ses produits et ses charges mais ses obligations comptables peuvent être allégées sous certaines conditions.
- S'il est inférieur à 82 200 € et que l'entreprise est une entreprise individuelle, alors elle relève du régime de la microentreprise : ses obligations comptables sont allégées et son revenu imposable est calculé de façon forfaitaire en appliquant un abattement de 71 % au montant de son chiffre d'affaires (taux applicable aux revenus de l'année 2015).

Pour les autres activités (essentiellement les prestations de services), les plafonds sont respectivement de 236 000 € pour le régime du réel simplifié et de 32 900 € pour celui de la microentreprise. L'abattement forfaitaire du régime micro s'élève à 50 % (taux applicable aux revenus de l'année 2015).

Le régime de la microentreprise est une possibilité et non pas une obligation : vous pouvez opter volontairement pour un régime réel d'imposition (normal ou simplifié) si celui-ci vous est plus favorable. Une telle option est intéressante lorsque les charges réelles de votre entreprise sont plus importantes que l'abattement forfaitaire de 50 ou 71 % du régime micro.

Si vous bénéficiez d'une aide publique, vérifiez bien quelles sont ses conditions d'attribution avant de renoncer au régime micro car l'option pour un régime réel d'imposition pourrait vous faire perdre vos droits. C'est en particulier le cas de l'Accre : seules les entreprises relevant du régime micro peuvent bénéficier d'une prolongation de l'exonération de cotisations sociales.

Pour les entreprises soumises au régime des BNC

Selon le montant de leurs recettes, les entreprises imposées dans la catégorie des BNC relèvent, soit du régime de la « déclaration contrôlée », soit de celui de la « microentreprise » :

- Si l'entreprise a encaissé plus de 32 900 € hors taxes durant l'année civile, alors elle relève du régime de la déclaration contrôlée : son bénéfice taxable est calculé par différence entre ses recettes et ses dépenses.
- Si elle a encaissé moins de 32 900 € hors taxes, alors elle relève du régime de la microentreprise : ses obligations comptables sont allégées et son revenu imposable est calculé de façon forfaitaire en appliquant un abattement de 34 % au montant de ses recettes (taux applicable aux revenus de l'année 2015).

De même que pour les BIC, les entreprises relevant du régime de la microentreprise peuvent opter volontairement pour le régime de la déclaration contrôlée si celui-ci leur est plus favorable. Une telle option est intéressante lorsque les dépenses réelles de l'entreprise sont plus importantes que l'abattement forfaitaire de 34 %.

Si vous bénéficiez d'une aide publique, vérifiez bien quelles sont ses conditions d'attribution avant de renoncer au régime micro car l'option pour un régime réel d'imposition pourrait vous faire perdre vos droits. C'est en particulier le cas de l'ACCRE : seules les entreprises relevant du régime micro peuvent bénéficier d'une prolongation de l'exonération de cotisations sociales.

Pour les entreprises soumises au régime des bénéfices agricoles

Les entreprises imposées dans la catégorie des bénéfices agricoles relèvent soit du régime du « réel normal », soit du « réel simplifié », soit de celui du « forfait ». C'est la moyenne des recettes TTC des deux dernières années qui permet de déterminer lequel de ces trois régimes s'applique :

- Si elle est supérieure à 350 000 €, alors l'entreprise relève du régime du réel normal et son bénéfice taxable est calculé par différence entre ses produits et ses charges.

- Si elle est comprise entre 76 300 € et 350 000 €, alors l'entreprise relève du régime du réel simplifié : son bénéfice taxable est calculé par différence entre ses produits et ses charges mais sur la base d'une comptabilité simplifiée.

- Si elle est inférieure à 76 300 €, alors l'entreprise relève du régime du forfait : ses obligations comptables sont quasiment inexistantes et son revenu imposable est calculé de façon forfaitaire en fonction des caractéristiques physiques de l'exploitation (superficie cultivée, nature des cultures, etc.).

De même que pour les BIC et les BNC, les entreprises relevant du régime du forfait peuvent opter volontairement pour un régime réel (simplifié ou normal) si celui-ci leur est plus favorable.

Chapitre 5 : Quelle comptabilité mettre en place ?

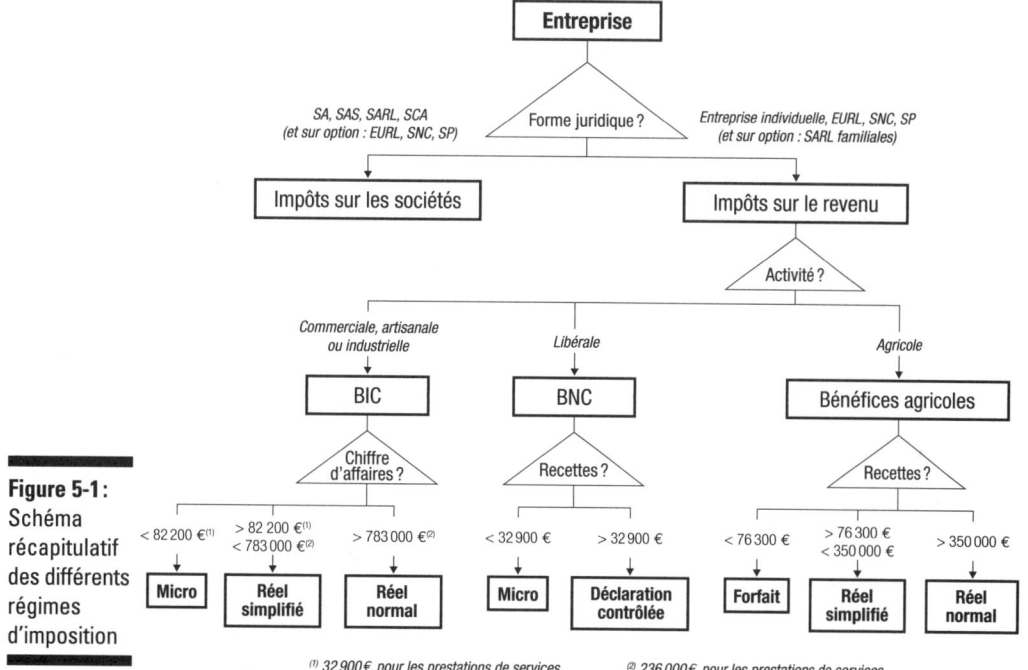

Figure 5-1 : Schéma récapitulatif des différents régimes d'imposition

(1) 32 900 € pour les prestations de services *(2) 236 000 € pour les prestations de services*

La franchise de TVA

La franchise de TVA concerne les entreprises imposées dans la catégorie des BIC ou des BNC. Elle s'applique à celles dont le chiffre d'affaires est inférieur à :

- 82 200 € pour les activités de vente de produits (transformés ou revendus en l'état) et les prestations hôtelières ;
- 32 900 € pour les autres prestations de services commerciales ou non commerciales.

Ce régime concerne donc les entreprises relevant du régime de la microentreprise ainsi que celles qui n'ont pas pu bénéficier de ce régime en raison de leur forme juridique (EURL, SARL, SA, etc.) alors qu'elles remplissaient les conditions de chiffre d'affaires. Elles sont dispensées de facturer de la TVA sur leurs ventes mais, en contrepartie, ne peuvent pas récupérer celle payée sur leurs achats. Les entreprises bénéficiant de ce dispositif doivent mentionner sur leurs factures : « TVA non applicable, art. 293 B du CGI. »

La franchise de TVA est une possibilité et non pas une obligation : les entreprises qui le souhaitent peuvent opter volontairement pour l'application de la TVA. Cela peut être avantageux lorsque l'entreprise a réalisé d'importants investissements à son démarrage et a beaucoup de TVA à récupérer, ou lorsque ses achats sont taxés à un taux supérieur à ses ventes. C'est en particulier le cas des hôteliers dont les ventes sont soumises à une TVA de 10 %, alors qu'ils ont payé une TVA de 20 % sur l'essentiel de leurs achats.

L'entreprise qui opte pour l'application de la TVA ne peut plus bénéficier du régime micro pour l'imposition de ses bénéfices : elle devra obligatoirement choisir un régime réel d'imposition (réel simplifié ou normal pour les BIC et déclaration contrôlée pour les BNC). En revanche, l'option pour un régime réel d'imposition en matière d'impôt sur le revenu n'empêche pas de continuer à bénéficier de la franchise de TVA tant que les conditions de chiffre d'affaires sont remplies.

Un régime similaire à la franchise de TVA existe pour les petites entreprises agricoles, c'est-à-dire celles dont les recettes annuelles sont inférieures à 46 000 € : le remboursement forfaitaire. Ces entreprises ne facturent pas de TVA sur leurs ventes et ne déduisent pas celle payée sur leurs achats. En revanche, elles reçoivent un *remboursement forfaitaire* de 3,68 ou 4,63 % du montant de leurs ventes selon la nature des produits commercialisés. Ici encore, il ne s'agit que d'une possibilité et les entreprises qui le souhaitent peuvent opter pour une imposition classique à la TVA si elles estiment que leur droit net à déduction est plus important que le remboursement forfaitaire.

Vos obligations en matière de comptabilité

Maintenant que vous avez identifié le régime fiscal dont vous relevez, nous allons pouvoir étudier en détail la nature et l'étendue de vos obligations comptables. Nous commencerons par les obligations les plus lourdes : celles imposées par le Code de commerce aux commerçants de taille importante. Si vous relevez d'un régime pour lequel les obligations sont plus légères, vous saurez ainsi à quoi vous avez échappé et vous pourrez savourer pleinement votre bonheur…

Les obligations imposées par le Code de commerce

Les obligations les plus lourdes sont celles imposées par le Code de commerce. Elles concernent les commerçants au sens large du terme, autrement dit non seulement les sociétés commerciales par nature (SA, SAS, SASU, SARL, EURL, SCA, SNC, SEL…) mais aussi toutes les entreprises industrielles, de négoce ou de services, imposées dans la catégorie des BIC, quelle que soit leur forme juridique. Des allègements sont toutefois prévus pour les petites entreprises individuelles : ils seront étudiés dans le prochain paragraphe.

Ces obligations sont également applicables aux associations et aux sociétés civiles lorsqu'elles exercent une activité économique et dépassent au moins deux des trois seuils suivants :

- 50 salariés
- 3 100 000 € de chiffre d'affaires ou de ressources
- 1 550 000 € de total de bilan

Toutes ces entités doivent :

- Enregistrer comptablement tous les mouvements affectant leur patrimoine
- Contrôler l'existence et la valeur de leurs actifs et de leurs dettes au moins une fois tous les douze mois (réalisation d'un inventaire)
- Établir des comptes annuels à la clôture de l'exercice, au vu des enregistrements comptables et de l'inventaire

L'enregistrement comptable des transactions de l'entreprise

Les commerçants doivent tenir une comptabilité d'engagement : toutes les transactions affectant le patrimoine de l'entreprise doivent impérativement être comptabilisées, même si elles n'ont pas d'impact immédiat sur sa trésorerie. Ainsi, les achats et les ventes à crédit doivent être enregistrés dès la réception des factures, sans attendre que celles-ci soient effectivement réglées.

Ces mouvements doivent être comptabilisés opération par opération, dans l'ordre chronologique. Il est toutefois possible de regrouper les opérations de même nature réalisées en un même lieu au cours d'une même journée. De cette façon, les magasins de vente au détail peuvent enregistrer leurs recettes de la journée en une seule fois à partir du récapitulatif de la caisse (ticket Z). Heureusement pour eux, car sinon certains commerçants passeraient plus de temps à comptabiliser leurs ventes qu'à les réaliser ! Chaque enregistrement doit s'appuyer sur une pièce justificative (facture, pièce de banque, contrat, etc.) soigneusement conservée et archivée.

La façon de procéder à ces enregistrements est fortement encadrée par la loi qui impose la tenue de plusieurs livres obligatoires :

- Le livre journal
- Le grand-livre
- Le livre d'inventaire
- Le livre des procédures et de l'organisation comptable

Certains de ces documents ont déjà été évoqués au chapitre 4, mais revenons quelques instants sur leur contenu pour en étudier les aspects légaux obligatoires :

- Le livre journal présente toutes les écritures comptables dans l'ordre chronologique.
- Le grand-livre sert au suivi des comptes de l'entreprise : il reprend tous les enregistrements du livre journal, triés par numéro de compte de façon à pouvoir calculer le solde de chaque compte.
- Le livre d'inventaire recense de façon détaillée les éléments d'actif et de passif relevés lors de l'inventaire, tant en quantité qu'en valeur, ainsi que les comptes annuels de l'entreprise. Dans la réalité, la plupart des entreprises se contentent d'y recopier uniquement leurs comptes annuels.
- Le livre des procédures et de l'organisation comptable décrit l'organisation de la comptabilité de l'entreprise : plan de comptes, supports et procédures de traitement de l'information, etc. En pratique, il est possible de se dispenser d'établir ce document lorsque l'organisation comptable ne présente « aucune particularité inhabituelle », ce qui est généralement le cas des petites entreprises.

Les entreprises peuvent regrouper tous leurs enregistrements dans un livre journal unique ou utiliser des journaux auxiliaires pour distinguer les opérations selon leur nature (journal des achats, des ventes, des opérations de banque, des opérations diverses, etc.). Dans ce cas, le livre journal ne comprend que le récapitulatif mensuel des enregistrements portés dans les journaux auxiliaires. De la même façon, il est possible d'utiliser des grands-livres auxiliaires pour suivre le détail des comptes clients et fournisseurs sans pour autant surcharger le grand-livre général qui ne reprendra alors que la centralisation mensuelle de ces livres auxiliaires.

L'obligation de faire coter et parapher le livre journal et le livre d'inventaire a été supprimée en 2002. Il est vrai que l'utilisation de l'informatique pour la tenue des comptes rendait cette obligation de plus en plus contraignante et obsolète.

La comptabilité est une chose sérieuse et les règles énoncées ci-dessus doivent être suivies à la lettre, sans fantaisie ni approximation. Par exemple, les ventes doivent être réellement suivies au fur et à mesure de leur réalisation et non pas reconstituées en fin de journée à partir du contenu du tiroir-caisse. Ce suivi ne nécessite pas obligatoirement l'utilisation d'un logiciel de caisse mais il faut au moins noter les montants encaissés sur un registre.

Les risques encourus en cas de comptabilité irrégulière sont assez importants. En cas de contrôle fiscal, une comptabilité incomplète ou irrégulière peut aboutir à un rejet de comptabilité et à une taxation d'office. Si l'entreprise est mise en liquidation judiciaire, ce sont les dirigeants qui risquent de subir les conséquences des lacunes de la comptabilité : banqueroute, faillite personnelle, extension du redressement judiciaire, etc. Et pour finir de vous effrayer, sachez que certaines infractions relèvent du Code pénal : la sanction peut aller jusqu'à trois ans d'emprisonnement et 45 000 € d'amende en cas de faux et d'usage de faux. La fraude fiscale, quant à elle, peut être punie de cinq ans d'emprisonnement et 500 000 € d'amende.

L'inventaire

Les travaux d'inventaire ne se résument pas au seul comptage des stocks et de la caisse : il s'agit de vérifier tous les éléments de l'actif et du passif, tant en quantité qu'en valeur. Il faudra ainsi s'assurer notamment que :

- Les immobilisations sont toujours utilisées et en bon état
- Les créances sont recouvrables (absence de litige ou de difficultés de paiement de la part des clients)
- Les stocks ne sont pas endommagés ou démodés
- Les placements financiers n'ont pas subi de pertes de valeur
- Toutes les dettes ont bien été recensées, même celles qui ne sont que probables : litiges en cours, service après-vente, etc.

Par ailleurs, rien ne vous oblige à organiser le comptage de vos stocks le jour même de la clôture des comptes : l'important est que celui-ci soit réalisé au moins une fois tous les douze mois. Si vous disposez d'un système fiable de suivi de vos mouvements de stocks, vous pouvez tout à fait réaliser l'inventaire physique (c'est-à-dire le comptage) à une date différente de celle de la clôture. Vous reconstituerez ensuite le montant de votre stock de clôture à partir des mouvements enregistrés entre la date de votre comptage et celle de la clôture. Vous pouvez même organiser un inventaire tournant : les comptages sont répartis tout au long de l'année et ne concernent à chaque fois qu'une partie des références. Cette façon de procéder permet d'anticiper et d'alléger les travaux comptables de fin d'année.

L'établissement des comptes annuels

Les comptes annuels comprennent le bilan, le compte de résultat et l'annexe. Selon la taille de l'entreprise, le contenu de ces documents devra être plus ou moins détaillé :

- Le système abrégé correspond au degré minimal de détail et est réservé aux petites entreprises.
- Le système de base est le système de référence, applicable par défaut à toutes les entreprises.
- Le système développé est le plus détaillé : il est purement facultatif.

Dans le cadre du « choc de simplification administrative », les seuils relatifs à l'établissement des comptes simplifiés ont été relevés. Sont désormais autorisées à utiliser le système abrégé les entreprises qui répondent à au moins deux des trois critères suivants :

- Total bilan inférieur à 4 000 000 € ;
- Chiffre d'affaires inférieur à 8 000 000 € ;
- Nombre de salariés inférieur à 50.

Ces seuils s'appliquent non seulement au bilan et au compte de résultat, mais aussi à l'annexe qui faisait jusqu'à présent l'objet de seuils distincts.

Les plus petites entreprises bénéficient quant à elles de nouveaux allégements : elles sont non seulement totalement dispensées d'établir une annexe mais peuvent, de plus, demander à ce que leurs comptes annuels déposés au greffe ne soient pas rendus publics. Sont ainsi concernées les entreprises ne dépassant pas deux des trois seuils suivants :

- Total bilan inférieur à 350 000 € ;
- Chiffre d'affaires inférieur à 700 000 € ;
- Nombre de salariés inférieur à 10.

Les allégements prévus pour les petits commerçants personnes physiques

La tenue d'une comptabilité d'engagement est contraignante, en particulier parce qu'elle nécessite l'utilisation de matériel informatique. Dans sa grande sagesse, le législateur a donc allégé les obligations pesant sur les plus petits commerçants, c'est-à-dire sur ceux relevant du régime de la microentreprise ou du réel simplifié. Ces dispositions ne concernent toutefois que les entreprises individuelles : les entreprises exploitées sous la forme d'une société (même unipersonnelle) ne peuvent pas en bénéficier, quel que soit leur régime fiscal.

Pour les commerçants soumis au régime du réel simplifié

Si vous êtes soumis au régime fiscal du réel simplifié, vous devez tenir un livre journal, un grand-livre et un livre d'inventaire. En fin d'année, vous devrez établir un bilan et un compte de résultat selon les règles de la comptabilité d'engagement, mais, au quotidien, vous avez la possibilité de tenir une simple comptabilité de trésorerie. Vous enregistrerez alors vos encaissements et vos décaissements au fur et à mesure de leur réalisation, et vous ne ferez apparaître vos créances et vos dettes qu'à la clôture de l'exercice. Vous devrez également suivre vos immobilisations (coût d'achat et amortissement) et procéder à l'inventaire de vos stocks.

Des simplifications sont également prévues pour l'établissement des comptes annuels :

- La valorisation des stocks de produits finis et de marchandises peut être effectuée à partir du prix de vente auquel on applique un abattement correspondant au taux de marge habituellement pratiqué (les entreprises soumises au régime du réel normal doivent calculer précisément leurs coûts de production ou d'achat).
- Les factures à cheval sur deux exercices peuvent ne pas être régularisées si ce décalage est constant d'une année sur l'autre (loyer, assurance, etc.).
- Les travaux en cours n'ont pas besoin d'être évalués précisément : on considère qu'ils correspondent au montant des acomptes reçus.

Pour les commerçants soumis au régime de la microentreprise

Si vous êtes soumis au régime fiscal de la microentreprise, vous pouvez tenir une simple comptabilité de trésorerie qui n'enregistrera que les recettes effectivement perçues et les dépenses réellement payées. Vos obligations comptables sont limitées à la tenue d'un livre journal mentionnant le détail journalier et individualisé de vos recettes et d'un registre détaillant vos achats. Vous êtes, de plus, dispensé d'établir un bilan et un compte de résultat. Certes, votre activité n'est pas encore comparable à celle d'une multinationale, mais voilà au moins une belle compensation !

Les obligations comptables des artisans

Les obligations comptables des artisans ne découlent pas du Code de commerce mais du Code général des impôts. Elles ressemblent beaucoup à celles des commerçants : c'est normal puisqu'ils relèvent du même régime d'imposition, celui des BIC.

Si vous exercez une activité artisanale et que vous relevez du régime du réel normal vous devez :

- Tenir une comptabilité d'engagement en bonne et due forme, c'est-à-dire étayée par des pièces justificatives et avec les livres comptables obligatoires.
- Réaliser un inventaire annuel de vos actifs et de vos dettes.
- Établir des comptes annuels : seuls le bilan et le compte de résultat sont obligatoires, l'annexe étant facultative pour les artisans.

Si vous relevez du régime du réel simplifié, vous pouvez vous contenter de tenir une comptabilité de trésorerie avec régularisation des créances, des dettes, des stocks et des immobilisations en fin d'année. Vous devez également établir un bilan et un compte de résultat, mais l'annexe est facultative.

Enfin, si vous êtes soumis au régime de la microentreprise, votre seule obligation est de tenir un registre des recettes perçues et des dépenses payées.

Les obligations comptables des professions libérales

Les obligations comptables des entreprises imposées dans la catégorie des BNC sont assez réduites. En particulier, la tenue d'une comptabilité d'engagement n'est pas obligatoire :

- Les entreprises relevant du régime de la déclaration contrôlée doivent tenir un livre journal des recettes perçues et des dépenses payées (c'est-à-dire une comptabilité de trésorerie) ainsi qu'un registre de leurs immobilisations et des amortissements correspondants.
- Les entreprises relevant du régime de la microentreprise ont pour seule obligation la tenue d'un registre détaillant leurs recettes.

Les entreprises relevant du régime de la déclaration contrôlée peuvent opter pour une comptabilité d'engagement si elles le souhaitent. Elles pourront alors provisionner (et déduire fiscalement) la régularisation prévisible de leurs charges sociales, mais elles devront également déclarer leurs prestations facturées mais non encore encaissées.

Les obligations comptables des entreprises agricoles

Certaines entreprises agricoles sont soumises aux obligations du Code de commerce. Il s'agit notamment :

- Des sociétés commerciales (SA, SARL…)
- Des coopératives agricoles
- Des sociétés civiles de taille importante (SCEA, GAEC, EARL), c'est-à-dire dépassant au moins deux des trois seuils suivants : plus de 50 salariés, plus de 1 550 000 € de total bilan et plus de 3 100 000 € de ressources (ventes mais aussi subventions reçues)

Ces entreprises doivent tenir une comptabilité d'engagement en bonne et due forme, réaliser un inventaire au moins une fois par an et établir des comptes annuels. Un plan comptable spécifique a été établi pour tenir compte de leurs spécificités : le Plan comptable général agricole.

Les obligations comptables des autres entreprises agricoles dépendent de leur régime fiscal :

- Les entreprises relevant du régime du réel normal doivent tenir une comptabilité d'engagement et réaliser un inventaire annuel.
- Les entreprises relevant du régime du réel simplifié peuvent se contenter d'une comptabilité simplifiée similaire à celle des petits commerçants : tenue d'une comptabilité de trésorerie au jour le jour avec régularisation des créances et des dettes en fin d'année. Un suivi des immobilisations et un inventaire des stocks est également nécessaire.
- Les entreprises relevant du régime du forfait n'ont officiellement aucune obligation comptable, mais il est préférable de tenir un registre des recettes pour faciliter l'élaboration de la demande de remboursement forfaitaire de TVA.

Les obligations comptables des employeurs

Quels que soient la forme juridique, le régime fiscal ou la taille d'une entreprise, celle-ci est obligée d'établir différents documents dès lors qu'elle emploie du personnel salarié. Plusieurs registres sont nécessaires, parmi lesquels le plus important est le registre du personnel dans lequel sont enregistrés tous les salariés de l'entreprise, au fur et à mesure de leur embauche : nom, prénom, nationalité, sexe, emploi et qualification, date d'entrée dans l'entreprise et, le cas échéant, date de sortie. Citons également la déclaration unique d'embauche, le registre médical, le registre des accidents du travail et le document unique sur l'évaluation des risques.

Le livre de paie n'est plus obligatoire depuis le 1er août 1998 : il suffit désormais de conserver un double des bulletins de paie, cette conservation pouvant être faite sur un support informatique et pas nécessairement sur papier.

Choisir entre une comptabilité d'engagement et une comptabilité de trésorerie

Si les grosses entreprises commerciales sont obligées de tenir une comptabilité d'engagement, la plupart des autres entreprises sont libres de choisir le mode de tenue de compte qui leur convient le mieux. C'est en particulier le cas :

- Des entreprises individuelles imposées dans la catégorie des BIC et relevant du régime du réel simplifié

- Des professions libérales imposées dans la catégorie des BNC et relevant du régime de la déclaration contrôlée
- Des entreprises agricoles relevant du régime du réel simplifié

Si telle est votre situation, vous avez le choix entre une comptabilité de trésorerie, plus simple mais plus limitée, et une comptabilité d'engagement, plus complexe mais plus performante. Deux éléments essentiels sont à prendre en considération avant de vous décider : vos besoins en matière de suivi de vos créances et de vos dettes, et la nature de votre relation à l'informatique.

Une comptabilité de trésorerie a l'avantage d'être simple et de ne nécessiter aucun matériel spécifique (un simple cahier et une calculatrice basique peuvent suffire) mais elle ne permet de suivre que la trésorerie de l'entreprise. Ce n'est pas un problème si vous réalisez la plupart de vos transactions au comptant, mais cette limite devient gênante si vous accordez des délais de paiement à vos clients et que vous souhaitez suivre les sommes qui vous sont dues afin de relancer d'éventuels mauvais payeurs.

Inversement, une comptabilité d'engagement permet de connaître à tout moment l'état des créances à encaisser et des dettes à payer, et de suivre tous les éléments du patrimoine de l'entreprise (stocks, immobilisations, etc.). Son principal inconvénient réside dans l'utilisation obligatoire de matériel informatique. Les éditeurs de logiciels ont fait d'énormes efforts pour rendre leurs produits simples et attractifs, mais même le plus réussi des logiciels tourne toujours sur un ordinateur ! Alors si vous êtes allergique à ces machines parfois capricieuses, mieux vaut attendre un peu avant de vous équiper : apprendre en même temps le fonctionnement de la comptabilité et de l'informatique, c'est beaucoup pour une seule personne !

Quel que soit votre choix, celui-ci n'a rien d'irréversible. Vous pouvez commencer à vous familiariser avec la rigueur des procédures comptables dans le cadre d'une comptabilité de trésorerie manuelle. Puis, une fois que vous maîtriserez bien le fonctionnement de celle-ci (comptez un an ou deux), vous pourrez transférer vos livres comptables sur informatique en utilisant les feuilles de calcul d'un tableur. Il ne s'agira là que d'un changement de support : vous tiendrez toujours une comptabilité de trésorerie en appliquant les mêmes règles qu'auparavant. Et lorsque vous vous sentirez prêt (ou lorsque la croissance de votre activité vous aura fait franchir les seuils du régime du réel normal), vous investirez dans un véritable logiciel comptable, et vous découvrirez enfin les richesses de la comptabilité d'engagement !

La conservation des documents comptables

Quels que soient votre régime fiscal et l'étendue de vos obligations comptables, vous devez être en mesure de présenter à l'administration fiscale les documents justifiant vos enregistrements comptables : factures émises et reçues, bulletins de paie, pièces de banque, etc. Ces documents peuvent également vous être demandés par un tribunal en cas de litige avec un partenaire ou de cessation de paiements. Il faut donc organiser votre classement de façon à pouvoir les retrouver aisément, et les conserver aussi longtemps que nécessaire.

Quelques conseils de classement et de référencement

Plusieurs systèmes de classement sont envisageables mais ils doivent tous respecter les deux règles suivantes :

- Les pièces justificatives et les livres comptables doivent être conservés sous leur forme originale, le recours aux microfilms ou microfiches n'étant pas autorisé.
- Il doit être possible de faire la liaison entre la pièce justificative et les enregistrements comptables et inversement. Dans ce but, il est nécessaire de porter quelques annotations sur les pièces justificatives au fur et à mesure de leur saisie et d'adopter un système de classement rigoureux.

Pour retrouver une écriture comptable à partir de sa pièce justificative

Ce sont les annotations portées sur les pièces comptables qui vont vous permettre de retrouver l'enregistrement correspondant en cas de besoin. Dans ce but, nous vous conseillons de noter soigneusement sur chaque document enregistré en comptabilité :

- La date de saisie
- Le journal utilisé (uniquement en cas d'utilisation de journaux auxiliaires) : achats, ventes, opérations de banque, opérations diverses, etc.
- Le numéro attribué à l'écriture par le programme informatique ou par vous-même si vous tenez une comptabilité manuelle
- Le numéro des comptes utilisés ainsi que le montant qui y a été enregistré au débit et au crédit

Pour rendre vos annotations plus claires et plus lisibles, vous pouvez faire réaliser un tampon encreur qui reprendra les rubriques évoquées ci-dessus. Concernant les factures fournisseurs, vous pouvez également prévoir des emplacements pour noter des informations relatives au bon à payer (visa du responsable autorisant le règlement) et au paiement (date et référence du règlement).

Date de saisie :			
Journal :			
N° de pièce :			
Débit		**Crédit**	
Compte	Montant	Compte	Montant
....	....	....	....
....	....	....	....
....	....	....	....
....	....	....	....
....	....	....	....

Figure 5-2 : Modèle simple de tampon de comptabilisation

Ce formalisme vous permettra également de dissocier le travail de comptabilisation en deux étapes pouvant être réalisées par deux personnes distinctes :

- La précomptabilisation est la phase de réflexion préalable, pendant laquelle vous déterminez quel journal va être utilisé et quelles sommes vont être enregistrées dans quels comptes. Vous inscrivez alors ces informations sur la pièce comptable.

- La saisie comptable consiste à enregistrer les informations définies lors de la précomptabilisation dans les livres comptables (manuels ou informatiques). C'est à ce moment que vous devrez noter la date de saisie et surtout le numéro de l'écriture.

Il est indispensable de s'astreindre à inscrire toutes les indications nécessaires au fur et à mesure du traitement de chaque pièce comptable, sans attendre d'en avoir enregistré plusieurs pour les regrouper. En effet, il suffit d'un téléphone qui sonne, d'une personne qui entre dans votre bureau, ou d'un caprice de votre ordinateur pour perdre le fil de votre numérotation ou oublier les informations que vous deviez noter.

Pour retrouver une pièce justificative à partir d'une écriture comptable

Deux éléments vont vous permettre de remonter à la pièce justifiant un enregistrement comptable : les indications saisies dans les livres de comptes et votre système de classement.

Chapitre 5 : Quelle comptabilité mettre en place ?

L'espace disponible pour attribuer un libellé à une écriture comptable est souvent limité, aussi faut-il l'optimiser autant que faire se peut. Par exemple, lorsque vous enregistrez une facture client dans le journal des ventes, il n'est pas nécessaire de rappeler dans le libellé de votre écriture que celle-ci concerne une vente : le choix du journal fournit déjà cette information. En revanche, vous devez absolument indiquer le numéro de la facture en précisant s'il s'agit d'une facture classique ou d'un avoir. Il peut être également nécessaire de rappeler le nom ou le code du client si celui-ci n'apparaît pas explicitement dans l'écriture (vente au comptant enregistrée directement au débit du compte banque, par exemple). N'hésitez pas à utiliser des abréviations : « ch » pour chèque, « virt » pour virement, « esp » pour espèces, etc. Nous vous proposons ci-dessous un tableau récapitulatif des indications à porter dans votre livre journal.

Tableau 5-2 : Les informations à fournir dans votre livre journal

Document enregistré	Informations à noter dans le livre journal	Exemple de libellé
Facture d'achat	Numéro de la facture, nature de la facture (F pour facture et A pour avoir) et nom du fournisseur	F36544 Toutenbois
Facture d'immobilisation	Numéro de la facture, nature de la facture (F pour facture et A pour avoir) et nom du fournisseur	F12449 Buro +
Talon de chèques	Numéro du chèque et nom du bénéficiaire, éventuellement motif du paiement	Ch 32468976 Buro + F12449
Autre paiement effectué	Nature du moyen de paiement, référence (ou date) et nom du bénéficiaire, éventuellement motif du paiement	Virt 12/05/N Toutenbois F36544
Facture de vente	Numéro de la facture, nature de la facture (F pour facture et A pour avoir) et éventuellement nom du client	F1207 Bois Dansant
Ticket Z	Date des recettes et référence de la caisse s'il y en a plusieurs	TZ 12/05/N caisse n° 1
Chèque reçu	Numéro du chèque, nom du client et de sa banque, éventuellement motif du paiement	Ch 26790765 BNP Bois Dansant F1207
Autre paiement reçu	Nature du moyen de paiement, référence (ou date) et nom du client, éventuellement motif du paiement	Virt 12/05/N BNP Bois Dansant F1207
Bordereau de remise en banque	Date et nature de la remise	Remise esp. 12/05/N

Tableau 5-2 : Les informations à fournir dans votre livre journal (suite)

Document enregistré	Informations à noter dans le livre journal	Exemple de libellé
Livre de paie (ou bulletin de paie)	Nature de l'opération et période concernée	Salaires 05/N
Bordereau d'impôt ou de cotisations sociales	Nature de la dépense et période concernée	TVA 05/N
Mensualité d'emprunt	Période concernée et nature de l'emprunt (l'entreprise peut en avoir plusieurs)	Mensualité 05/N emprunt immobilier

Votre système de classement devra être conçu de façon à pouvoir retrouver les pièces justificatives à partir des indications enregistrées dans votre grand-livre. Une méthode infaillible mais contraignante consiste à garder un double ou à faire une photocopie de chaque pièce justificative et de les classer par journal (un classeur par journal), dans l'ordre de la saisie. Cette façon de procéder est extrêmement lourde et pas très écologique (que de papiers !). Nous ne vous en voudrons pas si vous ne l'adoptez pas ! Dans ce cas, il faudra faire preuve d'une extrême rigueur dans le classement de vos originaux car il n'y aura pas d'étape intermédiaire entre votre classement et la saisie comptable. Nos conseils de classement seront différents selon que vous devez gérer vous-même les échéances de paiement (comptabilité de trésorerie) ou que votre logiciel comptable s'en charge à votre place (comptabilité d'engagement). Aussi avons-nous préféré les présenter dans les chapitres suivants, regroupés avec les règles d'organisation spécifiques à chaque mode de tenue de comptes.

La durée de conservation des documents comptables

La loi impose aux entreprises de conserver un certain nombre de documents. Ceux-ci peuvent vous permettre de faire la preuve de vos droits en cas de litige, ou de défendre le sérieux de votre gestion en cas de redressement judiciaire. Mais vos placards ne sont pas extensibles à l'infini et vous pouvez concevoir un certain agacement à voir s'accumuler les documents. Aussi allons-nous faire le point sur vos obligations légales en la matière pour indiquer les principaux documents que vous devez à tout prix préserver de votre tentation de faire le vide.

Les règles applicables en matière de conservation des archives découlent soit de la loi, soit des délais de prescriptions applicables ou des périodes pendant lesquelles les administrations peuvent effectuer des contrôles :

- Le Code de commerce impose un délai de conservation de cinq ans pour les documents comptables.
- Le Code du travail exige de conserver pendant cinq ans la plupart des documents relatifs au personnel de l'entreprise.
- Le délai de contrôle de l'administration fiscale est de six ans pour les principaux impôts (TVA, impôt sur le revenu et impôt sur les sociétés).

Dans le cas où un même document est concerné par plusieurs textes, c'est la durée la plus longue qui doit être retenue.

Rien ne vous oblige à conserver tous vos documents comptables dans votre bureau. Nous vous conseillons de garder à portée de main tous les documents relatifs à l'exercice en cours et à l'exercice précédent, les documents plus anciens pouvant être archivés dans un endroit plus éloigné afin de libérer de la place.

Les documents devant être conservés à vie

Certains documents doivent être conservés à vie… et même au-delà, c'est-à-dire trente ans après la liquidation de l'entreprise, quelque soit sa forme juridique. Il s'agit en particulier :

- Des statuts
- Des registres des délibérations des organes de direction (procès-verbaux de l'assemblée générale, du conseil d'administration, du conseil de surveillance ou du bureau)
- Des titres de propriété des biens immobiliers
- Des contrats de bail

Les livres comptables

Vous devrez conserver vos documents comptables pendant au moins six ans. Ce délai correspond à la durée pendant laquelle l'administration fiscale est en droit de contrôler votre comptabilité afin de s'assurer que vous avez correctement rempli vos obligations déclaratives. En effet, le délai de prescription de trois ans ne s'applique qu'aux déclarations effectivement établies : en cas d'omission de déclaration, l'administration fiscale est en droit de vous redresser sur les six dernières années écoulées.

Cette règle s'applique aux livres comptables obligatoires, aux comptes annuels ainsi qu'aux pièces comptables justificatives (factures, pièces de banque, etc.). Pour les livres comptables obligatoires, le délai court à partir de la date de la dernière inscription qui y a été portée, alors que pour les comptes annuels et les pièces justificatives, il démarre à partir de la date de clôture de l'exercice concerné.

Ce délai peut être prolongé dans certains cas, en particulier lorsque l'entreprise dispose d'une créance sur l'administration fiscale : crédit de TVA ou déficit reportable. En effet, la prescription fiscale de trois ans démarre à partir de l'exercice d'imputation du crédit ou du déficit, et non pas de l'exercice durant lequel il est né : si celui-ci a été reporté durant plusieurs années, le délai de prescription fiscal peut excéder les six ou dix ans habituellement appliqués.

Selon les règles énoncées ci-dessus, un artisan doit conserver les documents relatifs à l'exercice 2002 jusqu'au 31 décembre 2008, soit un délai de six ans à partir du 31 décembre 2002. Toutefois, dans le cas où cet exercice s'est soldé par un déficit, ces documents doivent être conservés jusqu'à ce que le dernier exercice d'imputation du déficit soit couvert par la prescription de trois ans. Par exemple, si le déficit n'a finalement été totalement apuré que sur le bénéfice de l'exercice 2007, alors il faudra conserver les documents comptables de l'exercice 2002 jusqu'au 31 décembre 2010, c'est-à-dire trois ans après la clôture de l'exercice 2007.

Le Code de commerce admet désormais que des « documents sous forme électronique peuvent tenir lieu de livre journal » à condition d'être identifiés, numérotés et datés dès leur établissement par des moyens offrant toute garantie en matière de preuve. Quant au grand-livre, il n'impose aucun formalisme particulier. L'obligation d'éditer les livres comptables est donc (enfin) supprimée et nous pouvons féliciter l'administration pour cette contribution à la lutte contre la déforestation de la planète...

Les factures et autres documents commerciaux

En tant que pièces justificatives de la comptabilité, les factures doivent être conservées pendant au moins six ans. Ce délai commence à courir à partir de la date de clôture de l'exercice durant lequel la facture a été enregistrée. Ainsi, une facture datée du 12 janvier 2013 devra être conservée jusqu'au 31 décembre 2019. Nous vous conseillons de conserver également les bons de commande et de livraison aussi longtemps que vos factures, car ils constituent votre seul moyen de prouver leur bien-fondé en cas de litige avec un client.

De même que pour les livres comptables, le délai de conservation peut être plus long en cas de créance sur l'État : tous les documents relatifs aux exercices durant lesquels un crédit de TVA ou un déficit reportable est apparu doivent être conservés pendant trois ans à partir de la clôture de l'exercice d'imputation du crédit ou du déficit.

Toujours en raison de cette prescription fiscale de trois ans, les factures d'immobilisations doivent être conservées pendant toute la durée de leur plan d'amortissement et trois années au-delà. Rappelons en effet que la dotation aux amortissements est une charge du compte de résultat et peut, en tant que telle, faire l'objet de vérifications par l'administration fiscale. Ainsi, la facture d'acquisition d'une machine-outil achetée le 12 janvier 2013 et amortie sur dix ans devra être conservée jusqu'au 31 décembre 2026, soit trois années après le dernier exercice de comptabilisation d'une dotation aux amortissements (douze jours d'utilisation en 2023).

Depuis plusieurs années, il est possible de transmettre ses factures, non plus sous forme papier, mais par voie électronique. Cette dématérialisation touche pour l'instant moins de 5 % des factures mais ce pourcentage progresse rapidement car les factures électroniques sont nettement moins coûteuses à transmettre et à traiter que leur équivalent papier. De plus, certains clients, telles les principales enseignes de la grande distribution, l'exigent de leurs fournisseurs. L'administration fiscale accepte ces factures, tant en matière de TVA que de détermination du bénéfice imposable, sous plusieurs conditions :

- Le destinataire de la facture doit avoir préalablement accepté de la recevoir sous forme électronique.
- L'intégrité des données doit être garantie, soit par le recours à l'EDI (échanges de données informatisées), soit à l'aide d'une signature électronique sécurisée.

Dans la mesure où le format électronique est la forme originale de la facture, c'est sous cette forme qu'elle devra être conservée, sans qu'il soit nécessaire de recourir à une édition papier.

Les documents bancaires

En tant que pièces justificatives de la comptabilité, les documents bancaires doivent être conservés pendant dix ans par les entreprises soumises aux règles du Code de commerce, et pendant six ans par les autres entreprises. Sont ainsi concernés les relevés bancaires, les ordres de virement, les bordereaux de remise à l'encaissement, les talons de chèques, etc.

Les documents sociaux

Le livre de paie, les bulletins de paie et les bordereaux de cotisations sociales sont des pièces justificatives de la comptabilité. En tant que tels, ils doivent être conservés pendant dix ans par les entreprises régies par le Code de commerce et pendant six ans par les autres. Ce délai couvre celui, plus court, imposé par le Code du travail, qui n'exige qu'une durée de conservation de cinq ans. Ce délai s'apprécie à compter :

- Pour le livre de paie : de la date de sa clôture (dernière inscription)
- Pour les bulletins de paie et les bordereaux de cotisations sociales : de la clôture de l'exercice de leur comptabilisation

Par prudence, il est toutefois souhaitable de porter ce délai à trente ans dans l'éventualité d'une demande de reconstitution de carrière d'un salarié par une caisse de retraite complémentaire. Le registre du personnel, quant à lui, doit être conservé pendant cinq ans à compter de la date de sa clôture (départ du dernier salarié inscrit sur le registre).

Le choix de l'externalisation

À moins d'avoir vous-même suivi une formation approfondie en comptabilité et en fiscalité, vous aurez sans doute recours à un expert-comptable à un moment ou à un autre de votre processus comptable. Mais quelles tâches lui confier exactement ?

Il n'existe pas de norme en la matière, et on peut concevoir les situations les plus extrêmes telles que la délégation complète de la comptabilité (saisie des factures, gestion de la paie, recouvrement des créances clients, gestion de la trésorerie, etc.) ou au contraire l'absence totale de l'expert-comptable.

C'est à vous de déterminer, en accord avec votre expert-comptable, l'étendue de la mission que vous allez lui confier. Pour guider votre réflexion, nous vous conseillons de vous poser les questions suivantes :

- Quelles tâches êtes-vous capable d'accomplir par vous-même ?
- Quelles tâches seriez-vous capable d'accomplir par vous-même avec un minimum de formation (la lecture de ce livre par exemple) ?
- Quelles tâches vos salariés sont-ils capables d'accomplir (certaines secrétaires ont également suivi une formation comptable) ?
- Combien de temps pouvez-vous consacrer aux tâches comptables ?
- Quel budget êtes-vous disposé à consacrer à la rémunération de votre expert-comptable ?
- Sous quelle forme et dans quel délai souhaitez-vous pouvoir disposer de vos informations comptables ?

En règle générale, les compétences de l'expert-comptable sont le plus utiles dans les domaines qui nécessitent des connaissances techniques pointues, surtout si la législation évolue rapidement et nécessite une mise à jour constante des connaissances. Vous pouvez ainsi confier à votre expert-comptable l'élaboration de votre liasse fiscale, la gestion de votre paie et la révision (c'est-à-dire la vérification) de vos comptes annuels. En revanche, vous pouvez tout à fait tenir vous-même vos livres comptables, remplir vos déclarations de TVA et établir vos comptes annuels.

Une fois le périmètre de l'intervention de votre expert-comptable défini, il ne vous restera plus qu'à le fixer sur papier. Le plus souvent, c'est votre expert-comptable lui-même qui s'en chargera en vous adressant une lettre de mission que vous n'aurez qu'à accepter.

Chapitre 5 : Quelle comptabilité mettre en place ?

Afin d'éviter tout litige, veillez à ce que les modalités concrètes de l'intervention de votre expert-comptable soient définies le plus précisément possible :

- Quels documents devez-vous lui transmettre ?
- Sous quelle forme et dans quel délai ? N'espérez pas lui reprocher un retard dans l'élaboration de vos comptes si vous-même avez trop tardé à lui fournir vos factures ou vos livres de compte.
- Quels états doit-il produire ? Balance ? Comptes annuels ? Déclarations de TVA ? Liasse fiscale ? Etc.
- Sous quelle forme et dans quel délai ?

Il n'est pas inutile de prévoir les modalités de rupture du contrat, et en particulier la restitution de vos données dans le cas où vous souhaiteriez reprendre vous-même la tenue de votre comptabilité.

Sachez enfin qu'un expert-comptable n'a qu'une obligation de moyens et non pas de résultat. Cela signifie que vous ne pourrez pas vous retourner contre lui en cas de redressement fiscal, sauf si vous êtes capable de prouver qu'il a commis une faute manifeste ou une grave négligence dans l'exercice de sa mission.

Chapitre 6
Comptabilité de trésorerie : mise en place et fonctionnement

Dans ce chapitre :
- La création et la tenue des livres de comptes
- Le classement des pièces comptables
- Le rapprochement de banque
- L'établissement des comptes annuels

*L*a tenue d'une comptabilité de trésorerie est plus simple que celle d'une comptabilité d'engagement, mais elle n'est pas moins exigeante. Bien au contraire, elle nécessite une rigueur toute particulière dans la mesure où elle ne permet pas d'automatiser les contrôles et le suivi des créances et des dettes comme le ferait une comptabilité d'engagement informatisée.

Si vous avez opté pour ce mode de comptabilité, vous devrez tout d'abord créer vos livres de comptes, dans lesquels vous saisirez ensuite vos écritures comptables. Vos pièces comptables devront être soigneusement classées, non seulement dans le but de satisfaire aux obligations légales en cas de contrôle fiscal, mais également pour pouvoir suivre vos créances et vos dettes. Grâce à la technique du rapprochement bancaire, vous contrôlerez périodiquement votre comptabilité… ainsi que celle de votre banquier. Pour terminer, en fin d'année, vous devrez établir vos comptes annuels ou votre déclaration de résultat :

- Si vous êtes imposé dans la catégorie des BNC, vous n'aurez qu'à recopier les totaux de vos livres de comptes.
- Si vous relevez du régime du réel simplifié des BIC ou des bénéfices agricoles, la tâche sera plus complexe car vous devrez compléter votre comptabilité pour y faire apparaître vos créances et vos dettes ainsi que les autres postes du bilan (stocks, immobilisations, etc.).

L'organisation des livres comptables

Une comptabilité de trésorerie enregistre uniquement vos encaissements et vos décaissements, au fur et à mesure de leur réalisation. Dans ce chapitre, nous vous expliquerons concrètement comment créer des livres de comptes à la fois simples à utiliser au quotidien, et fournissant toutes les informations utiles pour élaborer vos comptes annuels. Nous évoquerons successivement les livres de comptes (banque ou caisse) et le registre des immobilisations.

Les livres de banque et de caisse

Les livres de banque et de caisse jouent le rôle d'un livre journal dans lequel les encaissements et les décaissements sont enregistrés dans l'ordre chronologique. Nous nous intéresserons tout d'abord aux différentes formes qu'ils peuvent prendre, avant d'étudier leur structure.

Quel support choisir ?

En fonction du volume de votre activité et de votre degré d'affinité avec l'informatique, vous choisirez de tenir votre comptabilité manuellement sur des registres à colonnes, ou sur ordinateur sous la forme de feuilles de calcul établies à l'aide d'un tableur.

La tenue manuelle est envisageable si vous ne réalisez pas plus d'une trentaine de transactions par mois (une cinquantaine si vous souffrez d'une allergie aux ordinateurs médicalement constatée !). Elle présente l'avantage de ne nécessiter aucune connaissance particulière en informatique, mais requiert une grande rigueur dans les additions et les reports car les risques d'erreurs sont nombreux. Si tel est votre choix, vous tiendrez vos livres de comptes sur de grands registres à colonnes que vous trouverez dans une papeterie spécialisée en fournitures de bureau.

Vous aurez le choix entre de nombreux modèles de registres :

- Format horizontal ou vertical
- Nombre de colonnes plus ou moins important
- Recettes et dépenses présentées séparément ou non
- Intitulés des colonnes plus ou moins libres
- Feuillets collés, cousus ou mobiles
- Etc.

Chapitre 6 : Comptabilité de trésorerie : mise en place et fonctionnement

Figure 6-1 : Modèle de registre comptable

Si vous trouvez un registre dont les intitulés correspondent parfaitement à votre activité, tant mieux pour vous ! Sinon, mieux vaut acheter un registre ne comportant que les tracés, et remplir vous-même l'intitulé des colonnes : nous vous donnerons tous les éléments nécessaires pour le faire correctement.
Si vous relevez d'un régime réel d'imposition, mieux vaut choisir un format horizontal avec de nombreuses colonnes (au moins 30), alors que si vous relevez d'un régime micro, un format vertical avec une dizaine de colonnes devrait suffire. Pour le reste, c'est une question de goûts !

Pour permettre le contrôle des comptes bancaires et de la caisse, il faut veiller à ne pas mélanger les mouvements concernant les différents comptes. Dans ce but, vous pouvez soit les distinguer en utilisant plusieurs colonnes au sein d'un même registre, soit acheter autant de registres que vous avez de comptes bancaires et de caisses, et tenir un livre distinct pour chaque compte bancaire et pour chaque caisse.

Nous vous conseillons d'utiliser des registres avec « tête paresseuse » qui évitent d'avoir à recopier l'intitulé des colonnes sur chaque page. Vous pouvez trouver ces registres dans le commerce ou les fabriquer vous-même en découpant (soigneusement !) la partie haute des pages intérieures d'un registre classique, de façon à laisser apparaître les en-têtes de la première et de la dernière page.

Si vous préférez tenir vos comptes sur ordinateur, vous utiliserez un logiciel de type tableur dans lequel vous aurez reproduit la structure en colonnes d'un registre comptable. Afin de ne pas mélanger les mouvements affectant vos différents comptes bancaires et vos caisses, vous prendrez soin d'ouvrir une feuille de calcul distincte par compte. Inutile d'ouvrir plusieurs fichiers différents : mieux vaut prévoir un fichier par exercice comptable avec autant d'onglets qu'il y a de comptes à suivre.

Pour faciliter le travail d'élaboration des comptes en fin d'année, nous vous recommandons d'adopter une structure rigoureusement identique pour chaque tableau, avec exactement les mêmes colonnes sur chaque onglet. Cette précaution vous permettra d'automatiser les additions nécessaires à l'élaboration de vos comptes annuels. N'hésitez pas à utiliser les fonctions « copier » et « coller » : elles sont faites pour ça !

Les logiciels « spécifiques BNC »

Le marché des professions libérales intéresse de plus en plus les éditeurs de logiciels comptables et ceux-ci développent des produits spécialement adaptés à leurs besoins. Ces logiciels sont très complets et proposent non seulement la saisie des écritures comptables mais aussi la gestion des immobilisations, le suivi des encours clients, la préparation du rapprochement bancaire, l'établissement de la liasse fiscale et de la balance de trésorerie, etc.

Leur principal inconvénient est leur coût : comptez environ 150 € HT à l'achat auquel viendra s'ajouter le coût du contrat d'assistance et de la mise à jour annuelle, indispensable pour disposer de la dernière version de la déclaration fiscale. De plus, il vous faudra consacrer un temps non négligeable à la prise en main et au paramétrage du logiciel : une journée nous semble un minimum si vous maîtrisez déjà bien l'informatique. Cette solution n'est donc envisageable que si votre volume d'activité est vraiment important et justifie un tel investissement.

En revanche, si vous disposez déjà d'un logiciel de gestion de vos clients ou si vous envisagez d'en acquérir un, sachez que certains d'entre eux proposent un module de comptabilité intégré ou optionnel. C'est en particulier le cas des logiciels destinés aux professions médicales pour gérer les dossiers patients et les feuilles de soin électroniques.

Dans tous les cas, n'hésitez pas à demander une démonstration ou une version d'essai gratuite avant de vous engager fermement.

Le contenu des livres de comptes

Quel que soit leur support, tous les livres comptables sont conçus sur le même modèle : celui d'un tableau à plusieurs colonnes dans lequel les encaissements et les décaissements sont inscrits les uns en dessous des autres, par ordre chronologique. Les premières colonnes présentent les principales informations relatives aux opérations réalisées (numéro, date, libellé et montant), alors que les colonnes suivantes servent à ventiler les montants enregistrés selon leur nature (achats de matières premières, loyers, frais de personnel, etc.).

Cette ventilation doit être élaborée de façon à permettre l'établissement des comptes annuels en fin d'année : les colonnes de vos livres de comptes doivent correspondre aux rubriques de votre déclaration de résultat. Dans la mesure où les entreprises relevant d'un régime micro d'imposition n'ont pas de compte de résultat à établir, la ventilation peut être réduite à sa plus simple expression : il suffit de distinguer les recettes à déclarer des autres encaissements (emprunt obtenu, apport de l'exploitant, etc.), et des dépenses. Nous vous proposons ci-dessous un modèle simplifié adapté aux microentreprises : vous pouvez l'utiliser tel quel, ou l'étoffer un peu en vous inspirant des intitulés proposés ci-après pour les régimes réels d'imposition.

Chapitre 6 : Comptabilité de trésorerie : mise en place et fonctionnement

Opération		Montant		Ventilation			
Date	Libellé	Banque	Caisse	Recettes	Autres encaissements	Dépenses de fonctionnement	Autres dépenses
01/01/N	A nouveau (solde de départ)	1 954,20	23,50				
04/01/N	Chèque 12365 client ABC	80,00		80,00			
05/01/N	Achat papeterie		- 7,80			- 7,80	
05/01/N	Prélèvement mensualité emprunt	- 541,20					- 541,20
06/01/N	Apport de l'exploitant	200,00			200,00		
07/01/N	Retrait d'espèces pour caisse	- 100	100				
....	....	....	....	....	....	....	....
31/01/N	Total	....	....	....	....	....	....

Figure 6-2 : Modèle de registre comptable pour une microentreprise

Ce tableau fonctionne de la façon suivante :

- ✔ Sur la première ligne, vous devez indiquer le solde initial de votre compte bancaire et de votre caisse : si vous démarrez votre registre comptable en même temps que votre activité, ce solde sera nul, sinon reportez les montants qui figuraient comme solde de clôture dans vos anciens livres comptables. Ce montant n'a pas besoin d'être ventilé puisque seuls les mouvements de fonds de l'année doivent figurer dans votre déclaration de revenus.

- ✔ Ensuite, vous enregistrerez vos encaissements et vos décaissements au fur et à mesure de leur réalisation, en précisant s'ils concernent votre caisse ou votre compte bancaire, et en les ventilant selon leur nature. Les mouvements de compte à compte n'ont pas besoin d'être ventilés mais doivent tout de même être enregistrés (retrait d'espèces du compte bancaire pour alimenter la caisse ou dépôt sur le compte bancaire d'un excédent de liquidités dans la caisse).

- ✔ À la fin de chaque mois, les totaux des différentes colonnes sont calculés afin de connaître le solde comptable du compte bancaire et de la caisse et pour suivre le montant des recettes à déclarer.

Si vous relevez d'un régime réel d'imposition, vos registres comptables seront construits selon le même principe, mais la ventilation des mouvements de fonds sera plus détaillée. Si vous êtes imposé dans la catégorie des BIC (au régime du réel simplifié, car rappelons que les entreprises relevant du réel normal n'ont pas le droit de tenir une comptabilité de trésorerie) nous vous proposons la liste suivante, établie à partir des rubriques du compte de résultat fiscal (formulaire 2033-B). Seules les lignes correspondant à des encaissements ou des décaissements ont été reprises dans ce tableau: c'est pourquoi vous n'y trouverez ni les variations de stocks, ni les dotations ou reprises sur amortissements et provisions. Vous n'êtes pas obligé de conserver tous ces intitulés si vous savez à l'avance qu'ils ne vous seront pas utiles (par exemple les rubriques destinées aux frais de personnel si vous n'employez pas de salariés, ou les ventes de marchandises si vous êtes un artisan).

Tableau 6-1: Rubriques conseillées, BIC régime du réel simplifié

Rubriques	Commentaires
Recettes:	
Ventes de marchandises	Ventes de produits non transformés par votre entreprise
Production vendue (biens)	Ventes de produits transformés par votre entreprise
Production vendue (services)	Ventes de services
Subventions d'exploitations reçues	Par exemple, subventions liées à des embauches
Autres produits (d'exploitation)	Par exemple, redevances reçues sur un brevet
Produits financiers	Revenus des placements financiers (intérêts, dividendes, plus-values…)
Produits exceptionnels	Dédommagements reçus, produits de cessions d'immobilisations, etc.
Dépenses:	
Achats de marchandises	Achats de biens destinés à êtres revendus en l'état
Achats de matières premières et autres approvisionnements	Achats de biens destinés à êtres transformés ou consommés dans le processus de production
Autres charges externes	Achats de services et de petites fournitures
Impôts, taxes et assimilés	Tous les impôts et taxes à l'exception de l'impôt sur le revenu et de la TVA
Rémunération du personnel	Salaires bruts (sans déduction des cotisations sociales salariales)
Charges sociales	Cotisations patronales uniquement
Autres charges (d'exploitation)	Par exemple, redevances versées
Charges financières	Intérêts sur emprunts
Charges exceptionnelles	Amendes et pénalités

Chapitre 6 : Comptabilité de trésorerie : mise en place et fonctionnement

De la même façon, le tableau ci-dessous présente les rubriques que nous conseillons pour les entreprises imposées dans la catégorie des BNC au régime de la déclaration contrôlée (formulaire 2035-A). Vous pouvez l'adapter à vos besoins, en particulier en supprimant les rubriques inutiles.

Tableau 6-2 : Rubriques conseillées, BNC régime de la déclaration contrôlée

Rubriques	Commentaires
Recettes :	
Recettes encaissées	Sommes reçues des clients (y compris les remboursements de frais) et honoraires rétrocédés par des confrères
Produits financiers	Revenus des placements financiers (intérêts, dividendes, plus-values…)
Autres produits	Indemnités d'assurances, subventions reçues, etc.
Dépenses :	
Débours payés pour le compte des clients	Dépenses engagées pour le compte de clients et refacturées à ceux-ci
Honoraires rétrocédés	Honoraires reversés à un confrère, par exemple dans le cadre d'un remplacement
Achats	Achats de biens entrant dans la composition des prestations effectuées
Salaires nets	Salaires nets versés aux employés de l'entreprise, à l'exclusion de la rémunération de l'exploitant
Charges sociales sur les salaires	Cotisations sociales patronales et salariales des employés
Taxe sur la valeur ajoutée	Uniquement pour les entreprises assujetties à la TVA qui enregistrent leurs achats et leurs ventes TTC : montant de la TVA reversée au Trésor
Contribution économique territoriale	
Autres impôts	Taxe foncière, taxe sur les salaires, etc.
CSG déductible	Part déductible de la CSG versée sur la rémunération de l'exploitant
Loyer et charges locatives	
Location de matériel et de mobilier	Y compris les redevances versées dans le cadre d'un contrat d'exercice en clinique
Entretien et réparations	
Personnel intérimaire	

Deuxième partie : La mise en place d'une comptabilité

Rubriques	Commentaires
Petit outillage	Fournitures et matériel d'une valeur unitaire inférieure à 500 € HT
Chauffage, eau, gaz, électricité	
Honoraires (autres que rétrocessions)	
Primes d'assurance	
Frais de véhicule	À ne pas utiliser si vous avez choisi l'évaluation forfaitaire
Autres frais de déplacement	Voyages professionnels
Charges sociales personnelles de l'exploitant	Cotisations d'allocations familiales, d'invalidité décès, d'assurance maladie et maternité, à l'exclusion de la CSG
Frais de réception, représentation et congrès	
Fournitures de bureau, frais de documentation, correspondance et téléphone	
Frais d'actes et de contentieux	
Cotisations syndicales et professionnelles	
Autres frais divers de gestion	Frais d'impayés par exemple
Frais financiers	Intérêts sur emprunts
Pertes diverses	Dépenses professionnelles exceptionnelles

Si vous relevez du régime simplifié des bénéfices agricoles, nous vous proposons la liste ci-dessous, inspirée des rubriques de la déclaration fiscale (formulaire 2139-B). De même que pour les BIC et les BNC, vous pouvez l'adapter à vos besoins, en particulier en supprimant les rubriques inutiles.

Tableau 6-3 : Rubriques conseillées, bénéfices agricoles régime du réel simplifié

Rubriques	Commentaires
Recettes :	
Production vendue : produits végétaux	
Production vendue : produits animaux	Par exemple, ventes d'œufs ou de lait
Production vendue : produits transformés	
Production vendue : animaux	À l'exclusion des animaux enregistrés comme des immobilisations (reproducteurs)
Autre production vendue (biens et services)	Par exemple, travaux réalisés pour le compte de tiers
Indemnités et subventions d'exploitation	
Autres produits (d'exploitation)	
Produits financiers	Revenus des placements financiers (intérêts, dividendes, plus-values…)
Produits exceptionnels	Dédommagements reçus, produits de cessions d'immobilisations, etc.
Dépenses :	
Achats d'approvisionnements	Par exemple, achats de semences
Achats d'animaux	À l'exclusion des animaux considérés comme des immobilisations (reproducteurs)
Autres achats et charges externes	Achats de services et de petites fournitures
Loyer, fermage et charges locatives	
Impôts, taxes et assimilés	Tous les impôts et taxes à l'exception de l'impôt sur le revenu et de la TVA
Rémunérations	Salaires bruts (sans déduction des cotisations sociales salariales), y compris la rémunération du travail de l'exploitant
Charges sociales	Cotisations patronales uniquement, y compris celle concernant le travail de l'exploitant.
Autres charges (d'exploitation)	
Charges financières	Intérêts sur emprunts
Charges exceptionnelles	Amendes et pénalités

Enfin, quel que soit votre régime fiscal, vous devrez également prévoir plusieurs colonnes supplémentaires pour suivre les encaissements et les décaissements qui n'affectent pas votre compte de résultat. En fin d'année, ils vous permettront de construire votre bilan ou votre balance de trésorerie (le contenu de ce document sera étudié dans la suite de ce chapitre). Nous vous proposons la liste suivante, à adapter en fonction de vos besoins.

Tableau 6-4 : Rubriques complémentaires, tous régimes fiscaux

Rubriques	Commentaires
Recettes :	
TVA collectée	Uniquement pour les assujettis à la TVA
Apports de l'exploitant	
Emprunts obtenus	
Virements de compte à compte ou de banque à caisse	Pour enregistrer les mouvements de fonds entre deux livres de comptes si vous utilisez des registres distincts
Autres recettes non imposables	Restitution d'un dépôt de garantie versé, etc.
Dépenses :	
TVA déductible	Uniquement pour les assujettis à la TVA
Retraits de l'exploitant	Retraits d'argent mais aussi dépenses personnelles payées avec un compte professionnel (y compris la CSG non déductible)
Versements à une SCM	Professions libérales uniquement
Achats d'immobilisations	Achats de biens destinés à servir durablement à l'activité professionnelle
Remboursements d'emprunt	Uniquement les remboursements en capital, à l'exclusion des intérêts versés
Virements de compte à compte ou de banque à caisse	Pour enregistrer les mouvements de fonds entre deux livres de comptes si vous utilisez des registres distincts
Autres dépenses non déductibles	Versement d'un dépôt de garantie, placement financier, etc.

Le registre des immobilisations

Le registre des immobilisations permet de suivre la valeur des immobilisations possédées par l'entreprise, c'est-à-dire des biens destinés à servir de façon durable à son activité (bâtiments, matériel, véhicules, mobilier, etc.).

Chapitre 6 : Comptabilité de trésorerie : mise en place et fonctionnement

En principe, il n'est obligatoire que pour les entreprises imposées dans la catégorie des BNC, mais il est en fait indispensable pour les autres entreprises dans la mesure où c'est lui qui permet de calculer et de justifier le montant de la dotation aux amortissements fiscalement déductible. De même que pour les livres de comptes, vous pouvez choisir d'utiliser un registre papier ou de créer des fiches sur tableur.

Si vous choisissez de tenir le registre des immobilisations à la main, nous vous conseillons d'utiliser un petit classeur et des fiches bristol, plus faciles à manipuler et plus flexibles qu'un grand registre à feuillets fixes. Le seul inconvénient de ce système est le risque d'égarer une fiche : pour y remédier, nous vous recommandons de numéroter les fiches dans l'ordre chronologique de l'acquisition des immobilisations.

Quel que soit le support choisi, la structure du registre est la suivante :

- Une fiche par immobilisation, indiquant notamment le coût d'acquisition et le plan d'amortissement retenu
- Une fiche récapitulative permettant de faire le lien entre les fiches d'immobilisations et les rubriques de la liasse fiscale

Toutes les immobilisations affectées à l'activité professionnelle doivent figurer dans ce registre, à l'exception de celles utilisées dans le cadre d'une SCM : la SCM établit ses propres comptes et les biens lui appartenant figurent à son bilan.

Les fiches d'immobilisations

Pour chaque immobilisation acquise ou produite par l'entreprise, il faut établir une fiche reprenant les informations suivantes :

- Date d'acquisition (ou de mise en service lorsque celle-ci est éloignée)
- Coût d'acquisition ou de production (hors taxes si la TVA a été récupérée et TTC dans le cas contraire)
- Plan d'amortissement (nous verrons au chapitre 14 comment construire celui-ci)
- En cas de revente de l'immobilisation : date et montant de la cession

Nous vous proposons ci-dessous un exemple de fiche d'immobilisation. Il s'agit d'une table d'examen, achetée le 1er juillet 2011 pour 1 435,20 € TTC par un médecin (qui ne récupère pas la TVA) et amortie linéairement sur une durée de dix ans. Cette fiche vous est présentée telle qu'elle apparaît à la clôture de l'exercice 2013 : les amortissements des années ultérieures ne figurent qu'à titre indicatif car ils ne sont pas encore certains (considérez qu'ils sont inscrits au crayon). En effet, la table peut être mise au rebut ou revendue avant la fin du plan d'amortissement. La dotation de l'année 2011 est plus faible que les autres car la table n'a été utilisée que pendant la moitié de l'exercice.

Description de l'immobilisation : Table d'examen			Fiche n° 3
Coût d'acquisition : 1 435,20 € TTC			
Date d'acquisition : 01/07/2011			
Durée d'amortissement : 10 ans			
Date de cession :			
Prix de cession :			
Mode d'amortissement : Linéaire		Taux d'amortissement : 10 %	
Année	Dotation aux amortissement	Amortissements cumulés	Valeur nette comptable
2011	71,76	71,76	1 363,44
2012	143,52	215,28	1 219,92
2013	143,52	358,80	1 076,40
2014	143,52	502,32	932,88
2015	143,52	645,84	789,36
2016	143,52	789,36	645,84
2017	143,52	932,88	502,32
2018	143,52	1 076,40	358,80
2019	143,52	1 219,92	215,28
2020	143,52	1 363,44	71,76
2021	71,76	1 435,20	0

Figure 6-3 : Modèle de fiche de suivi des immobilisations

La fiche récapitulative

La fiche récapitulative permet de faire le lien entre les fiches d'immobilisations et les chiffres du bilan et du compte de résultat : valeur brute des immobilisations, amortissements cumulés, dotations aux amortissements de l'exercice. Elle permet également d'expliquer les variations intervenues depuis l'année précédente (acquisitions et cessions) et qui seront reprises dans l'annexe ou dans la balance de trésorerie.

Nous vous proposons ci-dessous un modèle de fiche récapitulative en deux parties : une pour suivre la valeur brute des immobilisations (c'est-à-dire leur valeur d'origine), et l'autre pour les amortissements cumulés. Selon la place dont vous disposez, vous pouvez les présenter l'une en dessous de l'autre, ou les regrouper en un seul tableau en présentant les amortissements à droite des valeurs brutes. Si vous êtes imposé dans la catégorie des BNC, une seule fiche récapitulative globale est nécessaire. En revanche, si vous relevez de la catégorie des BIC ou des bénéfices agricoles, nous vous conseillons de construire une fiche récapitulative par catégorie d'immobilisations, selon le même degré de détail que votre bilan.

Chapitre 6 : Comptabilité de trésorerie : mise en place et fonctionnement

Valeur brute					
N° fiche	Libellé	Montant au 31/12/N-1	Investissements de l'exercice	Cessions et mises au rebut de l'exercice	Montant au 31/12/N
Total					

Amortissement					
N° fiche	Libellé	Montant au 31/12/N-1	Dotations de l'exercice	Cessions et mises au rebut de l'exercice	Montant au 31/12/N
Total					

Figure 6-4 : Modèle de fiche récapitulative des immobilisations

La construction de cette fiche récapitulative est simple à condition d'être rigoureux et de procéder étape par étape. Vous commencerez par le tableau de variation des valeurs brutes :

- La colonne « montant au 31/12/N-1 » est renseignée à partir de la fiche récapitulative de l'exercice précédent : la valeur de clôture de l'année N-1 devient la valeur d'ouverture de l'année N.

- La colonne « investissements de l'exercice » reprend la valeur d'origine des immobilisations achetées ou produites durant l'exercice : celles-ci sont faciles à identifier grâce à la numérotation des fiches.

- La colonne « cessions et mises au rebut de l'exercice » présente la valeur d'origine des immobilisations cédées ou mises au rebut durant l'exercice. Attention à ne pas confondre cette valeur avec le prix de cession : le but est d'annuler la valeur brute telle qu'elle apparaît dans la première colonne.

- La colonne « montant au 31/12/N » est calculée à partir des trois colonnes précédentes : montant au 31/12/N = montant au 31/12/N-1 + investissements − cessions.

Le tableau de variation des amortissements se construit selon le même modèle :

- Les deux premières colonnes (numéro et intitulé) sont reprises à l'identique du tableau des valeurs brutes, ce qui permet d'être sûr de n'oublier aucune fiche.
- La colonne « montant au 31/12/N-1 » est renseignée à partir de la fiche récapitulative de l'exercice précédent : la valeur de clôture de l'année N-1 devient la valeur d'ouverture de l'année N.
- La colonne « dotations de l'exercice » est remplie à partir des différentes fiches d'immobilisations : la dotation de l'exercice correspond à celle qui apparaît pour l'année concernée dans le plan d'amortissement.
- La colonne « cessions de l'exercice » sert à annuler l'amortissement constaté sur les immobilisations cédées ou mises au rebut durant l'année : il s'agit du montant de début d'année auquel on rajoute la dotation de l'exercice.
- La colonne « montant au 31/12/N » est calculée à partir des trois colonnes précédentes : montant au 31/12/N = montant au 31/12/N-1 + dotations − cessions.

À titre d'exemple, voici la fiche récapitulative des immobilisations du médecin ayant acheté la table d'examen de l'exemple précédent, telle qu'elle serait établie au 31 décembre 2013. Prenez quelques instants pour étudier sa construction et noter le lien entre les chiffres de la fiche d'immobilisation de la table d'examen et le tableau récapitulatif : on retrouve ainsi la valeur brute, l'amortissement cumulé au 31 décembre 2012, la dotation aux amortissements de l'année 2013 et l'amortissement cumulé au 31 décembre 2013. Par ailleurs, on remarque sur ces tableaux que le médecin s'est débarrassé de son vieil ordinateur, pour en acheter un nouveau ainsi qu'une imprimante.

Chapitre 6 : Comptabilité de trésorerie : mise en place et fonctionnement

Valeur brute					
N° fiche	Libellé	Montant au 31/12/2012	Investissements de l'exercice	Cessions et mises au rebut de l'exercice	Montant au 31/12/2013
1	Ordinateur	1 500,00		1 500,00	0,00
2	Bureau + chaise	570,00			570,00
3	Table d'examen	1 435,20			1 435,20
4	Matériel médical	5 980,00			5 980,00
5	Ordinateur		1 196,00		1 196,00
6	Imprimante		598,00		598,00
Total		9 485,20	1 794,00	1 500,00	9 779,20

Amortissement					
N° fiche	Libellé	Montant au 31/12/2012	Dotation de l'exercice	Cessions et mises au rebut de l'exercice	Montant au 31/12/2013
1	Ordinateur	750,00	375,00	1 125,00	0,00
2	Bureau + chaise	171,00	114,00		285,00
3	Table d'examen	215,28	143,52		358,80
4	Matériel médical	897,00	598,00		1 495,00
5	Ordinateur		99,67		99,67
6	Imprimante		49,83		49,83
Total		2 033,28	1 380,02	1 125,00	2 288,30

Figure 6-5 : Exemple de fiche récapitulative des immobilisations

Les valeurs apparaissant dans la colonne « cessions de l'exercice » ne correspondent pas au prix de cession éventuel de l'immobilisation, mais à sa valeur comptable telle qu'elle était calculée au moment de la cession : valeur d'origine et amortissement cumulé. Ainsi, le tableau ci-dessus ne nous dit pas si l'ordinateur a été jeté, donné ou vendu : nous savons seulement qu'il avait été acheté à l'origine pour 1 500 € et qu'il était amorti à hauteur de 1 125 € au moment de sa cession.

L'enregistrement des écritures comptables

Vos livres de comptes sont enfin prêts à recevoir leurs premières écritures, et c'est avec émotion que vous allez procéder à vos premiers enregistrements comptables. Afin que rien ne vienne gâcher ce merveilleux moment, prenons quelques instants pour étudier la façon de réaliser ces enregistrements.

Lors de la saisie d'une opération, il faudra :

- Lui attribuer un numéro
- Inscrire sur le registre ses principales caractéristiques : numéro, date, montant et description
- Ventiler son montant selon sa nature dans les colonnes prévues à cet effet

Vous devrez également additionner et reporter vos chiffres à intervalles réguliers : lors du changement de page sur un registre manuel ou à la réception du relevé bancaire pour préparer le rapprochement.

La numérotation des opérations

La numérotation des opérations a plusieurs objectifs : d'une part, elle assure la liaison entre les enregistrements comptables et les pièces justificatives et, d'autre part, elle contribue à sécuriser votre comptabilité en permettant de vérifier qu'aucun enregistrement n'a été effacé, ni aucun justificatif égaré.

Inutile de chercher la complication : une simple numérotation chronologique dans l'ordre de comptabilisation des opérations conviendra parfaitement. Le premier enregistrement portera le numéro 1, le suivant le numéro 2 et ainsi de suite… Pour éviter les risques de confusion, la numérotation devra être poursuivie d'une année sur l'autre, sans remettre les compteurs à zéro. Ainsi, si la dernière opération comptabilisée durant une année porte le numéro 531, alors la première opération de l'exercice suivant devra porter le numéro 532.

Si vous préférez adopter une numérotation spécifique à chaque exercice comptable, vous devrez faire figurer la référence de cet exercice dans votre numérotation : la première opération de l'année 2013 portera le numéro 2013/1, la seconde le numéro 2013/2, etc. En début d'année suivante, vous repartirez à zéro : la première opération de l'année 2014 portera le numéro 2014/1, quel que soit le nombre d'enregistrements de l'année précédente.

Pour faciliter le suivi de la numérotation des opérations, nous vous conseillons d'adopter une numérotation spécifique à chaque registre comptable. Dans ce cas, la référence du registre devra figurer dans la numérotation : par exemple B1, B2, B3, etc. pour les opérations enregistrées dans le livre de banque et C1, C2, C3, etc. pour le livre de caisse.

N'oubliez pas d'inscrire soigneusement le numéro de l'opération sur la pièce justificative en même temps que dans vos livres comptables. Il s'agit là du seul moyen de faire le lien avec certitude entre un enregistrement comptable et sa pièce justificative.

Chapitre 6 : Comptabilité de trésorerie : mise en place et fonctionnement

L'enregistrement des opérations

Les premières colonnes de vos registres comptables vont vous servir à inscrire les principales informations relatives aux opérations enregistrées. Les transactions réalisées seront enregistrées les unes à la suite des autres (une ligne par opération) en indiquant à chaque fois :

- Le numéro attribué à l'opération
- Sa date de saisie
- Un libellé le plus précis possible
- Son montant

L'espace disponible pour attribuer un libellé à chaque opération est souvent assez réduit, aussi faut-il le remplir avec soin en fournissant toutes les informations nécessaires pour remonter à la pièce justificative en cas de besoin. Pensez en particulier à indiquer pour chaque facture, reçue ou émise, le nom du client ou du fournisseur, ainsi que le numéro figurant sur la facture (à ne pas confondre avec le numéro d'opération que vous avez attribué à votre enregistrement). En revanche, il est inutile de préciser qu'il s'agit d'une vente ou d'un achat de marchandises dans la mesure où cette information sera fournie par la ventilation du montant dans les colonnes de droite.

Le montant à faire figurer dans les livres comptables est celui que vous avez réellement encaissé ou décaissé. À chaque mouvement de trésorerie doit correspondre un enregistrement comptable… et un seul : si un même règlement correspond à des dépenses de natures différentes (par exemple du gros matériel informatique et des consommables achetés auprès du même fournisseur), il doit quand même figurer sur une seule ligne, sa ventilation étant assurée dans les colonnes de droite.

Si vos recettes et vos dépenses sont enregistrées dans une même colonne, vous affecterez le montant de l'opération d'un signe positif (pour une recette) ou négatif (pour une dépense). Si elles sont enregistrées dans des colonnes distinctes, vous n'aurez pas à vous préoccuper du signe mathématique mais uniquement du choix de la colonne.

C'est à partir de votre livre de banque que vous contrôlerez votre relevé bancaire. Afin de faciliter le travail de rapprochement, vous devez veiller à enregistrer les opérations de la même façon qu'elles apparaîtront sur votre relevé : ne regroupez pas des dépenses de même nature si vous les avez payées en plusieurs fois, et ne détaillez pas des dépenses de natures différentes si elles correspondent à un seul règlement.

Si vous recevez de nombreux règlements dans une même journée (c'est en particulier le cas des professions médicales et paramédicales), vous pouvez les regrouper et n'enregistrer que le total de la journée dans vos livres de comptes pour éviter de les surcharger. En revanche, vous devez absolument conserver le détail individuel de vos encaissements dans un registre distinct afin de justifier du montant global enregistré en comptabilité.

Les encaissements et les décaissements doivent être enregistrés au fur et à mesure de leur réception ou de leur émission, sans attendre de recevoir le relevé bancaire. La saisie sera faite sur la base des pièces de banque :

- Bordereaux de remise de chèques ou d'espèces en banque
- Souches de chèques
- Avis de virement
- Etc.

Cette façon de procéder permet d'étaler le travail de saisie tout au long du mois, et surtout de connaître à tout moment le montant disponible sur le compte bancaire. De plus, la comptabilité ainsi tenue permet de contrôler le relevé bancaire lors de sa réception, comme nous le verrons dans le paragraphe consacré au rapprochement bancaire.

La ventilation des montants enregistrés

Les colonnes de droite de vos livres comptables servent à ventiler les sommes enregistrées en fonction de leur nature selon la classification nécessaire à l'élaboration de votre déclaration de résultat. Ce sont donc des considérations d'ordre fiscal qui doivent guider votre saisie : si vous hésitez sur le contenu d'une colonne, vous devez vous référer à la notice jointe à votre déclaration de revenus.

Ne vous inquiétez pas : ces hésitations seront extrêmement rares. Les intitulés des colonnes sont suffisamment explicites et nous vous avons déjà donné quelques indications sur leur contenu dans les tableaux 6-1 à 6-4. Il ne nous reste plus qu'à vous préciser les règles applicables en matière de TVA. Avec un peu d'entrainement, la saisie comptable vous semblera même simple…

La manière de ventiler la TVA dépend de votre situation à l'égard de cet impôt :

- Si votre activité est située en dehors du champ d'application de la TVA (médecins par exemple) ou si vous bénéficiez de la franchise de base, alors vous ne reversez pas de TVA sur vos recettes mais vous ne pouvez pas récupérer celle payée sur vos achats. Vos dépenses et vos recettes devront être enregistrées pour leur montant toutes taxes comprises dans les colonnes correspondant à leur nature, sans faire apparaître distinctement la TVA éventuellement payée.

Chapitre 6 : Comptabilité de trésorerie : mise en place et fonctionnement

✔ Si vous êtes assujettis à la TVA, alors vous facturez de la TVA à vos clients, que vous reversez ensuite au Trésor public, déduction faite de la TVA payée sur vos achats. Vos achats et vos ventes doivent être ventilés pour leur montant hors taxes dans les colonnes correspondantes, la TVA apparaissant distinctement dans des colonnes spécifiques.

Prenons l'exemple d'une entreprise qui achète des matières premières pour 120 € TTC (100 € hors taxes et 20 € de TVA). Dans le premier cas, elle inscrira une dépense de 120 € dans la colonne « achats de matières premières », alors que dans le second cas ce montant sera ventilé dans deux colonnes distinctes : 100 € dans la colonne « achats de matières premières » et 20 € dans la colonne « TVA déductible ».

Les entreprises assujetties à la TVA et imposées dans la catégorie des BNC ont le choix entre deux façons de comptabiliser la TVA :

✔ Soit elles enregistrent leurs opérations « hors taxe » comme exposé ci-dessus : la ventilation fait apparaître distinctement le montant hors taxes de l'opération et la TVA collectée ou déductible.

✔ Soit elles enregistrent leurs opérations « taxe incluse ». Dans ce cas, les dépenses et les recettes sont enregistrées pour leur montant TTC dans les colonnes de ventilation, exactement comme si l'entreprise n'était pas assujettie à la TVA. Le montant de la TVA nette reversée au Trésor est enregistré au moment de son règlement dans une colonne intitulée « Taxe sur la valeur ajoutée » qui sera reprise dans le compte de résultat fiscal.

La seconde façon de procéder vous semble plus simple que la première ? Ce n'est qu'une illusion ! En effet, le temps passé à ventiler la TVA au moment de la saisie comptable n'est pas du temps perdu : c'est lui qui vous permettra de remplir aisément votre déclaration de TVA le moment venu. Au contraire, si vous n'avez pas fait apparaître la TVA déductible et collectée au fur et à mesure de vos enregistrements, vous serez bien embêté pour établir votre déclaration. Il ne vous restera plus qu'à reprendre une à une toutes vos factures pour retrouver les montants à déclarer… en croisant les doigts pour n'en oublier aucune et ne pas faire d'erreur de calcul.

Pour faciliter le travail de saisie et de ventilation, il faut prendre soin de remplir de façon explicite les talons de chèque (date, montant, bénéficiaire et nature de la dépense) et les bordereaux de remise à l'encaissement (date, montant, origine des fonds déposés). Pour les ordres de virement, il est souhaitable d'ajouter sur le bordereau quelques indications sur la nature de la dépense en plus du nom du bénéficiaire, même si cette mention n'est pas prévue par la banque.

La totalisation et le report

Quel que soit le support retenu pour vos livres comptables, vous devrez procéder à des totaux et à des reports à intervalles réguliers :

- À chaque changement de page en cas de support papier
- À la réception d'un relevé bancaire afin de procéder au contrôle de celui-ci

Par ailleurs, ces opérations vous permettront de contrôler votre saisie au fur et à mesure de l'exercice comptable, sans attendre sa clôture. Vous sécuriserez ainsi vos enregistrements et allégerez d'autant vos travaux de fin d'année.

Malgré tout le soin apporté à la tenue des comptes, des erreurs sont toujours possibles dans la ventilation des encaissements et des décaissements, en particulier des erreurs arithmétiques : somme non ventilée ou ventilée pour un montant erroné. Pour éviter un fastidieux travail de pointage en fin d'année, il importe de contrôler régulièrement l'absence de telles erreurs. Une vérification efficace consiste à calculer les totaux de chaque colonne et à vérifier que la variation du solde bancaire entre le début et la fin de la période contrôlée correspond bien au total des montants ventilés dans les colonnes d'imputation comptable. Si ce n'est pas le cas, il ne vous reste plus qu'à vérifier ligne par ligne que vos recettes et vos dépenses sont correctement ventilées, et que les totaux des colonnes sont correctement calculés.

Prenons l'exemple d'une entreprise ayant démarré l'année 2008 avec un solde bancaire de 1 500 € dans ses livres de comptes. Durant le mois de janvier, elle a enregistré des recettes pour 5 000 € et des dépenses pour 5 600 €. À la fin du mois, le solde comptable de son compte bancaire est donc de 1 500 + 5 000 − 5 600 = 900 €. Supposons à présent que ses recettes aient été correctement ventilées, mais qu'une erreur ait été commise dans la ventilation des dépenses : un paiement de 165 € (correctement inscrit dans la colonne des dépenses) a été ventilé pour 156 €, soit une erreur de 9 €. Cette erreur apparaîtra lors de la vérification des totaux : si nous additionnons les totaux des colonnes de ventilation, nous obtenons un total de 5 000 € pour les recettes, et de 5 591 € pour les dépenses compte tenu de l'erreur de 9 €.

- Solde bancaire fin de période − solde début de période = 900 − 1 500 = − 600 €
- Somme des colonnes de ventilation = 5 000 − 5 591 = − 591 €, soit un écart de 9 € par rapport à la variation du solde bancaire.

Il faudra également contrôler à intervalles réguliers que les totaux des colonnes « virement » des différents livres s'annulent bien mutuellement, c'est-à-dire que toutes les sommes prélevées sur un compte sont bien arrivées sur un autre.

Le classement des pièces comptables

Si vous avez choisi de tenir une comptabilité de trésorerie, le classement de vos pièces comptables doit répondre à deux objectifs :

- Tant que les factures n'ont pas été réglées, il doit vous permettre de suivre les échéances de paiement.
- Une fois que les factures ont été réglées (et donc comptabilisées), il doit vous permettre de les retrouver aisément en cas de besoin.

Nous vous conseillons d'adopter un système de classement différent pour les factures en attente de règlement et pour celles déjà payées.

Le classement des factures à payer et à encaisser

Tant qu'une facture n'a pas été réglée, vous n'avez pas besoin de la comptabiliser. En revanche, il faut veiller à respecter son échéance afin de ne pas mécontenter votre fournisseur et de ne pas risquer des pénalités de retard (en particulier pour les impôts et les cotisations sociales).

Lorsqu'une facture présente une date d'échéance lointaine mais que vous disposez de suffisamment de trésorerie pour la régler immédiatement, pensez à vérifier si une remise est prévue en cas de paiement anticipé. Une telle réduction porte le nom d'*escompte* et est généralement indiquée au bas ou au verso de la facture. Même si son montant vous semble faible à première vue (1 ou 2 %), il ne s'applique que pour une période d'un mois ou deux, ce qui équivaut à une rémunération annuelle supérieure à 10 %. Aucune banque ne vous proposera une telle rémunération pour un placement sans risques !

La meilleure solution pour régler vos factures en temps et en heure est de les classer en fonction de leur date d'échéance. L'idéal est d'utiliser un trieur que vous aurez organisé de la façon suivante :

- Factures à régler avant la fin de la semaine en cours
- Factures à régler la semaine suivante
- Factures à régler avant la fin du mois (mais après la semaine suivante)
- Factures à régler le mois suivant
- Factures à échéance plus lointaine

Vous pourrez ainsi consacrer chaque semaine quelques heures au règlement des factures arrivées à échéance et à préparer le trieur pour la semaine suivante en y intégrant les nouvelles factures et en faisant avancer les factures en attente de règlement.

Le règlement d'une facture doit impérativement être matérialisé sur celle-ci en indiquant la date et le mode de règlement (espèces, chèque, virement…). En cas de paiement par chèque, le numéro du chèque devra être précisé. De même, si vous possédez plusieurs comptes bancaires, il faudra préciser celui qui a été utilisé.

Un système de classement similaire pourra être adopté pour vos factures clients en attente d'encaissement. Il vous faudra utiliser un second trieur que vous aurez organisé de la façon suivante :

- Factures à échéance dépassée
- Facture à encaisser avant la fin de la semaine en cours
- Factures à encaisser avant la fin du mois
- Factures à encaisser le mois suivant
- Factures à échéance plus lointaine

De cette façon, vous pourrez consacrer quelques heures chaque semaine à la vérification des encaissements et à la relance des impayés. Vous sortirez les factures réglées du trieur en prenant soin d'indiquer dessus la date de règlement et le moyen de paiement utilisé, et vous mettrez à jour le classement en intégrant les nouvelles factures émises et en faisant avancer celles qui restent en attente de règlement.

Le classement des factures payées et encaissées

Une fois que vous avez réglé une facture, vous devez comptabiliser la dépense et classer la pièce comptable de façon à pouvoir la retrouver en cas de besoin :

- Pour répondre à un fournisseur qui affirme ne pas avoir été payé
- Pour retrouver le détail d'une dépense comptabilisée
- Pour justifier la déductibilité d'une dépense en cas de contrôle fiscal
- Etc.

Ne tardez pas trop entre le moment où vous réglez une dépense et celui où vous la comptabilisez. D'une part, vous ne feriez que reculer pour mieux sauter (il n'y a que dans les contes de fée que des petits lutins viennent travailler à votre place durant la nuit!) et, d'autre part, vous risqueriez d'oublier des informations utiles à sa ventilation comptable. Ici encore, une

Chapitre 6 : Comptabilité de trésorerie : mise en place et fonctionnement

fois par semaine est un bon rythme. En attendant leur comptabilisation, vous pouvez regrouper vos pièces comptables dans une chemise « documents en attente de comptabilisation » en respectant l'ordre chronologique de leur règlement.

Une fois comptabilisées, vos factures devront être soigneusement rangées de façon à pouvoir les retrouver si nécessaire. Le plus efficace est un classement alphabétique par fournisseur. Les factures sont rangées au fur et à mesure de leur règlement dans des chemises cartonnées ouvertes au nom de vos fournisseurs habituels. Afin de ne pas multiplier inutilement le nombre de dossiers, les fournisseurs occasionnels pourront être regroupés en fonction de leur première lettre dans des chemises « divers A », « divers B », etc. Ce classement permet de retrouver aisément une facture à la demande d'un fournisseur, mais il est plus délicat de la retrouver à partir de votre comptabilité. Pour y parvenir, il est nécessaire d'indiquer systématiquement le nom du fournisseur dans vos livres de comptes.

Les dépenses autres que les factures fournisseurs pourront être classées dans des classeurs ou des chemises selon leur nature : impôts, taxes, salaires, cotisations sociales, etc. Quant aux factures clients, on pourra adopter un classement similaire à celui des factures fournisseurs : une chemise par client dans laquelle les factures sont rangées dans l'ordre chronologique du règlement.

Les pièces comptables doivent être conservées au moins dix ans (six ans si vous n'êtes pas commerçant). Il est préférable de garder les documents de l'année en cours et de l'année précédente facilement accessibles, les autres pouvant être archivés dans un endroit plus éloigné afin de libérer de la place dans votre bureau.

Le rapprochement bancaire

Le rapprochement bancaire est la clé de voûte de votre comptabilité. C'est lui qui vous permet de vérifier que vos enregistrements reflètent fidèlement vos recettes et vos dépenses, sans erreur ni omission. Accessoirement, il vous permet aussi de déceler d'éventuelles erreurs de votre banquier. La pratique du rapprochement bancaire n'est pas compliquée mais nécessite rigueur et concentration. Elle sera étudiée en détail dans le chapitre 13, mais nous allons dès à présent vous en expliquer le principe.

Il s'agit de contrôler que les mêmes montants apparaissent dans votre comptabilité et sur le relevé de banque, afin de mettre en évidence et d'analyser les éventuels écarts :

> ✔ Certains écarts sont tout à fait normaux et ne nécessitent aucune correction. C'est le cas par exemple des chèques ou des espèces que vous

avez remis en banque le dernier jour du mois et qui n'apparaissent pas encore sur votre relevé bancaire.

- Quelques écarts proviennent d'erreurs de la banque. Une telle situation est rare mais pas impossible : montant prélevé à tort, chèque pris en compte pour un mauvais montant, etc. Il faudra alors signaler son erreur à votre banquier et lui demander de régulariser la situation.

- La plupart des écarts proviennent d'erreurs ou d'omissions dans votre comptabilité : frais bancaires prélevés à votre insu, chèque retourné impayé, etc. Dans ce cas, vous devrez compléter et corriger votre comptabilité au plus vite.

Un contrôle similaire doit être régulièrement effectué sur le livre de caisse : il consiste à calculer le solde théorique de la caisse à partir de votre comptabilité, et de le comparer avec la valeur des espèces réellement présentes en caisse à la même date. En théorie, il ne devrait pas y avoir d'écart : si tel est pourtant le cas, c'est que vous avez commis une erreur ou un oubli dans votre comptabilité, ou que vous avez été victime d'un vol.

La construction des comptes annuels

Comme son nom l'indique, une comptabilité de trésorerie ne permet de suivre que la trésorerie de l'entreprise, à l'exclusion des autres éléments de son patrimoine : immobilisations, stocks, créances et dettes, etc. Elle est donc moins adaptée qu'une comptabilité d'engagement lorsqu'il s'agit d'établir un bilan.

Pour les entreprises imposées dans la catégorie des BNC, ce n'est pas un problème : la tenue d'une comptabilité de trésorerie est la règle de droit commun et celle-ci est parfaitement adaptée pour remplir la déclaration de revenus ainsi que la balance de trésorerie.

En revanche, si vous relevez de la catégorie des BIC ou des bénéfices agricoles, la tenue d'une comptabilité de trésorerie n'est qu'une option, et vos déclarations fiscales doivent tout de même être établies sur la base d'une comptabilité d'engagement. Vous devrez donc ajuster et compléter votre comptabilité avant de pouvoir établir vos comptes annuels.

Si vous êtes imposé dans la catégorie des BNC

Pour les entreprises imposées dans la catégorie des BNC, le compte de résultat fiscal se remplit aisément, par simple report des totaux des livres comptables.

Ceux-ci vous permettront également d'établir une balance de trésorerie faisant le lien entre votre déclaration de revenus et l'évolution de vos comptes bancaires.

La déclaration de revenus

Si vous avez suivi nos conseils pour la construction de vos livres de comptes, les intitulés de vos colonnes devraient correspondre exactement aux rubriques de votre déclaration de revenus (formulaire 2035-A). Il vous suffira de recopier les totaux des colonnes concernées dans les rubriques correspondantes. Tout au plus aurez-vous quelques additions à réaliser si vous tenez un registre distinct pour la caisse et pour chaque compte bancaire.

Vous pourrez ensuite compléter votre déclaration en ajoutant le montant des dotations aux amortissements de l'année ainsi que les frais évalués de façon forfaitaire (véhicules et blanchissage), avant d'aller la porter fièrement à votre expert-comptable! Rappelons à ce sujet que, même si le contrôle de votre déclaration par un expert-comptable n'est pas obligatoire, nous vous conseillons d'y avoir recours au moins la première année pour faire valider votre façon de procéder.

Toutes les colonnes de vos livres comptables ne sont pas reprises dans votre déclaration de revenus. En effet, certains encaissements ne sont pas imposables (apports de l'exploitant, emprunt bancaire obtenu, etc.) et certains décaissements ne sont pas déductibles (prélèvements personnels, investissements, etc.). Ils figureront dans votre balance de trésorerie pour expliquer les écarts entre votre déclaration de revenus et l'évolution de votre situation de trésorerie.

La balance de trésorerie

La balance de trésorerie ne fait pas partie de la liasse fiscale mais elle est souvent exigée par les associations de gestion agréées. De plus, c'est la première chose qu'un inspecteur des impôts vous demandera en cas de contrôle fiscal. Alors autant prendre les devants et réaliser vous-même ce document.

L'objectif visé est de faire le lien entre votre déclaration de revenus et vos entrées et sorties de fonds, en mettant en évidence:

✔ D'une part, les sommes figurant sur votre déclaration de revenus mais ne générant aucun mouvement de trésorerie: dotation aux amortissements, frais évalués forfaitairement, etc.

✔ D'autre part, les encaissements et les décaissements qui n'ont pas été reportés dans votre compte de résultat fiscal: investissements, obtention ou remboursement d'un emprunt bancaire, apports ou prélèvements de l'exploitant, etc. Ces montants correspondent aux colonnes de vos livres de comptes qui n'ont pas été utilisées lors de l'établissement de votre déclaration de revenus.

Le tableau ci-dessous présente les principales rubriques d'une balance de trésorerie ainsi que quelques commentaires utiles pour l'établissement de celle-ci. Les lignes concernant les SCM font l'objet d'un encadré spécifique ci-après.

Tableau 6-5 : Exemple de balance de trésorerie

Rubriques	*Commentaires*
Trésorerie professionnelle au début de l'exercice : - Solde de la banque au 01/01/N - Solde du CCP au 01/01/N - Solde de la caisse au 01/01/N	Reprendre les montants de clôture de la balance de trésorerie de l'année précédente, ou à défaut le solde comptable dans les livres de banque et de caisse.
Différence entre les recettes et les dépenses apparaissant sur la 2035 : - Excédent (ligne 34) - Ou insuffisance (ligne 39)	Reprendre la somme figurant sur la déclaration de revenus dans les cases indiquées.
Dépenses professionnelles non décaissées par banque, CCP ou caisse mais inclues dans l'excédent ou l'insuffisance ci-dessus : - Forfait véhicules - Forfait blanchissage - Dépenses payées par la SCM - Autres dépenses	Les forfaits véhicules et blanchissage sont des montants déductibles mais ne correspondent pas à des décaissements car ils sont évaluées de façon forfaitaire. Les autres dépenses comprennent notamment les dépenses professionnelles payées avec un compte bancaire privé, une telle pratique devant rester exceptionnelle.
Recettes patrimoniales non déclarées sur la 2035 : - Apports de l'exploitant - Cession d'immobilisations - Souscriptions d'emprunts - Remboursements reçus de la SCM	Ces montants apparaissent clairement dans vos livres de comptes. Il s'agit d'encaissements non déclarés car non imposables.
Dépenses patrimoniales non déduites sur la 2035 : - Prélèvements de l'exploitant - Acquisition d'immobilisations - Remboursements d'emprunts - Appels de fonds de la SCM	Ces montants apparaissent clairement dans vos livres de comptes. Il s'agit de dépenses non déduites car non déductibles.
Trésorerie professionnelle à la fin de l'exercice : - Solde de la banque au 31/12/N - Solde du CCP au 31/12/N - Solde de la caisse au 31/12/N	Indiquer ici le solde comptable dans les livres de banque et de caisse et non pas celui apparaissant sur les relevés de banque.

L'objectif de ce tableau est de faire le lien entre vos mouvements de fonds et votre déclaration de revenus, afin de vérifier que vous n'avez rien oublié de déclarer. Vous pourrez considérer que votre balance de trésorerie a été correctement établie si l'égalité suivante est respectée :

Solde comptable de la trésorerie au 1er janvier N

+ Différence entre les recettes et les dépenses déclarées sur la 2035
 (en + pour un excédent, en – pour une insuffisance)

+ Dépenses professionnelles non décaissées par banque,
 CCP ou caisse mais inclues dans l'excédent ou l'insuffisance

+ Recettes patrimoniales non déclarées sur la 2035

– Dépenses patrimoniales non déduites sur la 2035

= Solde comptable de la trésorerie au 31 décembre N

Les spécificités de la SCM

La Société civile de moyens (SCM) est une structure juridique réservée aux professions libérales dont l'objet est la fourniture de moyens matériels (locaux, personnel, matériel, etc.) à ses membres afin de faciliter l'exercice de leur profession. Les associés mettent en commun certains moyens d'exploitation afin d'en réduire le coût, mais ils conservent une totale indépendance au titre de leur activité professionnelle.

Les associés effectuent des versements périodiques à la SCM pour lui permettre de régler les dépenses dont elle a la responsabilité, les modalités de ces versements étant définies dans les statuts de la société. En fin d'année, les comptes de la SCM sont établis et transmis aux associés : en recettes figurent les versements reçus des associés et, en dépenses, les sommes effectivement décaissées pour payer les moyens d'exploitation mis en commun. Ces deux montants n'étant pas nécessairement rigoureusement identiques, la SCM peut dégager un bénéfice ou un déficit.

D'un point de vue fiscal, la SCM est transparente. Cela signifie que les dépenses professionnelles réglées par la SCM sont réparties entre les associés en fonction de leurs droits, et que ceux-ci peuvent déduire la fraction de dépenses leur revenant de la même façon que s'ils avaient payé directement ces frais. Par exemple, un médecin associé à 50 % dans une SCM, a versé 48 000 € durant l'année. Pour la même période, les dépenses déductibles de la SCM se sont élevées à 80 000 €. Le médecin pourra donc déduire 40 000 € (50 % de 80 000 €) sur sa déclaration 2035 (à ventiler selon leur nature sur les lignes concernées) et non pas 48 000 €.

Dans sa balance de trésorerie, il devra faire apparaître les 40 000 € en tant que « dépenses professionnelles non décaissées par banque mais inclues dans l'excédent ou l'insuffisance » : cette somme a bien été déduite sur la déclaration 2035 du médecin mais elle n'a pas été réglée avec son compte professionnel puisqu'elle a été payée par le compte de la SCM. Les 48 000 € effectivement versés devront, quant à eux, apparaître en tant que « dépenses patrimoniales non déduites sur la 2035 ».

Si vous êtes imposé dans la catégorie des BIC ou des bénéfices agricoles

Si vous êtes imposé au régime du réel simplifié des BIC ou des bénéfices agricoles, la tenue d'une comptabilité de trésorerie n'est qu'une option qui vous est proposée pour alléger vos obligations comptables quotidiennes. Toutefois, en fin d'année, vous devrez quand même établir des comptes annuels selon les règles de la comptabilité d'engagement. Soyons honnêtes : il s'agit d'un mauvais moment à passer ! En effet, la comptabilité de trésorerie n'est pas conçue pour permettre l'établissement d'un bilan, et vous devrez accomplir un travail minutieux pour reconstituer les différents éléments de votre patrimoine. Avec un peu de courage et beaucoup de rigueur, vous devriez néanmoins y arriver.

Rassurez-vous, nous ne vous laisserons pas tomber : nous allons vous expliquer où trouver les informations nécessaires et comment passer d'une comptabilité de trésorerie à une comptabilité d'engagement. Nous vous aiderons à construire vos comptes annuels en élaborant un tableau de passage de votre comptabilité de trésorerie à une comptabilité d'engagement qui vous permettra, en outre, de justifier votre déclaration fiscale en cas de contrôle.

La construction des comptes annuels

Un bilan est une photographie de votre patrimoine à un moment précis : celui de la clôture de vos comptes. En cas de contrôle fiscal, vous devrez être capable de le justifier à partir de votre comptabilité. Dans ce but, nous vous conseillons de partir du bilan de l'année précédente que vous mettrez à jour en suivant les étapes ci-dessous :

- Tout d'abord vous intégrerez les enregistrements de votre comptabilité, livre par livre.
- Puis vous recenserez vos créances et vos dettes à la date de clôture : vous les ferez apparaître respectivement à l'actif et au passif de votre bilan, tout en ajustant les comptes de charges et de produits concernés.
- Enfin, vous intégrerez les écritures dites « d'inventaire » : variation des stocks, amortissements des immobilisations, etc. Ces écritures seront étudiées plus en détail au chapitre 14 : nous ne nous intéresserons ici qu'à la manière de les intégrer dans une comptabilité de trésorerie.

Chapitre 6 : Comptabilité de trésorerie : mise en place et fonctionnement

Pour être réussi, votre bilan doit respecter deux conditions :

- Le total de l'actif net doit être égal au total du passif
- Le résultat du bilan doit être identique à celui du compte de résultat

Le tableau de réconciliation que nous allons vous présenter vous permettra non seulement de construire votre bilan et votre compte de résultat, mais aussi de faire le lien entre vos livres comptables et vos comptes annuels. À chaque ligne du tableau correspond un poste du bilan ou du compte de résultat, et à chaque colonne une étape de la construction des comptes annuels :

- Bilan d'ouverture
- Encaissements et décaissements de l'exercice tels qu'enregistrés dans les livres de banque et de caisse
- Ajustement des créances et des dettes
- Écritures d'inventaire
- La dernière colonne est obtenue par addition des colonnes précédentes. Elle donne les montants à reporter dans votre liasse fiscale.

Nous vous proposons ci-dessous un modèle de tableau de réconciliation, basé sur la déclaration fiscale des BIC, mais facilement transposable à la déclaration des bénéfices agricoles. Nous n'avons repris que les principales rubriques, en laissant volontairement de côté celles qui ne concernent que les sociétés (seules les entreprises individuelles ont le droit d'opter pour une comptabilité de trésorerie). En fonction de vos besoins, vous pourrez supprimer ou rajouter des rubriques.

		Bilan d'ouverture	Livre de banque	Livre de caisse	Ajustement des dettes et des créances	Variation des stocks	Amortissement des immos	Autres écritures d'inventaire	TOTAL
BILAN	Fonds commercial								
	Amortissement du fonds commercial								
	Autres immobilisations incorporelles								
	Amortissement des autres immos incorp.								
	Immobilisations corporelles								
	Amortissement des immos corporelles								
	Immobilisations financières								
	Stocks de matières premières								
	Provisions sur stocks de matières premières								
	Stocks de marchandises								
	Provisions sur stocks de marchandises								
	Avances et acomptes versés								
	Créances clients								
	Provisions sur créances clients								
	Valeurs mobilières de placement								
	Disponibilités								
	Charges constatées d'avance								
	Total actif								
	Capital (compte de l'exploitant)								
	Résultat de l'exercice								
	Emprunts et dettes assimilées								
	Avances et acomptes reçus								
	Fournisseurs et comptes rattachés								
	Autres dettes								
	Produits constatés d'avance								
	Virements internes								
	Total Passif								
COMPTE DE RESULTAT	Ventes de marchandises								
	Production vendue (biens)								
	Production vendue (services)								
	Subventions d'exploitations reçues								
	Autres produits d'exploitation								
	Produits financiers								
	Produits exceptionnels								
	Total produits								
	Achats de marchandises								
	Variation de stocks de marchandises								
	Achats de matières premières								
	Variations de stocks de matières premières								
	Autres charges externes								
	Impôts, taxes et assimilés								
	Rémunération du personnel								
	Charges sociales								
	Dotation aux amortissements								
	Autres charges d'exploitation								
	Charges financières								
	Charges exceptionnelles								
	Total charges								
	Résultat de l'exercice (produits-charges)								

Figure 6-6: Modèle de tableau de réconciliation

Chapitre 6 : Comptabilité de trésorerie : mise en place et fonctionnement

Nous vous conseillons de construire ce tableau sur informatique de façon à automatiser les totaux et certains contrôles. Vous pouvez en particulier lier le résultat du bilan à celui calculé au compte de résultat, et ajouter une cellule de contrôle qui vérifie que le total de l'actif est bien égal à celui du passif en vous alertant si tel n'est pas le cas. Vous verrez : c'est formidable ce que l'on peut faire avec la mise en page conditionnelle !

La reprise du bilan d'ouverture

Le bilan d'ouverture de l'année N est égal au bilan de clôture de l'année précédente, à quelques petites différences près :

- Les amortissements et les provisions sont présentés en dessous des postes d'actifs concernés et affectés d'un signe négatif (au lieu de figurer à côté avec un signe positif).

- Le résultat de l'année N-1 n'est pas repris sur la ligne « résultat de l'exercice » mais il est transféré sur la ligne « capital individuel » : il vient s'additionner au montant figurant initialement dans cette rubrique.

- La ligne du passif consacrée au résultat de l'exercice reste vide pour accueillir le résultat de l'année N.

- De la même façon, les lignes concernant les rubriques du compte de résultat ne sont pas remplies : elles accueilleront les montants de l'année N.

Tout au long de ce paragraphe, nous allons suivre l'exemple de l'entreprise Jolibois, dont l'activité est l'achat et la revente de mobilier en bois exotique. Cet exemple est volontairement simplifié afin de bien faire ressortir l'essentiel, c'est-à-dire le mécanisme de construction des comptes annuels : peu de rubriques sont utilisées, et il n'y a ni TVA, ni cotisations sociales.

L'entreprise Jolibois avait clôturé ses comptes de l'exercice N-1 avec le bilan suivant :

	Valeur brute	Amortissement	Valeur nette		Valeur nette
Immobilisations incorporelles	0		0	Capital	10 000
Immobilisations corporelles	1 000	28	972	Résultat (bénéfice)	1 972
Immobilisations financières	2 000		2 000		
Actif immobilisé	**3 000**	**28**	**2 972**	**Capitaux propres**	**11 972**
Stocks de marchandises	5 000		5 000	Dettes financières	5 000
Créances	8 000		8 000	Dettes fournisseurs	0
Disponibilités (banque)	1 000		1 000	Dettes fiscales et sociales	0
Actif circulant	**14 000**	**0**	**14 000**	**Dettes**	**5 000**
Total actif	**17 000**	**28**	**16 972**	**Total passif**	**16 972**

Figure 6-7 : Bilan au 31/12/N-1 de l'entreprise Jolibois

Ces chiffres seront repris dans la première colonne du tableau de construction des comptes annuels :

		Bilan d'ouverture
BILAN	Immobilisations corporelles	1 000
	Amortissement des immos corporelles	- 28
	Immobilisations financières	2 000
	Stocks de marchandises	5 000
	Créances clients	8 000
	Disponibilités	1 000
	Total actif	**16 972**
	Capital (compte de l'exploitant)	11 972
	Résultat de l'exercice	0
	Emprunts et dettes assimilées	5 000
	Fournisseurs et comptes rattachés	0
	Virements internes	0
	Total Passif	**16 972**
COMPTE DE RESULTAT	Ventes de marchandises	0
	Produits financiers	0
	Produits exceptionnels	0
	Total produits	**0**
	Achats de marchandises	0
	Variation de stocks de marchandises	0
	Autres charges externes	0
	Impôts, taxes et assimilés	0
	Dotation aux amortissements	0
	Charges financières	0
	Charges exceptionnelles	0
	Total charges	**0**
	Résultat de l'exercice	**0**

Figure 6-8 : Reprise du bilan d'ouverture

Le montant du capital individuel a été calculé de la façon suivante : 10 000 € (montant initial) + 1 972 € (résultat de l'année précédente) = 11 972 €. L'équilibre du bilan (actif = passif) est conservé. Les montants du compte de résultat ne sont pas repris : seuls les charges et les produits relatifs à la nouvelle année devront figurer dans le compte de résultat de l'exercice N.

L'intégration des totaux des livres comptables

L'étape suivante consiste à reporter les totaux des livres comptables dans le tableau de construction des comptes annuels. Chaque livre doit être reporté dans une colonne distincte. Les totaux des différentes colonnes des livres comptables sont ventilés selon leur nature entre les différents postes du bilan et du compte de résultat. Vous devrez être particulièrement vigilant au signe de vos chiffres :

Chapitre 6 : Comptabilité de trésorerie : mise en place et fonctionnement

✔ Une recette doit être affectée d'un signe positif s'il s'agit d'un produit (vente) ou d'une augmentation du passif (obtention d'un emprunt bancaire), mais d'un signe négatif s'il s'agit d'une diminution de l'actif (restitution d'un dépôt de garantie versé).

✔ Une dépense doit être affectée d'un signe positif s'il s'agit d'une charge (achats de marchandises) ou d'une augmentation de l'actif (investissement), mais d'un signe négatif s'il s'agit d'une diminution du passif (remboursement d'un emprunt bancaire).

Le résultat du compte de résultat est calculé par différence entre le total des produits et celui des charges. Il est ensuite reporté sur la ligne « résultat de l'exercice » au passif du bilan, affecté d'un signe positif s'il s'agit d'un bénéfice, et négatif s'il s'agit d'une perte.

Le montant de la colonne « virement » est également reporté dans le tableau de construction du bilan, sur la dernière ligne du passif. Lorsque tous les livres comptables auront été reportés, la somme de cette ligne devra être nulle car les virements sont des mouvements entre les différents comptes bancaires ou entre un compte bancaire et la caisse : ce qui entre sur un compte sort d'un autre.

La ligne « disponibilités » présente une particularité. En effet, elle ne correspond à aucune colonne des livres comptables, mais bien à la trésorerie elle-même. Vous porterez sur cette ligne la différence entre le solde comptable du compte bancaire de début d'année et celui de fin d'année (le principe est le même pour la caisse ou un CCP). Attention à ne pas reporter le solde de fin d'année, car votre bilan ne serait alors plus équilibré. En fait, le solde de fin d'année apparaîtra dans la colonne de totalisation à l'extrémité droite du tableau : il se construit par addition du solde initial figurant sur le bilan d'ouverture et des variations de l'année.

Le livre de banque de l'entreprise Jolibois présente les totaux suivants à la fin de l'année N. Les 2 000 € figurant dans la colonne « divers bilan » du journal de banque correspondent à la restitution d'un dépôt de garantie versé plusieurs années auparavant et qui avait été comptabilisé en immobilisations financières. Quant aux virements, il s'agit d'espèces prélevées dans la caisse et déposées sur le compte bancaire. Compte tenu des encaissements et des décaissements réalisés durant l'année, le solde comptable du compte bancaire s'élève à 4 221 € au 31 décembre N.

	Ventes de marchandises	Achats de marchandises	Autres charges externes	Impôts et taxes	Charges d'intérêts	Prélèvements de l'exploitant	Remboursements d'emprunts	Achats d'immobilisations	Divers bilan	Virements
Total	55 598	-26 947	-7 490	-300	-725	-18 000	-3 678	-932	2 000	3 695

Figure 6-9 : Livre de banque

Le livre de caisse, quant à lui, fait apparaître 3 756 € de ventes de marchandises, dont sont déduits 61 € d'autres charges externes et 3 695 € de virement vers le compte bancaire. Le solde de début et de fin d'année est nul car la caisse a été intégralement vidée et son contenu déposé en banque.

Le report des livres de banque et de caisse dans le tableau de construction des comptes annuels sera le suivant :

		Bilan d'ouverture	Livre de caisse	Livre de banque	
BILAN	Immobilisations corporelles	1 000		932	Achats d'immobilisations
	Amortissement des immos corporelles	- 28			
	Immobilisations financières	2 000		- 2 000	Restitution du dépôt de garantie
	Stocks de marchandises	5 000			
	Créances clients	8 000			
	Disponibilités	1 000		3 221	Variation durant l'année : 3 221 = 4 221 – 1 000
	Total actif	**16 972**	**0**	**2 153**	
	Capital (compte de l'exploitant)	11 972		- 18 000	Prélèvements de l'exercice
	Résultat de l'exercice	0	3 695	20 136	Report du résultat du compte de résultat
	Emprunts et dettes assimilées	5 000		- 3 678	Remboursement de l'année
	Fournisseurs et comptes rattachés	0			
	Virements internes	0	- 3 695	3 695	
	Total Passif	**16 972**	**0**	**2 153**	
COMPTE DE RESULTAT	Ventes de marchandises	0	3 756	55 598	
	Produits financiers	0			
	Produits exceptionnels	0			
	Total produits	**0**	**3 756**	**55 598**	
	Achats de marchandises	0		26 947	
	Variation de stocks de marchandises	0			
	Autres charges externes	0	61	7 490	
	Impôts, taxes et assimilés	0		300	
	Dotation aux amortissements	0			
	Charges financières	0		725	
	Charges exceptionnelles	0			
	Total charges	**0**	**61**	**35 462**	
	Résultat de l'exercice (produits-charges)	**0**	**3 695**	**20 136**	

Figure 6-10 : Intégration des livres de comptes

Dans le cas où les virements enregistrés dans les différents livres comptables ne s'annulent pas, il faut absolument analyser et pointer les montants enregistrés de façon à détecter et à corriger l'erreur :

Chapitre 6 : Comptabilité de trésorerie : mise en place et fonctionnement

- ✔ Montant mal ventilé : recette ou achat ventilé à tort dans une colonne virement, ou virement ventilé à tort dans une colonne d'achat ou de recette
- ✔ Montant oublié en comptabilité ou comptabilisé deux fois : en théorie un contrôle régulier de la caisse et l'établissement de rapprochements bancaires doit permettre d'éviter ces erreurs

L'équilibre du bilan (Actif = Passif) doit absolument être conservé lors du report des montants figurant dans les livres comptables. En cas d'écart, il faut vérifier que :

- ✔ Tous les montants comptabilisés ont été correctement ventilés sur les journaux (Total des colonnes de ventilation = Solde final banque ou caisse – solde initial banque ou caisse)
- ✔ La ligne « disponibilités » du bilan comporte bien la variation de l'année et non pas le solde de fin d'année
- ✔ La totalité des mouvements affectant le bilan ont bien été intégralement reportés dans le tableau, sans erreur de signe

La constatation des créances et des dettes

Les factures en attente de règlement au moment de la clôture doivent être intégrées dans les comptes annuels lorsqu'elles concernent l'activité de l'année écoulée. Par exemple, la facture relative à la consommation d'électricité du mois de décembre doit figurer dans le compte de résultat de l'année N, même si elle ne sera payée qu'en janvier N +1. De même, une vente réalisée avant la date de clôture mais pour laquelle l'entreprise a accordé un délai de règlement à son client devra être prise en compte dans les produits de l'exercice, même si elle n'a pas encore été réglée à la date de clôture.

Vous devrez ainsi recenser toutes les factures en attente de règlement à la date de clôture, et intégrer dans vos comptes annuels celles qui concernent l'activité de l'année écoulée. Pour les factures concernant des achats ou des ventes de biens (marchandises, matières premières, consommables, etc.) c'est la date de livraison qui détermine le rattachement à l'activité :

- ✔ Si la livraison est intervenue avant la date de clôture, la facture doit être prise en compte.
- ✔ Si la livraison est intervenue après la date de clôture, la facture ne sera constatée que l'année suivante au moment de son règlement.

Pour les prestations de services, c'est la date de réalisation de la prestation qui permet de déterminer l'année de rattachement :

- ✔ Période de location pour un loyer
- ✔ Date de réalisation de l'étude ou de la consultation pour des honoraires d'experts
- ✔ Date de la formation pour des frais de formation
- ✔ Date du voyage pour des frais de transport
- ✔ Etc.

Dans le cas de prestations à cheval sur deux années, il convient d'appliquer un *prorata temporis* au montant de la facture afin de n'intégrer que la fraction concernant l'année écoulée. Ainsi une facture de location de matériel de 300 € pour la période allant du 1er décembre N au 1er mars N +1 ne sera prise en compte que pour la fraction concernant le mois de décembre N, c'est-à-dire pour un tiers de sa valeur.

Au moment où vous travaillerez à l'établissement de vos comptes de l'année N, l'année N +1 sera déjà entamée depuis plusieurs mois. Les factures susceptibles d'être rattachées à l'exercice N auront déjà été réglées et ne figureront plus dans votre trieur des factures en attente d'encaissement ou de paiement. Pour les retrouver, nous vous conseillons d'analyser les recettes et les dépenses enregistrées dans vos livres comptables de l'année N +1. Ce travail sera grandement facilité si vous avez pensé à identifier ces factures dès leur saisie : surlignage, utilisation d'une couleur différente ou libellé explicite.

L'intégration des dettes dans le tableau de construction des comptes annuels se fait de la façon suivante :

- ✔ Le total des factures fournisseurs concernant l'activité de l'année N mais à régler en N +1 est présenté sur la ligne « dettes fournisseur » du passif.
- ✔ Puis leur montant est ventilé par nature entre les différentes lignes de charges du compte de résultat.
- ✔ Enfin, l'impact (négatif) sur le résultat est reporté sur la ligne « résultat » du passif.

L'égalité actif = passif est respectée puisque l'actif ne change pas et que l'augmentation des dettes au passif est compensée par la baisse du résultat de l'exercice.

Le raisonnement est identique pour les factures clients : le total des factures est présenté sur la ligne « créances clients » de l'actif. Puis leur montant est ventilé par nature entre les différentes lignes de produits du compte de résultat. Enfin, l'impact (positif) sur le résultat de l'exercice est reporté sur la ligne correspondante du passif, rétablissant ainsi l'égalité total actif = total passif.

Chapitre 6 : Comptabilité de trésorerie : mise en place et fonctionnement

En même temps que vous faites apparaître les créances et les dettes de l'année N, il ne faut pas oublier d'annuler celles qui figuraient au bilan d'ouverture. Il s'agit de factures relatives à l'année N-1 qui n'avaient pas été réglées à la clôture de cet exercice : elles ont été réglées durant l'année N et ont donc été enregistrées dans vos livres de comptes de cette année. Pourtant, elles ont déjà été prises en compte dans le compte de résultat de l'année N-1 et ne doivent pas apparaître à nouveau en charges ou en produits de l'année N. Vous les ferez disparaître de vos comptes en appliquant un schéma d'enregistrement inverse par rapport à celui présenté précédemment pour les factures de l'année N :

- Le total des dettes au 1er janvier N est présenté en négatif sur la ligne « dettes fournisseurs » du passif, de façon à annuler la dette figurant sur le bilan d'ouverture.

- Leur montant est ventilé par nature entre les différentes lignes de charges du compte de résultat, mais avec un signe négatif de façon à venir diminuer les dépenses préalablement enregistrées.

- L'impact (positif) sur le résultat est reporté sur la ligne correspondante du passif.

Le raisonnement est similaire pour l'annulation des créances : le montant des créances à l'ouverture est présenté en négatif sur la ligne « créances clients » et dans les différentes lignes de produits du compte de résultat. L'impact (négatif) sur le résultat de l'exercice est reporté sur la ligne correspondante au passif du bilan.

À la clôture de l'année N, l'entreprise Jolibois détenait des créances d'une valeur de 15 000 € sur ses clients au titre de ventes de marchandises réalisées durant l'année N et payables en N+1. Elle devait également 3 000 € à ses fournisseurs (2 600 € pour des achats de matières premières et 400 € pour des dépenses de publicité). À la clôture de l'année N-1, elle possédait une créance de 8 000 € sur un client et n'avait pas de dettes envers ses fournisseurs.
Le report dans le tableau de construction des comptes annuels est donc le suivant :

Deuxième partie : La mise en place d'une comptabilité

		Bilan d'ouverture	Livre de banque	Livre de caisse	Ajustement des créances	Ajustement des dettes	Annulation créances N-1
BILAN	Immobilisations corporelles	1 000	932				
	Amortissement des immos corporelles	- 28					
	Immobilisations financières	2 000	- 2 000				
	Stocks de marchandises	5 000					
	Créances clients	8 000			15 000		- 8 000
	Disponibilités	1 000	3 221				
	Total actif	**16 972**	**2 153**	**0**	**15 000**	**0**	**- 8 000**
	Capital (compte de l'exploitant)	11 972	- 18 000				
	Résultat de l'exercice	0	20 136	3 695	15 000	- 3 000	- 8 000
	Emprunts et dettes assimilées	5 000	- 3 678				
	Fournisseurs et comptes rattachés	0				3 000	
	Virements internes	0	3 695	- 3 695			
	Total Passif	**16 972**	**2 153**	**0**	**15 000**	**0**	**- 8 000**
COMPTE DE RESULTAT	Ventes de marchandises	0	55 598	3 756	15 000		- 8 000
	Produits financiers	0					
	Produits exceptionnels	0					
	Total produits	**0**	**55 598**	**3 756**	**15 000**	**0**	**- 8 000**
	Achats de marchandises	0	26 947			2 600	
	Variation de stocks de marchandises	0					
	Autres charges externes	0	7 490	61		400	
	Impôts, taxes et assimilés	0	300				
	Dotation aux amortissements	0					
	Charges financières	0	725				
	Charges exceptionnelles	0					
	Total charges	**0**	**35 462**	**61**	**0**	**3 000**	**0**
	Résultat de l'exercice (produits-charges)	**0**	**20 136**	**3 695**	**15 000**	**- 3 000**	**- 8 000**

Figure 6-11 : Intégration des créances et des dettes

Les écritures d'inventaires

Les écritures d'inventaires sont intégrées dans les comptes annuels selon le même principe que les créances et les dettes : leur impact est ventilé entre les différents postes du bilan et du compte de résultat, puis le résultat de l'exercice est calculé par différence entre le total des produits et celui des charges, avant d'être reporté au passif du bilan. L'égalité total actif = total passif est toujours respectée.

À la clôture de l'année N, le stock de l'entreprise Jolibois est évalué à 4 000 €, soit une diminution de 1 000 € par rapport à l'année précédente. La dotation aux amortissements des immobilisations corporelles s'élève à 190 €. Le report dans le tableau de construction des comptes annuels est donc le suivant :

Chapitre 6: Comptabilité de trésorerie: mise en place et fonctionnement

		Bilan d'ouverture	Livre de banque	Livre de caisse	Ajustement des créances	Ajustement des dettes	Annulation créances N-1	Ajustement des stocks	Dotation aux amortissements
BILAN	Immobilisations corporelles	1 000	932						
	Amortissement des Immobilisations corporelles	- 28							- 190
	Immobilisations financières	2 000	- 2 000						
	Stocks de marchandises	5 000						- 1 000	
	Créances clients	8 000			15 000		- 8 000		
	Disponibilités	1 000	3 221						
	Total actif	**16 972**	**2 153**	**0**	**15 000**	**0**	**- 8 000**	**- 1 000**	**- 190**
	Capital (compte de l'exploitant)	11 972	- 18 000						
	Résultat de l'exercice	0	20 136	3 695	15 000	- 3 000	- 8 000	- 1 000	- 190
	Emprunts et dettes assimilées	5 000	- 3 678						
	Fournisseurs et comptes rattachés	0				3 000			
	Virements internes	0	3 695	- 3 695					
	Total Passif	**16 972**	**2 153**	**0**	**15 000**	**0**	**- 8 000**	**- 1 000**	**- 190**
COMPTE DE RESULTAT	Ventes de marchandises	0	55 598	3 756	15 000		- 8 000		
	Produits financiers	0							
	Produits exceptionnels	0							
	Total produits	**0**	**55 598**	**3 756**	**15 000**	**0**	**- 8 000**	**0**	**0**
	Achats de marchandises	0	26 947			2 600			
	Variation de stocks de marchandises	0						1 000	
	Autres charges externes	0	7 490	61		400			
	Impôts, taxes et assimilés	0	300						
	Dotation aux amortissements	0							190
	Charges financières	0	725						
	Charges exceptionnelles	0							
	Total charges	**0**	**35 462**	**61**	**0**	**3 000**	**0**	**1 000**	**190**
	Résultat de l'exercice (produits-charges)	**0**	**20 136**	**3 695**	**15 000**	**- 3 000**	**- 8 000**	**- 1 000**	**- 190**

Figure 6-12: Intégration des écritures d'inventaire

La totalisation finale

La dernière colonne du tableau de construction des comptes annuels est obtenue par sommation des colonnes précédentes. Les chiffres qui y figurent sont ceux à reporter dans votre liasse fiscale.

Ainsi, la version finale du tableau de construction des comptes de l'entreprise Jolibois est la suivante:

		Bilan d'ouverture	Livre de banque	Livre de caisse	Ajustement des créances	Ajustement des dettes	Annulation créances N-1	Ajustement des stocks	Dotation aux amortissements	Total
BILAN	Immobilisations corporelles	1 000	932							1 932
	Amortissement des Immobilisations corporelles	- 28							- 190	- 218
	Immobilisations financières	2 000	- 2 000							0
	Stocks de marchandises	5 000						- 1 000		4 000
	Créances clients	8 000			15 000		- 8 000			15 000
	Disponibilités	1 000	3 221							4 221
	Total actif	**16 972**	**2 153**	**0**	**15 000**	**0**	**- 8 000**	**- 1 000**	**- 190**	**24 935**
	Capital (compte de l'exploitant)	11 972	- 18 000							- 6 028
	Résultat de l'exercice	0	20 136	3 695	15 000	- 3 000	- 8 000	- 1 000	- 190	26 641
	Emprunts et dettes assimilées	5 000	- 3 678							1 322
	Fournisseurs et comptes rattachés	0				3 000				3 000
	Virements internes	0	3 695	- 3 695						0
	Total Passif	**16 972**	**2 153**	**0**	**15 000**	**0**	**- 8 000**	**- 1 000**	**- 190**	**24 935**
COMPTE DE RÉSULTAT	Ventes de marchandises	0	55 598	3 756	15 000		- 8 000			66 354
	Produits financiers	0								0
	Produits exceptionnels	0								0
	Total produits	**0**	**55 598**	**3 756**	**15 000**	**0**	**- 8 000**	**0**	**0**	**66 354**
	Achats de marchandises	0	26 947			2 600				29 547
	Variation de stocks de marchandises	0						1 000		1 000
	Autres charges externes	0	7 490	61		400				7 951
	Impôts, taxes et assimilés	0	300							300
	Dotation aux amortissements	0							190	190
	Charges financières	0	725							725
	Charges exceptionnelles	0								0
	Total charges	**0**	**35 462**	**61**	**0**	**3 000**	**0**	**1 000**	**190**	**39 713**
	Résultat de l'exercice (produits-charges)	**0**	**20 136**	**3 695**	**15 000**	**- 3 000**	**- 8 000**	**- 1 000**	**- 190**	**26 641**

Figure 6-13: Tableau de construction des comptes de l'entreprise Jolibois

Quelques contrôles réalisés sur la colonne de totalisation vous permettront de vous assurer de l'absence d'erreurs dans votre tableau avant de vous lancer dans l'élaboration de votre liasse fiscale:

- Le total de l'actif doit être égal à celui du passif.
- Le résultat du compte de résultat doit être identique à celui du bilan.
- La ligne « virements » doit être nulle.

Chapitre 6 : Comptabilité de trésorerie : mise en place et fonctionnement

- La ligne « disponibilités » doit être égal au solde comptable de vos comptes bancaires et de votre caisse à la date de clôture.
- Le montant du stock, des créances et des dettes doit correspondre à l'évaluation qui en a été faite à la clôture.

Il est alors ensuite (enfin) possible d'établir les comptes annuels. Ceux-ci sont les suivants pour l'entreprise Jolibois :

Bilan au 31/12/N

	Valeur brute	Amortissement	Valeur nette		Valeur nette
Immobilisations incorporelles	0		0	Capital	- 6 028
Immobilisations corporelles	1 932	218	1 714	Résultat (bénéfice)	26 641
Immobilisations financières	0		0		
Actif immobilisé	**1 932**	**218**	**1 714**	**Capitaux propres**	**20 613**
Stocks de marchandises	4 000		4 000	Dettes financières	1 322
Créances	15 000		15 000	Dettes fournisseurs	3 000
Disponibilités (banque)	4 221		4 221	Dettes fiscales et sociales	0
Actif circulant	**23 221**		**23 221**	**Dettes**	**4 322**
Total actif	**125 153**	**218**	**24 935**	**Total passif**	**24 935**

Compte de résultat de l'année N

Achats des marchandises	29 547	Ventes de marchandises	66 354
Variation de stocks	1 000		
Autres charges externes	7 951		
Impôts, taxes et assimilés	300		
Dotation aux amortissements	190		
Total charges d'exploitation	**38 988**	**Total produits d'exploitation**	**66 354**
Charges financières	725	**Produits financiers**	0
Charges exceptionnelles	0	**Produits exceptionnels**	0
Total charges	39 713	**Total produits**	66 354
Bénéfice	26 641		
Total	66 354	Total	66 354

Figure 6-14 : Intégration des livres de comptes

Chapitre 7
La comptabilité d'engagement : mise en place et fonctionnement

Dans ce chapitre :
- Le choix d'un logiciel comptable
- Les logiciels complémentaires
- Comment paramétrer votre logiciel
- Le fonctionnement d'un logiciel comptable

Ce chapitre s'adresse aux entreprises ayant choisi de tenir une comptabilité d'engagement, c'est-à-dire d'enregistrer leurs transactions selon le principe de la partie double dès le moment où ces dernières affectent leur patrimoine, sans attendre un éventuel impact sur la trésorerie. Si vous êtes soumis au régime du réel normal des BIC, des bénéfices agricoles ou à l'impôt sur les sociétés, vous n'avez pas vraiment le choix! Mais la mise en place d'une comptabilité d'engagement peut aussi résulter d'une décision de gestion répondant à l'objectif de se doter d'un système d'information plus complet, plus performant et plus réactif qu'une simple comptabilité de trésorerie.

Il est vrai que vous devrez consacrer du temps au démarrage pour maîtriser les mécanismes de la comptabilité et le fonctionnement de votre logiciel mais ensuite il n'y aura plus que du bonheur : des déclarations fiscales éditées d'un simple clic, un suivi automatisé des échéances clients et fournisseurs, un rapprochement bancaire simplifié, etc.

Pour que cette vision idyllique devienne réalité, il vous faudra auparavant trouver le logiciel adapté à vos besoins et le paramétrer correctement. Ne bâclez pas cette étape car il s'agit de décisions qui vous engagent pour longtemps et qu'il ne faut pas prendre à la légère. Tout au long de ce chapitre, nous vous guiderons dans le choix de votre logiciel comptable (et des éventuels modules complémentaires) et nous vous donnerons les éléments nécessaires pour sa prise en main.

Le choix d'un logiciel comptable

À l'heure actuelle, une comptabilité d'engagement ne se conçoit que sur ordinateur avec un logiciel comptable. Vous enregistrez les écritures selon un masque de saisie prédéfini et l'informatique s'occupe du reste : calcul des soldes, totalisations et reports, édition des livres comptables, etc. Selon le logiciel que vous choisirez, le travail de saisie sera plus ou moins guidé et vous disposerez d'une liberté plus ou moins grande pour déterminer les paramètres de votre comptabilité.

Il existe une multitude de logiciels comptables qui vont du très simple et très accessible, au très sophistiqué et plus complexe. Les prix dépendent bien sûr du type de logiciel : certains sont gratuits alors que d'autres peuvent atteindre plusieurs dizaines de milliers d'euros. Nous étudierons successivement l'offre des principaux éditeurs, puis nous évoquerons des solutions alternatives telles que les logiciels gratuits et les logiciels « en ligne », en vous donnant les éléments nécessaires pour faire votre choix.

Les principaux éditeurs

Les principaux éditeurs de logiciels destinés aux PME et aux TPE sont Ciel, EBP et Sage (en fait Ciel a été racheté il y a quelques années par Sage mais les logiciels de cette marque sont toujours distribués car ils complètent la gamme existante). Chacun a ses partisans et les forums de discussion sont souvent le théâtre d'échanges passionnés entre les différents utilisateurs. Les principaux arguments avancés sont les suivants :

- Les partisans de Ciel mettent en avant sa fiabilité et le fait que de nombreux experts-comptables l'utilisent, ce qui facilite les transferts de données.
- Les partisans d'EBP plébiscitent sa facilité d'utilisation : les écrans de saisie sont clairs et agréables à l'œil et la saisie est très intuitive.
- Les partisans de Sage apprécient sa puissance (nombreuses fonctionnalités) et la possibilité de travailler en version multiposte.

Nous ne prendrons pas parti pour l'un ou pour l'autre des concurrents car leurs produits sont tous de très bonne qualité : la saisie est aisée et les plantages quasi inexistants. D'ailleurs, c'est par ordre alphabétique que nous les avons cités, c'est dire notre souci d'impartialité ! En fait, tout dépend de vos besoins. L'idéal est de vous faire une idée par vous-même en demandant à bénéficier d'une démonstration ou à tester une version d'essai gratuite. N'hésitez pas à en parler autour de vous : vos clients, vos fournisseurs et les commerçants de votre quartier utilisent sans doute un logiciel comptable et pourront vous donner leur avis sur ses points forts et ses faiblesses. Quant à

Chapitre 7 : La comptabilité d'engagement : mise en place et fonctionnement

votre expert-comptable, son opinion est capitale dans la mesure où c'est lui qui travaillera sur vos données : il faudra vous assurer de la compatibilité de votre logiciel avec le sien.

Chaque éditeur propose une gamme étendue de logiciels : comptabilité générale mais aussi gestion des devis, de la facturation, de la paie, des immobilisations, etc. En matière de comptabilité générale, vous trouverez souvent plusieurs versions du logiciel maison :

- Une version « débutants » offrant peu de fonctionnalités mais avec une saisie ultrasimplifiée (vous n'aurez même pas besoin d'indiquer les numéros des comptes à utiliser)
- Une version « intermédiaire », qui nécessite des connaissances un peu plus poussées (rien de bien méchant toutefois) mais offre des fonctionnalités plus étendues et plus de liberté dans le paramétrage
- Une version « avancée », beaucoup plus complète mais aussi plus complexe à maîtriser

L'écart de prix entre ces différentes versions est énorme : du simple au double entre la version « débutants » et la version « intermédiaire » et du simple au quadruple entre la version « débutants » et la version « avancée ». À vous de tester ces différents produits pour déterminer celui qui vous convient le mieux. Sachez de toutes les façons que votre choix n'est pas irréversible et qu'il est très facile de faire évoluer votre logiciel vers la version supérieure : les données que vous avez déjà saisies seront intégralement reprises, sans perte d'information. En revanche, le cas inverse (migration vers une version inférieure du logiciel) n'est pas prévu.

Afin de vous aider dans votre choix, nous avons dressé ci-dessous une liste des principales fonctionnalités proposées par les logiciels comptables. Vous pourrez ainsi recenser celles dont vous avez besoin (absolument ou juste un peu) et vous faire une première idée du type de logiciel qui vous convient. Une fois armé de votre propre liste hiérarchisée des fonctionnalités que vous recherchez, vous vous lancerez dans la comparaison des fiches produits des différents logiciels ou vous rencontrerez un revendeur informatique pour vous faire conseiller.

Tableau 7-1 : Les principales fonctionnalités des logiciels comptables

Fonctionnalités habituellement présentes en version « débutant »	*Fonctionnalités habituellement présentes en version « intermédiaire » (en plus de celles de la version « débutants »)*	*Fonctionnalités habituellement présentes en version « avancée » (en plus de celles de la version « intermédiaire »)*
Tableau de bord de l'activité	Lettrage des comptes clients et fournisseurs (automatique ou manuel)	Comptabilité analytique multiaxe
Saisie guidée des factures d'achat	Gestion des échéances de paiement	Gestion des immobilisations
Saisie guidée des ventes (factures ou ticket Z de caisse)	Relance des impayés	Gestion des opérations réalisées en devises (conversions, gains ou pertes de change)
Saisie guidée des mouvements de trésorerie	Prévisions de trésorerie	Édition de la liasse fiscale
Saisie classique des autres opérations	Édition du bilan et du compte de résultat (version préparatoire)	
Éditions comptables (journaux, grands livres, balance)	Déclaration de TVA	
Import-export des écritures au format du logiciel de votre expert-comptable	Multidossiers (possibilité de tenir la comptabilité de plusieurs sociétés)	
Rapprochement bancaire manuel	Automatisation des écritures récurrentes (modèles et abonnements)	
Clôture annuelle	Comptabilité analytique simple (un seul axe)	
	Rapprochement bancaire automatique	

Sachez comparer les prix : outre le prix d'achat du logiciel, vous devez également prévoir le coût de l'assistance (pas nécessairement gratuite) et celui des mises à jour annuelles. Selon votre niveau en informatique, il ne sera peut-être pas inutile de prévoir également une petite formation afin de démarrer du bon pied et de profiter pleinement des fonctionnalités de votre logiciel.

Les solutions alternatives

Les trois éditeurs précédemment cités dominent largement le marché des logiciels comptables mais il existe des solutions alternatives également intéressantes: les logiciels gratuits et les logiciels de comptabilité « en ligne ».

Les logiciels gratuits

Sachez tout d'abord qu'il existe des logiciels véritablement gratuits. Vous avez bien lu: gratuits! On a même inventé un nom pour les désigner: les « gratuiciels » (*freeware* en anglais). Vous en trouverez une sélection sur Internet à l'adresse suivante: www.gratuiciel.com

Leur ergonomie est moins aboutie que celle des logiciels payants (il ne faut tout de même pas rêver) et l'assistance est souvent inexistante mais ils peuvent être une solution intéressante si vous maîtrisez bien l'outil informatique.

Enfin, certains logiciels vous proposent une utilisation gratuite la première année: on parle alors de *shareware* ou de « partagiciels ». Vous avez ainsi le temps de vous assurer qu'ils vous conviennent avant d'engager des frais. Sans avoir la prétention d'être exhaustifs, mais dans le but de vous aider dans vos recherches, citons notamment Oxygène et Compt'in, que vous trouverez aisément sur Internet en réalisant une recherche sur les termes *shareware* et « comptabilité ».

Les logiciels de comptabilité en ligne

Si vous êtes fréquemment en déplacement, les logiciels de comptabilité en ligne peuvent être une option intéressante: le logiciel n'est pas installé sur un ordinateur en particulier mais il est accessible par Internet depuis n'importe quel poste. Les données sont cryptées pour protéger leur confidentialité et vous y accédez grâce à un code utilisateur et un mot de passe. Vous pouvez ainsi consulter ou mettre à jour votre comptabilité depuis votre bureau, votre domicile ou n'importe quel ordinateur équipé d'une connexion à Internet. Si votre expert-comptable est lui-même équipé, la collaboration et la communication sont grandement simplifiées: plus besoin de procéder à des transferts de données, ni d'attendre le retour de la version révisée de vos comptes. Ici encore nous ne citons que quelques noms pour vous guider dans vos recherches mais sans prétendre à l'exhaustivité. Idylis, Zéfyr, etc. que vous trouverez aisément sur Internet en réalisant une recherche sur les termes « comptabilité » et « en ligne ».

La facturation se fait sur la base d'un abonnement mensuel, généralement assez avantageux: moins de 100 € annuels alors que les fonctionnalités sont du niveau d'un logiciel qui couterait deux fois plus cher à l'achat. Théoriquement, les mises à jour et l'assistance sont comprises dans l'abonnement... mais pensez tout de même à vous en assurer.

Les logiciels complémentaires

Outre les logiciels de comptabilité générale à proprement parler, les éditeurs de logiciels comptables vous proposent de nombreux modules complémentaires : devis et facturation, gestion de la paie, gestion des immobilisations, gestion d'un point de vente, etc. Certains sont vendus sous la forme d'un lot avec le logiciel de comptabilité maison, l'achat groupé étant bien sûr plus avantageux que l'achat séparé des deux logiciels. Attention toutefois à ne pas avoir les yeux plus gros que le ventre : ce n'est pas parce que vous avez embauché votre premier salarié que l'achat d'un logiciel de paie est indispensable ! Nous allons ici dresser un panorama des modules complémentaires habituellement proposés afin de vous permettre de déterminer vos besoins exacts en la matière.

Les logiciels de devis et de facturation

Ces logiciels vous proposent d'établir vos devis et vos factures. Outre l'avantage d'une présentation soignée et sans risques d'erreurs de calcul, ils présentent surtout l'intérêt de simplifier le travail administratif : d'un simple clic, le devis se transforme en facture, et la facture est ensuite automatiquement transférée en comptabilité. Vous pouvez également éditer des tableaux de bord et des statistiques relatives à l'historique de vos ventes. Certaines versions vous proposent aussi de suivre les en-cours clients (gestion des règlements et relance des impayés).

L'achat d'un tel logiciel vous coûtera une centaine d'euros et pourra s'avérer intéressant si vous traitez un nombre important de factures, surtout si vous travaillez sur devis. Dans ce cas, mieux vaut choisir un logiciel appartenant à la même gamme que votre logiciel comptable : non seulement vous pourrez bénéficier d'un prix avantageux si vous achetez les deux logiciels en même temps mais le transfert des données sera plus aisé.

Les logiciels de gestion commerciale

Les logiciels de gestion commerciale vous offrent les mêmes fonctionnalités que les logiciels de facturation, auxquelles s'ajoutent la gestion des achats et des stocks. Ils permettent notamment de suivre les stocks en temps réel afin de renseigner les clients sur la disponibilité d'un article. Vous pouvez également automatiser la gestion de vos approvisionnements en prévoyant un seuil d'alerte qui déclenche automatiquement le lancement d'une commande lorsqu'il est atteint. Enfin, un tel logiciel vous sera utile au moment de l'inventaire pour réaliser vos comptages, analyser les écarts et valoriser le stock devant apparaître à l'actif de votre bilan.

Un tel logiciel coûte environ deux fois plus cher qu'un logiciel de facturation (comptez au moins 200 € pour un logiciel de gestion commerciale) mais il peut s'avérer utile si la gestion de vos stocks est véritablement complexe et cruciale.

Les logiciels spécifiques à un secteur d'activité

Il s'agit de logiciels conçus spécialement à destination d'un secteur d'activité spécifique. Ils contiennent les fonctions classiques de la gestion commerciale spécialement adaptées aux besoins de l'activité (facturation, suivi des en-cours clients, gestion des stocks, etc.), ainsi que quelques fonctions spécifiques. Sont ainsi concernés les secteurs d'activité suivants :

- **Le bâtiment :** suivi des chantiers, calculs de métrés, facturation à l'avancement, gestion des spécificités en matière de paie, etc.
- **Les salons de coiffure :** gestion de la caisse, gestion des stocks par couleur, gestion des cartes de fidélité, fichier client adapté, etc.
- **Les cafés et restaurants :** gestion de la caisse, saisie des tables et des nombres de couverts, gestion des commandes avec transfert en cuisine, gestion des ingrédients et des péremptions, etc.
- **Les commerces d'habillement :** gestion de la caisse, gestion des codes barres et des étiquettes, gestion des articles par taille et couleur, gestion des promotions et des soldes, gestion des bons d'achat, etc.
- **Les agences immobilières :** gestion multicritère des biens immobiliers, rapprochement automatique avec les demandes des acquéreurs potentiels, édition de l'acte sous seing privé, suivi de l'activité commerciale, etc.
- **Les garages :** gestion des OR, fichier clients avec informations sur les véhicules, gestion des remises et des forfaits, mailings commerciaux lorsque le contrôle technique ou la vidange arrivent à échéance, etc.
- **Les associations :** gestion des adhérents, éditions des cartes de membre, gestion des activités et des partenaires, édition de reçus fiscaux, etc.

Si vous gérez un commerce de vente au détail, vous aurez besoin d'un logiciel pour tenir votre caisse : les logiciels évoqués dans ce paragraphe feront très bien l'affaire avec, en plus, l'avantage d'un transfert automatique des données en comptabilité. Pour les autres activités, ils vous apporteront plus un confort d'utilisation que la réponse à un besoin crucial.

Les logiciels de paie

Les logiciels de paie vous proposent d'établir vos bulletins de salaires et d'éditer les documents légaux prévus par le Code du travail : déclaration unique d'embauche, livre de paie, attestations, etc. Vous pouvez également exporter les données de la paie mensuelle vers votre logiciel de comptabilité afin d'éviter une double saisie.

Il existe de nombreuses versions sur le marché, certaines tenant compte de spécificités sectorielles (BTP, agriculture, CHR, etc.), et d'autres proposant des fonctionnalités étendues (gestion des congés payés, établissement des déclarations sociales, etc.). En règle générale, de tels logiciels sont assez coûteux : si vous n'employez que quelques salariés, mieux vaut demander à votre expert-comptable de s'occuper de la paie à votre place. Non seulement ce service ne vous coûtera pas plus cher que l'achat d'un logiciel mais vous aurez, de plus, l'assurance d'être à jour des dernières modifications législatives.

Les logiciels de gestion des immobilisations

Trois possibilités s'offrent à vous pour gérer vos immobilisations :

- Établir par vous-même un registre des immobilisations sur papier ou sur tableur (voir le paragraphe consacré à ce sujet dans le chapitre précédent)
- Utiliser un logiciel de comptabilité intégrant la gestion des immobilisations : cette fonctionnalité n'est généralement présente que dans la version « avancée » du logiciel
- Acheter un logiciel de gestion des immobilisations

Contrairement à ce que vous pourriez penser, un logiciel de gestion des immobilisations n'est pas un complément pour un logiciel comptable n'intégrant pas cette fonctionnalité. En effet, il vous coûtera presque aussi cher d'acquérir un logiciel de gestion des immobilisations que de faire évoluer votre logiciel comptable vers une version supérieure intégrant cette fonctionnalité. Autant utiliser cette somme pour passer à la version supérieure de votre logiciel comptable et bénéficier par la même occasion de nouvelles fonctionnalités.

En fait, un logiciel de gestion des immobilisations ne devient nécessaire que lorsque vous avez besoin d'options plus pointues que celles proposées par votre logiciel comptable. Celui-ci est généralement capable d'établir un plan d'amortissement, de générer les écritures comptables de dotation aux amortissements et d'éditer les tableaux fiscaux mais certaines entreprises ont besoin de fonctionnalités supplémentaires, présentes uniquement dans les logiciels dédiés aux immobilisations :

- Gestion de plusieurs plans d'amortissements pour une même immobilisation : utile lorsque le plan d'amortissement fiscal est différent de celui correspondant à l'usure réelle des machines
- Gestion des biens exploités sous la forme d'un contrat de crédit-bail
- Gestion des véhicules dit « de tourisme » dont seule une fraction de l'amortissement est déductible
- Suivi multisite
- Etc.

Les logiciels de fiscalité

Les logiciels de fiscalité vous permettent d'établir votre liasse fiscale selon un modèle agréé par la Direction générale des impôts. Vous commencerez par importer les chiffres de votre balance comptable, puis vous compléterez les annexes nécessaires : détail des postes du bilan et du compte de résultat, tableau de variation des immobilisations et des amortissements, etc. Enfin, vous pourrez éditer votre liasse fiscale ou la télédéclarer.

Un tel logiciel est réservé aux spécialistes : experts-comptables ou chefs comptables de grandes entreprises. Il ne présente que peu d'utilité pour le dirigeant d'une PME ou d'une TPE qui aura tout intérêt à confier ce travail à son expert-comptable ou à le réaliser lui-même manuellement.

Le paramétrage d'un logiciel comptable

Une fois votre logiciel choisi et installé sur votre ordinateur, vous devrez encore consacrer un peu de temps à son paramétrage. Le plus souvent, des paramètres standards sont proposés par défaut, mais ils ne sont pas nécessairement adaptés à votre entreprise. Aussi vaut-il mieux prendre le temps de réfléchir à vos besoins afin de configurer correctement votre logiciel et d'en tirer le meilleur parti possible. N'oubliez pas que vous allez l'utiliser pendant plusieurs années : vous pouvez bien y consacrer une petite heure.

Afin de vous permettre de faire les bons choix, nous allons suivre avec vous les différentes étapes de la mise en route d'un logiciel comptable classique :

- La saisie des informations relatives à votre société
- Le choix d'un plan de comptes
- Le paramétrage des devises
- Les paramètres liés à la TVA

✔ Le choix des différents journaux

✔ Les plans de comptes analytiques et auxiliaires

Votre logiciel ne suivra pas nécessairement le même ordre que nous et certaines questions ne vous seront peut-être pas posées, soit parce qu'elles correspondent à des fonctionnalités que votre logiciel n'intègre pas (immobilisations, devises, etc.), soit parce que celui-ci vous a affecté des paramètres par défaut pour simplifier le travail de mise en route. Si vous le souhaitez, vous pourrez les modifier en suivant les explications du mode d'emploi fourni avec votre logiciel.

La saisie des informations relatives à la société

Une fois votre logiciel installé, vous commencerez par créer un dossier pour votre société. Dans la version « débutant » des logiciels comptables, un seul dossier est prévu, mais dans les versions supérieures vous avez la possibilité d'en ouvrir plusieurs, ce qui signifie que vous pouvez tenir la comptabilité de plusieurs sociétés sans acheter de licence supplémentaire.

Si vous bénéficiez de cette option, il peut être intéressant d'ouvrir un dossier « test » dans lequel vous pourrez vous exercer et qui vous permettra de tester les manipulations un peu délicates avant de les réaliser « pour de bon » dans le dossier de votre société (validation d'un *brouillard*, clôture mensuelle ou annuelle, etc.).

Vous saisirez diverses informations concernant votre société : forme juridique, SIRET, identifiant TVA, code NAF (APE), adresse, régime fiscal, etc. Ces informations ne sont pas véritablement indispensables pour faire fonctionner votre logiciel mais elles vous serviront lors des éditions ultérieures, en particulier fiscales. De plus, cela vous permettra de conserver en permanence ces informations sous la main en cas de nécessité.

Le programme vous demandera également la date de début et la date de fin de votre exercice comptable. Si vous venez de créer votre entreprise, votre premier exercice démarre au moment de votre immatriculation et il se termine à une date que vous devrez déterminer en fonction de votre régime fiscal et de votre activité. Si vous êtes imposé dans la catégorie des BNC, vous devrez obligatoirement clôturer vos comptes au 31 décembre de l'année de création mais, dans le cas contraire, vous disposez d'une grande liberté pour fixer votre date de clôture. Les principaux éléments à prendre en considération sont les suivants :

✔ Si votre activité connaît une saisonnalité marquée, vous aurez intérêt à choisir une période où votre activité est faible et vos stocks au plus bas :

Chapitre 7 : La comptabilité d'engagement : mise en place et fonctionnement

non seulement vous serez plus disponible pour les travaux comptables mais ceux-ci seront plus simples à réaliser.

✔ Mieux vaut choisir une date à laquelle votre bilan sera le plus présentable possible, c'est-à-dire où vous disposez d'une trésorerie confortable. Ce critère rejoint généralement le précédent dans la mesure où c'est lorsque les stocks ont été vendus et encaissés que la trésorerie est la plus élevée.

✔ Il est préférable, notamment pour les petites entreprises, de fixer la clôture à la fin d'un trimestre civil afin de simplifier les calculs liés à certaines obligations trimestrielles (déclaration de TVA, règlement des cotisations sociales, etc.) : 31 mars, 30 juin, 30 septembre ou 31 décembre.

✔ Pensez enfin que votre expert-comptable sera certainement plus disponible si vous clôturez vos comptes de façon décalée par rapport à la majorité de ses clients.

Une société commerciale créée le 20 septembre N pourra librement choisir de clôturer ses comptes, notamment :

✔ Au bout d'un an d'activité, soit le 30 septembre N+1

✔ Au 31 décembre, avec un premier exercice d'une durée inférieure à un an, soit le 31 décembre N

✔ Au 31 décembre, avec un premier exercice d'une durée supérieure à un an, soit le 31 décembre N+1

Si vous êtes soumis à l'impôt sur le revenu, les règles fiscales diffèrent des règles comptables et vous devrez établir une déclaration de revenus au 31 décembre de l'année de votre création, même si votre exercice comptable n'est pas encore clôturé. Vous souscrirez une nouvelle déclaration au moment de votre clôture, dont vous déduirez le bénéfice imposé par anticipation. Pour les années suivantes, vos déclarations coïncideront avec votre année comptable.

Le choix d'un plan de comptes

Tous les logiciels comptables français intègrent en standard la liste de comptes du plan comptable général mais certains vous proposent également les listes correspondant à des plans comptables sectoriels : plan comptable agricole, des associations, des avoués, du BTP, de l'hôtellerie, des mutuelles, etc. Si vous relevez d'un de ces secteurs d'activité, vous choisirez le plan comptable qui vous correspond, sinon vous choisirez la liste classique du « PCG 99 ».

Si vous relevez d'une adaptation sectorielle du plan comptable général et que votre logiciel ne vous propose pas la liste de comptes correspondante, vous devrez choisir la liste du PCG 99 et procéder par vous-même aux modifications nécessaires. Ce sera une bonne occasion de rentabiliser le coût de l'assistance technique !

Vous devrez également préciser le système que vous souhaitez utiliser : abrégé, de base ou développé. Rappelons à cette occasion que le système de base correspond au niveau de détail intermédiaire et que c'est celui qui s'applique de plein droit. Le système développé est purement facultatif et vous permet de suivre vos comptes de façon plus détaillée. Le système abrégé est, quant à lui, réservé aux plus petites entreprises, c'est-à-dire celles qui respectent au moins deux des trois conditions suivantes :

- Total bilan inférieur à 1 M€
- Chiffre d'affaires inférieur à 2 M€
- Nombre de salariés permanents inférieur à 20.

La gestion des devises

Votre logiciel vous posera peut-être aussi quelques questions à propos des devises que vous utilisez. Sachez tout d'abord que votre comptabilité doit obligatoirement être tenue en euros, même si vous réalisez la majorité de vos opérations dans une autre devise.

Les versions élaborées des logiciels comptables proposent une « gestion multidevise ». Cela signifie que vous pouvez saisir vos opérations dans la devise réellement utilisée, le logiciel se chargeant alors de la conversion en euros et du calcul de l'éventuel gain ou perte de change dégagé lors du règlement.

Vous recevez une facture de 1 000 USD pour un achat de marchandises que vous enregistrez pour ce montant en précisant le cours du jour (1,3 USD pour un euro dans notre exemple) : le logiciel convertit alors automatiquement la facture et comptabilise un achat de 769,23 € (1 000/1,3). Lorsque vous réglez cette facture, vous enregistrez un paiement de 1 000 USD en indiquant le cours du jour du paiement (1,35 USD pour un euro dans notre exemple) : le logiciel comptabilise alors un règlement de 740,74 € (1 000/1,35) et un gain de change de 28,49 € (769,23 − 740,74).

Les paramètres relatifs à la TVA

Les logiciels comptables sont conçus pour alléger le travail de gestion de la TVA : calcul automatique du montant, imputation comptable, préparation de la déclaration CA3, etc. Encore faut-il qu'ils sachent quels sont vos besoins en la matière ! Vous devrez donc indiquer si vous relevez d'un régime d'imposition normal ou simplifié, ou si vous n'êtes pas concerné par cet impôt (activité hors du champ d'application ou franchise de base). Si vous êtes imposé, il vous faudra préciser si vous collectez la TVA « sur les débits » (c'est-à-dire au

Chapitre 7 : La comptabilité d'engagement : mise en place et fonctionnement

moment de l'émission de la facture) ou « sur les encaissements » (c'est-à-dire au moment de son règlement). La première possibilité concerne les activités de vente de biens et la seconde les prestations de services.

Les différents journaux

La loi n'impose l'utilisation que d'un seul livre journal, mais tous les logiciels prévoient de distinguer vos opérations selon leur nature en plusieurs journaux auxiliaires :

- Journal des à nouveaux (AN) pour la reprise des soldes de l'exercice précédent
- Journal des achats (HA ou AC) pour la saisie des factures fournisseurs
- Journal des ventes (VT) pour la saisie des factures clients
- Journal de banque (BQ) pour la saisie des mouvements de fonds sur votre compte bancaire
- Journal de caisse (CA) pour la saisie des transactions en espèces
- Journal des opérations diverses (OD) pour les autres opérations : déclaration de TVA, corrections d'erreurs, écritures d'inventaire, etc.

Si vous le souhaitez, vous pouvez modifier la liste prévue par défaut dans votre logiciel en supprimant certains journaux ou en en créant de nouveaux. Vous pouvez, par exemple, ajouter un journal pour distinguer la saisie des avoirs de celle des factures. Toutefois, la liste ci-dessus s'avère généralement largement suffisante et la multiplication des journaux risque d'alourdir inutilement votre travail de saisie et de contrôle des comptes.

Le plan comptable analytique

Il n'y a pas que la comptabilité générale dans la vie ! C'est pourquoi les éditeurs de logiciels vous proposent de gérer également un plan comptable analytique afin de suivre et d'analyser votre résultat sous un angle différent de celui du plan comptable général. Vous pourrez ainsi disposer des informations nécessaires pour calculer le coût et la rentabilité de vos différents produits ou pour mettre en place un suivi budgétaire. Si votre activité se déroule sur plusieurs sites, vous pourrez utiliser un code par site afin d'analyser distinctement leur rentabilité.

Attention toutefois à ne pas être trop ambitieux : les informations issues de la comptabilité analytique ne seront exploitables que si le compte analytique est systématiquement renseigné pour chaque produit et chaque charge comptabilisés, ce qui alourdit considérablement le travail de saisie. À vous de bien réfléchir à la nature exacte de vos besoins avant de vous lancer dans la mise en place d'un plan de compte analytique complexe. Sachez en particulier que les entreprises individuelles de taille modeste n'ont aucune obligation de calculer de façon précise le coût d'achat ou de production de leurs stocks : elles peuvent l'évaluer de façon approximative à partir du prix de vente, diminué d'une marge forfaitaire (voir chapitre 5 pour plus de détails sur les seuils d'application de cette mesure).

Il n'existe pas de plan comptable analytique standard : c'est à vous de construire le vôtre en fonction de vos besoins. Pour ce faire, vous devez raisonner à l'envers, c'est-à-dire en partant du résultat attendu pour construire le plan de compte qui vous permettra de l'atteindre. Ainsi, si vous souhaitez mettre en place un suivi budgétaire de vos dépenses, vous devrez distinguer vos charges selon le budget qu'elles affectent. Votre plan de compte sera alors construit en fonction de l'organigramme de votre entreprise et des responsabilités confiées à chacun.

Inspirez-vous de la structure à plusieurs niveaux du plan comptable général pour construire votre plan comptable analytique : vous regrouperez sous une même racine les différents services dépendant du même directeur et vous utiliserez les chiffres suivants pour affiner votre analyse. Vous pourrez ainsi, au choix, consulter vos informations agrégées (interrogation sur le premier chiffre du compte) ou détaillées (interrogation sur le compte entier).

Nous vous proposons à titre purement indicatif un exemple de plan comptable analytique sur trois chiffres. Il ne s'agit que d'une illustration de la structure à plusieurs niveaux évoquée ci-dessus : à vous de l'adapter en fonction du découpage hiérarchique de votre société. Notez également les codes prévus pour les dépenses impossibles à imputer précisément : ils sont à utiliser avec modération lors de la saisie comptable, mais mieux vaut une dépense affectée sur un tel code qu'une dépense non affectée du tout. Nous avons volontairement laissé des vides dans la numérotation pour pouvoir insérer de nouveaux codes : par exemple, si un service logistique est créé sous la responsabilité du directeur technique, il portera le code 23.

Chapitre 7 : La comptabilité d'engagement : mise en place et fonctionnement

1 : Dépenses sous la responsabilité du directeur commercial :
11 : Service marketing
12 : Service commercial
121 : Responsable des ventes secteur n° 1
122 : Responsable des ventes secteur n° 2
19 : Dépenses communes direction commerciale
2 : Dépenses sous la responsabilité du directeur technique :
21 : Service recherche et développement
22 : Dépenses sous la responsabilité du directeur de la production
29 : Dépenses communes direction technique
3 : Dépenses sous la responsabilité du directeur administratif et financier :
31 : Service comptable
32 : Service juridique
33 : Administration générale
39 : Dépenses communes direction administrative et financière
9 : Dépenses non affectables

Figure 7-1 : Modèle de plan comptable analytique (suivi budgétaire)

La conception de votre plan comptable analytique sera différente si votre but est de calculer le coût de vos produits pour suivre leur rentabilité. Vous distinguerez les charges aisément imputables à chaque ligne de produits (les comptables parlent de charges « directes »), des charges communes à plusieurs produits (charges « indirectes »). Les charges communes seront regroupées en grandes masses selon la clé de répartition qui sera utilisée pour les répartir entre les différents produits. Un découpage classique consiste à détailler :

- Les charges d'approvisionnement : à répartir en fonction de la valeur ou du volume des achats
- Les charges de production : à répartir en fonction de la valeur ou du volume de la production
- Les charges de distribution : à répartir en fonction de la valeur ou du volume des ventes

Ici encore, vous pourrez adopter une structure à plusieurs niveaux afin de vous permettre de disposer d'une information plus ou moins agrégée.

1 : Charges directes ligne de produits n° 1 :	
11 : Produit A	
12 : Produit B	
19 : Dépenses communes ligne n° 1	
2 : Charges directes ligne de produits n° 2 (à détailler si nécessaire)	
3 : Charges directes ligne de produits n° 3 (à détailler si nécessaire)	
4 à 7 : Laissés libres pour la création de nouvelles lignes de produits	
8 : Charges indirectes :	
81 : Approvisionnement	
82 : Fabrication	
83 : Distribution	
9 : Dépenses non affectables	

Figure 7-2 : Modèle de plan comptable analytique (calcul de coûts)

Comptabilité auxiliaire et comptes centralisateurs

La comptabilité auxiliaire (à ne pas confondre avec la comptabilité analytique) est un module distinct de la comptabilité générale qui permet de gérer les comptes clients et fournisseurs de façon individuelle, sans pour autant encombrer vos éditions comptables. Un compte est ouvert au nom de chaque client et de chaque fournisseur en comptabilité auxiliaire mais seuls les mouvements agrégés sont reportés en comptabilité générale dans un compte unique : 411 pour les clients et 401 pour les fournisseurs. Ces comptes sont appelés *comptes centralisateurs* et le transfert des informations de la comptabilité auxiliaire vers la comptabilité générale porte le nom de *centralisation*.

Au sein de votre comptabilité auxiliaire clients, vous ouvrirez un compte pour chaque client habituel, les clients occasionnels pouvant être regroupés au sein d'un compte « divers clients ». Certains logiciels affectent automatiquement un numéro de compte à chaque client, sinon vous devrez créer vous-même votre plan comptable auxiliaire. Si tel est le cas, nous vous conseillons de vous arranger pour que l'ordre de vos comptes respecte l'ordre alphabétique, ce qui vous facilitera la recherche du compte lors de la saisie :

> ✔ Si votre logiciel accepte les lettres aussi bien que les chiffres, vous pouvez reprendre les premières lettres du nom de votre client dans son code : par exemple, le client Gamma portera le code 411GAM.

Chapitre 7 : La comptabilité d'engagement : mise en place et fonctionnement

> ✔ Si votre logiciel n'accepte que les chiffres, vous pourrez utiliser la correspondance entre les lettres et leur rang dans l'alphabet (1 pour A, 2 pour B… jusqu'à 26 pour Z) : ainsi le client Gamma portera le code 410701 (41 pour la racine client, 07 pour indiquer que le nom commence par G, et 01 car il s'agit du premier client commençant par G créé en comptabilité auxiliaire).

Le fonctionnement d'un logiciel comptable

Une fois le paramétrage terminé, votre logiciel comptable est prêt à fonctionner. Si vous reprenez une comptabilité existante, il vous faudra saisir les soldes à nouveau, sinon vous pourrez commencer directement à enregistrer vos écritures. Nous vous expliquerons ensuite le cheminement de celles-ci, de la validation du brouillard à la clôture annuelle. Notre but n'est pas de remplacer le mode d'emploi de votre logiciel mais de brosser un tableau synthétique de son fonctionnement en vous donnant des conseils et des astuces pour profiter pleinement de ses fonctionnalités. Nous proposons ici des explications et des conseils généraux, utiles quel que soit votre logiciel : si vous avez besoin d'instructions plus précises, vous les trouverez dans la notice de votre logiciel ou dans le menu d'aide intégré à la barre d'outils.

La reprise des à nouveaux

Si vous démarrez votre activité, vous n'êtes pas concerné par cette étape et vous pourrez décliner poliment la proposition de votre logiciel lorsqu'il vous demandera si vous souhaitez saisir les à nouveaux. En revanche, si votre entreprise existe depuis plusieurs années, elle possède déjà une comptabilité qu'il vous faudra intégrer dans votre nouveau logiciel : vous devrez ainsi saisir les soldes de départ, autrement dit les à nouveaux.

Ne changez surtout pas de logiciel comptable en cours d'exercice : le travail de transfert des données serait beaucoup trop lourd et les risques d'erreurs trop nombreux. Mieux vaut clôturer complètement un exercice avec votre ancien logiciel (ou avec votre expert-comptable) et démarrer le nouvel exercice avec le nouveau logiciel.

Pour saisir les à nouveaux, vous devez vous munir de la balance générale de clôture de l'exercice précédent : il s'agit d'un document présentant les soldes de tous les comptes dans l'ordre de leur numérotation. Comme pour tout document comptable de synthèse, le total des sommes figurant au débit doit être égal à celui des sommes au crédit. Certains logiciels vous proposeront spontanément de démarrer par la reprise des soldes à nouveaux, sinon vous procéderez comme pour une saisie d'écriture classique en sélectionnant le journal des à nouveaux comme journal de saisie.

Vous daterez votre écriture du premier jour de l'exercice comptable et vous commencerez à saisir les numéros de compte et les soldes tels qu'ils apparaissent sur votre balance de clôture, au débit ou au crédit. Vous reporterez ainsi tous les soldes des comptes du bilan, c'est-à-dire ceux dont le numéro commence par 1, 2, 3, 4 ou 5. Inutile de reprendre le détail des comptes des classes 6 et 7 car ils correspondent au compte de résultat de l'année passée qui doit être remis à zéro. Pour équilibrer votre écriture, vous additionnerez, d'un côté, les soldes débiteurs de ces comptes et, de l'autre, les soldes créditeurs, puis vous ferez la différence entre ces deux montants : vous obtiendrez ainsi le résultat de l'exercice précédent (à vérifier dans vos comptes annuels pour plus de sécurité). Ce résultat sera ensuite reporté :

- Au crédit du compte « 120. Résultat de l'exercice (bénéfice) » si le total des soldes créditeurs est supérieur à celui des soldes débiteurs
- Au débit du compte « 129. Résultat de l'exercice (perte) » si le total des soldes créditeurs est inférieur à celui des soldes débiteurs

La balance générale de l'entreprise Jolibois est la suivante à la clôture de l'exercice N :

Chapitre 7: La comptabilité d'engagement: mise en place et fonctionnement

Compte		Solde	
Numéro	Libellé	Débit	Crédit
101000	Capital		10 000,00
164000	Emprunts auprès d'établissements de crédit		4 611,32
215000	Installations techniques, matériel et outillage	6 235,00	
281500	Amortissement du matériel technique		326,78
370000	Stocks de marchandises	8 643,00	
401000	Dettes fournisseurs		2 539,55
411000	Créances clients	12 960,00	
430000	Sécurité sociale et autres organismes sociaux		945,00
445000	Etat et autres collectivités publiques		1 515,00
512000	Banques	3 671,00	
530000	Caisse	298,00	
603700	Variation de stocks de marchandises		8 643,00
607000	Achats de marchandises	27 490,00	
613000	Locations	4 586,50	
622000	Honoraires	2 312,00	
630000	Impôts et taxes	976,00	
641000	Rémunération du personnel	4 410,12	
645000	Charges de sécurité sociale	1 764,05	
661000	Charges d'intérêts	60,88	
681000	Dotation aux amortissements	326,78	
707000	Ventes de marchandises		45 152,68
		73 733,33	73 733,33

Figure 7-3: Balance générale de l'entreprise Jolibois du 31/12/N

Le résultat de l'exercice N se calcule de la façon suivante:

- Total des soldes débiteurs de classe 6 et 7 = 41 926,33 €
- Total des soldes créditeurs de classe 6 et 7 = 53 795,58 €
- Résultat de l'exercice = 53 795,58 - 41 926,33 = 11 869,35 € (bénéfice car les produits sont supérieurs aux charges).

L'écriture de reprise des à nouveaux à l'ouverture de l'exercice N+1 sera la suivante:

Numéro de compte		Libellé	Débit	Crédit
	101000	Capital		10 000,00
	120000	Résultat de l'exercice (bénéfice)		11 869,35
	164000	Emprunts auprès d'établissements de crédit		4 611,32
215000		Installations techniques, matériel et outillage	6 235,00	
	281500	Amortissement du matériel technique		326,78
370000		Stocks de marchandises	8 643,00	
	401000	Dettes fournisseurs		2 539,55
411000		Créances clients	12 960,00	
	430000	Sécurité sociale et organismes sociaux		945,00
	445000	Etat et autres collectivités publiques		1 515,00
512000		Banques	3 671,00	
530000		Caisse	298,00	
		01/01/N+1 – AN1 – Reprise des à-nouveaux		

Figure 7-4:
Écriture de reprise des à-nouveaux

Le total des enregistrements au débit est égal à celui des enregistrements au crédit : l'écriture est correctement équilibrée et peut être validée.

Une fois le résultat de l'exercice saisi, votre écriture devrait normalement être équilibrée (total débit = total crédit). Si ce n'est pas le cas, c'est que vous avez commis une erreur ou un oubli dans votre travail de report : il vous faudra l'identifier et le corriger pour pouvoir valider votre écriture. Un logiciel comptable digne de ce nom met un point d'honneur à n'accepter que des écritures qui respectent au centime près l'égalité total débit = total crédit. Cela peut vous sembler agaçant mais c'est pour votre bien : la comptabilité ne peut pas se permettre d'être approximative si elle veut avoir une force probante.

Pour éviter les oublis ou les doublons dans votre report, nous vous conseillons de pointer votre balance de clôture au fur et à mesure de votre saisie, c'est-à-dire d'identifier les soldes que vous reprenez, en les surlignant ou en inscrivant une petite marque à côté (ne les barrez surtout pas car ils doivent rester lisibles si vous devez vérifier ou recommencer votre travail). En cas d'écriture déséquilibrée, vous pourrez ainsi contrôler d'un seul coup d'œil si vous n'avez pas oublié de reporter un solde. Vérifiez également que vous avez reporté les soldes du bon côté, sans inverser le débit et le crédit, en particulier pour le résultat de l'exercice. Enfin, si votre écart est un multiple de 9, c'est qu'il provient certainement d'une inversion de chiffres (par exemple, un solde de 1 678 € repris pour 1 768 € génère un écart de 90 €, qui est bien un multiple de 9) : à vous de vérifier ligne par ligne les montants reportés…

La reprise des soldes clients et fournisseurs

Si vous avez de nombreux soldes clients et fournisseurs à la date de clôture, nous vous conseillons de reprendre ceux-ci séparément des autres comptes pour ne pas alourdir le travail de saisie des à nouveaux. Vous enregistrerez les soldes de la balance générale comme indiqué précédemment, à l'exception de ceux des comptes 401 et 411 que vous comptabiliserez dans un compte d'attente « 47. Compte transitoire ou d'attente ». Vous validerez votre écriture une fois celle-ci correctement équilibrée.

Puis, dans un second temps, vous vous munirez d'une balance auxiliaire clients et vous démarrerez une nouvelle écriture pour reprendre les soldes des différents comptes clients. Vous équilibrerez cette écriture en utilisant le même compte 47 que précédemment : vous enregistrerez à son crédit le solde débiteur du compte 411 de la balance générale. Soyez vigilant au sens de l'écriture : c'est bien au crédit que vous devez inscrire ce montant, d'une part, pour équilibrer votre écriture (les soldes des comptes auxiliaires clients que vous avez repris sont débiteurs) et, d'autre part, pour solder le compte d'attente (il avait été utilisé au débit lors du report de la balance générale). Selon vos besoins et votre courage, vous pourrez reprendre uniquement le solde de chaque compte client ou le détail des factures qui le composent.

Vous procéderez ensuite de la même façon avec une balance auxiliaire fournisseurs. Cette fois-ci, vous équilibrerez votre écriture en reportant le solde créditeur du compte 401 de la balance générale au débit du compte 47 précédemment utilisé. Par mesure de sécurité, prenez quelques instants pour vérifier que le compte 47 présente bien un solde nul à la suite de ces opérations.

La saisie des écritures

Les éditeurs de logiciels comptables ont considérablement amélioré les menus de saisie et celle-ci est presque devenue un jeu d'enfant : vous indiquez le type d'opération que vous souhaitez enregistrer, puis vous vous laissez guider. Votre logiciel vous proposera généralement une saisie assistée pour les opérations suivantes :

✔ Saisie des factures de ventes
✔ Saisie des ventes comptoir (commerce de détail)
✔ Saisie des factures d'achats (marchandises, matières premières et frais généraux)
✔ Saisie des factures d'immobilisations
✔ Saisie des opérations de trésorerie

Dans ce cas, vous n'avez qu'à remplir les zones requises par le logiciel et celui-ci s'occupe de construire l'écriture comptable : il choisit le journal, calcule le montant de la TVA, etc. Certains logiciels vous évitent même de manipuler les numéros de compte : lors de la saisie d'une facture, il vous suffit de sélectionner la nature de la dépense (ou du produit) dans une liste préétablie.

La saisie des achats réalisés au comptant peut se faire de deux façons : soit directement à partir de la saisie guidée des opérations de trésorerie, soit en deux temps en utilisant la saisie guidée des factures fournisseurs :

- Tout d'abord vous enregistrez la facture en utilisant la saisie guidée des achats ou des ventes, de la même façon que pour une opération à crédit.

- Puis vous enregistrez le règlement en utilisant la saisie guidée des opérations de trésorerie.

Si vous suivez séparément les comptes de vos différents fournisseurs en comptabilité auxiliaire, nous vous conseillons la deuxième méthode qui présente plusieurs avantages même si elle génère un léger surcroît de travail. Tout d'abord, elle clarifie votre organisation comptable puisqu'elle distingue deux écritures là où vous avez deux pièces justificatives différentes qui ne seront pas nécessairement traitées au même moment (la facture pour l'achat et le talon de chèque pour le règlement). Surtout, elle vous permet de conserver une trace du paiement dans un compte fournisseur, facile à retrouver et à consulter en cas de besoin, en particulier si le fournisseur en question affirme ne pas avoir reçu votre règlement.

À côté de la saisie assistée, les logiciels comptables vous proposent également une saisie plus classique (également appelée *saisie standard*, ou saisie *au kilomètre*) dans laquelle vous devez indiquer les numéros de compte à utiliser et les montants à inscrire au débit ou au crédit. Vous utiliserez ces fonctions pour les opérations non prévues en saisie assistée : déclaration de TVA, rectification d'une erreur d'imputation, etc.

N'oubliez pas de réaliser des sauvegardes régulières de votre travail : votre ordinateur n'est pas à l'abri d'une panne, d'un accident ou d'un vol. Il faudrait d'ailleurs être d'une mauvaise foi extrême pour prétendre avoir oublié cette formalité dans la mesure où votre logiciel ne perd pas une occasion pour vous la rappeler ! Nous vous conseillons de réaliser une sauvegarde quotidienne en écrasant le fichier de la veille et une sauvegarde hebdomadaire distincte. Vous pouvez également réaliser une sauvegarde avant chaque traitement délicat et en particulier avant les clôtures.

Les modèles d'écritures et les abonnements

Les éditeurs de logiciels comptables se plient véritablement en quatre pour vous faciliter le travail de saisie et certains vous proposent d'automatiser les écritures récurrentes. Vous pouvez, par exemple, associer un compte de charges à un compte fournisseur : celui-ci vous sera proposé par défaut au moment de la saisie et vous n'aurez plus besoin de chercher le numéro du compte à utiliser.

Vous pouvez également utiliser des modèles d'écritures qui permettent de préenregistrer des lignes d'écritures pour automatiser la saisie des opérations répétitives (factures, règlements, écriture de paie ou de TVA, etc.). Lors de la création du modèle, vous indiquerez les numéros de compte à utiliser et les éventuels calculs à réaliser et vous n'aurez plus ensuite qu'à les rappeler au moment de la saisie. Enfin, les abonnements vous permettent d'automatiser l'enregistrement des écritures qui reviennent à l'identique selon une périodicité définie : loyer, assurance, etc.

Il s'agit là de fonctionnalités avancées que vous n'avez pas besoin de maîtriser dès le début. Prenez d'abord le temps de bien maîtriser votre logiciel et de repérer les écritures que vous pouvez automatiser, puis vous profiterez d'un moment de calme pour vous lancer dans la création de modèles ou d'abonnements. Vous verrez que le temps consacré à cette création est largement compensé par le temps gagné par la suite lors de la saisie…

En comptabilité d'engagement, vous devez enregistrer les factures fournisseurs dès leur réception, sans attendre leur règlement ni même le « bon à payer ». Une fois comptabilisées, celles-ci deviennent des pièces justificatives que vous devez être capable de retrouver à tout moment. Cela risque de poser un problème dans la mesure où ces factures vont encore devoir circuler pour approbation et pour paiement. Elles risquent de s'égarer durant ce circuit ou d'être mal rangées à leur retour, c'est pourquoi nous vous conseillons d'en conserver un double, classé par numéro comptable dans un classeur qui ne quittera pas votre bureau. Les originaux seront d'abord approuvés, puis classés par date d'échéance. Une fois réglés, ils pourront être rangés dans les dossiers fournisseurs (un dossier par fournisseur habituel, plus un dossier pour les fournisseurs occasionnels).

La validation du « brouillard »

Votre logiciel comptable vous reconnaît le droit à l'erreur puisque les écritures que vous enregistrez ne sont pas immédiatement validées : elles forment ce que les spécialistes appellent le *brouillard de saisie*. Tant que vous n'avez pas décidé de valider ces écritures, il est encore possible de les modifier. En revanche, une fois le brouillard validé, les enregistrements deviennent définitifs et il faudra passer des écritures supplémentaires dans le journal des opérations diverses (OD) pour corriger les soldes erronés.

 Rien ne vous oblige à valider prématurément les écritures du brouillard : celles-ci sont correctement prises en compte pour les éditions (balances, journaux, déclaration de TVA, etc.) et pour les traitements (lettrage, rapprochement bancaire, etc.). Ce n'est qu'au moment de lancer les opérations de clôture que votre logiciel exigera que vos écritures soient validées. Vous pouvez ainsi conserver celles-ci en brouillard durant tout l'exercice comptable et ne les valider qu'en fin d'exercice, une fois qu'elles auront été contrôlées par vos soins (ou par ceux de votre expert-comptable).

Le lettrage des comptes

Le lettrage concerne essentiellement les comptes clients et fournisseurs. Il consiste à identifier les enregistrements qui s'annulent mutuellement (par exemple une facture et son règlement), afin de faire apparaître par différence les écritures qui constituent le solde : factures non réglées, règlements sans facture, etc. Ce rapprochement peut se faire au moment de la saisie du règlement ou à intervalles réguliers lors de l'analyse des comptes clients et fournisseurs.

Certains logiciels vous proposent de lettrer automatiquement vos comptes : ils recherchent des similitudes entre les montants enregistrés au débit et au crédit et vous proposent un lettrage que vous pouvez valider ou modifier. Si vous réalisez un lettrage manuel, c'est à vous de trouver les montants à rapprocher :

- Une facture et son règlement
- Plusieurs factures et un règlement global
- Une facture et un avoir d'annulation
- Une facture, un avoir partiel et le règlement de la différence
- Une facture, un acompte et le règlement du solde
- Un avoir et son remboursement

C'est au moment du lettrage que vous vous apercevrez de l'existence d'anomalies : règlement sans facture ou facture sans règlement, écart entre le montant de la facture et celui du règlement, etc. Celles-ci pourront provenir d'erreurs dans votre comptabilité mais aussi refléter fidèlement une situation réellement anormale qu'il faudra éclaircir. Dans les tableaux ci-dessous, nous avons recensé les principales sources d'anomalies de lettrage en vous indiquant les actions à entreprendre pour les corriger. Le premier tableau concerne les comptes clients, et le second les comptes fournisseurs.

Tableau 7-2: Les anomalies de lettrage les plus fréquentes: comptes clients

Origine de l'anomalie	Action à mettre en œuvre
Facture client sans règlement alors que l'échéance est dépassée:	
Règlement comptabilisé dans un autre compte client	Correction de l'écriture erronée
Règlement reçu mais non comptabilisé	Comptabilisation du règlement
Facture comptabilisée deux fois	Annulation du deuxième enregistrement
Retard de règlement de la part du client	Relance du client
Règlement client comptabilisé, sans facture correspondante:	
Facture comptabilisée dans un autre compte client	Correction de l'écriture erronée
Facture émise mais non comptabilisée	Comptabilisation de la facture
Règlement comptabilisé deux fois	Annulation du deuxième enregistrement
Double règlement de la part du client	Prise de contact avec le client: remboursement du trop perçu ou déduction sur les prochaines factures
Montant de la facture supérieur à celui du règlement:	
Erreur de saisie lors de la comptabilisation de la facture ou de son règlement	Correction de l'écriture erronée
Déduction d'un avoir émis mais non comptabilisé ou comptabilisé dans un mauvais compte	Correction de l'écriture erronée ou comptabilisation de l'avoir
Déduction d'un acompte versé par le client mais non comptabilisé ou comptabilisé dans un mauvais compte	Correction de l'écriture erronée ou comptabilisation de l'acompte
Déduction d'un escompte pour règlement anticipé	Comptabilisation de l'escompte dans le compte « 665. Escomptes accordés »
Erreur du client	Prise de contact avec le client: réclamation du montant restant dû
Litige avec le client qui refuse de régler la totalité de la facture	Prise de contact avec le client: réclamation du montant restant dû, ou émission d'un avoir si sa demande est justifiée
Opération réalisée en devises avec une variation du taux de change entre la date de la facture et celle du règlement	Comptabilisation d'une perte de change dans le compte « 666. Pertes de change ».
Montant de la facture inférieur à celui du règlement:	
Erreur de saisie dans la comptabilisation de la facture ou de son règlement	Correction de l'écriture erronée

Origine de l'anomalie	Action à mettre en œuvre
Règlement groupé avec une autre facture non enregistrée ou enregistrée dans un mauvais compte	Correction de l'écriture erronée ou comptabilisation de la facture manquante
Erreur du client	Prise de contact avec le client : remboursement du trop perçu ou déduction sur les prochaines factures
Opération réalisée en devises avec une variation du taux de change entre la date de la facture et celle du règlement	Comptabilisation d'un gain de change dans le compte « 766. Gains de change »

Tableau 7-3 : Les anomalies de lettrage les plus fréquentes : comptes fournisseurs

Origine de l'anomalie	Action à mettre en œuvre
Facture fournisseur sans paiement alors que l'échéance est dépassée :	
Règlement comptabilisé dans un autre compte fournisseur	Correction de l'écriture erronée
Règlement émis mais non comptabilisé	Comptabilisation du règlement
Facture comptabilisée deux fois	Annulation du deuxième enregistrement
Retard de règlement de votre part (oubli, difficultés de trésorerie ou litige)	Prise de contact avec le fournisseur : envoi du règlement, négociation d'un délai de règlement ou réclamation d'un avoir en cas de litige
Paiement fournisseur comptabilisé, sans facture correspondante :	
Facture comptabilisée dans un autre compte fournisseur	Correction de l'écriture erronée
Facture reçue mais non comptabilisée	Comptabilisation de la facture
Règlement comptabilisé deux fois	Annulation du deuxième enregistrement
Double règlement de votre part	Prise de contact avec le fournisseur : remboursement du trop perçu ou déduction sur les prochaines factures
Montant de la facture supérieur à celui du paiement :	
Erreur de saisie lors de la comptabilisation de la facture ou de son règlement	Correction de l'écriture erronée
Déduction d'un avoir reçu mais non comptabilisé ou comptabilisé dans un mauvais compte	Correction de l'écriture erronée ou comptabilisation de l'avoir
Déduction d'un acompte versé mais non comptabilisé ou comptabilisé dans un mauvais compte	Correction de l'écriture erronée ou comptabilisation de l'acompte

Chapitre 7 : La comptabilité d'engagement : mise en place et fonctionnement

Origine de l'anomalie	Action à mettre en œuvre
Déduction d'un escompte pour règlement anticipé	Comptabilisation de l'escompte dans le compte « 765. Escomptes obtenus »
Erreur de votre part lors de l'émission du paiement	Prise de contact avec le fournisseur : envoi d'un complément de règlement
Litige avec le fournisseur sur une partie de la facture	Prise de contact avec le fournisseur : réclamation d'un avoir
Opération réalisée en devises avec une variation du taux de change entre la date de la facture et celle du règlement	Comptabilisation d'un gain de change dans le compte « 766. Gains de change »
Montant de la facture inférieur à celui du paiement :	
Erreur de saisie dans la comptabilisation de la facture ou de son règlement	Correction de l'écriture erronée
Règlement groupé avec une autre facture non enregistrée ou enregistrée dans un mauvais compte	Correction de l'écriture erronée ou comptabilisation de la facture manquante
Erreur de votre part lors de l'émission du paiement	Prise de contact avec le fournisseur : remboursement du trop perçu ou déduction sur les prochaines factures
Opération réalisée en devises avec une variation du taux de change entre la date de la facture et celle du règlement	Comptabilisation d'une perte de change dans le compte « 666. Pertes de change »

Si les écritures à rectifier n'ont pas été validées et figurent toujours dans le brouillard de saisie, leur correction sera facile : il vous suffira de modifier le montant erroné ou de supprimer l'enregistrement non justifié. En revanche, il n'est pas possible de modifier des écritures validées et vous devrez comptabiliser des écritures supplémentaires pour corriger l'erreur initiale :

- Pour annuler une écriture, vous devrez passer exactement la même écriture (mêmes numéros de comptes et mêmes montants) mais en inversant les débits et les crédits.
- Pour corriger un montant erroné, vous pourrez soit comptabiliser directement votre correction, soit annuler totalement l'écriture erronée et comptabiliser ensuite à sa place l'écriture correcte.

Si l'écart est minime (moins de 10 €) et que vous n'avez pas le temps de rechercher son origine, vous pouvez le passer en pertes et profits en utilisant les comptes suivants :

- « 758. Produits divers de gestion courante », si l'écart est en votre faveur
- « 658. Charges diverses de gestion courante », si l'écart est en votre défaveur

La clôture des comptes

La clôture annuelle est une obligation légale mais votre logiciel peut également prévoir des clôtures mensuelles. Celles-ci ont pour objectif d'interdire la saisie sur les mois validés et de verrouiller ainsi votre comptabilité au fur et à mesure de sa vérification.

La clôture annuelle est plus complexe : il s'agit de l'étape ultime d'une longue série d'opérations d'ajustements et de contrôles ayant pour but de sécuriser vos enregistrements comptables et de leur donner une valeur légale. Lors du traitement de clôture, votre logiciel va verrouiller votre comptabilité de l'année écoulée et préparer celle de l'année suivante :

- Les soldes des comptes de bilan (classes 1 à 5) seront automatiquement reportés en solde d'ouverture de l'exercice N+1.

- Les soldes des comptes du compte de résultat (classes 6 et 7) seront remis à zéro et leur solde net transféré dans un compte de classe 1 : « 120. Résultat de l'exercice (bénéfice) » ou « 129. Résultat de l'exercice (perte) ».

Une fois la comptabilité d'un exercice clôturée, vous ne pourrez plus la modifier mais uniquement la consulter ou réaliser des éditions. N'hésitez pas à réaliser une sauvegarde informatique avant de lancer le traitement de clôture : en cas de besoin, vous pourrez ainsi la restaurer et saisir quelques derniers enregistrements sur l'exercice écoulé avant de relancer la procédure de clôture. Sachez toutefois que le travail réalisé entre le moment de la sauvegarde et celui de la restauration sera perdu (saisie réalisée sur le nouvel exercice).

En règle générale, les logiciels permettent la saisie d'écritures sur l'exercice N+1 même si l'exercice N n'est pas encore clôturé. En revanche, la consultation des comptes de bilan est difficile car les soldes de l'exercice N n'ont pas encore été reportés à l'ouverture de l'exercice N+1.

Quizz

Testez vos connaissances !

1. **Les obligations comptables d'une entreprise dépendent (plusieurs bonnes réponses possibles) :**
   - De sa forme juridique. ☐
   - De son régime fiscal. ☐
   - De sa taille. ☐
   - De la nature de son activité. ☐

2. **Parmi les affirmations suivantes concernant l'imposition des bénéfices, cochez celles qui sont vraies (plusieurs bonnes réponses possibles) :**
   - Selon leur forme juridique, les entreprises sont soumises à l'impôt sur le revenu ou à l'impôt sur les sociétés. ☐
   - La principale différence entre l'impôt sur le revenu et l'impôt sur les sociétés concerne la base imposable. ☐
   - La principale différence entre l'impôt sur le revenu et l'impôt sur les sociétés concerne le taux d'imposition. ☐
   - L'impôt sur les sociétés est toujours plus avantageux que l'impôt sur le revenu. ☐

3. **Toutes les entreprises exerçant une activité industrielle ou commerciale sont assujetties à la TVA :**
   - Vrai. ☐
   - Faux. ☐

4. **Indiquez par une croix si les affirmations ci-dessous concernent la comptabilité de trésorerie, la comptabilité d'engagement, ou les deux :**

	Comptabilité de trésorerie	Comptabilité d'engagement
Enregistre les achats dès la réception de la facture.	☐	☐
Enregistre les achats au moment de leur règlement.	☐	☐
Permet de détailler la nature des achats.	☐	☐
Permet de suivre le compte bancaire.	☐	☐
Permet de suivre les créances et les dettes.	☐	☐
Nécessite l'utilisation d'un logiciel spécifique.	☐	☐
Est simple à mettre en place et à faire fonctionner.	☐	☐
Nécessite une grande rigueur.	☐	☐

5. **Les associations sont dispensées de tenir une comptabilité d'engagement quelle que soit leur taille :**
   - Vrai. ☐
   - Faux. ☐

6. Les professions libérales sont dispensées de tenir une comptabilité d'engagement :
   Vrai. ☐
   Faux. ☐

7. Des allégements sont prévus concernant les obligations comptables des petites entreprises exploitées sous forme d'entreprise individuelle :
   Vrai. ☐
   Faux. ☐

8. Parmi les affirmations suivantes concernant l'inventaire, cochez celles qui sont vraies (plusieurs bonnes réponses possibles) :
   Le code de commerce impose de procéder à un inventaire au moins une fois par an. ☐
   L'inventaire consiste uniquement à compter ses stocks. ☐
   Le comptage des stocks doit obligatoirement être réalisé à la date de clôture. ☐

9. Parmi les affirmations suivantes concernant la comptabilité de trésorerie, cochez celles qui vous semblent vraies (plusieurs bonnes réponses possibles) :
   Tenir une comptabilité de trésorerie consiste à enregistrer ses encaissements et ses décaissements au fur et à mesure de leur réalisation. ☐
   Une comptabilité de trésorerie ne tient pas compte de la nature des encaissements ou des décaissements. ☐
   Une comptabilité de trésorerie ne tient pas compte des factures en attente de règlement. ☐

10. Outre le livre de caisse, quel registre doivent obligatoirement tenir les professions libérales relevant du régime des BNC ?
    Le registre des stocks. ☐
    Le registre des créances et des dettes. ☐
    Le registre des immobilisations. ☐

11. Les colonnes du livre de caisse doivent reprendre les rubriques de la déclaration de revenus :
    Vrai. ☐
    Faux. ☐

12. Pour les entreprises tenant une comptabilité de trésorerie, le bénéfice imposable est égal à la différence entre les encaissements et les décaissements :
    Vrai. ☐
    Faux. ☐

13. Parmi les affirmations suivantes concernant la balance de trésorerie, cochez celles qui sont vraies (plusieurs bonnes réponses possibles) :
    La balance de trésorerie est un document obligatoire pour les professions libérales. ☐
    La balance de trésorerie permet de faire le lien entre la déclaration de revenus et les mouvements de trésorerie. ☐
    La balance de trésorerie explique l'évolution de la trésorerie d'une année sur l'autre. ☐

14. Les entreprises soumises au régime simplifié des BIC peuvent remplir leur déclaration directement à partir de leur livre de caisse :
    Vrai. ☐
    Faux. ☐

15. **Il existe plusieurs logiciels comptables spécialement destinés aux petites entreprises :**
    Vrai. ☐
    Faux. ☐

16. **Même si la liste des comptes est déjà renseignée dans les logiciels comptables, un travail de paramétrage demeure quand même nécessaire :**
    Vrai. ☐
    Faux. ☐

17. **Le brouillard de saisie regroupe :**
    Les écritures non équilibrées. ☐
    Les écritures non validées. ☐

18. **Parmi les affirmations suivantes concernant le lettrage des comptes, cochez celles qui sont vraies (plusieurs bonnes réponses possibles) :**
    Le lettrage concerne essentiellement les comptes clients et fournisseurs. ☐
    Le lettrage concerne essentiellement les comptes de charges et de produits. ☐
    Le lettrage consiste à trier les comptes par ordre alphabétique. ☐
    Le lettrage consiste à mettre en évidence les enregistrements qui s'annulent mutuellement (par exemple une facture et son règlement). ☐
    Le lettrage permet d'identifier plus facilement les factures non réglées. ☐

19. **Une écriture validée ne peut plus être modifiée :**
    Vrai. ☐
    Faux. ☐

20. **Parmi les affirmations suivantes concernant la procédure de clôture informatique, cochez celles qui sont vraies (plusieurs bonnes réponses possibles) :**
    La procédure de clôture nécessite la validation préalable des enregistrements comptables. ☐
    La procédure de clôture est irréversible. ☐
    La procédure de clôture remet à zéro les soldes de tous les comptes. ☐
    La procédure de clôture remet à zéro les soldes de certains comptes. ☐

Vérifiez vos réponses !

1. **Toutes les propositions sont vraies.**
   Les obligations les plus lourdes pèsent sur les grosses sociétés soumises à l'impôt sur les bénéfices : elles doivent tenir une comptabilité d'engagement ainsi qu'un registre d'inventaire, établir un bilan, un compte de résultat, une annexe, un rapport de gestion, etc.
   Inversement, les professions libérales, ainsi que les petits artisans ou petits commerçants exerçant en entreprise individuelle, bénéficient de nombreux allègements : ils peuvent tenir une simple comptabilité de caisse et sont dispensés de l'établissement de la plupart des documents énumérés ci-dessus.

2. **La vérité sur l'imposition des bénéfices :**
   ✔ **Selon leur forme juridique, les entreprises sont soumises à l'impôt sur le revenu ou à l'impôt sur les sociétés.**
   ✔ **La principale différence entre l'impôt sur le revenu et l'impôt sur les sociétés concerne le taux d'imposition.**

   Les entreprises individuelles sont soumises à l'impôt sur le revenu alors que les sociétés de type SA ou SARL sont soumises à l'impôt sur les sociétés. Les EURL et les SARL à actionnariat familial ont le choix entre ces deux régimes.

   Dans les deux cas, la base imposable est le bénéfice de l'entreprise, même si les modalités de sa détermination diffèrent légèrement. En revanche, le taux applicable est très différent :
   - il s'agit d'un taux fixe pour l'impôt sur les sociétés : 33 1/3 % (ou 15% sous conditions pour les petites sociétés),
   - alors que le taux de l'impôt sur le revenu est progressif : le bénéfice imposable est découpé en tranches, les premières étant imposées à un taux très faible (0% puis 5,5%) qui s'élève progressivement jusqu'à atteindre 45% pour la tranche la plus élevée.

   Le choix d'un régime d'imposition dépend de la situation personnelle de l'entrepreneur et du taux auquel il serait imposé à l'IR. Par exemple, un célibataire ne bénéficie que d'une seule part fiscale et verra son taux d'imposition à l'impôt sur le revenu s'élever rapidement s'il réalise un bénéfice important : il aura certainement intérêt à créer une société soumise à l'impôt sur les sociétés, surtout s'il peut bénéficier du taux réduit à 15%.

   En revanche, s'il réalise un bénéfice plus faible, ou si son foyer fiscal est composé de plusieurs personnes, l'impôt sur le revenu peut être plus intéressant. Dans tous les cas, il s'agit d'un sujet extrêmement complexe qui requiert les conseils d'un professionnel tel qu'un expert-comptable.

3. **Faux. Toutes les entreprises exerçant une activité industrielle ou commerciale ne sont pas assujetties à la TVA.**

   Les plus petites entreprises peuvent bénéficier du régime de la franchise de TVA : elles ne facturent pas de TVA sur leurs ventes mais, en contrepartie, elles ne peuvent pas récupérer la TVA sur leurs achats.

4. **Indiquez par une croix si les affirmations ci-dessous concernent la comptabilité de trésorerie, la comptabilité d'engagement, ou les deux :**

	Comptabilité de trésorerie	Comptabilité d'engagement
Enregistre les achats dès la réception de la facture.		✔
Enregistre les achats au moment de leur règlement.	✔	
Permet de détailler la nature des achats.	✔	✔
Permet de suivre le compte bancaire.	✔	✔
Permet de suivre les créances et les dettes.		✔
Nécessite l'utilisation d'un logiciel spécifique.		✔
Est simple à mettre en place et à faire fonctionner.	✔	
Nécessite une grande rigueur.	✔	✔

La comptabilité de trésorerie consiste à enregistrer ses encaissements et ses décaissements au fur et à mesure de leur réalisation, en les ventilant éventuellement par nature dans un tableau à plusieurs colonnes. Elle permet de savoir à tout moment de quelle somme l'entreprise dispose sur son compte bancaire. En revanche, elle ne tient pas compte des factures reçues ou émises mais pas encore réglées : en conséquence elle ne permet pas de suivre le montant des dettes et des créances.

La comptabilité d'engagement consiste à enregistrer les factures dès leur émission ou leur réception, sans attendre leur échéance. Elle est plus complexe et nécessite l'utilisation d'un logiciel spécifique mais il s'agit d'un outil de gestion beaucoup plus performant.

5. **Faux. Les associations ne sont pas dispensées de tenir une comptabilité d'engagement quelle que soit leur taille.**

    Il est vrai que les petites associations sont dispensées de cette contrainte mais ce n'est pas le cas des plus importantes : les grands clubs sportifs ou les grosses ONG doivent respecter les mêmes obligations comptables que les entreprises commerciales.

6. **Vrai. Les professions libérales sont dispensées de tenir une comptabilité d'engagement.**

    Les professions libérales (imposées dans la catégorie des BNC) peuvent se contenter de tenir une comptabilité de trésorerie en enregistrant uniquement leurs encaissements et leurs décaissements.

7. **Vrai. Des allégements sont prévus concernant les obligations comptables des petites entreprises exploitées sous forme d'entreprise individuelle.**

    Les entreprises individuelles soumises au régime de la micro-entreprise sont dispensées de tenir une comptabilité d'engagement (une simple comptabilité de trésorerie suffit) et même d'établir un bilan et un compte de résultat.

    Celles soumises au régime du réel simplifié peuvent se contenter de tenir une comptabilité de trésorerie tout au long de l'année mais devront quand même recenser leurs dettes et leurs créances en fin d'année afin d'établir leur bilan et leur compte de résultat.

8. **La vérité sur l'inventaire :**

    ✔ **Le code de commerce impose de procéder à un inventaire au moins une fois par an.**

    Le code de commerce impose aux entreprises de réaliser un inventaire au moins une fois tous les 12 mois, mais sans exiger qu'il soit réalisé le jour même de la clôture. Il est ainsi possible de procéder à des inventaires tournants (les comptages sont étalés tout au long de l'année) ou de décaler de quelques jours les travaux d'inventaire. Notons toutefois que c'est quand même la valeur du stock de clôture qui doit figurer au bilan : si le comptage est réalisé à une date différente, il faut disposer d'un système fiable permettant de suivre les mouvements intervenus entre temps.

Le comptage des stocks est la partie la plus visible des travaux d'inventaire mais ceux-ci concernent en fait tous les éléments du patrimoine de l'entreprise. Il s'agit ainsi de vérifier également :
- que les immobilisations sont toujours en bon état de fonctionnement,
- que les créances clients ne présentent pas de risques d'impayé,
- que toutes les dettes ont bien été recensées,
- etc.

9. **La vérité sur la comptabilité de trésorerie :**
   ✔ **Tenir une comptabilité de trésorerie consiste à enregistrer ses encaissements et ses décaissements au fur et à mesure de leur réalisation.**
   ✔ **Une comptabilité de trésorerie ne tient pas compte des factures en attente de règlement.**

   Dans une comptabilité de trésorerie, les achats et les ventes ne sont enregistrés qu'au moment de leur règlement : les factures reçues ou émises ne sont pas comptabilisées tant qu'elles ne sont pas payées. En revanche, il est tout à fait possible (et recommandé) d'utiliser un tableau à plusieurs colonnes pour ventiler les encaissements et les décaissements selon leur nature.

10. **Outre le livre de caisse, quel registre doivent obligatoirement tenir les professions libérales relevant du régime des BNC ?**
    ✔ **Le registre des immobilisations.**

    Les professions libérales doivent non seulement tenir un livre de caisse, mais aussi un registre des immobilisations qui permet de suivre la valeur de celles-ci et de justifier le montant de la dotation aux amortissements déduite du bénéfice imposable.

11. **Vrai. Les colonnes du livre de caisse doivent reprendre les rubriques de la déclaration de revenus.**

    La comptabilité est un outil d'information qui doit être adapté aux besoins de ses utilisateurs. Le fait de ventiler les encaissements et les décaissements selon les rubriques de la déclaration de revenus permet au chef d'entreprise de remplir plus facilement sa déclaration à la fin de l'année. D'autres colonnes doivent également être prévues pour les encaissements et les décaissements n'entrant pas dans la détermination du bénéfice imposable (apports et prélèvements de l'exploitant, emprunt bancaire, investissement, etc.).

12. **Faux. Pour les entreprises tenant une comptabilité de trésorerie, le bénéfice imposable ne correspond pas à la différence entre les encaissements et les décaissements :**

    Tous les encaissements ne sont pas imposables et tous les décaissements ne sont pas déductibles : par exemple, les apports et les prélèvements de l'exploitant ne rentrent pas dans le calcul du bénéfice imposable.

13. **La vérité sur la balance de trésorerie :**
    ✓ **La balance de trésorerie permet de faire le lien entre la déclaration de revenus et les mouvements de trésorerie.**
    ✓ **La balance de trésorerie explique l'évolution de la trésorerie d'une année sur l'autre.**

    Il n'existe aucune obligation légale concernant la balance de trésorerie, mais ce document est terriblement utile en cas de contrôle fiscal et c'est pourquoi il est fortement recommandé de l'établir systématiquement.

    En effet, c'est la balance de trésorerie qui permet de justifier le montant du bénéfice imposable en faisant le lien entre la déclaration de revenus et la variation de la trésorerie. Elle met ainsi en évidence :
    - D'une part les sommes figurant sur la déclaration de revenus mais n'ayant pas d'incidence sur la trésorerie (dotation aux amortissements par exemple),
    - D'autre part les mouvements de trésorerie n'apparaissant pas sur la déclaration de revenus (apport ou prélèvement de l'exploitant par exemple).

14. **Faux. Les entreprises soumises au régime simplifié des BIC ne peuvent pas remplir leur déclaration directement à partir de leur livre de caisse.**

    Les entreprises soumises au régime simplifié des BIC peuvent se contenter de tenir une comptabilité de trésorerie tout au long de l'année, mais elles doivent quand même recenser leurs créances et leurs dettes à la clôture afin de les intégrer dans leur bilan et dans leur compte de résultat.

15. **Vrai. Il existe plusieurs logiciels comptables spécialement destinés aux petites entreprises.**

    Il existe plusieurs logiciels comptables destinés à des utilisateurs non professionnels, les plus connus étant Ciel et EBP. Les versions de base de ces logiciels disposent de fonctionnalités réduites mais la saisie des écritures y est très simplifiée rendant la comptabilité d'engagement accessible même à des non professionnels.

16. **Vrai. Même si la liste des comptes est déjà renseignée dans les logiciels comptables, un travail de paramétrage demeure quand même nécessaire :**

    Même si la liste des comptes est déjà intégrée dans les logiciels comptables, ceux-ci ne peuvent pas tout deviner et il faudra au minimum paramétrer :
    - Les coordonnées de l'entreprise (adresse, identifiant TVA, numéro SIRET, etc.),
    - La date de début et de fin de son exercice comptable (celui-ci ne coïncide pas nécessairement avec l'année civile),
    - Sa situation vis-à-vis de la TVA (assujettie ou non, exigibilité sur les débits ou sur les encaissements, taux applicable, etc.).

17. **Le brouillard de saisie regroupe les écritures non validées.**

    Le brouillard de saisie regroupe les écritures non validées. Elles sont librement modifiables, ce qui donne plus de souplesse au comptable (une sorte de droit à l'erreur) mais présente un risque dans la mesure où une modification involontaire peut intervenir suite à une mauvaise manipulation.

    Nous profitons de cette question pour insister sur le fait qu'aucun logiciel digne de ce nom n'acceptera une écriture déséquilibrée, même dans le brouillard de saisie : si vous ne parvenez pas à trouver la contrepartie correcte pour un enregistrement, utilisez un compte d'attente comme le compte 471.

18. **La vérité sur le lettrage des comptes :**
    - ✔ **Le lettrage concerne essentiellement les comptes clients et fournisseurs.**
    - ✔ **Le lettrage consiste à mettre en évidence les enregistrements qui s'annulent mutuellement (par exemple une facture et son règlement).**
    - ✔ **Le lettrage permet d'identifier plus facilement les factures non réglées.**

    Le lettrage concerne essentiellement les comptes clients et fournisseurs : il consiste à identifier par une référence commune les enregistrements qui s'annulent mutuellement (par exemple une facture et son règlement). Ce travail permet de retrouver plus facilement le règlement correspondant à une facture mais surtout de mettre en évidence, par différence, les enregistrements non lettrés, c'est-à-dire les factures non réglées ou les règlements ne correspondant à aucune facture.

19. **Vrai. Une écriture validée ne peut plus être modifiée.**

    Les écritures validées sortent du brouillard de saisie et ne peuvent plus être ni modifiées, ni supprimées. Si vous avez commis une erreur de saisie, le seul moyen de la corriger est de saisir une écriture rectificative.

20. **La vérité sur la procédure de clôture informatique :**
    - ✔ **La procédure de clôture nécessite la validation préalable des enregistrements comptables.**
    - ✔ **La procédure de clôture est irréversible.**
    - ✔ **La procédure de clôture remet à zéro les soldes de certains comptes.**

    La procédure de clôture a pour but de « verrouiller » la comptabilité de l'exercice écoulé, c'est pourquoi elle nécessite la validation des enregistrements réalisés. Elle va également remettre à zéro les comptes de charges et de produits en transférant leurs soldes dans le compte « 120. Résultat de l'exercice » afin de ne pas perturber l'équilibre de la balance générale. En revanche, les comptes de bilan seront reportés à l'identique pour démarrer la nouvelle année.

    Notons enfin qu'une fois un exercice clôturé, il n'est plus possible de revenir en arrière pour modifier, supprimer ou rajouter un enregistrement. En cas de nécessité absolue, la seule possibilité consiste à restaurer une sauvegarde réalisée avant la clôture, mais vous perdrez alors tous les enregistrements réalisés par la suite.

Troisième partie
La comptabilité au jour le jour

Dans cette partie…

Nous allons aborder une par une les opérations réalisées par l'entreprise, en étudiant à chaque fois en détail la façon de les comptabiliser. Dans la première partie de cet ouvrage, nous vous avons déjà exposé les principes généraux de la comptabilité, mais il nous reste encore un peu de chemin à parcourir ensemble pour vous permettre de faire face sereinement à une pile de factures ou à des opérations plus complexes : déclaration de TVA, enregistrement de la paie, etc.

Nous commencerons par le plus facile et le plus agréable, c'est-à-dire les ventes et les encaissements, avant d'aborder successivement : les achats courants et le paiement des fournisseurs, les impôts et taxes, la paie et les déclarations sociales, les investissements et leur financement, les opérations de trésorerie. Pour chaque opération, nous verrons d'abord comment appliquer les mécanismes comptables au cas général, avant de nous lancer dans l'étude de cas particuliers plus complexes.

Vous pouvez lire cette partie intégralement pour bien vous imprégner du fonctionnement de la comptabilité ou vous y référer de façon ponctuelle lorsque vous hésitez sur la façon de comptabiliser une opération.

Chapitre 8
L'enregistrement des ventes et des encaissements

Dans ce chapitre :
- L'enregistrement des factures de vente
- L'enregistrement des ventes comptoir
- L'enregistrement des règlements reçus
- L'enregistrement des impayés

*F*acturer un client et recevoir son règlement sont des moments plaisants dans la vie d'un entrepreneur et il serait dommage de tout gâcher à cause de difficultés comptables. Heureusement, nous sommes là pour vous guider et vous soutenir…

Dans ce chapitre, nous vous expliquerons concrètement comment comptabiliser les différents types de ventes : quel numéro de compte utiliser, où enregistrer la TVA collectée, que faire en présence de taxes parafiscales ou d'emballages consignés, etc. Ensuite, nous passerons en revue les différents modes de règlements sans oublier les cas particuliers tels que l'escompte pour règlement anticipé ou les chèques sans provision.

L'enregistrement des factures de vente

La facture est un document obligatoire pour toutes les ventes réalisées entre professionnels. Si vous vendez à des particuliers, la facture n'est obligatoire que si votre client en fait la demande, sinon un simple ticket de caisse suffit amplement. Elle doit être établie, en principe, dès la livraison des biens ou dès la fin de l'exécution de la prestation mais un différé de quelques jours est accepté. Son contenu est fixé de façon précise par la loi qui définit de nombreuses mentions obligatoires, dont trois chiffres qui nous intéressent tout particulièrement :

- Le montant hors taxes (HT)
- Le montant de la TVA facturée au client, également appelée TVA collectée
- Le montant toutes taxes comprises (TTC) obtenu par addition du HT et de la TVA : il correspond à la somme due par le client.

Les factures que vous émettez doivent comporter de nombreuses mentions obligatoires pour respecter les exigences du Code de commerce et du Code général des impôts. Vous devez indiquer en particulier les informations suivantes :

- Identification du vendeur : nom, adresse, RCS, forme juridique, capital, SIREN, numéro individuel d'identification (FR + 2 chiffres + numéro SIREN) et, le cas échéant, mention de l'adhésion à un Centre de gestion agréé
- Identification de l'acheteur : nom et adresse
- En cas d'échange intracommunautaire : numéro individuel d'identification du client
- Numéro de la facture
- Date de la vente ou de la prestation de service
- Quantité et dénomination précise des produits vendus et des services rendus
- Prix unitaire hors TVA
- Réductions de prix acquises au moment de l'émission de la facture (ne sont donc pas concernés les escomptes conditionnels et les remises de fin d'année)
- Taux de TVA par produit
- Montant total du prix hors taxes, de la TVA et du prix TTC
- Si votre entreprise est exonérée de TVA, justification de cette situation avec mention de l'article du CGI concerné : franchise de base (article 293-B), livraison intracommunautaire (article 262 ter-I), exportations (article 262-I), autoliquidation par le preneur (article 283-2 nonies)
- Date à laquelle le règlement doit intervenir
- Conditions d'escompte applicables en cas de paiement anticipé
- Taux des éventuelles pénalités de retard

Depuis le 1er janvier 2013, la facture doit également mentionner l'indemnité forfaitaire de 40 € due en cas de retard de paiement, en plus des pénalités de retard. Notons toutefois que cette indemnité n'est due que par les clients professionnels.

Le non-respect de la réglementation peut faire l'objet de sanctions : chaque mention obligatoire manquante ou inexacte peut être punie d'une amende fiscale de 15 € par mention et par facture. L'amende pénale, quant à elle, peut aller jusqu'à 75 000 €.

Les règles de base

Si vous avez lu la première partie de ce livre, vous devez avoir une idée sur la façon de comptabiliser une facture client. Vous savez déjà qu'une vente est un produit du compte de résultat : elle s'enregistre au crédit (à droite) d'un compte de classe 7. La contrepartie dépend des conditions de règlement négociées avec le client : si la vente est réalisée à crédit, il s'agit d'une créance sur le client à comptabiliser au débit du compte « 411. Clients ». Si votre client paie au comptant, vous pouvez débiter directement un compte de trésorerie : « 512. Banques » ou « 53. Caisse ».

Si vous disposez de comptes auxiliaires pour gérer distinctement les comptes de vos différents clients, nous vous conseillons d'y enregistrer toutes vos factures, même celles réglées au comptant : vous inscrivez d'abord la facture au débit du compte du client comme s'il s'agissait d'une vente à crédit, puis vous comptabilisez immédiatement le règlement en créditant le compte du client et en débitant le compte de trésorerie. Cette façon de procéder est plus longue que l'enregistrement direct dans un compte de trésorerie mais elle vous permet de retrouver plus facilement vos factures en cas de besoin : vous trouverez les informations nécessaires dans le compte du client, plutôt que noyées au milieu de toutes les ventes et de tous les encaissements de l'exercice.

Il reste maintenant à déterminer ce qu'il faut faire de la TVA figurant sur la facture. Réfléchissons ensemble... La TVA collectée ne sera pas conservée par l'entreprise mais devra être reversée au Trésor public : il s'agit d'une dette à faire figurer au passif du bilan. Celle-ci doit donc être comptabilisée au crédit d'un compte de classe 4, en l'occurrence « 44571. TVA collectée ».

Mais alors, comment équilibrer l'écriture ? Réfléchissons encore... Le client doit payer le montant TTC : c'est ce chiffre qu'il faut enregistrer au débit du compte « 411. Clients ». En revanche, seul le montant HT reste définitivement acquis à l'entreprise et génère un enrichissement : le compte « 70. Ventes » sera crédité du montant HT de la facture et non pas du TTC. L'équilibre de l'écriture est ainsi rétabli... à notre grand soulagement !

En résumé, une facture de vente s'enregistre de la façon suivante :

- Au débit : compte « 411. Clients » pour le montant TTC
- Au crédit : compte « 70. Ventes » pour le montant HT et « 44571. TVA collectée » pour la TVA

Ainsi, une vente de marchandises de 1 000 € HT (1 200 € TTC) sera enregistrée de la façon suivante :

Numéro de compte		Libellé	Débit	Crédit
411000		Clients	1 200,00	
	707000	Ventes de marchandises		1 000,00
	445710	TVA collectée		200,00

Les différents types de ventes

Selon la nature de vos ventes, vous n'utiliserez pas la même subdivision du compte « 70. Ventes ». S'agissant de votre activité principale, vous utiliserez principalement les trois comptes suivants :

- « 701. Ventes de produits finis » pour les ventes de produits transformés par votre entreprise
- « 706. Prestations de services » pour les prestations de services
- « 707. Ventes de marchandises » pour les produits revendus en l'état (activité de négoce)

Les produits de vos activités annexes seront, quant à eux, regroupés dans un compte « 708. Produits des activités annexes » : port et frais accessoires facturés, locations diverses, mise à disposition de personnel, etc.

Les comptes 708 sont réservés aux activités annexes : ainsi, les agences d'intérim comptabilisent leurs ventes dans le compte « 706. Prestations de services » et non pas « 7084. Mise à disposition de personnel facturé ».

Si vous percevez des redevances pour l'utilisation d'un brevet ou d'une licence dont vous êtes propriétaire, vous les enregistrerez dans le compte « 751. Redevances pour concessions, brevets, licences, marques, procédés, logiciels, droits et valeurs similaires ». Enfin, les cessions d'immobilisations seront enregistrées dans un compte de produit exceptionnel « 775. Produits des cessions d'éléments d'actifs » (voir chapitre 12).

Les ventes de chèques cadeaux ne sont pas considérées comme des produits du compte de résultat car la prestation correspondante n'a pas encore été fournie par l'entreprise. Elles ne doivent pas être comptabilisées dans un compte de classe 7 mais dans un compte d'attente « 487. Produits constatés d'avance ». Le produit ne sera comptabilisé qu'au moment de l'utilisation du chèque cadeau ou de son expiration et le compte d'attente sera alors soldé.

L'enregistrement de la TVA collectée

La TVA collectée doit être enregistrée au crédit d'un compte « 44571. TVA collectée » que vous pouvez détailler davantage pour faciliter le travail ultérieur d'élaboration de la déclaration de TVA. Si vous réalisez des ventes taxées à des taux différents, vous pouvez ainsi le subdiviser de la façon suivante (subdivision à reproduire également pour les comptes de ventes) :

- 445711. TVA collectée à 2,1 % ;
- 445712. TVA collectée à 5,5 % ;
- 445713. TVA collectée à 10 % ;
- 445714. TVA collectée à 20 %.

Les prestataires de services doivent gérer une difficulté supplémentaire puisqu'ils ne reversent la TVA au Trésor public qu'au moment où ils encaissent réellement le règlement de leurs clients : on dit que la TVA est exigible « sur les encaissements », par opposition aux industriels qui collectent la TVA « sur les débits » et la reversent dès l'établissement de la facture. Le régime des encaissements est avantageux en termes de trésorerie mais il complique singulièrement le travail du comptable. En effet, le solde du compte de TVA collectée ne correspond pas à la somme à déclarer puisqu'il intègre la TVA facturée sur des ventes n'ayant pas encore été encaissées.

Certains logiciels gèrent parfaitement cette spécificité : au moment de la facturation, ils enregistrent la TVA collectée dans un compte d'attente « 4458. Taxes sur le chiffre d'affaires à régulariser ou en attente » puis ils la transfèrent dans le compte « 44571. TVA collectée » lors de l'enregistrement du règlement.

Si votre logiciel n'est pas capable de gérer ce décalage entre la comptabilisation de la TVA et sa déclaration, nous vous suggérons d'utiliser les subdivisions du compte 44571 pour indiquer le mois sur lequel la TVA collectée doit être déclarée. Comme nous ne disposons que de neuf chiffres pour les douze mois de l'année, nous avons regroupé deux à deux des mois suffisamment éloignés pour ne pas prêter à confusion :

- 445711. TVA collectée à déclarer en janvier ou juillet
- 445712. TVA collectée à déclarer en février ou août
- 445713. TVA collectée à déclarer en mars ou septembre
- 445714. TVA collectée à déclarer en avril ou octobre
- 445715. TVA collectée à déclarer en mai ou novembre
- 445716. TVA collectée à déclarer en juin ou décembre

De cette façon, si vous enregistrez en mars une facture à échéance du mois de mai, vous utiliserez le compte 445715 pour la TVA collectée. En revanche, vous reporterez le solde du compte 445713 sur votre déclaration de TVA du mois de mars. Lorsque vous établissez votre déclaration, soyez attentifs aux éventuels retards de règlement : si une facture à échéance du mois de mars n'est finalement réglée qu'en avril, vous pouvez décaler d'autant le versement de la TVA collectée. Dans ce cas, vous transférerez ce montant du compte 445713 au compte 445714, soit en corrigeant l'écriture en brouillard, soit en passant une OD rectificative (débit du compte 445713 par le crédit du compte 445714).

Certains secteurs d'activité font l'objet d'une fiscalité spécifique : habillement, bijouterie, ameublement, etc. Des taxes dites « parafiscales » ont été instaurées qui présentent un mécanisme de collecte identique à celui de la TVA : les entreprises facturent la taxe à leurs clients, l'encaissent puis la reversent au Trésor public ou à un autre organisme collecteur. Le traitement comptable de ces taxes parafiscales est similaire à celui de la TVA : elles sont enregistrées au crédit d'un compte de dette, en l'occurrence le compte « 44578. Taxes assimilées à la TVA ».

Les cas particuliers

Les éléments que nous vous avons donnés dans le paragraphe précédent devraient vous suffire la plupart du temps mais il se peut que vos factures présentent quelques spécificités. Si tel est le cas, vous trouverez les explications dont vous avez besoin dans ce paragraphe, consacré aux cas particuliers.

Les remises

Si votre facture comporte une réduction à caractère commercial, il est inutile de faire apparaître celle-ci distinctement dans votre comptabilité : vous enregistrerez directement le montant net de réduction.

Par exemple, si vous accordez une remise de 10 % pour une prestation de services d'une valeur de 1 000 €, votre facture sera présentée comme suit :

Prix hors taxes : 1 000,00 €

– remise 10 % : 100,00 €

Prix net HT : 900,00 €

TVA 20 % : 180,00 €

Montant à payer : 1 080,00 €

Elle sera comptabilisée de la façon suivante :

Numéro de compte		Intitulé	Débit	Crédit
411000		Clients	1 080,00	
	706000	Prestations de services		900,00
	445710	TVA collectée		180,00

Le schéma comptable est différent dans le cas où la réduction a été accordée *a posteriori* et fait l'objet d'un avoir distinct. Nous vous en dirons plus d'ici quelques pages, dans le paragraphe consacré à l'enregistrement des avoirs émis.

Les emballages consignés

Si vous livrez vos produits dans des emballages consignés, vous facturez à vos clients une consigne que vous leur rembourserez s'ils restituent les emballages en bon état. Cette somme ne vous est pas définitivement acquise et ne vous enrichit pas : il ne s'agit pas d'un produit du compte de résultat mais d'une dette vis-à-vis de votre client, à enregistrer au crédit du compte « 4196. Clients – Dettes sur emballages et matériels consignés ».

Si vous avez vendu pour 1 000 € de produits finis, livrés dans des caisses en bois consignées (20 caisses à 3 € pièce), votre facture sera établie comme suit :

Prix hors taxes : 1 000,00 €

TVA 20 % : 200,00 €

Consignation : 60,00 €

Montant à payer : 1 260,00 €

Elle sera comptabilisée de la façon suivante :

Numéro de compte		Intitulé	Débit	Crédit
411000		Clients	1 260,00	
	701000	Ventes de produits finis		1 000,00
	445710	TVA collectée		200,00
	419600	Clients - Dettes sur emballages consignés		60,00

Si votre client vous restitue les emballages en bon état, vous émettrez un avoir de 60 € que vous enregistrerez comme suit :

Numéro de compte		Intitulé	Débit	Crédit
419600		Clients - Dettes sur emballages consignés	60,00	
	411000	Clients		60,00

S'il ne vous rend qu'une partie des emballages ou que ceux-ci sont endommagés, vous ne rembourserez qu'une partie de la consigne. Le montant ainsi conservé sera enregistré comme un produit du compte de résultat dans le compte « 708600. Bonis sur reprises d'emballages consignés ».

Les opérations de consignation et de déconsignation ne sont pas soumises à la TVA car elles sont considérées comme des prêts d'emballages assortis d'une garantie financière. En revanche, si la consigne n'est pas remboursée, le gain réalisé par l'entreprise est assimilé à une vente et la TVA devient exigible.

L'enregistrement des avoirs émis

Un avoir est le contraire d'une facture : il s'agit d'un document par lequel vous reconnaissez devoir de l'argent à votre client (en raison d'une erreur de facturation, en dédommagement d'un retard de livraison, en remboursement d'un retour de marchandises, etc.). Il s'enregistre de façon inversée par rapport à une facture :

- Au débit : compte « 70. Ventes » pour le montant HT et « 44571. TVA collectée » pour la TVA
- Au crédit : compte « 411. Clients » pour le montant TTC

La subdivision du compte de ventes à utiliser dépend du motif de l'avoir :

- S'il s'agit d'un retour de produits ou de la correction d'une erreur de facturation (produit manquant, tarif erroné, etc.) vous utiliserez le même compte que pour la vente initiale : 701, 706 ou 707.
- S'il s'agit d'une réduction de prix attribuée ultérieurement pour des raisons commerciales, vous utiliserez un compte « 709. Rabais, remises et ristournes accordés par l'entreprise », à détailler selon la nature de la vente initiale.

Les numéros des comptes de rabais, remises et ristourne n'ont pas été attribués au hasard mais ont été créés à partir des comptes de vente dans lesquels on a inséré le chiffre 9 en troisième position : le compte « 701. Ventes de produits finis » est devenu « 7091. Rabais, remises et ristournes sur ventes de produits finis ». Cette observation a une portée plus générale : lorsqu'un numéro de compte comporte le chiffre 9 en troisième position, cela signifie qu'il fonctionne de façon inversée par rapport au compte habituel.

L'enregistrement des ventes comptoir

Les règles que nous avons étudiées pour la comptabilisation des factures clients s'appliquent également aux ventes comptoir : seules la nature et la présentation de la pièce justificative changent. Alors que la facture est spécifique à une transaction, le ticket Z du logiciel de caisse fait la synthèse de toutes les ventes de la journée et regroupe plusieurs modes de règlement et plusieurs taux de TVA : l'écriture comptable est plus complexe car elle synthétise la totalité des opérations du jour mais ce sont toujours les mêmes comptes de ventes et de TVA qui sont utilisés au crédit.

La somme réglée par vos clients correspond au montant TTC de vos ventes. Si votre logiciel de caisse ne vous donne pas le montant des ventes HT et de la TVA, vous devrez les calculer par vous-même à l'aide des formules suivantes :

Montant HT = Montant TTC/1,20 (ou 1,055 ou 1,10 si vous relevez d'un taux réduit)

TVA collectée = Montant HT × 0,20 (ou 0,055 ou 0,10 si vous relevez d'un taux réduit)

Le compte à débiter dépendra du moyen de paiement utilisé :

- « 53. Caisse » pour les règlements en espèces
- « 5112. Chèques à encaisser » pour les règlements par chèque
- « 5115. Cartes bancaires à encaisser » pour les règlements par carte bancaire

Les sommes enregistrées dans les comptes 511 seront transférées par la suite dans le compte « 512. Banques » au fur et à mesure de leur remise en banque effective : le compte 511 sera alors crédité par le débit du compte 512.

N'utilisez pas directement le compte « 512. Banques » pour enregistrer les règlements par chèque ou par carte bancaire, car vous compliqueriez considérablement le travail de rapprochement bancaire. En effet, les règlements reçus ne correspondent pas nécessairement aux mouvements qui apparaîtront sur votre relevé de banque :

- Regroupement des chèques de plusieurs journées dans une même remise en banque
- Différé d'encaissement accordé à un client pour son chèque
- Frais prélevés sur vos encaissements par carte bancaire
- Etc.

 La recette de la journée d'une boulangerie s'élève à 900 €, dont 20 € de confiseries soumises à une TVA de 20 % (le reste des ventes est taxé au taux de 5,5 %). Les encaissements ont été réalisés pour 850 € en espèces et pour 50 € en chèques. Avant de comptabiliser cette vente, il convient de déterminer le montant HT et la TVA collectée :

- Ventes HT de confiseries : 20/1,20 = 16,67 €
- Ventes HT de pain, gâteaux et viennoiseries : 880/1,055 = 834,12 €
- TVA sur confiseries : 16,67 × 0,20 = 3,33 €
- TVA sur pain, gâteaux et viennoiseries : 834,12 × 0,055 = 45,88 €

Nous pouvons ensuite comptabiliser l'écriture suivante :

Numéro de compte		Intitulé	Débit	Crédit
530000		Caisse	850,00	
511200		Chèques à encaisser	50,00	
	701002	Ventes de produits finis (TVA à 5,5 %)		834,12
	707003	Ventes de marchandises (TVA à 20 %)		16,67
	445712	TVA collectée à 5,5 %		45,88
	445714	TVA collectée à 20 %		3,33

Le total des montants enregistrés au débit est égal à celui de ceux inscrits au crédit : l'écriture est correctement équilibrée.

Supposons maintenant que sur les 50 € réglés par chèque, seulement 30 € soient remis à la banque (un chèque de 20 € ne sera encaissé que dans une semaine à la demande du client). L'écriture comptable sera alors la suivante :

Numéro de compte		Intitulé	Débit	Crédit
512000		Banques	30,00	
	511200	Chèques à encaisser		30,00

Vous remarquerez au passage que le compte « 5112. Chèques à encaisser » a été débité de 50 € et crédité de 30 € : il présente donc un solde débiteur de 20 € qui reflète fidèlement la valeur des chèques restant à encaisser.

L'enregistrement des règlements reçus

Facturer c'est bien, mais se faire payer c'est encore mieux! Nous allons étudier ici la façon de comptabiliser les règlements reçus en les distinguant selon le mode de paiement utilisé : espèces, virement, chèque, carte bancaire ou effet de commerce. Dans tous les cas, il faudra créditer le compte « 411. Clients » pour faire disparaître la créance réglée : c'est le compte utilisé au débit qui sera différent.

La TVA a déjà été comptabilisée au moment de l'enregistrement de la facture : elle n'intervient plus dans l'écriture de règlement.

Les règlements en espèces

Lorsqu'un client vous règle en espèces sonnantes et trébuchantes, la somme reçue va dans votre caisse et vous devez utiliser le débit du compte « 53. Caisse » pour l'enregistrer. Si vous remettez immédiatement la somme encaissée à la banque, vous comptabiliserez une écriture supplémentaire en créditant le compte « 53. Caisse » et en débitant le compte « 512. Banques ».

Les règlements par virement

Lorsqu'un client vous règle par virement, la somme reçue arrive directement sur votre compte bancaire : vous utiliserez le débit du compte « 512. Banques » pour l'enregistrer. Cette écriture devra être comptabilisée dès que vous aurez été informé de la réalisation du virement, ce qui n'arrive parfois qu'à la réception du relevé de banque.

Les règlements par chèque

Nous vous conseillons d'utiliser le compte « 5112. Chèques à encaisser » pour enregistrer les chèques reçus. Lorsque vous déposerez ces chèques sur votre compte bancaire, vous comptabiliserez une écriture supplémentaire en créditant le compte « 5112. Chèques à encaisser » et en débitant le compte « 512. Banques ».

Une entreprise reçoit un chèque de 1 196 € du client Alpha et 598 € du client Beta. Elle les porte aussitôt à la banque pour les déposer sur son compte bancaire. Les écritures comptables sont les suivantes :

Numéro de compte		Intitulé	Débit	Crédit
511200		*Réception du chèque du client Alpha*		
		Chèques à encaisser	1 196,00	
	411ALP	Client Alpha		1 196,00
511200		*Réception du chèque du client Beta*		
		Chèques à encaisser	598,00	
	411BET	Client Beta		598,00
512000		*Remise en banque*		
		Banques	1 794,00	
	511200	Chèques à encaisser		1 794,00

Nous vous conseillons de ne pas utiliser directement le compte « 512. Banques » pour enregistrer les chèques reçus mais de transiter par le compte « 5112. Chèques à l'encaissement ». De cette façon, les mouvements enregistrés dans le compte « 512. Banques » correspondront réellement à vos remises en banque et pourront facilement être rapprochés du relevé bancaire.

Les règlements par carte bancaire

Le schéma d'enregistrement des règlements par carte bancaire est similaire à celui des règlements par chèque :

- Lors de la réception du règlement, le compte « 5115. Cartes bancaires à encaisser » est débité et le compte « 411. Clients » est crédité.

- Lors de la remise en banque (ou de la réception du relevé de cartes), le compte « 512. Banques » est débité et le compte « 5115. Cartes bancaires à encaisser » est crédité.

Les éventuelles commissions prélevées par la banque doivent être comptabilisées au débit d'un compte de charges. Les avis des professionnels divergent sur le choix du compte : certains considèrent qu'il s'agit d'un service et utilisent le compte « 627. Services bancaires », alors que d'autres préfèrent utiliser un compte « 661. Charges d'intérêt » et réserver le compte 627 aux opérations soumises à TVA. La seconde solution nous semble la plus simple mais vous pouvez faire comme bon vous semble : vous trouverez toujours quelqu'un pour défendre votre point de vue… et un autre pour le critiquer !

Une entreprise reçoit un règlement de 598 € par carte bancaire. La banque prélève une commission de 5,98 € sur celui-ci et l'entreprise n'encaisse finalement que 592,02 € sur son compte bancaire. Les écritures comptables sont les suivantes :

Numéro de compte		Intitulé	Débit	Crédit
511500		*Réception du règlement*		
		Chèques à encaisser	598,00	
	411000	Clients		598,00
512000		*Réception de l'avis d'encaissement*		
		Banques	592,02	
661000		Charges d'intérêt	5,98	
	511500	Cartes à encaisser		598,00

Les règlements par effet de commerce

Si votre client vous règle par traite, lettre de change ou billet à ordre, il vous envoie un titre de paiement qui ne sera encaissable qu'à une date d'échéance ultérieure, indiquée sur le document. Vous ne pouvez donc pas comptabiliser ce règlement dans un compte de trésorerie (classe 5) mais vous devez tout de même distinguer la créance des autres factures enregistrées dans les comptes 411 et dont vous attendez toujours le règlement. Dans ce but, vous utiliserez le compte « 413. Clients - Effets à recevoir », que vous pourrez éventuellement subdiviser en fonction du mois d'échéance.

Le schéma comptable est le suivant :

- Lors de la réception de l'effet de commerce : débit du compte « 413. Effets à recevoir » et crédit du compte « 411. Clients ».
- Lors de son échéance : débit du compte « 512. Banques » et crédit du compte « 413. Effets à recevoir ».

Les acomptes reçus

Les avances et acomptes versés par un client ne doivent pas être considérés comme des produits du compte de résultat car ils ne correspondent pas à une prestation ou à une livraison réalisée : il s'agit d'une dette vis-à-vis du client, à enregistrer au crédit d'un compte de bilan. Souvenez-vous de ce que nous vous avons indiqué sur le 9 inséré en troisième position dans un numéro de compte pour en changer le sens : en suivant ce schéma, on peut construire le compte « 4191. Clients, avances et acomptes reçus sur commande » à partir du compte « 411. Clients ». Ce compte sera ensuite soldé lorsque l'acompte sera déduit du règlement final.

Une entreprise reçoit un acompte de 200 € par virement. Elle édite ensuite une facture de 600 € TTC et encaisse enfin le solde de 400 € par virement. Les écritures comptables sont les suivantes :

Numéro de compte		Intitulé	Débit	Crédit
		Réception de l'acompte		
512000		Banques	200,00	
	419100	Clients, avances et acomptes reçus		200,00
		Emission de la facture		
411000		Clients	600,00	
	701000	Ventes de produits finis		500,00
	445710	TVA collectée		100,00
		Réception du solde		
512000		Banques	400,00	
419100		Clients, avances et acomptes reçus	200,00	
	411000	Clients		600,00

L'utilisation du compte « 4191. Clients, avances et acomptes reçus » peut s'avérer fastidieuse, surtout si vous demandez souvent des acomptes à vos clients. Aussi, dans la pratique, les entreprises enregistrent-elles directement les sommes reçues au crédit du compte « 411. Clients ». Pour les acomptes déduits avant la date de clôture, cette approximation ne porte pas à conséquence. Toutefois, lors de l'établissement des comptes annuels, le principe de non-compensation inscrit dans le Code de commerce interdit de conserver les acomptes non imputés au crédit (et donc en diminution) du compte 411 : il faut alors les transférer dans le compte 4191.

Si vous conservez l'acompte reçu à titre de dédommagement (annulation de la commande par le client), celui-ci devient alors un produit du compte de résultat : vous transférerez celui-ci dans un compte « 70. Ventes » pour son montant HT et dans le compte « 44571. TVA collectée » pour le montant de la TVA.

L'escompte pour règlement anticipé

Si vous souhaitez inciter vos clients à payer de façon anticipée, vous pouvez leur proposer un escompte, c'est-à-dire une réduction de quelques pour-cent, s'ils vous règlent plus rapidement que prévu dans les conditions générales de vente. Si un client décide de saisir cette opportunité, il vous enverra un règlement inférieur au montant que vous lui aviez initialement facturé : son compte présentera un solde débiteur qu'il vous faudra solder comptablement.

Chapitre 8 : L'enregistrement des ventes et des encaissements

Selon les mentions inscrites sur votre facture, l'escompte ne se calculera pas et ne s'enregistrera pas de la même façon :

- Si vous indiquez que l'escompte est « net de taxe », alors celui-ci doit être calculé sur le montant HT : il sera intégralement comptabilisé au débit du compte « 665. Escomptes accordés ».
- Dans le cas contraire, il sera calculé sur le montant TTC mais la TVA ne pourra être récupérée que si vous respectez certaines conditions de forme (voir ci-dessous). La TVA récupérable s'enregistre alors au débit du compte « 44571. TVA collectée » et le montant HT de l'escompte au débit du compte « 665. Escomptes accordés ».

Le plus simple pour avoir le droit de récupérer la TVA est d'indiquer sur vos factures que « seule la taxe correspondant au prix effectivement payé ouvre droit à déduction ». Sinon il vous faudra émettre un avoir rectificatif… ou renoncer à récupérer la TVA et enregistrer la totalité de l'escompte dans le compte 665.

Des marchandises ont été livrées et facturées pour 1 000 € HT (1 200 € TTC) avec un escompte conditionnel de 2 %. Si l'escompte est spécifié « net de taxes », le client pourra déduire 20 € de son règlement (2 % de 1 000 €) et vous verser 1 180 € (2 000 € facturé, moins 20 € d'escompte) que vous enregistrerez de la façon suivante :

Numéro de compte		Intitulé	Débit	Crédit
512000		Banques	1 180,00	
665000		Escomptes accordés	20,00	
	411000	Clients		1 200,00

Si l'escompte a été calculé sur le montant TTC, alors votre client déduira 24 € (2 % de 1 200 €) et vous enverra un règlement de 1 176 € (1 200 € facturé, moins 24 € d'escompte). Si vous avez indiqué que « seule la taxe correspondant au prix effectivement payé ouvre droit à déduction », alors vous pourrez récupérer les 4 € de TVA déduits par le client. L'écriture comptable sera la suivante :

Numéro de compte		Intitulé	Débit	Crédit
512000		Banques	1 176,00	
665000		Escomptes accordés	20,00	
445710		TVA collectée	4,00	
	411000	Clients		1 200,00

Comment comptabiliser un impayé ?

En consultant votre relevé de banque, vous avez parfois la mauvaise surprise de découvrir qu'un chèque que vous aviez déposé à la banque est revenu impayé. Si vous n'avez aucun espoir de recouvrer la somme qui vous est due (chèque volé, client disparu sans laisser d'adresse, etc.) vous enregistrerez celle-ci dans un compte de charges « 654. Pertes sur créances irrécouvrables » pour son montant HT. La TVA que vous aviez initialement facturée ne vous sera jamais réglée par le client : vous n'avez donc pas à la reverser au Trésor public et vous l'enregistrerez au débit du compte « 44571. TVA collectée ». Les éventuels frais facturés par votre banque seront enregistrés dans le compte « 627. Services bancaires et assimilés ».

Dans un magasin de vêtements, un chèque de 59 € revient impayé : le client avait réglé ses achats au moyen d'un chéquier volé. Ce chèque correspondait à une vente HT de 49,17 € (= 59 / 1,20) et à une TVA de 9,83 €. L'écriture comptable de constatation de l'impayé définitif est la suivante :

Numéro de compte		Intitulé	Débit	Crédit
654000		Pertes sur créances irrécouvrables	49,17	
445710		TVA collectée	9,83	
	512000	Banques		59,00

En revanche, si vous pensez avoir encore une chance de récupérer la somme due, vous enregistrerez celle-ci au débit du compte « 411. Clients ». Les éventuels frais bancaires pourront être inscrits au débit du compte « 411. Clients » si vous avez l'intention de les mettre à la charge de votre client, ou au débit du compte « 627. Services bancaires et assimilés » si vous décidez de vous montrer magnanime. Lorsque vous représenterez le chèque en banque, il vous suffira de comptabiliser une écriture de règlement classique : vous débiterez le compte « 512. Banques » par le crédit du compte « 411. Clients ».

Chapitre 9

L'enregistrement des achats et des décaissements

Dans ce chapitre :

▶ L'enregistrement des achats courants
▶ La distinction entre les charges et les immobilisations
▶ Les différents comptes de charges
▶ L'enregistrement des paiements effectués

Avant de vendre vos produits ou vos services, encore faut-il acheter les matières et les services nécessaires à votre exploitation. Dans ce chapitre, nous nous intéresserons uniquement aux achats de consommation courante : les investissements seront étudiés distinctement dans le chapitre 12.

L'enregistrement des factures d'achat

Les relations avec les fournisseurs ressemblent beaucoup à celles avec les clients mais de façon inversée, comme dans un miroir :

✔ Les achats sont des charges alors que les ventes sont des produits.

✔ Une facture fournisseur en attente de règlement est une dette alors qu'une facture client est une créance.

✔ À l'échéance de la facture, l'argent sort de la trésorerie au lieu d'y rentrer.

Aussi, retrouverez-vous dans ce chapitre plusieurs notions étudiées dans le chapitre précédent : TVA, escompte, effets de commerce, etc. Nous commencerons par vous exposer les règles de base en matière d'enregistrement des achats avant d'aborder des cas particuliers plus complexes.

Les règles de base

Si vous avez lu la première partie de ce livre, vous devez avoir une idée sur la façon de comptabiliser une facture fournisseur. Vous savez déjà qu'un achat est une charge du compte de résultat : il s'enregistre au débit (à gauche) d'un compte de classe 6. La contrepartie dépend des conditions de règlement négociées avec le fournisseur : si l'achat est réalisé à crédit, il s'agit d'une dette à comptabiliser au crédit du compte « 401. Fournisseurs ». Si vous réglez votre fournisseur au comptant, vous pouvez créditer directement un compte de trésorerie : « 512. Banques » ou « 53. Caisse ».

Si vous disposez de comptes auxiliaires pour gérer distinctement les comptes de vos différents fournisseurs, nous vous conseillons d'y enregistrer toutes vos factures, même celles réglées au comptant : vous inscrirez d'abord la facture au crédit du compte fournisseur comme s'il s'agissait d'un achat à crédit, puis vous comptabiliserez immédiatement le règlement en débitant le compte fournisseur et en créditant le compte de trésorerie. Cette façon de procéder est plus longue que l'enregistrement direct dans un compte de trésorerie mais elle vous permet de retrouver aisément vos factures en cas de besoin : vous trouverez les informations nécessaires dans le compte du fournisseur, plutôt que noyées au milieu de tous les achats et de tous les décaissements de l'exercice.

Il reste maintenant à déterminer ce qu'il faut faire de la TVA. Réfléchissons ensemble… Si vous récupérez la TVA, alors celle-ci constitue une créance sur le Trésor public : vous l'enregistrerez au débit du compte « 4456. TVA déductible ». Votre achat ne vous coûtera réellement que le montant HT de la facture : c'est ce chiffre qu'il faudra inscrire au débit d'un compte de charges. En revanche, si vous ne pouvez pas récupérer la TVA, alors vous enregistrerez le montant TTC en charges car il représente le coût réel de votre achat : la TVA n'apparaîtra pas dans votre écriture. Dans la suite de ce chapitre, nous considérerons que vous récupérez la TVA. Si ce n'est pas le cas, ne tenez pas compte de celle-ci et enregistrez directement le montant TTC en charges.

Si votre activité n'est que partiellement assujettie à la TVA et que vous relevez de la règle du prorata pour la TVA déductible, alors seule la partie récupérable de la TVA sera comptabilisée au débit du compte « 4456. TVA déductible », le reste étant enregistré dans le même compte que le montant HT de la facture. Les sommes versées ou reçues au titre de la régularisation du prorata provisoire seront comptabilisées en charges ou en produits exceptionnels (compte « 678. Autres charges exceptionnelles » ou « 778. Autres produits exceptionnels »).

En résumé, une facture d'achat s'enregistre de la façon suivante :

- Le montant TTC est enregistré au crédit du compte « 401. Fournisseurs ».
- La TVA déductible est enregistrée au débit du compte « 4456. TVA déductible » si l'entreprise peut la récupérer.

Chapitre 9 : L'enregistrement des achats et des décaissements

✔ Le montant HT est enregistré au débit d'un compte de charges (classe 6) si l'entreprise récupère la TVA, sinon c'est le montant TTC qui y est inscrit.

Un achat de marchandises de 1 000 € HT (1 200 € TTC) sera enregistré comme suit :

Numéro de compte		Intitulé	Débit	Crédit
607000		Achats de marchandises	1 000,00	
445660		TVA déductible	200,00	
	401000	Fournisseurs		1 200,00

Les cas de non-déductibilité de la TVA

Si vous n'êtes pas assujetti à la TVA (activité en dehors du champ d'application) ou si vous relevez du régime de la franchise de base, alors vous ne pouvez pas récupérer la TVA payée sur vos achats. En revanche, si vous êtes assujetti, alors vous pourrez récupérer la TVA payée à quelques exceptions près, notamment :

✔ Les frais de transport : billets de train ou d'avion, location de voiture (par exception, la TVA sur le péage est déductible)

✔ Les achats de véhicules : automobiles (sauf véhicules utilitaires), motocyclettes, avions et bateaux (sauf s'il s'agit de votre outil de travail : taxis, auto-écoles, etc.)

✔ Les frais d'hôtel ou de restaurant engagés au profit des salariés ou des dirigeants de l'entreprise

✔ Les frais de parking

✔ Les achats de carburant : la TVA sur l'essence n'est pas récupérable, celle sur le gazole n'est récupérable qu'à hauteur de 80 %

✔ Les dépenses somptuaires (si vous aviez l'intention d'acheter un yacht, n'oubliez pas la TVA…)

✔ Les cadeaux à la clientèle dont la valeur unitaire dépasse 65 € TTC

Les dépenses d'hôtel et de restaurant sont désormais déductibles lorsqu'elles sont engagées au profit de personnes extérieures à l'entreprise (clients ou fournisseurs) et engagées dans l'intérêt de celle-ci.

Sachez également que la TVA n'est déductible qu'à condition de figurer explicitement sur une facture établie au nom de votre entreprise : si vous réalisez vos achats dans des commerces de vente au détail, pensez à réclamer une facture car le ticket de caisse n'est pas suffisant aux yeux de l'administration fiscale.

Les différents types d'achats

Face à une facture fournisseur, vous devez d'abord déterminer s'il s'agit d'une charge ou d'une immobilisation. S'il s'agit d'une immobilisation, vous trouverez dans le chapitre 12 toutes les informations nécessaires pour l'enregistrer et établir son plan d'amortissement. S'il s'agit d'une charge, restez ici avec nous : nous vous expliquerons comment trouver le bon numéro de compte pour la comptabiliser.

La distinction entre les charges et les immobilisations

Seuls les achats consommés immédiatement ou à brève échéance doivent être comptabilisés en charges de l'exercice. Les achats de biens destinés à servir de façon durable à l'activité de l'entreprise seront inscrits à l'actif du bilan dans des comptes d'immobilisation. C'est la durée prévisible d'utilisation qui permet de distinguer un bien « durable » d'un « consommable » :

- Si cette durée est inférieure à un exercice comptable, il s'agit d'une charge.
- Si cette durée est supérieure à un exercice comptable, il s'agit d'une immobilisation, quel que soit son coût d'achat. Ainsi, un achat de vaisselle par un restaurant devra être comptabilisé en immobilisations et non pas en charges, même si le prix unitaire est faible… sauf bien sûr s'il s'agit de vaisselle jetable en plastique.

Il existe une tolérance fiscale pour comptabiliser en charges les biens durables d'une valeur unitaire inférieure à 500 € HT, à condition qu'ils ne constituent pas l'objet même de l'entreprise. La vaisselle évoquée précédemment n'est pas concernée par cette mesure car elle fait partie de l'outil de travail professionnel du restaurateur mais celui-ci pourra en revanche comptabiliser en charges l'achat d'un téléphone ou d'un fax. Il ne s'agit là que d'une possibilité et non pas d'une obligation : vous pouvez y recourir pour diminuer votre base taxable et éviter d'avoir un plan d'amortissement à gérer mais rien ne vous y oblige si votre bénéfice vous semble insuffisant.

Les frais nécessaires à la mise en état d'utilisation des immobilisations font partie intégrante du coût de celles-ci. Ainsi, les frais de transport ou d'installation d'une machine ne doivent pas être comptabilisés en charges mais en immobilisations. En revanche, la formation du personnel devant utiliser la machine est bien une charge.

Les différents comptes de charges

Le plan comptable général distingue les charges selon leur nature : les achats auprès de fournisseurs extérieurs seront enregistrés dans des comptes 60 pour les achats de biens ou 61 ou 62 pour les achats de services. Nous avons regroupé dans le tableau ci-dessous les principaux comptes que vous serez amené à utiliser, assortis de quelques commentaires sur leur contenu.

Tableau 9-1 : Les principaux comptes de charges

Compte		Commentaires
601	Achats de matières premières	Achats de matières destinées à être transformées par votre entreprise
604	Achats d'études et prestations de services	Dépenses de sous-traitance industrielle, c'est-à-dire de tâches faisant partie du cycle de production (travail à façon, par exemple)
606	Achats non stockés	Achats de petites fournitures et petit matériel (administratif ou de production), ainsi que d'eau et d'énergie
607	Achats de marchandises	Achats de biens destinés à être revendus en l'état
611	Sous-traitance générale	Achats de sous-traitance autre que ceux inscrits dans le compte 604 : services administratifs, distribution…
612	Redevances de crédit-bail	Un crédit-bail se distingue d'une location simple par la possibilité d'acquérir le bien à la fin du contrat.
613	Locations	Loyers relatifs aux biens mobiliers ou immobiliers utilisés par l'entreprise, à l'exception de ceux versés à titre de garantie (à inscrire à l'actif)
614	Charges locatives	Charges résultant du contrat de location
615	Entretien et réparations	Dépenses d'entretien courant et de petites réparations n'ayant pas pour effet d'augmenter la valeur ou la durée de vie initialement prévue du bien concerné
616	Primes d'assurance	Primes versées sur les contrats d'assurances souscrits au profit de l'entreprise : perte d'exploitation, sinistres, « homme clé »
617	Études et recherches	Dépenses engagées pour une étude de marché. Les dépenses de recherches et développement peuvent être enregistrées dans ce compte ou immobilisées sous certaines conditions.
618	Divers	Frais de documentation et de colloques
621	Personnel extérieur à l'entreprise	Personnel intérimaire ou personnel détaché d'une autre entreprise
622	Rémunération d'intermédiaires et honoraires	Honoraires de conseil, commissions versées sur achats ou sur ventes, frais d'acte et de contentieux…
623	Publicité	Cadeaux à la clientèle, échantillons, frais de salons, catalogues, prospectus, achat d'espace publicitaire (affichage, presse…), sponsoring, etc.
624	Transports de biens	Frais de transport sur achats et sur ventes, ainsi que transport collectif du personnel
625	Voyages, missions et réceptions	Frais de transport, nourriture et hébergement du personnel en déplacement professionnel (par exemple, les notes de frais de la force de vente)

Compte		Commentaires
626	Frais postaux et de télécommunications	Timbres, téléphone, etc., à l'exception de ceux relatifs à des mailings publicitaires qui constituent des dépenses de publicité
627	Services bancaires	Frais facturés par la banque, à l'exception des intérêts sur emprunt ou sur découvert. Par simplification, on peut utiliser l'assujettissement à la TVA comme critère de distinction : - présence de TVA : compte 627 ; - absence de TVA : compte 661
628	Divers	Cotisations versées, frais de recrutement, etc.

Les achats de matières premières et de marchandises doivent être enregistrés dans des comptes de charges, même s'ils ne sont pas immédiatement utilisés. Les comptes de stocks ne seront utilisés qu'au moment de la clôture pour régulariser les achats non consommés (voir le chapitre 14 pour plus d'informations sur l'écriture de régularisation).

Concernant les achats de consommables et de fournitures, vous avez le choix entre le compte « 602. Achats stockés – Autres approvisionnements » et « 606. Achats non stockés de matières et fournitures ». Nous vous conseillons vivement d'utiliser le compte 606 car il implique un suivi bien plus léger au moment de la clôture des comptes : en particulier, vous échapperez à l'obligation de procéder à un inventaire des fournitures encore en stock en fin d'année.

Enfin, si vous hésitez encore sur la façon de comptabiliser une facture fournisseur, vous trouverez à la fin de ce livre un guide pratique qui recense, par ordre alphabétique, les différents types d'achats et vous donne pour chacun le traitement comptable correct. Il est très détaillé et vous y trouverez sans doute la réponse à toutes vos interrogations.

Les frais accessoires

Les frais accessoires sur achats sont, en principe, enregistrés selon leur nature dans des comptes de charges :

- 616 pour les frais d'assurance
- 622 pour la rémunération des intermédiaires
- 624 pour les frais liés au transport
- 635 pour les droits de douane

Toutefois, les entreprises qui le souhaitent peuvent décider de comptabiliser ces frais dans des comptes d'achats commençant par la racine 60 :

Chapitre 9 : L'enregistrement des achats et des décaissements

- Soit directement dans les comptes « 601. Achats de matières premières » ou « 607. Achats de marchandises »
- Soit dans le compte « 608. Frais accessoires sur achats », détaillé selon la nature des biens achetés : 6081 pour les frais accessoires sur achats de matières premières et 6087 pour les frais sur achats de marchandises

Cette façon de procéder permet d'identifier clairement ces frais afin de les intégrer au coût d'achat lors de la valorisation des stocks. En revanche, elle nécessite une mention spéciale dans l'annexe et complique le travail du comptable. C'est pourquoi nous vous déconseillons de l'utiliser.

L'enregistrement de la TVA déductible

Le plan comptable général prévoit d'enregistrer la TVA déductible au débit d'un compte « 44566. TVA déductible sur achats de biens et services » mais nous vous conseillons de détailler davantage ce compte afin de suivre la date de déductibilité de la TVA. En effet, selon le régime de votre fournisseur, la TVA ne sera pas déduite au même moment :

- La TVA portant sur des achats de biens est déductible dès le mois d'enregistrement de la facture (TVA déductible sur les débits).
- La TVA portant sur des achats de services ne devient déductible qu'au moment où vous réglez la facture (TVA déductible sur les décaissements), sauf si votre fournisseur a opté pour le régime des débits, ce qui doit être précisé de façon explicite sur sa facture.

Certains logiciels gèrent parfaitement cette spécificité : au moment de l'enregistrement de la facture, ils inscrivent la TVA déductible dans un compte d'attente (4458. Taxes sur le chiffre d'affaires à régulariser ou en attente), puis ils la transfèrent dans le compte « 44566. TVA déductible » lors de l'enregistrement du paiement. Si ce n'est pas le cas du vôtre, nous vous conseillons de subdiviser le compte de TVA déductible en fonction du mois d'échéance :

- 445661. TVA à déduire en janvier ou juillet
- 445662. TVA à déduire en février ou août
- 445663. TVA à déduire en mars ou septembre
- 445664. TVA à déduire en avril ou octobre
- 445665. TVA à déduire en mai ou novembre
- 445666. TVA à déduire en juin ou décembre

Le tableau ci-dessous rassemble les différents cas de figure possibles en matière de TVA :

Tableau 9-2 : Fait générateur de la déductibilité de la TVA

Caractéristiques de la facture	Déductibilité de la TVA
Achats de biens (marchandises, matières premières, fournitures, etc.) quelque soit l'échéance	La TVA est déductible au titre du mois de réception de la facture
Achats de services, pas de mentions particulières sur la facture	La TVA est déductible au titre du mois de règlement de la facture
Achats de services, la facture précise « TVA acquittée sur les débits »	La TVA est déductible au titre du mois de réception de la facture (comme pour les achats de biens)

Par exemple, sur votre déclaration du mois de mars, vous reporterez le solde du compte 445663 sur la ligne « TVA déductible » après vous être assuré que vous aviez bien réglé sans retard les factures à échéance du mois. En effet, si vous avez réglé une facture de service avec un mois de retard, votre droit à déduction de la TVA est décalé d'autant. Dans ce cas, vous transférerez ce montant du compte 445663 au compte 445664, soit en corrigeant l'écriture en brouillard, soit en passant une OD rectificative (débit du compte 445664 par le crédit du compte 445663).

Enfin, contrairement aux ventes, il est inutile de détailler vos comptes de TVA déductible en fonction du taux appliqué car cette information n'est pas requise dans la déclaration de TVA.

Les cas particuliers

Les éléments que nous vous avons donnés dans le paragraphe précédent devraient vous suffire la plupart du temps mais il se peut que les factures de vos fournisseurs présentent quelques spécificités. Si tel est le cas, vous trouverez les explications dont vous avez besoin dans ce paragraphe, consacré aux cas particuliers.

Les remises

Si la facture de votre fournisseur comporte une réduction à caractère commercial, il est inutile de faire apparaître celle-ci distinctement et vous pouvez comptabiliser directement le montant net de réduction dans un compte d'achat.

Chapitre 9 : L'enregistrement des achats et des décaissements

Par exemple, la facture suivante relative à un achat de matières premières, sera enregistrée comme suit :

Prix hors taxes : 1 000,00 €

– remise 10 % : 100,00 €

Prix net HT : 900,00 €

TVA 20 % : 180,00 €

Montant à payer : 1 080,00 €

Numéro de compte		Intitulé	Débit	Crédit
601000		Achats de matières premières	900,00	
445660		TVA déductible	180,00	
	401000	Fournisseurs		1 080,00

Le schéma comptable est différent dans le cas où la réduction a été accordée *a posteriori*, et fait l'objet d'un avoir distinct. Nous vous en dirons plus dans quelques pages, dans le paragraphe consacré à l'enregistrement des avoirs reçus.

Les emballages consignés

Si votre fournisseur vous livre ses produits dans des emballages consignés, il vous facture une consigne qu'il vous remboursera ultérieurement si vous restituez les emballages en bon état. Cette somme n'est pas définitivement perdue et ne vous appauvrit pas : il ne s'agit pas d'une charge du compte de résultat mais d'une créance sur votre fournisseur, à enregistrer au débit du compte « 4096. Fournisseurs – Créances pour emballages et matériels à rendre ».

Si vous avez reçu pour 1 000 € de marchandises, livrées dans des caisses en bois consignées (20 caisses à 3 € pièce), la facture de votre fournisseur sera établie comme suit :

Prix hors taxes : 1 000,00 €

TVA 20 % : 200,00 €

Consignation : 60,00 €

Montant à payer : 1 260,00 €

Elle sera comptabilisée de la façon suivante :

Numéro de compte		Intitulé	Débit	Crédit
607000		Achats de marchandises	1 000,00	
445660		TVA déductible sur achats de biens et services	200,00	
409600		Fournisseurs - Créances pour emballages et matériels à rendre	60,00	
	401000	Fournisseurs		1 260,00

Si vous restituez les emballages en bon état, votre fournisseur vous enverra un avoir de 60 € que vous enregistrerez comme suit :

Numéro de compte		Intitulé	Débit	Crédit
401000		Fournisseurs	60,00	
	409600	Fournisseurs - Créances pour emballages et matériels à rendre		60,00

S'il ne vous rembourse qu'une partie de la consigne (emballages endommagés ou non restitués), vous enregistrerez votre perte au débit d'un compte de charges : « 613. Locations » (subdivision « 613600. Malis sur emballages »).

Les achats intracommunautaires

Les ventes de biens réalisées entre les entreprises de deux États membres de l'Union européenne sont soumises à des règles spécifiques en matière de TVA. Ainsi, si l'acheteur est assujetti à la TVA dans son pays, le vendeur n'a pas à facturer de TVA : c'est l'acheteur qui la collecte à sa place. Il s'agit d'un simple jeu d'écritures comptables puisque la TVA ainsi collectée est également déductible : aucun paiement n'est dû. En revanche, la non-observation de cette règle pourrait avoir des conséquences très graves puisque l'administration fiscale serait en droit de réclamer le montant de la TVA collectée, tout en rejetant la déductibilité de celle-ci.

Ainsi, pour chaque achat de biens réalisé auprès d'un fournisseur d'un pays membre de l'Union européenne, vous devez calculer la TVA à collecter sur le montant facturé et comptabiliser celle-ci à la fois au crédit du compte « 4452. TVA due intracommunautaire » et au débit du compte « 44566. TVA déductible ».

Par exemple, si vous achetez pour 1 000 € de matières premières auprès d'un fournisseur européen, il vous enverra une facture de 1 000 € sur laquelle ne figurera aucune TVA. Vous calculerez vous-même la TVA due, en l'occurrence 200 € s'il s'agit de biens taxés au taux normal, et vous comptabiliserez la facture de la façon suivante:

Numéro de compte		Intitulé	Débit	Crédit
601000		Achats de matières premières	1 000,00	
445660		TVA déductible	200,00	
	401000	Fournisseurs		1 000,00
	445200	TVA due intracommunautaire		200,00

L'enregistrement des avoirs reçus

Un avoir est le contraire d'une facture: il s'agit d'un document par lequel votre fournisseur reconnaît vous devoir de l'argent (en raison d'une erreur de facturation, en dédommagement d'un retard de livraison, en remboursement d'un retour de marchandises, etc.). Il s'enregistre de façon inversée par rapport à une facture:

- Au débit: compte « 401. Fournisseurs » pour le montant TTC
- Au crédit: compte « 6. Charges » pour le montant HT et « 44566. TVA déductible » pour la TVA

La subdivision du compte de charges à utiliser dépend du motif de l'avoir:

- S'il s'agit d'un retour de produits ou de la correction d'une erreur de facturation (produit manquant, tarif erroné, etc.) vous utiliserez le même compte que pour l'achat initial.
- S'il s'agit d'une réduction de prix attribuée pour des raisons commerciales, vous utiliserez un compte spécifique, à détailler selon la nature de l'achat initial: 6091 ou 6097 pour un achat de biens, 619 ou 629 pour une prestation de services. Ce numéro est construit à partir de celui du compte de charges initialement utilisé pour la facture, dans lequel on a inséré le chiffre 9 en troisième position pour indiquer qu'il fonctionnait en sens inverse.

L'enregistrement des paiements effectués

La patience de vos fournisseurs a ses limites et, tôt ou tard, il vous faudra régler leurs factures. Nous allons étudier ici la façon de comptabiliser les règlements émis, en les distinguant selon le moyen de paiement utilisé:

espèces, virement, chèque ou effet de commerce. Dans tous les cas, il faudra débiter le compte « 401. Fournisseurs » pour faire disparaître la dette réglée : c'est le compte utilisé au crédit qui sera différent.

La TVA a déjà été comptabilisée au moment de l'enregistrement de la facture : elle n'intervient plus dans l'écriture de règlement.

Les règlements en espèces, chèque ou virement

Lorsque vous réglez un fournisseur en espèces sonnantes et trébuchantes, la somme sort de votre caisse et vous devez utiliser le crédit du compte « 53. Caisse » pour l'enregistrer. En revanche, si vous réglez par chèque ou par virement, la somme sort de votre compte bancaire et vous utiliserez le crédit du compte « 512. Banques ».

Un paiement par chèque doit être enregistré dès le moment où le chèque est émis, sans attendre que celui-ci apparaisse sur votre relevé de banque. Contrairement aux encaissements, il n'est pas utile de transiter par des comptes 511 pour gérer les chèques non encore encaissés par vos fournisseurs : ceux-ci figureront sur votre rapprochement bancaire.

Une entreprise règle par chèque une facture de 1 200 € TTC : l'écriture comptable est la suivante :

Numéro de compte		Intitulé	Débit	Crédit
401000		Fournisseurs	1 200,00	
	512000	Banques		1 200,00

Les règlements par effet de commerce

Si vous réglez votre fournisseur par traite, lettre de change ou billet à ordre, vous lui envoyez un titre de paiement qui ne sera encaissable qu'à une date d'échéance ultérieure indiquée sur le document. Vous ne pouvez donc pas comptabiliser ce règlement dans un compte de trésorerie (classe 5), mais vous devez tout de même distinguer la dette des autres factures enregistrées dans les comptes 401 et que vous devez encore régler. Dans ce but, vous utiliserez le compte « 403. Fournisseurs - Effets à recevoir », que vous pourrez éventuellement subdiviser en fonction du mois d'échéance.

Le schéma comptable est le suivant :

 ✔ Lors de l'émission de l'effet de commerce : débit du compte « 401. Fournisseurs » et crédit du compte « 403. Effets à payer ».

✓ Lors de son échéance : débit du compte « 403. Effets à payer » et crédit du compte « 512. Banques ».

Les acomptes versés

Les avances et acomptes versés à un fournisseur ne doivent pas être considérés comme des charges du compte de résultat car ils ne correspondent pas à une consommation réalisée : il s'agit d'une créance vis-à-vis de votre fournisseur, à enregistrer au débit d'un compte de bilan, en l'occurrence « 4091. Fournisseurs, avances et acomptes versés sur commande » (remarquez une fois encore le 9 en troisième position dans le numéro du compte). Ce compte sera ensuite soldé lorsque l'acompte sera déduit du règlement final.

Par exemple, si vous versez un acompte de 200 € par virement pour une insertion publicitaire, puis recevez une facture de 600 € TTC, et réglez finalement le solde de 400 €, les écritures comptables seront les suivantes :

Numéro de compte		Intitulé	Débit	Crédit
		Versement de l'acompte		
409100		Fournisseurs, avances et acomptes versés	200,00	
	512000	Banques		200,00
		Réception de la facture		
623000		Publicité	500,00	
445660		TVA déductible	100,00	
	401000	Fournisseurs		600,00
		Versement du solde		
401000		Fournisseurs	600,00	
	512000	Banques		400,00
	409100	Fournisseurs, avances et acomptes versés		200,00

L'utilisation du compte « 4091. Fournisseurs, avances et acomptes versés » peut s'avérer fastidieuse, surtout si vous versez souvent des acomptes à vos fournisseurs. Aussi, dans la pratique, les entreprises enregistrent directement les sommes reçues au débit du compte « 401. Fournisseurs ». Pour les acomptes déduits avant la date de clôture, cette approximation ne porte pas à conséquence. Toutefois, lors de l'établissement des comptes annuels, le principe de non-compensation inscrit dans le Code de commerce interdit de conserver les acomptes non imputés au débit (et donc en diminution) du compte 401 : il faut alors les transférer dans le compte 4091.

L'escompte pour règlement anticipé

Si vous disposez d'une trésorerie suffisante, vous aurez intérêt à régler vos fournisseurs avant l'échéance prévue en échange d'une remise également appelée « escompte pour règlement anticipé ». Dans ce cas, votre règlement sera inférieur au montant de la facture et vous comptabiliserez l'écart au crédit d'un compte de produits financiers « 765. Escomptes obtenus ».

Selon les mentions portées sur la facture de votre fournisseur, l'escompte à déduire ne se calculera pas et ne s'enregistrera pas de la même façon.

- Si votre fournisseur a indiqué que l'escompte est « net de taxe », alors la TVA sur la facture initiale n'est pas remise en cause : l'escompte est calculé sur le montant hors taxes et intégralement comptabilisé au crédit du compte « 765. Escomptes obtenus ».

- Dans le cas contraire, l'escompte se calcule sur le montant TTC et s'enregistre dans le compte « 765. Escomptes obtenus » pour la partie HT et « 44566. TVA déductible » pour la TVA.

Des marchandises ont été livrées et facturées pour 1 000 € HT (1 200 € TTC) avec un escompte conditionnel de 2 % en cas de paiement anticipé. Si cet escompte est stipulé « net de taxe », vous déduirez 20 € de votre règlement et vous enregistrerez l'écriture suivante :

Numéro de compte		Intitulé	Débit	Crédit
401000		Fournisseurs	1 200,00	
	512000	Banques		1 180,00
	765000	Escomptes obtenus		20,00

Dans le cas contraire, vous déduirez 24 € de votre règlement et vous enregistrerez l'écriture suivante :

Numéro de compte		Intitulé	Débit	Crédit
401000		Fournisseurs	1 200,00	
	512000	Banques		1 176,00
	765000	Escomptes obtenus		20,00
	445660	TVA déductible		4,00

Chapitre 10
La TVA et les autres impôts

Dans ce chapitre :
- La déclaration de TVA : élaboration et comptabilisation
- Le crédit de TVA
- L'enregistrement de l'impôt sur les bénéfices et de l'IFA
- L'enregistrement des autres impôts et taxes

*P*armi les impôts et les taxes que vous payez, la TVA occupe une place à part puisqu'il s'agit du seul impôt qui ne s'enregistre pas dans un compte de charges. Dans ce chapitre, nous vous expliquerons comment établir votre déclaration et comment comptabiliser vos versements. Puis nous aborderons la comptabilisation des autres impôts et taxes : impôt sur les bénéfices, contribution économique territoriale, taxes foncières, etc.

La déclaration de TVA

Dans les chapitres précédents, vous avez appris à comptabiliser la TVA collectée et la TVA déductible au fur et à mesure des factures clients et fournisseurs. Nous allons maintenant étudier ensemble comment établir et comptabiliser votre déclaration.

Les différents régimes

Selon la nature et le volume de votre activité, vous relèverez d'un des régimes suivants : franchise de base, remboursement forfaitaire, réel simplifié ou normal. Nous allons ici passer rapidement en revue leurs règles de fonctionnement respectives : fréquence des déclarations, échelonnement et calcul des paiements. Ces informations vous seront utiles pour comprendre les schémas comptables qui seront étudiés dans le paragraphe suivant.

Les activités situées hors du champ d'application de la TVA

La TVA s'applique en principe à toutes les ventes de biens et de services effectuées en France par une personne qui exerce son activité de manière indépendante et habituelle. Certaines opérations sont toutefois exclues de son champ d'application, notamment :

- Les activités de pêche maritime
- Les œuvres sans but lucratif à caractère social ou philanthropique
- Les activités médicales et paramédicales
- Les activités d'enseignement
- Les locations d'immeubles nus (sauf option pour l'assujettissement) ou meublés

Si vous exercez une activité non assujettie à la TVA, vous ne facturez pas de TVA à vos clients mais vous n'avez pas le droit de récupérer celle payée sur vos factures fournisseurs. Vous n'avez aucune déclaration à remplir, ni aucun versement à envoyer au Trésor public. En d'autres termes : circulez, il n'y a rien à voir !

La franchise de base

Le régime de la franchise de base s'applique aux activités qui sont, par nature, assujetties à la TVA mais qui bénéficient d'une exonération en raison de leur faible volume (voir chapitre 5 pour plus de détails sur les seuils d'application). Si vous relevez de ce régime, vous ne facturez pas de TVA à vos clients mais vous n'avez pas le droit de récupérer celle payée sur vos factures fournisseurs. Vous n'avez aucune déclaration à remplir ni aucun versement à envoyer au Trésor public.

Le remboursement forfaitaire

Le régime du remboursement forfaitaire s'applique aux exploitations agricoles dont les recettes annuelles sont inférieures à 46 000 €. Elles ne facturent pas de TVA sur leurs ventes et ne déduisent pas celle payée sur leurs achats.

Contrairement aux entreprises industrielles et commerciales, le simple non assujettissement à la TVA serait pénalisant pour les entreprises agricoles car leurs ventes sont assujetties au taux de 5,5 % alors qu'une partie de leurs achats est taxée à 19,6 %. C'est pourquoi le régime du remboursement forfaitaire comporte également… un remboursement forfaitaire ! Celui-ci est calculé en appliquant un pourcentage (compris entre 3 et 5 % selon la nature des ventes) au montant des recettes de l'année. Une déclaration est établie chaque année qui récapitule le montant des ventes facturées dans l'année (et attestées par les clients).

Le régime réel simplifié d'imposition (RSI)

Le régime réel simplifié d'imposition s'applique aux activités artisanales, industrielles et commerciales ainsi qu'aux professions libérales dont le chiffre d'affaires ne dépasse pas 777 000 € (ventes de biens) ou 234 000 € (prestations de services). La TVA est payée sous la forme de quatre acomptes trimestriels et d'une régularisation annuelle.

Les acomptes sont calculés sur la base de la TVA versée l'année précédente, hors TVA déductible sur immobilisations (ligne 57 de la déclaration CA12) :

- Trois acomptes de 25 % de ce montant à régler en avril, juillet et octobre
- Un dernier acompte de 20 % à régler en décembre

Si la base de calcul des acomptes est inférieure à 1 000 €, l'entreprise est dispensée de leur versement : elle règlera la totalité de la TVA de l'année lors de la régularisation annuelle.

La déclaration annuelle récapitule le montant de la TVA collectée sur les ventes et déductible sur les achats et investissements de l'année : la régularisation annuelle correspond à la différence entre la TVA collectée et la TVA déductible, sous déduction des acomptes déjà versés.

Le régime réel normal

Les entreprises soumises au régime réel normal d'imposition doivent déclarer chaque mois le montant de la TVA collectée et déductible et régler la différence entre ces deux chiffres. Si le montant de la TVA due au titre de l'année précédente est inférieur à 4 000 €, il est possible de déclarer et de payer sa TVA sur une base trimestrielle plutôt que mensuelle.

Comment remplir votre déclaration

Aucune déclaration n'est due pour les entreprises situées hors du champ d'application de la TVA ou bénéficiant de la franchise de base. Celle relative à la demande de remboursement forfaitaire ne présente aucune difficulté majeure. Il ne nous reste donc que les déclarations CA12 (réel simplifié) et CA3 (réel normal) à étudier. Toutes deux sont conçues selon la même structure :

- Un premier encadré recense les opérations imposables et exonérées.
- Une deuxième partie permet de calculer le montant de la TVA collectée.
- Une troisième partie récapitule le montant de la TVA déductible.
- Enfin, le montant de la TVA à payer ou du crédit de TVA est calculé par différence entre la TVA collectée et la TVA déductible.

Les opérations imposables et non imposables

Lorsque vous établissez votre déclaration de TVA, vous devez commencer par recenser vos opérations et les classer en deux catégories : d'un côté, les opérations imposables et, de l'autre, les non imposables. Les opérations imposables regroupent non seulement les ventes en France métropolitaine mais aussi les achats réalisés auprès de fournisseurs européens (voir le chapitre 9 pour le mécanisme de la TVA sur les achats intracommunautaires). Les opérations non imposables sont principalement vos ventes à l'exportation (hors de l'Union européenne ou vers d'autres pays membres) et à destination des DOM-TOM.

Les autres rubriques de la déclaration concernent des cas particuliers qui sortent du cadre de cet ouvrage (achats en franchise de TVA, livraisons à soi-même, etc.). Si vous pensez être concerné, mieux vaut demander conseil à votre expert-comptable.

Depuis 2014, un mécanisme d'autoliquidation de la TVA a été instauré dans le secteur du bâtiment et des travaux publics (BTP). Il concerne les sous-traitants travaillant pour un client professionnel assujetti à la TVA. Ceux-ci ne doivent désormais plus faire figurer de TVA sur leurs factures mais seulement la mention « Autoliquidation de la TVA par le preneur, article 283-2 nonies du CGI ». Le montant des ventes ainsi exonérées devra être déclaré dans la rubrique « *Autres opérations non imposables* ».

Attention, cette mesure ne concerne pas toutes les factures émises mais seulement celles répondant aux critères prévus par la loi. Ainsi, un menuisier posant une cuisine intégrée ne facturera pas de TVA s'il intervient en tant que sous-traitant pour un cuisiniste mais il en facturera s'il travaille directement pour un particulier.

La TVA collectée

La TVA collectée est calculée en multipliant le montant hors taxe des opérations imposables par le taux de TVA en vigueur :

- Taux normal de 20 % pour la plupart des biens et services vendus
- Taux réduit de 5,5 % pour les ventes de denrées alimentaires ou de biens culturels ;
- Taux intermédiaire de 10 % pour les prestations hôtelières et pour les produits alimentaires destinés à une consommation immédiate ;
- Taux superréduit de 2,1 % pour les médicaments remboursés par la Sécurité sociale.

À ce stade de l'élaboration de votre déclaration, vous devez vérifier que :

- Le montant de la TVA collectée calculée sur votre déclaration correspond bien au montant figurant dans votre comptabilité (compte « 44571. TVA collectée » mais aussi « 4452. TVA due intracommunautaire ».

✔ Le total des montants hors taxes servant de base au calcul de la TVA correspond bien au total des opérations imposables déclaré quelques lignes plus haut sur la déclaration CA3.

La TVA déductible

Dans cette partie de la déclaration, vous indiquerez les déductions auxquelles vous avez droit, en distinguant la TVA déductible relative à vos achats d'immobilisations de celle correspondant à vos achats de biens et services courants. Vous indiquerez également ici le crédit de TVA éventuel que vous avez reporté de votre précédente déclaration.

La TVA à payer ou le crédit de TVA à reporter

Le montant de la TVA nette est calculé par différence entre le total de la TVA collectée et celui de la TVA déductible (y compris crédit de TVA reporté), déduction faite des éventuels acomptes versés :

✔ Si la TVA collectée est supérieure à la TVA déductible, alors vous avez une dette vis-à-vis du Trésor public, que vous devrez régler en même temps que vous enverrez votre déclaration ;.

✔ Si la TVA collectée est inférieure à la TVA déductible, alors vous disposez d'un crédit de TVA, que vous pouvez choisir de reporter sur votre prochain versement (prochaine déclaration ou prochain acompte) ou de vous faire rembourser par virement.

La procédure de remboursement du crédit de TVA est très longue et contraignante, surtout s'il s'agit de votre première demande (vous devez dans ce cas joindre à votre demande un relevé détaillé de vos factures d'achats, voire les copies ou même les originaux des factures). Le délai de remboursement peut fréquemment atteindre plusieurs mois : en principe, pas plus de six mois, mais c'est déjà beaucoup. Si votre crédit résulte d'une situation exceptionnelle telle que le démarrage de votre activité ou la réalisation d'un investissement important, mieux vaut choisir de le reporter en déduction des déclarations ultérieures.

L'enregistrement de la déclaration de TVA

Une fois votre déclaration remplie, il ne vous restera plus qu'à l'enregistrer en comptabilité avant de l'expédier ou de la télétransmettre. Certes, le schéma est un peu complexe car il fait intervenir plusieurs comptes mais souvenez-vous que la comptabilité est avant tout une affaire de logique : il suffit d'analyser calmement les implications de l'opération à traduire en comptabilité pour en déduire pas à pas son schéma de comptabilisation. C'est ce que nous allons faire ensemble dans ce paragraphe… Nous commencerons par le cas classique d'une TVA nette à payer avant d'étudier celui, plus spécifique, du crédit de TVA.

Si vous relevez du régime simplifié d'imposition (RSI)

Dans le chapitre précédent, nous vous avons expliqué comment enregistrer un acompte versé à un fournisseur : il faut créditer le compte « 512. Banques » et débiter un compte de créances sur les fournisseurs. La seule différence avec un acompte de TVA est que la créance concerne l'État et non pas un fournisseur. Il nous faut donc trouver un compte de classe 4 pour enregistrer celle-ci… Jusqu'à présent, nous avons enregistré toutes les créances et dettes liées à la TVA dans des comptes commençant par 445 : cette fois-ci ne fera pas exception. Cherchez bien dans votre liste et vous trouverez le compte « 44581. Acomptes – Régime simplifié d'imposition » dont le libellé est suffisamment explicite pour chasser tout doute de votre esprit.

Le schéma comptable sera différent concernant la déclaration annuelle. Réfléchissons ensemble… Tout au long de l'année, vous avez enregistré la TVA collectée au crédit du compte « 44571. TVA collectée » et la TVA déductible au débit du compte « 4456. TVA déductible » : il faut à présent solder ces comptes (autrement dit les remettre à zéro) pour faire apparaître la dette nette dans un compte spécifique, en l'occurrence « 44551. TVA à décaisser ». Les acomptes versés durant l'année seront également déduits de cette dette.

En résumé, l'écriture de comptabilisation de la déclaration annuelle se construit de la façon suivante :

Tableau 10-1 : Comptes à utiliser pour enregistrer la déclaration CA12

Comptes utilisés au débit	Comptes utilisés au crédit
« 44571. TVA collectée » pour la TVA collectée déclarée	« 44562. TVA sur immobilisations » pour le montant déclaré
« 4452. TVA due intracommunautaire » la TVA intracommunautaire déclarée	« 44566. TVA sur autres biens et services » pour le montant déclaré
	« 44581. Acomptes – RSI » pour les acomptes précédemment versés
	« 44551. TVA à décaisser » pour le montant de la TVA nette à payer

Une entreprise a versé trois acomptes de 2 500 € et un acompte de 2 000 € durant l'année. Sa déclaration CA12 fait apparaître une TVA collectée de 37 000 € et une TVA déductible de 23 500 € (dont 3 500 € concernant des achats d'immobilisations), soit une TVA nette à payer de 4 000 € après déduction des acomptes versés. Les écritures comptables sont les suivantes :

Chapitre 10 : La TVA et les autres impôts

Numéro de compte		Intitulé	Débit	Crédit
445810		*Versement du 1er acompte* Acomptes – Régime simplifié d'imposition	2 500,00	
	512000	Banques		2 500,00
445810		*Versement du 2ème acompte* Acomptes – Régime simplifié d'imposition	2 500,00	
	512000	Banques		2 500,00
445810		*Versement du 3ème acompte* Acomptes – Régime simplifié d'imposition	2 500,00	
	512000	Banques		2 500,00
445810		*Versement du 4ème acompte* Acomptes – Régime simplifié d'imposition	2 000,00	
	512000	Banques		2 000,00
445710		*Etablissement de la déclaration de TVA* TVA collectée	37 000,00	
	445620	TVA déductible sur immobilisations		3 500,00
	445660	TVA déductible sur autres biens et services		20 000,00
	445810	Acomptes – RSI		9 500,00
	445510	TVA à décaisser		4 000,00

Enfin, le règlement final sera enregistré au crédit du compte « 512. Banques » (comme tout décaissement qui se respecte) et au débit du compte « 44551. TVA à décaisser » car c'est dans ce compte que la dette avait été enregistrée auparavant.

Contrairement à vos factures, votre déclaration ne tient pas compte des centimes et il est probable que vos comptes ne tombent pas juste à quelques centimes près à l'issue de vos écritures comptables : vous pourrez vous débarrasser des écarts d'arrondis en les transférant dans des comptes de charges et produits divers :

- « 658. Charges diverses de gestion courante » pour les écarts défavorables ;
- « 758. Produits divers de gestion courante » pour les écarts favorables.

Si vous relevez du régime du réel normal

Le schéma d'enregistrement comptable de la TVA est plus simple pour les entreprises soumises au régime du réel normal car il n'y a pas d'acomptes à comptabiliser et à déduire : seules les déclarations et leur règlement doivent être enregistrées. L'écriture ressemble beaucoup à celle du régime simplifié car le principe sous-jacent est identique : il s'agit de solder les comptes de TVA collectée et déductible pour faire apparaître la dette nette vis-à-vis du Trésor public.

En résumé, l'écriture de comptabilisation de la déclaration mensuelle se construit de la façon suivante :

Tableau 10-2 : Comptes à utiliser pour enregistrer la déclaration CA3

Comptes utilisés au débit	*Comptes utilisés au crédit*
« 44571. TVA collectée » pour la TVA collectée déclarée	« 44562. TVA sur immobilisations » pour le montant déclaré
« 4452. TVA due intracommunautaire » pour la TVA intracommunautaire déclarée	« 44566. TVA sur autres biens et services » pour le montant déclaré
	« 44551. TVA à décaisser » pour le montant de la TVA nette à payer

Enfin, le règlement final sera enregistré au crédit du compte « 512. Banques » (comme tout décaissement qui se respecte) et au débit du compte « 44551. TVA à décaisser » car c'est dans ce compte que la dette avait été enregistrée auparavant.

Le crédit de TVA

Il est possible que votre déclaration fasse apparaître un crédit de TVA et non pas une TVA nette à payer. Celui-ci constitue une créance sur le Trésor public que vous pourrez vous faire rembourser ou déduire de vos prochains versements. Selon l'option choisie, vous l'enregistrerez au débit du compte « 44567. Crédit de TVA à reporter » ou « 44583. Remboursement de TVA demandé ».

Si vous avez décidé de reporter votre crédit de TVA, celui-ci viendra en déduction de la TVA à payer sur votre déclaration du mois suivant. Lors de l'enregistrement de celle-ci, le crédit imputé sera inscrit au crédit du compte « 44567. Crédit de TVA à reporter ».

En résumé, l'écriture de comptabilisation d'une déclaration dans laquelle apparait un crédit de TVA est la suivante :

Chapitre 10 : La TVA et les autres impôts

Tableau 10-3 : Comptes à utiliser pour enregistrer un crédit de TVA

Comptes utilisés au débit	*Comptes utilisés au crédit*
« 44571. TVA collectée » pour la TVA collectée déclarée	« 44562. TVA sur immobilisations » pour le montant déclaré
« 4452. TVA due intracommunautaire » pour la TVA intracommunautaire déclarée	« 44566. TVA sur autres biens et services » pour le montant déclaré
« 44567. Crédit de TVA à reporter » pour le crédit à reporter sur les mois suivants	« 44551. TVA à décaisser » pour le montant de la TVA nette à payer « 44571
« 44583. Remboursement de TVA demandé » pour le crédit dont le remboursement est demandé	« 44571. TVA collectée » pour la TVA collectée déclarée
	« 44581. Acomptes – RSI » pour les acomptes précédemment versés
	« 44567. Crédit de TVA à reporter » pour le montant du crédit du mois précédent déduit sur la déclaration

Une entreprise dispose d'un crédit de TVA de 15 000 € au titre du mois précédent. Sa déclaration CA3 du mois fait apparaître une TVA collectée de 87 000 € et une TVA déductible de 74 000 €. Après imputation du crédit de TVA du mois précédent, il lui reste toujours un crédit de 2 000 € qu'elle décide de reporter sur le mois suivant. La déclaration CA3 s'enregistre comme suit :

Numéro de compte		Intitulé	Débit	Crédit
445710		TVA collectée	87 000,00	
	445660	TVA déductible sur autres biens et services		74 000,00
	445670	Crédit de TVA à reporter		15 000,00
445670		Crédit de TVA à reporter	2 000,00	

Nous vous conseillons d'utiliser deux lignes distinctes pour enregistrer, d'une part, l'ancien crédit de TVA au crédit du compte 44567 et, d'autre part, le nouveau crédit de TVA au débit de ce même compte. Il serait également possible de n'enregistrer que la variation de ce montant mais le solde du compte serait alors plus difficile à analyser et à justifier.

Si vous avez demandé (et obtenu) le remboursement de votre crédit de TVA, vous enregistrerez la somme reçue au débit du compte « 512. Banques » et au crédit du compte « 44583. Remboursement de TVA demandé », ce qui aura pour effet de solder ce compte.

Le remboursement forfaitaire

Si vous relevez du régime du remboursement forfaitaire, vous ne devez pas tenir compte de la TVA tout au long de l'année : aucune TVA n'est collectée sur vos ventes, et vos achats sont enregistrés pour leur montant TTC dans les comptes de charges, sans faire ressortir distinctement la TVA payée dans la mesure où celle-ci n'est pas déductible.

Le remboursement forfaitaire que vous recevez est une recette qui vous est définitivement acquise et qui vous enrichit : c'est un produit du compte de résultat. Le règlement reçu du Trésor public sera comptabilisé au crédit du compte « 741. Remboursement forfaitaire de TVA » par le débit du compte « 512. Banques ».

L'impôt sur les bénéfices

Si vous êtes soumis à l'impôt sur le revenu, vous pouvez sauter ce paragraphe et passer directement au suivant : cet impôt concerne le patrimoine privé du dirigeant et n'a pas à être enregistré dans la comptabilité de son entreprise. En revanche, l'impôt sur les sociétés n'est pas dû par les associés, mais bien par la société elle-même : il faut l'enregistrer dans sa comptabilité.

Le schéma de comptabilisation de cet impôt ne présente pas de difficultés majeures :

- Les sommes versées (acomptes et solde) sont enregistrées au crédit du compte « 512. Banques » et au débit du compte « 444. État – Impôt sur les bénéfices » ;
- Au moment de la clôture, l'impôt dû au titre de l'exercice est calculé et enregistré au débit du compte « 695. Impôts sur les bénéfices » par le crédit du compte « 444. État – Impôt sur les bénéfices ».

Ne confondez pas le compte 444 et le compte 695 car, malgré des libellés très proches, ils recouvrent des réalités très différentes :

- Le compte 444 est un compte de bilan : il indique la situation de l'entreprise vis-à-vis du Trésor public : créance si le solde est débiteur (par exemple après le versement d'un acompte) ou dette s'il est créditeur (par exemple, après l'enregistrement de la déclaration s'il reste un solde à payer) ;
- Le compte 695 est un compte de charges : il indique le montant de l'impôt sur les bénéfices relatif à l'exercice comptable, que celui-ci ait déjà été réglé ou pas.

L'imposition forfaitaire annuelle (IFA) a été supprimée depuis le 1er janvier 2014. Il faut dire que, de relèvement de seuil en relèvement de seuil, elle ne concernait plus que les très grosses entreprises (chiffre d'affaires supérieur à 15 M€).

De la même façon, les contributions additionnelles ne sont dues que par les sociétés de taille particulièrement importante (chiffre d'affaires supérieur à 7,63 M€ pour la contribution sociale, à 250 M€ pour la contribution exceptionnelle, et à 50 M€ pour la contribution sur les montants distribués). Amis lecteurs, il y a peu de chance que vous soyez concernés… du moins dans l'immédiat !

Les autres impôts et taxes

À l'exception de la TVA et de l'impôt sur les bénéfices, tous les autres impôts et taxes s'enregistrent au débit du compte « 63. Impôts, taxes et versements assimilés » ou d'une de ses subdivisions. On distingue ces dépenses selon l'organisme collecteur (Trésor public ou autre) et selon la base de calcul (rémunérations ou autre) :

- Compte 631 pour les impôts et taxes assis sur les rémunérations et collectés par l'administration des impôts : taxe sur les salaires (entreprises non soumises à la TVA), taxe d'apprentissage… ;
- Compte 633 pour les impôts et taxes assis sur les rémunérations et collectés par d'autres organismes : versements libératoires ouvrant droit à l'exonération de taxe d'apprentissage… ;
- Compte 635 pour les impôts et taxes collectés par l'administration des impôts mais assis sur une base autre que les rémunérations : contribution économique territoriale, taxes foncières, taxe sur les véhicules de sociétés… ;
- Compte 637 pour les impôts et taxes qui ne sont ni collectés par le Trésor public, ni assis sur les rémunérations : contribution sociale de solidarité (Organic).

Le schéma de comptabilisation des impôts et taxes (sauf impôt sur les sociétés et TVA) est le suivant :

- À la réception de l'avis d'imposition : débit du compte 63 par le crédit du compte « 447. Autres impôts, taxes et versements assimilés » ;
- Lors du paiement (solde ou acompte) : débit du compte « 447. Autres impôts, taxes et versements assimilés » et crédit du compte « 512. Banques ».

Par exemple, un avis d'imposition à la taxe foncière de 2 000 € s'enregistre à réception comme suit :

Numéro de compte		Intitulé	Débit	Crédit
635120		Taxe foncière	2 000,00	
	447000	Autres impôts, taxes et assimilés		2 000,00

Bien que l'argent aille à l'État, une amende n'est pas un impôt et s'enregistre dans le compte « 671. Charges exceptionnelles sur opérations de gestion ».

Chapitre 11
L'enregistrement de la paie

Dans ce chapitre :
- Le bulletin de salaire
- Le calcul des cotisations sociales
- La comptabilisation des salaires et des cotisations sociales
- La rémunération de l'exploitant
- Les cotisations de l'exploitant

Salaire brut, heures supplémentaires, avantages en nature, cotisations et Assedic : les éléments à prendre en compte pour établir la paie de vos salariés sont nombreux et le mal de tête vous guette... Restez calme et prenez une grande inspiration avant de vous lancer dans la lecture de ce chapitre ! Vous y trouverez des explications sur les différentes rubriques du bulletin de paie et sur le calcul des principales cotisations sociales. Nous étudierons ensuite la façon de comptabiliser les bulletins ainsi établis et les bordereaux de déclarations sociales. Enfin, nous terminerons par le cas particulier de la rémunération que se verse l'exploitant d'une entreprise individuelle.

L'élaboration du bulletin de paie

Le bulletin de paie doit être remis à tout salarié à chaque paiement de son salaire. Il recense les différents éléments intervenant dans le calcul du montant à payer :

- Rémunération brute : salaire brut, heures supplémentaires, primes, etc.
- Cotisations sociales salariales à déduire
- Autres déductions éventuelles : acomptes précédemment versés, oppositions, etc.

Rappelons à cette occasion que, même s'il existe des logiciels de paie, ceux-ci sont coûteux et délicats à manipuler. Aussi, nous vous conseillons de confier l'élaboration de vos bulletins de salaire à un expert-comptable, d'autant plus que les règles applicables en matière de paie sont encore plus complexes et évolutives que celles relatives à la fiscalité. Nous ne traiterons ici que du cas général : si vous employez moins de 10 salariés, dont aucun cadre, et que vous n'exercez pas en Moselle, dans le Haut-Rhin et le Bas-Rhin, ni dans le secteur du BTP ou de la restauration… ces indications vous permettront d'établir par vous-même les bulletins de vos employés. Sinon, elles seront quand même utiles pour mieux comprendre votre expert-comptable et dialoguer efficacement avec lui.

Les entreprises de moins de 10 salariés peuvent avoir recours au « Titre emploi service entreprise » (TESE) qui fonctionne de façon similaire au chèque emploi service utilisé par les particuliers. Lors de son adhésion, l'employeur reçoit un carnet de volets « identification du salarié » et un carnet de volets sociaux :

- les pemiers permettent d'accomplir en une seule fois les formalités liées à l'embauche : il servent à la fois de contrat de travail et de déclaration préalable à l'embauche (DPAE) ;
- les seconds servent à déclarer les éléments nécessaires au calcul des cotisations.

C'est le centre national Titre emploi service entreprise qui se charge de calculer à votre place les cotisations dues et d'établir les bulletins de paie ainsi que les déclarations sociales.

Les mentions obligatoires

Les mentions obligatoires à faire figurer sur les bulletins de salaire de vos employés sont les suivantes :

- **Identification de l'employeur :** nom, adresse, activité principale de l'entreprise (code NAF/APE), intitulé de la convention collective
- **Identification de l'employé :** nom, emploi occupé et qualification
- **Travail effectué et rémunération :** période de travail, nombre d'heures de travail correspondant à la rémunération (en distinguant les heures rémunérées au taux normal des heures supplémentaires majorées), montant de la rémunération brute, nature et montant des primes et accessoires de salaire soumis aux cotisations sociales
- **Déductions et majorations :** base de calcul des cotisations, montant de la CSG et de la CRDS, nature et montant des cotisations salariales prélevées sur la rémunération brute (Sécurité sociale, retraite, chômage…), nature et montant des sommes non soumises à cotisations et s'ajoutant à la rémunération
- **Éléments divers :** montant de la rémunération nette versée au salarié, date de paiement de la rémunération, congés payés utilisés et acquis, mention incitant le salarié à conserver le bulletin de paie sans limitation de durée

Les cotisations sociales patronales peuvent être omises sur les bulletins à condition de faire l'objet d'un document récapitulatif distinct qui sera remis chaque année au salarié.

La rémunération brute

La première étape du calcul de la somme due à un salarié consiste à recenser les éléments soumis à cotisations sociales. Il s'agit non seulement du salaire brut mais aussi des primes, des heures supplémentaires, des compléments de salaire destinés à maintenir la rémunération dans le cadre de la réduction du temps de travail, des indemnités de congés payés, des commissions, etc.

Les avantages en nature dont bénéficient vos employés sont également soumis à cotisations sociales : nourriture, logement, véhicule de fonction, etc. Leur valeur estimée doit être ajoutée aux éléments de la rémunération brute. En revanche, dans la mesure où ces avantages ne donnent lieu à aucun paiement, cette même somme devra être déduite du montant net à payer au bas du bulletin de salaire.

Finalement, seuls sont exclus de la base de calcul des cotisations :

- Les primes d'intéressement ou de participation
- Les indemnités de licenciement
- Les titres restaurant (sous conditions)
- Les remboursements de frais

Les conventions collectives

En France, une partie importante du droit du travail ne provient pas des textes de lois mais des conventions collectives. Si vous êtes employeur, vous devez impérativement savoir de quelle convention collective vous relevez et avoir pris connaissance de son contenu.

Il s'agit d'un texte applicable à un secteur d'activité et à un territoire plus ou moins vaste qui fixe par écrit le résultat des négociations entre les organisations patronales et les syndicats de salariés. Vous y trouverez des dispositions relatives au temps de travail, au salaire minimum, aux primes d'ancienneté, au maintien du salaire en cas d'absence (notamment maladie et maternité), au calcul des congés payés, etc. Même si vous n'adhérez à aucune organisation, ce texte s'impose à vous du seul fait que vous relevez du secteur d'activité concerné par la convention.

Les cotisations salariales

Les cotisations salariales sont calculées en multipliant la base imposable par le taux en vigueur. Ces taux sont fréquemment modifiés mais vous trouverez aisément les informations mises à jour sur les sites internet des organismes sociaux:

- ✔ Urssaf: www.urssaf.fr (espace employeurs, rubrique « barèmes »)
- ✔ Agirc et Arcco: www.agirc-arrco.fr

La base des cotisations est généralement égale au montant de la rémunération brute mais celui-ci peut parfois être plafonné ou faire l'objet d'un abattement. Le tableau ci-dessous récapitule les caractéristiques des cotisations salariales pour un salarié non cadre relevant du régime général.

Tableau 11-1 : Les principales cotisations salariales

Cotisations	Taux au 01/01/15	Base de calcul
CSG non déductible	2,40 %	98,25 % de la rémunération brute
CSG déductible	5,10 %	98,25 % de la rémunération brute
CRDS	0,50 %	98,25 % de la rémunération brute
Assurance maladie, maternité, invalidité, décès, solidarité	0,75 %	Rémunération brute
Assurance vieillesse plafonnée	6,85 %	Rémunération brute plafonnée au plafond de la Sécurité sociale (3 170 € en 2015)
Assurance vieillesse déplafonnée	0,30 %	Rémunération brute
Assurance chômage	2,40 %	Rémunération brute plafonnée à quatre fois le plafond de la Sécurité sociale
Retraite complémentaire Arrco « tranche 1 »	3,10 %	Rémunération brute plafonnée au plafond de la Sécurité sociale
Retraite complémentaire Arrco « tranche 2 »	8,10 %	Partie de la rémunération brute comprise entre le plafond de la Sécurité sociale et trois fois ce plafond
Retraite complémentaire AGFF « tranche 1 »	0,80 %	Rémunération brute plafonnée au plafond de la Sécurité sociale
Retraite complémentaire AGFF « tranche 2 »	0,90 %	Partie de la rémunération brute comprise entre le plafond de la Sécurité sociale et trois fois ce plafond

Par exemple, si vous versez un salaire brut de 1 500 € et une prime de 2 000 € à un de vos employés, sa rémunération brute s'élève à 3 500 €. Ses cotisations salariales seront calculées comme suit :

- CSG non déductible : 0,9825 × 3 500 × 2,40 % = 82,53 €
- CSG déductible : 0,9825 × 3 500 × 5,10 % = 175,38 €
- CRDS : 0,9825 × 3 500 × 0,50 % = 17,19 €
- Maladie, maternité, invalidité, décès, solidarité : 3 500 × 0,75 % = 26,25 €
- Assurance vieillesse plafonnée : 3 170 × 6,85 % = 217,15 €
- Assurance vieillesse déplafonnée : 3 500 × 0,30 % = 10,50 €
- Assurance chômage : 3 500 × 2,40 % = 84 €
- Retraite complémentaire Arrco « tranche 1 » : 3 170 × 3,10 % = 98,27 €
- Retraite complémentaire Arrco « tranche 2 » : (3 500 − 3 170) × 8,10 % = 26,73 €
- Retraite complémentaire AGFF « tranche 1 » : 3 170 × 0,8 % = 25,36 €
- Retraite complémentaire AGFF « tranche 2 » : (3 500 − 3 170) × 0,9 % = 2,97 €

Au total, les cotisations salariales à déduire s'élèvent à 766,33 € : le salaire net sera donc de 2 733,67 €.

Les cotisations relatives à l'assurance chômage, autrefois versées aux Assedic puis à Pôle Emploi, sont désormais collectées par le réseau des Urssaf, en même temps que les cotisations maladie, maternité et vieillesse ainsi que la CSG et la CRDS.

Le calcul du net à payer

Les cotisations salariales que vous avez calculées sont déduites de la rémunération brute de votre salarié : vous les retenez sur sa paie pour les verser en son nom aux organismes sociaux, en même temps que vos cotisations patronales.

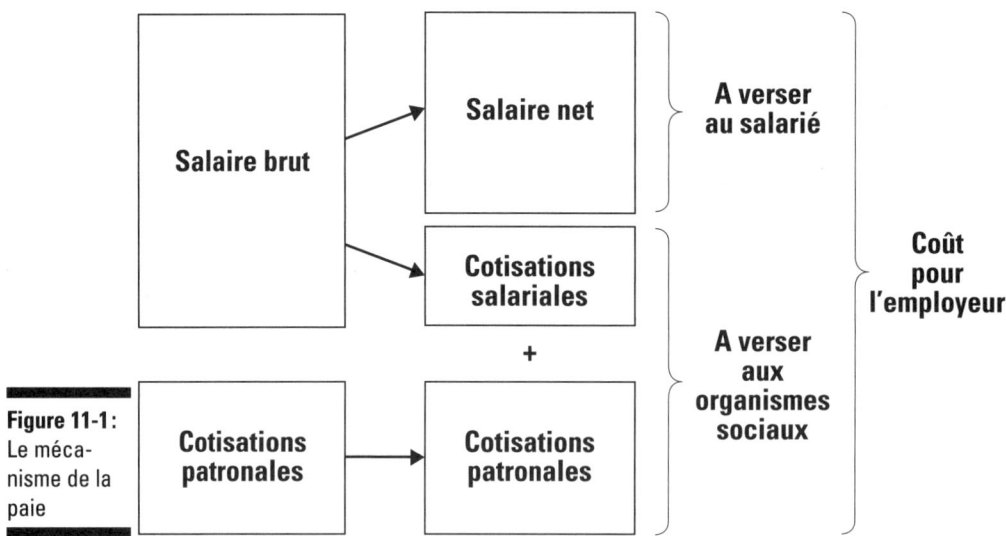

Figure 11-1 : Le mécanisme de la paie

Quelques ajustements peuvent encore être apportés au salaire net pour obtenir le net à payer :

- En déduction : acomptes précédemment versés, retenues dans le cadre d'une procédure d'opposition sur salaire, avantages en nature (rappelons que ceux-ci avaient été ajoutés à la rémunération brute au début du bulletin), cantine, etc.
- En supplément : versements non soumis à cotisations sociales tels les remboursements de frais

Les cotisations patronales

Les cotisations patronales n'interviennent pas dans le calcul du salaire net à payer : elles ne figurent sur les bulletins de paie qu'à titre indicatif. Leur mode de calcul est similaire à celui des cotisations salariales : on multiplie la base imposable (rémunération brute éventuellement plafonnée) par le taux en vigueur.

Le tableau ci-dessous récapitule les caractéristiques des cotisations patronales applicables dans une entreprise de moins de 10 salariés sur la rémunération d'un salarié non cadre relevant du régime général. Ces taux sont fréquemment modifiés mais vous trouverez aisément les informations mises à jour sur les sites internet des organismes sociaux.

Chapitre 11 : L'enregistrement de la paie

Tableau 11-2 : Les principales cotisations patronales

Cotisations	Taux au 01/01/15	Base de calcul
Assurance maladie, maternité, invalidité, décès, solidarité	13,10 %	Rémunération brute
Assurance vieillesse plafonnée	8,50 %	Rémunération brute plafonnée au plafond de la Sécurité sociale (3 170 € en 2015)
Assurance vieillesse déplafonnée	1,80 %	Rémunération brute
Allocations familiales	5,25[1] %	Rémunération brute
Accidents du travail	Taux variable selon activité	Rémunération brute
FNAL (fons national d'aide au logement)	0,10 %	Rémunération brute plafonnée au plafond de la Sécurité sociale
Assurance chômage	4 %	Rémunération brute plafonnée à quatre fois le plafond de la Sécurité sociale
AGS (fonds de garantie des salaires en cas de faillite de l'employeur)	0,30 %	Rémunération brute plafonnée à quatre fois le plafond de la Sécurité sociale
Retraite complémentaire Arcco « tranche 1 »	4,65 %	Rémunération brute plafonné au plafond de la Sécurité sociale
Retraite complémentaire Arcco « tranche 2 »	12,15 %	Partie de la rémunération brute comprise entre le plafond de la Sécurité sociale et trois fois ce plafond
Retraite complémentaire AGFF « tranche 1 »	1,20 %	Rémunération brute plafonnée au plafond de la Sécurité sociale
Retraite complémentaire AGFF « tranche 2 »	1,30 %	Partie de la rémunération brute comprise entre le plafond de la Sécurité sociale et trois fois ce plafond

(1) ou 3,45 % pour les employeurs éligibles à la réduction « Fillon » au titre de leurs salariés dont la rémunération n'excède pas 1,6 fois le montant du Smic.

Reprenons l'exemple utilisé pour les cotisations salariales : celui d'un salarié non cadre percevant une rémunération brute de 3 500 € (1 500 € de salaire et 2 000 € de prime). Les cotisations sociales patronales seront calculées comme suit :

- Maladie, maternité, invalidité, décès, solidarité : 3 500 × 13,10 % = 458,50 €
- Assurance vieillesse plafonnée : 3 170 × 8,50 % = 269,45 €
- Assurance vieillesse déplafonnée : 3 500 × 1,80 % = 63 €
- Allocations familiales : 3 500 × 5,25 % = 183,75 €

- Accidents du travail : 3 500 × 1,10 % (taux inventé pour notre exemple) = 38,50 €
- Fnal : 3 170 × 0,10 % = 3,17 €
- Assurance chômage : 3 500 × 4 % = 140 €
- AGS : 3 500 × 0,30 % = 10,50 €
- Retraite complémentaire Arrco « tranche 1 » : 3 170 × 4,65 % = 147,41 €
- Retraite complémentaire Arrco « tranche 2 » : (3 500 – 3 170) × 12,15 % = 40,10 €
- Retraite complémentaire AGFF « tranche 1 » : 3 170 × 1,20 % = 38,04 €
- Retraite complémentaire AGFF « tranche 2 » : (3 500 – 3 170) × 1,30 % = 4,29 €

Au total, les cotisations patronales s'élèvent à 1 396,71 €, sans impact sur le salaire net.

Depuis le 1er janvier 2011, la réduction Fillon se calcule sur une base annualisée alors que, précédemment, elle prenait en compte la rémunération mensuelle du salarié. Cela implique des changements lorsque la rémunération annuelle comprend des primes ou un 13e mois.

Elle se calcule, salarié par salarié, en multipliant la rémunération brute par un coefficient à déterminer en fonction de l'effectif de l'entreprise et de la rémunération de l'employé.

Pour les entreprises de plus de 19 salariés, le coefficient (C) est égal à :

(C) = (0,2835/0,6) × [(1,6 × montant annuel du Smic/rémunération annuelle brute) - 1]

Pour les entreprise de 1 à 19 salariés, le coefficient (C) est égal à :

(C) = (0,2795/0,6) × [(1,6 × montant annuel du Smic/rémunération annuelle brute) - 1]

Si nous reprenons l'exemple du salarié étudié précédemment, l'employeur n'aurait eu droit à aucune exonération pour le mois du versement de la prime lorsque le calcul était mensualisé (le montant versé excédant 1,6 Smic mensuel). En revanche, avec l'annualisation du calcul, il pourra en bénéficier si le montant global versé sur l'année ne dépasse pas 1,6 Smic annuel.

Si on suppose qu'aucune autre prime n'est versée, la rémunération annuelle sera de 20 000 € (1 500 X 12 + 2 000) et le coefficient de réduction se calculera comme suit :

C = (0,2795/0,6) × [(1,6 × 17 490,20/20 000) – 1] = 0,186

L'employeur pourra donc bénéficier d'une réduction de ses cotisations Urssaf égale à 0,186 × 20 000 = 3 720 € pour l'année.

Les déclarations sociales

Les déclarations auprès des organismes sociaux récapitulent le montant des cotisations à verser en additionnant la part patronale et la part salariale. Le détail de cette répartition n'apparaît pas sur les bordereaux de déclaration : par exemple, le taux de cotisation à l'assurance chômage est respectivement de 2,40 % pour le salarié et 4 % pour l'employeur, mais seul le taux global de 6,40 % apparaîtra sur la déclaration Assedic.

Les dates de déclaration et de paiement dépendent de votre effectif :

- Si votre entreprise emploie de 1 à 9 salariés, vous effectuez vos déclarations et vos paiements trimestriellement avant le 15 du premier mois du trimestre suivant, soit le 15 avril, le 15 juillet, le 15 octobre et le 15 janvier.
- Si votre entreprise emploie entre 10 et 49 salariés, vous effectuez vos déclarations et vos paiements mensuellement avant le 15 du mois suivant la période de travail.
- Si votre entreprise emploie 50 salariés ou plus, vous effectuez vos déclarations et vos paiements mensuellement avant le 5 du mois suivant la période de travail.

Une fois par an, vous devrez également déclarer l'ensemble des sommes perçues par chaque salarié au cours de l'année civile écoulée ainsi que les cotisations versées (déclaration DADS à envoyer avant le 31 janvier de chaque année).

Plusieurs organismes interviennent dans la collecte des cotisations sociales (Urssaf, organismes de retraite complémentaire…) mais il est possible de regrouper vos déclarations sur un support unique : la Ducs (déclaration unique de cotisations sociales). Celle-ci peut être éditée sur papier grâce à un logiciel de paie ou remplie en ligne sur Internet à l'adresse suivante : www.net-entreprises.fr. La saisie sur Internet est relativement simple et offre l'avantage d'une mise à jour permanente des taux de cotisations.

La comptabilisation de la paie

Comptabiliser les opérations liées à la paie consiste à enregistrer les bulletins de salaire (ou les informations récapitulatives figurant dans le livre de paie) et les bordereaux de cotisations sociales. Plusieurs schémas de comptabilisation sont possibles, qui arrivent tous au même résultat à l'issue des enregistrements : nous commencerons par vous présenter la méthode classique de comptabilisation, avant de vous proposer une variante plus simple à manipuler mais offrant moins de possibilités de contrôle. Nous terminerons par quelques cas particuliers tels que les acomptes et les oppositions sur salaires.

Le schéma de comptabilisation classique

En principe, les salaires et les cotisations sociales (y compris patronales) sont comptabilisées à partir du livre de paie ou des bulletins de salaire, sans attendre l'établissement des déclarations sociales. Le schéma général est le suivant :

- Au débit, on utilise des comptes de charges : « 64. Charges de personnel » en distinguant le salaire brut (compte 641) des cotisations patronales (compte 645).

- Au crédit, on utilise des comptes de dettes : « 42. Personnel et comptes rattachés » pour les sommes à verser aux salariés (salaires nets), « 431. Sécurité sociale » pour les cotisations Urssaf et « 437. Autres organismes sociaux » pour les sommes à verser aux autres organismes sociaux (cotisations salariales et patronales).

Cette écriture est un peu délicate à manipuler car la répartition des frais de personnel n'est pas la même des deux côtés : au débit, on distingue le salaire brut des cotisations patronales alors que, au crédit, on distingue le salaire net des cotisations totales (salariales + patronales). Toutefois, l'équilibre débit = crédit est bien respecté puisque le salaire brut est égal à la somme du salaire net et des cotisations salariales.

Les comptes évoqués ci-dessus pourront être subdivisés en fonction de vos besoins. Nous vous conseillons en particulier d'ouvrir un compte 437 différent pour chaque organisme social :

- 4371 pour la caisse de retraite des cadres ;
- 4372 pour la caisse de retraite des non-cadres ;
- Etc.

Ainsi, le bulletin de paie du salarié qui nous a servi d'exemple tout au long de ce chapitre sera comptabilisé de la façon suivante dès l'émission du bulletin de paie :

Numéro de compte		Intitulé	Débit	Crédit
641100		Salaires (pour le salaire brut mensuel habituel)	1 500,00	
641300		Primes et gratifications (pour la prime)	2 000,00	
645000		Charges de sécurité sociale et de prévoyance (cotisations patronales uniquement)	1 396,71	
	421000	Personnel rémunérations dues (salaire net)		2 733,67
	431000	Organismes de sécurité sociale (URSSAF)		1 779,87
	437200	Caisse de retraite non cadres		383,17

Les sommes dues à l'Urssaf regroupent la CSG, la CRDS, ainsi que les cotisations maladie, maternité, invalidité, décès, solidarité, vieillesse, allocations familiales, chômage, accidents du travail, Fnal et FNGS, tant pour la part salariale que patronale. Enfin, la dette vis-à-vis de la caisse de retraite comprend non seulement les cotisations Arcco mais aussi la cotisation AGFF.

Les comptes de dettes seront par la suite débités au fur et à mesure des versements effectués aux salariés ou aux organismes sociaux. Les bordereaux de déclarations ne servent pas de support à une écriture comptable puisque les cotisations ont déjà été enregistrées mais ils permettent de contrôler les soldes des comptes 43.

Une variante simplifiée

Certains cabinets comptables utilisent un schéma d'écriture simplifié qui ne prend en compte les cotisations patronales qu'au moment de l'élaboration des déclarations sociales. L'enregistrement comptable de la paie se fait en deux étapes distinctes :

- Lors de la comptabilisation du bulletin de salaire, on enregistre le salaire brut au débit du compte 641 et le salaire net au crédit du compte 431 (comme dans le schéma traditionnel) mais les cotisations salariales sont enregistrées au crédit du compte 645.
- Lors de la comptabilisation des déclarations sociales, les cotisations sont enregistrées en totalité (part salariale + patronale) au débit du compte 645 et au crédit des comptes 43.

Le bulletin de paie du salarié qui nous a servi d'exemple tout au long de ce chapitre sera comptabilisé de la façon suivante :

Numéro de compte		Intitulé	Débit	Crédit
		Enregistrement du bulletin de paie		
641100		Salaires (pour le salaire brut mensuel habituel)	1 500,00	
641300		Primes et gratifications (pour la prime)	2 000,00	
	421000	Personnel rémunérations dues (salaire net)		2 733,67
	645000	Charges de sécurité sociale (cotisations salariales)		766,33
		Enregistrement de la déclaration URSSAF		
645000		Charges de sécurité sociale (cotisations patronales et salariales)	1 779,87	
	431000	Organismes de sécurité sociale (URSSAF)		1 779,87
		Enregistrement de la déclaration ARRCO		
645000		Charges de sécurité sociale (cotisations patronales et salariales)	383,17	
	437200	Caisse de retraite non cadres		383,17

Dans ce schéma, le compte 645 est d'abord crédité du montant des cotisations salariales, puis débité du montant total des cotisations. Au final, il présentera un solde débiteur égal au montant des cotisations patronales. On arrive bien au même résultat qu'avec la méthode classique mais, tant que les déclarations ne sont pas enregistrées, on se retrouve avec un compte de charges créditeur, ce qui est du plus mauvais effet aux yeux d'un puriste... Il faudra en particulier en tenir compte au moment de la clôture des comptes et enregistrer par anticipation vos déclarations du dernier trimestre afin de remettre vos soldes comptables d'aplomb.

Les cas particuliers

Jusqu'à présent, nous avons supposé que seules les cotisations salariales étaient déduites du salaire net à payer, mais la réalité est parfois plus complexe et vous pouvez avoir à traiter des situations telles qu'un acompte à déduire ou une opposition sur salaires.

Les acomptes sur salaires

La comptabilisation du versement d'un acompte ne devrait plus vous poser de difficulté majeure à présent. Réfléchissons ensemble : il s'agit d'un décaissement, donc le compte « 512. Banques » doit être crédité. En contrepartie, vous débiterez un compte de créance sur votre salarié, en l'occurrence « 425. Personnel – Avances et acomptes ».

Cet acompte sera ensuite déduit sur le bulletin de salaire: le net à payer sera égal à la rémunération brute, diminuée des cotisations salariales et de l'acompte. Vous enregistrerez votre écriture selon le schéma classique en insérant une ligne supplémentaire pour inscrire l'acompte déduit au crédit du compte « 425. Personnel – Avances et acomptes ».

Reprenons l'exemple du salarié étudié précédemment et supposons qu'il avait précédemment reçu un acompte de 1 000 € sur son salaire. Le net à payer n'est alors plus que de 1 733,67 € et l'écriture comptable est la suivante:

Numéro de compte		Intitulé	Débit	Crédit
641100		Salaires (pour le salaire brut mensuel habituel)	1 500,00	
641300		Primes et gratifications (pour la prime)	2 000,00	
645000		Charges de sécurité sociale et de prévoyance (cotisations patronales uniquement)	1 396,71	
	421000	Personnel rémunérations dues		1 733,67
	431000	Organismes de sécurité sociale (URSSAF)		1 779,87
	437200	Caisse de retraite non cadres		383,17
	425000	Personnel – Avances et acomptes		1 000,00

En comparant cette écriture avec la version initiale présentée précédemment, vous remarquerez la modification de la somme inscrite au crédit du compte 421 (1 733,67 € au lieu de 2 733,67 €) et l'apparition de la dernière ligne qui permet de préserver l'équilibre de l'écriture.

Les oppositions sur salaires

Un de vos employés peut connaître des difficultés personnelles et faire l'objet d'une opposition sur son salaire. Vous serez alors informé très officiellement (en principe par huissier) que vous devez verser directement une partie de son salaire à une tierce personne (ex-épouse, administration fiscale, etc.). Dans ce cas, vous retiendrez cette somme sur son salaire net: vous enregistrerez le net à payer au crédit du compte « 421. Personnel – Rémunérations dues » et la retenue au crédit du compte « 427. Personnel – Oppositions ».

Au moment du versement de la retenue à son bénéficiaire, vous créditerez le compte « 512. Banques » par le débit du compte « 427. Personnel – Oppositions ».

La rémunération de l'exploitant

Le cas de l'exploitant d'une entreprise individuelle est un peu particulier car, d'un point de vue juridique, il n'existe pas de distinction entre lui et son entreprise : lorsqu'il se verse une rémunération, il ne s'agit pas d'un salaire (il ne peut pas être son propre employé) mais d'un simple mouvement de fonds. En effet, le compte bancaire professionnel de son entreprise lui appartient au même titre que son compte personnel et il a le droit de se servir dedans comme bon lui semble, sans crainte d'être accusé de détournement de fonds. D'ailleurs, ce ne sont pas les sommes versées qui servent de base au calcul de ses cotisations sociales mais le bénéfice de son entreprise tel qu'il apparaît sur la déclaration d'impôt sur le revenu.

L'enregistrement des prélèvements de l'exploitant

Ce n'est pas parce que les sommes versées ne sont pas des salaires que vous êtes dispensé de les comptabiliser ! Alors, comment procéder ? Vous devez maintenant avoir acquis le réflexe de créditer le compte « 512. Banques » à chaque décaissement, mais quel compte utiliser au débit ? Le compte bancaire personnel de l'exploitant n'apparaît pas dans la comptabilité de son entreprise : il faut donc chercher ailleurs. En fait, vous utiliserez le compte « 108. Compte de l'exploitant » qui vous servira plus généralement à enregistrer toutes les opérations effectuées entre la partie personnelle et professionnelle du patrimoine de l'exploitant.

Par exemple, si l'exploitant d'une entreprise individuelle se verse une rémunération de 3 000 € virée de son compte professionnel à son compte personnel, l'écriture comptable est la suivante :

Numéro de compte		Intitulé	Débit	Crédit
108000		Compte de l'exploitant	3 000,00	
	512000	Banques		3 000,00

Le compte 108 sera également utilisé si l'exploitant règle une dépense personnelle avec le compte bancaire de son entreprise, cette pratique devant rester exceptionnelle. Par exemple, si vous vous trompez de chéquier et utilisez votre compte professionnel pour régler votre facture d'électricité personnelle, vous comptabiliserez l'écriture suivante (n'utilisez surtout pas le compte 606 car il ne s'agit pas d'une consommation de l'entreprise) :

Numéro de compte		Intitulé	Débit	Crédit
108000		Compte de l'exploitant	120,00	
	512000	Banques		120,00

L'enregistrement des cotisations de l'exploitant

Les bordereaux de cotisations sociales de l'exploitant doivent également être enregistrés. Vous distinguerez :

- Les cotisations vieillesse, allocations familiales, maladie et maternité obligatoires : à enregistrer au débit du compte « 646. Cotisations sociales personnelles de l'exploitant »
- La CSG déductible : à comptabiliser au débit du compte « 637. Autres impôts et taxes »
- La CSG non déductible, la CRDS, l'assurance chômage et les cotisations facultatives : à comptabiliser au débit du compte « 108. Compte de l'exploitant » (elles sont assimilées à des dépenses personnelles de l'exploitant)

Prenons comme exemple un bordereau de cotisation Urssaf de 885,50 € qui se décompose comme suit :

- Allocations familiales : 337,50 €
- CSG déductible : 318,75 €
- CSG non déductible : 150,00 €
- CRDS : 31,21 €
- Contribution (obligatoire) à la formation professionnelle : 48 €

L'écriture comptable correspondante sera la suivante :

Numéro de compte		Intitulé	Débit	Crédit
108000		Compte de l'exploitant (CRDS + CSG non déd)	181,25	
037000		Autres impôts et taxes (CSG déductible)	318,75	
646000		Cotisations sociales de l'exploitant (allocations familiales + formation prof.)	385,50	
	431000	Sécurité sociale (URSSAF)		885,50

Chapitre 12

Les investissements et leur financement

. . . .

Dans ce chapitre :
- L'enregistrement comptable des investissements
- Les dépenses d'entretien et de réparation
- Les cessions d'immobilisations
- Les apports en capital ou en compte courant
- L'enregistrement d'un emprunt et de son remboursement

. . . .

La distinction entre une dépense courante et un investissement est un enjeu majeur en comptabilité : alors que la première est imputée en totalité sur le résultat de l'exercice, l'impact du second est étalé sur plusieurs années. Le plus souvent, le doute n'est pas permis : l'achat d'une ramette de papier est une dépense courante alors que celui d'un local commercial est un investissement. Mais certains cas nécessitent de pousser la réflexion un peu plus loin : que faire des honoraires de l'agent immobilier qui a trouvé le local en question ou du coût du ravalement de façade ?

Dans ce chapitre, nous commencerons par vous expliquer quelles sont les dépenses à enregistrer en immobilisations et de quelle façon comptabiliser les opérations d'investissement ou de désinvestissement. Puis nous aborderons les opérations de financement : apport des associés ou de l'exploitant et prêt bancaire. L'amortissement des immobilisations fait partie des écritures dites « d'inventaire » : il sera juste évoqué ici mais vous trouverez plus de détails dans le chapitre 14.

La comptabilisation des investissements

Une immobilisation est un élément durable du patrimoine de l'entreprise, c'est-à-dire destiné à être utilisé sur une durée supérieure à un exercice comptable :

machines, bâtiments mais aussi placements financiers à long terme, brevets, etc. Nous allons tout d'abord passer en revue les différents types d'immobilisations, avant d'étudier plus en détail les critères de distinction entre une facture à comptabiliser parmi les charges de l'exercice et une autre à enregistrer en immobilisation.

Les différents types d'immobilisations

Le plan comptable général distingue principalement trois types d'immobilisations :

- Les immobilisations incorporelles : comptes 20
- Les immobilisations corporelles : comptes 21
- Les immobilisations financières : comptes 26 et 27

Les immobilisations incorporelles

Contrairement aux immobilisations corporelles, les immobilisations incorporelles ne correspondent pas à des biens tangibles, ce qui ne les empêche pas de représenter parfois des valeurs importantes. Vous y trouverez principalement :

- Les brevets et les logiciels
- Le droit d'entrée payé pour intégrer une franchise ou entrer dans une enseigne
- Les licences et les marques
- Le droit au bail
- Le fonds commercial

Attention à ne pas confondre le fonds commercial avec le fonds de commerce : le fonds de commerce est l'ensemble des éléments matériels et immatériels du commerce que vous exploitez, alors que le fonds commercial ne comprend que les éléments incorporels (clientèle, achalandage, nom commercial, etc.). Quand vous faites l'acquisition d'un fonds de commerce, vous achetez donc du mobilier, des stocks… et un fonds commercial.

Les immobilisations corporelles

Les immobilisations corporelles sont des biens tangibles, destinés à être utilisés durant plus d'un an. Le plan comptable les regroupe de la façon suivante :

- Terrains : compte « 211. Terrains »

- Bâtiments : compte « 213. Constructions »
- Matériel industriel et outillage : compte « 215. Installations techniques, matériels et outillages industriels »
- Véhicules : compte « 2182. Matériel de transport »
- Matériel administratif : compte « 2183. Matériel de bureau et matériel informatique »
- Mobilier : compte « 2184. Mobilier »

Les immobilisations financières

Les immobilisations financières regroupent essentiellement les placements financiers, les dépôts et cautionnements versés et les prêts accordés à plus d'un an d'échéance. Vous y enregistrerez par exemple le dépôt de garantie de votre loyer ou les parts sociales souscrites lors de l'ouverture d'un compte dans une banque mutualiste.

Le schéma de comptabilisation

Rien ne ressemble plus à une facture fournisseur qu'une autre facture fournisseur ; aussi le schéma de comptabilisation d'un achat d'immobilisation présente-t-il de nombreuses similitudes avec un achat courant. La principale différence réside dans l'utilisation d'un compte d'immobilisation (classe 2) à la place des habituels comptes de charges (classe 6). Quelques nuances sont également à noter dans les subdivisions des comptes utilisés :

- La TVA déductible est enregistrée dans le compte « 44562. TVA sur immobilisations » au lieu du compte « 44566. TVA déductible sur autres biens et services ». Cette distinction peut vous sembler exagérément pointilleuse mais elle est nécessaire dans la mesure où l'administration fiscale la demande sur votre déclaration de TVA.
- La dette fournisseur s'enregistre dans un compte « 404. Fournisseurs d'immobilisations » au lieu de 401. Ici, c'est la présentation du bilan de fin d'année (système de base uniquement) qui nécessite cette distinction entre les dettes liées à l'exploitation courante et celles correspondant à des opérations ponctuelles.

En résumé, une facture d'investissement s'enregistre de la façon suivante :

- Montant TTC au crédit du compte « 404. Fournisseurs d'immobilisations »
- TVA déductible au débit du compte « 44562. TVA déductible sur immobilisations »
- Montant HT au débit d'un compte d'immobilisations (classe 2)

Par exemple, l'achat d'un matériel d'une valeur de 5 000 € HT (prix TTC : 6 000 €) sera comptabilisé de la façon suivante :

Numéro de compte		Intitulé	Débit	Crédit
215000		Installations techniques, matériel et outillage	5 000,00	
445620		TVA sur immobilisations	1 000,00	
	404000	Fournisseurs d'immobilisations		6 000,00

La distinction entre les charges et les immobilisations

Si vous enregistrez une facture dans un compte de charges, vous diminuez d'autant votre résultat comptable alors que, si vous utilisez un compte d'immobilisations, l'opération ne touche que votre bilan sans impact immédiat sur votre résultat. Celui-ci sera, certes, affecté mais de façon progressive : le coût de l'investissement sera étalé sur sa durée d'utilisation à travers la constatation d'un amortissement. Vous admettrez que la nuance est de taille et mérite d'être étudiée de près ! D'autant plus que vous avez parfois le choix du traitement comptable, ce qui vous offre une marge de manœuvre pour influer sur votre résultat comptable.

Les règles de base

En principe, toutes les acquisitions durables de l'entreprise doivent être enregistrées en immobilisations, c'est-à-dire destinées à être utilisées pendant plus d'un exercice comptable, quelle que soit leur nature ou leur valeur. Il existe toutefois une tolérance fiscale permettant de comptabiliser en charges les biens durables de faible valeur unitaire (moins de 500 € HT) mais ce n'est nullement une obligation. Cette limite s'applique distinctement pour chaque bien acheté, même si le montant global de la facture est supérieur.

Par exemple, si vous achetez une table de réunion (149 € HT) et quatre chaises (99 € HT chacune), vous avez le choix entre deux traitements comptables :

✔ Enregistrement en charges dans le compte « 606. Achats non stockés de matières et fournitures »

✔ Enregistrement en immobilisations dans le compte « 2184. Mobilier »

Dans le premier cas, vous diminuerez votre résultat comptable de 545 € (149 + 4 × 99) alors que, dans le second cas, cette charge sera étalée sur dix ans, durée d'amortissement habituelle du mobilier. Si vous avez acheté ces meubles en fin d'année, votre résultat comptable sera à peine affecté : par exemple, pour une utilisation d'un mois, la charge ne sera que de 545/10 ans/12 mois = 4,54 € (voir chapitre 14 pour les règles de calcul de l'amortissement).

Cette tolérance ne s'applique qu'aux biens qui ne constituent pas l'objet même de l'activité de l'entreprise : par exemple, si vous exercez une activité de location de matériel de ski, les achats de skis et de chaussures destinés à la location doivent être comptabilisés en immobilisations, sans aucune discussion possible.

Les frais accessoires

Lorsque vous achetez un bien durable, vous devez enregistrer en immobilisations non seulement son prix d'achat mais aussi toutes les dépenses nécessaires pour le mettre en place et en état de fonctionner : frais de transport, d'installation et de mise en service, même s'ils sont facturés par un fournisseur différent. En revanche, les frais de formation du personnel qui devra utiliser le matériel restent des charges de l'exercice.

Par exemple, la facture ci-dessous, relative à l'achat de matériel industriel, sera comptabilisée comme suit :

Matériel :	5 000 €
Frais de livraison :	100 €
Frais d'installation :	300 €
Formation :	600 €
Total HT :	6 000 €
TVA :	1 200 €
Total TTC :	7 200 €

Numéro de compte		Intitulé	Débit	Crédit
215000		Installations techniques, matériel et outillage	5 400,00	
622000		Honoraires (formation)	600,00	
445620		TVA sur immobilisations	1 200,00	
	404000	Fournisseurs d'immobilisations		7 200,00

Enfin, les frais juridiques ou fiscaux engagés dans le cadre de l'acquisition d'une immobilisation peuvent, au choix, être comptabilisés en charges ou rattachés au coût d'acquisition de l'immobilisation. Dans le premier cas, l'impact sur le résultat de l'exercice sera total et immédiat alors que, dans le second, il sera étalé sur la durée d'utilisation de l'immobilisation. Sont ainsi concernés les droits de mutation, les honoraires, les commissions et les frais d'acte liés à l'acquisition de l'immobilisation.

L'enregistrement des composants

Depuis le 1er janvier 2005, le PCG impose d'identifier et de comptabiliser séparément les éléments d'une immobilisation corporelle ayant des durées d'utilisation différentes. Ainsi, pour un immeuble, normalement amortissable sur cinquante ans, il faut désormais distinguer :

- La structure générale qui reste amortie sur 50 ans
- Les installations de chauffage, amorties sur 25 ans
- Les installations électriques et de plomberie amorties sur 25 ans
- La toiture amortie sur 15 ans
- Les ascenseurs amortis sur 15 ans

Cette règle ne modifie pas le schéma d'enregistrement de l'investissement en lui-même mais elle aura un impact sur le calcul de l'amortissement et sur l'enregistrement des frais d'entretien et de réparation.

Les dépenses d'entretien et de réparation

Ici encore, le PCG laisse une marge de manœuvre qui permet d'étaler plus ou moins la constatation en charges des dépenses engagées. Cette liberté ne concerne toutefois que le gros entretien et les grosses réparations : la maintenance et l'entretien courant sont, sans conteste, des charges à enregistrer dans le compte « 615. Entretien et réparations ».

En revanche, des dépenses telles que la réfection totale d'une toiture ou le changement de moteur d'une machine pourront être étalées sur plusieurs années. Cet étalement prendra une forme différente selon que l'élément réparé a été considéré comme un composant distinct faisant l'objet d'un plan d'amortissement spécifique ou non :

- S'il a été clairement identifié, alors l'élément réparé sera sorti de l'actif (voir ci-après pour l'écriture de mise au rebut d'une immobilisation) et le coût de la réparation sera comptabilisé à sa place en immobilisations.

- S'il n'a pas été clairement identifié, alors le coût de la réparation sera comptabilisé en charges au moment où vous recevrez la facture. Toutefois, vous pouvez anticiper cette dépense en constituant progressivement une « provision pour gros entretien » (voir chapitre 14 sur le schéma de comptabilisation d'une provision).

Les cessions d'immobilisations

Si vous vendez une immobilisation, vous devrez émettre une facture qui sera comptabilisée selon un schéma similaire à une facture client classique : constatation d'une créance ou d'une entrée en banque au débit, et enregistrement d'un produit (classe 7) et d'une dette de TVA au crédit. C'est au niveau des subdivisions que quelques différences apparaissent : vous utiliserez le compte « 775. Produits des cessions d'éléments d'actif » au lieu des habituels 701 ou 707 et le compte « 462. Créances sur cessions d'immobilisations » à la place du 411.

En résumé, le schéma d'enregistrement d'une cession d'immobilisation est le suivant :

- ✔ Crédit du compte « 775. Produits des cessions d'éléments d'actif » pour le montant HT
- ✔ Crédit du compte « 44571. TVA collectée » pour la TVA collectée
- ✔ Débit du compte « 462. Créances sur cessions d'immobilisations » (vente à crédit) ou « 512. Banques » (vente au comptant) pour le TTC

Une fois la vente comptabilisée, il faudra également penser à sortir l'immobilisation de l'actif de votre bilan. En effet, vous n'en êtes plus propriétaire et elle n'a plus rien à faire dans votre bilan qui est censé représenter l'état de votre patrimoine ! Réfléchissons ensemble à la façon de procéder… Pour l'instant, la valeur d'achat de l'immobilisation figure au débit d'un compte de classe 2 : celui que vous aviez utilisé pour enregistrer son acquisition. Il n'est pas question d'enregistrer une écriture négative pour la faire disparaître : votre logiciel ne l'accepterait pas et votre expert-comptable pourrait bien faire un malaise en découvrant une telle hérésie ! Puisqu'il n'est pas possible d'utiliser la soustraction, il ne vous reste plus qu'à utiliser les deux côtés du compte : pour annuler une somme figurant au débit d'un compte, il faut enregistrer le même montant au crédit.

Vous appliquerez le même raisonnement aux amortissements accumulés au crédit d'un compte 28 : vous les annulerez en inscrivant le même montant au débit du compte dans lequel ils ont été enregistrés. Dans le cas où l'immobilisation n'est pas totalement amortie, la valeur nette comptable sera comptabilisée au débit du compte « 675. Valeur comptable des éléments d'actif cédés » afin de rétablir l'équilibre de l'écriture. Vous remarquerez au passage l'admirable symétrie entre les comptes 775 et 675…

Prenons l'exemple d'un ordinateur revendu à un salarié de l'entreprise pour 100 € HT (120 € TTC). Il avait été comptabilisé en immobilisations pour 600 € HT et était amorti à hauteur de 450 € au moment de sa cession : sa valeur nette comptable s'élève donc à 150 €. Les écritures comptables à enregistrer sont les suivantes :

Numéro de compte		Intitulé	Débit	Crédit
462000		*Vente de l'ordinateur*		
		Créances sur cessions d'immobilisations	120,00	
	775000	Produits des cessions d'éléments d'actif		100,00
	445710	TVA collectée		20,00
		Constatation de la sortie de l'actif		
281830		Amortissement du matériel informatique	450,00	
675000		Valeur comptable des éléments d'actif cédés	150,00	
	218300	Matériel de bureau et informatique		600,00

L'impact sur le résultat de l'exercice se lit en comparant les sommes enregistrées dans les comptes de produits (classe 7) et de charges (classe 6). Ici, il s'agit d'une moins-value de 50 €, calculée par différence entre le prix de vente HT et la valeur nette comptable et qui sera présentée parmi les éléments exceptionnels du compte de résultat.

Dans le cas où vous décidez de jeter purement et simplement l'ordinateur (les comptables parlent de *mise au rebut*), vous comptabiliserez uniquement la seconde écriture, c'est-à-dire celle qui consiste à sortir l'ordinateur de l'actif de l'entreprise. L'impact sur le résultat sera alors une perte de 150 €.

Les apports des associés ou de l'exploitant

La façon la plus simple de financer un investissement est de faire appel aux associés ou au patrimoine personnel de l'exploitant. Les sommes nécessaires peuvent être apportées sous forme de capital ou de compte courant.

Les apports en capital

À sa création, une société reçoit un capital de la part de ses associés, le plus souvent sous la forme d'un virement bancaire mais parfois aussi sous la forme de matériel, de stock ou de tout autre élément d'actif. Cet apport s'enregistre au crédit du compte « 101. Capital » et au débit du compte « 512. Banques » (ou du compte d'actif concerné lorsque l'apport a lieu en nature). Les éventuels frais liés à la constitution de la société pourront, au choix, être comptabilisés en charges ou en immobilisations (voir chapitre 15). Si leur montant n'est pas trop élevé, mieux vaut les comptabiliser en charges car vous éviterez ainsi d'avoir à gérer un plan d'amortissement.

Chapitre 12 : Les investissements et leur financement

Prenons l'exemple de deux amis qui s'associent pour créer une Sarl. Le premier apporte du matériel d'une valeur de 4 000 € et le second 6 000 € en numéraire, soit un capital de 10 000 €. Les frais de constitution s'élèvent à 250 € (honoraires et frais d'acte, supposés sans TVA par simplification) que le comptable décide d'enregistrer en charges. Les écritures comptables seront les suivantes :

Numéro de compte		Intitulé	Débit	Crédit
		Enregistrement des apports		
215000		Installations techniques, matériel et outillage	4 000,00	
512000		Banques	6 000,00	
	101000	Capital		10 000,00
		Enregistrement des frais		
622000		Rémunérations d'intermédiaires et honoraires	250,00	
	512000	Banques		250,00

Attention à ne pas confondre le capital de l'entreprise avec sa trésorerie. Ces deux montants peuvent être temporairement identiques au moment de la création de l'entreprise lorsque les associés ont fait un apport en trésorerie. Toutefois, la somme figurant sur le compte bancaire va être rapidement utilisée pour régler les dépenses nécessaires au démarrage de l'activité. Le montant de la trésorerie à l'actif va donc varier régulièrement alors que le montant du capital au passif restera toujours identique : il s'agit d'une information historique expliquant l'origine des ressources dont l'entreprise dispose.

Les apports en compte courant

Les apports en capital sont, en principe, définitifs et aucun remboursement n'est prévu sauf au moment de la liquidation de la société, sous réserve qu'il reste suffisamment d'argent en trésorerie. Si vous souhaitez juste consentir une avance à votre société, vous réaliserez un « apport en compte courant » : celui-ci correspond à un prêt qui vous sera remboursé lorsque la situation de trésorerie de la société le permettra.

Du point de vue de la société, il s'agit d'une dette : le versement sera enregistré au crédit d'un compte de classe 4 (« 455. Associés – Comptes courants ») par le débit du compte « 512. Banques ». Inversement, lorsque la société remboursera tout ou partie du compte courant, le compte 455 sera débité et le compte 512 crédité.

Les comptes courants sont habituellement rémunérés : les intérêts versés par la société au détenteur d'un compte courant s'enregistrent au débit du compte « 661. Charges d'intérêts » par le crédit du compte « 512. Banques ». Si aucun versement n'a lieu et que les intérêts viennent augmenter le montant de la dette, alors le compte 661 sera débité par le crédit du compte « 455. Associés – Comptes courants ».

Le compte de l'exploitant

Le compte de l'exploitant s'utilise dans les entreprises individuelles. Il fonctionne de façon similaire aux comptes courants d'associés :

- Les versements de l'exploitant sont enregistrés au débit du compte « 512. Banques » par le crédit du compte « 108. Compte de l'exploitant ».

- Les retraits de l'exploitant sont enregistrés au crédit du compte « 512. Banques » par le débit du compte « 108. Compte de l'exploitant ».

Ce compte sera également utilisé si l'exploitant règle une dépense professionnelle avec son compte personnel : par exemple s'il achète du matériel pour son entreprise, il faudra débiter le compte « 215. Installations techniques, matériel et outillage » par le crédit du compte 108. On arrive ainsi au même résultat que si l'exploitant avait fait un virement sur le compte de son entreprise, puis utilisé ce dernier pour régler l'acquisition de matériel.

Contrairement aux comptes courants d'associés, le compte de l'exploitant n'est pas rémunéré car il n'y a pas de distinction juridique entre le patrimoine privé de l'exploitant et son patrimoine professionnel : il ne s'agit donc ni d'un prêt ni d'une dette.

L'emprunt bancaire

Une autre solution pour obtenir un financement est de le demander à votre banquier. Si vous vous montrez poli et (surtout) convaincant, il vous prêtera une partie de la somme nécessaire que vous lui rembourserez de façon étalée sur plusieurs années.

L'obtention de l'emprunt

Lors du déblocage des fonds, vous débiterez le compte « 512. Banques » par le crédit du compte « 16. Emprunts et dettes assimilées ». Si vous étiez habitué à comptabiliser les dettes dans des comptes de classe 4, vous remarquerez ici

Chapitre 12 : Les investissements et leur financement

l'utilisation d'un compte de classe 1, justifiée par le fait qu'il s'agit d'une dette à long terme.

Les éventuels frais de dossier seront comptabilisés au débit du compte « 627. Services bancaires et assimilés ». Le traitement comptable de la garantie donnée dépendra de sa nature : s'il s'agit d'une somme versée à fonds perdus, vous la comptabiliserez en charges de l'exercice, « 6227. Frais d'actes et de contentieux ». En revanche, s'il s'agit d'un dépôt de garantie qui vous sera restitué une fois l'emprunt intégralement remboursé, vous l'enregistrerez dans un compte d'immobilisations financières : « 275. Dépôts et cautionnements versés ».

Dans le cas où votre banquier règle directement votre fournisseur, vous créditerez le compte 16 par le débit des comptes d'immobilisation et de TVA, sans toucher au compte « 512. Banques ».

Le remboursement de l'emprunt

Les modalités de remboursement prévues dans le contrat de prêt peuvent varier d'une banque à l'autre : taux fixe ou variable, remboursement mensuel ou trimestriel, etc. Les emprunts les plus courants sont ceux dits à « mensualités constantes » pour lesquels vous remboursez la même somme tous les mois. Au début, cette somme comprend un montant élevé d'intérêts, et la part consacrée au remboursement du principal est assez faible. Puis les proportions s'inversent progressivement et, à la fin, votre versement est quasi-exclusivement consacré au remboursement de votre dette.

Comme tout décaissement qui se respecte, la somme prélevée par votre banque sera comptabilisée au crédit du compte « 512. Banques ». En contrepartie, vous débiterez les comptes :

- « 16. Emprunts et dettes assimilées » pour la partie remboursement
- « 661. Charges d'intérêt » pour les intérêts
- « 616. Primes d'assurance » pour les éventuels frais d'assurance

Par exemple, si vous empruntez 4 000 € sur quatre ans au taux de 5 %, remboursables en seize trimestrialités constantes de 277,39 €, l'échéancier de remboursement sera le suivant :

Trimestre	Somme due au début	Mensualité	Dont intérêts	Dont remboursement	Somme due à la fin
1	4 000,00	277,39	50,00	227,39	3 772,61
2	3 772,61	277,39	47,16	230,23	3 542,38
3	3 542,38	277,39	44,28	233,11	3 309,28
4	3 309,28	277,39	41,37	236,02	3 073,26
5	3 073,26	277,39	38,42	238,97	2 834,28
6	2 834,28	277,39	35,43	241,96	2 592,33
7	2 592,33	277,39	32,40	244,98	2 347,34
8	2 347,34	277,39	29,34	248,05	2 099,30
9	2 099,30	277,39	26,24	251,15	1 848,15
10	1 848,15	277,39	23,10	254,28	1 593,87
11	1 593,87	277,39	19,92	257,46	1 336,40
12	1 336,40	277,39	16,71	260,68	1 075,72
13	1 075,72	277,39	13,45	263,94	811,78
14	811,78	277,39	10,15	267,24	544,54
15	544,54	277,39	6,81	270,58	273,96
16	273,96	277,39	3,42	273,96	0,00

Votre premier versement sera comptabilisé de la façon suivante :

Numéro de compte		Intitulé	Débit	Crédit
160000		Emprunts et dettes assimilées	227,39	
661000		Charges d'intérêt	50,00	
	512000	Banques		277,39

Chapitre 13
Les opérations de trésorerie

Dans ce chapitre :
- La comptabilisation des placements financiers et de leurs revenus
- L'escompte et l'affacturage
- Les frais bancaires
- Le rapprochement de banque

Les managers disent souvent que la trésorerie est le « nerf de la guerre ». En effet, toute entreprise doit disposer en permanence des ressources suffisantes pour remplir ses engagements financiers (salaires, factures fournisseurs, charges sociales et fiscales…) : à défaut, elle serait déclarée en cessation de paiements et risquerait la liquidation judiciaire. Mais un excès de trésorerie n'est pas non plus une bonne chose : l'argent qui dort sur votre compte bancaire ne vous rapporte rien et plombe votre rentabilité. Il vous faut donc jongler en permanence avec les flux entrants et sortants pour effectuer rapidement les ajustements nécessaires, c'est-à-dire placer les excédents de liquidités ou trouver un moyen de financer les besoins de trésorerie.

Dans ce chapitre, nous étudierons la façon de comptabiliser vos opérations de trésorerie : placements financiers à plus ou moins long terme, escompte ou affacturage de vos créances, etc. Puis nous vous guiderons pas à pas dans l'élaboration de votre rapprochement de banque, outil indispensable pour fiabiliser votre comptabilité et contrôler les opérations de votre banquier.

Les placements financiers

En France, les comptes bancaires sont peu (ou pas du tout) rémunérés mais les découverts coûtent très cher : si votre trésorerie est positive, votre argent dort et pourrait être placé pour rapporter des intérêts mais, si elle est négative, il faut payer des agios au banquier. En théorie, la trésorerie idéale est égale à zéro mais, dans la réalité, mieux vaut conserver un léger matelas de sécurité.

Une bonne gestion de trésorerie consiste à maintenir une liquidité suffisante pour faire face aux échéances, tout en optimisant la rentabilité des fonds, c'est-à-dire en plaçant les excédents. En résumé, il s'agit de résoudre quotidiennement le problème de la quadrature du cercle. Rassurez-vous : avec de l'entraînement et de bons outils, on y arrive très bien…

L'usage le plus sûr et le plus rentable que vous puissiez faire d'un excédent de trésorerie consiste à régler vos fournisseurs par anticipation en échange d'une remise de quelques pour-cent sur la facture. Il est vrai qu'un escompte de 1 % peut sembler dérisoire mais il ne s'agit généralement que de la rémunération d'un mois de trésorerie : ramené à une année entière, il équivaut à un taux supérieur à 12 %. Pas si ridicule après tout…

Si vous décidez de placer votre argent, le traitement comptable dépendra de la durée prévue du placement :

- S'il est réalisé dans une optique de moyen ou de long terme, vous utiliserez un compte d'immobilisations financières (classe 2).
- S'il s'agit d'un placement à court terme (moins d'un an), il sera toujours considéré comme faisant partie de votre trésorerie et sera enregistré dans un compte de classe 5.

La comptabilisation des placements à long terme

Un placement financier à plus d'un an est une immobilisation financière. Nous étudierons ici la façon de comptabiliser le placement en lui-même ainsi que les revenus qu'il procure : intérêts, dividendes ou plus-values.

L'enregistrement de l'investissement

Comme toute sortie d'argent de votre compte bancaire, un placement financier se traduit par le crédit du compte « 512. Banques ». S'agissant d'un investissement à plus d'un an, vous débiterez en contrepartie un compte d'immobilisation financière, généralement le compte « 27. Autres immobilisations financières ». Le compte « 26. Participations et créances liées à des participations » vous servira uniquement si l'importance de votre investissement est telle qu'il vous conduit à prendre le contrôle d'une autre société. Les frais bancaires liés à l'opération seront, quant à eux, enregistrés dans un compte de charges : « 627. Services bancaires et assimilés ».

D'un point de vue fiscal, ces frais ne sont pas immédiatement déductibles mais doivent être étalés sur cinq années. Cela ne change rien au traitement comptable, mais vous devrez procéder à des ajustements extracomptables lors du calcul de votre résultat fiscal: réintégration de 4/5es des frais la première année, puis déduction d'1/5e par an sur les quatre années suivantes.

L'enregistrement des revenus de l'investissement

Les revenus de vos placements financiers peuvent prendre différentes formes:

- Intérêts encaissés sur des obligations ou des comptes à terme
- Dividendes reçus sur des actions
- Plus-value réalisée à l'occasion d'une cession de titres

Les intérêts et les dividendes que vous recevez sont des produits financiers: ils s'enregistrent au débit du compte « 512. Banques » par le crédit du compte « 762. Produits des autres immobilisations financières ». Le schéma de comptabilisation des plus ou moins-values est plus complexe mais il ressemble beaucoup à celui étudié au chapitre 12 à propos des cessions d'immobilisations corporelles: c'est normal car, dans les deux cas, il s'agit de la revente d'un bien inscrit en immobilisation à l'actif du bilan. L'enregistrement comptable comprend deux écritures:

- Tout d'abord, vous inscrirez le produit de la vente au débit du compte « 512. Banques » par le crédit du compte « 775. Produit des cessions d'éléments d'actifs ».
- Puis vous constaterez la sortie de l'actif des titres cédés: leur valeur d'acquisition sera inscrite au crédit du compte « 27. Autres immobilisations financières » par le débit du compte « 675. Valeur comptable des éléments d'actif cédés ».

Prenons l'exemple d'obligations acquises pour 5 000 € avec 1 % de droit d'entrée et revendues deux années plus tard pour 6 000 € (sans frais par simplification). Les écritures comptables à enregistrer sont les suivantes:

- Lors de l'achat des titres:

Numéro de compte		Intitulé	Débit	Crédit
270000		Autres immobilisations financières	5 000,00	
627000		Services bancaires et assimilés	50,00	
	512000	Banques		5 050,00

↳ Lors de leur cession :

Numéro de compte		Intitulé	Débit	Crédit
512000		*Vente des titres* Banques	6 000,00	
	775000	Produits des cessions d'éléments d'actif		6 000,00
675000		*Constatation de la sortie de l'actif* Valeur comptable des éléments d'actif cédés	5 000,00	
	270000	Autres immobilisations financières		5 000,00

Le compte 27 a été débité au moment de l'acquisition des titres, puis crédité du même montant lors de leur cession : il est à présent totalement soldé. L'impact sur le résultat de l'exercice est une plus-value de 1 000 € qui apparaîtra parmi les éléments exceptionnels du compte de résultat. Elle est calculée par différence entre le prix de vente et le prix d'achat (hors droits d'entrée car ceux-ci sont déjà passés en charges l'année de souscription).

La comptabilisation des placements à court terme

Les placements à court terme (moins d'un an) doivent être enregistrés dans des comptes de trésorerie : cela signifie que vous créditerez le compte « 512. Banques » par le débit d'un autre compte de classe 5. L'impact sur les comptes est très limité, certes, mais ce n'est pas une raison pour vous dispenser de comptabiliser l'opération !

L'enregistrement de l'investissement

Le compte à utiliser pour enregistrer un placement financier à court terme dépend de la nature du placement :

↳ « 50. Valeurs mobilières de placement » pour les titres détenus : actions, obligations, Sicav, FCP…

↳ « 512. Banques » pour les comptes à terme et les livrets d'épargne. Pour ne pas confondre ces comptes avec votre compte bancaire habituel, vous créerez autant de nouveaux comptes 512 que vous ouvrirez de comptes épargne : 51201, 51202, etc.

De même que pour les placements à long terme, les frais bancaires liés à l'opération seront enregistrés dans un compte de charges : « 627. Services bancaires et assimilés », aucun retraitement fiscal n'étant ici nécessaire.

L'enregistrement des revenus de l'investissement

Les revenus tirés de vos placements financiers à court terme peuvent prendre la forme d'intérêts, de dividendes ou de plus-values de cession. Les intérêts et les dividendes sont des produits financiers, à comptabiliser au crédit du compte « 764. Revenus des valeurs mobilières de placement ». Le schéma de comptabilisation des plus ou moins values est plus complexe : il regroupe en une seule écriture l'encaissement de la cession (débit du compte « 512. Banques » pour le montant encaissé) et la sortie des titres de l'actif (crédit du compte « 50. Valeurs mobilières de placement » pour la valeur d'origine). Les éventuelles plus ou moins-values réalisées sont enregistrées dans un compte du compte de résultat et permettent d'équilibrer l'écriture :

- Débit du compte « 667. Charges nettes sur cessions de valeurs mobilières de placement » pour une moins-value
- Crédit du compte « 767. Produits nets sur cessions de valeurs mobilières de placement » pour une plus-value

Prenons l'exemple de Sicav acquises pour 500 € et revendues quelques mois plus tard pour 530 € (sans frais par simplification). L'écriture comptable à enregistrer au moment de la cession est la suivante :

Numéro de compte		Intitulé	Débit	Crédit
512000		Banques	530,00	
	500000	Valeurs mobilières de placement		500,00
	767000	Produits nets sur cessions de VMP		30,00

Les financements à court terme

Comme le chantait si justement Claude François, la trésorerie « ça s'en va et ça revient ». À bien y réfléchir, il parlait peut-être d'autre chose que de placements financiers, mais peu importe : le fait est que vous risquez de vous trouver, un jour ou l'autre, dans une situation délicate où vous ne disposerez pas d'assez d'argent sur votre compte bancaire pour honorer vos échéances. Plusieurs solutions s'offriront à vous, que nous allons évoquer ci-dessous, en précisant à chaque fois le schéma de comptabilisation approprié.

Le découvert bancaire

Le découvert bancaire est la solution la plus simple, à défaut d'être la plus économique. Avec l'accord de votre banquier, vous règlerez vos factures comme si de rien n'était : les paiements effectués étant supérieurs à la somme disponible sur votre compte bancaire, celui-ci deviendra négatif. Un découvert bancaire est une chose courante mais ce n'est nullement un droit : ne négligez pas d'avertir votre banquier et de lui demander son autorisation, faute de quoi il pourrait très bien refuser d'honorer vos paiements et vos chèques reviendraient impayés à leurs destinataires.

Aucune écriture comptable n'est nécessaire pour constater un découvert : vous enregistrerez normalement les règlements émis au crédit du compte « 512. Banques », ce qui aura pour effet de rendre son solde créditeur, alors qu'il est habituellement débiteur. Rappelons à cette occasion que le relevé de compte envoyé par votre banquier fonctionne de façon inversée par rapport à vos comptes car il s'agit d'un extrait de sa propre comptabilité et non pas de la vôtre :

- Du point de vue du banquier, votre découvert correspond à un solde débiteur car il s'agit d'une créance sur vous.
- De votre point de vue, le solde est créditeur car il correspond à une dette vis-à-vis de votre banquier.

Les prêts à court terme

Si vous anticipez suffisamment votre besoin de trésorerie, vous pourrez négocier un crédit à court ou à très court terme avec votre banquier : crédit de campagne ou de préfinancement. La somme ainsi débloquée sera enregistrée au débit du compte « 512. Banques » par le crédit du compte « 519. Concours bancaires courants ». Au fait, ce 9 en troisième position dans le numéro du compte vous rappelle-t-il quelque chose ?

Les remboursements seront comptabilisés au crédit du compte « 512. Banques » par le débit du compte « 519. Concours bancaires courants » pour le remboursement du capital et « 661. Charges d'intérêts » pour les intérêts.

La mobilisation des créances

Enfin, une dernière façon d'obtenir un financement à court terme consiste à mobiliser les créances que vous détenez sur vos clients, soit en les vendant à un organisme financier, soit en les utilisant comme garantie pour obtenir un prêt. Cette opération peut prendre des formes différentes : escompte d'effets de commerce, financement *Dailly*, affacturage, etc.

Le traitement comptable différera selon que vous avez transféré la propriété des créances à l'organisme financier ou que vous les avez juste utilisées comme garantie. Cette information figure normalement dans le contrat que vous avez signé avec l'organisme financier. S'il n'y a pas de transfert de propriété, les créances restent à votre actif sans modification et vous enregistrez les sommes reçues de l'organisme financier de la même façon que les prêts à court terme étudiés au paragraphe précédent. Les frais prélevés sont comptabilisés au débit du compte « 661. Charges d'intérêts ».

Prenons l'exemple d'une entreprise qui mobilise auprès de sa banque un ensemble de créances pour 6 578 € dans le cadre d'un financement Dailly (pas de transfert de propriété). Elle reçoit en échange la somme de 6 440 €, déduction faite d'une commission de 138 € non soumise à TVA. Un mois plus tard, elle encaisse le règlement de son client et rembourse sa banque. Les écritures comptables sont les suivantes :

  ✔ À la réception des fonds de la banque :

Numéro de compte		Intitulé	Débit	Crédit
512000		Banques	6 440,00	
661000		Charges d'intérêts	138,00	
	519000	Concours bancaires courants		6 578,00

  ✔ À la réception du règlement du client :

Numéro de compte		Intitulé	Débit	Crédit
		Encaissement du client		
512000		Banques	6 578,00	
	411000	Clients		6 578,00
		Remboursement de la banque		
519000		Concours bancaires courants	6 578,00	
	512000	Banques		6 578,00

Le schéma comptable est différent en présence d'un transfert de propriété car les créances cédées doivent êtres sorties de votre actif (elles ne vous appartiennent plus et n'ont donc rien à faire dans votre bilan) : vous créditerez le compte « 411. Clients » par le débit du compte « 512. Banques » au moment de l'obtention des fonds. Les frais déduits par l'organisme financier seront enregistrés selon leur nature :

  ✔ Au débit du compte « 622. Rémunérations d'intermédiaires » pour le montant HT de la commission (montant soumis à TVA)

  ✔ Au débit du compte « 44566. TVA déductible » pour la TVA sur la commission

✔ Au débit du compte « 661. Charges d'intérêt » pour les intérêts

✔ Au débit du compte « 46. Débiteurs et créditeurs divers » pour la retenue de garantie.

Prenons l'exemple d'une entreprise qui cède pour 7 500 € de créances à une société d'affacturage. Elle reçoit en échange la somme de 6 160 €, déduction faite d'une commission de 150 € TTC, d'intérêts de 65 € et d'une retenue de garantie de 1 125 €. L'écriture à comptabiliser à la réception des fonds est la suivante :

Numéro de compte		Intitulé	Débit	Crédit
512000		Banques	6 160,00	
622000		Rémunérations d'intermédiaires	125,00	
445660		TVA déductible	25,00	
661000		Charges d'intérêts	65,00	
460000		Débiteurs et créditeurs divers	1 125,00	
	411000	Clients		7 500,00

En principe, le client devrait régler directement le *factor* et vous n'aurez aucune écriture à enregistrer. S'il vous envoie tout de même son règlement par erreur, vous devrez alors rembourser immédiatement l'organisme financier. Vous pourrez utiliser un compte d'attente « 47. Comptes transitoires ou d'attente » comme contrepartie du compte « 512. Banques » lors de l'enregistrement de ces mouvements de fonds. Une fois le règlement du client encaissé, le factor libérera la retenue de garantie : vous enregistrerez alors la somme reçue au débit du compte « 512. Banques » par le crédit du compte « 46. Débiteurs et créditeurs divers ».

Le rapprochement de banque

Le rapprochement de banque vous permet de faire « d'une pierre deux coups » :

✔ Tout d'abord, vous vérifierez que vous n'avez pas commis d'erreurs ou d'omissions dans votre comptabilité : somme prélevée automatiquement que vous avez oublié d'enregistrer, virement reçu dont vous n'aviez pas connaissance, inversion débit-crédit dans votre saisie, etc.

✔ En même temps, vous contrôlerez les enregistrements de votre banquier pour déceler d'éventuelles erreurs : remise de chèque égarée (cela arrive !), inversion de chiffres dans une écriture, etc.

L'élaboration du rapprochement de banque

Le principe du rapprochement est simple, même si sa mise en œuvre est parfois délicate. Vous devez identifier les montants qui apparaissent à l'identique sur votre relevé et dans votre comptabilité : si votre banquier et vous-même êtes d'accord, c'est que tout va bien. Par différence, vous ferez apparaître les montants qui ne figurent que d'un seul côté ou qui ne sont pas enregistrés pour le même montant en comptabilité et sur le relevé. Ces écarts seront étudiés de près :

- Certains sont tout à fait normaux et ne nécessitent aucune correction. C'est le cas par exemple des chèques ou des espèces que vous avez remis en banque le dernier jour du mois et qui n'apparaissent pas encore sur votre relevé bancaire.

- Quelques écarts proviennent d'une erreur de la banque. Une telle situation est rare mais pas impossible : montant prélevé à tort, chèque pris en compte pour un mauvais montant, etc. Il faudra alors signaler son erreur à votre banquier et lui demander de régulariser la situation.

- La plupart des écarts proviennent d'erreurs ou d'omissions dans votre comptabilité : frais bancaires prélevés à votre insu, chèque retourné impayé, etc. Dans ce cas, vous devrez compléter et corriger votre comptabilité au plus vite.

Dans la pratique, le rapprochement nécessite une patience infinie et une rigueur au moins aussi grande. Si vous procédez avec calme et concentration, tout devrait bien se passer mais, si vous commencez à vous énerver, mieux vaut laisser tomber et reprendre le lendemain à tête reposée. Vous commencerez par rassembler le matériel nécessaire :

- Relevé bancaire à contrôler

- Extrait de votre comptabilité couvrant la même période que le relevé bancaire : édition du grand-livre du compte « 512000. Banques » ou copie du livre de banque si vous n'utilisez pas de logiciel

- Rapprochement bancaire de la période précédente (sa date doit correspondre au début de la période couverte par le relevé de banque)

- Calculatrice, stylos de couleurs différentes et surligneurs

Vous comparerez alors votre relevé avec l'extrait de comptabilité en pointant (c'est-à-dire en identifiant d'une marque de couleur) les montants figurant à l'identique sur ces deux documents mais dans des colonnes opposées : souvenez-vous que votre relevé de banque donne une image inversée de votre comptabilité. Ne barrez pas les écritures rapprochées : il n'est pas totalement impossible que vous deviez revenir en arrière pour vérifier votre travail, alors mieux vaut que les informations restent lisibles…

Une fois ce travail accompli, vous contrôlerez l'apurement des montants qui figuraient sur le précédent rapprochement :

- Les sommes inscrites en correction du solde bancaire doivent maintenant figurer sur le relevé de banque et uniquement sur ce document (elles apparaissaient déjà dans la comptabilité de la période précédente).
- Les sommes inscrites en correction du solde comptable doivent maintenant figurer sur votre extrait de comptabilité, et uniquement sur ce document (elles apparaissaient déjà sur le relevé bancaire de la période précédente).

Les sommes ainsi identifiées seront également marquées d'un signe distinctif, aussi bien sur le rapprochement de la période précédente que sur les documents de la période (pour une meilleure lisibilité, changez de couleur).

À l'issue de ces opérations, vous surlignerez les montants n'ayant pas été pointés sur le relevé de banque, dans votre extrait de comptabilité et éventuellement sur votre rapprochement du mois précédent : ce sont ceux qui devront figurer sur le nouveau rapprochement de banque pour expliquer la différence entre le solde de votre compte bancaire en comptabilité et sur le relevé.

Mais auparavant il vous faudra encore les analyser afin de déterminer qui, du banquier ou du comptable, a raison. Pour vous aider, nous avons regroupé ci-après quelques exemples d'écarts imputables à la banque :

- Chèque émis par l'entreprise mais non encore présenté par son bénéficiaire
- Remise de chèques ou d'espèces effectuée en fin de période et n'apparaissant pas encore sur le relevé
- Frais facturés à tort (souvent les frais sont facturés de façon automatique et il faut en réclamer le remboursement si des conditions plus avantageuses ont été négociées en agence)
- Prélèvement effectué à tort (rare mais possible)
- Erreur sur un montant : virgule mal placée, inversion de chiffres (rare mais possible)

Et pour rester impartiaux, quelques exemples d'écarts imputables au comptable :

- Prélèvement direct sur le compte bancaire non comptabilisé : frais (justifiés), prélèvement automatique, etc.
- Virement reçu non comptabilisé
- Erreur sur un montant comptabilisé : virgule mal placée, inversion de chiffres, etc.
- Dépense ou recette comptabilisée deux fois

Chapitre 13: Les opérations de trésorerie

Une fois ce travail accompli, vous aurez gagné le droit de faire une pause-café, puis vous reviendrez rapidement à votre bureau pour mettre tous ces chiffres en forme dans un magnifique tableau de rapprochement. Celui-ci comportera deux colonnes, l'une consacrée au relevé de banque et l'autre à votre comptabilité. En haut de chaque colonne, vous reporterez le solde tel qu'il apparaît en fin de période sur le relevé de banque et sur l'extrait de grand-livre. Puis, vous indiquerez les corrections à apporter à ces montants, en reprenant un à un les écarts identifiés lors de votre pointage, les écarts imputables à la banque devant être portés dans la colonne consacrée à cette dernière et ceux imputables au comptable dans la colonne relative à votre comptabilité. Enfin, vous calculerez les soldes corrigés, pour la banque et pour la comptabilité, et vous vérifierez que les deux montants sont identiques. Si ce n'est pas le cas, il ne vous reste plus qu'à prendre une grande inspiration et retourner vérifier vos calculs et votre pointage jusqu'à trouver l'origine de l'écart.

Nous vous proposons ci-dessous un exemple de rapprochement. Le relevé de banque fait apparaître un solde créditeur de 1 356,42 € en fin de mois, alors qu'en comptabilité le compte « 512. Banques » présente un solde débiteur de 1 048,42 € (cette inversion du sens du solde étant tout à fait normale). Les écarts identifiés sont les suivants :

- Chèque émis par l'entreprise n'apparaissant pas sur le relevé : 219 €
- Frais bancaires prélevés mais non enregistrés en comptabilité pour 6 € : il s'agit d'une erreur de la banque car l'entreprise avait négocié la gratuité de l'opération concernée
- Prélèvement automatique des télécoms non enregistré en comptabilité pour 85 €
- Erreur sur le montant d'un chèque émis : 860 € enregistrés en comptabilité alors que le montant réel (qui apparaît correctement sur le relevé) est de 680 €, soit un écart de 180 €

Le tableau de rapprochement est le suivant :

Banque		Comptabilité	
Solde selon le relevé bancaire	1 356,42	Solde selon le grand livre 512	1 048,42
Correction du solde bancaire :		Correction solde comptable :	
- Chèque 882118 non présenté	- 219,00	- Prélèvement télécom	- 85,00
- Frais prélevés à tort	6,00	- Erreur sur chèque 882112	180,00
Solde banque corrigé	**1 143,42**	**Solde comptable corrigé**	**1 143,42**

Les deux soldes corrigés doivent être identiques au centime près car une erreur d'un centime peut cacher deux erreurs de montants bien plus importants et qui se compensent mutuellement… à un centime près.

L'analyse du rapprochement de banque

Le rapprochement de banque n'est pas une fin en soi et les écarts identifiés doivent faire l'objet d'un suivi : les erreurs comptables doivent être corrigées et les erreurs de la banque doivent lui être signalées pour qu'elle y remédie.

Ainsi, dans l'exemple précédent, il n'y a pas lieu de s'inquiéter du chèque non présenté en banque s'il a été émis peu de temps auparavant. En revanche, s'il n'apparaît toujours pas sur le prochain relevé, vous pourrez contacter le fournisseur pour vous assurer qu'il l'a bien reçu. Si vous avez de sérieuses raisons de penser que le chèque ne sera jamais présenté (par exemple si le fournisseur a fait faillite et a disparu), vous pouvez l'annuler en débitant le compte « 512. Banque » par le crédit du compte « 778. Autres produits exceptionnels ». Sachez toutefois que le délai d'un an ne concerne que la validité du chèque émis mais ne remet pas en cause votre dette vis-à-vis du fournisseur : celui-ci est en droit de vous demander d'émettre un nouveau chèque s'il a trop tardé à encaisser celui que vous lui aviez initialement envoyé.

Vous devrez également demander le remboursement des frais prélevés à tort. Enfin, vous enregistrerez en comptabilité le prélèvement des télécoms que vous aviez oublié et vous corrigerez l'écriture relative au chèque n° 882112.

Si vos corrections sont enregistrées sur la période écoulée, vous devrez mettre à jour votre tableau de rapprochement, faute de quoi le travail de pointage du mois suivant serait faussé. En revanche, si vous les comptabilisez sur la période suivante, il n'est pas nécessaire de revenir en arrière et ces écritures seront normalement pointées lors de l'élaboration du prochain rapprochement.

Quizz

Testez vos connaissances !

1. **Reliez les éléments suivants à leur définition :**

   Produit fini • • Bien acheté et revendu sans transformation
   Fourniture • • Bien acheté pour être transformé puis revendu
   Matière première • • Bien acheté pour être consommé
   Marchandise • • Bien fabriqué par l'entreprise pour être vendu

2. **Comment comptabiliseriez-vous la facture suivante relative à une vente de marchandises ?**

   Montant HT :   2 000 €
   TVA :   400 €
   Montant TTC   2 400 €

			Débit	Crédit

3. **Comment comptabiliseriez-vous la facture suivante relative à une vente de marchandises ?**

   Montant HT :   5 000 €
   - Remise :   - 500 €
   TVA :   900 €
   Montant TTC   5 400 €

			Débit	Crédit

4. **Comment comptabiliseriez-vous l'avoir suivant relatif à un retour de marchandises effectué par un client ?**
   Montant HT :   1 000 €
   TVA :   200 €
   Montant TTC   1 200 €

			Débit	Crédit

5. **Comment comptabiliseriez-vous un virement de 2 400 € reçu d'un client en règlement d'une vente de marchandises facturée le mois précédent ?**

			Débit	Crédit

6. **Par quel compte remplaceriez-vous le « 512. Banques » :**
   ✓ Dans le cas d'un règlement en espèces ?
   ....
   ✓ Dans le cas d'un règlement par traite ?
   ....

7. **Comment comptabiliseriez-vous la facture fournisseur suivante relative à des frais de publicité ?**
   Montant HT :   3 000 €
   TVA :   600 €
   Montant TTC   3 600 €

			Débit	Crédit

8. **Comment comptabiliseriez-vous la facture suivante relative à un achat de matières premières ?**

   Montant HT :   4 000 €
   Frais de livraison : 80 €
   TVA :   816 €
   Montant TTC   4 896 €

			Débit	Crédit

9. **Comment comptabiliseriez-vous l'avoir suivant reçu d'un fournisseur et relatif à une ristourne sur des achats de marchandises ?**

   Montant HT :   2 500 €
   TVA :   500 €
   Montant TTC   3 000 €

			Débit	Crédit

10. **Comment comptabiliseriez-vous l'envoi d'un chèque de 1 200 € à un fournisseur en règlement d'un achat de matières premières réalisé le mois précédent ?**

			Débit	Crédit

11. Comment comptabiliseriez-vous l'envoi d'un chèque de 1 080 € à un fournisseur en règlement d'une facture de 1 200 € dont on a déduit un escompte de 1 %, soit 120 € ?

			Débit	Crédit

12. Les éléments relatifs à la TVA sont les suivants pour le mois de janvier N :
    - TVA collectée : 4 500 €
    - TVA déductible sur achats courants : 2 000 €
    - TVA déductible sur achats d'immobilisations : 300 €
    ✔ Quel est le montant de la TVA à payer ?
    ....
    ✔ Comment comptabiliseriez-vous la déclaration du mois ?

			Débit	Crédit

13. Les éléments relatifs à la TVA sont les suivants pour le mois de janvier N :
    - TVA collectée : 2 800 €
    - TVA déductible sur achats courants : 3 000 €
    - TVA déductible sur achats d'immobilisations : 800 €
    ✔ Quel est le montant du crédit de TVA ?
    ....
    ✔ Comment comptabiliseriez-vous la déclaration du mois en sachant que le crédit sera reporté sur la déclaration du mois suivant ?

			Débit	Crédit

14. Un salarié a été embauché pour un salaire brut de 1 800 €. Nous supposerons que les taux des cotisations salariales et patronales sont respectivement de 20 % et 40 % sans abattement ni plafonnement. Pouvez-vous calculer :
   ▶ Le montant des cotisations salariales ?
   ....
   ▶ Le montant des cotisations patronales ?
   ....
   ▶ La somme versée au salarié ?
   ....
   ▶ La somme versée aux organismes sociaux ?
   ....
   ▶ Le coût total pour l'employeur ?
   ....

15. Le livre de paie du mois de janvier N vous fournit les informations suivantes :
    - Salaires bruts : 6 000 €
    - Salaires nets : 4 900 €
    - Cotisations salariales : 1 100 €
    - Cotisations patronales : 2 100 €
   ▶ Comment comptabiliseriez-vous les frais de personnel du mois ?

			Débit	Crédit

16. Comment comptabiliseriez-vous un prélèvement de 3 000 € réalisé par l'exploitant d'une entreprise individuelle ?

			Débit	Crédit

17. Comment comptabiliseriez-vous la facture suivante relative à l'achat de matériel industriel ?

Montant HT :   6 000 €
TVA :   1 200 €
Montant TTC   7 200 €

			Débit	Crédit

18. Parmi les affirmations suivantes, cochez celles qui vous semblent vraies (plusieurs bonnes réponses possibles) :

Les immobilisations sont des biens dont la durée d'utilisation prévue excède 12 mois. ☐

Toutes les immobilisations ont une réalité physique tangible. ☐

Les immobilisations d'une valeur unitaire inférieure à 500 € doivent être comptabilisées en charges. ☐

Les immobilisations d'une valeur unitaire inférieure à 500 € peuvent être comptabilisées en charges. ☐

Les dépenses nécessaires à l'installation et à la mise en état d'utilisation d'une immobilisation font partie de son coût d'achat et sont comptabilisées dans le même compte que celle-ci, même si elles sont facturées séparément. ☐

19. Comment comptabiliseriez-vous le déblocage d'un prêt bancaire de 20 000 € ?

			Débit	Crédit

Et le prélèvement de la première mensualité : 460 € dont 83 € d'intérêts et 377 € de remboursement ?

			Débit	Crédit

20. Parmi les affirmations suivantes concernant le rapprochement de banque, cochez celles qui vous semblent vraies (plusieurs bonnes réponses possibles) :

Le rapprochement de banque doit être équilibré au centime près. ☐

Le rapprochement de banque consiste à comparer les montants figurant sur le relevé de banque à ceux enregistrés dans le compte « 512. Banques ». ☐

Le rapprochement de banque permet de détecter les erreurs de la banque. ☐

Le rapprochement de banque permet de détecter les erreurs du comptable. ☐

Vérifiez vos réponses !

1. Les éléments devaient être reliés comme suit :

- Produit fini — Bien fabriqué par l'entreprise pour être vendu
- Fourniture — Bien acheté pour être consommé
- Matière première — Bien acheté pour être transformé puis revendu
- Marchandise — Bien acheté et revendu sans transformation

2. La facture serait comptabilisée ainsi :

			Débit	Crédit
411		Clients	2 400	
	707	Ventes de marchandises		2 000
	44571	TVA collectée		400

Une vente entraine l'apparition d'une créance à l'actif du bilan et d'un produit au compte de résultat : il faut débiter le compte « 411. Clients » et créditer un compte « 70. Ventes ». La créance correspond à la somme attendue du client, soit le TTC, alors que le produit reflète la somme conservée par l'entreprise, c'est-à-dire le HT. La TVA facturée devra être reversée à l'Etat : il s'agit d'une dette que nous enregistrerons au crédit du compte « 44571. TVA collectée ».

3. La facture serait comptabilisée ainsi :

			Débit	Crédit
411		Clients	5 400	
	707	Ventes de marchandises		4 500
	44571	TVA collectée		900

Les remises, rabais et ristournes déduits sur les factures ne s'enregistrent pas séparément : c'est le montant net de remise qui est directement comptabilisé au crédit du compte de ventes (ici 5 000 − 500 = 4 500 €).

4. Cet avoir serait comptabilisé ainsi :

			Débit	Crédit
707		Ventes de marchandises	1 000	
44571		TVA collectée	200	
	411	Clients		1 200

Un avoir est le contraire d'une facture : il se comptabilise dans les mêmes comptes mais de façon symétrique, c'est-à-dire à l'envers.

5. Ce virement serait comptabilisé ainsi :

			Débit	Crédit
512		Banques	2 400	
	411	Clients		2 400

La réception du virement entraîne une entrée d'argent sur le compte bancaire de l'entreprise et la disparition de la créance que celle-ci avait sur son client : on débite le compte « 512. Banques » et on crédite le compte « 411. Clients ». Ce dernier avait été débité lors de l'enregistrement de la facture : il est soldé par l'enregistrement du règlement.

Nous profitons de cette question pour insister sur le fait qu'il ne faut surtout pas utiliser un compte de produits : la vente a déjà été enregistrée lors de la comptabilisation de la facture (cf. question 1).

6. On remplace le « 512. Banques » par :
  ✔ le « *53. Caisse* » **dans le cas d'un règlement en espèces.**
  ✔ le « *413. Clients, effets à recevoir* » **dans le cas d'un règlement par traite.**

7. Cette facture fournisseur serait comptabilisée ainsi :

			Débit	Crédit
623		Frais de publicité	3 000	
44566		TVA déductible	600	
	401	Fournisseurs		3 600

Un achat entraîne l'apparition d'une dette au passif du bilan et d'une charge au compte de résultat : il faut créditer le compte « 401. Fournisseurs » et débiter un compte de classe 6.
La dette correspond à la somme attendue par le fournisseur, soit le TTC, alors que la charge reflète le coût réel pour l'entreprise, c'est-à-dire le HT. La TVA facturée par le fournisseur pourra être récupérée auprès de l'État : il s'agit d'une créance que nous enregistrerons au débit du compte « 44566. TVA déductible ».

8. **Cette facture peut s'enregistrer de trois façons différentes :**

Les frais accessoires sur achats sont un cas particulier : il n'existe pas moins de trois façons différentes de les comptabiliser.

La première (et la plus simple) consiste à les regrouper avec l'achat principal :

			Débit	Crédit
601		Achats de matières premières	4 080	
44566		TVA déductible	816	
	401	Fournisseurs		4 896

La deuxième consiste à utiliser le compte de charge correspondant à leur nature (ici frais de transport) :

			Débit	Crédit
601		Achats de matières premières	4 000	
624		Frais de transport	80	
44566		TVA déductible	816	
	401	Fournisseurs		4 896

La troisième consiste à utiliser un compte spécifique pour les frais accessoires (608) :

			Débit	Crédit
601		Achats de matières premières	4 000	
608		Frais accessoires	80	
44566		TVA déductible	816	
	401	Fournisseurs		4 896

9. **Cet avoir serait comptabilisé ainsi :**

			Débit	Crédit
401		Fournisseurs	3 000	
	6097	RRR sur achats de marchandises		2 500
	44566	TVA déductible		500

Comme vu à la question 4, les avoirs s'enregistrent à l'envers par rapport aux factures. S'agissant d'une ristourne, le compte de charge sera légèrement différent de celui utilisé pour la facture : 6097 au lieu de 607.

10. **L'envoi de ce chèque serait comptabilisé ainsi :**

			Débit	Crédit
401		Fournisseurs	1 200	
	512	Banques		1 200

L'envoi du chèque entraîne une sortie d'argent sur le compte bancaire de l'entreprise et la disparition de la dette que celle-ci avait vis-à-vis de son fournisseur : on crédite le compte « 512. Banques » et on débite le compte « 401. Fournisseurs ». Ce dernier avait été crédité lors de l'enregistrement de la facture : il est soldé par l'enregistrement du règlement.

 Il ne faut surtout pas faire apparaître de charge car celle-ci a déjà été comptabilisée lors de l'enregistrement de la facture d'achat.

11. **L'envoi de ce chèque serait comptabilisé ainsi :**

			Débit	Crédit
401		Fournisseurs	1 200	
	512	Banques		1 080
	765	Escomptes obtenus		100
	44566	TVA déductible		20

De même que dans la question précédente, il s'agit d'enregistrer une sortie d'argent du compte bancaire et la disparition d'une dette : nous retrouvons le compte « 401. Fournisseurs » au débit et le « 512. Banques » au crédit.

Là où la situation se complique, c'est qu'un règlement de 1 080 € permet d'effacer une dette de 1 200 € : nous débitons le compte 401 de 1 200 € et créditons le 512 de 1 080 €, mais comment équilibrer l'écriture ?

Les 120 € de différence correspondent au montant TTC de l'escompte : le montant HT est un gain pour l'entreprise (à enregistrer au crédit d'un compte de produits financiers : « 765. Escomptes obtenus ») alors que la TVA s'enregistre de façon classique dans le compte « 44566. TVA déductible ».

12. **Considérant les données, on peut donc conclure que :**
    - **le montant de TVA à payer est de : *2 200 € = 4 500 – (2 000 + 300)***
    - **la déclaration du mois sera comptabilisée ainsi :**

			Débit	Crédit
44571		TVA collectée	4 500	
	44562	TVA déductible sur immos		300
	44566	TVA déductible		2 000
	44551	TVA à décaisser		2 200

La comptabilisation de la déclaration de TVA a pour but de remettre à zéro les comptes de TVA collectée et déductible :
– Le compte « 44571. TVA collectée » avait été utilisé au crédit lors de l'enregistrement des factures de vente : nous le débiterons pour le solder.

- Les comptes « 44562. TVA déductible sur immobilisations » et « 44566. TVA déductible » avaient été utilisés au débit lors de l'enregistrement des factures d'achat : nous les créditerons pour les solder.
- Enfin, nous équilibrerons l'écriture en faisant apparaître la dette de TVA à payer au crédit du compte « 44551. TVA à décaisser ».

13. **Considérant les données, on peut conclure que :**
    - ✔ le montant du crédit de TVA est de : *1 000 € = (3 000 + 800) − 2 800*
    - ✔ la déclaration du mois sera comptabilisée ainsi :

			Débit	Crédit
44571		TVA collectée	2 800	
	44562	TVA déductible sur immos		800
	44566	TVA déductible		3 000
44567		Crédit de TVA à reporter	1 000	

De même que dans la question précédente, nous commencerons par solder les comptes de TVA collectée et déductible. Toutefois, la TVA déductible étant supérieure à la TVA collectée, l'équilibre de l'écriture se fera par le débit : le crédit de TVA sera inscrit au débit du compte « 44567. Crédit de TVA à reporter ».

14. **Considérant les données, on parvient aux résultats suivants :**
    - ✔ Le montant des cotisations salariales est de : *360 € = 1 800 × 20 %*
    - ✔ Le montant des cotisations patronales est de : *720 € = 1 800 × 40 %*
    - ✔ La somme versée au salarié est de : *1 440 € = 1 800 − 360*
    - ✔ La somme versée aux organismes sociaux est de : *1 080 € = 360 + 720*
    - ✔ Le coût total pour l'employeur est de : *2 520 € = 1 800 + 720 = 1 440 + 1 080*

Le salaire brut correspond au salaire indiqué sur le contrat de travail. Il sert de base au calcul des cotisations sociales. Les cotisations salariales sont déduites du salaire brut : seul le salaire net est réellement versé au salarié. Elles sont ensuite reversées aux organismes sociaux, en même temps que les cotisations patronales.

Les cotisations salariales ne coûtent rien à l'employeur car il les retire du salaire de son employé pour les payer aux organismes sociaux : le coût total n'est constitué que du salaire brut et des cotisations patronales.

15. **Considérant les données, on comptabilisera les frais de personnel du mois ainsi :**

			Débit	Crédit
641		Rémunération du personnel	6 000	
645		Charges de sécurité sociale	2 100	
	421	Personnel, rémunérations dues		4 900
	431	Organismes de sécurité sociale		3 200

Nous avons vu à la question précédente que le coût réel pour l'employeur était constitué des salaires bruts et des cotisations patronales : nous enregistrerons ces deux montants au débit de comptes de charges. En contrepartie, nous ferons apparaître deux dettes : l'une vis-à-vis des salariés (salaires nets) et l'autre vis-à-vis des organismes sociaux (cotisations salariales + patronales).

16. Ce prélèvement serait comptabilisé ainsi :

			Débit	Crédit
108		Compte de l'exploitant	3 000	
	512	Banques		3 000

S'agissant d'une sortie d'argent pour l'entreprise, nous créditerons le compte « 512. Banques ». En contrepartie, nous utiliserons le compte « 108. Compte de l'exploitant », spécifique aux entreprises individuelles.

17. Cette facture serait comptabilisée ainsi :

			Débit	Crédit
2154		Matériel industriel	6 000	
44562		TVA déductible sur immobilisations	1 200	
	404	Fournisseurs d'immobilisations		7 200

Le matériel industriel est destiné à être utilisé durablement par l'entreprise : il s'agit d'une immobilisation que nous enregistrerons au débit d'un compte de classe 2. Pour le reste de l'écriture, nous retrouvons les éléments habituels de l'enregistrement d'une facture d'achat :
– une créance de TVA déductible au débit d'un compte 4456 (attention, il s'agit du 44562 et non pas du 44566) ;
– une dette fournisseur pour le montant TTC au crédit d'un compte 40 (attention, il s'agit du 404 et non pas du 401).

18. Les affirmations vraies sont les suivantes :
✔ **Les immobilisations sont des biens dont la durée d'utilisation prévue excède 12 mois.**
✔ **Les immobilisations d'une valeur unitaire inférieure à 500 € peuvent être comptabilisées en charges.**
✔ **Les dépenses nécessaires à l'installation et à la mise en état d'utilisation d'une immobilisation font partie de son coût d'achat et sont comptabilisées dans le même compte que celle-ci, même si elles sont facturées séparément.**

Une immobilisation est un élément du patrimoine de l'entreprise destiné à servir de façon durable à son activité. Il peut s'agir d'un bien tangible (bâtiment, matériel, mobilier, etc.) mais aussi d'éléments immatériels (brevets, licences, fonds commercial, etc.).

Le critère « officiel » permettant de caractériser une immobilisation est sa durée d'utilisation et non pas sa valeur. Toutefois, il existe une tolérance fiscale qui autorise (mais n'oblige pas) à enregistrer en charges les immobilisations dont la valeur unitaire est inférieure à 500 € HT (une petite imprimante par exemple).

19. Le déblocage d'un prêt bancaire est comptabilisé ainsi :

			Débit	Crédit
512		Banques	20 000	
	164	Emprunts		20 000

S'agissant d'une entrée d'argent pour l'entreprise, nous débiterons le compte « 512. Banques ». En contrepartie, nous utiliserons un compte de classe 1 : « 164. Emprunts auprès des établissements de crédit ».

Le prélèvement de la première mensualité sera comptabilisé ainsi :

			Débit	Crédit
164		Emprunts	377	
661		Charges d'intérêts	83	
	512	Banques		460

La somme prélevée sur le compte bancaire de l'entreprise sera enregistrée au crédit du compte « 512. Banques ». En contrepartie, nous ferons diminuer la dette vis-à-vis du banquier en débitant le compte 164 du montant du remboursement et nous ferons apparaître une charge financière pour le montant des intérêts.

20. Toutes les affirmations sont vraies !

Le rapprochement de banque consiste à comparer le relevé envoyé par la banque avec les écritures enregistrées dans le compte « 512. Banques ». Dans un premier temps, on recense les sommes apparaissant à l'identique (mais du côté opposé) sur les deux documents : si le banquier et le comptable sont d'accord, les risques d'erreurs sont quasiment nuls et les montants ainsi identifiés pourront être laissés de côté.

On se concentrera alors sur les montants restants : enregistrements figurant uniquement sur le relevé de banque, enregistrements figurant uniquement dans la comptabilité ou opérations apparaissant sur les deux documents mais pour des montants différents. Nous pourrons ainsi détecter des erreurs de la banque (frais prélevés à tort par exemple) ou du comptable (prélèvement non comptabilisé par exemple). Dans tous les cas, les écarts entre le solde bancaire et le solde comptable devront être expliqués au centime près !

Quatrième partie
L'heure du bilan : l'élaboration des comptes annuels

Dans cette partie...

*J*usqu'à présent, vous avez enregistré au jour le jour toutes les transactions réalisées par votre entreprise. Ainsi tenue, votre comptabilité vous fournit déjà de nombreuses informations utiles : somme disponible en trésorerie, détail des factures clients à relancer et des factures fournisseurs à régler. Mais cela n'est pas suffisant pour établir vos comptes annuels : il vous faudra ajuster votre comptabilité pour tenir compte de l'usure de vos machines, des litiges en cours, des factures non reçues, des prestations à cheval sur deux exercices, etc.

Ces écritures portent le nom d'écritures d'inventaire et seront traitées dans le premier chapitre de cette partie. Nous verrons ensuite dans quelle mesure ces opérations laissent une marge d'appréciation qu'il est possible d'utiliser pour influer sur votre résultat comptable. Nous étudierons également les techniques de révision comptable, c'est-à-dire les contrôles qui vous permettront de vous assurer de la fiabilité de votre comptabilité avant de vous lancer (enfin) dans l'élaboration de votre bilan, de votre compte de résultat et de votre annexe.

Chapitre 14
Les écritures d'inventaire

Dans ce chapitre :
- La variation des stocks
- L'amortissement des immobilisations
- Les dépréciations et les provisions
- Les factures à cheval sur deux exercices comptables

La fin de l'exercice comptable est arrivée et vous devez maintenant établir vos comptes annuels. Pour l'instant, votre comptabilité n'est pas directement utilisable :

- Tous vos achats ont été comptabilisés en charges de l'exercice alors qu'il reste des stocks non consommés.
- Vos machines ont été enregistrées pour leur coût d'achat mais elles valent sans doute moins aujourd'hui (usure ou obsolescence).
- D'autres éléments de votre actif ont peut-être perdu une partie de leur valeur : placements financiers dont le cours a baissé, créance sur un client insolvable, etc.
- D'éventuels litiges risquent de vous faire perdre de l'argent.
- Parmi les factures que vous avez comptabilisées, certaines concernent probablement le prochain exercice (par exemple : loyer ou assurance facturés d'avance).
- Inversement, toutes les charges relatives à l'exercice n'ont pas encore été enregistrées : factures fournisseurs non reçues, impôts à payer, congés payés acquis, etc.

Comme vous pouvez le constater, il reste encore du pain sur la planche. Mais il en faut plus pour vous décourager, n'est-ce pas ? Les écritures d'inventaire peuvent sembler complexes au premier abord, mais elles deviennent plus claires si vous en comprenez la logique sous-jacente. C'est pourquoi nous avons choisi de vous expliquer le but de chaque écriture avant de vous indiquer les numéros des comptes à utiliser. Nous vous donnerons également quelques éléments simples concernant les calculs à effectuer.

Vous découvrirez dans le chapitre suivant qu'il existe des variantes vous permettant d'influer sur votre résultat comptable mais attendez d'abord de maîtriser les bases avant de vouloir jongler avec les subtilités…

L'ajustement des stocks

La première écriture d'inventaire consiste à faire apparaître au bilan le stock de fin de période. Il s'agit d'une écriture assez simple : l'idéal pour vous échauffer avant d'aborder des points plus délicats.

Pourquoi faut-il ajuster les stocks ?

Tout au long de l'année, vous avez enregistré vos achats dans des comptes de charges même si ceux-ci n'étaient pas immédiatement consommés (voir chapitre 9). Il s'agit d'une convention destinée à simplifier le travail du comptable. Souvenez-vous : les charges du compte de résultat doivent refléter les consommations de l'entreprise. Pour suivre fidèlement les flux de matières, il faudrait, en principe, comptabiliser les factures d'achats dans des comptes de stocks et transférer par la suite les biens consommés dans des comptes de charges au fur et à mesure des sorties de stock. Dans la pratique, ce schéma comptable se heurte à plusieurs difficultés : tout d'abord, le nombre excessif d'écritures à enregistrer (une à chaque sortie de stock), puis la difficulté d'obtenir l'information si le suivi des stocks n'est pas informatisé et l'impossibilité de prendre en compte les pertes, vols ou péremption des biens stockés.

C'est pourquoi le plan comptable général a imposé la solution suivante : les achats de biens destinés à être consommés rapidement (marchandises et matières premières) sont comptabilisés en charges dès la réception des factures, comme s'ils avaient été consommés immédiatement. La plupart du temps, ce décalage se résout de lui-même avant la clôture des comptes : les matières achetées sont souvent réellement consommées avant la fin de l'année et leur comptabilisation immédiate en charges est une approximation tout à fait acceptable. Un ajustement n'est nécessaire qu'une fois par an, au moment de l'élaboration des comptes annuels. Les matières non consommées sont celles restant en stock : elles sont inventoriées et leur valeur est retirée des charges pour être transférée au bilan dans les comptes de stocks.

L'écriture de variation de stocks a pour objectif de retirer des charges les biens qui n'ont pas été consommés et de les transférer à l'actif du bilan pour y faire apparaître le stock de fin d'année. De façon symétrique, le stock de début d'année a été consommé alors qu'il ne figure pas dans les achats de l'exercice : il faudra le retirer de l'actif et le transférer en charges.

Consommations = Achats + Stock initial − Stock final

Chapitre 14 : Les écritures d'inventaire

La comptabilisation de la variation des stocks

Une entreprise peut détenir des stocks de différentes natures : marchandises, matières premières et produits finis. Le cas des matières premières est le plus simple, aussi commencerons-nous par lui.

La variation des stocks de matières premières

Les matières premières figurant en stock à la date de clôture n'ont pas été consommées : elles ont donc été comptabilisées à tort dans un compte de charges. Il faut maintenant les retirer des charges pour les transférer à l'actif. Mais comment procéder ? Réfléchissons ensemble… Faire apparaître le stock à l'actif est facile : il suffit de débiter un compte de classe 3, en l'occurrence « 31. Stocks de matières premières ». Pour annuler la charge, il faut utiliser un compte de classe 6 au crédit (les charges sont habituellement enregistrées au débit) : nous n'utiliserons pas directement le compte 601 dans lequel les factures d'achats ont été enregistrées mais le compte « 6031. Variation des stocks de matières premières ». Celui-ci a été construit à partir du compte 601, dans lequel on a inséré le chiffre 3 en troisième position (3 comme le premier chiffre des comptes de stocks).

Nous pouvons construire de façon symétrique l'écriture relative au stock de début d'année. Celui-ci figure toujours au débit du compte « 31. Stocks de matières premières » car aucune écriture n'est venue modifier le solde de ce compte depuis la fin de l'année précédente : pour le faire disparaître, il faut créditer ce même compte par le débit du compte « 6031. Variation des stocks de matières premières ».

Par exemple, le stock de matières premières d'une entreprise est évalué à 1 500 € en fin d'année. Au début de l'année, il s'élevait à 500 €. Les écritures de variations des stocks sont les suivantes :

Numéro de compte		Intitulé	Débit	Crédit
310000		*Constatation du stock final*		
		Stocks de matières premières	1 500,00	
	603100	Variation des stocks de matières premières		1 500,00
603100		*Annulation du stock initial*		
		Variation des stocks de matières premières	500,00	
	310000	Stocks de matières premières		500,00

L'impact de ces écritures sur le résultat est une diminution nette des charges de 1 000 €. En effet, le stock a augmenté de 1 000 € durant l'année, ce qui signifie que les consommations sont inférieures de 1 000 € aux achats.

Au bilan, le stock de l'année précédente a été annulé et remplacé par le nouveau stock.

Il est possible de regrouper ces deux écritures en une seule mais nous vous le déconseillons car les risques d'erreurs seraient accrus et vous y perdriez en lisibilité.

La variation des stocks de marchandises

L'écriture d'ajustement des stocks de marchandises est similaire à celle relative aux matières premières. La seule différence réside dans un détail de la numérotation des comptes, le chiffre 1 y étant remplacé par un 7 :

- Le compte 31 devient « 37. Stocks de marchandises »
- Le compte 6031 devient « 6037. Variations de stocks de marchandises »

Le choix des chiffres ainsi substitués ne doit d'ailleurs rien au hasard : souvenez-vous que les achats de matières premières et de marchandises étaient enregistrés respectivement dans les comptes 601 et 607.

La variation des stocks de produits finis

Vous devrez également tenir compte de vos stocks de produits finis. Le schéma de comptabilisation suit le même principe que pour les matières premières et les marchandises mais vous utiliserez le compte « 7135. Variations des stocks de produits » à la place du 603. L'usage d'un compte de produits à la place d'un compte de charges ne change rien à l'impact des écritures sur le résultat de l'exercice : seule la présentation du compte de résultat sera légèrement modifiée. Le stock sera, quant à lui, toujours constaté dans un compte de classe 3 : « 35. Stocks de produits ».

Par exemple, le stock de produits finis d'une entreprise est évalué à 1 500 € en fin d'année contre 5 000 € en début d'année. Les écritures de variations des stocks sont les suivantes :

Numéro de compte		Intitulé	Débit	Crédit
350000		*Constatation du stock final*		
		Stocks de produits	1 500,00	
	713500	Variations des stocks de produits		1 500,00
713500		*Annulation du stock initial*		
		Variations des stocks de produits	500,00	
	350000	Stocks de matières premières		500,00

La valorisation des stocks

Avant de pouvoir enregistrer les écritures précédentes, encore faut-il avoir calculé la valeur des stocks à faire figurer au bilan. Dans ce but, vous procéderez à un *inventaire physique* (autrement dit à un comptage) des marchandises, matières premières et produits finis en stock à la date de clôture. Le comptage devra, de préférence, être réalisé le jour même de la clôture des comptes. Si ce n'est pas possible, vous choisirez la date la plus proche possible et noterez soigneusement les entrées et les sorties intervenues entre la date de clôture et celle de l'inventaire. Vous pourrez ensuite reconstituer le stock de clôture de la façon suivante :

- Si le comptage a eu lieu avant la clôture : stock de clôture = quantités comptées à l'inventaire + entrées en stock ultérieures – sorties de stocks ultérieures
- Si le comptage a eu lieu après la clôture : stock de clôture = quantités comptées à l'inventaire – entrées en stock antérieures + sorties de stocks antérieures

Les quantités obtenues devront ensuite être valorisées. Les stocks de marchandises et de matières premières seront évalués à leur coût d'achat, qui comprend non seulement le prix payé au fournisseur (HT si la TVA a été récupérée et TTC dans le cas contraire) mais également les frais annexes d'approvisionnement (droits de douane, frais de livraison, etc.). Les produits finis, quant à eux, seront valorisés à leur coût de production : celui-ci comprend le coût des matières consommées, de la main-d'œuvre, du matériel et, plus généralement, toutes les charges nécessaires à la fabrication. En revanche, les frais administratifs ou de commercialisation en sont exclus.

Les stocks ne doivent pas être évalués à leur prix de vente car une telle pratique reviendrait à anticiper la marge à réaliser lors de leur revente, ce qui est contraire au principe de prudence. Il n'est pas non plus possible de calculer le coût d'achat de façon forfaitaire en déduisant un taux de marge moyen du prix de vente, sauf pour les petites entreprises individuelles (voir chapitre 5).

L'amortissement des immobilisations

Les achats de matériel ne sont pas comptabilisés en charges car ceux-ci ne sont pas consommés immédiatement, ni même rapidement. En revanche, ils n'ont pas pour autant une durée de vie indéfinie : certaines immobilisations s'usent, d'autres deviennent obsolètes… et certaines, les deux à la fois. L'amortissement permet de constater cette perte de valeur, tant au bilan qu'au compte de résultat.

Pourquoi faut-il amortir les immobilisations ?

Lorsque vous comptabilisez une facture d'achat de matériel, vous enregistrez celui-ci dans un compte d'immobilisations (classe 2) : cette écriture n'a aucun impact sur votre résultat comptable. Quelque temps plus tard, au moment de la clôture des comptes, le matériel en question figure toujours à l'actif pour sa valeur d'achat, alors qu'il a été partiellement consommé (il s'est usé). Cette consommation se poursuivra sur les années suivantes et c'est pourquoi il faudra, chaque année, faire apparaître une charge correspondant à l'usure du matériel durant l'exercice comptable.

L'écriture de dotation aux amortissements consiste à diminuer chaque année la valeur des immobilisations figurant à l'actif du bilan et à transférer cette perte de valeur parmi les charges du compte de résultat. Cette écriture permet d'étaler sur plusieurs années l'impact de l'acquisition d'une immobilisation.

Toutes les immobilisations ne s'amortissent pas : uniquement celles qui perdent de la valeur de façon irréversible en raison de l'usure ou de l'obsolescence. Vous amortirez ainsi vos machines, votre mobilier, vos logiciels, etc. mais vous n'amortirez ni vos terrains ni vos placements financiers à long terme. Si ces derniers perdent de la valeur, ce phénomène n'est pas irréversible et sera pris en compte par une dépréciation (voir ci-après).

La comptabilisation de la dotation aux amortissements

Les immobilisations à amortir figurent au débit d'un compte de classe 2 : pour diminuer leur valeur, on créditera un compte similaire. Celui-ci sera construit à partir du numéro de compte de l'immobilisation, dans lequel on aura inséré un 8 en deuxième position (cela change du 9 en troisième position !). Ainsi, l'amortissement des logiciels sera enregistré au crédit du compte 2805 et celui du mobilier au crédit du compte 28184. En contrepartie, on utilisera le débit d'un compte de charges, en l'occurrence « 6811. Dotations aux amortissements sur immobilisations ».

Par exemple, la perte de valeur des immobilisations d'une entreprise est évaluée à 5 000 € pour l'exercice comptable et se décompose comme suit :

- Logiciels : 500 €
- Matériel industriel : 4 100 €
- Matériel de bureau et informatique : 400 €

L'écriture comptable de dotation aux amortissements est la suivante :

Numéro de compte		Intitulé	Débit	Crédit
681100		Dotations aux amortissements sur immos	5 000,00	
	280500	Amortissement des logiciels		500,00
	281500	Amortissement du matériel industriel		4 100,00
	281830	Amortissement du matériel de bureau		400,00

Le calcul de la dotation aux amortissements

Plusieurs modes d'amortissement sont possibles ; ils seront étudiés au chapitre suivant. Nous n'évoquerons ici que le plus simple, qui consiste à étaler de façon régulière le coût d'achat de l'immobilisation sur sa durée de vie estimée. Cette technique porte le nom d'*amortissement linéaire*.

La durée de vie de l'immobilisation doit en principe être estimée de la façon la plus précise possible par le comptable en fonction des éléments techniques dont il dispose. Toutefois, mieux vaut ne pas s'éloigner de plus de 20 % du barème « indicatif » de l'administration fiscale pour éviter tout litige en cas de contrôle. Les durées couramment admises sont les suivantes :

- Bâtiments commerciaux : 20 à 50 ans
- Immeubles à usage de bureau : 25 ans
- Bâtiments industriels : 20 ans
- Agencements et aménagements : 10 à 20 ans
- Mobilier : 10 ans
- Matériel : 7 à 10 ans
- Outillage : 5 à 10 ans
- Matériel de bureau : 5 à 10 ans
- Brevets : 5 ans
- Automobiles : 4 à 5 ans
- Micro-ordinateurs : 3 ans

Lorsqu'une immobilisation est achetée en cours d'année, la dotation aux amortissements du premier et du dernier exercice fait l'objet d'un *prorata temporis* pour tenir compte du fait que l'utilisation ne porte pas sur une année pleine. Celui-ci est calculé en fonction du nombre de jours d'utilisation. Pour simplifier les calculs, il est possible d'utiliser des mois de trente jours et une année de 360 jours.

Ainsi, une machine de 9 000 € HT dont la durée de vie est estimée à cinq ans, fera l'objet d'une dotation aux amortissements de 8 000/5 = 1 800 € en année pleine. Si elle a été mise en service le 20 avril 2013, la dotation de l'exercice 2013 s'élèvera à 1 800 × 250/360 = 1 250 € (*prorata* du 20 avril 2013 au 31 décembre 2013). De la même façon, la dotation de l'exercice 2018 s'élèvera à 1 800 × 110/360 = 550 € (*prorata* du 1er janvier 2018 au 19 avril 2018). Le plan d'amortissement sera donc le suivant :

Tableau 14-1 : Exemple de plan d'amortissement

Année	Valeur brute	Dotation aux amortissements (de l'exercice)	Amortissement cumulé (en fin d'exercice)	Valeur nette (en fin d'exercice)
2013	9 000 €	1 250 €	1 250 €	7 750 €
2014	9 000 €	1 800 €	3 050 €	5 950 €
2015	9 000 €	1 800 €	4 850 €	4 150 €
2016	9 000 €	1 800 €	6 650 €	2 350 €
2017	9 000 €	1 800 €	8 450 €	550 €
2018	9 000 €	550 €	9 000 €	0 €

Attention à ne pas confondre la dotation aux amortissements et l'amortissement :

- La dotation aux amortissements apparaît au compte de résultat, parmi les charges de l'exercice : elle reflète la perte de valeur de l'immobilisation durant l'exercice comptable.
- L'amortissement est un compte du bilan : il reflète la perte de valeur cumulée de l'immobilisation depuis sa mise en service ; autrement dit, il correspond à la somme des dotations aux amortissements comptabilisées depuis le début du plan d'amortissement.

La dépréciation des éléments d'actif

L'usure et l'obsolescence ne sont pas les seules sources de perte de valeur des éléments de l'actif :

- La valeur d'un terrain peut varier en fonction des fluctuations du marché de l'immobilier ou des projets de construction aux alentours (autoroute par exemple).

- Le cours des actions et des obligations fluctue en fonction des marchés boursiers.
- Les stocks peuvent être endommagés ou démodés.
- Les créances clients peuvent s'avérer douteuses (difficultés financières du client ou litige).

En application du principe de prudence, les gains potentiels doivent être ignorés alors que les pertes éventuelles seront prises en compte par le biais d'une dotation aux dépréciations.

La dépréciation des immobilisations

En cas de perte de valeur d'une immobilisation non amortissable (un terrain par exemple), vous devrez diminuer sa valeur à l'actif : vous créditerez donc un compte de classe 2. Celui-ci sera construit en insérant un 9 en deuxième position dans le numéro de compte de l'immobilisation concernée. Ainsi, le compte « 211. Terrains » donnera « 2911. Dépréciations des terrains ». En contrepartie, vous débiterez un compte de charges « 6816. Dotation aux dépréciations des immobilisations » : la perte de valeur appauvrit l'entreprise et doit donc diminuer son résultat comptable.

Prenons l'exemple d'un commerce exercé dans un quartier qui se dégrade (problèmes d'insécurité, par exemple) : le fonds commercial, inscrit pour 100 000 € à l'actif, n'est plus estimé qu'à 80 000 € au moment de la clôture des comptes. Il faut alors constater une dépréciation de 20 000 € pour diminuer la valeur apparaissant à l'actif. L'écriture comptable est la suivante :

Numéro de compte		Intitulé	Débit	Crédit
681600		Dotation aux dépréciations des immos	20 000,00	
	290700	Dépréciation du fonds commercial		20 000,00

La dépréciation sera ensuite ajustée chaque année en fonction de l'évolution du risque de perte de valeur : si celui-ci augmente, une dotation supplémentaire sera comptabilisée. Si le risque diminue ou disparaît, on enregistrera une reprise sur dépréciations selon un schéma symétrique à celui étudié ci-dessus.

- Débit du compte 29 pour diminuer la dépréciation initialement comptabilisée au crédit
- Crédit du compte « 7816. Reprises sur dépréciations des immobilisations »

Si nous reprenons l'exemple précédent et que nous considérons que la valeur du fonds a encore chuté l'année suivante jusqu'à ne valoir plus que 70 000 €, il faudra alors comptabiliser une dotation complémentaire de 10 000 €. Celle-ci permettra de porter la dépréciation cumulée à 30 000 € et de faire apparaître une valeur nette de 70 000 € à l'actif pour le fonds commercial :

Numéro de compte		Intitulé	Débit	Crédit
681600		Dotation aux dépréciations des immos	10 000,00	
	290700	Dépréciation du fonds commercial		10 000,00

Si, quelques années plus tard, le quartier est réhabilité et que la valeur du fonds de commerce devient supérieure à son coût d'achat, la dépréciation devra être annulée par l'écriture suivante :

Numéro de compte		Intitulé	Débit	Crédit
290700		Dépréciation du fonds commercial	30 000,00	
	781600	Reprise sur dépréciations des immos		30 000,00

En application du principe de prudence, les gains latents ne doivent pas être comptabilisés. Ainsi, même si la valeur du fonds commercial devient supérieure à 100 000 €, l'écriture de reprise ne doit pas aller au-delà de l'annulation de la dépréciation précédemment comptabilisée.

Attention à ne pas confondre la dotation aux dépréciations et la dépréciation :

✔ La dotation aux dépréciations est un compte du compte de résultat (classe 6, charges) : elle reflète la perte de valeur du fonds commercial durant l'exercice comptable.

✔ La dépréciation est un compte du bilan : elle reflète la perte de valeur cumulée de l'immobilisation depuis son acquisition ; autrement dit, elle correspond à la somme des dotations, diminuée des éventuelles reprises.

La dépréciation des stocks

La comptabilisation de la perte de valeur d'un stock se fait selon un schéma similaire à celui étudié ci-dessus concernant les immobilisations :

✔ En cas d'apparition (ou d'augmentation) d'un risque de perte de valeur : débit du compte « 6817. Dotation aux dépréciations des actifs circulants » par le crédit d'un compte « 39. Dépréciation des stocks ».

✔ En cas de diminution (ou de disparition du risque) : débit d'un compte « 39. Dépréciation des stocks » par le crédit du compte « 7817. Reprises sur dépréciations des actifs circulants ».

Le risque de perte de valeur s'apprécie en comparant la valeur figurant à l'actif (coût d'achat pour les marchandises ou de production pour les produits finis) avec le prix de vente HT espéré.

Par exemple, dans un magasin de vêtements, un stock de 50 chemises figure à l'actif pour 8 € pièce. Elles sont habituellement vendues à 16 € TTC mais le gérant estime qu'il faudra les solder à – 60 %. La dépréciation sera calculée de la façon suivante :

- Remise estimée : 16 × 60 % = 9,60 €
- Prix de vente estimé : 16 – 9,60 = 6,40 € TTC
- Prix de vente HT estimé : 6,40/1,20 = 5,33 €
- Dépréciation à comptabiliser : 8 – 5,33 = 2,67 € par article, soit 133 € au total (il ne faut surtout pas déprécier le stock à 60 %)

L'écriture à enregistrer est la suivante :

Numéro de compte		Intitulé	Débit	Crédit
681700		Dotation aux dépréciations des actifs circ.	133	
	397000	Dépréciations des stocks de marchandises		133

La dépréciation des créances clients

Toutes les créances clients figurant à votre actif ne seront pas nécessairement encaissées : certaines peuvent faire l'objet d'un litige ou votre client peut connaître des difficultés de trésorerie. Dans ce cas, le risque de non-recouvrement devra être enregistré selon un schéma similaire à celui étudié précédemment :

- En cas d'apparition (ou d'augmentation) d'un risque d'impayé : débit du compte « 6817. Dotation aux dépréciations des actifs circulants » par le crédit du compte « 491. Dépréciation des comptes clients »

- En cas de diminution (ou de disparition) du risque : débit du compte « 491. Dépréciation des comptes clients » par le crédit du compte « 7817. Reprises sur dépréciations des actifs circulants »

Le risque de perte ne porte que sur le montant hors taxes car la TVA facturée sur les créances irrécouvrables peut être récupérée sous certaines conditions (notamment l'envoi d'une facture rectificative indiquant que la TVA ne peut plus être déduite par le client). Par ailleurs, les créances faisant l'objet d'une provision seront transférées (pour leur totalité) dans le compte « 416. Clients douteux ou litigieux » pour les distinguer des créances saines.

Par exemple, si vous estimez qu'une créance de 1 200 € ne sera pas encaissée (client en liquidation judiciaire), vous n'enregistrerez qu'une provision de 1 000 € correspondant au montant HT. Les écritures à enregistrer sont les suivantes :

Numéro de compte		Intitulé	Débit	Crédit
		Constitution de la dépréciation		
681700		Dotation aux dépréciations des actifs circ.	1 000,00	
	491000	Dépréciations des comptes clients		1 000,00
		Transfert en créances douteuses		
416000		Clients douteux ou litigieux	1 200,00	
	411000	Clients		1 200,00

Par la suite, si la perte devient certaine, il conviendra de sortir la créance de l'actif (crédit du compte 416) tout en constatant une charge (débit du compte « 654. Pertes sur créances irrécouvrables ») et en récupérant la TVA (débit du compte « 44571. TVA collectée »). La dépréciation, devenue sans objet, sera également annulée par une écriture de reprise.

Dans le cas où la créance évoquée ci-dessus s'avère définitivement irrécouvrable (vous avez reçu un avis du liquidateur, par exemple), vous enregistrerez les écritures suivantes :

Numéro de compte		Intitulé	Débit	Crédit
		Constatation de la perte		
654000		Pertes sur créances irrécouvrables	1 000,00	
445710		TVA collectée	200,00	
	416000	Clients douteux ou litigieux		1 200,00
		Reprise de la dépréciation		
491000		Dépréciations des comptes clients	1 000,00	
	781700	Reprises sur dépréciations des actifs circ.		1 000,00

Grâce à ce jeu d'écritures, l'impact sur le résultat aura été enregistré dès l'exercice où le risque est apparu. L'année où il devient certain, la reprise sur dépréciations enregistrée au compte 7817 compense la charge comptabilisée dans le compte 654.

Les provisions pour risques

Le principe de prudence impose d'anticiper tous les risques d'appauvrissement de l'entreprise. Nous venons d'étudier le cas où cet appauvrissement prenait la forme d'une perte de valeur d'un élément de l'actif: il nous reste à étudier celui où il résulte d'une augmentation du passif. C'est le cas, par exemple, lorsque l'entreprise est engagée dans un procès et risque d'être condamnée à verser des dommages et intérêts ou une amende. Elle doit alors comptabiliser une charge correspondant au montant estimé du risque sans attendre que la condamnation soit officielle: sanctions encourues mais aussi frais d'avocat.

Le schéma d'enregistrement ressemble à celui des dépréciations pour ce qui touche aux comptes de dotations et de reprises:

- ✔ Le compte « 6875. Dotations aux provisions exceptionnelles » est utilisé lors de l'apparition ou de l'augmentation du risque.
- ✔ Le compte « 7875. Reprises sur provisions exceptionnelles » est utilisé lors de la diminution ou de la disparition du risque.

Au bilan, la contrepartie est le compte « 151. Provisions pour risques » qui sera utilisé au crédit lors de la constitution de la provision et au débit lors de sa reprise.

Prenons l'exemple d'une entreprise assignée aux prud'hommes par un salarié qui conteste son licenciement. Celui-ci réclame 15 000 € d'indemnités mais l'avocat de l'entreprise estime que l'éventuelle condamnation ne devrait pas dépasser 5 000 € (frais juridiques inclus). Il convient alors de constituer une provision pour risques de la façon suivante:

Numéro de compte		Intitulé	Débit	Crédit
687500		Dotations aux provisions exceptionnelles	5 000,00	
	151000	Provisions pour risques		5 000,00

A la clôture de l'année suivante, le procès est toujours en cours mais, au vu du dossier, l'avocat estime maintenant que le risque s'élève à 8 000 €: la provision doit alors être augmentée de 3 000 € par l'écriture suivante:

Numéro de compte		Intitulé	Débit	Crédit
687500		Dotations aux provisions exceptionnelles	3 000,00	
	151000	Provisions pour risques		3 000,00

Finalement, l'entreprise est condamnée une année plus tard à verser 8 500 €. Ceux-ci sont enregistrés dans un compte de charges et la provision est reprise en totalité :

Numéro de compte		Intitulé	Débit	Crédit
670000		*Versement des indemnités* Charges exceptionnelles	8 500,00	
	512000	Banques		8 500,00
151000		*Reprise de la provision* Provisions pour risques	8 000,00	
	787500	Reprises sur provisions exceptionnelles		8 000,00

Ces écritures auront permis d'anticiper l'impact du litige sur le résultat de l'entreprise, sans attendre la condamnation définitive :

- Le résultat de la première année est amputé de 5 000 € (première estimation du risque).
- Le résultat de la deuxième année est amputé de 3 000 € (augmentation du risque).
- Le résultat de la troisième année est amputé de 500 € (condamnation définitive, en grande partie compensée par la reprise sur provisions).

Attention à ne pas confondre la dotation aux provisions et la provision :

- La dotation aux provisions est un compte du compte de résultat : elle reflète l'augmentation (ou l'apparition) du risque durant l'exercice comptable.
- La provision est un compte du bilan : elle reflète le montant du risque à la date de clôture des comptes. Elle correspond à la somme des dotations aux provisions comptabilisées depuis l'origine du litige, diminuée des éventuelles reprises.

L'ajustement des charges et des produits

Pour établir les comptes annuels, la comptabilité découpe la vie de votre entreprise en périodes de douze mois appelées exercices comptables. Mais, dans la réalité, votre activité ne se laisse pas tronçonner aussi facilement : certaines factures sont émises ou reçues alors que la prestation n'a pas été accomplie ou terminée, d'autres tardent au contraire à arriver. Sans parler des congés payés ou de certaines taxes qui sont calculées sur une période de référence totalement différente de votre année comptable…

Vous devrez donc ajuster vos charges et vos produits pour en retirer les éléments qui ne concernent pas l'exercice comptable (charges et produits constatés d'avance) et y rajouter les éléments manquants (charges à payer et produits à recevoir).

Les charges constatées d'avance

Certaines charges sont facturées à l'avance et vous avez sans doute enregistré quelques factures concernant partiellement ou en totalité l'exercice suivant. Si tel est le cas, vous devrez retirer des charges le montant ne correspondant pas à l'activité de l'exercice comptable et le porter dans un compte d'attente au bilan. Dans ce but, vous créditerez le compte de charges utilisé initialement pour enregistrer la facture par le débit du compte « 486. Charges constatées d'avance ». Aucune régularisation n'est nécessaire concernant la TVA.

Prenons l'exemple d'une facture de loyer de 3 000 € HT (3 600 € TTC), enregistrée dans le compte « 613. Locations ». Elle concerne les mois de décembre, janvier et février. Si votre exercice comptable s'achève au 31 décembre, vous ne devez garder en charges de l'exercice que les 1 000 € correspondant au mois de décembre : la partie relative aux mois de janvier et de février doit être transférée en charges constatées d'avance grâce à l'écriture suivante :

Numéro de compte		Intitulé	Débit	Crédit
486000		Charges constatées d'avance	2 000,00	
	613000	Locations		2 000,00

Les critères de rattachement d'une facture à un exercice comptable sont les suivants :

- Date de livraison pour un achat de matières premières ou de marchandises
- Période de location pour un loyer
- Période de couverture pour une prime d'assurance
- Date de réalisation de l'étude ou de la consultation pour des honoraires d'experts
- Date de la formation pour des frais de formation
- Date du voyage pour des frais de transport
- Etc.

Au début de l'exercice suivant, cette écriture sera *contrepassée*, c'est-à-dire enregistrée à l'envers, afin de solder le compte d'attente et de débiter le compte de charges. Cette écriture permettra ainsi de faire apparaître une charge sur l'exercice suivant pour le montant relatif à son activité.

Les produits constatés d'avance

Si c'est vous qui anticipez la facturation de vos prestations, vous devrez également ajuster vos produits selon un schéma comptable symétrique à celui étudié ci-dessus. Vous débiterez le compte de produit initialement utilisé par le crédit d'un compte d'attente « 487. Produits constatés d'avance ». Ici non plus, il n'est pas nécessaire de régulariser la TVA.

Si, par exemple, vous avez facturé une vente de marchandises le 30 décembre pour 1 000 € HT (1 200 € TTC) mais que, en raison de problèmes logistiques, vous n'avez pu effectuer la livraison que le 2 janvier de l'exercice suivant, vous devrez comptabiliser l'écriture suivante :

Numéro de compte		Intitulé	Débit	Crédit
707000		Ventes de marchandises	1 000,00	
	487000	Produits constatés d'avance		1 000,00

De même que pour les charges constatées d'avance, cette écriture devra être *contrepassée* au début de l'exercice suivant, afin de solder le compte d'attente et de créditer le compte de produits.

Les charges à payer

Si certains fournisseurs vous envoient leur facture à l'avance, d'autres tardent heureusement à vous la faire parvenir ! Dans le cas où la dépense concerne l'exercice que vous êtes en train de clôturer, vous devrez la prendre en compte dans votre compte de résultat même si vous n'avez pas encore reçu de facture. Le principe est identique pour les intérêts courus sur vos emprunts bancaires, pour les congés payés de vos salariés et pour certains impôts et taxes.

Les factures non parvenues

Au moment de la clôture de vos comptes, vous recenserez les prestations et les livraisons relatives à l'exercice écoulé pour lesquelles vous n'avez pas encore reçu de facture. Cette tâche sera facilitée si vous avez pris soin de conserver les bons de commande (ou les bons de réception pour les achats de matières et de marchandises) et de les rapprocher des factures au fur et à mesure de leur réception. Les montants ainsi identifiés devront être intégrés à votre comptabilité de la façon suivante :

Chapitre 14 : Les écritures d'inventaire

- Débit du compte de charges correspondant à la nature de la dépense pour le montant HT estimé (c'est le même compte qui sera utilisé lorsque vous recevrez la facture)
- Débit du compte « 44586. TVA sur factures non parvenues » pour la TVA correspondante.
- Crédit du compte « 408. Fournisseurs - Factures non parvenues » pour le TTC

Ainsi, si vous avez fait paraître un encart publicitaire dans un journal distribué au mois de décembre mais que vous n'avez pas reçu la facture correspondante, vous enregistrerez l'écriture suivante (sur la base d'un tarif négocié de 150 € HT) :

Numéro de compte		Intitulé	Débit	Crédit
623000		Publicité	150,00	
445860		TVA sur factures non parvenues	30,00	
	408000	Fournisseurs - Factures non parvenues		180,00

De même que pour les charges constatées d'avance, cette écriture devra être contrepassée au début de l'exercice suivant afin de solder le compte d'attente et de créditer le compte de charges. Cette écriture permettra ainsi de neutraliser la charge qui sera comptabilisée lors de la réception de la facture. En effet, celle-ci ayant déjà été prise en compte dans le compte de résultat de l'exercice clôturé, il ne faut pas qu'elle apparaisse de nouveau dans celui de l'exercice suivant.

Écritures de l'exercice suivant :

Numéro de compte		Intitulé	Débit	Crédit
		Contrepassation de la charge à payer		
408000		Fournisseurs - Factures non parvenues	180,00	
	623000	Publicité		150,00
	445860	TVA sur factures non parvenues		30,00
		Réception de la facture		
623000		Publicité	150,00	
445660		TVA déductible	30,00	
	401000	Fournisseurs		180,00

Vous remarquerez que la même somme est inscrite au débit et au crédit du compte « 623. Publicité » : ces deux enregistrements s'annulent mutuellement.

Les avoirs à recevoir

Si vous attendez des avoirs de vos fournisseurs pour des motifs liés à l'activité de l'année écoulée (retour de produits effectué avant la clôture, remise de fin d'année sur les achats de l'exercice écoulé…), vous enregistrerez ceux-ci selon un schéma symétrique à celui des factures non parvenues :

- ✔ Débit du compte « 4098. Fournisseurs – Avoirs à recevoir » pour le montant TTC
- ✔ Crédit du compte « 609. Rabais, remises et ristournes » pour le montant HT
- ✔ Crédit du compte « 44586. TVA sur factures non parvenues » pour la TVA

Les intérêts courus non échus

Selon un raisonnement similaire à celui exposé ci-dessus, vous devrez également estimer et comptabiliser les intérêts courus mais non encore payés sur vos emprunts et votre éventuel découvert. Vous enregistrerez la somme estimée au débit du compte « 661. Charges d'intérêts » par le crédit du compte « 1688. Intérêts courus » (emprunts à plus d'un an) ou « 5181. Intérêts courus à payer » (emprunts à moins d'un an et découverts bancaires).

Les congés payés acquis

La loi reconnaît à tout salarié le droit à des congés payés à la charge de l'employeur. Ceux-ci sont acquis sur une période qui va du 1er juin de chaque année au 30 mai de l'année suivante, mais ils ne peuvent pas être pris immédiatement (en principe, leur utilisation n'est possible qu'à partir du 1er mai). Ainsi, au moment de la clôture de vos comptes, vos salariés ont acquis des droits à congés payés qui seront utilisés sur l'exercice suivant mais qui doivent être intégrés dans vos charges de l'exercice, ainsi que les cotisations sociales y afférant.

La valorisation de ces droits pourra être effectuée de façon précise, salarié par salarié, ou de façon forfaitaire. Dans ce cas, le montant à comptabiliser sera obtenu grâce à la formule suivante :

Congés payés à provisionner = Masse salariale mensuelle × nombre de mois écoulés entre le 1er juin et la clôture/10

Dans cette formule, la masse salariale mensuelle correspond aux salaires bruts hors primes. Un calcul identique sera pratiqué sur les cotisations sociales patronales. Les montants ainsi obtenus seront comptabilisés de la façon suivante :

- ✔ Pour la partie correspondant au salaire brut : débit du compte « 641. Rémunérations du personnel » par le crédit du compte « 428. Personnel – Charges à payer »
- ✔ Pour la partie correspondant aux cotisations patronales : débit du compte « 645. Charges de Sécurité sociale » par le crédit du compte « 438. Organismes sociaux – Charges à payer »

 Prenons l'exemple d'une entreprise qui clôture ses comptes au 31 décembre. Ses charges de personnel annuelles s'élèvent à 182 000 € : elles comprennent un 13e mois et se décomposent comme suit :

- Salaires bruts : 130 000 €
- Cotisations patronales : 52 000 €

Les droits à congés payés pourront être estimés de la façon suivante :

- Pour les salaires bruts : 130 000/13 × 7/10 = 7 000 €
- Pour les cotisations patronales : 52 000/13 × 7/10 = 2 800 €

Ils seront comptabilisés comme suit :

Numéro de compte		Intitulé	Débit	Crédit
641000		Rémunérations du personnel	7 000,00	
645000		Charges de sécurité sociale	2 800,00	
	428000	Personnel – Charges à payer		7 000,00
	438000	Organismes sociaux – Charges à payer		2 800,00

Les impôts et taxes

La plupart des impôts et taxes relatifs à l'exercice comptable sont mis en recouvrement avec un décalage de quelques mois. Il faudra alors estimer le montant restant à payer au moment de la clôture des comptes et l'enregistrer au débit du compte « 63. Impôts, taxes et versements assimilés » par le crédit du compte « 448. État – Charges à payer ».

Les entreprises soumises à l'impôt sur les sociétés devront également calculer le montant dû au titre de l'exercice écoulé et comptabiliser celui-ci au débit du compte « 695. Impôts sur les bénéfices » par le crédit du compte « 444. État – Impôt sur les bénéfices ». Durant l'année, ce compte avait déjà été débité du montant des acomptes versés (voir chapitre 10) : son solde reflète à présent le montant restant à payer.

Rappelons à cette occasion que l'impôt sur le revenu concerne le patrimoine privé de l'entrepreneur et ne doit pas être enregistré dans la comptabilité de son entreprise.

Les produits à recevoir

Les produits à recevoir sont le symétrique des charges à payer. Il s'agit de produits relatifs à l'exercice clôturé mais qui n'ont pas encore été comptabilisés faute de pièce justificative : prestation ou livraison réalisée mais non encore facturée, subvention acquise mais non encore reçue, etc.

Les factures à établir

Le schéma de comptabilisation des factures à établir ressemble à celui des factures non parvenues mais de façon inversée :

- Crédit du compte de produits correspondant à la nature de la recette pour le montant HT estimé (c'est le même compte qui sera utilisé lorsque vous émettrez la facture)
- Crédit du compte « 44587. TVA sur factures à établir » pour la TVA correspondante.
- Débit du compte « 418. Clients – Factures à établir » pour le TTC

Par exemple, si vous avez effectué une prestation de services vers la fin du mois de décembre mais que vous n'avez pas encore établi votre facture, vous estimerez le montant à facturer (dans notre exemple, deux journées de travail à 500 € la journée, soit 1 000 € HT) et vous le comptabiliserez de la façon suivante :

Numéro de compte		Intitulé	Débit	Crédit
418000		Clients - Factures à établir	1 200,00	
	706000	Prestations de services		1 000,00
	445870	TVA sur factures à établir		200,00

De même que pour les charges constatées d'avance, cette écriture devra être contrepassée au début de l'exercice suivant, ce qui permettra de neutraliser le produit enregistré au moment de l'émission de la facture.

Les avoirs à établir

Les avoirs à établir s'enregistrent de façon symétrique par rapport aux factures à émettre :

- Débit du compte « 709. Rabais, remises et ristournes » pour le montant HT
- Débit du compte « 44587. TVA sur factures à établir » pour la TVA
- Crédit du compte « 4198. Clients – Avoirs à établir » pour le montant TTC

Ils correspondent à des évènements survenus durant l'exercice écoulé :

- Retour de produits effectué avant la clôture
- Correction d'une erreur sur une facture émise avant la clôture
- Remise de fin d'année accordée sur les ventes de l'exercice écoulé
- Etc.

Les autres produits à recevoir

Vous pourrez construire de la même façon les écritures correspondant aux autres produits à recevoir :

- Pour une subvention d'exploitation à recevoir : débit du compte « 441. État – Subventions à recevoir » et crédit du compte « 74. Subventions d'exploitation »

- Pour des produits financiers à recevoir sur des placements à court terme : débit du compte « 5188. Intérêts courus à recevoir » par le crédit du compte « 764. Revenus des valeurs mobilières de placement »

- Pour des produits financiers à recevoir sur des placements à long terme : débit du compte « 2768. Intérêts courus » par le crédit du compte « 762. Revenus des autres immobilisations financières »

Chapitre 15
La cosmétique comptable

Dans ce chapitre :
- Les astuces pour piloter son résultat comptable
- Les différents modes d'amortissement
- Les différentes façons de valoriser les stocks
- Les charges activables

Dans le chapitre précédent, nous vous avons indiqué qu'il était possible d'agir sur votre résultat comptable et vous brûlez certainement d'envie de savoir comment : si vous souhaitez faire bonne figure devant votre banquier ou, au contraire, réduire votre base taxable, ce chapitre est fait pour vous.

Toutefois, ne rêvez pas : il ne s'agit pas d'accomplir des miracles en faisant passer une entreprise au bord du gouffre pour une affaire reluisante. Ceux qui l'ont tenté ont enfreint la loi et se trouvent à présent en mauvaise posture (scandales Enron, World Com, etc.). Les astuces que nous allons vous exposer sont tout à fait légales et vous permettront d'alléger un peu vos charges ou, au contraire, de les alourdir en fonction de vos besoins : il ne s'agit que de cosmétique et non pas de chirurgie plastique…

Sachez enfin que votre liberté est encadrée par le principe de permanence des méthodes : une fois que vous aurez choisi entre les différentes options comptables autorisées, vous devrez en principe conserver les mêmes règles pour les exercices suivants.

L'évaluation des provisions et des dépréciations

Les provisions et les dépréciations sont destinées à couvrir les risques d'appauvrissement de l'entreprise mais leur appréciation est hautement subjective. Selon votre tempérament et vos objectifs, vous aurez tendance à vous montrer plus ou moins pessimiste : en exagérant à peine, les difficultés de trésorerie d'un client peuvent être analysées comme une gêne passagère liée à la saisonnalité de son activité ou comme le signe avant-coureur d'un dépôt de bilan imminent…

Si vous évaluez ces risques avec une prudence extrême, vous dégraderez le résultat comptable de l'exercice clôturé, ce qui vous permettra de réduire quelque peu votre base taxable et de vous constituer un matelas de sécurité pour les exercices ultérieurs.

Ce n'est pas parce que vous disposez d'une marge d'appréciation que vous pouvez faire n'importe quoi : par exemple, vous n'avez pas le droit de déprécier intégralement une créance au seul motif que le client a quelques jours de retard dans son règlement. Inversement, vous ne pourrez pas éviter de déprécier une créance sur un client en redressement judiciaire. Vous devez donc vous baser sur l'existence d'un risque avéré (échange de courriers, avis d'un avocat ou d'un organisme financier…) et non pas sur de simples présomptions.

Dans le cadre de sa convergence vers les normes comptables internationales, le PCG a rendu plus strictes les conditions de constatation d'une provision pour risques : dorénavant, celle-ci ne peut être constituée que si un engagement existe à la clôture de l'exercice, le doute ne substituant que sur le montant ou l'échéance : par exemple, le coût d'un licenciement ne peut être provisionné que si celui-ci a été notifié au salarié avant la date de clôture. Cet engagement peut n'être qu'implicite : par exemple, le versement régulier de primes au personnel ou des engagements de services après-vente aux clients non contractuels mais positionnés dans l'image de marque de l'entreprise.

En résumé, vous pourrez notamment constituer une provision ou une dépréciation dans les cas suivants :

- Placements financiers dont le cours de Bourse a chuté en dessous du prix d'acquisition
- Licence ou brevet figurant à l'actif dont l'exploitation connaît des difficultés imprévues
- Stocks détériorés ou démodés (dans la mesure où le prix de vente HT estimé est inférieur à la valeur figurant à l'actif)
- Créances sur une société connaissant de sérieuses difficultés financières (uniquement pour le montant HT)
- Créances faisant l'objet d'un litige sérieux (uniquement pour le montant HT)
- Coût d'un procès en cours (frais juridiques et condamnation éventuelle)
- Travaux importants à réaliser (réfection d'une toiture, par exemple), la constitution de la provision devant être étalée sur les années restant à courir avant la réalisation des travaux

Le choix d'un plan d'amortissement

Lorsque vous établissez le plan d'amortissement d'une immobilisation, vous devez estimer sa durée de vie prévisionnelle. Les durées fournies par l'administration fiscale ne sont qu'indicatives et vous devez tenir compte de vos conditions réelles d'exploitation : une machine utilisée huit heures par jour durera sans doute plus que celle qui fonctionne seize ou vingt-quatre heures. Ici encore, l'appréciation comprend une part de subjectivité :

- Plus la durée d'amortissement retenue sera courte et plus les dotations à comptabiliser seront élevées et pèseront sur votre résultat.
- Plus la durée d'amortissement retenue sera longue et plus les dotations à comptabiliser seront faibles et auront un impact modéré sur votre résultat.

Vous avez également le choix entre différents modes d'amortissement. Nous avons évoqué l'amortissement linéaire dans le chapitre précédent mais vous pouvez également pratiquer un *amortissement dégressif* ou un *amortissement variable*.

L'amortissement dégressif

Contrairement à l'amortissement linéaire qui répartit de façon égale la charge d'amortissement sur toute la durée de vie de l'immobilisation, l'amortissement dégressif consiste à amortir les immobilisations plus fortement au début de leur utilisation et plus légèrement par la suite.

À titre d'exemple, nous vous présentons ci-dessous la comparaison entre le plan d'amortissement dégressif et linéaire d'une machine de 9 000 €, mise en service au 1er janvier 2013 et prévue pour être utilisée pendant cinq ans.

Tableau 15-1 : Comparaison d'un plan d'amortissement linéaire et dégressif

	Amortissement linéaire		*Amortissement dégressif*	
Exercice	Dotation aux amortissements	Amortissement cumulé	Dotation aux amortissements	Amortissement cumulé
2013	1 800,00 €	1 800,00 €	3 150,00 €	3 150,00 €
2014	1 800,00 €	3 600,00 €	2 047,50 €	5 197,50 €
2015	1 800,00 €	5 400,00 €	1 330,88 €	6 528,38 €
2016	1 800,00 €	7 200,00 €	1 235,81 €	7 764,19 €
2017	1 800,00 €	9 000,00 €	1 235,81 €	9 000,00 €

Vous remarquerez que seule la répartition temporelle de l'amortissement diffère entre ces deux techniques : à la fin de la cinquième année, l'immobilisation est totalement amortie dans les deux cas.

Le taux d'amortissement dégressif est calculé à partir du taux d'amortissement linéaire auquel on applique un coefficient, variable en fonction de la durée d'amortissement :

- 1,25 si la durée d'amortissement est de trois ou quatre ans (l'amortissement dégressif n'est pas autorisé lorsque la durée d'amortissement est inférieure à trois ans)
- 1,75 si la durée d'amortissement est de cinq ou six ans
- 2,25 si la durée d'amortissement est supérieure ou égale à sept ans

Ainsi, dans l'exemple précédent, un amortissement sur cinq ans correspond à un taux linéaire de 20 % (100/5), ce qui donne un taux dégressif de 35 % (20 % × 1,75). La dotation de la première année est calculée comme suit : 9 000 € × 35 % = 3 150 € (contre 1 800 € selon le mode linéaire).

Pour les années suivantes, ce taux est appliqué à la valeur nette comptable de l'immobilisation. Ainsi, à l'issue du premier exercice, la valeur nette comptable de la machine est de 5 850 € (9 000 – 3 150) : la dotation de la seconde année s'élève à 5 850 × 35 % = 2 047,50 €. En appliquant cette règle, vous pouvez retrouver par vous-même la façon dont la dotation de la troisième année a été calculée. Allez, un petit effort…

En théorie, ce type de calcul pourrait ne jamais s'arrêter car il existe toujours une valeur résiduelle. Aussi, pour respecter la durée d'amortissement, reviendrez-vous au mode linéaire pour les dotations des deux derniers exercices (des trois derniers exercices si la durée d'amortissement est supérieure ou égale à six ans). Dans notre exemple, la valeur nette restant à amortir au bout de trois ans s'élève à 2 471,62 € : on comptabilisera donc une dotation de 2 471,62/2 = 1 235,81 € sur le quatrième et le cinquième exercice.

L'amortissement dégressif est très avantageux d'un point de vue fiscal car il permet de diminuer fortement la base taxable des premières années d'amortissement. Certes, il ne s'agit que de décaler la charge d'impôt dans le temps et non pas de la réduire définitivement, mais c'est toujours cela de pris !

Par ailleurs, l'administration fiscale a restreint les possibilités d'application de l'amortissement dégressif. Il est ainsi réservé au matériel industriel ou de bureau, acquis neuf et d'une durée d'utilisation au moins égale à trois ans. Il n'est donc pas possible d'amortir en dégressif des véhicules ou des bâtiments et des agencements intérieurs (à l'exception des investissements hôteliers).

L'amortissement variable

L'amortissement variable consiste à amortir une immobilisation en fonction de sa consommation réelle. Ainsi, si votre équipement connaît une montée en puissance progressive, la dotation aux amortissements sera faible sur les premiers exercices et plus élevée par la suite (au contraire de l'amortissement dégressif). Ce mode d'amortissement peut, en principe, s'appliquer à toutes les immobilisations amortissables, à condition de disposer d'une mesure fiable de leur consommation prévisionnelle. Dans la réalité, il sera surtout utilisé pour du matériel industriel que l'on amortira en fonction du nombre d'heures d'utilisation ou du nombre de pièces usinées.

La dotation de chaque année sera calculée de la façon suivante :

Dotation de l'exercice = Valeur brute × Nombre d'unités consommées durant l'exercice/Nombre d'unités à consommer sur la durée de vie totale de l'immobilisation

Reprenons l'exemple de la machine de 9 000 € mise en service au 1er janvier 2013 et supposons qu'elle soit prévue pour fabriquer 100 000 pièces sur sa durée de vie. Le plan d'amortissement sera le suivant :

Tableau 15-2 : Exemple de plan d'amortissement variable

Exercice	Nombre de pièces fabriquées	Dotation aux amortissements de l'exercice	Amortissement cumulé
2013	12 000	1 080 = 9 000 × 12 000/100 000	1 080
2014	18 000	1 620 = 9 000 × 18 000/100 000	2 700
2015	22 000	1 980 = 9 000 × 22 000/100 000	4 680
2016	25 000	2 250 = 9 000 × 25 000/100 000	6 930
2017	23 000	2 070 = 9 000 × 23 000/100 000	9 000

L'amortissement variable peut s'avérer intéressant en début d'activité car il permet de ne pas grever trop lourdement les résultats de vos premiers exercices et de présenter ainsi un dossier honorable aux éventuels apporteurs de capitaux.

La valorisation des stocks

Les règles de valorisation des stocks semblent claires à première lecture : coût d'achat pour les matières premières et les marchandises, et coût de production pour les produits finis. Si ce coût reste stable tout au long de l'exercice comptable, la valorisation des stocks n'offre pas une grande marge de manœuvre. En revanche, si le cours est fluctuant, la méthode de valorisation retenue peut avoir un impact sur le résultat de l'exercice.

En France, deux méthodes sont autorisées :

- **La méthode du « premier entré – premier sorti » (PEPS)** qui consiste à considérer que le stock est constitué des derniers articles achetés : il est donc valorisé au dernier cours connu.
- **La méthode du coût moyen unitaire pondéré (CMUP)** qui ne tient pas compte de l'ordre des entrées et sorties de stock mais valorise le stock final au cours moyen des achats de l'exercice.

Le choix d'une méthode de calcul joue sur le résultat comptable car la valeur du stock de clôture est retirée des charges pour être transférée à l'actif : plus la valorisation du stock est élevée, plus les charges sont diminuées et plus le résultat comptable est élevé. En période d'augmentation des cours, le résultat comptable est supérieur avec la méthode du PEPS qu'avec celle du CMUP, alors que, en période de baisse des cours, c'est le contraire : le résultat comptable est supérieur avec la méthode du CMUP qu'avec celle du PEPS. Cette liberté de choix ne s'applique que la première année : par la suite, vous devrez conserver la même méthode de valorisation d'un exercice sur l'autre.

Prenons l'exemple d'un restaurateur : il a démarré son activité au mois d'avril et, en fin d'année, son stock de vin s'élève à 300 bouteilles (par simplification, nous considérerons qu'il n'existe qu'une seule référence). Durant l'année, il a acheté 6 000 bouteilles pour un coût d'achat de 48 000 €. La dernière facture date du mois de décembre et porte sur 600 bouteilles à 7 € pièce. Selon la méthode retenue, la valeur du stock de fin d'année sera la suivante :

- Méthode du PEPS : les 300 bouteilles en stock sont considérées provenir de la livraison de décembre et sont valorisées à 2 100 € (300 × 7 €)
- Méthode du CMUP : le coût moyen des achats est de 8 € (48 000/6 000), ce qui entraîne une valorisation du stock final à 2 400 € (300 × 8 €)

Le résultat comptable sera supérieur de 300 € avec la méthode du CMUP qu'avec celle du PEPS.

Les charges activables

La distinction entre les charges et les immobilisations n'est pas toujours aisée et certaines dépenses peuvent être, au choix, comptabilisées en charges ou portées à l'actif du bilan. Dans le premier cas, leur impact sur le résultat de l'exercice est immédiat, alors que, dans le second, il sera étalé sur plusieurs années.

Nous avons vu dans le chapitre 12 que les immobilisations de faible valeur unitaire (moins de 500 € HT) pouvaient être comptabilisées en charges de l'exercice. Inversement, certaines dépenses ont la nature de charges (elles sont consommées) mais peuvent être inscrites à l'actif car elles sont destinées à procurer des avantages à l'entreprise durant plusieurs années. Sont ainsi principalement concernés les frais de constitution ou de premier établissement et les frais de recherche et de développement.

Dans un souci de rapprochement entre les normes françaises et les normes internationales, les notions de charges différées et de charges à étaler ont été supprimées depuis l'année 2005. Les dépenses qui pouvaient précédemment être enregistrées dans ces rubriques doivent à présent être comptabilisées en charges.

Les frais d'établissement

Les frais engagés à l'occasion de la constitution d'une société ou de l'ouverture d'un établissement peuvent, au choix, être comptabilisés en charges ou en immobilisations :

- Dans le premier cas, ils sont imputés intégralement sur le résultat de l'exercice durant lequel l'opération a eu lieu.
- Dans le second cas, leur impact sera étalé sur une durée maximale de cinq ans par le biais d'une écriture d'amortissement.

Sont ainsi concernés :

- Pour la constitution d'une société : les droits d'enregistrement, les frais liés aux formalités légales, les honoraires de conseils relatifs à la création de la société…
- Pour l'ouverture d'un établissement : les frais de prospection et de publicité.

Si vous choisissez de porter ces frais à l'actif, vous les enregistrerez au débit du compte « 201. Frais d'établissement ». L'amortissement sera, quant à lui, comptabilisé de façon classique, c'est-à-dire au crédit du compte « 2801. Amortissement des frais d'établissement » par le débit du compte « 6811. Dotations aux amortissements sur immobilisations ».

Les frais de développement

Les dépenses que vous engagez dans le cadre d'une activité de recherche et développement sont en principe des charges : les salaires des chercheurs, le coût du matériel ou des matières utilisées sont des dépenses définitivement consommées. Toutefois, cette consommation aura des répercussions positives sur les résultats des années à venir ; c'est pourquoi il est possible, sous certaines conditions, de les enregistrer en immobilisations (compte « 203. Frais de recherche et de développement ») et d'étaler leur impact sur plusieurs exercices.

Les débouchés de la recherche fondamentale étant trop aléatoires, seuls les frais de développement sont concernés par cette mesure : réalisation de prototypes, tests de préproduction, etc. Pour en bénéficier, vous devez également être en mesure de prouver la faisabilité du développement et l'existence d'avantages économiques futurs.

Les frais ainsi immobilisés devront ensuite être amortis sur une durée maximale de cinq ans. En cas d'échec du projet, ils feront immédiatement l'objet d'un amortissement exceptionnel.

Chapitre 16
La révision comptable

Dans ce chapitre :
- Le contrôle de la trésorerie
- L'analyse des comptes clients et fournisseurs
- La vérification de la balance comptable

Les écritures d'inventaire ont été comptabilisées et vous êtes prêt à vous lancer dans l'élaboration de vos comptes annuels ? Un peu de patience… Il vous faut encore vérifier vos soldes comptables avant de les utiliser comme point de départ de la construction de votre bilan et de votre compte de résultat. Cette vérification porte le nom de *révision comptable*. Elle doit être accomplie au moins une fois par an au moment de la clôture des comptes mais certains contrôles peuvent être réalisés plus fréquemment afin d'alléger les travaux de fin d'année et de fiabiliser certaines informations importantes. Ainsi, le rapprochement de banque devra être effectué chaque mois et les comptes clients et fournisseurs seront analysés au moins une fois par trimestre. Quant à la caisse, elle devra être contrôlée quotidiennement si vous tenez un commerce de vente au détail, ne serait-ce que pour détecter d'éventuels détournements.

La révision comptable est indispensable car même les comptables les plus chevronnés peuvent commettre des erreurs : utilisation d'un mauvais numéro de compte, omission d'une facture ou d'un règlement, inversion de chiffres lors de la saisie, etc. Mais rassurez-vous : la plupart de ces erreurs seront décelées grâce aux quelques contrôles que nous allons vous présenter ci après.

Nous vous conseillons de réaliser vos vérifications dans le même ordre que celui adopté pour ce chapitre car une même erreur peut avoir des répercussions sur deux comptes différents (c'est d'ailleurs la base même du principe de la partie double). Par exemple, si vous avez oublié de comptabiliser un règlement client, vous vous en apercevrez en établissant votre rapprochement de banque et vous corrigerez non seulement le solde du compte « 512. Banques » mais aussi celui du compte « 411. Clients ». Mieux vaut vous en apercevoir avant d'avoir édité et analysé votre balance auxiliaire clients !

Le travail de vérification que vous allez accomplir vous permettra de fiabiliser votre comptabilité mais aussi de justifier le contenu des soldes qui formeront vos comptes annuels. Cette information vous sera très utile par la suite pour répondre aux questions de votre expert-comptable ou d'un contrôleur fiscal. Ces questions pouvant survenir longtemps après la clôture, nous vous recommandons de conserver des traces écrites de vos contrôles et de vos explications que vous rassemblerez dans un classeur dédié à la révision des comptes de l'exercice clôturé. Celui-ci contiendra la version définitive de vos comptes et de votre balance, ainsi que vos documents de contrôle classés dans l'ordre des numéros de compte.

Le contrôle des comptes du bilan

Les comptes de bilan sont les plus faciles à contrôler car ils correspondent à des éléments précis de votre patrimoine. Vous devrez non seulement vérifier leur existence mais aussi leur valorisation. Nous commencerons par examiner les comptes d'attente, puis les comptes de trésorerie, suivis des comptes clients et fournisseurs et enfin les autres comptes de classe 1 à 4.

En cas de différence entre le solde comptable réel d'un compte et le montant réellement justifié, vous devrez rechercher la source de l'écart et la corriger. Voici quelques astuces pour vous y aider :

- Si le montant de l'écart n'évoque rien pour vous, essayez de le diviser par deux : si le chiffre ainsi obtenu vous parle plus, c'est qu'une écriture de ce montant a été comptabilisée à l'envers (inversion débit-crédit).
- Vérifiez également si l'écart en question est un multiple de neuf, signe extérieur d'une probable inversion de chiffres lors de la saisie.

Les comptes d'attente

Le compte « 47. Comptes transitoires ou d'attente » et ses subdivisions sont utilisés en cours d'année pour enregistrer les sommes que vous ne savez pas imputer (facture mal identifiée, écart inexpliqué, etc.). Il est ensuite soldé au fur et à mesure que vous obtenez les informations nécessaires à leur comptabilisation correcte. En fin d'année, son solde doit impérativement être nul : si ce n'est pas le cas, éditez le grand-livre de ce compte et pointez les écritures qui s'annulent pour trouver par différence la cause de votre écart. Sinon, attendez un peu : avec de la chance, l'explication apparaîtra d'elle-même quand vous réaliserez la révision des autres soldes du bilan…

Chapitre 16 : La révision comptable

Si, malgré tous vos efforts, vous ne parvenez pas à identifier la source de l'écart (et à condition que celui-ci ne soit pas trop important), vous pouvez le passer en pertes et profits en utilisant les comptes suivants :

- « 758. Produits divers de gestion courante » si le solde est créditeur.
- « 658. Charges diverses de gestion courante » si le solde est débiteur.

Le compte « 47. Comptes transitoires ou d'attente » est parfois utilisé par les logiciels comptables pour enregistrer les anomalies qui risqueraient autrement de bloquer les traitements comptables : problèmes de centralisation, de lettrage, etc. Même si vous n'avez pas utilisé vous-même ce compte, mieux vaut vérifier que votre logiciel ne l'a pas fait à votre insu.

Le contrôle des comptes de trésorerie

Les comptes de trésorerie appartiennent à la classe 5 et comprennent notamment :

- Les valeurs mobilières de placement
- Les comptes bancaires (comptes courants ou à terme et livrets)
- La caisse
- Les virements internes

Les valeurs mobilières de placement

Le solde du compte « 50. Valeurs mobilières de placement » doit correspondre aux titres détenus par l'entreprise à la date de clôture des comptes, ceux-ci étant valorisés à leur coût d'acquisition. Si ce n'est pas le cas, vous étudierez les mouvements enregistrés dans ce compte en recherchant d'éventuelles erreurs : inversion de chiffres, confusion débit-crédit, etc. Vous vérifierez en particulier que les cessions de titres apparaissent bien au prix d'achat et non pas au prix de vente (voir chapitre 13 pour l'enregistrement des cessions).

L'existence de ces titres sera attestée par le relevé de portefeuille envoyé par la banque. Vous vérifierez également le cours de clôture apparaissant sur ce document : si celui-ci est inférieur au coût d'achat, vous devez comptabiliser une dépréciation (débit du compte « 686. Dotation aux dépréciations – Charges financières » par le crédit du compte « 59. Dépréciation des comptes financiers »).

Les comptes bancaires

Le solde du compte bancaire est justifié par le rapprochement de banque que vous avez établi : vous en conserverez donc une copie dans le dossier de révision. Si vous êtes à découvert, vous devrez estimer les agios à payer et comptabiliser la charge correspondante (voir chapitre 14 pour l'écriture de charges à payer). De la même façon, vous estimerez les intérêts à recevoir sur vos comptes bloqués et vos livrets et vous les enregistrerez en produits à recevoir.

La caisse

Le contenu de la caisse doit faire l'objet d'un inventaire le jour de la clôture, le résultat de ce comptage étant inscrit de façon détaillée sur une feuille qui sera soigneusement rangée dans le dossier de révision : pièces et billets détenus, chèques restant à encaisser. La somme ainsi comptée doit correspondre au solde du compte « 53. Caisse » pour les pièces et les billets et « 5112. Chèques à encaisser » pour les chèques à encaisser.

Les éventuels écarts peuvent provenir d'une erreur ou d'une omission dans l'enregistrement d'une écriture et sont généralement assez difficiles à retrouver (sauf dans le cas évident d'une inversion débit-crédit). Aussi, nous vous conseillons de ne pas laisser les erreurs s'accumuler et de contrôler régulièrement le solde de la caisse : le montant de l'écart évoquera sans doute quelque chose pour vous s'il correspond à une dépense datant de quelques jours.

Si, malgré tous vos efforts, vous n'arriviez pas à retrouver l'origine de votre écart, il ne vous reste alors plus qu'à le passer en pertes et profits en utilisant les comptes suivants :

- Crédit du compte « 758. Produits divers de gestion courante » si le solde comptable est inférieur au montant réel.
- Débit du compte « 658. Charges diverses de gestion courante » si le solde comptable est supérieur au montant réel.

Le compte de virements internes

Le compte « 58. Virements internes » sert à enregistrer les mouvements de fonds entre la banque et la caisse ou entre deux comptes bancaires lorsque des contraintes techniques empêchent d'utiliser les deux comptes concernés par l'opération au sein d'une même écriture.

Prenons l'exemple d'une remise d'espèces sur le compte bancaire : elle s'enregistre en principe au débit du compte « 512. Banques » par le crédit du « 53. Caisse ». Une telle écriture est impossible à comptabiliser si votre logiciel ne permet l'accès au compte banque qu'à partir du journal de banque et au compte caisse qu'à partir du journal de caisse : vous ne pouvez pas saisir la même écriture dans deux journaux à la fois, ni enregistrer une moitié d'écriture dans chaque journal. La solution consiste à passer deux écritures :

- Dans le journal de banque : débit du compte « 512. Banques » et crédit du « 58. Virements internes »
- Dans le journal de caisse : débit du compte « 58. Virements internes » et crédit du « 53. Caisse »

À l'issue de ces écritures, les sommes inscrites au débit et au crédit du compte « 58. Virements internes » s'annulent mutuellement : le solde de ce compte doit être égal à zéro au moment de la clôture. Si ce n'est pas le cas, vous devez retrouver les écritures qui ne s'annulent pas et les corriger. Quelques pistes pour identifier les erreurs :

- Inversion débit-crédit
- Omission d'une écriture
- Utilisation du mauvais numéro de compte
- Inversion de chiffres lors de la saisie

L'analyse des comptes clients

Les comptes clients commencent par les chiffres 41. Ils comprennent non seulement les créances classiques, mais aussi les avances et acomptes versés ainsi que les traites à encaisser.

Avant d'effectuer vos contrôles, vous vous assurerez que vos comptes sont correctement lettrés (voir chapitre 7), puis vous éditerez une balance auxiliaire clients et vous vérifierez que son total correspond au solde figurant sur votre balance générale. Vous pourrez alors étudier le contenu de cette balance en accordant une attention particulière :

- Aux soldes créditeurs : ceux-ci sont justifiés s'ils correspondent à un avoir émis ou à un acompte reçu mais il peut également s'agir d'une erreur à corriger (règlement comptabilisé deux fois ou facture non enregistrée).
- Aux factures échues depuis plusieurs mois : en cas de litige avec le client ou de difficultés de trésorerie de celui-ci, une dépréciation peut être nécessaire (voir chapitre 14). L'identification des factures à échéance ancienne sera facilitée si votre logiciel est capable d'éditer une balance « âgée », c'est-à-dire une balance auxiliaire dans laquelle les factures sont classées par date d'échéance.

Les traites restant à encaisser à la date de clôture devront faire l'objet d'un comptage lors des travaux d'inventaire : leur total doit correspondre au solde du compte « 413. Effets à payer ».

Enfin, vous passerez en revue les factures émises après la clôture pour vérifier si certaines ne concernent pas des événements relatifs à l'exercice écoulé (livraison ou réalisation de la prestation antérieure à la date de clôture) : celles-ci devront faire l'objet d'une écriture de facture à émettre (voir chapitre 14). Vous ferez de même avec les avoirs émis, en particulier si vous avez promis des remises de fin d'année à vos clients.

L'analyse des comptes fournisseurs

Le contrôle des comptes fournisseurs ressemble beaucoup à celui des comptes clients. Vous commencerez par vérifier que vos comptes sont correctement lettrés, puis vous éditerez une balance auxiliaire fournisseurs et vous vous assurerez que son total correspond au solde figurant sur votre balance générale. Vous pourrez alors étudier le contenu de cette balance en accordant une attention particulière aux soldes débiteurs : ceux-ci sont justifiés s'ils correspondent à un avoir reçu ou à un acompte versé mais il peut également s'agir d'une erreur à corriger (règlement comptabilisé deux fois ou facture non enregistrée). Même justifié, un solde débiteur ne pourra être conservé à l'actif du bilan que si l'entreprise peut raisonnablement espérer le récupérer : un acompte versé à un fournisseur ayant fait faillite doit être transféré dans un compte de charges exceptionnelles « 678. Autres charges exceptionnelles ».

Les factures échues depuis plusieurs mois et toujours pas réglées doivent également être analysées de près car elles cachent peut-être un litige à provisionner ou l'omission de l'enregistrement d'un règlement. Ce n'est que si vous êtes véritablement certain de ne jamais régler votre dette que vous pourrez la transférer dans un compte de produits exceptionnels « 778. Autres produits exceptionnels ».

Enfin, vous passerez en revue les factures reçues après la clôture pour vérifier si certaines ne concernent pas des événements relatifs à l'exercice écoulé (livraison ou réalisation de la prestation antérieure à la date de clôture) : celles-ci devront faire l'objet d'une écriture de factures non parvenues (voir chapitre 14). Vous ferez de même avec les avoirs reçus, en particulier si vous avez négocié des remises de fin d'année avec vos fournisseurs.

Le contrôle des autres comptes

Les autres comptes du bilan peuvent être contrôlés dans l'ordre de leur numérotation. Nous commencerons donc par les comptes de capitaux, puis nous passerons en revue les immobilisations, les stocks, les autres créances et dettes et les comptes de régularisation.

Les comptes de capitaux

Les contrôles à exercer sur les comptes de capitaux seront différents selon que vous exercez votre activité sous la forme d'une société ou d'une entreprise individuelle. Pour une société, vous vérifierez :

- Que le solde créditeur du compte « 101. Capital » correspond au capital social de la société.

✔ Que le résultat de l'exercice précédent a été affecté conformément à la décision de l'assemblée générale : en réserves (compte « 106. Réserves »), en report à nouveau (compte « 11. Report à nouveau ») ou en dividendes (compte « 457. Associés – Dividendes à payer »). À l'issue de cette écriture, le solde du compte « 12. Résultat de l'exercice » doit être nul.

Pour une entreprise individuelle, vous vérifierez :

✔ Que le solde d'ouverture du compte « 108. Compte de l'exploitant » a été transféré dans le compte « 101. Capital ».

✔ Que le résultat de l'exercice précédent a également été transféré du compte « 12. Résultat de l'exercice » au compte « 101. Capital ».

✔ Que le solde du compte « 12. Résultat de l'exercice » est égal à zéro.

Les provisions pour risques

Quelle que soit la forme juridique de votre entreprise, vous contrôlerez que le solde des provisions correspond bien au montant estimé du risque à la date de clôture. Vous pourriez en effet avoir oublié de reprendre une provision devenue sans objet ou avoir comptabilisé une dotation pour l'intégralité d'un risque sans tenir compte du montant déjà provisionné l'année précédente. Afin de formaliser ce contrôle et de commencer à préparer l'annexe aux comptes annuels, vous établirez un tableau de suivi des provisions faisant apparaître pour chaque risque provisionné :

✔ Le montant de la provision figurant au bilan de l'exercice précédent

✔ Le montant des dotations comptabilisées durant l'année écoulée

✔ Le montant des reprises comptabilisées durant l'année écoulée

✔ Le montant de la provision à la clôture de l'exercice, calculé à partir des trois colonnes précédentes : provision à la clôture de l'exercice = provision à la clôture de l'exercice précédent + dotations de l'exercice – reprises de l'exercice.

Nous vous présentons ci-dessous un exemple de tableau. À la clôture de l'exercice précédent, deux litiges faisaient l'objet d'une provision : le risque lié au premier litige a été revu à la hausse puisqu'une dotation complémentaire de 3 000 € a été comptabilisée. Inversement, le risque lié au second litige a disparu (ou s'est réalisé définitivement) et la provision a été intégralement reprise. Enfin, un troisième litige est apparu durant l'exercice comptable et a été provisionné à hauteur de 7 000 €.

Tableau 16-1 : Exemple de tableau de variation des provisions

Risque provisionné	Provision au 31/12/N-1	Dotations de l'exercice	Reprises de l'exercice	Provision au 31/12/N
Litige n° 1	5 000,00	3 000,00	0,00	8 000,00
Litige n° 2	4 000,00	0,00	4 000,00	0,00
Litige n° 3	0,00	7 000,00	0,00	7 000,00
Total	9 000,00	**10 000,00**	**4 000,00**	**15 000,00**

Les cases imprimées en caractères gras devront être rapprochées des soldes de la balance générale :

- Le total de la colonne « Dotations aux provisions » doit correspondre au solde (débiteur) du compte « 6875. Dotations aux provisions exceptionnelles »
- Le total de la colonne « Reprises aux provisions » doit correspondre au solde (créditeur) du compte « 7875. Reprises sur provisions exceptionnelles »
- Le total de la colonne « Provisions au 31/12/N » doit correspondre au solde (créditeur) du compte « 151. Provisions pour risques ».

Les emprunts et les dettes financières

La somme figurant au crédit du compte « 164. Emprunts auprès des établissements de crédits » doit correspondre au montant restant à rembourser à votre banquier (vous trouverez ce chiffre sur l'échéancier annexé au contrat de prêt). Si ce n'est pas le cas, vérifiez que seule la partie remboursement des mensualités a été enregistrée dans ce compte, à l'exclusion des intérêts et des autres frais.

Par ailleurs, si tous les intérêts relatifs à l'exercice écoulé n'ont pas été comptabilisés à la date de clôture, vous calculerez le montant restant dû et vous enregistrerez une charge à payer (voir chapitre 14).

Les comptes d'immobilisations

Le solde des comptes d'immobilisations et d'amortissements doit correspondre aux chiffres de votre fichier des immobilisations. Si ce n'est pas le cas, vous vérifierez notamment que toutes les nouvelles immobilisations enregistrées en comptabilité ont été également intégrées dans le fichier des immobilisations et que les immobilisations cédées ont bien été sorties pour leur valeur d'origine et non pas pour leur prix de vente.

Vous vérifierez également que les immobilisations figurant à votre actif sont toujours en votre possession et en bon état de marche. N'hésitez pas à faire régulièrement le ménage dans votre fichier des immobilisations : la présence injustifiée d'immobilisations à votre bilan fausse l'image fidèle que celui-ci est censé donner de votre patrimoine.

Afin de préparer l'annexe aux comptes annuels, vous établissez un tableau de suivi des valeurs brutes et des amortissements présenté de la façon suivante :

Tableau 16-2 : Exemple de tableaux de suivi des immobilisations

Valeur brute

Intitulé	Montant au 31/12/N-1	Investissements de l'exercice	Cessions et mises au rebut de l'exercice	Montant au 31/12/N
Logiciels	300,00			**300,00**
Matériel industriel	7 400,00			**7 400,00**
Matériel de bureau	2 070,00	1 600,00	1 500,00	**2 170,00**
Mobilier	800,00	600,00		**1 400,00**
Total	10 570,00	2 200,00	**1 500,00**	11 270,00

Amortissement

Intitulé	Montant au 31/12/N-1	Dotation de l'exercice	Cessions et mises au rebut de l'exercice	Montant au 31/12/N
Logiciels	300,00			**300,00**
Matériel industriel	1 200,00		740,00	**1 940,00**
Matériel de bureau	921,00	611,00	1 125,00	**407,00**
Mobilier	300,00	120,00		**420,00**
Total	2 721,00	**1 471,00**	**1 125,00**	3 067,00

Si vous disposez d'un logiciel de gestion des immobilisations, celui-ci devrait être capable de générer ce type de tableau, à condition toutefois de le lui demander poliment. Dans le cas contraire, vous trouverez les explications nécessaires à son élaboration dans le chapitre 6.

Les cases imprimées en caractères gras devront être rapprochées des soldes de la balance générale :

- ✔ Les soldes débiteurs des comptes 20 à 27 doivent correspondre aux chiffres figurant dans la colonne « Montant au 31/12/N » du tableau de suivi de la valeur brute.
- ✔ Les soldes créditeurs des comptes 28 doivent correspondre aux chiffres figurant dans la colonne « Montant au 31/12/N » du tableau de suivi des amortissements.
- ✔ Le solde débiteur du compte « 6811. Dotations aux amortissements sur immobilisations » doit correspondre au total de la colonne « Dotations de l'exercice » du tableau de suivi des amortissements.
- ✔ Le solde débiteur du compte « 675. Valeur comptable des éléments d'actif cédés » doit correspondre à la différence entre le total des colonnes « Cessions et mises au rebut » du tableau de suivi des valeurs brutes et de celui de suivi des amortissements (dans notre exemple, le solde devrait être égal à 1 500 – 1 125 = 375 €).

Enfin, concernant les immobilisations non amortissables (terrains, fonds commercial, placements financiers, etc.), vous évaluerez leur valeur à la date de clôture pour vous assurer qu'une dépréciation n'est pas nécessaire. Dans un premier temps, cette évaluation n'a pas besoin d'être précise, en particulier pour les biens immobiliers : ce n'est que si vous constatez qu'un risque de dépréciation existe que vous affinerez votre estimation pour calculer le montant de la dépréciation à comptabiliser.

Les comptes de stocks

Le contrôle des comptes de stocks est relativement simple : il suffit de s'assurer que le solde (obligatoirement débiteur) des comptes de classe 3 correspond bien à vos états d'inventaire, valorisés selon la méthode du PEPS ou du CMUP (voir chapitre 15).

Les erreurs les plus fréquentes sont faciles à repérer :

- ✔ Facture d'achat enregistrée à tort dans un compte de stocks (à reclasser dans un compte de charges)
- ✔ Oubli de l'annulation du stock de début d'année (vous n'avez plus qu'à retourner en mode saisie pour le faire)
- ✔ Inversion débit-crédit lors de l'enregistrement de l'écriture d'ajustement des stocks (même punition !)

Les comptes de personnel

Si vous réglez les salaires de votre personnel à la fin de chaque mois, le solde du compte « 421. Personnel – Rémunérations dues » devrait être nul à la date de clôture. Si ce n'est pas le cas, éditez le grand livre de ce compte et pointez les écritures qui s'annulent pour trouver par différence la cause de votre écart : en principe, la somme inscrite au crédit lors de l'enregistrement du livre de paie doit correspondre à celle comptabilisée au débit lors du règlement.

Pour vous donner des pistes de recherche, voici les erreurs les plus fréquentes :

- Inversion débit-crédit dans l'écriture de paie
- Confusion salaire net et brut ou cotisations salariales et patronales : c'est le salaire net qui doit être comptabilisé au crédit du compte 421, soit directement, soit en deux temps (salaire brut au crédit puis cotisations salariales au débit)

Si des primes sont versée l'année suivante au titre de l'exercice écoulé (13e mois, prime sur objectifs…), celles-ci doivent être provisionnées dans le compte « 428. Personnel – Charges à payer ». Il en est de même pour les congés payés acquis (voir chapitre 14).

Les dettes sociales

Les comptes 431 et 437 doivent présenter un solde créditeur correspondant aux sommes restant à payer aux organismes sociaux au titre du dernier mois ou du dernier trimestre. Vous vous en assurerez en les comparant avec les chiffres inscrits sur vos bordereaux de déclarations sociales.

Avec un peu de chance, les éventuelles erreurs concernant ces comptes auront été décelées à l'étape précédente, lors du contrôle des comptes de personnel. Encore faut-il penser à éditer une nouvelle version de la balance intégrant vos dernières corrections… Si un écart persiste, vous devrez éditer le grand-livre de ces comptes et pointer les écritures qui s'annulent pour identifier par différence les inscriptions responsables de celui-ci : les cotisations sociales patronales et salariales doivent être enregistrées au crédit (en une seule fois ou séparément selon le schéma comptable retenu) et s'annuler avec le règlement inscrit au débit. Au moment de la clôture, seules les dernières déclarations devraient figurer au crédit. Si vous avez opté pour le schéma simplifié présenté au chapitre 11, n'oubliez pas d'intégrer le dernier bordereau de l'année dans vos comptes, même si celui-ci a été établi après la date de clôture.

Enfin, n'oubliez pas de vérifier que vous avez correctement enregistré dans le compte « 438. Organismes sociaux – Charges à payer) les cotisations sociales correspondant aux primes à payer et aux congés payés acquis comptabilisés dans le compte 428.

Les dettes fiscales

De même que pour les cotisations sociales, les soldes des comptes de dettes fiscales (subdivisions du compte « 44. État et autres collectivités publiques ») doivent correspondre aux dernières déclarations ou avis d'imposition.

Le compte « 444. Impôts sur les bénéfices » ne concerne que les entreprises soumises à l'impôt sur les sociétés. Les acomptes versés y sont enregistrés au débit et l'impôt dû au titre de l'exercice au crédit : le solde du compte reflète donc la somme restant à payer lorsque le solde est créditeur ou le trop versé à se faire rembourser s'il est débiteur.

En matière de TVA, la déclaration du dernier mois doit être comptabilisée sur l'exercice écoulé, même si elle n'est établie qu'au début de l'exercice suivant. De cette façon, les comptes de TVA collectée et déductible doivent être soldés à la clôture, à l'exception de ceux concernant la TVA sur les encaissements et correspondant à des factures non réglées. Vous conserverez une copie de votre dernière déclaration dans le dossier de révision, le montant calculé sur celle-ci devant correspondre :

- Au solde créditeur du compte « 44551. TVA à décaisser » s'il reste une somme nette à payer
- Au solde débiteur du compte « 44567. Crédit de TVA à reporter » s'il s'agit d'un crédit de TVA.

Enfin, n'oubliez pas de vérifier que les impôts et taxes dus au titre de l'exercice écoulé mais pour lesquels l'avis d'imposition n'a pas été reçu, ont été estimés et comptabilisés sous la forme d'une charge à payer.

Les comptes de régularisation

Dernier poste du bilan à contrôler, les charges et les produits constatés d'avance correspondent à des factures déjà comptabilisées mais concernant le prochain exercice. Nous vous conseillons d'en établir une liste exhaustive et de vérifier que le total de celle-ci correspond au solde des comptes « 486. Charges constatées d'avance » et « 487. Produits constatés d'avance ». Vous en profiterez pour vérifier au passage que les soldes d'ouverture ont bien été annulés et transférés respectivement en charges et en produits de l'exercice (voir chapitre 14).

Le contrôle des comptes de charges et de produits

Le contrôle des comptes du compte de résultat est plus délicat que celui des comptes de bilan car ils ne correspondent pas à des éléments précis du patrimoine de l'entreprise, mais plutôt à l'accumulation des opérations réalisées pendant l'exercice. Vous devrez le plus souvent vous contenter d'un simple contrôle de cohérence. Toutefois, dans la mesure où les écritures ayant touché le compte de résultat ont une contrepartie au bilan et que celui-ci a été vérifié en détail, peu d'erreurs devraient subsister à ce stade de votre travail de révision.

La revue analytique consiste à comparer les soldes de l'exercice avec ceux de l'exercice précédent pour vérifier que leur évolution est cohérente avec les informations dont vous disposez. Vous vérifierez ainsi :

- Que l'évolution des comptes des ventes (701, 706 et 707) reflète celle de votre activité (en volume et en prix de vente)
- Que l'évolution des consommations (achats et variations de stocks) est à peu près proportionnelle à celle des ventes
- Que l'évolution des frais de personnel est en phase avec celle de vos effectifs et avec les éventuelles augmentations accordées
- Que l'évolution des charges d'intérêt est cohérente avec celle de votre endettement

Vous accorderez une attention toute particulière aux comptes dont le solde présente une variation importante entre les deux exercices, ainsi qu'à ceux qui n'apparaissent que sur la balance d'un seul exercice : ils sont peut-être la conséquence d'un oubli ou d'un mauvais classement comptable d'une opération.

Chapitre 17
L'élaboration des comptes annuels

Dans ce chapitre :
- La construction du bilan
- La construction du compte de résultat
- Le contenu de l'annexe

Avec ce chapitre, nous abordons la dernière ligne droite : celle de la construction de vos comptes annuels. Sous vos yeux émerveillés, les soldes de votre balance générale vont s'agencer de façon à constituer votre bilan et votre compte de résultat. Il vous restera encore un petit travail de recherche d'informations pour établir votre annexe, mais le plus dur est déjà derrière vous et vos efforts vont enfin être récompensés. Alors éditez votre balance générale, attachez vos ceintures et… c'est parti !

La construction du bilan

Les comptes du plan comptable général sont regroupés en deux catégories :

- Les comptes des classes 1 à 5 sont des comptes de patrimoine : ils formeront votre bilan.
- Les comptes des classes 6 et 7 sont des comptes d'activité : ils constitueront votre compte de résultat.

Vous pouvez dès à présent tracer un trait sur votre balance générale entre le dernier compte de classe 5 et le premier compte de classe 6 : au-dessus le bilan, en dessous le compte de résultat.

Il ne vous reste plus maintenant qu'à regrouper les soldes de la balance générale et à les inscrire dans les bonnes catégories à l'actif ou au passif. La plupart des logiciels comptables sont d'ailleurs paramétrés pour réaliser cette tâche de façon totalement automatique et sans risques d'erreurs… à condition toutefois que vos soldes soient corrects.

La construction de l'actif

L'actif recense les éléments positifs du patrimoine de l'entreprise, autrement dit tout ce qu'elle possède. Il regroupe les soldes débiteurs des comptes de patrimoine, avec toutefois deux exceptions à cette règle :

- Les comptes de capitaux propres (numéros commençant par 10, 11 ou 12) figurent toujours au passif, même si leur solde est débiteur : dans ce cas, ils seront affectés d'un signe négatif.
- Les comptes d'amortissement et de dépréciation présentent un solde créditeur mais ils apparaîtront tout de même à l'actif, en diminution des valeurs brutes, dans une colonne qui leur est spécialement réservée.

Nous vous présentons ci-dessous une table de concordance entre les numéros de comptes de votre balance générale et les rubriques de l'actif du système abrégé (si vous relevez du système de base, vous disposez sans doute d'un logiciel capable de faire le travail à votre place). Les chiffres indiqués correspondent à la racine des comptes et incluent également les subdivisions : ainsi la racine 41 comprend non seulement le compte « 411. Clients » mais aussi les comptes « 413. Clients – Effets à recevoir » et « 416. Clients douteux et litigieux ».

Tableau 17-1 : Correspondance entre les comptes et les rubriques de l'actif

Poste de l'actif	Numéro de compte	
	Valeur brute	**Amort. et dépréciations**
Immobilisations incorporelles :		
– Fonds commercial	206 – 207	2906 – 2907
– Autres	201 – 203 – 205 – 208	280 – 2905 – 2908
Immobilisations corporelles	21 – 22 – 23	281 – 291
Immobilisations financières	26 – 27	296 – 297

Chapitre 17 : L'élaboration des comptes annuels

Poste de l'actif	Numéro de compte	
	Valeur brute	**Amort. et dépréciations**
Total I		
Stocks (autres que marchandises)	31 – 32 – 33 – 34 – 35	391 – 392 – 393 – 394 – 395
Stocks de marchandises	37	397
Avances et acomptes versés	4091	
Créances :		
– Clients et comptes rattachés	41	491
– Autres créances	40 (sauf 4091) – 42 – 43 – 44 – 45 – 46	496
Valeurs mobilières de placement	50	590
Disponibilités (autres que caisse)	51 – 54 – 58	
Caisse	53	
Total II		
Charges constatées d'avance	486	
Total général : I + II + charges constatées d'avance		

Les comptes indiqués ci-dessus ne sont à intégrer dans votre actif que si leur solde est débiteur. Ainsi, la plupart des comptes relatifs aux salariés (racine 42) figureront au passif : seules les subdivisions présentant un solde débiteur seront présentées sur la ligne « Autres créances » de l'actif (par exemple « 425. Personnel – Avances et acomptes »).

La construction du passif

Le passif recense les dettes de l'entreprise et ses capitaux propres. Il regroupe les soldes créditeurs des comptes des classes 1 à 5, à l'exception des amortissements et des dépréciations. Pour équilibrer le bilan, vous devrez également y rajouter le résultat de l'exercice calculé par différence entre le total des produits et celui des charges.

De même que pour l'actif, nous vous présentons ci-dessous une table de concordance entre les numéros de comptes de votre balance générale et les rubriques du passif (système abrégé).

Tableau 17-2 : Correspondance entre les comptes et les rubriques du passif

Poste du passif	Numéro de compte
Capital	101 – 108
Écarts de réévaluation	105
Réserves :	
– Réserve légale	1061
– Réserves réglementées	1064
– Autres	1063 – 1068
Report à nouveau	110 – 119 (présenter en négatif si le solde est débiteur)
Résultat de l'exercice	Reporter le résultat du compte de résultat (présenter en négatif en cas de perte)
Provisions réglementées	14
Total Capitaux propres	
Provisions	15
Dettes :	
– Emprunts et dettes assimilées	16 et 51 créditeurs
– Avances et acomptes reçus	4191
– Fournisseurs et comptes rattachés	40
– Autres	41 – 42 – 43 – 44 – 45 – 46
Produits constatés d'avance	487
Total général : capitaux propres + provisions + dettes + produits constatés d'avance	

Les comptes indiqués ci-dessus ne sont à intégrer dans votre passif que si leur solde est créditeur (à l'exception du report à nouveau et du résultat) : par exemple, le compte « 444. État – Impôt sur les bénéfices » figurera à l'actif si son solde est débiteur (remboursement en attente).

Une fois le résultat de l'exercice ajouté sur la ligne consacrée, le total de votre passif devra absolument être égal à celui de votre actif net. Si ce n'est pas le cas, il ne vous restera plus qu'à pointer votre balance générale pour vérifier que vous n'avez pas commis d'erreur ou d'omissions dans le report de vos soldes.

La construction du compte de résultat

Le compte de résultat détaille l'activité de l'exercice écoulé. Il est construit à partir des soldes des comptes de classe 6 (charges) et 7 (produits). En principe, les comptes de charges sont débiteurs et les comptes de produits créditeurs mais quelques exceptions sont possibles (comptes de rabais, remises et ristournes, et comptes de variation de stocks) :

- Les comptes de classe 6 créditeurs seront tout de même présentés du côté des charges, mais en négatif.
- Les comptes de classe 7 débiteurs seront tout de même présentés du côté des produits, mais en négatif.

Le tableau ci-dessous présente les correspondances entre les numéros de comptes de votre balance générale et les rubriques du compte de résultat du système abrégé.

Tableau 17-3 : Correspondance entre les comptes et les rubriques du compte de résultat

Charges	*Numéro de compte*
Charges d'exploitation :	
– Achats de marchandises	607 – 6097
– Variation de stocks (marchandises)	6037
– Achats d'approvisionnements	601 – 602 – 604 – 605 – 606
– Variation de stocks	6031 - 6032
– Autres charges externes	61 – 62
– Impôts, taxes et assimilés	63
– Rémunération personnel	641 – 644
– Charges sociales	645 – 646
– Dotation aux amortissements	6811
– Dotation aux provisions (et dépréciations)	6815 – 6817
– Autres charges (d'exploitation)	65
Charges financières	66 – 686
Charges exceptionnelles	67 – 687
Impôt sur les bénéfices	695 – 697

Produits	Numéro de compte
Produits d'exploitation :	
– Ventes de marchandises	707 – 7097
– Production vendue	701 – 706 – 708 – 7091 – 7096 – 7098
– Production stockée	713
– Production immobilisée	72
– Subventions d'exploitation	74
– Autres produits	75 – 781 – 791
Produits financiers	76 – 786 – 796
Produits exceptionnels	77 – 787 – 797

Le résultat de l'exercice est calculé par différence entre le total des produits et celui des charges, le chiffre ainsi obtenu devant être identique à celui figurant au bilan parmi les capitaux propres. Selon sa nature (bénéfice ou perte), il sera présenté d'un côté différent du tableau de façon à rétablir l'égalité entre le total général des deux colonnes :

- Un résultat bénéficiaire (produits supérieurs aux charges) sera inscrit du côté des charges sur la ligne « Solde créditeur : bénéfice ».
- Un résultat déficitaire (charges supérieures aux produits) sera présenté du côté des produits sur la ligne « Solde débiteur : perte ».

La construction de l'annexe

L'annexe doit fournir toutes les informations significatives permettant de comprendre et d'analyser le contenu du bilan et du compte de résultat, notamment :

- Les faits caractéristiques de l'exercice
- Les principes et les méthodes comptables retenus
- Le détail des postes du bilan (aucune information sur le compte de résultat n'est requise dans l'annexe simplifiée)
- Les engagements hors bilan (garanties données ou reçues, crédit-bail, etc.)

Selon la taille de votre entreprise, l'annexe sera obligatoire ou facultative (voir chapitre 5). Nous ne présenterons ici que les règles relatives à l'établissement de l'annexe simplifiée car il faut déjà atteindre une taille très importante avant d'être soumis à l'obligation d'établir une annexe selon le modèle de base (50 salariés, 4 millions de chiffre d'affaires et 2 millions de total bilan). Si certaines informations évoquées dans ce paragraphe ne sont pas significatives dans le cas de votre entreprise, vous êtes parfaitement autorisé à les omettre.

Les faits caractéristiques de l'exercice

Seuls les éléments ayant une incidence comptable doivent être mentionnés dans cette catégorie, en particulier s'ils nuisent à la comparaison des comptes d'un exercice sur l'autre :

- ✔ Démarrage d'une nouvelle activité ou abandon d'une ancienne activité
- ✔ Modification de la structure financière (nouvel emprunt, augmentation de capital…)
- ✔ Incidence de l'évolution de la conjoncture économique pour l'entreprise
- ✔ Etc.

Les règles et méthodes comptables utilisées

Vous indiquerez dans cette partie de l'annexe que vous respectez les principes comptables généraux (prudence, permanence des méthodes, etc.) ou vous justifierez votre choix de ne pas les appliquer s'ils ne permettent pas de donner une image fidèle de votre situation. Vous mentionnerez également les méthodes comptables que vous avez retenues lorsque vous aviez le choix entre plusieurs options : mode d'amortissement des immobilisations, méthodes de valorisation des stocks, traitement des charges activables, etc. (voir chapitre 15).

En cas de changement de méthode comptable d'un exercice sur l'autre (situation exceptionnelle et soumise à conditions), vous exposerez les raisons de cette modification ainsi que son impact sur les postes du bilan et du compte de résultat.

À titre indicatif, nous vous proposons la rédaction suivante :

« Les conventions comptables ont été appliquées dans le respect du principe de prudence et conformément aux hypothèses de base suivantes :

- ✔ Continuité de l'exploitation
- ✔ Permanence des méthodes comptables d'un exercice à l'autre
- ✔ Indépendance des exercices

et conformément aux règles générales d'établissement et de présentation des comptes annuels (PCG 99-03 modifié par les règlements du Comité de la règlementation comptable).

Le mode d'évaluation des éléments inscrits en comptabilité est celui des coûts historiques. Les principales méthodes comptables utilisées sont les suivantes :

- Les immobilisations corporelles sont évaluées à leur coût d'acquisition (prix d'achat et frais accessoires) hors frais d'acquisition des immobilisations* / frais d'acquisition inclus*.
- Les amortissements sont calculés suivant le mode linéaire* / dégressif* / variable*, et en fonction de la durée d'utilisation prévue.
- Les stocks sont évalués selon la méthode du « premier entré – premier sorti »*/ « coût moyen unitaire pondéré »*.

Aucun changement de méthode d'évaluation n'est intervenu au cours de l'exercice. »

* Indiquez uniquement la méthode que vous appliquez.

Les informations sur l'actif

Les principaux points à aborder dans cette rubrique sont les suivants (dans la mesure où vous êtes concerné et où l'information est significative, bien sûr) :

- Frais d'établissement : nature, montant et traitement comptable des éventuels frais engagés
- Fonds commercial : origine (acquisition ou apport), existence d'une protection juridique, réévaluation éventuelle
- Créances : montant des créances représentées par des effets de commerce (traites, lettres de change, billets à ordre, etc.)
- Charges constatées d'avance : nature et montant
- Produits à recevoir : nature et montant

Concernant les immobilisations, vous fournirez également un tableau de rapprochement entre la valeur comptable à l'ouverture et à la clôture de l'exercice, faisant apparaître les entrées et les sorties ou mises au rebut. Le tableau préparé lors des travaux de révision comptable conviendra parfaitement (voir chapitre 16). Un état similaire sera présenté pour expliquer la variation des amortissements.

Enfin, vous présenterez un échéancier des créances figurant à votre actif et distinguant les montants échus à plus et moins d'un an.

Les informations sur le passif

Les principaux points à aborder dans cette rubrique sont les suivants (dans la mesure où vous êtes concerné et où l'information est significative, bien sûr) :

- ✔ Capital social : nombre et valeur nominale des titres composant le capital social, éventuelles augmentations ou réductions de capital intervenues durant l'exercice
- ✔ Dettes : montant des dettes représentées par des effets de commerce (traites, lettres de change, billets à ordre, etc.)
- ✔ Produits constatés d'avance : nature et montant
- ✔ Charges à payer : nature et montant

Par ailleurs, vous fournirez les tableaux suivants :

- ✔ Tableau de variation des provisions durant l'exercice faisant apparaître les dotations et les reprises de l'année. Ici aussi, vous pourrez utiliser le tableau établi lors des travaux de révision (voir chapitre 16)
- ✔ Tableau de variation des dettes financières faisant apparaître les remboursements de l'exercice et les nouveaux emprunts
- ✔ Échéancier des dettes distinguant les sommes à échéance de moins d'un an, de plus d'un an mais moins de cinq ans, et de plus de cinq ans

Les engagements hors bilan

Certains engagements pris par l'entreprise n'affectent pas immédiatement son patrimoine et n'apparaissent donc pas en comptabilité. Ils doivent toutefois figurer dans l'annexe dans la mesure où ils peuvent influencer le jugement que les lecteurs des comptes portent sur la situation financière de l'entreprise. Vous indiquerez ainsi dans votre annexe :

- ✔ Les garanties données et reçues : cautions, nantissements, hypothèques…
- ✔ Les contrats de crédit-bail : montant des redevances restant à supporter sur la durée des contrats
- ✔ Effets escomptés non échus : montant des créances cédées à des organismes financiers et qui ne seraient pas encore arrivées à échéance à la date de clôture
- ✔ Éventuels engagements en matière de retraite des salariés
- ✔ Autres engagements financiers : contrats de vente ou d'achat à terme, options achetées ou vendues, etc.

Quizz

Testez vos connaissances !

1. L'entreprise Lumi64 exploite un commerce de détail de luminaires et petits objets de décoration. Son stock était évalué à 5 000 € HT à la clôture de l'exercice N-1 et à 6 000 € HT à la clôture de l'exercice N.
   Comment comptabiliseriez-vous les écritures de variations de stocks de l'exercice N ?

			Débit	Crédit

2. L'entreprise TechnoPlus fabrique des cartes électroniques. Elle a démarré son activité au début de l'exercice N. A la clôture, ses stocks sont les suivants :
   ✔ Stocks de composants électroniques destinés à la fabrication des cartes : 1 500 € HT
   ✔ Stocks de cartes électroniques assemblées et prêtes à la vente : 2 000 € HT
   Comment comptabiliseriez-vous les écritures de variations de stocks de l'exercice N ?

			Débit	Crédit

3. Présentez le plan d'amortissement d'un matériel informatique présentant les caractéristiques suivantes :
   - Date d'achat et de mise en service : 01/10/N
   - Prix d'achat : 1 200 € HT
   - Durée d'utilisation prévue : 3 ans
   - Mode d'amortissement : linéaire

Exercice	Valeur brute	Dotation de l'exercice	Amortissement cumulé	Valeur nette
N	1 200	100	100	1 100
N+1	1 200	400	500	700
N+2	1 200	400	900	300
N+3	1 200	300	1 200	0

4. On vous présente le plan d'amortissement suivant relatif à du matériel industriel :

Exercice	Valeur brute	Dotation de l'exercice	Amortissement cumulé	Valeur nette
N	10 000	300	300	9 700
N+1	10 000	2 000	2 300	7 700
N+2	10 000	2 000	4 300	5 700
N+3	10 000	2 000	6 300	3 700
N+4	10 000	2 000	8 300	1 700
N+5	10 000	1 700	10 000	0

Pouvez-vous indiquer quels montants apparaîtront au bilan et au compte de résultat de l'exercice N ?

....
....
....
....

5. Reprenons le plan d'amortissement de la question précédente. Pouvez-vous indiquer quels montants apparaîtront au bilan et au compte de résultat de l'exercice N+3 ?

....
....
....
....

6. **Restons une dernière fois sur le plan d'amortissement du matériel industriel des questions 4 et 5 :**

    Quelle écriture comptabiliseriez-vous à la clôture de l'exercice N ?

			Débit	Crédit

    Et à la clôture de l'exercice N+3 ?

			Débit	Crédit

7. **Le gérant du magasin Lumi64 a remarqué qu'une référence se vendait très mal et prévoit de la brader à – 70 % lors des soldes de janvier N+1.**
    Les éléments relatifs au stock au 31/12/N sont les suivants :
    - Quantité en stock : 100 articles
    - Prix d'achat unitaire : 70 € HT
    - Prix de vente unitaire : 150 € HT hors période de soldes.

    Calculez le montant de la dépréciation nécessaire à la clôture de l'exercice N :
    ....
    ....
    ....
    ....

8. **Comment comptabiliseriez-vous la dépréciation calculée à la question précédente ?**

			Débit	Crédit

9. Quelle écriture comptabiliseriez-vous sur l'exercice N+1 concernant la dépréciation de la question précédente ?

			Débit	Crédit

10. Le gérant de l'entreprise TechnoPlus vient d'apprendre qu'un de ses clients faisait l'objet d'une procédure de liquidation judiciaire. Une facture de 2 400 € TTC est en attente de règlement au 31/12/N et ne sera probablement jamais payée.

Calculez le montant de la dépréciation nécessaire à la clôture de l'exercice N :
....
....

Quelles écritures comptabiliseriez-vous à la clôture de l'exercice N ?

			Débit	Crédit

11. Quelles écritures comptabiliseriez-vous en N+1 si la créance évoquée ci-dessus s'avère définitivement irrécouvrable (réception d'un avis officiel du liquidateur par exemple) ?

			Débit	Crédit

12. L'entreprise TechnoPlus est en procès avec un de ses anciens salariés qui lui réclame 8 000 € de dommages-intérêts pour licenciement abusif. L'avocat de l'entreprise estime que celle-ci risque effectivement d'être condamnée mais que la somme à verser sera plus probablement de l'ordre de 3 000 €.

    Quelle écriture comptabiliseriez-vous à la clôture de l'exercice N relativement à ce litige ?

			Débit	Crédit

13. **Quelles écritures comptabiliseriez-vous en N+1 s'il s'avère que l'entreprise est finalement condamnée à verser 2 500 € à son ancien salarié ?**

			Débit	Crédit

14. Une facture de publicité de 900 € HT a été reçue et comptabilisée en décembre N. Elle concerne une campagne d'affichage s'étalant sur les mois de décembre N mais aussi janvier et février N+1.

    Quelle écriture comptabiliseriez-vous à la clôture de l'exercice N relativement à cette facture ?

			Débit	Crédit

15. Inversement, une facture d'avocat n'a toujours pas été reçue à la clôture de l'exercice N. Le montant de ses honoraires est estimé à 400 € HT au titre des travaux réalisés mais pas encore facturés.

    Quelle écriture comptabiliseriez-vous à la clôture de l'exercice N relativement à cette facture ?

			Débit	Crédit

16. Une société a été constituée au début de l'année N. Malgré les efforts de ses dirigeants, le résultat de son premier exercice s'avère décevant. Quelles options comptables leur conseilleriez-vous afin de maximiser le bénéfice de l'exercice ?

    - Mode d'amortissement ☐ Linéaire ☐ Dégressif
    - Durée d'amortissement ☐ Courte ☐ Longue
    - Comptabilisation des frais de constitution ☐ Charges ☐ Immobilisations
    - Estimation des risques ☐ Optimiste ☐ Pessimiste
    - Valorisation des stocks ☐ CMUP ☐ PEPS

    (il vous est précisé que le prix d'achat a considérablement augmenté durant l'année)

17. Le compte « 471. Compte d'attente » doit obligatoirement être soldé à la clôture :
    ☐ Vrai   ☐ Faux

18. Classez les comptes suivants dans la bonne colonne du tableau ci-après :
    - 164. Emprunts bancaires
    - 2154. Matériel industriel
    - 28154. Amortissement du matériel industriel
    - 37. Stocks de marchandises
    - 512. Banques
    - 53. Caisse
    - 6037. Variation des stocks de marchandises
    - 607. Achats de marchandises
    - 707. Ventes de marchandises

Comptes devant présenter un solde débiteur sur la balance générale de clôture	Comptes devant présenter un solde créditeur sur la balance générale de clôture	Comptes pouvant présenter un solde débiteur ou créditeur sur la balance générale de clôture

19. **Le bilan est formé à partir des soldes des comptes de classe 1 à 5 et le compte de résultat à partir des soldes des comptes de classe 6 et 7 :**
    ☐ Vrai   ☐ Faux

20. **Lorsque le résultat de l'exercice est une perte, il apparaît en négatif aussi bien au bilan qu'au compte de résultat :**
    ☐ Vrai   ☐ Faux

Vérifiez vos réponses !

1. **On comptabilisera les écritures de variations de stocks de l'exercice N ainsi :**

			Débit	Crédit
37		**Stocks de marchandises**	6 000	
	6037	**Variation des stocks de marchandises**		6 000
6037		**Variation des stocks de marchandises**	5 000	
	37	**Stocks de marchandises**		5 000

Rappelons que les comptes de stocks (classe 3) ne sont pas utilisés durant l'année comptable, ni pour enregistrer les achats, ni pour les ventes. À la clôture, il convient d'enregistrer deux écritures :
- l'une pour faire apparaître le stock de fin d'année à l'actif du bilan,
- l'autre pour faire disparaître le stock qui avait été comptabilisé l'année précédente.

Nous ferons apparaître le stock de clôture à l'actif en débitant un compte de classe 3 (souvenez-vous que l'actif se situe à gauche du bilan et augmente par le débit). En contrepartie nous utiliserons le crédit d'un compte « 603. Variations de stocks » qui viendra diminuer le montant des charges de l'exercice. En effet, les achats stockés n'ont pas été consommés et n'ont rien à faire au compte de résultat.

Le stock de l'année précédente sera annulé par la même écriture passée à l'envers : compte 3 au crédit et 603 au débit.

2. On comptabilisera les écritures de variations de stocks de l'exercice N ainsi :

			Débit	Crédit
31		**Stocks de matières premières**	1 500	
	6031	Variation des stocks de mat. premières		1 500
355		**Stocks de produits finis**	2 000	
	71355	Variation des stocks de produits finis		2 000

La situation de l'entreprise TechnoPlus diffère légèrement de celle de l'entreprise Lumi64 étudiée à la question précédente. Tout d'abord, elle exerce une activité de fabrication et non pas de distribution : nous avons affaire à des stocks de matières premières (composants) et de produits finis (cartes assemblées) et non pas de marchandises. Les numéros de comptes utilisés ne sont pas rigoureusement identiques, même si le raisonnement général reste valable : compte de classe 3 au débit et contrepartie au compte de résultat (603 pour les matières premières et 713 pour les produits finis).

De plus, elle a démarré son activité en cours d'année : il n'y a pas de stocks à annuler au titre de l'exercice précédent.

3. Le plan d'amortissement du matériel informatique se présentera ainsi :

Exercice	Valeur brute	Dotation de l'exercice	Amortissement cumulé	Valeur nette
N	1 200	100	100	1 100
N+1	1 200	400	500	700
N+2	1 200	400	900	300
N+3	1 200	300	1 200	0

L'amortissement linéaire consiste à étaler le coût de l'immobilisation de façon régulière sur sa durée d'utilisation : nous constaterons ici une dotation de 400 € (= 1 200 € / 3 ans) par année complète d'utilisation. Les dotations des exercices N et N+3 feront l'objet d'un *prorata-temporis* dans la mesure où le matériel n'est pas utilisé pendant toute l'année :

↳ 3 mois pour l'exercice N (octobre à décembre) soit une dotation de $400 \times \frac{1}{4}$ = 100 €

↳ 9 mois pour l'exercice N+3 (janvier à septembre) soit une dotation de $400 \times \frac{3}{4}$ = 300 €

Arrivé au bout de sa durée d'utilisation, le bien sera totalement amorti et sa valeur nette sera égale à zéro.

4. Le matériel apparaîtra à l'actif du bilan parmi les immobilisations corporelles. Sa valeur sera présentée sur trois colonnes :

	Valeur brute	Amortissement	Valeur nette
Immobilisations	10 000	300	9 700

Au compte de résultat nous trouverons une charge de « dotation aux amortissements » de 300 €.

5. Le matériel apparaîtra toujours en immobilisations corporelles. Sa valeur brute n'aura pas changé mais l'amortissement cumulé aura augmenté, réduisant ainsi la valeur nette :

	Valeur brute	Amortissement	Valeur nette
Immobilisations	10 000	6 300	3 700

Au compte de résultat, nous trouverons la dotation aux amortissements de l'exercice pour 2 000 €. Rappelons à cette occasion que le compte de résultat ne s'intéresse qu'à l'activité de la période et ne fonctionne absolument pas en cumul.

6. À la clôture de l'exercice N, voici l'écriture que l'on comptabilisera :

			Débit	Crédit
6811		Dotation aux amortissements	300	
	28154	Amortissement du matériel		300

L'écriture d'amortissement consiste à diminuer la valeur des immobilisations à l'actif (donc à créditer un compte de classe 2) et à faire apparaître une charge au compte de résultat (donc à débiter un compte de classe 6).

Et à la clôture de l'exercice N+3, voici l'écriture que l'on comptabilisera :

			Débit	Crédit
6811		Dotation aux amortissements	2 000	
	28154	Amortissement du matériel		2 000

Les numéros de comptes utilisés ne changent pas car le but de l'écriture reste le même : faire diminuer la valeur de l'immobilisation à l'actif et apparaître une charge au compte de résultat. Rappelons à cette occasion que seul le montant de la dotation de l'exercice doit être comptabilisé : les dotations des exercices précédents figurent déjà dans le solde du compte d'amortissement au bilan.

7. Pour calculer le montant de la dépréciation nécessaire à la clôture de l'exercice N, il faut rappeler que les stocks de marchandises et matières premières sont valorisés à leur coût d'achat hors taxes : une dépréciation doit être constituée lorsque le prix de vente hors taxes prévisible est inférieur à ce dernier. Ici, le prix de vente peut être estimé à 45 € (= 150 − 70 % × 150) : il convient de constituer une dépréciation de 25 € par article (= 70 − 45), soit 2 500 € pour la totalité du stock.

8. On comptabilisera la dépréciation calculée à la question précédente ainsi :

			Débit	Crédit
68173		Dotation aux dépréciations des stocks	2 500	
	397	Dépréciations des stocks		2 500

L'écriture de dépréciation ressemble à celle d'amortissement car elle poursuit le même but : diminuer la valeur d'un élément de l'actif et faire apparaître une charge au compte de résultat. C'est pourquoi nous retrouvons un compte de charge au débit et un compte d'actif au crédit (classe 3 au lieu de 2 car il s'agit d'un stock et non pas d'une immobilisation).

9. L'écriture à comptabiliser en N+1 est la suivante :

			Débit	Crédit
397		Dépréciations des stocks	2 500	
	78173	Reprises sur dépréciation des stocks		2 500

La dépréciation constituée à la clôture de l'exercice N devra être annulée en N+1 par une écriture de reprise. Nous solderons le compte de dépréciation en le débitant (rappelons qu'il avait été crédité à la clôture de l'exercice N) et nous créditerons un compte de produits en contrepartie.

Admirons au passage la remarquable symétrie existant entre les comptes de dotation (68173) et de reprise (78173).

10. **Calcul du montant de la dépréciation nécessaire à la clôture de l'exercice N :**
La dépréciation doit couvrir le risque d'impayé. Celui-ci ne porte que sur le montant HT car la TVA reversée à tort sur une facture impayée est récupérable auprès de l'Etat.
Nous constituerons donc une dépréciation de 2 000 € (= 2 400 / 1,2).
On comptabilisera donc les écritures suivantes à la clôture de l'exercice N :

			Débit	Crédit
416		**Clients douteux ou litigieux**	2 400	
	411	Clients		2 400
68174		**Dotation aux dépréciations clients**	2 000	
	491	Dépréciations des clients		2 000

Il convient d'enregistrer deux écritures :
- La première pour transférer la totalité de la créance dans un compte de clients douteux : montant TTC quel que soit le niveau du risque d'impayé.
- La seconde pour constater une dépréciation selon un schéma similaire à celui de la dépréciation des stocks étudiée à la question 8.

11. On comptabilisera les écritures suivantes en N+1 :

			Débit	Crédit
654		**Pertes sur créances irrécouvrables**	2 000	
44571		**TVA collectée**	400	
	416	Clients douteux		2 400
491		**Dépréciations des clients**	2 000	
	78174	Reprises sur dépréciation des clients		2 000

La réception de l'avis du liquidateur confirme le fait que la créance ne sera jamais recouvrée et n'a plus aucune valeur : il convient de la retirer de l'actif en créditant le compte « 416. Clients douteux » dans lequel elle avait été transférée à la clôture de l'exercice N. En contrepartie, nous utiliserons un compte de charges pour le montant HT et un compte de TVA collectée pour la TVA (celui-ci étant habituellement crédité, nous venons ici le diminuer).

Par ailleurs, il conviendra d'annuler la dépréciation par une écriture de reprise symétrique à celle de dotation de l'exercice N. Notons au passage que le produit généré par la reprise compense la charge liée à l'impayé.

12. **À la clôture de l'exercice N, on comptabilisera l'écriture suivante relativement à ce litige :**

			Débit	Crédit
6875		Dotations aux provisions pour risques	3 000	
	151	Provisions pour risques		3 000

En présence d'un risque de perte, le principe de prudence nous impose de faire apparaître une dette potentielle au passif du bilan (crédit d'un compte 15 de provisions) et une charge au compte de résultat (débit d'un compte 68 de dotation aux provisions). Seul le montant probable de la condamnation doit être provisionné, sans tomber dans l'excès de prudence qui consisterait à provisionner l'intégralité de la demande de l'ancien salarié.

13. **On comptabilisera les écritures suivantes en N+1 :**

			Débit	Crédit
671		Charges exceptionnelles	2 500	
	512	Banque		2 500
151		Provisions pour risques	3 000	
	7875	Reprises sur provisions pour risques		3 000

La condamnation entraîne une sortie d'argent que nous comptabiliserons de façon classique en créditant le compte « 512. Banques ». En contrepartie nous ferons apparaître une charge exceptionnelle au compte de résultat en débitant le compte 671.
Il conviendra également d'annuler la provision par une écriture de reprise symétrique à celle de dotation de l'exercice N. Notons au passage que le produit généré par la reprise compense la charge liée à la condamnation et laisse même un gain net à l'entreprise qui avait été légèrement trop prudente.

14. **À la clôture de l'exercice N, on comptabilisera l'écriture suivante relativement à cette facture :**

			Débit	Crédit
486		Charges constatées d'avance	600	
	623	Frais de publicité		600

Le principe d'indépendance des exercices nous impose de ne conserver au compte de résultat de l'exercice N que la partie de la facture se rapportant à ce même exercice. Or, lors de l'enregistrement de la facture, nous avons comptabilisé la totalité du montant HT au débit du compte « 623. Frais de publicité » : il convient d'en retirer la part concernant l'exercice N+1, soit 600 € (= 900 × $\frac{2}{3}$).
Nous enregistrerons ce montant au crédit du comte 623 afin de le diminuer. En contrepartie, nous débiterons le compte « 486. Charges constatées d'avance ».

15. **À la clôture de l'exercice N, on comptabilisera l'écriture suivante relativement à cette facture :**

			Débit	Crédit
622		Honoraires	400	
44586		TVA sur factures non parvenues	80	
	408	Factures non parvenues		480

Le principe d'indépendance des exercices nous impose de faire apparaître au compte de résultat de l'exercice N toutes les charges se rapportant à ce même exercice. Or, les frais d'avocat n'ont pas pu être comptabilisés, faute de pièce justificative, c'est-à-dire de facture.

Nous les ferons apparaître en débitant le compte « 622. Honoraires ». Nous ne pourrons pas utiliser les comptes habituels pour compléter l'écriture : c'est pourquoi nous débiterons le compte « 44586. TVA sur factures non parvenues » à la place du « 44566. TVA déductible » et créditerons le compte « 408. Fournisseurs, factures non parvenues » à la place du « 401. Fournisseurs ».

16. **Voici les options retenues :**

- Mode d'amortissement	☑ Linéaire	☐ Dégressif
- Durée d'amortissement	☐ Courte	☑ Longue
- Comptabilisation des frais de constitution	☐ Charges	☑ Immobilisations
- Estimation des risques	☑ Optimiste	☐ Pessimiste
- Valorisation des stocks	☐ CMUP	☑ PEPS

Le bénéfice est égal à la différence entre les produits et les charges de l'exercice : pour le maximiser, il convient de réduire les charges le plus possible (ou d'augmenter les produits mais c'est plus difficile). C'est pourquoi nous choisirons lorsque c'est possible de comptabiliser les dépenses en immobilisations plutôt qu'en charges, comme pour les frais d'établissement.

Dans le même but, nous essayerons de diminuer autant que possible le montant des dotations :
- en minimisant les risques à provisionner (estimation optimiste),
- en allongeant la durée d'amortissement des immobilisations : le coût d'achat étant étalé sur la durée d'utilisation, plus celle-ci est longue, plus la charge annuelle est faible,
- en évitant le mode d'amortissement dégressif qui consiste à amortir très fortement les immobilisations sur les premières années d'utilisation et plus légèrement par la suite.

Enfin, nous nous intéresserons à la valorisation des stocks. Selon la méthode du PEPS, le stock est valorisé au coût des derniers achats alors que selon celle du CMUP, il est valorisé au coût moyen de l'exercice : en période d'augmentation des prix, c'est la méthode du PEPS qui donne la valeur la plus élevée. C'est celle que nous retiendrons dans la mesure où la valeur du stock final sera soustraite des achats de l'exercice lors de l'enregistrement de la variation de stocks : plus la valorisation sera élevée, plus les charges seront diminuées.

Notons toutefois qu'il ne s'agit pas de solutions miracles et que la constatation des charges n'est que retardée : le bénéfice de l'exercice sera bien remonté, mais au détriment des bénéfices futurs.

17. Vrai. Le compte « 471. Compte d'attente » doit obligatoirement être soldé à la clôture. Le compte 471 sert tout au long de l'année pour équilibrer des écritures dont on ignore la contrepartie. C'est le cas, par exemple, lorsqu'un prélèvement non identifié apparaît sur le relevé de banque : il est souhaitable de l'enregistrer sans attendre au crédit du compte « 512. Banques » afin de ne pas retarder l'élaboration du rapprochement bancaire, même s'il n'est pas possible de déterminer la nature de la contrepartie (frais bancaires, prélèvement d'un fournisseur, erreur du banquier ?). Nous débiterons le compte 471 pour équilibrer l'écriture mais il ne s'agira que d'une solution temporaire et il conviendra de se renseigner auprès de la banque afin d'obtenir les informations nécessaires à la correcte comptabilisation de l'opération.

18. On obtient le tableau suivant :

Comptes devant présenter un solde débiteur sur la balance générale de clôture	Comptes devant présenter un solde créditeur sur la balance générale de clôture	Comptes pouvant présenter un solde débiteur ou créditeur sur la balance générale de clôture
2154. Matériel industriel	**164. Emprunts bancaires**	**512. Banques**
37. Stocks de marchandises	**28154. Amortissement du matériel industriel**	**6037. Variation des stocks de marchandises**
53. Caisse	**707. Ventes de marchandises**	
607. Achats de marchandises		

Revenons sur la règle de base énoncée dans la troisième partie de cet ouvrage : les montants qui se trouvent du même côté s'additionnent alors que les montants qui se trouvent du côté opposé se soustraient. Il en résulte que les comptes d'actif et de charges augmentent lorsqu'ils sont utilisés au débit et diminuent lorsqu'ils sont utilisés au crédit. Inversement, les comptes de passif et de produits augmentent lorsqu'ils sont utilisés au crédit et diminuent lorsqu'ils sont utilisés au débit.

C'est pourquoi les comptes d'actif et de charges présentent normalement des soldes débiteurs : c'est le cas des immobilisations, des stocks, de la caisse et des achats de marchandises. Inversement, les comptes de passif et de produits présentent habituellement des soldes créditeurs : c'est le cas des emprunts bancaires et des ventes de marchandises.

La liste proposée comportait trois cas particuliers :
- Le compte bancaire qui peut être positif, mais aussi négatif lorsque l'entreprise est à découvert : son solde pourra être débiteur ou créditeur. Dans ce dernier cas, le montant du découvert ne sera pas présenté à l'actif, mais au passif parmi les dettes financières.
- Les amortissements qui viennent diminuer la valeur des immobilisations et dont le solde se trouve du côté opposé à celui de ces dernières.
- La variation de stock qui peut être positive ou négative, c'est-à-dire présenter un solde débiteur ou créditeur, selon que l'entreprise a vu ses stocks diminuer ou augmenter durant l'année.

19. **Vrai. Le bilan est formé à partir des soldes des comptes de classe 1 à 5 et le compte de résultat à partir des soldes des comptes de classe 6 et 7.**
    Les comptes annuels sont établis en triant et en regroupant les soldes de la balance générale :
    - Les comptes de classe 1 à 5 forment le bilan : soldes débiteurs à l'actif et soldes créditeurs au passif.
    - Les comptes de classe 6 et 7 forment le compte de résultat : classe 6 en charges et classe 7 en produits.

    Le résultat de l'exercice est quant à lui calculé au compte de résultat (total des produits – total des charges) puis reporté au passif du bilan parmi les capitaux propres afin de rétablir l'équilibre des deux colonnes.

20. **Faux. Lorsque le résultat de l'exercice est une perte, il n'apparaît pas en négatif aussi bien au bilan qu'au compte de résultat :**
    La perte apparaît bien en négatif au passif du bilan, mais elle ne portera pas de signe négatif au compte de résultat : elle sera présentée en positif du côté des produits afin d'équilibrer les deux colonnes (rappelons qu'un bénéfice aurait été présenté du côté des charges).

Cinquième partie
Partie des dix

Dans cette partie...

*T*elle une maman oiseau regardant avec émotion ses petits s'aventurer pour la première fois hors du nid, il est temps pour nous de vous laisser prendre votre envol. Toutefois, nous ne vous lâcherons pas sans vous avoir auparavant donné quelques derniers conseils : dix pour être précis !

Et puisque la comptabilité est une discipline évolutive, nous avons également recensé dix sujets d'actualité comptable qui devraient donner lieu à des changements dans les années à venir. Autant vous y préparer dès maintenant...

Chapitre 18

Les dix commandements de la comptabilité

Dans ce chapitre :
▶ Des conseils pour bien gérer votre comptabilité au quotidien
▶ Les erreurs à éviter

Tenir soi-même sa comptabilité, c'est faire un grand pas vers la liberté, mais c'est aussi se lancer dans l'inconnu. Alors soyez rigoureux, régulier, conscient de vos limites… et gardez cet ouvrage à portée de main !

Traitez la comptabilité au fur et à mesure

Enregistrer une pile de factures n'est sans doute pas la tâche la plus exaltante qui soit et nous ne pouvons pas vous reprocher d'être tenté de la remettre à plus tard. Mais être tenté est une chose et succomber à la tentation en est une autre ! La procrastination n'est pas une solution : ainsi délaissée, la pile en question va continuer à grossir et son équilibre devenir de plus en plus précaire. Et lorsque la peur du courant d'air dévastateur sera devenue plus forte que votre aversion pour le travail administratif, celui-ci vous demandera un effort bien plus important que si vous l'aviez réalisé au fur et à mesure : de nombreuses informations seront sorties de votre mémoire et il vous faudra déployer une énergie considérable pour retrouver à quoi correspond telle facture ou pourquoi le montant de telle autre diffère du bon de commande.

Alors soyez raisonnable et n'attendez pas qu'un gentil petit lutin vienne faire le travail à votre place. Les travaux comptables doivent être réalisés régulièrement sous peine d'une accumulation dangereuse. Si vous tenez un commerce de détail ou que vous exercez une profession médicale ou paramédicale, vous devez contrôler votre caisse quotidiennement, y compris les chèques à encaisser. Les autres tâches devront être accomplies au moins une fois par semaine. L'idéal pour ne pas vous laisser déborder est de réserver une plage horaire hebdomadaire aux travaux comptables, de préférence le lundi matin lorsque vous êtes calme, reposé et attentif. Vous saurez ainsi que ce jour-là, sauf urgence exceptionnelle, vous commencerez votre journée par la saisie des factures et des autres pièces comptables, le classement des documents justificatifs, le règlement des fournisseurs et, le cas échéant, l'établissement du rapprochement de banque. Parodiant un film célèbre, vous pourrez ainsi vous écrier : « C'est lundi, c'est Pacioli ! » (Note de l'auteur : Luca Pacioli est l'inventeur du principe de la partie double).

Adoptez et appliquez une méthode de classement rigoureuse

Certaines pièces comptables ont une vie trépidante : on les enregistre, on les classe, on les ressort, on y agrafe un autre document, on y appose un bon à payer, on les ressort à nouveau, on les consulte, on les reclasse, etc. D'autres présentent une fâcheuse tendance à jouer à cache-cache au moment où vous les cherchez.

Pour être sûr de toujours retrouver l'information dont vous avez besoin, mieux vaut être très ordonné et ne jamais laisser les pièces comptables s'éloigner trop loin ni trop longtemps. Votre système de classement est la clé de voûte de votre édifice comptable : c'est lui qui garantit la traçabilité de vos enregistrements et qui vous permet de produire les documents justificatifs en cas de contrôle de l'administration fiscale.

Alors adoptez un système de classement simple mais précis. À chaque document doit correspondre une place et une seule : par exemple, ne classez pas certaines factures par nature et d'autres par fournisseur. Si vous souhaitez rassembler tous les pièces relatives à un projet particulier (par exemple, un investissement important) faites-en des copies plutôt que de dépouiller vos dossiers comptables.

Enfin, respectez le système que vous avez mis en place : si vous sortez une facture pour y chercher une information, rangez-la dès que vous avez fini de la consulter, même si vous êtes fatigué ou avez une tâche urgente à accomplir. Si vous souhaitez la garder sous la main pendant plusieurs jours, faites-en une copie et remettez vite l'original à sa place.

Choisissez vos outils en fonction de vos besoins

Avant de céder au chant des sirènes vendeuses de matériel informatique, souvenez-vous que, de même que l'habit ne fait pas le moine, ce n'est pas le logiciel qui fait le comptable. Mieux vaut un logiciel de base correctement maîtrisé qu'un logiciel extrêmement perfectionné utilisé n'importe comment. Et si vous êtes vraiment fâché avec l'informatique, mieux vaut tenir votre comptabilité à la main que de risquer de perdre toutes vos données à cause d'une manipulation hasardeuse.

Au moment de faire votre choix, réfléchissez à ce dont vous avez véritablement besoin à court terme. Inutile d'acheter aujourd'hui le logiciel dont vous aurez peut-être besoin dans deux ans : d'ici là, les éditeurs en auront certainement sorti de meilleurs et de moins chers. De plus, des solutions sont toujours possibles pour faire évoluer votre logiciel vers une version plus performante sans perdre vos données ou pour y adjoindre des modules complémentaires.

Faites votre apprentissage progressivement

Tout au long de ce livre, nous avons essayé de vous démontrer que la comptabilité n'était pas aussi compliquée qu'elle en avait l'air : une bonne dose de rigueur et une pincée de logique vous seront bien plus utiles que des connaissances techniques approfondies. Toutefois, il ne faut pas non plus pécher par excès de confiance et vous lancer trop rapidement dans des tâches complexes telles que la gestion de la paie ou l'élaboration de votre liasse fiscale.

Mieux vaut avancer progressivement, en commençant par les tâches les plus simples, puis en élargissant votre champ d'action au fur et à mesure que votre maîtrise des techniques comptables se développera. Durant les premiers mois, vous vous contenterez d'enregistrer les factures clients et fournisseurs, les autres écritures étant confiées à votre expert-comptable. Vous pourrez ainsi sereinement vous familiariser avec les mécanismes comptables, les numéros de comptes et le fonctionnement de votre logiciel.

Ensuite, vous vous lancerez dans la comptabilisation des autres opérations courantes (remboursements d'emprunts, salaires, etc.) et, à la fin de l'année, vous serez fin prêt pour les écritures d'inventaire. Par mesure de prudence, vous demanderez à un expert-comptable d'effectuer une révision de vos enregistrements (autrement dit un contrôle) et d'établir vos comptes annuels ainsi que votre déclaration fiscale. N'hésitez pas à vous faire expliquer vos éventuelles erreurs : c'est la seule façon d'être sûr de ne pas les commettre à nouveau.

Enfin, l'année suivante, vous pourrez tenter d'établir vos comptes vous-même, sur le même modèle que ceux réalisés l'année précédente par l'expert-comptable. Celui-ci restera tout de même à vos côtés : pour valider vos déclarations fiscales et sociales et vous conseiller.

N'hésitez pas à vous faire conseiller

Savoir s'entourer d'experts compétents fait partie des qualités d'un bon dirigeant. Non seulement vous ne pouvez pas exceller dans tous les domaines en même temps mais, pris dans le tourbillon des responsabilités quotidiennes, vous risquez aussi de manquer de recul. N'hésitez pas à demander l'opinion de votre banquier qui vous donnera un avis éclairé et prudent sur la structure financière de votre entreprise ou sur le financement de vos projets. Vous aurez également intérêt à rencontrer d'autres chefs d'entreprises pour échanger des idées, des conseils et les coordonnées de professionnels compétents : avocats, experts-comptables, etc.

Ne soyez pas rebuté par les honoraires pratiqués par ces derniers : il ne s'agit pas d'une dépense inutile, bien au contraire ! Les conséquences d'une déclaration fiscale ou sociale erronée peuvent être catastrophiques pour une entreprise. Or il s'agit de domaines particulièrement complexes et mouvants et seul un véritable professionnel pourra vous conseiller efficacement sur les règles à respecter et leurs nombreuses exceptions. Un bon expert-comptable pourra également vous signaler des dispositifs d'exonérations fiscales ou d'aides publiques dont vous ignoriez l'existence, rentabilisant ainsi amplement le coût de son intervention.

Prenez un temps de réflexion avant de comptabiliser une écriture

De même que la sagesse populaire recommande de tourner sept fois sa langue dans sa bouche avant de parler, nous vous conseillons de prendre un temps de réflexion avant de valider vos enregistrements. Demandez-vous si ceux-ci vont bien avoir l'effet escompté sur vos comptes annuels :

- Une somme inscrite au débit augmente les comptes d'actifs et de charges et diminue les comptes du passif et de produits.
- Une somme inscrite au crédit diminue les comptes d'actifs et de charges et augmente les comptes du passif et de produits.

Vérifiez également que l'impact sur le résultat est bien celui attendu :

- L'inscription d'une somme au débit d'un compte de classe 6 ou 7 diminue le résultat de l'exercice.
- L'inscription d'une somme au crédit d'un compte de classe 6 ou 7 augmente le résultat de l'exercice.
- Les sommes inscrites dans des comptes de classe 1 à 5 n'ont aucun impact sur le résultat de l'exercice.

- La même somme inscrite à la fois au débit et au crédit de comptes de classe 6 ou 7 n'a aucun impact sur le résultat de l'exercice, les deux enregistrements s'annulant mutuellement.

De nombreuses erreurs pourraient être évitées si l'on se posait régulièrement ces quelques questions, en particulier pour les écritures inhabituelles : virement d'un écart en pertes et profits, écriture d'inventaire, etc. Une fois que vous aurez pris l'habitude de cette « gymnastique », elle deviendra un automatisme et ne vous ralentira plus dans votre saisie. Bien au contraire : vous éviterez de perdre du temps par la suite à rechercher et corriger vos erreurs.

Usez et abusez des moyens de recoupement

Le principe de la partie double offre de nombreux moyens de vérification de vos écritures : chaque transaction donnant lieu à au moins deux enregistrements, les possibilités de contrôle sont doublées. N'hésitez pas à les utiliser au maximum : il est beaucoup plus facile de corriger une erreur lorsque celle-ci est décelée immédiatement que si vous la cherchez désespérément au milieu d'une année entière d'enregistrements.

Vous pouvez en particulier vérifier vos écritures les unes par rapport aux autres :

- Deux écritures de ventes doivent être similaires
- La comptabilisation d'une facture et celle d'un avoir doivent être symétriques : mêmes comptes mais côté opposé
- L'enregistrement du règlement d'une dette doit faire intervenir le même compte (mais du côté opposé) que la transaction qui a vu la naissance de la dette : facture fournisseur, déblocage d'un emprunt bancaire, écriture de paie pour les dettes sociales, etc.

À chaque fois que vous en aurez l'occasion, vous devrez également rapprocher votre comptabilité des documents extérieurs reçus :

- À la réception d'un extrait de compte envoyé par un fournisseur, vérifiez qu'il indique la même somme que le solde du compte fournisseur en question (une inversion de sens étant tout à fait normale).
- Lors de l'élaboration d'un bordereau de déclaration sociale, contrôlez que la somme à payer correspond au solde créditeur du compte de l'organisme social concerné.
- À la réception d'un relevé de banque, établissez sans tarder un rapprochement avec le solde du compte « 512. Banque ».

- À chaque inventaire de caisse, assurez-vous que le solde débiteur du compte « 53. Caisse » est identique au résultat de votre comptage.
- Après avoir comptabilisé une mensualité d'emprunt, vérifiez que le solde créditeur du compte « 16. Emprunts et dettes assimilées » correspond bien à la somme restant à rembourser selon l'échéancier annexé à votre contrat.
- Etc.

Vérifiez régulièrement vos soldes comptables

Les travaux de révision comptable doivent être effectués au moins une fois par an mais nous vous conseillons de les réaliser plus régulièrement. Non seulement vous allégerez ainsi vos travaux de clôture, mais vous pourrez aussi vous appuyer sereinement sur vos données comptables tout au long de l'année : le solde de votre compte bancaire reflétera fidèlement la somme disponible pour régler vos achats et vous ne courrez pas le risque de réclamer le règlement d'une facture à un client qui vous a déjà payé.

Le rapprochement de banque doit impérativement être établi à chaque fois que vous recevez votre relevé. La caisse sera quant à elle contrôlée tous les jours si votre activité entraîne de nombreuses manipulations d'espèces (commerces de vente au détail en particulier) et tous les mois dans le cas contraire. Quant aux comptes clients et fournisseurs, ils peuvent être analysés tous les deux mois, en alternance : un mois vous contrôlerez les soldes clients et le mois suivant les soldes fournisseurs. Vous pouvez également éditer une balance générale chaque trimestre et étudier rapidement les autres soldes comptables comme indiqué dans le chapitre 16.

Si votre logiciel vous propose des clôtures mensuelles, vous utiliserez cette fonctionnalité pour verrouiller les mois contrôlés : toute saisie deviendra alors impossible sur les périodes clôturées et vous aurez ainsi la certitude que les soldes que vous avez vérifiés ne seront pas modifiés par un enregistrement ultérieur.

Anticipez les échéances comptables et fiscales

L'élaboration d'une déclaration fiscale ou des comptes annuels est un travail long et délicat. N'attendez pas le dernier moment pour vous y attaquer. Non seulement vous risqueriez de ne pas pouvoir respecter les délais impartis (les pénalités de retard de l'administration fiscale s'élèvent tout de même à 10 %) mais vous seriez sans doute amené à bâcler la tâche et à produire des documents dont le manque de fiabilité pourrait vous coûter cher en cas de contrôle. En effet, c'est souvent à l'occasion de ce type d'opérations que l'on découvre des soldes anormaux ou des chiffres incohérents : il faut donc prévoir un délai suffisant pour les analyser et les corriger.

Nous vous conseillons d'anticiper autant que possible ces travaux, sans oublier les tâches en amont. Par exemple, si vous devez envoyer votre déclaration de TVA pour le 21 du mois, pensez à vous y mettre quatre ou cinq jours avant le délai fatidique et prévoyez surtout d'avoir terminé de saisir vos factures clients et fournisseurs avant le 15 du mois.

Pour les comptes annuels et la liasse fiscale, comptez au moins un mois de travail et n'hésitez pas à prendre rendez-vous à l'avance avec votre expert-comptable ; n'oubliez pas que vous n'êtes pas son seul client, surtout si vous clôturez vos comptes au 31 décembre.

Gardez ce livre à portée de main

Enfin, dernière recommandation : gardez toujours ce livre à portée de main. En cas d'hésitation, vous pourrez vous y référer pour vérifier comment enregistrer une opération à laquelle vous n'êtes pas habitué (un crédit de TVA ou une cession d'immobilisation par exemple) et le guide pratique situé en annexe vous sera particulièrement utile pour enregistrer vos factures fournisseurs. Souvenez-vous : mieux vaut consacrer quelques minutes à rechercher le traitement comptable correct d'une opération que passer plusieurs heures à pointer des écarts pour retrouver l'origine d'une erreur…

Chapitre 19
Dix chantiers comptables

Dans ce chapitre :
- Les évolutions prévisibles des règles comptables
- Les réflexions en cours au sein des instances de normalisation comptable
- La difficulté de l'harmonisation internationale

La comptabilité est une discipline évolutive. Le principe de la partie double existe depuis le Moyen Âge et a su s'adapter, à chaque époque, aux évolutions de l'activité économique. Aujourd'hui encore, le droit comptable est en pleine mutation, sous l'influence combinée de l'harmonisation des normes internationales et du développement de la finance actionnariale. Fortement remise en question par les récents scandales financiers, la question de la fiabilité de l'information comptable est également au centre des débats.

L'amélioration de la qualité et de la fiabilité des données comptables

Le début des années 2000 a été marqué par plusieurs scandales financiers qui ont ébranlé la confiance des investisseurs. Ainsi, la société Enron, septième capitalisation mondiale en 2000, s'est brutalement effondrée lorsque les manipulations comptables auxquelles s'étaient livrés ses dirigeants ont été découvertes : le cours de l'action a chuté de 90 dollars à 1 dollar en quelques mois et 5 000 salariés non seulement ont été licenciés, mais ont aussi perdu l'essentiel de leur capital-retraite, celui-ci étant constitué principalement de titres de l'entreprise. Cette déconfiture a également entraîné la chute d'Arthur Andersen, commissaire aux comptes de la société, qui figurait parmi les cinq principaux réseaux d'audit comptable et financier de la planète.

D'autres affaires ont éclaté par la suite (WorldCom, Parmalat, etc.) incitant les pouvoirs publics à durcir et compléter la législation en vigueur pour renforcer les garanties de fiabilité des comptes annuels. Aux États-Unis, la loi Sarbanes-

Oxley a été édictée, qui renforce la responsabilité personnelle des dirigeants et qui impose la mise en place d'un comité d'audit et d'un contrôle interne formel.

En France, la loi de sécurité financière (LSF) s'applique depuis 2003 et reprend les principaux points de la loi Sarbanes-Oxley :

- ✔ Responsabilité pénale accrue des dirigeants en cas de fraude comptable
- ✔ Renforcement du contrôle interne avec établissement d'un rapport formel présenté à l'assemblée générale des actionnaires
- ✔ Transparence des rémunérations allouées aux dirigeants (mention obligatoire dans le rapport de gestion pour les sociétés cotées)

Par ailleurs, le rôle des commissaires aux comptes avait été très fortement critiqué aux États-Unis dans la mesure où ceux-ci facturaient également d'importantes prestations de conseil aux entreprises qu'ils contrôlaient. En France, l'indépendance de cette profession est bien mieux assurée puisque le cumul de la fonction de commissaire aux comptes avec toute autre fonction rémunérée au sein de la même société est totalement interdit. De plus, afin de protéger le commissaire aux comptes de toute forme de pression, celui-ci est nommé par l'assemblée générale pour une période de six ans durant laquelle il ne peut pas être révoqué.

L'harmonisation internationale des règles comptables

« Vérité au deçà des Pyrénées, erreur au-delà », disait Blaise Pascal à propos de la relativité des lois et des coutumes. Cette remarque s'applique également à la comptabilité : même si le principe de la partie double est appliqué dans tous les pays à économie de marché, il existe néanmoins des divergences très nettes entre les règlementations nationales. Par exemple, le principe de prudence qui empêche de tenir compte des plus-values latentes en France ne s'applique pas aux États-Unis. De même, un bâtiment financé par crédit-bail figurera au bilan d'une entreprise britannique, mais ne figurera pas à celui d'une entreprise allemande. Quant à la numérotation des comptes telle que nous l'avons étudiée dans cet ouvrage, il s'agit d'une spécificité purement française.

Même si la réalité est un peu plus nuancée, on oppose généralement les pays anglo-saxons (États-Unis et Grande-Bretagne en tête) aux pays d'Europe continentale (essentiellement la France) :

- ✔ Pour les premiers, la comptabilité sert avant tout à éclairer les choix d'investissement des actionnaires : elle repose sur une vision essentiellement économique des opérations réalisées par l'entreprise.

> ✔ Pour les seconds, l'information comptable est destinée à de nombreuses catégories d'utilisateurs (banquiers, administration fiscale, représentants du personnel, etc.) : elle repose sur une vision juridique des opérations réalisées, parfois moins proche de la réalité économique mais qui a l'avantage de l'objectivité et de la neutralité.

Tant que les entreprises se finançaient sur leur territoire national, ces divergences ne posaient pas de problèmes. En revanche, à l'heure de la mondialisation des flux financiers, elles gênent la comparabilité des comptes et sont une source de complexité pour les entreprises qui, souhaitant faire appel à des capitaux étrangers, doivent établir plusieurs jeux de comptes (un pour satisfaire aux exigences légales de leur pays et un autre pour celles du pays où a lieu la souscription).

C'est pour cette raison que les instances européennes travaillent depuis longtemps à l'harmonisation des normes comptables des pays membres de l'Union. Dans un premier temps, elles ont cherché à établir un référentiel comptable commun qui serait venu préciser les directives existantes mais, aucun accord n'ayant été trouvé après de nombreuses années, il a finalement été décidé de s'en remettre au référentiel international IFRS. Ces règles sont élaborées par un organisme privé qui rassemble les professionnels et les utilisateurs de la comptabilité des différents pays à économie de marché (États-Unis, Europe mais aussi Canada, Japon, Australie, etc.). L'Union européenne se réserve toutefois le droit d'approuver ces normes avant de leur donner une force légale contraignante pour les entreprises des pays membres.

Pour l'instant, les normes internationales coexistent avec les normes nationales : le référentiel IFRS ne concerne que les comptes consolidés des sociétés cotées en Bourse, alors que le plan comptable général s'applique aux comptes individuels de toutes les entreprises françaises, ainsi qu'aux comptes consolidés des groupes non cotés en Bourse. Les sociétés faisant partie d'un groupe coté en Bourse doivent donc établir deux jeux de comptes : un pour les comptes « individuels » et l'autre pour la consolidation.

Il est prévu d'ici à quelques années que le référentiel IFRS s'applique à tous les comptes de toutes les entreprises. Aucune date contraignante n'a été fixée à ce jour et le calendrier initial qui prévoyait une entrée en vigueur entre 2007 et 2010 a été largement dépassé. Toutefois, le mouvement est inéluctable et, afin de faciliter la transition, le plan comptable général est progressivement modifié pour se rapprocher du contenu des normes internationales.

La remise en cause de la connexion entre comptabilité et fiscalité

En France, le résultat comptable sert de base à la détermination de l'assiette imposable à l'impôt sur les sociétés ou sur le revenu. Même s'il existe quelques divergences, celles-ci sont traitées séparément dans la déclaration fiscale :

Résultat fiscal = Résultat comptable + Réintégrations (charges comptabilisées mais non déductibles) – Déductions (produits comptabilisés mais non imposables)

De ce fait, les importantes modifications comptables intervenues dans le cadre de la convergence internationale ont également une incidence fiscale. Le principe de la connexion entre les règles comptables et fiscales n'a pas été remis en cause mais quelques points particuliers peuvent poser problème dans la mesure où les règles fiscales évoluent avec un temps de retard sur les règles comptables. Ainsi, à ce jour, le traitement des dépenses de gros entretien sous forme de composant n'est pas admis fiscalement (voir chapitre 12) : les dotations aux amortissements correspondantes ne sont pas déductibles et doivent faire l'objet d'un ajustement extracomptable sur la déclaration fiscale. Il en est de même pour l'intégration des frais d'acquisition dans le coût des immobilisations.

Dans les années à venir, le recours aux normes comptables internationales aura pour effet de rendre le résultat comptable plus volatil et plus subjectif qu'il ne l'est à présent (voir ci-après le paragraphe sur la juste valeur). Cette volatilité ne sera sans doute pas du goût de l'administration fiscale et risque de remettre en cause les liens existant entre comptabilité et fiscalité.

Le choix entre la « juste valeur » et le principe de prudence

Même si les principes généraux de la comptabilité sont intemporels, leur application concrète n'en est pas moins marquée par le contexte économique. À l'époque de l'élaboration du plan comptable général, le financement des entreprises était essentiellement assuré par les banques, dont les besoins d'information ont fortement influencé la définition des principes comptables, en particulier le principe de prudence.

En lisant les comptes d'une entreprise, le banquier cherche avant tout une réponse à la question suivante : l'entreprise sera-t-elle en mesure de rembourser son emprunt ? Dans ce but, il va s'intéresser au patrimoine de celle-ci pour en connaître la valeur. Le principe de prudence a été élaboré afin d'éviter toute prise de risque au banquier car les chiffres du bilan reflètent une évaluation *a minima* du patrimoine de l'entreprise : les pertes potentielles ont été prises en compte mais les gains éventuels ne le sont pas. Cette convention présente également l'avantage d'empêcher la distribution hasardeuse de dividendes basés sur un bénéfice incertain.

La situation économique a évolué vers la fin du XXe siècle et le financement des entreprises est désormais assuré en grande partie par les places boursières, en particulier dans les pays anglo-saxons. Or les actionnaires ne recherchent pas la même information que les banquiers lorsqu'ils étudient des comptes : ils veulent pouvoir établir des comparaisons afin de déterminer les meilleurs placements pour leur argent. C'est en réponse à ce besoin qu'a été développée la notion de « juste valeur » présente dans les normes américaines et internationales (IFRS). Celle-ci est définie comme « le montant pour lequel un actif peut être échangé [...] entre deux parties volontaires et bien informées ». L'idée générale est donc de réévaluer chaque année les actifs de l'entreprise à leur valeur de marché ou, en l'absence de marché, selon une estimation de leur valeur d'échange (estimation des cash-flows actualisés, par exemple).

Le recours à la juste valeur permettrait de fournir une image plus fidèle du patrimoine de l'entreprise mais cette notion reste toutefois très controversée dans la mesure où elle fait intervenir une part importante de subjectivité dans les évaluations et où elle renforce la volatilité du résultat comptable en période de fluctuations boursières importantes : en période de croissance des marchés financiers, la valeur des actifs (notamment financiers) augmente, ce qui entraîne une augmentation de la valeur de l'entreprise... et inversement en période de chute des cours.

Le choix entre l'apparence juridique et la réalité économique

Au-delà des problèmes d'évaluation, les normes françaises et anglo-saxonnes s'opposent sur la vision même des transactions réalisées par l'entreprise. Le plan comptable général est attaché à l'apparence juridique des opérations (une vente est une vente, et une location est une location) alors que les normes américaines et internationales se préoccupent plus de leur finalité économique (certaines locations sont en fait un moyen de financer une acquisition).

Cette divergence apparaît clairement dans le traitement du crédit-bail, technique fréquemment utilisée par les entreprises pour financer l'acquisition d'un bâtiment ou de matériel industriel. Le principe consiste à faire acheter le bien en question par un organisme financier (le crédit-bailleur) avec lequel l'entreprise signe un contrat de location avec option d'achat. Celle-ci paie alors un loyer pendant une période de plusieurs années à la fin desquelles elle peut devenir propriétaire du bien loué moyennant une somme le plus souvent symbolique.

Pour les normes françaises, seule l'apparence juridique doit être prise en compte et l'opération doit être analysée comme une location : le bien faisant l'objet du contrat n'apparaît pas au bilan puisque l'entreprise n'en est pas propriétaire, et seule une charge de loyer est comptabilisée au compte de résultat. En revanche, selon les normes internationales, cette opération est assimilée à un financement par emprunt : le bien est présenté à l'actif parmi les immobilisations tandis qu'une dette financière équivalente est portée au passif – n'oubliez pas le sacro-saint équilibre comptable ! L'immobilisation est ensuite amortie comme si elle était la propriété de l'entreprise alors que le montant la redevance est traité comme une mensualité d'emprunt : une partie est affectée au remboursement de la dette et l'autre est assimilée à une charge d'intérêts.

Ici encore, l'harmonisation est en route et le rapport de force est trop inégal pour laisser un doute quant à son résultat final : la prise en compte de la réalité économique dans les normes comptables françaises n'est qu'une question de temps. Pour certains, il s'agit d'un progrès vers une meilleure information, alors que, pour d'autres, c'est une regrettable perte d'objectivité de l'information comptable…

Le traitement comptable des contrats à long terme

Le principe de séparation des exercices nécessite de régulariser les charges et les produits à cheval sur deux exercices comptables : marchandises facturées mais non encore livrées, prime d'assurance facturée d'avance, etc. Le problème du rattachement des opérations réalisées à un exercice comptable est encore plus délicat pour les entreprises dont le cycle de production excède l'exercice comptable, comme c'est le cas dans le secteur du bâtiment et des travaux publics ou dans les sociétés d'ingénierie.

Plusieurs méthodes de comptabilisation sont envisageables pour un chantier en cours à la date de clôture :

- La méthode de l'achèvement consiste à rattacher les charges et les produits à l'exercice durant lequel le chantier est achevé : tant que le chantier est en cours, les factures reçues et émises ne sont pas enregistrées au compte de résultat mais dans des comptes d'attentes du bilan (stock de travaux en cours pour les factures fournisseurs et produits constatés d'avance pour les factures clients).

✔ La méthode de l'avancement consiste à rattacher les charges et produits relatifs au chantier au prorata de son avancement : si un chantier est réalisé à 70 % à la date de clôture, l'entreprise constatera 70 % des charges et des produits prévisionnels dans son compte de résultat. Dans le cas (hautement probable) où le montant des factures émises et reçues diffère de la somme à intégrer au compte de résultat, celui-ci sera ajusté par le biais des écritures de charges et produits constatés d'avance ou à payer (voir chapitre 14).

Dans tous les cas, le principe de prudence impose d'anticiper une éventuelle perte à terminaison dans sa totalité dès le moment où elle devient probable, sans tenir compte du stade d'avancement du chantier.

La méthode du produit net partiel a été supprimée lors de la révision du plan comptable général en 1999 : les entreprises françaises n'ont donc plus le choix qu'entre la méthode de l'achèvement et celle de l'avancement. La première présente l'avantage d'être plus prudente et objective (le chiffre d'affaires et le résultat ne sont pris en compte que lorsqu'ils sont certains et facturés) alors que la seconde est sans doute plus proche de la réalité économique mais laisse une part importante aux estimations.

Les normes internationales, quant à elles, imposent la méthode de comptabilisation à l'avancement dans la quasi-totalité des cas. Afin de préparer la convergence, le plan comptable général considère déjà cette méthode comme « préférentielle », ce qui signifie que les entreprises peuvent l'adopter sans avoir besoin de se justifier, et que ce choix est irréversible.

Le traitement comptable des engagements de retraites

Selon l'Autorité des marchés financiers (AMF), la problématique des engagements de retraite est une de celles qui sont susceptibles d'avoir les impacts les plus importants sur les comptes des sociétés françaises lors du passage aux IFRS.

En l'état actuel de la législation, les entreprises françaises ne sont pas obligées de constituer une provision pour couvrir les indemnités de départ en retraite qu'elles risquent de devoir verser à leurs salariés : une simple mention dans l'annexe suffit. En revanche, selon les normes internationales, la comptabilisation d'une provision est obligatoire et doit se faire de façon étalée sur la carrière du salarié.

Le calcul de l'engagement est réalisé de la façon suivante pour un salarié:

- Tout d'abord, on estime le montant de l'indemnité à laquelle le salarié aura droit au moment de son départ en retraite (I).
- Puis on évalue la probabilité que le salarié touche effectivement cette indemnité, c'est-à-dire qu'il soit toujours vivant et présent dans la société arrivé à l'âge de la retraite (P).
- Enfin, on recense le nombre d'années déjà passées dans l'entreprise (A1) ainsi que le nombre d'années à y passer jusqu'au départ en retraite (A2).

Le montant de l'engagement est alors obtenu par la formule suivante:

Engagement à provisionner = I X P X A1/(A1 + A2)

Prenons l'exemple d'un salarié présent depuis trois ans dans une entreprise: il devrait prendre sa retraite dans dix ans et toucher 10 000 € au moment de son départ. On estime la probabilité de toucher cette somme à 90 %. L'engagement de retraite s'élève à 10 000 X 0,9 X 3/13 = 2 076,92 €.

Ici encore, le sens de l'harmonisation est inéluctable, et la constitution d'une provision est déjà considérée comme une méthode préférentielle par le plan comptable général.

La définition des charges activables

La distinction entre une charge et un élément d'actif n'est pas toujours dénuée d'ambigüités. Si le salaire d'une secrétaire est indéniablement une charge et l'achat d'une machine outil un investissement, la rémunération d'un chercheur ou le lancement d'une campagne de publicité institutionnelle sont plus délicats à définir :

- Par nature, il s'agit de charges puisque le travail ou la prestation fournis ont été irrémédiablement consommés.
- Mais cette consommation est engagée dans le but de procurer des avantages futurs à l'entreprise et s'apparente donc à un investissement.

Le traitement de ce type de dépenses est un point particulièrement délicat en comptabilité et peut créer des distorsions importantes d'un pays à l'autre. Les normes comptables internationales sont très restrictives en matière de charges activables, alors que la législation française était plus permissive. Il était ainsi possible, il y a quelques années, de porter à l'actif et d'étaler sur plusieurs exercices les frais antérieurs au démarrage d'une installation industrielle (*charges différées*) ou le coût d'une campagne de publicité à caractère général (*charges à étaler*).

Une fois de plus, les normes françaises se rapprochent progressivement des normes internationales et les notions de charges différées et de charges à étaler ont été supprimées depuis l'année 2005. Il n'est à présent plus possible de porter à l'actif que les charges suivantes :

- Frais de développement
- Frais de constitution, de premier établissement ou d'augmentation de capital
- Frais de lancement d'un emprunt

Cette situation devrait évoluer dans les années à venir puisque les normes internationales ne reconnaissent pas les deux dernières catégories de charges activables. En revanche, la comptabilisation des frais de développement en immobilisation est une obligation selon les IFRS alors qu'elle est facultative selon le PCG.

L'adaptation des règles comptables aux PME

Actuellement, les normes IFRS ont vocation à s'appliquer à l'ensemble des entreprises sans distinction. Or les PME et les grands groupes n'ont ni les mêmes besoins en termes d'informations comptables et financières, ni les mêmes moyens humains et techniques pour appliquer le nouveau référentiel. C'est pourquoi l'organisme normalisateur travaille actuellement sur un projet de normes comptables simplifiées spécifiques aux PME.

Leur contenu n'est pas encore définitivement arrêté à l'heure où nous écrivons ces lignes mais le volume de ces normes devrait être considérablement réduit par rapport à la version actuelle des IFRS (la réduction annoncée est de 85 %). Les simplifications porteraient essentiellement sur les modalités d'évaluation. Ainsi, le recours à la juste valeur serait limité aux seuls cas où celle-ci peut être aisément déterminée par observation d'un marché existant : le portefeuille titres serait ainsi concerné mais l'outil industriel ne le serait pas. De plus, les PME seraient dispensées de fournir certaines informations requises dans la version intégrale des IFRS (information sectorielle et géographique notamment).

L'externalisation de la fonction comptable

Vous pensez que les vagues de délocalisation ne touchaient que l'industrie ? Eh bien, il n'en est rien : le développement des technologies de communication et de traitement de l'information a rendu possible l'externalisation de la fonction comptable et même parfois sa délocalisation dans des pays à bas salaires. Ainsi, la Lufthansa et Swissair ont transféré une partie de leur processus comptable en Inde depuis une dizaine d'années.

De façon plus générale, les évolutions technologiques nécessitent de redéfinir le rôle de chaque acteur de la fonction comptable et de repenser la coordination de leurs interventions afin de gagner en efficacité. Le temps où vous étiez bloqué en attendant la révision de votre expert-comptable est terminé. Celui des va-et-vient des pièces comptables aussi. Désormais, les logiciels permettent d'échanger des données en temps réel et de travailler à plusieurs sur les mêmes bases de données. Il ne reste plus qu'à modifier nos comportements pour bénéficier des opportunités offertes...

Sixième partie
Annexes

Dans cette partie...

Avant de nous quitter, voici quelques compléments qui vous seront certainement d'une grande utilité. Tout d'abord, un guide pratique de comptabilisation des factures. Les différents types d'achats y sont répertoriés par ordre alphabétique avec, pour chacun, des explications détaillées sur la façon correcte de les comptabiliser. Une aide précieuse, à consulter chaque fois que vous hésitez sur la comptabilisation d'une facture ! Ensuite, un glossaire des termes techniques : vous y apprendrez qu'un exercice signifie une année, qu'une machine-outil n'est pas une ressource mais un emploi, et qu'un solde débiteur pour le compte en banque ne signifie pas que l'entreprise est à découvert mais, au contraire, qu'elle dispose d'une réserve d'argent. Troublant, non ? Enfin, nous vous indiquerons quelques lectures intéressantes et des liens utiles pour trouver un expert-comptable, établir vos déclarations ou trouver la réponse à une question technique.

Annexe A
Guide technique de comptabilisation des factures

Dans cette annexe, nous avons recensé les différentes factures que vous pouvez avoir à enregistrer et nous les avons classées par ordre alphabétique. Pour chacune d'elles, nous vous indiquons chaque fois le schéma usuel de comptabilisation avec en particulier le numéro de compte à utiliser. Nous vous précisons également les éventuelles exceptions, ainsi que les éléments à prendre en considération au moment de la clôture des comptes.

L'utilisation de ce guide est extrêmement simple : par exemple, si vous recevez une facture de votre avocat, vous chercherez la rubrique « Avocat » à la lettre A et vous y apprendrez que les honoraires de celui-ci s'enregistrent habituellement dans le compte « 6226. Honoraires », mais qu'il existe des exceptions pour les prestations liées à la création d'une société ou à l'acquisition d'un bien immobilier.

Le numéro de compte indiqué est celui correspondant au système développé, autrement dit au degré de détail le plus fin. Si vous relevez du système de base ou abrégé, vous avez parfaitement le droit de ne pas vous encombrer de tous ces chiffres et de vous contenter d'un compte plus court :

- « 622. Rémunérations d'intermédiaires et honoraires » pour le système de base
- « 62. Autres services extérieurs » pour le système abrégé

Nous supposerons enfin dans cette annexe que vous êtes assujetti à la TVA et que vous pouvez récupérer la taxe facturée par vos fournisseurs : les numéros de compte que nous vous indiquons sont destinés à recevoir le montant HT de la facture alors que la TVA sera comptabilisée dans un compte « 4456. TVA déductible ». Si tel n'est pas le cas, vous enregistrerez le montant TTC dans le compte indiqué, sans faire apparaître distinctement la TVA.

Abonnement : Les abonnements à des revues professionnelles ou à des services d'information sont des charges d'exploitation qui doivent être enregistrées au débit du compte « 618. Divers » au même titre que toutes les charges de documentation.

La période couverte par l'abonnement coïncide rarement avec l'année comptable et il est fréquent qu'une facture soit « à cheval » sur deux exercices comptables.

- ✔ Dans le cas où une partie de la facture concerne l'exercice suivant, celle-ci doit être retirée des charges et transférée à l'actif en charges constatées d'avance (compte « 486. Charges constatées d'avance »).
- ✔ Si au contraire la facture n'a pas été reçue au moment de la clôture, il convient d'en estimer le montant et de le provisionner en charges à payer (compte « 4081. Fournisseurs – Factures non parvenues »).

Affichage publicitaire : Voir *publicité*.

Affacturage : Les frais d'affacturage se décomposent en deux catégories :

- ✔ La partie correspondant aux intérêts versés (c'est-à-dire celle qui est calculée en fonction de la durée de l'escompte) est une charge financière à enregistrer au débit du compte « 661. Charges d'intérêt ».
- ✔ La partie correspondant à la rémunération de la prestation de l'organisme financier est une charge d'exploitation à enregistrer au débit du compte « 6225. Rémunérations d'affacturage ».

Attention à ne pas utiliser les comptes « 665. Escomptes accordés » ou « 765. Escomptes reçus », qui concernent les remises accordées aux clients ou reçues des fournisseurs pour un règlement anticipé.

Affranchissement : Les dépenses d'affranchissement sont des charges d'exploitation qui doivent être enregistrées au débit du compte « 626. Frais postaux et frais de télécommunication ».

Agent : Voir *commissions*.

Agios : Voir *services bancaires*.

Amendes : Les amendes sont des charges exceptionnelles qui doivent être enregistrées au débit du compte « 671. Charges exceptionnelles sur opérations de gestion ». S'il existe un risque d'amende au moment de la clôture des comptes, celui-ci doit être évalué et faire l'objet d'une provision pour risques (débit du compte « 687. Dotations aux amortissements et provisions – Charges exceptionnelles » et crédit du compte « 151. Provisions pour risques »).

Attention : les amendes versées ne sont pas déductibles du résultat imposable. Elles devront donc être « réintégrées » lors du calcul du résultat fiscal.

Assurance : Les primes d'assurance sont des charges d'exploitation qui doivent être enregistrées au débit du compte « 616. Primes d'assurance ». Ce compte peut éventuellement être détaillé de façon plus approfondie pour distinguer l'assurance multirisque, l'assurance transport, etc.

La période couverte par la prime d'assurance coïncide rarement avec l'année comptable et il est fréquent qu'une facture soit « à cheval » sur deux exercices comptables.

- ✔ Dans le cas où une partie de la facture concerne l'exercice suivant, celle-ci doit être retirée des charges et transférée à l'actif en charges constatées d'avance (compte « 486. Charges constatées d'avance »).
- ✔ Si au contraire la facture n'a pas été reçue au moment de la clôture, il convient d'en estimer le montant et de le provisionner en charges à payer (compte « 4081. Fournisseurs – Factures non parvenues »).

Cas particuliers :

- ✔ Les remboursements reçus de l'assurance sont des produits à comptabiliser au crédit d'un compte « 79. Transfert de charges ».
- ✔ Les frais d'assurance liés au transport d'une immobilisation doivent être incorporés dans le coût de l'immobilisation transportée et enregistrés dans le même compte de classe 2.

Avocat : Les honoraires d'avocat sont des charges d'exploitation qui doivent être enregistrées au débit du compte « 6226. Honoraires ».

Dans le cas où un avocat a réalisé un travail pour l'entreprise avant la fin de l'année comptable mais que sa facture n'a pas été reçue au moment de la clôture des comptes, il convient d'en estimer le montant et de le provisionner en charges à payer (compte « 4081. Fournisseurs – Factures non parvenues »).

Cas particuliers :

- ✔ Les honoraires d'avocat liés à l'acquisition d'une immobilisation (fonds commercial, par exemple) peuvent être inclus dans le coût d'acquisition de l'immobilisation concernée. Il ne s'agit toutefois que d'une possibilité et non d'une obligation.
- ✔ Les honoraires d'avocat liés à une opération sur le capital de l'entreprise (constitution en société, par exemple) peuvent être comptabilisés en immobilisations incorporelles dans le compte « 2011. Frais de constitution ». Ils seront ensuite amortis sur une durée maximale de cinq ans. Il ne s'agit toutefois que d'une possibilité et non d'une obligation.
- ✔ Dans le cas où l'entreprise est attaquée en justice, il est possible de constituer une provision pour risques (compte « 1511. Provisions pour litiges ») incluant le montant estimé des frais d'avocat, même lorsque celui-ci n'a encore réalisé aucun travail.

Bâtiment : L'achat d'un bâtiment s'enregistre dans un compte d'immobilisations « 213. Constructions ». Les frais liés à l'acquisition peuvent, au choix, être enregistrés dans ce même compte ou dans un compte de charges (« 6226. Honoraires » pour les honoraires et « 635. Autres impôts, taxes et versements assimilés » pour les droits de mutation).

Boissons et denrées alimentaires : La comptabilisation des achats de boissons et denrées alimentaires dépend de l'usage qui va en être fait :

- Les boissons et denrées destinées à être revendues en l'état (commerce de gros ou de détail) sont comptabilisées au débit du compte « 607. Achats de marchandises ».
- Les boissons et denrées destinées à être servies dans le cadre d'un repas (activité de restauration) sont comptabilisées au débit du compte « 601. Achats de matières premières ».
- Les boissons et denrées destinées aux clients reçus dans les locaux de l'entreprise sont comptabilisées au débit du compte « 625. Déplacements, missions et réceptions ».

En fin d'année, les stocks de boissons et denrées destinées à être revendues en l'état ou à être servies en restaurant doivent être inventoriés et faire l'objet d'une écriture de variation de stocks (voir chapitre 14), alors que les stocks de boissons et denrées destinées à rafraîchir les clients peuvent être transférés en charges constatées d'avance (compte « 486. Charges constatées d'avance ») si leur montant est important.

Brevet : L'achat d'un brevet s'enregistre dans un compte d'immobilisations incorporelles « 205. Concessions et droits similaires, brevets, licences, marques, logiciels, droits et valeurs similaires ».

Les frais liés à l'acquisition peuvent, au choix, être également enregistrés dans ce même compte ou dans un compte de charges (« 6226. Honoraires » pour les honoraires et « 635. Autres impôts, taxes et versements assimilés » pour les droits de mutation).

Bureau : Voir *matériel de bureau, mobilier de bureau ou fournitures administratives*.

Cadeaux à la clientèle : Voir *publicité*.

Carburant : Les achats de carburant sont des charges d'exploitation qui doivent être enregistrées au débit du compte « 606. Achats non stockés de matières et fournitures », quelle que soit la façon dont le règlement a été effectué (achat direct par l'entreprise ou remboursement sur une note de frais).

Il convient d'être particulièrement vigilant en ce qui concerne la TVA déductible car les règles en la matière sont complexes :

- La TVA sur les achats d'essence n'est jamais récupérable et vous devez enregistrer le montant TTC en charges.
- La TVA sur les achats de gazole est déductible à hauteur de 80 % pour les véhicules de tourisme et de 100 % pour les utilitaires.

Catalogues : Voir *publicité*.

Charges locatives et de copropriété : Les charges locatives et de copropriété sont des charges d'exploitation qui doivent être enregistrées au débit du compte « 614. Charges locatives et de copropriété », à l'exception des éventuelles taxes locales refacturées par le propriétaire qui devront être comptabilisées au débit du compte « 635. Autres impôts, taxes et versements assimilés ».

En fin d'année, vous devrez transférer les éventuelles factures reçues à l'avance en charges constatées d'avance ou enregistrer une charge à payer pour les éventuelles factures manquantes. De la même façon, vous devrez estimer le montant de la régularisation attendue au titre de l'année écoulée et comptabiliser celle-ci selon un schéma similaire (charges constatées d'avance si vous attendez une régularisation en votre faveur et charges à payer dans le cas contraire).

Colloques : Les frais de colloques, séminaires ou conférences sont des charges d'exploitation à enregistrer au débit du compte « 6185. Frais de colloques, séminaires, conférences ».

Combustibles : Les achats de combustibles sont des charges d'exploitation qui doivent être enregistrées au débit du compte « 606. Achats non stockés de matières et fournitures ». Comme l'indique son intitulé, le compte « 60221. Combustibles » est également destiné à recevoir ce type d'achats, mais nous vous déconseillons son utilisation car elle implique des contraintes plus lourdes, en particulier l'obligation de réaliser un inventaire physique des stocks de combustibles au moment de la clôture.

Commissaire aux comptes : Les honoraires de votre commissaire aux comptes sont des charges d'exploitation qui doivent être enregistrées au débit du compte « 6226. Honoraires ».

Commissions : Les commissions versées à des intermédiaires indépendants sont des charges d'exploitation qui doivent être enregistrées au débit du compte « 6221. Commissions et courtages sur achats » ou « 6222. Commissions et courtages sur ventes ».

En revanche, les commissions versées à des vendeurs salariés sont des éléments de salaires qui doivent être comptabilisées dans des comptes de charges de personnel (voir chapitre 12).

Le montant des commissions dues mais non encore facturées au moment de la clôture des comptes doit être estimé et provisionné en charges à payer (compte « 4081. Fournisseurs – Factures non parvenues » pour les indépendants et « 428. Personnel charges à payer » pour les salariés). Sont considérées comme dues toutes les commissions relatives à une opération réalisée avant la date de clôture, même si le contrat prévoit un paiement décalé.

Cas particuliers :

- Les commissions versées à l'occasion de l'acquisition d'une immobilisation (fonds commercial, par exemple) peuvent être incluses dans le coût d'acquisition de l'immobilisation concernée.
- Les commissions versées à l'occasion d'une opération sur le capital de l'entreprise (constitution en société, par exemple) peuvent être comptabilisées en immobilisations incorporelles dans le compte « 2011. Frais de constitution ». Elles seront ensuite amorties sur une durée maximale de cinq ans.

Conférences : Voir *colloques*.

Consommables : Les achats de consommables sont des charges d'exploitation qui doivent être enregistrées au débit du compte « 602. Achats stockés – Autres approvisionnements ». Ce compte doit être utilisé même si les matières sont stockées dans l'attente d'une utilisation ultérieure : les stocks résiduels ne seront ajustés qu'au moment de la clôture des comptes.

Consultants : Les honoraires des consultants sont des charges d'exploitation qui doivent être enregistrées au débit du compte « 6226. Honoraires ».

Cotisations : Les cotisations versées (à un organisme professionnel, par exemple) sont des charges d'exploitation qui doivent être enregistrées au débit du compte « 6281. Concours divers (cotisations…) ».

Crédit-bail : Les redevances de crédit-bail sont des charges d'exploitation qui doivent être enregistrées au débit du compte « 612. Redevances de crédit-bail ». Ce compte peut éventuellement être détaillé de façon plus poussée pour distinguer les redevances portant sur des biens mobiliers (6122) ou immobiliers (6125).

La période couverte par la redevance coïncide rarement avec l'année comptable et il est fréquent qu'une facture soit « à cheval » sur deux exercices comptables.

- Dans le cas où une partie de la facture concerne l'exercice suivant, celle-ci doit être retirée des charges et transférée à l'actif en charges constatées d'avance (compte « 486. Charges constatées d'avance »).
- Si au contraire la facture n'a pas été reçue au moment de la clôture, il convient d'en estimer le montant et de le provisionner en charges à payer (compte « 4081. Fournisseurs – Factures non parvenues »).

De plus, des informations sur les contrats de crédit-bail doivent être données dans l'annexe : valeur du bien, amortissements tels qu'ils auraient été pratiqués si le bien avait été acheté, redevances payées et restant à payer, ainsi que le prix résiduel du bien (pour les entreprises relevant du système abrégé, seul le montant des redevances restant à payer est à fournir).

Annexe A : Guide technique de comptabilisation des factures

Denrées alimentaires : Voir *boissons et denrées alimentaires*.

Dons : Les dons versés doivent être distingués selon leur importance : les dons de faible montant sont des charges d'exploitation et s'enregistrent dans le compte « 6238. Divers (pourboires, dons courants…) », alors que les versements plus importants sont des charges exceptionnelles et doivent être enregistrées au débit du compte « 671. Charges exceptionnelles sur opérations de gestion ».

Documentation : Les achats de documentations techniques ou générales sont des charges d'exploitation qui doivent être enregistrées au débit du compte « 618. Divers ».

Droit au bail : Le droit au bail payé au précédent locataire d'un local que vous reprenez est une immobilisation incorporelle à enregistrer au débit du compte « 206. Droit au bail ». Dans l'état actuel de la réglementation, il n'est pas obligatoire d'amortir le droit au bail, même si cette pratique est autorisée.

En fin d'année, vous devrez vous renseigner sur l'évolution de la valeur de ce droit (auprès d'un agent immobilier, par exemple) afin de vérifier s'il est nécessaire de comptabiliser une dépréciation.

Droits de douane : Les droits de douane payés lors de l'importation de biens sont des charges d'exploitation à enregistrer au choix (voir chapitre 9) :

- Au débit du compte « 635. Autres impôts, taxes et versements assimilés ».
- Au débit du compte « 608. Frais accessoires d'achat ».
- Au débit du compte « 601. Achats stockés – Matières premières » ou « 607. Achats de marchandises », selon la nature des biens importés.

Droit d'entrée : Le droit d'entrée payé pour intégrer un réseau de franchise est une immobilisation incorporelle à enregistrer au débit du compte « 205. Concessions et droits similaires, brevets, licences, marques, logiciels, droits et valeurs similaires ». Ce montant sera ensuite amorti sur la durée probable de la franchise.

En revanche, les redevances versées ultérieurement sont des charges d'exploitation à comptabiliser au débit du compte « 651. Redevances pour concessions, brevets, licences, marques et valeurs similaires ».

Eau, gaz, électricité : Les achats d'eau et d'énergie sont des charges d'exploitation qui doivent être enregistrées au débit du compte « 6061. Fournitures non stockables (eau, énergie…) ».

Électricité : Voir *eau, gaz, électricité*.

Emballages : Le numéro de compte à utiliser dépend de la nature des emballages achetés :

- S'il s'agit d'emballages destinés à servir de façon durable à l'activité de l'entreprise (des fûts ou des palettes, par exemple), ceux-ci doivent être enregistrés au débit d'un compte d'immobilisations (« 2186. Emballages récupérables »).
- Les emballages perdus seront quant à eux comptabilisés en charges de l'exercice dans le compte « 606. Achats non stockés de fournitures ». Le compte « 6026. Emballages » est également destiné à recevoir ce type d'achats, mais nous vous déconseillons son utilisation car elle implique des contraintes plus lourdes, en particulier l'obligation de réaliser un inventaire physique des stocks d'emballages au moment de la clôture.

Cas particulier : les emballages consignés ne sont pas considérés comme des achats car, d'un point de vue juridique, le montant de la consigne est un dépôt de garantie. Il sera enregistré au débit du compte « 4096. Fournisseurs – Créances pour emballages et matériels à rendre ». Ce même compte sera soldé (crédité) par la suite lorsque l'emballage sera restitué et la consigne remboursée.

Energie : Voir *eau, gaz, électricité*.

Entretien et réparations : Les dépenses d'entretien et de réparations courantes sont des charges d'exploitation qui doivent être enregistrées au débit du compte « 615. Entretien et réparations ».

Cas particuliers : les dépenses de gros entretien et grosses réparations peuvent être étalées sur plusieurs exercices comptables, soit par le biais de l'amortissement par composants, soit par celui d'une provision pour risques (voir chapitre 12).

Expert-comptable : Les honoraires de votre expert-comptable sont des charges d'exploitation qui doivent être enregistrées au débit du compte « 6226. Honoraires ».

Foires, salons, expositions : Voir *publicité*.

Formation : Les dépenses de formation doivent être distinguées selon qu'elles peuvent ou non être défalquées sur la déclaration annuelle de formation professionnelle continue :

- Les dépenses imputables sur la taxe doivent être enregistrées au débit du compte « 633. Impôts, taxes et versements assimilés sur rémunérations ».
- Les autres dépenses seront enregistrées selon leur nature : compte « 622. Rémunérations d'intermédiaires et honoraires » pour la facture du formateur et « 625. Déplacements, missions et réceptions » pour ses frais.

Fournitures administratives : Les achats de fournitures administratives sont des charges d'exploitation qui doivent être enregistrées au débit du compte « 6064. Fournitures administratives ». En fin d'année, les fournitures non consommées doivent être retirées des charges et portées à l'actif en charges constatées d'avance (compte « 486. Charges constatées d'avance »). Cette écriture ne se justifie toutefois que pour des montants importants, c'est-à-dire uniquement si les armoires débordent de calculatrices, agrafeuses ou feutres inutilisés.

Cas particuliers :

- ✔ Les fournitures administratives peuvent également être enregistrées dans le compte « 60225. Fournitures de bureau », mais nous vous déconseillons son utilisation car elle implique des contraintes plus lourdes, en particulier l'obligation de réaliser un inventaire physique des stocks de fournitures au moment de la clôture.
- ✔ Dans le cas où l'achat et la vente de fournitures constituent l'objet de l'activité de l'entreprise (commerce de gros ou de détail d'articles de bureau), les factures d'achat doivent être comptabilisées dans le compte « 607. Achats de marchandises ».

Frais bancaires : Voir *services bancaires*.

Gaz : Voir *eau, gaz, électricité*.

Hôtel, restaurant : Les notes d'hôtel et de restaurant sont des charges d'exploitation qui doivent être enregistrées au débit du compte « 625. Déplacements, missions et réceptions ».

Cas particulier : les frais de restauration et d'hébergement liés à la mise en place d'une immobilisation (installateurs d'une machine-outil, techniciens d'une société informatique, etc.) doivent être intégrés dans le coût de l'immobilisation et enregistrés dans le même compte de classe 2 que celle-ci.

Insertions publicitaires : Voir *publicité*.

Intérim : Voir *personnel intérimaire*.

Libéralités : Voir *dons*.

Licences d'utilisation : Les redevances versées en contrepartie du droit d'utiliser un brevet ou une marque sont des charges d'exploitation qui doivent être enregistrées au débit du compte « 651. Redevances pour concessions, brevets, licences, marques et valeurs similaires ».

Livraison : Voir *transport*.

Logiciels : Les achats de logiciels sont des immobilisations incorporelles qui doivent être enregistrées au débit du compte « 205. Concessions et droits similaires, brevets, licences, marques, logiciels, droits et valeurs similaires ». Ils seront amortis sur leur durée d'utilisation prévue ou sur douze mois en vertu d'une mesure fiscale incitative.

Loyers : Les loyers versés sont des charges d'exploitation qui doivent être enregistrées au débit du compte « 613. Locations ». En fin d'année, vous devrez transférer les éventuelles factures reçues à l'avance en charges constatées d'avance ou enregistrer une charge à payer pour les factures manquantes.

Maintenance : Les dépenses de maintenance sont des charges d'exploitation qui doivent être enregistrées au débit du compte « 6156. Maintenance ».

Matériel de bureau : Les achats de petit matériel de bureau (agrafeuses, calculatrices, etc.) sont des charges d'exploitation qui doivent être enregistrées au débit du compte « 606. Achats non stockés de matières et fournitures ». Ce traitement est accepté pour tous les achats d'une valeur unitaire inférieure à 500 €, même lorsque leur durée d'utilisation prévue excède un exercice comptable (fax, photocopieuse, etc.).

En revanche, les achats destinés à être utilisés durablement et dont la valeur unitaire dépasse 500 € sont à comptabiliser en immobilisations dans le compte « 2183. Matériel de bureau et matériel informatique ». Ce traitement est également possible pour les achats durables de faible valeur, mais il ne s'agit alors pas d'une obligation.

Cas particulier : dans le cas où l'achat et la vente de matériel de bureau constituent l'objet de l'activité de l'entreprise (commerce de gros ou de détail d'articles de bureau), les factures d'achat doivent être comptabilisées dans le compte « 607. Achats de marchandises ».

Matériel industriel : Les achats de matériel industriel sont des immobilisations. Ils doivent être enregistrés au débit du compte « 215. Installations techniques, matériels et outillages industriels ». Ils seront amortis par la suite sur la durée d'utilisation prévue du matériel.

Cas particulier : dans le cas où l'achat et la vente de matériel industriel constituent l'objet de l'activité de l'entreprise (commerce de gros ou de détail de matériel industriel), les factures d'achat doivent être comptabilisées dans le compte « 607. Achats de marchandises ».

Matériel informatique : Les achats de matériel informatique sont des immobilisations qui doivent être enregistrées au débit du compte « 2183. Matériel de bureau et matériel informatique ». Le petit matériel d'une valeur unitaire inférieure à 500 € HT peut être comptabilisé dans ce même compte ou en charges de l'exercice dans le compte « 606. Achats non stockés de matières et fournitures ».

Cas particulier : dans le cas où l'achat et la vente de matériel de informatique constituent l'objet de l'activité de l'entreprise (commerce de gros ou de détail de matériel informatique), les factures d'achat doivent être comptabilisées dans le compte « 607. Achats de marchandises ».

Annexe A : Guide technique de comptabilisation des factures

Licences d'utilisation : Les redevances versées en contrepartie du droit d'utiliser un brevet ou une marque sont des charges d'exploitation qui doivent être enregistrées au débit du compte « 651. Redevances pour concessions, brevets, licences, marques et valeurs similaires ».

Marchandises : Les achats de marchandises (biens destinés à être revendus en l'état) sont des charges d'exploitation qui doivent être enregistrées au débit du compte « 607. Achats des marchandises ». Ce compte doit être utilisé même si les marchandises sont stockées dans l'attente d'une utilisation ultérieure : les stocks résiduels ne seront ajustés qu'au moment de la clôture des comptes.

Matières premières : Les achats de matières premières (biens destinés à être transformés par l'entreprise avant d'être revendus) sont des charges d'exploitation qui doivent être enregistrées au débit du compte « 601. Achats stockés – Matières premières ». Ce compte doit être utilisé même si les matières sont stockées dans l'attente d'une utilisation ultérieure : les stocks résiduels ne seront ajustés qu'au moment de la clôture des comptes.

Notaire : Les dépenses communément appelées « frais de notaire » doivent être distinguées selon leur nature :

- La part correspondant à la rémunération de la prestation du notaire doit être enregistrée au débit du compte « 6226. Rémunérations d'intermédiaires et honoraires ».
- La part correspondant aux taxes et droits divers perçus pour le compte de l'État doit être enregistrée au débit du compte « 635. Autres impôts, taxes et versements assimilés ».

Notes de frais : Les sommes remboursées aux salariés d'une entreprise sur la base d'une note de frais sont pour la plupart enregistrées au débit du compte « 625. Déplacements, missions et réceptions ». C'est le cas en particulier des frais engagés à l'occasion de la réception d'un client ou d'un déplacement professionnel : hôtel, restaurant, taxi, péage, transport, parking, etc.

Les autres frais sont enregistrés comme suit :

- Carburant : compte « 606. Achats non stockés de matières et fournitures ».
- Frais de téléphone : compte « 626. Frais postaux et frais de télécommunication ».
- Frais engagés à l'occasion d'un séminaire ou d'un colloque : compte « 6185. Frais de colloques, séminaires, conférences ».
- Remboursement de fournitures achetées pour le compte de l'entreprise : compte « 606. Achats non stockés de matières et fournitures ».

Papeterie : Voir *fournitures administratives*.

Pénalités : Voir *amendes*.

Personnel intérimaire et personnel détaché : Les factures de personnel intérimaire ou de personnel détaché sont des charges d'exploitation qui doivent être enregistrées au débit du compte « 621. Personnel extérieur à l'entreprise ».

Petit équipement : Voir *produits d'entretien*.

Poste : Voir *affranchissement*.

Pourboires : Les pourboires versés sont des charges d'exploitation qui doivent être enregistrées au débit du compte « 6238. Divers (pourboires, dons courants…) ».

Produits d'entretien : Les achats de produits d'entretien sont des charges d'exploitation qui doivent être enregistrées au débit du compte « 6063. Fournitures d'entretien et de petit équipement ». Le compte « 60222. Produits d'entretien » est également destiné à recevoir ce type d'achats, mais nous vous déconseillons son utilisation car elle implique des contraintes plus lourdes, en particulier l'obligation de réaliser un inventaire physique des stocks de produits au moment de la clôture.

Publicité : Les dépenses de publicité sont des charges d'exploitation qui doivent être enregistrées au débit du compte « 623. Publicité, publications, relations publiques ». Ce compte peut éventuellement être détaillé de façon plus approfondie pour distinguer les insertions publicitaires, les échantillons, les salons, les catalogues, etc.

Cas particulier : les dépenses de publicité engagées à l'occasion de l'ouverture d'un nouveau point de vente peuvent être enregistrées en immobilisations incorporelles dans le compte « 201. Frais d'établissement » et amorties sur une durée maximale de cinq ans.

Recrutement : Les frais de recrutement sont des charges d'exploitation à enregistrer dans le compte « 6284. Frais de recrutement de personnel ».

Redevance de crédit-bail : Voir *crédit-bail*.

Redevance de franchisage : Les redevances versées dans le cadre d'un contrat de franchise sont des charges d'exploitation à enregistrer au débit du compte « 651. Redevances pour concessions, brevets, licences, marques et valeurs similaires ». Dans le cas où la redevance est versée sous forme d'acomptes suivis d'une régularisation en début d'année suivante, elle devra être estimée et comptabilisée au moment de la clôture des comptes (charges constatées d'avance si vous attendez une régularisation en votre faveur ou charges à payer dans le cas contraire).

Cas particulier : l'éventuel droit d'entrée versé à la signature du contrat n'est pas une charge, mais une immobilisation incorporelle (voir *droit d'entrée*).

Réparations: Voir *entretien et réparations*.

Restaurant: Voir *hôtel, restaurant*.

Séminaires: Voir *colloques*.

Services bancaires: Les frais facturés par la banque se décomposent en deux catégories:

- Les sommes soumises à TVA (commissions, frais de tenue de compte, etc.) sont considérées comme des services et doivent être enregistrées au débit du compte « 627. Services bancaires et assimilés ».
- Les sommes non soumises à TVA (intérêts sur emprunt ou sur découvert) sont considérées comme des charges financières et doivent être enregistrées au débit du compte « 661. Charges d'intérêt ».

Les intérêts courus non encore facturés à la date de clôture doivent être estimés et provisionnés en charge à payer (compte « 1688. Intérêts courus » pour les emprunts et « 518. Intérêts courus » pour les découverts).

Sous-traitance: Les frais de sous-traitance se décomposent en deux catégories:

- La sous-traitance industrielle qui correspond à des tâches faisant partie du processus de production: elle s'enregistre au débit du compte « 604. Achats d'études et prestations de service ».
- La sous-traitance générale qui correspond à des fonctions administratives ou commerciales: elle s'enregistre au débit du compte « 611. Sous-traitance générale ».

Subventions: Les subventions accordées sont des charges exceptionnelles qui doivent être enregistrées au débit du compte « 671. Charges exceptionnelles sur opérations de gestion ».

Téléphone: Les factures de téléphone sont des charges d'exploitation qui doivent être enregistrées au débit du compte « 626. Frais postaux et frais de télécommunication ».

Transitaire: Les sommes versées aux transitaires doivent être distinguées selon leur nature:

- La part correspondant à la rémunération de la prestation du transitaire doit être enregistrée au débit du compte « 6224. Rémunérations des transitaires ».
- La part correspondant aux droits de douanes doit être enregistrée au débit du compte « 635. Autres impôts, taxes et versements assimilés ».
- La part correspondant à la TVA acquittée en douane pour le compte de l'entreprise doit être enregistrée au débit du compte « 44566. TVA déductible ».

Transport : Les frais de transport sont des charges d'exploitation à enregistrer au débit du compte « 624. Transports de biens et transports collectifs du personnel ». Ce compte peut éventuellement être détaillé de façon plus approfondie pour distinguer le transport sur achats, sur ventes, etc. Les dépenses liées au transport collectif du personnel sont également enregistrées dans ce compte.

Annexe B
Glossaire

Actif: Colonne de gauche du bilan qui présente les éléments positifs du patrimoine d'une entreprise: ce qu'elle possède.

Amortissement: Perte de valeur irréversible des immobilisations du fait de leur usure ou de leur obsolescence. Attention: l'amortissement figure au bilan et indique la perte de valeur cumulée alors que la *dotation aux amortissements* figure au compte de résultat et indique la perte de valeur durant l'exercice.

Amortissements dérogatoires: Amortissements ne correspondant pas à l'usure réelle d'une immobilisation mais comptabilisés dans le but de bénéficier de dispositions fiscales particulières.

À nouveau: Solde d'un compte au début d'une période (le plus souvent au début de l'exercice comptable).

Association agréée: Organisme à but non lucratif formé de professionnels de la comptabilité, ayant pour objectif de fournir aux professions libérales une aide technique en matière de gestion et de fiscalité et de les inciter à développer l'usage de la comptabilité.

Balance: Tableau comptable présentant les soldes des différents comptes à une date donnée.

Bilan: Tableau comptable présentant les éléments du patrimoine d'une entreprise à la date de clôture. Les éléments positifs figurent à gauche, à l'actif, et les dettes à droite, au passif. Les capitaux propres figurent également au passif et sont déterminés par la différence: actif − dettes.

Brouillard: Équivalent comptable d'un brouillon. Le brouillard regroupe les écritures qui ont été enregistrées mais qui n'ont pas été définitivement validées, et qui peuvent donc encore être modifiées.

Capital individuel: Valeur des biens apportés par l'exploitant individuel à la création de son entreprise et, par la suite, diminuée des prélèvements effectués et augmentée des résultats accumulés.

Capital social: Sommes apportées par les actionnaires à la société à la création ou ultérieurement lors d'une augmentation de capital.

Capitaux propres: Différence entre les éléments de l'actif et les dettes. Les capitaux propres reflètent la richesse d'une entreprise. Ils sont formés du capital (social ou individuel), des réserves et reports à nouveau, et du résultat de l'exercice.

Centralisation: Opération consistant à transférer dans les livres comptables légaux (livre journal et grand-livre) les totaux des opérations enregistrées dans les livres auxiliaires et dans les comptes auxiliaires.

Centre de gestion agréé: Organisme à but non lucratif formé de professionnels de la comptabilité, ayant pour objectif de fournir aux artisans et commerçants une aide technique en matière de gestion et de fiscalité.

Charge: Les charges reflètent les éléments consommés par l'activité d'une entreprise: achats de biens et services, frais de personnel, impôts et taxes, etc.

Classe: Ensemble de comptes commençant par le même chiffre. Par exemple, la classe 1 regroupe les comptes dont le numéro commence par 1.

Clôturer: Opération consistant à valider les écritures de l'exercice, à verrouiller la saisie sur l'exercice écoulé et à remettre à zéro les comptes de charges et produits.

Commissaire aux comptes: Professionnel de la comptabilité, titulaire du diplôme d'expertise comptable et inscrit à la Compagnie nationale des commissaires aux comptes. Il est chargé de contrôler les comptes des sociétés dans lesquelles il intervient.

Comptabilité analytique (ou industrielle): Technique qui consiste à analyser et à répartir les charges de la comptabilité générale afin de calculer le coût des produits et des services d'une entreprise.

Comptabilité générale: Technique qui consiste à enregistrer les transactions réalisées par l'entreprise, dans le but de fournir toute information utile relative à son patrimoine, à son activité et à sa situation financière.

Compte auxiliaire: Les comptes auxiliaires permettent de suivre dans le détail les créances et les dettes d'une entreprise, sans pour autant surcharger ses éditions comptables légales: à chaque client ou fournisseur correspond un compte auxiliaire, mais seuls les totaux des mouvements de ces comptes sont reportés en comptabilité générale lors des opérations de *centralisation*.

Compte de résultat: État comptable retraçant l'activité d'une entreprise durant un exercice comptable et expliquant la formation du résultat apparaissant au bilan. Il recense les produits et les charges d'une entreprise et fait apparaître le résultat de l'exercice par différence entre ces deux catégories.

Contrepasser: Enregistrer une écriture en sens inverse par rapport à une écriture préalablement enregistrée dans le but de l'annuler (les sommes précédemment inscrites au débit d'un compte sont portées à son crédit et inversement).

Consolidation: Technique consistant à élaborer les comptes d'un groupe de sociétés comme s'il s'agissait d'une seule entité. Les comptes consolidés sont obtenus par sommation des comptes individuels des différentes sociétés du groupe, après harmonisation des méthodes comptables utilisées et élimination des opérations internes au groupe.

Créance: Somme d'argent due à une entreprise par un client, un organisme public ou toute autre entité.

Crédit: Colonne de droite d'un compte, utilisée lorsque celui-ci correspond à la *ressource* mobilisée lors de l'opération à comptabiliser. Par exemple, lors d'un achat au comptant de fournitures, la somme payée est inscrite au crédit du compte « 512. Banques ».

Débit: Colonne de gauche d'un compte, utilisée lorsque celui-ci correspond au but de l'opération à comptabiliser, autrement dit à l'*emploi*. Par exemple, lors d'un achat au comptant de fournitures, la somme payée est inscrite au débit du compte « 606. Achats de fournitures ».

Dépréciation: Perte de valeur probable mais non certaine d'un élément d'actif (titres dont le cours de Bourse a baissé, créance douteuse, stock détérioré ou démodé, etc.). Attention: la dépréciation figure au bilan et indique la perte de valeur cumulée alors que la *dotation aux dépréciations* figure au compte de résultat et indique la perte de valeur durant l'exercice.

Dotation aux amortissements: Charge correspondant à l'augmentation de l'*amortissement* d'une immobilisation durant l'exercice comptable.

Dotation aux dépréciations: Charge correspondant à l'augmentation d'une *dépréciation* durant l'exercice comptable.

Dotation aux provisions: Charge correspondant à l'augmentation d'une *provision* durant l'exercice comptable.

Emploi: Lors de l'analyse d'une transaction en vue de sa comptabilisation, l'emploi correspond au but de l'opération, à ce qu'elle a permis à l'entreprise d'obtenir. Il figurera au débit de l'écriture comptable. Par exemple, lors d'un achat au comptant de fournitures, les fournitures représentent l'emploi qui a été fait de la trésorerie de l'entreprise.

Exercice: Un exercice correspond à une année comptable. Il a une durée de douze mois sauf cas particuliers (création d'entreprise ou changement d'actionnaire) mais ne coïncide pas obligatoirement avec l'année civile.

Expert-comptable: Professionnel de la comptabilité, titulaire du diplôme d'expertise comptable et inscrit à l'Ordre des experts-comptables. Il intervient à la demande du chef d'entreprise en tant que conseiller ou prestataire de service (tenue de compte, élaboration de la paie, etc.).

Extourner: Annuler une somme inscrite dans un compte en enregistrant une somme identique du côté opposé (débit pour une somme figurant au crédit et inversement).

Fonds propres: Voir *capitaux propres*.

Grand-livre: Livre comptable obligatoire présentant, pour chaque compte, les enregistrements comptabilisés au débit et au crédit.

IFRS (International Financial Reporting Standards): Normes comptables internationales. Les IFRS s'appliquent pour l'instant aux seuls comptes consolidés des sociétés cotées en Bourse mais elles influencent considérablement les évolutions récentes du *plan comptable général* (PCG).

Immobilisation: Actif détenu par l'entreprise et destiné à servir de façon durable à son activité. Il ne se consomme pas par le premier usage. Les immobilisations peuvent être corporelles (c'est-à-dire tangibles), financières (placements à long terme) ou incorporelles (brevets, logiciels, etc.).

Inventaire: Ensemble d'opérations consistant à s'assurer de l'existence et de la correcte valorisation des éléments du patrimoine d'une entreprise. L'inventaire comprend non seulement le comptage des stocks et de la caisse, mais aussi le recensement des risques potentiels (amortissements, dépréciations et provisions).

Inventaire physique: Comptage des stocks et de la caisse.

Journal: Livre comptable obligatoire dans lequel les écritures enregistrées sont présentées les unes à la suite des autres dans l'ordre chronologique.

Livre journal: Voir *Journal*.

Mise au rebut: Action de se séparer d'une immobilisation hors service ou obsolète sans la vendre. Désigne également la comptabilisation de cette opération.

Ordre des experts-comptables (OEC): Organisme professionnel regroupant les experts-comptables. Il définit les règles techniques et déontologiques de la profession, organise des formations et contribue à l'élaboration de la règlementation comptable.

Partie double: Principe qui consiste à comptabiliser deux enregistrements pour une même transaction, l'un reflétant la ressource qui a été mobilisée et l'autre indiquant l'usage qui en a été fait.

Passif: Colonne de droite du bilan qui présente les dettes d'une entreprise et ses capitaux propres.

Plan comptable général (PCG): Texte de loi fixant les règles applicables en matière de comptabilisation des opérations réalisées par une entreprise et de valorisation de son patrimoine. La liste des comptes figure dans le PCG mais elle n'en est qu'un élément parmi d'autres.

Produit: Les produits reflètent les ressources générées par l'activité d'une entreprise: ventes de biens et services, revenus des placements financiers, plus-values de cession, etc.

Provision: Perte de valeur probable mais non certaine d'un élément d'actif (titres dont le cours de Bourse a baissé, créance douteuse, stock détérioré ou démodé, etc.). Attention: la provision figure au bilan et indique le montant du risque existant à la date de clôture alors que la *dotation aux provisions* figure au compte de résultat et indique l'augmentation ou l'apparition du risque durant l'exercice.

Provisions réglementées: Provisions ne correspondant pas à un risque réel mais comptabilisées dans le but de bénéficier de dispositions fiscales.

Report à nouveau: Compte du passif dans lequel est enregistrée la part du résultat comptable que l'assemblée générale a décidé de reporter à nouveau, c'est-à-dire de ne pas distribuer dans l'immédiat tout en se conservant la possibilité de le faire dans les années à venir.

Reprise sur dépréciations: Produit correspondant à la diminution d'une *dépréciation* durant l'exercice comptable.

Reprise sur provisions: Produit correspondant à la diminution d'une *provision* durant l'exercice comptable.

Réserves: Compte du passif dans lequel est enregistrée la part du résultat comptable que l'assemblée générale a décidé de mettre en réserve, c'est-à-dire conserver dans l'entreprise pour financer ses investissements.

Résultat comptable: Le résultat comptable figure à la fois au bilan et au compte de résultat où il est calculé par différence entre les produits et les charges de l'exercice. Il correspond à la variation du patrimoine d'une entreprise durant un exercice comptable: un résultat positif (un bénéfice) signifie que l'entreprise s'est enrichie alors qu'un résultat négatif (une perte) signifie qu'elle s'est appauvrie. Attention: cette variation concerne tous les éléments du patrimoine et pas uniquement la trésorerie: autrement dit, une entreprise peut réaliser un bénéfice important mais voir sa trésorerie diminuer si elle investit ou se désendette.

Ressource: Lors de l'analyse d'une transaction en vue de sa comptabilisation, la ressource correspond au moyen mis en œuvre ou à l'élément dont l'entreprise s'est séparée. Il figurera au crédit de l'écriture comptable. Par exemple, lors d'un achat au comptant de fournitures, le compte bancaire est la ressource qui a permis à l'entreprise de se procurer des fournitures.

Révision comptable : Ensemble des travaux de vérification des soldes comptables préalablement à l'élaboration des comptes annuels. Ceux-ci peuvent être réalisés par un expert-comptable ou par le comptable de l'entreprise.

Solde : Le solde d'un compte correspond à sa valeur nette : par exemple, le solde d'un compte client correspond à la somme due par le client à la date de consultation du compte. Il est obtenu par différence entre le total des sommes inscrites à son débit et celles enregistrées à son crédit. Un solde peut être nul (débit = crédit), débiteur (débit > crédit) ou créditeur (crédit > débit).

Valeurs mobilières de placement (VMP) : Titres de placements détenus par l'entreprise dans le but de réaliser une plus-value à brève échéance.

Annexe C

Ressources

Livres

PriceWaterhouse Coopers, *Mémento comptable*, Éditions Francis Lefebvre, 2014.

Matthieu, Robert, *Payer moins d'impôts pour les Nuls*, Éditions First, 2008.

Percin, Laurence de, *Créer sa boîte pour les Nuls*, Éditions First, 2007.

Sites internet

Sites officiels

Compagnie nationale des commissaires aux comptes (CNCC):
www.cncc.fr

Ordre des experts-comptables (OEC):
www.experts-comptables.fr/csoec

Impôts et cotisations sociales

Administration fiscale:
www.impots.gouv.fr

Association des régimes de retraite complémentaire (Arrco):
www.arrco.fr

Association générale des institutions de retraite des cadres (Agirc).
www.agirc.fr

Déclarations sociales :
www.net-entreprises.fr/Html/ducs.htm

Union pour le recouvrement des cotisations de la Sécurité sociale et des allocations familiales (Urssaf) :
www.urssaf.fr

Éditeurs de logiciels comptables

Ciel :
www.ciel.com

EBP :
www.ebp.com

Sage :
www.sage.fr

Autres sites utiles

Agence pour la création d'entreprise (voir en particulier les aides à la création) :
www.apce.com

Forum dédié aux comptables (vous y trouverez sans doute la réponse à vos questions techniques) :
http://www.compta-online.com/forum/

Portail des créateurs d'entreprise (voir en particulier les fiches conseils) :
www.netpme.fr

Index

A

Achats, 217-230
  intracommunautaires, 226
Acompte
  de TVA, 235
  reçu, 213
  sur salaires, 254
  versé, 229
Actif, 32-34, 306, 344
Adaptations sectorielles, 74
Affacturage, 276-278, 390
Amende, 40, 126, 129, 203, 311, 390
Amortissement
  dégressif, 323
  des immobilisations, 303-306
  linéaire, 305
  par composants, 264
  variable, 325
Annexe aux comptes annuels, 348-351
Apports
  en capital, 266
  en compte courant, 267
Artisans (obligations comptables), 107
Associations, 16
  agréées, 22
Autoliquidation de la TVA, 234
Avantages en nature, 245
Avoirs
  à établir, 318
  à recevoir, 316
  émis, 208
  reçus, 227

B

Balance, 80
  de trésorerie, 124, 130, 145
Bénéfices
  agricoles, 98, 100, 101, 129, 148
  industriels et commerciaux (BIC), 98, 148
  non commerciaux (BNC), 98, 99, 100, 101, 102, 108, 110, 124, 127, 144
Biens durables de faible valeur unitaire, 262
Bilan, 29-44, 297-352
Billet à ordre, 213, 228
Brouillard, 185
Bulletin de paie, 243-250

C

Capitaux propres, 31, 32, 35, 44, 54-57, 346
Centre de gestion agréé, 22
Cessions d'immobilisations, 265
Charges, 40
  activables, 327, 384
  à payer, 314
  constatées d'avance, 313
Chèques
  cadeaux, 204
  impayés, 216
Classement, 111-113, 141-143
Classes, 67
Clients douteux ou litigieux, 309, 310, 362
Clôture, 190
Commissaire aux comptes, 21, 393, 404

Comptabilité
  analytique, 16
  auxiliaire, 178
  d'engagement, 109, 163-190
  de gestion, 16
  de trésorerie, 109, 121-162
  industrielle, 16
  nationale, 18
  publique, 18
Comptable, 20
Compte, 61-84
  de l'exploitant, 268
  de résultat, 38-43, 347
Comptes
  annuels, 78, 144, 297-352
  centralisateurs, 178
  consolidés, 17
  numérotation, 67-74
Congés payés acquis, 316
Conservation des documents, 111-117
Consolidation, 17
Contrats à long terme, 382
Contribution économique territoriale (CET), 241
Contribution sociale de solidarité (Organic), 241
Contrôle fiscal, 15
Cotisations
  de l'exploitant, 257
  sociales patronales, 248-250
  sociales salariales, 245-247
Coût moyen unitaire pondéré (CMUP), 326
CRDS, 246, 247, 253, 257
Créance irrécouvrable, 216, 309, 310
Crédit, 64-67
  de TVA, 238
CSG, 246, 247, 253, 257

D

Débit, 64-67
Décaissements, 227-230
Déclaration
  contrôlée, 99
  de revenus, 125, 138, 145
  de TVA, 231-233
Déclarations sociales, 251
Découvert bancaire, 275
Dépréciation des éléments d'actif, 306-310
Directives européennes, 24
Dotation
  aux amortissements, 304
  aux dépréciations, 306-309
  aux provisions, 311

E

Écriture comptable, 58, 61, 67, 76, 77, 111, 112, 184
Effet de commerce, 213, 228
Emballages consignés
  clients, 207
  fournisseurs, 225
Emploi, 46
Emprunt bancaire
  à court terme, 276
  à long terme, 269
Encaissements, 211-216
Engagements
  de retraites, 383
  hors bilan, 351
Entreprises agricoles (obligations comptables), 108
Entretien et réparations, 264
Escompte
  d'effets de commerce, 276
  pour règlement anticipé (accordé), 214
  pour règlement anticipé (obtenu), 230
Expert-comptable, 18

F

Factures
  à établir, 318
  mentions obligatoires, 202
  non parvenues, 314

Index

Financement « Dailly », 276, 277
Fonds commercial, 260, 307, 308, 338
Forfait agricole, 100
Frais
  accessoires sur achats, 222
  accessoires sur investissements, 263
  d'établissement, 327
  de développement, 328
Franchise de TVA, 101, 232

G

Grand-livre, 78

H

Heures supplémentaires, 243, 244, 245

I

Impayé, 216
Impôt
  forfaitaire annuel (IFA), 241
  sur les bénéfices, 240
Intérêts courus non échus, 316
International Financial Reporting Standards (IFRS), 24, 379, 406
Inventaire, 105, 299-319
Investissement, 259-264

J

Journal, 76
Journaux auxiliaires, 175
Juste valeur, 380

L

Lettrage, 186-190
Lettre de change, 213, 228
Livre
  de banque, 122
  de caisse, 122
Livre-journal, 76
Logiciel comptable, 163-190
Loi de sécurité financière (LSF), 378

M

Microentreprise (BIC), 98, 99, 100, 107
Mise au rebut, 264, 266
Mobilisation des créances, 276

N

Normes internationales (IFRS), 24, 406
Numérotation des comptes, 67-74

O

Oppositions sur salaires, 248, 255
Ordre des experts-comptables (OEC), 19
Organic, 241
Organismes publics, 18

P

Paie, 243-258
Partie double, 45-51
Passif, 35-38, 345
Patrimoine, 30
Placements financiers, 271, 274
Plan comptable
  analytique, 175-178
  comptable général (PCG), 25
Prélèvement de l'exploitant, 256
Premier entré – premier sorti (PEPS), 326
Principe de prudence, 26, 380
Principes comptables, 25
Produits, 39
  à recevoir, 317
  constatés d'avance, 314
Professions libérales (obligations comptables), 108
Provisions pour risques, 311

R

Rabais
  accordé, 206, 208
  reçu, 224, 227

Rapprochement de banque, 278-282
Réduction Fillon, 249, 250
Régime du réel normal
  bénéfices agricoles, 100
  BIC, 98
Régime du réel simplifié
  bénéfices agricoles, 100
  BIC, 98
Régimes fiscaux, 96-101
Registre des immobilisations, 130-134, 170, 196
Règlements
  émis, 227-230
  reçus, 211-213
Remboursement forfaitaire de TVA, 102, 109, 232, 240
Remise
  accordée, 206, 208
  reçue, 224, 227
Rémunération de l'exploitant, 256
Reprise des à-nouveaux, 179-183
Ressource, 46
Résultat
  comptable, 43
  de l'exercice, 43
Revenus des placements, 40, 126, 127, 129, 273, 275
Révision comptable, 329-342
Ristourne
  accordée, 208
  reçue, 227

S

Société civile de moyens (SCM), 147
Stocks, 300-302

Système
  abrégé, 73
  de base, 73
  développé, 73

T

Taxe
  d'apprentissage, 241
  professionnelle, 241
  sur les véhicules de société, 241
Taxes
  foncières, 241
  parafiscales, 206
Ticket Z, 209
Titres emploi service entreprise, 244
Traite, 213, 228
Trésorerie, 271-282
TVA, 231-242
  autoliquidation de la, 234
  collectée, 205, 234
  déductible, 223, 235
  intracommunautaire, 226
  non déductible, 219
  sur les encaissements, 205
  sur les débits, 205

V

Valeurs mobilières de placement, 33, 274, 275, 331
Variation des stocks, 301
Ventes, 201-216
  comptoir, 209
Virements internes, 332